二月河作序推荐

【反腐纪实文学】

问心三部曲

追问

丁捷 著

中国出版集团

中国民主法制出版社

全国百佳图书
出版单位

图书在版编目（CIP）数据

问心三部曲/丁捷著. —北京：中国民主法制出

版社，2025.5.—ISBN 978-7-5162-3934-6

Ⅰ.Ⅰ217.2

中国国家版本馆CIP数据核字第2025Y0F899号

图书出品人：刘海涛
出 版 统 筹：石　松
责 任 编 辑：张佳彬　姜　华

书　　名/问心三部曲·追问
作　　者/丁　捷　著

出版·发行/中国民主法制出版社
地址/北京市丰台区右安门外玉林里7号（100069）
电话/（010）63055259（总编室）　63058068　63057714（营销中心）
传真/（010）63055259
http：//www.npcpub.com
E-mail：mzfz@npcpub.com
经销/新华书店
开本/16开　690mm×980mm
印张/17　**字数/**210千字
版本/2025年9月第1版　　2025年9月第1次印刷
印刷/河北鹏润印刷有限公司

书号/ISBN 978-7-5162-3934-6
定价/118.00元（全三册）
出版声明/版权所有，侵权必究。

题　记

　　日本著名漫画家、《灌篮高手》的作者井上雄彦先生，擅长描述身心极限与篮球运动的挑战，并借此隐喻复杂身心支配下的人生。他有一句著名的话，激发了我创作这部作品的热情：

　　"人被彻底打垮时，才会追问自己内心的真实。"

　　在采访完我书中涉及的这些曾经的省管以上中高级官员后，我也情不自禁地慨叹：

　　"为什么有的人被彻底打垮时，才会追问自己内心的真实？为什么有的人被彻底打垮后，依然无法追问到自己内心的真实？"

背景之一：数据

党的十八大以来，我们党把反腐败斗争作为全面从严治党的重要内容，反腐惩恶，正风肃纪，着力构建不敢腐、不能腐、不想腐的体制机制。全党以零容忍态度惩治腐败，不论查处贪官人数之多，级别之高，行动密度之大，还是涉及领域之宽，挖掘问题之深，都是前所未有的。

重锤响鼓，狠敲深击，史无前例的反腐败斗争，在中国历史上将留下独特印记。

——"打虎"无终点。党的十九大以来的 5 年，261 名中管干部被立案审查调查，其中很多人已经受到党纪国法惩处。

——反腐零容忍。党的十八大以来，全国纪检监察机关共立案 100 多万件，给予党纪政纪处分超过 100 万人。

——"猎狐"撒天网。反腐败追逃追赃高度整合，"国际天网"越织越密。天网行动已经从 70 多个国家和地区追回外逃人员 2400 多人，追赃金额近百亿元。

——持之以恒反"四风"。2024 年，全国共查处违反中央"八项规定"精神问题 225275 起，批评教育和处理 312907 人，其中给予党纪政务处分 221369 人……

背景之二：声音

14亿多中国老百姓对党和政府的工作，对领导干部，特别是高级领导干部的德行，主要是通过媒体和社会舆论来了解。其中隐藏的千头万绪、潜在的参差不齐，缺少经常、有效和深度的曝光。

——央视时事评论员 杨宇

那些干部，特别是那些大干部，都是我们羡慕的成功人士。他们为什么要做那些事，把自己整垮了，他们到底是怎么想的？是太聪明还是太笨，是太坏还是太无奈？我们想不通。

——笔者路访的一名群众

背景之三：本职

党的十八大之后不久，我被任命为一家省属文化单位的纪委书记。毫不讳言，我的人生因此有了一些改变——最大的改变，当然还不是生活，而是内心。

几年里，我所闻所历、可以深度嵌入记忆的非常故事，比以往任何一个工作时期发生的都要多，我的内心振荡频率与幅度，远远超过以往。

我中学母校已经退休的一位恩师，给我写信，叮嘱我：好好工作，坚持正义，多抓贪官。我的一位文友特意写了一幅书法送给我：天若有情天亦老，人间正道是沧桑。也有朋友善意提醒我：刀锋上的职务，注意安全。还有一位大学的老同学，特意跑到我的单位看望我，反复"忠告"我：不要"搞人"，首先自保。

上级纪委的一位领导则对我说：你是一位作家，比一般人更敏感。你跟我们一起感受到了这份职责带来的情感冲击，面对的，有怀疑和曲解，有助阵有反感，万人千面，百种声音十条心，你要梳理清楚，替我们发声，替我们，也替我们在挽救或斗争的那个群体，做真实的文学表达。你写了很多作品，但你欠一部从自己本职出发，而到达群体内心的作品。

他还说，我们说到底，做的是人心、人性的工作，纪委书记本质上跟作家没有什么区别。

决定写这部作品，开始我的"问心之旅"后，我陷入了经常性的失眠。躺在床上，看着从白日的喧嚣中宁静下来的夜空，闪烁的是无数的星星，暗藏的是莫测的黑洞。人类喜欢把博大的宇宙，比喻成自身的心灵世界，所以，遥望星空的时候，往往就是追问自己内心的时候。睁大眼睛，难以入梦。与其说在夜空下失眠，不如说是在内心里徘徊。替我这个群体，也替他们那个群体。

偌大的中国，芸芸的众生。今夜，真的不知道有多少在混沌，多少在清醒，多少因混沌后的惊醒而无眠。

总序｜在撕裂中追问初心

一直以来，总会有一些舆论认为，那些所谓的"精英"，从人上人"一夜之间"沦为阶下囚，其人生的急转直下，皆因"一念之间""一时糊涂"。"委屈""没有功劳还有苦劳""运气不好"等说法甚嚣尘上。成功者的巅峰跌落，究竟是偶然还是必然？这是前些年作为一名有着作家与纪委书记双重身份的我，在心中纠葛不停的问题。结合纪检工作阅历，并在研读了数百个案例，且有机会与一些涉腐的中高级官员面对面交流后，我有了顿悟。2017年我写作并在中共中央党校出版社出版了《追问》，畅销七年了，一直没有降温。有身居要位的领导说，《追问》是一本现象级的作品，值得聚焦，而我却在远离喧嚣，"冷却"自己，默默地追问着"《追问》何以成为现象级"，《追问》若能冷却，又何尝不是我写作的初衷！

在我看来，反腐报道特别真实，但因限于表述腐败事实本身，难免停留其表，无法引导读者细究其里；反腐小说则受困于过多的情节虚构，大多滑向失真和娱乐化。《追问》选择纪实文学的手法来写作，以小说化的手段来呈现案例里的真实。《追问》的切入点是描

1

摹各类涉案官员浑浊的内心世界，还原其精神裂变的路径。这种内在蜕变，往往有一个比较隐秘的、漫长的过程，需要用他们真实的人生经历来演绎，需要设计生动的人生行为来表达，需要一种"文学的真实"。纪实文学不是新闻报道，不是案例直叙，严肃的文学细节的刻画和典型性处理，更是为了聚焦人心和人性，避免故事化的猎奇。选材上，我只对应事，不对应人，事件为人物形象的丰满化服务，努力使每一个人物都具备代表性、概括性，但杜绝对号入座的八卦。

我发现腐败的"顽固性"决定了"追问"的持久性。大路朝天，并没有真正的"突然"翻车，也不存在跌得鼻青脸肿是"一时糊涂"。腐败，几乎都经过了相当长一段时间的"酝酿"，最终用病态的心理、畸形的人格、扭曲的价值观、低下的品德、混乱的生活逻辑，来为私欲铺路并兑现私利。"一夜之间"不过是为他们的无尽灰暗而掩饰，"一时糊涂"不过是为他们的"长期混乱"而托词。正因"起跑"时间长，腐败的惯性也非短时间能消除，腐败和反腐败就一直在路上，一个不肯消停，一个不能懈怠。这也是读者觉得《追问》还很"新鲜"的原因。

然而，《追问》塑造的毕竟是一部基于现实案例的人物形象群集，很难把个案写得深入、透彻和突出。"问案"的关键是"问人"，"问人"的关键是"问心"。风雨兼程，人心好不容易成长、发育、壮大了，怎么又复杂、混沌、颓败下去了呢？这当然是一个"精致"而"悲哀"的过程。我在思考"追问"之后如何再追问的时候，两部新作的灵感相继闪出，这就催生了偏理性的政论大散文《初心》和纯感性的长篇小说《撕裂》。《初心》融入了更多的自我，是我把自己五十年来对历史的认知，对社会和现实的体验，个人内心成长过程中与他人、与世俗的拥抱与冲突，坦率地讲述出来的一部悲欣交集之作。这部作品还试图用通俗的哲学和传统文化来放置人心，以此启发更多的迷失者"醒来"，不求"顿悟"，但求"触动"，哪怕肯在我的文字中，做一点沉思，回头望两眼来路，也好。而《撕裂》呢，则是选择了几个《追问》素材库里最扎实的案例，也是最不宜直接公开纪实的案例，用心进行糅杂、萃取与想象，实现在现实宏观里虚构微观。我本是小说家，是诗人，用"虚构"进行表达，也许更能满足一贯追求的"至欢至痛"写作体验。因而，对这部后来进入年度政治小说排行榜十强的小说，我自有一份偏爱。你看到成功者风光的那一刻，是否能想象到他擦得锃亮的鞋子里，那双脚已经血肉模糊？你听到成功者通过话筒传播出来的豪言壮语的那一刻，是否能想象到你听不到的低声部，充斥着虚假、欺骗、谄媚和违心？西装笔挺，不影响在隐秘的角落里卑琐下跪；你眼中的笑得灿烂，可能是他心中的恨得阴暗和哭得凄惨。我们处在这样一个撕裂着的世界。

　　人生，应该是一个相对安静的、循序渐进的上升过程，而不是书中人物这样的大跳跃。满则招损，速则失控，妄图在财路、仕途和情感方面快速得到比普通人多得多的东西，最后必然导致毁灭。"问心三部曲"想通过正、反和模糊地带的多面观照，告诉读者真正有持久生命力的，还是一颗淡定、本真、量力而行且底线分明的心。从这个角度说，"问心"也是永不过时的"成功学"教科书。年轻人追求成功、成功者享受成功的人生路上，是不是要有足够的自我追问、忍痛撕裂和初心抱守的雄心、决心和恒心呢？

2025 年 9 月 5 日

序

二月河

　　出版社送来丁捷先生的《追问》书稿，意思是让我看看，可否写几句话。我答应下来了。

　　近年我闲居在南阳，不大出门走动，只是煎药静养，看点闲书，偶尔写点小文而已。对当下的文坛，虽然也关心，可毕竟精力有限，新作品看得也少了。但对于反腐败这一牵动全局关乎政权存亡百姓福祉的大事情，我还是颇为留意，也很希望能读到一些不是停留在表面的泛泛之作，不是主观臆断的散漫虚构，不是人云亦云的鹦鹉学舌，不是简单图解的干巴结论。虽然说，人世间有着共同的基本人伦底线，有着共同的规则遵循，有着法律的刚性约束，有着道德的种种规范，但这纷纭人世，没有相同的两片树叶，芸芸众生，怎么可能千人一面呢？读了丁捷先生的《追问》，更是让我心生感慨，有话要说。

　　《追问》是当下一部难得一见的长篇非虚构文学，更是一部令人震颤的当代"罪与罚"。整部书大致有十个部分，涉及多名中管和省管高级领导干部，所有的人物，大都曾经是颇为耀眼的成功人士，也几乎都因为反腐风暴而受到党纪处分，有的成为阶下囚。他们的斑斓故事一波三折扣人心弦，他们的心路历程令人惊悚震惊甚至压抑窒息，他们的如此结局令人五味杂陈，瞠目结舌。《危情记》中的副市长，《最后的华尔兹》里的昔日的正部级高官，《曾记否》中的美女书记，《无法直立》中的市委副书记，《暗裂》中的高校党委书记、双学科教授，《四海之内》里的交通厅副厅长，《风雅殇》里的文化厅副厅长，等等，这些人物或男或女，或正部级，或正副厅级，或在地方党政机关，或在省属实权部门，或在高校，或在国企，起点有别，际遇各异。但有着共同的特点，就是在他们没有掌握权力的时候，大都算是能力超群的精英分子，可一旦拥有了权力，放松了警惕，任由人性中的负面因子疯狂肆虐，其人生结局竟然如此彻底地归零。

《追问》是一部与所谓"落败者"正面交锋的心灵碰撞实录，更是一部哲思蕴含于理性追问之中的"醒世恒言"。看得出来，面对这些曾经的"弄潮儿"，曾经的"社会中坚""国家栋梁"，丁捷先生既没有居高临下地先入为主，也没有不无猎奇地照单全收，他与他们接触对话，换位思考，碰撞交锋，既入情入理入心，更是呕心沥血进行理性层面的哲思熟虑。《风雅殇》《暗裂》有着特别的意义，丁捷拨开了当今中国"文化精英"阶层的一层脆弱的面纱，让我们发现若是任由其中的一些人身上虚浮的光彩，去昭示社会，导向人心，则是一件非常危险的事。《曲终人散》这一典型案例，堪称当下某些国企的"厚黑学"，是难得一见的深入骨髓的心灵样本。这样的来自众多样本中的抽象归纳功夫，这样的上升到哲学层面的赤裸拷问，是身在局外的写作者断难体察、断难写得出来、断难准确把握尺度的久违的理性呐喊。

《追问》是一部融入其中、摒弃说教的人文反腐教材，更是一部运用文学力量贯通历史与现实的"劫后人语"。《追问》既有宏观的总体把握，更有微观的个案解剖。但这些解读思考体悟，都不是公文式的有板有眼，更不是一般新闻纪实作品的浅尝辄止，它融入了作者多年来的人生思考写作积累，它也贯通了作者多年来职业生涯的细致观察洞察秋毫，它更是打通了作为个体的人，在历史与现实的交缠之中的种种——或激情四射，或焦躁轻狂，或混沌忘形的"劫后人语"。众所周知，"二战"结束之后，有成为经典的《劫后人语》来总结"二战"的经验教训，而在当下反腐这样的输不起的"战争"中，更是需要《追问》这样的阶段性总结与思考的文学样本。

我写康熙、雍正、乾隆，之所以要称之为"晚霞"系列，也是想表达一种无奈与悲凉。这些雄才大略、目光如炬的难得一见的封建帝王，虽然很有作为，也做出了不少努力，但放在历史长河里看，最终还都是败下阵来了。我曾经说过，如今的反腐力度是空前的，是历史上从来没有过的。这样的一场生死较量殊死搏斗，这样的一场人性善恶的拷问，这样的一场永远在路上的"马拉松"，在治标之中为釜底抽薪的治本之策赢得时间、取得经验的漫漫长旅中，听听一位有良知有担当有勇气有血性的作家的真情独白，看看一位有焦虑有不安有感受更有心得的基层纪委书记的如此文本，于人，于己，于公，于私，于家，于国，都是有益的啊。

啰啰嗦嗦，就写这些，是为序。

2016 年 10 月 30 日，于南阳

目　录

亲历：365 个故事 365 里路

1

纪委书记遇到的故事是这样的：

"突然接到一个电话，'我是某某的秘书，首长让我跟你说一声，你们查的那个事儿，情况很复杂，牵涉的人到高层了，你们懂的，大差不差就行了吧'。我赶紧回答，'是是是，请转告首长，一定照办！''首长说了，你这两年工作干得不错，很辛苦，首长心里有数。''是是是，谢谢首长！'我都懒得去查号码，核人头，对口音，弄真假，就让那人去意淫吧。"

还有这样的：

"约在茶社的小包间里，他进门时还回头看了看，围巾把头脸裹得严严实实。说话时捂着嘴，竭力改变声音的传播方式……末了说，你们纪委可千万要过问这件事，要把他捉拿归案。这举报我可是把全家性命都搭上了，不要让我失望。看着他背影迅疾闪出，我不禁悲从中来。空坐良久。那杯没动过的茶，还有着温度。"

就着一杯热茶，我在一天傍晚开始阅读我的"同行"作家、荣获过市十佳检察官、优秀纪检干部等荣誉称号的谷以成先生的纪检办案手记稿件。厚厚的一叠，都是从他的日记里摘抄出来的。很多的故事，都有一种神秘兮兮的气氛，读起来，不像是日记，倒像是传奇。读得我手边的茶冷了，再续，续了又冷。不知不觉中夜已经很深，我无法不踟蹰在他的文字里，会心几番笑，知心数冷暖，感慨，思量，完全忘记了时间。

从2015年开始，作为对我写作这部书的支持，谷先生陆续向我提供了300多个办案手记故事。有的故事经过压缩后，在清风网发表过；有的故事附一幅生动的图画，在他的一部著作里刊登过；更多的故事，则是从来没有示人过，雪藏在他几十本厚厚的日记里。

"这些故事，全部发表出来还有点早。给你的这一部分，大概有一半发表过，一半我认为可以发表，但也拿不定主意，所以交给你，你斟酌着做写作素材吧。"他把这些稿子交到我手上时说，"原先不打算发表任何与工作有关的文字的。但这些年逐渐有一些新的认识，就是作为反腐工作的一线人员，你不说故事，别人帮你说故事。你不说对的故事，别人净传说不一定对的故事。不对的传播多了，妖魔化的危险就来了。所以，再三考虑，我们还是说一点吧。作为同行，我迫切地希望能够支持你的这一发声行动"。

与谷先生的热心一样，来自上级纪委的许先生，虽然没有记日记的习惯，但作为一名长期在专案组从事大案要案审理工作的"老纪检"，他有着一个内存庞大的记忆库——花白头发下，一个博闻强记的大脑袋，从那里，他向我无私地提取出这些记忆。他说，你不要说是写一部书，你写十部八部书的材料，我这里都有。在办案的过程中，我有太多的发现、太多的感触，我也想记下来，但时间精力实在紧张和不足，有心无力。而且，写公文，我行；搞创作，还真不行。呵呵，才华不够啊。

连续多少天，他一旦得空，就从办案点出来，约我到茶馆里坐下来，倒豆子一样，向外倾倒他经历的故事。给我印象最深的是"鞋子"的故事。他有些得意地对我说，还真舍不得把这个故事给你，我想退休之后写这个故事呢。写个办案回忆录，或者简单点，写个办案心情的散文。这个故事，多好的素材啊，呵呵，最有意思，起码对在位的官员最有警示作用——

"为什么叫'鞋子'的故事呢？几年前，我们查处了北边一个大市的常委，贪污受贿六七百万元，玩弄女性，生活腐败。但这人，在当上市领导之前，比较勤奋，也很朴素，他能走到一个大市领导岗位上，还真不是靠溜须拍马什么的这么简单。人家以前，整个就是一个苦行僧，对自己要求很严，深受上级领导信任。而且，他可真有才。在位讲话脱口成章，口若悬河。落马后，他说了一句话，慨叹自己的命运里，有一个事关'鞋子'的玄机，那种隐喻，契合得可怕。他说，他是'唱着草鞋觅铁鞋，脱掉草鞋换皮鞋，踏破旧鞋得锦绣，换上新鞋成囚徒'。你听，四句顺口溜，全在说'鞋'，一看就知道，这每一个'鞋'字里面，都有文章，都有故事。"

老许说着说着就停下来了，不是卖关子，实在是他的烟瘾太大了，得烧上一支。因公共场所禁烟，每次我们聊天的过程中，都会有几次不得不停下来，走到外面的露台上，等他抽完烟再说。而且，每次遇到这种情况，他就要重复一句话，不好意思，没日没夜在案子上蹲点，烟瘾越来越大。抽完烟回到屋子，他继续说："这老兄头两句诗，唱着草鞋觅铁鞋，脱掉草鞋换皮鞋，说的是他这一代人，唱着'草鞋是船，爸爸是帆，奶奶的叮咛装满舱'的歌曲，长大和走出故乡的。他的父亲，是中国改革开放初期，最早背井离乡的一批小生意人，跟着浙江商人，在外面推销小电器，日行百里，风雨兼程，穿着一双草鞋走出家乡，年底发了小财，然后穿着一双皮鞋回到家乡。他父亲做小生意，历尽千辛万苦，把那双新皮鞋跑穿了鞋底，才把他和弟弟养大，并相继送到了高等学府，成为那个时代的天之骄子。那一年，老人在回家的路上，终于把那双鞋子的鞋底跑掉了，回来后就生病了，癌症。在床上撑了几个月，临去世，老人家对他们兄弟俩说，儿子们，你们一定要好好干，做小生意太辛苦了，而且没地位，在别人眼中永远是个穿草鞋的，脱不掉土。我希望你们好好闯一番事业，最好捧上铁饭碗，那就不是穿草鞋换皮鞋的事儿了，那是换上铁鞋了，再也不怕脚下没路了。弟兄俩牢记父亲的遗训，特别勤奋刻苦，不知道踏破了多少双旧鞋，终于奔到了锦绣人生。特别是老大，50岁不到，就走上了厅级领导岗位，成为家乡远近闻名的贵人。应该说，这份前途来之不易，他在天之灵的父亲，应该在九泉含笑呢。他也特别珍惜这一切，凡事十分谨慎，不敢妄为。

"当上领导后，许多人来他这里'公关'，送钱送物，都被拒之门外，这些公关高手，真的一个个最后都败下阵了。唯有一个来自他家乡的老板，最后把他这个'堡垒'拿下了。

"怎么拿下的呢？有一年元旦前夕，该老板以替他老母亲捎口信的名义，来他任职的市看望他，顺便买了一双新皮鞋过来。一进门，就蹲在地板上，亲手帮他脱下脚上的旧鞋，说，辞旧迎新，穿上新鞋，意味着履新，这也是令尊大人生前的美好愿望啊。他特别感动，感慨万千，眼泪都下来了。从此，这个老板每年新年都送一双新鞋过来，亲手帮他换上。他也如愿一步步走向权力巅峰，从副厅级虚职，到副厅级实职，再到正厅级，直至正厅要职，五六年时间内，履新四次，步步加分。他处处小心，唯独对该老板那边，开了一个'口子'，也几乎有求必应，帮老板办了不少事儿，也收了老板不少钱财。最后，堕入深渊，把前途变成了牢笼，把锦绣变成了泥淖。那次，我们奉命去'两规'他的时候，他看着自己的脚，突然哭了。后来，他告诉我们这些事，我们也知道，他刚换上当年的那双新鞋，才穿上脚两个星期。而供出他问题的人，正是为他穿鞋的那位老板。你看，一个人的命运，就是这么玄！"

说完，老许又跑出去抽烟了。

2

研读这些故事的过程，也许就像我几年前作为纪检战线的新兵蛋子，亲自参与办了几件案子一样，带着疑问，用足了认真劲儿钻进去，最终才有可能恍然大悟。任何故事，不管你如何定性，有一点是肯定的，那就是，我们不是这个故事的制造者，就是参与者；不是参与者，就是见闻者；如果连见闻者都算不上，那我们一定会是这个故事的间接关联者。世界上没有绝对孤立的故事。你在某个故事中的身份，你与某个故事的某种关联，也许就是其中某个，或者可以设想是其中任一：

一个正在利益面前纠结的权贵；

一个手提文件包踏破铁鞋的项目经理；

一个被制片人骚扰而选择沉默的三流明星；

一个在公文堆里没日没夜笔耕的小公务员；

一个每天丈夫不回家心里就不踏实的家庭主妇；

一个为孩子的教育机会而愁眉苦脸的平民父亲；

一个含辛茹苦把儿女养大却依然操心着的老母亲；

一个踌躇满志要考公务员的大学生；

一个策划污蔑他人名声的网络水军；

一个爱上有妇之夫的女职员；

一个把财产东掩西藏的民营企业老板；

一个被诈骗破产而筹资再创业的中年男人；

一个亲自把局长老公送去自首的结发妻子；

一个因爆料而受到人身威胁的新闻记者；

一个痛苦地移送着涉腐同事去司法机关的纪检干部；

一个被刺杀的城管或一个被驱赶的小贩；

一个公示期被举报的高级领导干部；

一个因一顿饭而被处分的将军；

一个研究腐败机理的大学教授；

一个就业名额被别人占据的底层青年；

一个把国骂当作爱国的体育冠军；

一个一边献血救人，一边放藏獒咬人的富二代；

一个无奈的行贿者或一个欲罢不能的受贿者……

任何角色，你都能从中找到你的对应，找到你阅读体验的万分惊恐和十分欢欣，几多彷徨与些许振奋。也因为故事里的事是过于真实的，却又在日常的社会和家庭环境里藏匿得太深，成为一种或蒙蔽或心照不宣的"内参"，就跟众生的灵魂一样，一面丰富而多彩，一面矛盾而又危险。所以我们的故事，你会感同身受，不由自主地入情入境。也许听得笑起来，也许听得跳起来；也许听得夙夜难寐，听得一夜白头，也许听得痛快淋漓，欲罢不能；也许听得稀里糊涂，不明究竟，也许听得如雷贯耳，醍醐灌顶。

是啊，这些故事，有的是"潜伏"，有的是"风声"，有的是寒心的情感戏，有的是精心的迷魂阵，心灵的纠葛、命运的沉浮、无形之手的捉弄，汇聚得像个庞杂的戏园——然而，轮番上台的却不是表演，而是活生生的江湖铿锵。虽然，我涉足这个行业的时间才三四年，并不是特别长，但故事里的那些事，即使是一个再普通不过的当代中国人，都不会感到"天花乱坠"。当然，不"陌生"不等于就"熟悉"，熟悉了还不一定能达到"洞察"的境界，即便洞察了，也未必能心相通，情相融，也未必能明其理，悟中道。很多事儿"真实"的简单面貌里，藏着更多的"真实"，其中的"机关"，即便我这样的纪检业内人，也难免"一时糊涂"，非要读到细处、问到深处方才明了！有的故事，听得稀里糊涂，过了几天，回头再想，才要忍不住拍案叫绝；有的故事听得怒火中烧，回去几天才能平息；有的故事，听得泪水涟涟，却经不起理性的考量，就使自己陷入一份羞耻难当，甚至伴生一份绝望的情绪。很多故事里面，无限的波澜壮阔，经由当事人的描述，倾泻到我的内心。一段时间，我甚至难以承受。要去接受这些故事，接受这些有的甚至荒诞荒谬的故事逻辑的存在，甚至绘声绘色地把这些故事写出来，的确需要一些特别的勇气。

3

说故事，听故事，我们尚且如此，可以想见，那些故事的亲历者，承受了怎样的跌宕。

在我担任纪委书记的几年间，我参加了中央纪委和地方纪检系统的好几场学习活动。每次的学习班，都有一个固定不变的课程，那就是心理辅导课。2015年秋天，在中央纪委监察部于河北举办的一个学习班上，一位著名心理干预专家、中国人民大学心理学教授，前来为我们上心理辅导课。他一走进课堂，就对来自中央部委和全国各地的200多名纪委书记学员，开门见山地说：如果我在生活中，而不是在今天这个课堂上遇到在座的任何一位领导，我都会像绝大多数百姓一样，用崇敬的眼光仰视你们，当下，纪委书记这个职业，在赋予你们重托的同时，赋予了你们很多的荣誉，甚至超凡的力量感。然而，今天你们端坐在我的课堂上，说得轻松、好听一些是我的学生，说得严重、难听一些，是我的病人。因为，你们的职务为你们的阅历积蓄了很多负能量信息，在你们心里装载的沉重故事太多太多，随便拿出一个故事，就能让一个普通人听得心惊胆战，扪心捶胸，甚至心理崩溃，而你们却要一年三百六十五天，背负着越来越多的这类故事，镇定自若地走在雷霆万钧的路上。从我们心理学的角度看，你们就是病人，你们需要放松、再放松，放下、再放下，党性固然可以强大你们的内心，但内心超载太多，就难免弯曲，直至破碎。

接着，他关掉大教室的灯，播放一段舒缓的音乐，让大家闭目静思。五分钟后，音乐结束，灯光亮起，课堂里闪闪烁烁的，尽是泪光。

教授接着说：然而，任何事物都有其多面性。我们累积的负能量信息，是从社会广大的正能量信息中剔除出来的。它是正能量的观照，是明辨是非，为社会病理寻本溯源的介质。

但是，这些，你必须倾倒出来。

4

通常，一个人容易从他的"出身"里找到表达的方式，形成话语的风格。"纪检"这种背景里的作家，必然有话题的诸多顾忌，表达的诸多障碍。出于身份的严肃性，我们慢慢养成了"说大、不说小"的习性。具体说，就是宣讲政策、解读纪律、破译重点案例的时候，口若悬河，说到自己的日常工作，则寥寥数语，甚至三缄其口。但是纪检事业完全又是做"人"的工作，做"人情、人心、人性"的工作，时间长了，感动太多，感慨太甚，感悟太深。心中有事，久憋成患。即便不为自己，从做人责任与角度担当出发，我也需要把从业心得与人们分享。事以知之，情以动之，理以晓之，我认为这应该算是尽一份本职。

长期以来，纪检这条战线沉在沧海之中，其力量推动社会文明进步，有着看不见的波澜壮阔，有着听不到的声情并茂。清风不弄潮，浑气来作浪，这条战线的苦心与辛劳，往往被神秘的面纱笼罩，被误读的雾霾覆盖，太多的故事在口传之间变形走样，最终成了八卦。而八卦给人们留下的印象，像游戏，像编排，文过饰非，无奇不有。

"刚到两天，他就爽快地交代了100多万元的受贿数额，还意犹未尽，搜肠刮肚地回忆。如此'好态度'，让人心里打鼓，叫他不要急，先静一静，想清楚后再说。经过核实，竟然只有60多万元是真的。原来，他精神一直高度紧张，认为多讲就是态度好，可以得到从宽处理，否则就要'吃苦头'……事后，他感慨万分，说进来之前，大家都认为没好日子过，不如多说点，让办案人员满意。"

"老婆捉奸在床，他写血书发毒誓痛改前非，仕途并未受影响。开始还重合同守信誉，不久又旧病复发，拿贪的钱去博女子一笑。但那女子并不满足，竟要鸠占鹊巢，并以举报发艳照要挟……"

比如，同行谷先生向我讲述的此类故事，在反腐传闻中并不鲜见。我们听到这里，倘若没有一个真正的知情人来告诉你结果，"八卦"给出的答案，一定是"指标反腐""小三举报，妻离子散"，因为"无官不贪、一贪惊人""小三挥霍、二奶反贪、妻子反目，家破人亡"几乎已经成为社会舆论的一种俗成逻辑。可真相呢？亲历这件事的谷以成告诉我："纪委帮他一一核对，否定掉7笔受贿，准确裁定为637900元。"而另一起"二奶腐败"的结果是："老婆知道了，平静地说你赶快去自首吧，这样才能一了百了。不管坐多少年牢，我和儿子都等你。"

真正反腐的最终一定是"正能量"，扭转乾坤的一定是大法大德、依纪依法，大情大义、真情实义。

我曾几次参加巡视调查工作，也在办案点蹲点参与审查涉腐官员的专案工作。一个组就是一个按照组织原则和科学标准建立的临时工作队，专业的调查、侦查、案审、财务、审计等人员一应俱全，任何环节不落实，任何细节不准确合理，就根本无法进入下一个环节的工作。在这里，谁都无法"任性"。

诸多的故事，难道不能以正视听，难道不够振聋发聩，让听者动容？我们为什么不去传播这些故事呢？此情此义，在日前的世风下，难道不是一场润物好雨！从另外一个更为开阔、更为感性的角度，为自己所在的这份事业开宗明义，广布正道。我想，这大概也是我的一些同行，纷纷把这些填埋在心里的故事拿出来，随时准备大白于天下的缘故吧。

5

然而，我写作的《追问》，所"追问"的并不是自己和同行的阅历。"追问"是从自己和同行的立场出发，披荆斩棘地上路，进入另一个群体——一群被处分或法办的高官的人生历程和内心世界。能否做好一场成功追问，在午夜的星空里，寻找到黑洞深处有价值的"暗物质"，取决于我到底能不能勇敢地进入到这些黑洞，却保持着光明的睿智和温和的倾听姿态。

从中央纪委和省纪委提供的633个案例中，我遴选出28个以上地厅级与省管领导干部违纪违法典型，最后成功与他们接触，与其中的13人面对面长时间交谈，获得了数十万字关于他们人生道路、心灵历程和灵魂语言的第一手资料。最后，又从中选择了8位典型，进行深度记述。

在将近两年的材料消化、当面访谈、实地采风和着手创作的过程中，毫不夸张地讲，我的精神状态几度近乎崩溃。固然，浩瀚的材料研读和大量的走访活动，使我皓首穷经，但最折磨人的，并非繁多的工作量，而是身份的扭曲和心灵的灼烧——作为一部口述体的纪实文学，作者必须进入讲述者的内心，遵从讲述人的所谓逻辑，认同他讲述过程中流露的一切好恶，反映他的原本的内在形态，并以此触摸到他灵魂的真实。而这是一群怎样五花八门的灵魂啊，一套套多么荒诞的人生逻辑，一种种多么无常的好恶，一番番多么怪诞的精神形态，它们纠结在一起，混乱成一团，激愤着你的常情，颠覆着你的常识，涂改着你的常理。

多少次，我对自己说，我无法睿智了！

多少次，我对自己说，我无法温和了！

当我太多地追问了他们的灵魂之后，我感到自己的灵魂，成了他们的"众追之的"。

一天夜里，当我又一次陷入这种写作困顿的时候，我忍不住拨通了一个作家朋友陈先生的电话，向他请教如何走出这种糟糕的写作状态。我之所以选择向陈先生求助，是因为若干年前，我听说他正在采写一部关于"造反派"的纪实文学。许多当年的"造反派"进入老年，开始反思自己的年轻冲动，愿意倾吐那段扭曲的青春爱恨情仇。陈先生在电话那头，果断地对我说：

"立即中止，放弃写作。"

我吃惊地问他，为什么？他说：

"我打算写作造反派后，找到了几十个采访目标，都是当年的造反骨干，极有故事，也愿意说出来。但我交谈了三个采访对象之后，发现他们很平静，我却要崩溃了，我的心里无法承受那么多负面的东西。所以，我毅然放弃了这个写作计划。"

他还忠告说：

"你不能让自己长时间浸泡在别人的污河里。寻根追源，排污清淤，固然是好事，但做任何事都要先丈量自己的承受底线。"

放下电话，我停止了将近一个月，不再触摸写作的键盘。我的心，充满了畏惧。然而，在一个阳光明媚的下午，我读到了20世纪享誉世界的文学大师乔治·奥威尔的一段话，阐述"我为什么写作"——

"写一本书，就是一次可怕的、让人殚精竭虑的拼争，就像是经历了一场漫长的疾痛折磨。若不是受到他既无法理解也无法抗拒的魔力的驱使，一个人是断然承受不了这个过程的。"

我混沌的认识像被豁然拉开了一道口子，顿时明亮了。我过度沉浸在题材的灰暗本身，而导致了写作的疲惫。我忘记了在这题材的内里，是一定能够寻求到驱使我坚持下去的某种魔力的！

　　和着键盘的嘀嗒，借着歌曲《三百六十五里路》的旋律，我的内心飞扬出这样的声音：

　　　　我要睁开睡意蒙眬的眼睛，
　　　　跨过三百六十五里的星辰，
　　　　为了光明正大的梦想，
　　　　毅然踏上寂寞的征程。

　　时空浩渺，星辰灿烂，我毅然逡巡于其中的幽暗。

第一部　危情记

2015 年秋天，我在中国纪检监察学院学习时，收到了一份意外的惊喜，这份惊喜随即又为我带来了一串意外的收获。在学习班快要结业前几天的一个早上，当我一跨进大教室，全体同学突然齐刷刷站立起来，朝我鼓掌。我正在莫名其妙，临时班委会的文娱委员，一位来自西部某大市的监察局副局长涂先生，抱着一堆书，走到我面前，大声说：丁班长，我们发现了一个惊人秘密，您跟作家丁捷长得一模一样！是作家潜伏到纪检系统的吧。

同学们哈哈大笑，继续鼓掌。

这些年来，随着我的长篇小说《依偎》《亢奋》在国际、国内获奖，我的读者越来越多，但几乎没有读者会知道，也不会去想象，作家丁捷从来都不是一名专职的作家，而是一个一年到头忙于世俗工作的干部。甚至我单位的干部职工，最初都不知道他们的同事丁捷，与作家丁捷是同一个人。近几年传媒业过于发达，我的一点小"底细"逐渐被同事和部分读者扒拉了出来。正如眼前这样，他们在网上发现了跟自己一起学习的学员、临时学员班的班长、来自江苏省属某单位的纪委书记丁捷，就是"潜伏"在纪检队伍中的作家丁捷。

我在前面说过这个意思，每一个纪检工作者都有365个故事365里路，由于工作的特殊性，我们可说的东西比一般人更多，而可说的机会比一般人更少，所以我们内心里倾诉的愿望，比一般人更强烈。唯有同行在一起的时候，我们才能找到畅所欲言的自信。好了，现在这个群体里面出现了一个作家，而且就在身边，可爱的同学们，难怪他们这般的兴奋，如同见到了诺贝尔奖获得者莫言！面对突如其来的抬爱，我当即有些小晕乎，也有些羞愧。同学们不知道从哪里搜罗来我的几十本书，由涂先生一起抱过来，让我签名。然后，在接下来的两天，他们纷纷对我说：

"写一本书吧，与纪检有关的，我们都可以提供精彩的素材。"

我承诺他们，一定，一定。

学习班结束后回到江苏，在我着手搜集案例和认真思考反腐题材的这一年多时间里，我的学习班的同学们给我发来大量鲜活的一手材料。我决意放在这本书第一部的故事，就是这份惊喜后的收获：2016年6月的一天，2015年在学员班掌声中抱着书走向我的那位涂副局长，学完回去后升任市纪委副书记了，他给我打来一个电话，说如果写书，他这里有个很好的案例可以提供。接着，他在电话里简单说了这个故事几个细节。我立即对他说，我马上飞过去，请老同学务必让我见到故事的那位主角——这位因"错情乱爱"落马的赵姓副市长。

他在电话的那头说：我马上来安排，他现在已经刑满"出来"了。告诉你啊，年轻时我跟他是战友，他非常愿意说自己的过去，他说，每说一次，心里会降压一分。

凭我的直觉，这是一个不同寻常的落马官员，他一定有着不同寻常的往事。

　　我的经验是，大部分被处理的官员，都希望自己和别人，尽快忘记自己的过去，往事最好如烟，消散、流失得越快、越干净越好。他们中一旦有人表态，愿意说自己的故事，那最好倾听者马上出现在他面前，事不宜迟，因为他们随时会反悔。因此，第二天，我就在成都机场降落了，又乘坐涂同学的车子，翻山越岭，一共折腾了七个多小时，才到了目的地——这位赵姓原副市长，如今隐居在老家山区的一个小镇边，住在亲戚家，帮助他亲戚料理一片鱼塘。这里山清水秀，环境很美，二层小楼，一个小院，一片鱼塘，恍若桃花源。赵50多岁，头发花白，但脸上气色不错，看得出来，他在这里生活得还好。见到我们，他非常高兴，一边握着我的手，说欢迎欢迎，欢迎大作家；一边拍打着涂副书记的背，说老战友啊老战友，要不是陪作家，您也不肯来看看我啊。

　　"老赵你躲得太偏远了。"涂副书记也拍拍他的背。不难看出，他们的青春战友情还是很深的。

　　陪同我们的镇党委书记介绍说，赵市长——他依然一口一个"赵市长"地叫着——如今是这里的名人，他有文化，懂一些饲养方面的农牧业技术，帮助亲戚和养殖户们解决了不少实际问题，乡亲们都很尊重他。

　　晚上，我们吃到了老赵亲自饲养又亲自下厨做的"五道鱼"——老赵称自己最拿手的鱼的五种做法，如今在小镇上已经是名菜。涂副书记还从自己的车上拿来一箱当地产的白酒，53度，有些呛人，但味道醇正。我们都喝得有些飘飘然。不难看出，老赵毕竟是曾经的副市长，一开始举手投足还是有板有眼，有点端着。说话也是拿腔拿调，尽是符合场面上的规矩。个把小时后，涂副书记在我耳边轻声嘀咕了两句，意思是说，他在这里老赵还是有些放不开，他就先撤，到小镇上的宾馆"醒酒"去。我说好。涂副书记就先托词太累了，酒也喝多了，和镇上的书记先告辞。他们前脚离开，老赵就端起杯子，自顾干了一大杯，对我挤挤眼睛，说：

"老涂这狗东西一向聪明，挪窝给我们留说话的空间呢！"

一句粗口竟然让我忍不住笑了。那个端着的"副市长"尊容立即散了架。

我要的故事便从酒精里挥发了出来。

1

我这个人，不是什么大贪污分子，也没有收受巨额贿赂。所以，你看，我就蹲两年，出来了，经济上就那点事，鸡零狗碎的，一点小钱吧。不像现在有些人，坐到我这个位置，一旦出事，就是几百万甚至几千万元赃款。听说你们江苏那边，一个跟我一样位置的，好像姓姜还是什么的，苏州还是无锡的副市长吧，早些年犯事的，被判了死刑，搞了一个多亿，其中一笔，就8000万元。天哪，一个多亿，多少老百姓的血汗价值啊，真是罪大恶极，毙得不冤枉。我呢，谈不上罪大恶极，但也算令人发指，我犯的不是罪恶，是罪孽。在我看来，比罪恶更恶。罪恶可以现报，罪孽就不一样了，它会源源不断产生负面影响，它可能会长时间渗透、扩散、流传，贻害无穷啊。

可能老涂告诉你了，我犯事的基本情况，道德败坏，生活腐化，严重违纪，被双开；我犯有重婚罪，被判了两年，去年才出来。我记得当庭宣判的时候，法官问我，服从不服从，要不要申诉。我说，非常感谢法院的宽大处理，如果有什么申诉的话，就是，判得太轻了。当时，法庭上旁听的记者就笑了。后来有些小记者写文章，说我被从轻发落，掩抑不住心中的狂喜，竟然嫌法庭判得轻，庭上调侃起法官来。其实我不是耍那油腔滑调，更不是调侃法官，我是发自内心地希望判得重一点，当时死的心都有，只是缺少一根绳子罢了。判我无期、判我死刑，才符合我当时的心愿。当时我的结发妻子，我一直叫她小李，她就坐在庭下，我看到她一直绷着脸，端坐在那里，我说那句判轻了的话时，其他人笑了，她却流眼泪了。只有她懂我当时的心情，懂我这句话的心理缘由。您听我慢慢说完，就一定会像她那样，理解我说这话，不是矫情。也许你会发现，恨与理解，有时候也许是可以共存的。

　　我啊，就出生在这一带，您进来的时候可能也看到了，山水不错，但是交通不方便，经济状况在西部这一带算中不溜，一般吧，跟你们江苏那边的小镇，就差远了。20 世纪六七十年代，更不一样了，相当的闭塞。我 18 岁出去当兵，在此之前只出去过一次，是到县城去找我的一个女同学。她是当年在我们这里插队的知青的女儿，后来跟她爹回城了。我那次进城，去的时候搭乘了一辆拖拉机，回来的时候靠两腿，走了一天一夜，不知道迷了几次路，跌了多少个跟头，差点累死在路上，摔死在山里。但是，那一天一夜，我春风得意马蹄疾，我是吹着口哨迷路、唱着歌摔跟头的。

　　我回到家鼻青脸肿，但是我心花怒放。您一定奇怪了，进城灌了什么迷魂汤了，吃了什么脑残药了？我恋爱了，真的，就那次进城，18岁的我，和她确定恋爱关系，对象就是我去看的那位女同学，知青的女儿，姓吴。她见到我，很高兴，领我到县城的一个国营饭店，吃了两个肉包，告诉我说，我喜欢你，心想你如果进城来找我，我将来就嫁给你。但是你要努力，要走出那个山旮旯儿，否则我的爹妈不会同意，他们好容易才回城，不可能再让女儿回到那里去。你不会当高加林，但也不能成为刘巧珍。

这个你能听懂吗？呵呵，我懂她的意思，她那是说作家路遥写的一本叫《人生》的小说，讲一个乡村青年高加林跟村主任的女儿刘巧珍恋爱的故事。高加林本来是个穷小子，跟刘巧珍谈恋爱是高攀，可高加林后来出息了，进城当了记者，为了前途就不要刘巧珍了。这个故事当时很流行，在我们这个小地方的年轻人中，几乎是人人皆知的。小吴的意思其实就是要我有点出息，别成为男版的刘巧珍。从小吴这里开始，我大概就进入了与女人的纠葛人生。

那是1983年，我的18岁的初恋，事实上非常美好，特别是我们两个吃着肉包，谈着高加林、刘巧珍的爱情命运，憧憬着未来，此时此景，如果拍成电影，应该是很能拉高票房的故事情节吧。当然，这份感情没有什么结果，我当年没有考取大学，就出去参军了，跟她通了两年的信后，某一天她突然就不回信了。我不服气，请假回去找她，她已经跟别人定亲了。她成了女版的高加林，哈哈。

她当时在县百货大楼当营业员。找到她时，我站在柜台外面，她站在里面，两个人打了一个招呼，然后就窘在那里，无话可说。过了一会儿，她说，来不及了，这事只能这样了，你要原谅我，是我爹妈做的主，而且我们也没有那么确定，那个什么关系，是吧。我说好吧，那我走了，回部队了。她说好的，有空经常回来玩啊。我头也没有回，心里羞耻而愤懑，大步地走了。

这件事我一直都没跟我爹妈说，他们还有我的亲戚都知道我在城里找了个对象，我不想让他们知道我被这姑娘甩了。一个男人，一个穿军装的，成了"刘巧珍"，被女"高加林"给甩了，在那个时代那种情境下，我的内心震荡是很大的。看起来，我没有受到这件事多大的影响，甚至一度还化愤懑屈辱为力量，激发了我很强的上进心。后来我能在仕途上爬得那么高，也许跟这件事是有冥冥中的关系的。

现在想想，这一件事实际上没有什么了不起的。如果境界高一些，就是一段美好的青涩的恋情，一段手都没有碰，只约过两次会，写了几十封天马行空的信的所谓的初恋，完全可以成为一段天真、单纯的情感记忆，应该是人生的一种小动力啊。小吴喜欢过我，给了我少年时期的自信，给了我一种上进人生的发端。可我骨子里是个小农民，现在反思，我读书少，眼界心胸气量都是狭隘的。从那个柜台前离开的时候，表面看上去很平静，其实心中翻江倒海，恨不得炸了那个百货大楼，那个了不起的全县城最高的狗日的大楼。这几年看了很多书，静思的时候也很多，梳理自己的人生，发现自己其实那时候心里就埋着一粒狭隘的种子，或者叫市侩的种子。有了这颗种子，很容易长出某种扭曲的感情，某种有杀伤力的情绪，甚至在美好的树上，结下了怨仇的果子。这些果子随时会坠落，在心灵的土壤上腐烂发酵，产生负面的毒汁。

说件事吧，最能说明我的这种内心扭曲。

2010年我45岁，当选副市长已经是第二年，风华正茂，踌躇满志。我特意到老家县里视察，觉得那是荣归故里。我还毫无预告地临时提出，要去看看县里的百货公司大楼。县长告诉我，百货公司早就不存在了，改制了，但大楼还在，现在是一家民营的大超市。我就问原先的职工怎么安排的，他告诉我改制好多年了，愿意留下来的加入了民营超市，不愿意的分流或者退休了。我说那就看看这个超市吧。我有一种恶俗的快感，我要在前呼后拥中，出现在这座大楼里，甚至出现在她的面前。我的脑海中出现了很多设想的场景，无不是她的惊愕，她的揪心懊悔，她的狼狈什么的。我甚至设想了对话场景：

"这位营业员同志，现在老百姓购买需求旺吗，对物价满意吗？"

电视台的记者赶紧把镁光灯打在她尴尬的脸上，把话筒朝她嘴边靠过去。

"谢谢首长关心，很旺很满意。"

如果她没有认出我来，也许会这样回答。如果她认出我来，是掉头跑掉，还是落落大方地说，啊呀，你不是赵某某吗，当大官了呀，关心老家来了……

哈哈，现在说说这事都肉麻，都羞愧啊。但这就是我这个人前面大半生的内心世界的模样。当时我去视察了那家百货大楼改制后的超市，并没有看到吴。但我在超市展览室的员工榜上看到了她的照片。她看上去很胖，眼袋很重，脸上全是斑斑点点的，完全没有了少女时代的那种白净。我突然心里有些快感，觉得自己为这个女人纠结着，跑到这个臭烘烘的超市来视察，简直是滑稽可笑。——我这种快感的源头还不单是这个，我当时除了妻子，外面还有了一个女人，她有一米七二的个头，皮肉如凝脂，这个，待会儿还要细说给您听——我拿眼前照片上这个女"高加林"跟我外面的女人比，一个地上蛤蟆、一个空中天鹅啊，她这光景甚至长得连我的大老婆都不如。事业就更不要谈了，我大老婆那时已经是市人民医院的高级专家了。我把她们三个人在心里比了比，别说心里那个得意呀。

2

好的好的，还是要说回前面，还是从那年被小吴甩了之后说起。

起初，那事对我影响真的不小。我回到部队，有一阵子情绪很低落，心里窝着一股无名火。大概在两个月的时间里，我跟战友打了七八次架，都是为一些鸡毛蒜皮的小事。您知道吗，姓涂的那时是我战友，又是老乡，比我早一年入伍，已经当上小排长了。只有他多少听说过我的事，知道我那段时间为什么像发了神经，老是打架。他向连指导员举报我。你看这人，后来搞纪检是有前兆的啊——哈哈，开玩笑的。他是好心，看我那样下去很危险嘛。此前他劝过我，我说去你的姓涂的，你以为你是首长啊，管老子的事！所以，这小子就搬来连指导员了。

指导员是吉林人，对士兵特严厉。我记得那是一个夏天的晚上，营地外星光灿烂。指导员跟我边走边聊，出乎意料的心平气和，还讲了他自己失败的初恋，一大堆人生道理。我们在山下兜了一圈，回到营房附近准备分开时，他突然用手电筒抽了我一个嘴巴，差点把老子的嘴给打歪了。我毫无防备，简直给打蒙了，眼泪直往下滚。他说，今天我用手电筒打你个熊包的嘴巴，结束训话，你个熊包给我在这里站两个小时，把蚊子喂饱了再滚回去。你好好反思我说的话，把它们消化了，不然，明天开始再看到你萎靡不振的熊样儿，我见你一次打你一次，我换四节电池的手电筒，打得你满嘴没牙，你好好给老子长点志气。

我站在那里，哭了两个小时，然后回营房了。我肿了半边脸，脸上还被蚊子叮了几个大包，一看自己都没有个人相了。

指导员下手够狠的，但这一打确实打醒了我，我决定忘掉这件事，忘掉这个女人。我要好好表现，争取在部队混出个人样儿来。同时，这一打也让我与贵人结下了缘分。指导员后来一直很注意我，提携我。他自己进步很快，后来一直干到某省军区第一政委，现在早退休了。我的对象也是他介绍的，是另一支部队的指导员一个东北老乡的女儿，姓李，后来的日子里，我都喊她小李。因为她比我大两岁，我这样喊她，她特别开心。我喊小李小李，她就笑了，边笑边应哎哎老赵老赵啊。多么有趣啊。

我的岳父当时是团级干部，后来转业回老家了。1989年我24岁，跟这位东北姑娘小李结婚了，她当时在军区医院当医生，业务水平公认的出色。小李虽然相貌平平，但脾气很好，很温厚，让我找到了港湾的感觉。关键是她虽然是大学毕业生，又是部队的干部子女，却让我一点感觉不到压力。她从来不轻视我是山区旮旯的人，不轻视我只有高中文凭，对我父母的态度比对她自己的父母还要好。日常生活中小李从不对我挑三拣四，在她眼里，我什么都出色，长相、谈吐、能力、为人处世，用今天的话说，她无不点赞。她不光给了我一个温暖的家，而且使我获得了无限的自信，老婆的欣赏对男人来说，真的非常有力量。

1991年她怀孕，待产期间正好长江中下游发洪水，军区把我们调集过去抗洪救灾。像这种情况我是可以不去的，但她直催着我走，说养兵千日，用兵一时，趁年轻多为国家出点力吧。我就上了抗洪前线，这一去两个多月，没日没夜地干。中间她托人给我打了一个电话，告诉我生了一个胖闺女，一切都好，不用操心，任务全完成了再回来。

接到电话，我感动得热泪盈眶。那次抗洪，我浑身是劲，由于劳累过度，大概有七八次鼻腔出血，用袖管抹抹就过去了，根本不在意。我的心中充满了豪情，总觉得小李的眼睛，正盯着我呢，不能让她失望。后来我还纳闷过，哪里来这么大的傻劲呢？呵呵，现在想通了，这叫正能量对吧，一个人心里头充满了正能量，就会有释放不完的干劲。可惜，我没有一直蓄养这股正能量。

1991年的这场抗洪救灾，我忘我投入，等回到家我的闺女都能在地上爬了。我立了大功。第二年，27岁的我因功被提拔，成为我所在部队最年轻的正营级军官。2000年我35岁时转业已经是正团级，转到地方上，当了市经贸委副主任。后来体制改革，经贸委并到发展改革委，我被调到市开发区管委会当主任。两年后又兼任了党工委书记，党政一把抓。你这次有时间还可以到我们市的开发区去转转，去看看去打听打听，我们开发区搞得怎么样，我在那里干得怎么样。丁先生啊，我可以负责任地告诉你，开发区是在我手上飞速发展起来的，它至今还是我们市里的经济发动机啊，我们市如果要写当代经济史，我是应该载入史册的啊。这个，我没有什么好谦虚的。

也是因为这份功劳，组织上没有亏待我。2009年我44岁就当上副市长，依然主抓这一块工作。上任副市长多年一直到出事前，我都是兼着开发区党工委书记职务的。在我的领导下，至少在西部地区的中等城市里，我们的开发区排名很靠前，绝对牛啊。后面几年，有的人恨我霸道，背地里骂我是开发区的"独裁者"，他们给我取了一个外号叫"独裁赵"。传到市长耳朵里，市长哈哈大笑，说太夸张了，虽然难听是难听了点，但没有这点"独裁"劲儿，小赵也不可能短短几年就把开发区干这么大，就让他"独裁"吧，人事方面别去掺沙子，别搅和掉他的干劲啊。

市长秘书后来打电话偷偷告诉我。市长的这番话我听了很受用，但我从此几乎听不见任何人的任何忠告了。我真的当上了开发区那块地盘上的"独裁者"了。

其实，我心知肚明，一个能干的领导干部，仅仅是工作作风上有点"独裁"，恐怕也倒不了龙王庙。最坏的结局也就是下属不满，同僚捣蛋，组织上看不下去，为我挪个位置罢了。可是，我的作风不限在工作上，我在其他方面被人打开了缺口，生活作风也出问题了。我栽在女人身上了，或者准确地说，栽在情感上，栽在畸形的情爱上。一开始，我的软肋其实藏得还是很深的，后来张扬了，明显了，最终就崩溃了。

3

大概是我当开发区主任的第二年春节后，我有一个老战友介绍一个姓庞的企业家来拜访我，说要过来投资一个高科技研发中心基地的项目。我说这是好事啊，投资是我们欢迎的，何况是高科技无污染的研发基地项目呢。因为有老战友介绍，我几乎没有派人认真考察、核实人家的实力和资质，更没有怀疑这位老弟的人品，就直接拍板给了他80亩地。

后来我才知道庞老板这人其实是个靠建筑起家的土老板，只有中专文化，素质并不高，但能吃苦，而且很有世俗精明劲儿。他完成了原始资本积累，想升格自己的事业了，手上筹措了一点钱，出来注册了一个名字看上去很高大上的科技公司。其实，也就是名称显得高科技，他那人和他原先做的事，跟高科技一点也沾不上边。后来我也弄清楚了他的鬼把戏，他是先来造房子圈地的。他是做壳啊，不是做内容呢，因为他已经跟一个大国企勾结好了，等他的研发基地一造好，那个大企业就"急着"要在这里落户，正"火急火燎"找地呢，于是双方"一拍即合"，入股共同开发呀，土老板一下子用这种方式赚了一个多亿。其中的复杂手续，都是我一路支持办下来的。因为这里面还是有很多政策瓶颈需要突破的，完全按规矩来，他年把多的时间内搞不成这事。

　　我为什么这么支持他？因为他是老战友介绍来的。告诉你，我还真没有收受他的钱。这个后来纪委都查清楚了，在这件事上，你可以说我违反了规矩，但我的确没有冲着钱去办事，开发区天天在拉项目，市里圈的地几千亩都荒在那里，有人来投资建房子上项目，也是我们当时亟需的啊。还有，我这人讲义气，讲感情，特别是听到"战友"两个字，我的心里就有一股暖流，甚至一股激情。当然，还有一个理由也坚挺，就是这件事，外人看起来像一座难移的大山，可对我来说，这不是愚公移山啊，移开这些政策的山，我办得到啊。至少在开发区这个地盘上，别人不能办到的，我能啊，嘿嘿。更重要的是，我没有什么好怕的啊，我不收他送来的钱啊，所以我不怕。唉，当然，最后一条理由，说是这样说，其实根本不过硬，有一种"好处"介于有形与无形间，是一种很"隐晦"的好处。我就收了这种"好处"。

　　我不能跟你说得太详细，说起来太丢人了。那个庞老板特别感激我，总是说，哎呀，江湖上混20多年了，从一个小杂碎混成老板，经事历人无数，还真的没有遇到过赵主任这样的清官、好人，您也太刻薄自己了，不随大流，这是图什么呀。为了感谢我，在办事的过程中他曾一次性给我拿来50万元人民币，被我拒绝了。2005年我女儿考上高中，他直接跑到我家里，丢下一套耐克运动装，说是祝贺女儿的。我老婆还没反应过来，庞老板就已经快速下楼离开了。运动装包在一个很大的黑色帆布包里，她们母女俩等我回来才敢打开帆布包。如我预料的，里面裹着一沓美元，10万。我老婆小李她吓呆了，脸色惨白，结结巴巴地说，这人不能交，这人不能交。

我见她那架势，忍不住哈哈大笑，不知道为什么，那一刻我感到自己特别强大，在小李和女儿面前，绝对男子汉。我故作淡淡然，一挥手说，生意人嘛，认为钱就是表达尊敬和感恩的唯一方式啊！这不能怪他，他也不是坏人，古话说，礼多人不怪，别人来敬重你，不管用什么方式，不过是为了表达一份感情，我们应该心领。钱，我当然要退给他，但他的心意，我们应该心领才对。

第二天，我把衣服留下，钱退还给庞老板。庞老板从此对我更敬畏了。后来我想，如果我在这方面，一直坚持止步于此，与庞老板，与很多有求于我的人，都保持在这个尺度上，我赢得的敬重恐怕会越来越多，而且可能是终身的。当然，今天也就不会躲在这里养鱼。唉，利令智昏，这个利字内涵很宽啊。

庞老板想了很多办法，来变相地表达对我的报答。在他看来，只有我接受了他相当多的好处，他才会成为我真正的朋友，利益同盟啊。他隔三岔五请我吃个饭，打个高尔夫，我都去了。给我送几条香烟，几瓶红酒，我也都拿了。但只要是钱和贵重物品，我自始至终没有要他的。

但庞老板这种人，如他自己说的，江湖中人，比鬼都精，他总是能想到办法瓦解我的。他终于有一天抓住了我的一根软肋，实现了他对我的突破。他窥到我的内心，是一次陪我在成都参观他朋友的一家化妆品企业，庞老板说他也是这个企业的第二大股东，所以请我过来指导一下，自己人的事，务必帮他这个忙。参观完厂区后，企业的老板在他自己的会所里请我吃饭。吃饭时，老板安排了五六个姑娘，说是他们化妆品品牌的平面模特儿，过来演示化妆品的效果。这些姑娘一个比一个靓丽，特别是脸蛋，确实漂亮，而且漂亮得有特点。

吃饭的时候，我在她们的包围中，开始时很自卑，觉得自己土得掉渣。除了有党和人民给我的一个官职，有一个人到中年发福的肚子，其他我有什么呢？没有什么，的确没有什么啊，没有显赫出身，没有高文凭、大才艺，也没有了青春英俊。但是，随着几杯小拉菲下肚，在男男女女的一片恭维声和清一色逢迎的谄笑中，我突然找到了自己的位置——我才是这群人的中心。我有什么好自卑的呢，世界上最能发挥作用的东西，难道是年轻？是英俊漂亮？是几个臭钱？不不不，绝对不是，此情此景告诉我，是实力，而比实力高大的是势力，比势力高大的是权力。一个人有权力不就很容易有眼前这些了吗？灯光酒色，今夜簇拥的中心不就是权力，不就是我吗？

饭后，我们来到会所的多功能厅，那些模特儿一起化妆并换上礼服，然后老板让她们一个个轮番坐到我面前，说请我评点化妆效果。她们贴着我，是那样的近。我看着一张张精致的脸蛋，呼吸着她们芬芳的气息，整个人都飘起来了。

这是一个让我彻底失眠的夜晚。我的心里失去了多年仅以权力支撑起来的平衡。这些姑娘多么年轻美丽，风韵十足，而这些土包子企业家，靠我们的帮助发财，然后用这些钱享受着葡萄美酒夜光杯，身边全是精挑细选的女孩子，而且招之即来挥之即去。第二天从成都回来的路上，我忽然有一种严重失落的沮丧。我的心理状态显然被陪着我的庞老板看穿了。他边开车边喋喋不休地向我讲这个服装老板的故事。

"领导你看，这个死胖子跟你没法比，人丑，巨胖，初中文化，啧啧！"他摇头晃脑地咂着嘴说，"可是他过得比领导您潇洒多了，不光是因为有几个臭钱啊。"

我说不是因为钱多，是什么？

庞老板竟然脱口说了一句如诗词的话：为什么我们青春不再，因为我们正当的欲望，被禁锢的思想，愚蠢的道德打翻在地，我们人性从此矮小而萎靡。

土包子说出这种文采飞扬却又意味深长的话，我着实吓了一跳。

接着，他便开始讲这个服装老板的风流韵事。他说，光他知道和见过的，那位老板的小老婆都快一打了。说那老板有"收藏"和"品鉴"女人的癖好，就像收藏家一样，发现一个中意的藏品，就不惜代价搬回家品鉴、把玩，家就成了宝贝仓库。服装老板也是这样，每次看中一个女孩，就不惜血本，拼命追求，搞到手之后就为她买套房子，包养起来。生不生孩子，随便女方，只要一心一意跟着他过，一切都好商量。反正他养得起。老板管理这些女人很有一套方法，就是论资排辈，论功行赏，跟他的时间越长，得到的奖励和赢得的尊宠就越多。女孩收藏得多了，老板自己都搞不清先后了，就按照时间给她们重新取一个"宠名"，他管结发妻子叫大年，有几个几乎公开化的小老婆，分别叫作小春、小夏、小秋、小冬。再后面的"藏品"，就开始用月份编号，一月、二月、三月，这样往后排。最近，他对我说，庞弟，不好了，出事了。我说你别慌，出什么事了？这浑蛋说出来的事，差点把我的饭笑喷了，他说：我最近又认识了一个姑娘，实在太可爱了，可是我的月份不够用了，总不能叫她十三月吧！你看看，领导，这些家伙过的日子，都不比古代的皇上差啊。可你们领导啊，只有一言九鼎的威风，却没有三妻四妾的实惠。我们做生意的是辛苦，你们当官的是辛苦加"心苦"，图什么呀？我到您府上，见到嫂子，一看就是一个贤妻良母。可是，好像比领导您年纪还要大不少吧？也胖了，跟帅哥您在一起，啧啧啧，不好说。这要是往前倒过去百八十年，我们中国人的祖祖辈辈，像您这样的"知府大人"，真正贤惠的大老婆，都在帮您张罗着找第三、第四个小妾了。这个正常啊，还是美德呢。做大老婆的，这事儿干不好，都没脸回娘家，哈哈。

我说，你这狗东西胡说八道什么呀，现在是共产党的天下，搞这个，可不光是道德问题，要违法的，要丢官的。

姓庞的笑得更凶了，说领导啊领导，我的赵大主任，我这些年在各地做生意，见到的领导无数，您的工作能力是我见过的领导里最强的；您的长相、风度、才华和个人魅力，是我见过的领导里面排名首屈一指的。可您是我见过的生活最寡淡、最苛刻自己的领导。我是个小人物，觉悟不高，所以，都想不通一个人为什么要这样？是为了做圣人吗？可是，圣人在我们这个社会，是另类啊——还不是另类呢，应该是孤品、绝品什么的啊。当官是一时的，青春是短暂的，生命是有限的。古代官员，一妻三妾是标配，现代嘛，好男人万水千山总是情，万水千山要留情。

你看，就这个浑蛋，特别能说。我一边骂他，他一边笑，还佯装着打自己的嘴巴，说臭嘴，实话管不住。

他这些屁话，其实也不是什么新鲜真理。20 世纪 90 年代开始后的十几年里，大家坐下来吃饭喝酒讲段子 K 歌，说的不都是这些嘛。就那个时代那个风尚，满城的酒家足浴 K 歌厅，出来应酬，一桌子坐下来没两个美女在场，好像镶金嵌银的豪华包间，生猛海鲜的佳肴，一掷千金的派头，都白白浪费了。

唉，现在想想有点荒唐。可那时似乎再正常不过了，套用现在一个热词"常态",声色犬马,社会大面积的常态化了。我嘴上骂,心里却真正失衡了。我从山里出来,当兵,吃苦,被女人抛弃,颓废中重生,玩命抗洪,奋发上进,一步一步爬行,谋到这么个不大不小的位置。一眨眼,人到中年,我的人生算是尘埃落定了吗?也许,我自己没有看透自己的心思,人家看透了,人家把我心里的某种失衡检测出来了,人家开始"对症下药"了。在此后的日子,我乐此不疲地吃起了这味"药"。

4

我第一次出轨就是姓庞的给安排的。

那一年,我到成都的一个经济管理培训中心去学习了两个月。在成都期间,庞老板几乎每天都到培训中心接我出来吃饭。他在成都有一个专门用于接待的私人会所,会所的经理是一个32岁的女人,姓沈,自称"沈女者,剩女也"。据说,是单身,后来知道她有丈夫,只不过丈夫在广东做电子生意,搭上了一个打工妹,很少回来。夫妻俩各玩各的,彼此心照不宣罢了。她是姓庞的拉给我的第一个女人,见了第二次面后就上床了。姓沈的成熟妖媚,激发了我身体里的"熊性"——是的,熊性,因为用"雄性"这个词似乎力量还不够。学习期间,我在培训中心的自助餐晚餐券只用掉三张。也就是说,两个月九个星期,我有八个星期多两天的晚上,都是在庞老板的会所里度过的。

学习结束后,我很想那个女人,每个星期都要跑一趟成都。后来,索性通过熟人,在成都某大学读个在职博士,一举两得,既解决了一个高文凭,又找到了合理的借口经常跑成都。这样持续幽会了大半年,似乎才平息了一些,心里的那头"熊",才有些安静下来。

也不知道为什么，这个时候心理失衡病理应治好了，可是我却产生了一种更加空荡荡的感觉。直到那年春节前，我遇到了她，我叫她小乔。当然，她的名字不叫小乔，也不姓乔，只是我遇到她，脱口就叫她"小乔"，她很惊讶，抬头望我。我乐了，说你真叫"小乔"啊？她摇头说，不是啊。我说，不是那怎么应我呢？她哈哈笑起来，说你不是喊我，是喊谁呢？喊错了姓而已。那行，就是喊你的，以后你在我这里，就叫小乔了。所以，后来一直叫她小乔，她喜欢，认可。

这种"艳遇"说起来有点麻烦。后面的发展，我觉得是一种缘分，可别人不一定理解，认为不就是玩女人嘛。省纪委办我案子的那几个小年轻，听我讲这件事，鄙夷不屑地说，不就是玩弄年轻女性吗？顶好听也就是个婚外情，别粉饰得跟小说奇缘似的，肉麻啊，老赵。涂局还骂我就是老牛发淫威，就想啃几口嫩草。可能你听了也会觉得我不地道。但我不辩解，反正我的心里不能接受我是玩弄女性。我只实事求是说这件事，我没有主动对小乔猎艳。我们有感觉，从见面开始就有感觉，找到那种心灵犀的感觉，几句话下来就觉得很对劲儿，能够找到对方的兴奋点。第一次有趣的对话，让我们记住了彼此。认识的场合，是在市里的经济博览会筹备会场，我来视察筹备情况，慰问志愿者服务队。她是大学生志愿者的领队。于是，就有了那个对话；于是，就有了相互留手机号码。几天后，她给我打电话，说要请我吃饭，我说你学生娃，请我吃什么饭啊，有什么事就来我办公室直说吧。她就跑过来，说父母在老家县城被人欺负了，她老家的房子进入拆迁开发范围，为拆迁补偿的事，她的父母跟地方政府和开发商发生纠纷，纠纷升级，动了手。她父亲是当地的中学教师，手无缚鸡之力，哪里经得起打呢。结果，在扭打中被人家三下五除二打翻在地。受了伤住院，人家拒赔医疗费，所要增加的拆迁权益更是没有。她父亲书生气，胳膊拧不过大腿，气得出不了院了，感觉浑身出了毛病，快不行了。

我听完她的诉说，心中窃喜，我想我的机会来了，我要让小姑娘欠我一个人情。

当时我已经有了主意，但我没有按这个主意说，而是说这个嘛，要按照法律来办，要请个好律师过去，跟他们较量。她傻了，说这有用吗？开发商那么嚣张，就是跟县里的头头脑脑沆瀣一气，您是市里的领导，我还以为只要跟我们县里领导打个电话干预一下，就行了呢。我说，这不行，以权力干预权力，甚至凌驾法律，不符合规矩，还是要通过法律途径解决问题。得找一个厉害的律师，以理说理，以法说法，我相信一定能成。她泪眼巴巴地说，到哪里找到这样的大律师呢？我说，你不正来找我了吗？她听了这话，笑了，说，您真好心又正派，天下的领导都像您这样，老百姓就好过多了。

唉，所以说，有个词叫"天真可爱"，"天真"和"可爱"是放在一起的，绝配。年轻人的可爱，就在于尚未脱离天真。她的事我其实根本没有请什么律师，就是给县里打了一个电话解决的。因为这个事实是欺负人了，我可以光明正大地跟县里说，赶紧纠正过来，该道歉就道歉，该补偿就补偿。我当时虽然还不是市领导，但我跟市属的几个县、区的领导都熟悉。对小乔家这样的百姓来说，是大事，可对我们来说，这不算什么大事，找个熟悉的县领导让他过问一下就行了。

事情很快摆平，小乔的父亲拿到了补偿款、医疗费，很快就出院了。开发商还专门登门道歉。小乔感激得不行，一定要请我吃饭，我说行啊，你请客我埋单吧，地方我来定。

吃饭的时候，她心思重重地问我，官司打赢了，但拿到的钱，也不知道够不够付大律师的代理费？我逗她说，够呛，大律师的起步价都是几十万呢。她说，她马上毕业了，工作后会抓紧时间还钱。我说算了，算了，律师是我的朋友，人家哪里好意思向我收代理费啊！她说，那不行，那不行。我说，为什么不行？她说，我不能欠你那么大的人情，我会给你钱。

我笑笑，说，好吧，我等着。

我们后来又在一起吃了几次饭，我们的关系发展得很快，很快就同居了。我感觉我恋爱了。那阵子，庞老板喊我去吃饭、K歌、桑拿，甚至弄些模特儿陪我闹腾，我都提不起劲来。准确地说，好像小乔的出现，把我心里的那个空荡荡的缺口给填上了。我认为此前20多年，我没有谈过真正意义上的恋爱，更谈不上人生该有的轰轰烈烈爱一场。小乔有一米七几的个子，白皙，修长，纯真无邪。她在跟我交往的过程中，从来没有向我伸手要钱，而总是开玩笑说，我这是以身抵债呢。从现在起，我不叫"小乔"了，我是还卖身债的"喜儿"，你就是"黄世仁"。我从此就叫她"喜儿"，她就喊我"黄世仁"。

"喜儿"的出现，经常让我彻夜难眠，思绪万千，我觉得这是上天冥冥中给我的补偿，我在事业上打拼了几十年，情感上却如同空白。"喜儿"让我如获至宝，情感上产生巨大的满足感，甚至内心偷偷地升起一种自豪感，一股骄傲感。我为她也是拼了。她大学毕业，我亲自为她找工作，一口气为她联系了四份工作，供她选择自己最喜欢的。后来她选择的不是自己专业对口的外贸，而是到市商业银行上班。我问她为什么？她说工资高才不需要看"黄世仁"的脸色，才不需要用"黄世仁"的钱啊。"喜儿"可不能拖累"黄世仁","喜儿"希望年轻有为的"黄世仁"实现自己的远大抱负，而不是一生背负儿女情长；更不能因为我，丧失志气，甚至犯错误。她说这番话的时候，我感动得哭了。那一刻，我想我为她死，都义无反顾。

听到这里，丁先生，您也许理解我为什么在回老家视察的时候，一定要去一趟百货公司大楼，试图望一眼姓吴的初恋，那个女版的"高加林"，哈哈。当然，"初恋"这个词用在那里，也不一定准确了。反正，那个时候，那个地方，那种在内心里，在下意识里，偷偷地比照，快感无法形容啊。

现在回想，也挺罪恶的。我面对生命中的任何一个女人的时候，好像都忘记了自己还有其他女人在，法律上的，道义上的，名义上的，事实上的，全然没有在乎。我面对谁，眼睛里只有谁，不是吗？我觉得自己是独立的，有权利这样，只不过是不可告人的隐私而已。那时候，我的事业处在上升期，是市里的大红人，开发区成为全省甚至整个西部的标杆，来学习的政府团队，一年几十批甚至上百批。除了春节，没有一个星期缺接待的，来者都要点名求见我，听我介绍经验。市委书记和市长看到我，都是一口一个"小赵小赵"地喊着，那种亲昵，对我来说太有激励作用了。我也没有辜负这份厚爱，我在工作上没日没夜地拼命，我对自己说，一辈子得像个军人，一辈子都要处在当年抗洪救灾的那种劲头上，一辈子不要再挨手电筒抽打，被别人说"软蛋"。

我太风光了，我的风光掩盖了一切，甚至麻痹了自己。我与小乔的关系，并不是密不透风，没有半点跑漏。但是那些年太疯狂了。说实话，社会风气不太好，一个大权在握的官员，一个把企业做起来的企业家，一个有点名气的社会名流，好像在外面没有花花草草的事，都不正常了。所以，似乎都没有人过分在意男女绯闻。

我记得我开发区下面的招商局局长，被人举报，在外面有好几个情妇。我只是把他喊到办公室批评了一通，对他做了两点指示：一、不要把篓子捅到家里去，破坏家庭，那样麻烦就大了；二、经济上要干净，不允许为了女人贪污受贿捞不义之财。既没有处分他，也没有制止他。那家伙对我感激涕零。我当时觉得这没有什么，只要后院不起火，男人嘛，工作干好了就行，生活随便一点，不是个事儿。再说，没有这位能干的局长，就没有开发区的招商工作的精彩，就没有我们开发区的今天。这些小节问题，睁一只眼闭一只眼算了，权当是一个人对自己劳苦功高的自我犒劳吧。

我与小乔的关系传到社会上，我听说后，也没有当回事。市长秘书曾在一次跟我一起喝酒的时候，突然跟我说，老哥，听说您业余生活很丰富多彩啊，女朋友的档次也很高啊。我马上知道有人在市长那里捣鼓我了。我刚想解释，市长秘书立即制止我，别，老哥您别说了。我只告诉您一句……市长说，有的干部一心一意地为人民工作，做成了很多正事，我们不能动不动拿莫须有的杂碎干扰这些干部；有的干部成天混日子，还三长两短歪打算盘，栽赃了很多做正事的人，是真正的负能量，我们不能鼓励。然后，他诡秘地对我说，赵主任您可知道为什么别人拿这个搞你？我说，还真不知道。那小子哈哈大笑，说，是因为确有其事啊，有红颜知己也不带给兄弟们看看，饱饱眼福。我心里一惊，说，瞎说瞎说，给我十个胆我也不敢，党天天看着我的一举一动呢。那小子笑得茶水都从嘴里喷出来了，说，逗你呢，真正的原因是，您是副市长热门人选，举报信激增啊！但不知道这些举报是不是空穴来风？

我听了市长秘书的话，也就放心了。我觉得，我应该继续好好干。我脱口而出，市长这样信任我，厚爱我，我应该干得更好，才对得起领导对我的信任。

　　那阵子，我"加班"太频繁了，加上外面有绯闻，我老婆开始怀疑我。但我的确没有在小乔身上花钱，工资总是原封不动地交给她的，一个子儿也没少过。我就把我成为省管后备干部，是副市长人选，竞争对手和工作中得罪的下属，开始搞我了，等等，这么回事，告诉小李。小李相信了。我老婆还是相信我的话的，这么多年，她几乎没有真正怀疑过我，也没有因为一有风声就回来闹腾，或者到外面明查暗访。她是个大大咧咧的人，对自己的业务工作也很上心。她也是个母性意识很强的人，所有的业余精力都花在女儿身上。外面传闻多了，她最多警告我，说你可不要忘了自己的出身，要做什么出格的事，先估量一下后果和代价。我总是赌咒发誓，请她放心，我说，我只是党、你和女儿三个人的老黄牛，心无旁骛。

　　其实，我在说这话的时候，我的第二个孩子正在降临中。

5

　　我跟小乔同居后，最难处理的还是每年春节。春节放假，我没有理由陪她，只能待在家里跟老婆和女儿在一起。每次，小乔只好回老家跟父母过春节。而她一回家，父母就催她谈男朋友，找对象结婚，说这年头女孩子年龄大了，婚恋问题就会成为"疑难杂症"，全国的剩女有六位数甚至七位数之巨。小乔无法面对父母，烦不胜烦。一向活泼开朗的小乔，每年的这个时候情绪会发生很大波动，往往走前哭几次，回来哭几次。可再伤心再尴尬，我也没有办法解决这个看起来很世俗、很简单的麻烦问题。但是让我感动的是，小乔自己哭归哭，却并没有因此抱怨我，总是催我早点回家过年，每次还帮我把送老婆和女儿的新春礼物都买好，叮嘱我要利用节假日，好好休息，享受家庭，陪伴亲人。

小乔并非出身贫苦，小乔其实是家里的惯宝宝。虽说她只是小县城里的一个普通家庭出身，父亲是教师，母亲是一家小企业的会计，但从小到大，父母视她为掌上明珠，生活上没有让她吃一点点苦，情感上呵护关爱。从小乔快乐活泼的个性，也能看出来她的成长环境是很好的。也正是因为这一点，小乔非常讲理，只要牵涉双方家庭的情感的事，她都会尽最大的努力，宁可委屈自己，也要成全家人。现在的问题是，小乔无法做到让双方的家庭都满意，因为她的父母已经进入为她终身大事操心的年纪，要的不仅仅是陪伴，照顾，而是一个新家庭、新一代的出现。

2008年的圣诞之夜，我和她躲在成都的一个五星级酒店的西餐晚会的角落，享受浪漫西式新年夜——因为不能陪她过春节，每年的圣诞节就成为属于我们俩的最重要节日。窗外烟花阑珊，室内烛光幽暗，音乐轻柔，细雨流芳。那是一种完全不同于中式新年的过法，浪漫超脱，含情脉脉。可不知为何，这次我精心安排的浪漫，并没有达到以往的效果，小乔一直心不在焉，闷闷不乐的样子。我拿出"撒手锏"，特意准备了一只价值10多万元的大钻戒，戴到她的手指上，说亲爱的，你愿意做我永远的爱人吗？她望着我，点点头。然而，她的眼睛里含着泪光，在微弱的烛光里闪闪烁烁，我看得一清二楚。于是，我告诉她我的计划，就是等我女儿来年考上大学，就可以向老婆和女儿坦白，让她们谅解并放弃我。

小乔一下子就哭了，握着我的手说，自己从来没有怀疑过我爱的诚意，也理解这种事急不得，一个男人若是为了新生活，粗暴处理旧生活，不给结发妻子和亲生孩子理顺情绪，预留未来，那这样的男人，也很可怕呀。接下来，她说了一件事，彻底让我蒙了。她说，我怀孕了，这次不能再打胎了。

我沉默了一会儿，一时不知道如何掌控自己的情绪，不知道如何表述我的心情和意见。

我不想让你为难。小乔眼泪汪汪地说，可是我已经打过两次胎了，医生建议最好不要有第三次，而且在这么短的两三年内，这不光是影响后面的生育，危及生命的可能性都有。我赶紧表态，那就生下来吧，我们该有一个爱情的结晶了。

她绕过桌子，走到我身后，从后面搂住我，脸贴在我的后颈上，让我感到了她的温暖。她喃喃耳语说，那么有一个新问题出来了，最多到春节后，肚子就显出来了，一个"连恋爱都没有过的女孩"突然怀上了，这么奇葩，怎么向家里人、向社会上的熟人解释这件事啊？

我又傻眼了。我只好说，那我就回去跟她们提出来，离婚——早点离婚，跟你结婚吧。

我当时不是内心真的希望这样做，但我没法不做这样的表态，为了这份情义，我也只能"大义凛然"。

小乔，真是个了不起的女孩，她当然没有要我这么做。她说，我不能这么做，我的良心不允许这样，我不想亏欠你们太多，更不想伤害别人。再说，这个时候不能影响你的前途，一件生活上的事，让一个自己爱的男人，奋斗了半生的事业前功尽弃，只有坏女人和蠢女人，才会这么做。但是，这个孩子也不能放弃，一是身体不允许；二是情感不允许；三是我觉得即将到来的 2009 年会"添喜"，直觉告诉我，2009 年是你的好运年，增加一个孩子，提升一个级别，女儿上一所好大学。所以，不管从哪个角度看，都只能是我自己豁出去，独自处理这个过程中的一切麻烦，承担一切可能的不利后果。

我说，这里面最大的麻烦，就是怎么向你的父母交代？她一字一顿地说：都想好了，春节回去假结婚。

她的主意是，已经跟自己的一个闺密谋划好，春节"借"闺密的男朋友回老家，让父母请亲戚们吃个饭，一切问题就不言而喻，临危脱险了啊。以后，挺着个大肚子，带孩子什么的，也不会有人猎奇了。

2009年，一切如我们的设计，如我们的期望。春节期间，小乔带着她的闺密和闺密男友，回到家乡办酒席。闺密男友扮演了小乔的男友，还一本正经地为自己的"冒进"作孽，向"岳父""岳母"大人道歉。小乔的闺密做了"伴娘"与"导演"。一场戏，看起来天衣无缝，没有引起老家任何人的怀疑。这一年，甚至还给我们送上意外的惊喜，小乔为我生了个私生子。哎呀，没有办法，男人嘛，谁不喜欢儿子呢。7月份，我的女儿被川大录取。11月份市政府换届选举，我被提名副市长并顺利当选。在我看来，小乔就是我的福星，她是个旺夫的女人，似乎在冥冥中，把我的人生和生活，导向一个又一个好事，一场又一场好戏，一次又一次高潮。

这一年，我44岁。

这一年，我春风得意，照照镜子，都看见自己年轻了十岁，身上也全然没有了大山里带来的泥土气息，没有了多年来内心深处不时冒出来的那种自卑，那种自责。当然，也包括一个男人身居高位应有的那种自省，似乎全都消失得一干二净。

为了感谢小乔和她的闺密，我帮小乔闺密和她的男友，在市属单位调换了两份很好的工作。小乔特别开心，她需要有贴心的朋友。闺密其实也在帮我的忙，小乔生育期间的诸多杂事，全是这小两口在帮忙张罗。他们该得到我的一份报答。而这对一个副市长来说，简单得不能再简单，轻松得不能再轻松，比跟小乔偷偷约个会都要简单、轻松。

6

权力是最好的春药，除非从未拥有，一旦拥有，自觉减少与放弃，难上加难。这句话应该是基辛格说的吧。姓庞的老板把这句话经常挂在嘴边上。

这个人一肚子花花肠子坏水水，这是我出事之后才醒悟过来的。除了我，直接或者间接受他影响而下水的还有好几个。政府里跟我搭班子，协调管理对外经贸工作的一个副秘书长，出事交代后，收了他100多万元的贿赂，每个星期都跟他在一起吃喝嫖赌；下面一个县里的常委，典型的土包子农民出身的那种苦干部，认识姓庞的之后，几年就变得油头粉面的，最后发展到染上赌博和吸毒。春药和毒药，其实就是一步之遥，触手可及的丁点儿距离。

我结识了庞老板之后，最大的变化就是不断把良药变成春药。我也不是不知道，领导干部被党和人民授予的那点权力，本来是一味良药，主要用来造福众生，同时也可以医治自己的混沌。但是，不知道为什么到我这里，竟然成了真正的春药，而且那么催情，一发而不可收。我染上姓沈的少妇，后来就有了小乔；有了小乔，我并没有止步于小乔。就在我当上副市长的第二年，我通过庞老板的引荐，认识了一家广告公司的业务员小凡。

说起来很荒谬，小凡竟然是庞老板开给我的"一剂药"。

为啥是"一剂药"？是这样的，在后来的几年，庞老板几乎跟我形影不离。我虽然不肯收他的钱，但是，他为我跑腿办事，办一些我不方便办的事，招之即来挥之即去，让我很受用。庞老板其实知道我跟小乔的事，但是因我从来没有跟他说过这个秘密，也没有让他介入这种私事，所以他也从未在我面前表露过对这件事的知晓。然而，他是个比鬼都精明的人，他能看穿一些事，也能看穿一些心事。有一天，他意味深长地对我说，男人不能没有几个女人，但不能用情太深，太专注了会被套牢，会故步自封，得一个女人，失去更多艳遇，有时候还会出事儿；男人也不能把任何一个女人太当回事，女人越少反而会在情窝里陷得越深，最后成为一种负担。

他的话让我吃惊。我觉得这狗日的看穿了我。

我那时几乎忽略了妻子的存在，一心在小乔身上，慢慢有些乏味，也有些对妻子感到愧疚。但我也没有办法回归，收回我的情感。况且，事业上野心勃勃，生活上好像又进入新的一轮春天，蠢蠢欲动。平时，庞老板胡说八道的时候，不管有没有道理，不管我内心是否认同，为了表示一下我的身份约束和应该有的境界，我都要反驳或调侃他几句。但这次我没有。我陷入了沉思。于是，不久之后在一次宴席上，庞老板便把小凡带到了我身边。饭后，庞老板就为我开房，把小凡塞到了我的房间，我连想都没有想，就把小凡揽入怀中。

小凡是那种看上去野野的女孩，性格火暴，私生活奔放，给了我完全不同于前面几个女人的刺激。我很快迷上了小凡。为了稳住她，我让她辞职出来，自己当老板，注册了一家广告公司，主要接开发区内的企业形象设计的活儿。一般我不亲自打电话帮她，而是让庞老板出面，跟商家说。这边的企业都知道庞是我的马仔，能给的项目就给了，一年三五个小项目，足够小凡维持公司和优裕生活了。而这些关照小凡的企业，也都认为小凡是庞老板的小蜜。他们觉得，关照了小凡，与庞老板近了，也就与我套上近乎了。至少，可以在庞老板组织的饭局上，与我同一个桌子。

小凡很享受这种"关照"。她很快把企业做得像模像样，很快买了自己的房子。她按照新婚房的标准装修这套房子，生活用品都是成双成对配置的，有她一份就有我相应的一份。入住的那一天，她还在里面贴了"双喜"，我们算是搞了一个彼此见证的"婚礼"。从此，我又多了一个家，三天两头过来住住。

2012年春天，小凡怀孕了。这一次跟对小乔不一样，我连一句反对的话都没有说，反而表现出渴望孩子早点出生，渴望她给我生一个健康的大胖小子——刚才忘记说了，2009年小乔给我生了一个私生子，我既不安又欣喜。毕竟是"婚外有婚"的第一个"结果"，总觉得不是名正言顺。但自己的孩子上大学了，又是个女儿，由于我顾家少，她跟我也不太亲近，所以中年得"子"，我内心还是得意的。我对这个孩子还是很关心的，我希望在孩子成长的过程中，多给他一些父爱，俗话说父子连心，将来只有儿子才能真正懂父亲，从深处、大处理解父亲；女儿是小棉袄，儿子是铁盔甲，男人的温柔和忧伤，只有男人才懂啊。我有了儿子，这是多么值得欣慰的一件事啊。所以，只要不出差，最多隔一两天，我一定会过来陪他们母子一个晚上。然而，我的这种自鸣得意和美好愿望，慢慢地化为一种沮丧，一份心痛，一肩重担。在儿子成长的过程中，我们渐渐发现了异样。他跟其他孩子不一样，两岁的时候还不会说一句完整的话，一走路就摔倒，反应特别迟钝，不能准确表达任何一件事。这简直是我和小乔的晴天霹雳。说起来让人伤心欲绝，一直到 2013 年我被组织审查的前夕，一天我跟儿子在一起，想给他启蒙，可儿子连一加一等于几都弄不清楚，我给他讲大灰狼的故事，讲了至少有 20 遍，每次他都听得津津有味的样子，可问他大灰狼的问题，他一点反应都没有。我稍微不耐烦一点，他就放声大哭，四周岁的孩子了啊，一哭就是一两个小时，停不下来。自从发现这个孩子有问题之后，我开始有点心烦意乱，上班没有那么专心了，总是在研究怎么治好儿子的病，总是在盼望有一天，突然他的神经打通了，变成一个聪明健康的宝宝，见到我进门的那一瞬间，喊着爸爸扑到我的怀抱，跟我讨论大灰狼的故事，向我索要更多的精彩童话。

然而，这一天，我至今没有等来。

小凡怀孕的时候，我跟小乔的儿子两岁了，孩子的不正常已经表现得很明显。所以，当小凡把她怀孕的消息告诉我时，我脱口而出，好好，如果你愿意，就要了吧。我老了，喜欢孩子。

说是喜欢孩子，潜意识里是喜欢健康的孩子，最好是一个健康的儿子。

2013 年初，我的第三个孩子出生，小凡为我生了一个健康的孩子。她是一个女儿。我被专案组带走之前，只见过这个孩子三次。第一次是刚出生的那一天。第三次是她满月，躺在小床上啃自己的小拳头。那时候，外界对我要出事的传闻已经甚嚣尘上，我已被混乱不堪的生活和诸多不良预感压得喘不过气来。女儿很漂亮，小脸圆嘟嘟的，我逗她的时候，她快乐地蹬着小腿，舞着小胳膊。她是聪明而又活泼的。我站在孩子床前，逗了她好一会儿，看了她好一会儿。她的眼睛盯着我看，好奇，热烈。真的，我能感觉得到，亲人之间才有的那种温度。我把事先准备好的用一个简易文件袋包的 10 万元钱，悄悄塞在她的小床边，亲了亲她的小额头，然后就走了。然后，再也不曾有机会见到她。

那天在电梯里，我的眼泪无法自控地流了下来。自从被手电筒抽打的那个夜晚后，我好像没有哭过。我是个军人，男子汉，我不会轻易掉眼泪。我掉眼泪的时候，都不是因苦，因累，而是因悲伤，我哭得稀里哗啦、稀里糊涂的吧。

7

从新千年第一个十年的中期走上重要领导岗位，到 2013 年出事，也不过七八年的时间。想想在整个人生路途上，七八年并不是特别长，可是我的这七八年，是一个多么奇怪的七八年，走得很苦，走得很累，走得很快，却不知道走得多远，不知道走到哪里去了。我更像个陀螺，被自己内心的某种鞭子，乱抽一气，头脑晕着，身体乱着，围着几个生活摊子转着，灵魂疯狂着。我不算是很有文化的人，不太能准确表达。丁先生您看，是不是这么一个状态？

我被"两规"的那一刻，绝对是如释重负，当天夜里我睡了 9 个多小时才醒。省纪委办案点上的同志告诉我，我呼噜打得震天响，害得他们在外间都没有睡好。此前我多次有过自首的冲动，我已经把自己拖进了一种无法消受的生活残局。我在三个女人、三个孩子、三个像模像样的家之间疲于奔命，在道德、舆论、党纪国法的夹层里东躲西藏，我自欺而欺人，自恋而自虐。党的十八大之后，也就是我在任的最后一年，我惶惶不安，经常夜不能寐，头发掉了一大把。我希望尽快结束这种噩梦。我也想到过自杀。但是，那么多女人和孩子在我身后，我除了做鸵鸟，缩着脖子等待猎人，其他什么勇气、什么力气都没有了。

我的结发妻子小李在我最困难的时候嫁给我，给了我一蹶而后振的力量，给了我因为失去初恋寒心后的温暖，修复了我的心，带我进入了一个男人正常的生活轨道。在那些"老赵""小李"互相呼唤着的岁月里，我曾是那样的感激她，敬重她。2000年我转业前后的两年，我父母在老家身体不好，她亲自去大山里接他们到城里住。我的父母不习惯，还是要回老家，她就送他们回去，并在那里张罗着帮父母把房子翻修好，在屋子里装上空调，接上自来水，一切安顿好了才回来。她自己的父母亲去世，她自己一个人回东北料理后事。为了让我安心工作，她包揽了两家后方的每一件事。女儿从小到大，她也几乎把父母的双重责任全部承担了。前面跟着我吃苦，后面我熬出来，位居要职的时候，她却没有享受到任何好处，因为我基本上算个清官吧，当官并没有极大提升我家庭的物质生活水平。

您别嗤笑我，我当这么多年领导，并没有大笔受贿，贪污的事更是从来没有做过。否则，组织不会放过我，我今天的下场不会这么轻。老婆是个地地道道的东北姑娘，心眼不细，但很实。她对物质生活的要求并不高。她从来没有想过要靠我的官位发财，也是因为她的这份可贵的把持，我对不该拿的钱坚决不拿。这不像许多贪官，从内当家贪起，最后两个人一起违纪违法，家庭被连锅端了。她是个靠勤奋积累出来的医疗专家，兢兢业业，只想安守一份稳定职业；她是个相夫教子的传统女人，只想安守一个稳定的家。本来，如果我把持得好，后面不要弄出这些疯狂的事，她的忠诚、本分和踏实，应该获得幸福圆满的回报。我得到的荣誉，还会给她和小家庭锦上添花。可恰恰因为我"得道升天"，命运把她摔到了人间地狱。

她比我大两岁，俗事俗务催人老，老得很快，脸上有斑点有皱纹，身子也臃肿。她也因性格安分，中规中矩，显得缺情寡趣。后面的一些年，我过上了声色犬马的生活，已经啃不了窝窝头，看不得黄脸婆。她起初对我在外面的生活将信将疑，但因我每个月都如数给她上交工资奖金，连工资卡都放在她身上，她就没有过多细究我的行踪。最后几年，她其实已经知道我失控了，在外面乱七八糟的事太多了，可能性格使然，也可能为了女儿，她选择了沉默和冷战。我们几乎没有了肌肤之亲，也没有什么话可说。我一连几天不回家，她一句都不会再问。我曾经有两次在春节期间跟她示好，她就冷冷地跟我说，姓赵的，你就别装了，别太累着自己。看在女儿的分上，我希望你好自为之，不要弄得身败名裂，连累我们。我那个时候，既听不进去这些，也无暇顾及她的感受，我们夫妻关系名存实亡。可是最终，如她担心的，我还是身败名裂，连累了她们。那年她50岁了，就提前内退了，到女儿上大学的附近的地方买了一套小房子，陪女儿一起生活。我现在跟她们几乎联系不上，我希望早早获得她们的原谅。

我特别愧对小乔。她认识我的时候，不谙世事，身心单纯。我设计把她罗入我的情网后，她也许由于我对她家人和朋友的帮助，由于我的信誓旦旦，有过短暂的满足和快乐。但是，她一生的悲剧从儿子出生，拉开了序幕。我无法想象，她是怎么独自面对这份假婚姻的？怎么独自接受这份孽情给她带来的这个智障儿子的？怎么惊悚地发现我在她之后又有了新的女人新的子女的？怎么在我落马时从虚幻中跌落到残酷现实里去的？她那么漂亮，那么天真，那么善解人意。她为我做出的牺牲简直无法估量。前面我也提及过，她是个惯宝宝，整天乐呵呵的，喜欢人与人之间那种轻松俏皮的氛围，喜欢优雅的小资生活。不必大富大贵，温饱小康，无忧无虑，就行了。她走进我的生活，是小白兔遇上大灰狼的必然结果。我出狱后的第一件事，就给女儿写了一封信，泣情泣血地把自己这个可耻可悲的故事讲给她听，宁可让女儿更鄙视我，我也要女儿警惕，远离像我这样的老男人，远离超出社会正常规范的生活，拒绝一切在伦理上不对等的感情。想到这里，我真是羞愧难当，若我自己没有女儿，我在这方面的良知恐怕至今都不会被唤醒，我不会为血肉亲情疼痛到这个程度。

小乔从来没有因为跟上一个副市长过日子就抬举自己。她靠自己的工资过日子，自己到菜场买菜，做饭。她那么好的身条子，做学生时还经常买点新衣服，穿出一点模特的风范来，显摆几下。自从跟了我之后，都是随便套一件过时的衣服就上街了。她为我两次流产，一次生育，没有让我陪过一次医护，请过一次假。她总是说，您从大山里出来，到今天这一步很不容易——她一直都是称呼我"您"，那种敬畏来自骨子里，那种爱无法表演，真实而又痴迷。因我们的生活不能公开，所以我都是夜晚"潜伏"过去。不管多迟，只要我说我要过来，她都做好宵夜等着我。她变成了一个务实而又勤俭的小家庭主妇。

她从来没有向我伸手要钱，怕我为了钱犯错误。为了省钱过日子，儿子的尿不湿尽量少用，都是用尿布，脏了可洗洗晾干循环使用。她说这个环保，孩子戴了舒服，其实我知道她是为了省钱。她把手上的皮都洗掉了几层。她很少逛高档商场，我偷偷带她到成都度了几次假，她每次就逛逛春熙路步行街这种地方，买一点小吃，买几个小玩意儿，就回来了。儿子智障的情况被发觉后，她陷入了巨大的危机当中，担心儿子的未来。她决意要一生照顾儿子，即使我永远没有机会明媒正娶她，她也不会再嫁，不会把儿子带进一个未知凶吉的新家庭。我特别感动，发过誓愿意为了她肝脑涂地。可事实是，自从遇上我，这个可怜的女人失去了正常的人生，没有正常的婚姻生活，未来充满了危机。可是，我还是辜负了她，背叛了她，把她拖入了更糟糕的深渊。

小乔的父亲在2012年因病去世了，她母亲是一个孤僻的人，很少跟人打交道。这个不幸对小乔来说，居然成了万般不幸生活之中的唯一一点"幸运"：如果她的父亲活到2013年，如果她的母亲开朗好交，有一天宝贝女儿的真实生活在他们面前撕开，他们该是怎样的一番悲绝啊？谁敢来帮小乔设想那种残酷啊？

小凡跟我的时间并不长，她的确是那种抱着大树好乘凉的女孩。我占有了她的青春，又不能直接给她财富，只能帮助她建立一份事业。后来她知道了我家外还有一个家，她的心理失衡了，无法平息。她砸烂过家具，也割过脉。为了安抚她，我每次都向她保证只爱她一个。当她把怀孕的事情告诉我的时候，我表现出来的坦然与积极姿态，让她对我增加了信任。我位高权重，她觉得在我的庇护下，安逸而又安全。她一度似乎就接受了做"三房"的现实。当然，很多事情可能是我的错觉，特别是对小凡，我真的了解她多少呢？我出事后，她就彻底消失了，带着孩子走了，没有跟任何人招呼一声。她带走的毕竟是我的骨肉，我的女儿啊。我还是挺想她们。

我服刑期间，官场上、情场上那么多的朋友，那么多的"亲人"，亚"亲人"，伪亲人，来看我的寥寥无几。本来与我感情淡漠的大女儿，却每年寒暑假都来看望我。在情感上，我欠她的债最多。她出生的时候，我在抗洪救灾。她的名字里带着一个

"荣"字，那是我立功归来为她起的，因为我觉得是她的力量支撑着我在灾区拼命的，这份荣誉应该给她。我要让她一辈子记得她的出身和名字里饱含的荣誉，我希望她不辜负她的名字。女儿小时候学习认真，个性活泼，能歌善舞，多才多艺。她的各种奖状把我们小客厅的一面墙都贴满了。每天，我再苦再累，只要回到家一推开门，迎接我的就是这面奖状墙，我马上精神倍爽。可是，我很少有空陪伴女儿，抚养培养女儿的有关一切事务，都是我老婆包了。我在这件事上做了甩手掌柜。后来想想，其实也不是完全没空，不过是没心罢了。一个星期挤一点时间陪家人，再忙的领导也不是不可能。不愿去挤，就真的没时间了，就真的习惯不在家了，就真的野掉了，生活方式和观念野了，身和心也就野了。女儿进入青春期之后，正好是我整天野在外面的几年，是我的丑闻漫天的几年，她变得沉默寡言，成了一个性格内向的孩子。她不愿意参加任何文体活动，学习成绩也没有小学时那么出色。我听说之后，没有从家庭环境、从我自己这里找原因，而是粗暴地回去批评了她几次。她从此就不再搭理我了。

女儿2015年去重庆参加工作了。从中学开始，她变得平庸，现在的工作也很普通。她本来可以卓越的，但她没有能如我们的期愿。这个虽然是一份遗憾，但我不怪别人，更不会怪她自己和她的母亲，责任在我。同时我也想通了，平安未尝不是福。女儿是最快原谅我的人，这也是我的欣慰。

我天天祝福女儿，祈愿她遇到一个好男人，两人平平凡凡，相爱一生。

8

权力和能力加身，若是运用不好，就是两个妖孽，我的命运就是这两个妖孽放纵坏的。

我能力强是市里公认的。前面提到，我们市的开发区在我手上，迅猛发展，成为地方经济的发动机。我担任副市长之后，提出进一步加大发动机马力，带动全市经济、社会事业快跑，拉动属县区接力的思路，得到了市委书记和市长的认同。一个以现代产业为中心的扩展规划在我任上科学定位，并很快实施，成效显著。我们扩大了开发区为产业新城，核心区在原有基础上打造现代产业群，培育了新型汽车配件生产、环保节能家电生产、生物化学、新型材料等趋向未来型制造业，内侧规划配套服务业和流通业，以及高科技研发基地，周边开发建设生态幸福小镇群，建设宜居新城，吸引人气，留住人才，美化产业外围环境。我作为副市长主抓这项工作不过四年，一个生机勃勃的新型产业新城区初具规模。新城还用地理和产业衔接各县区，真正带动县区经济上了跑道。

我的确太过居功自傲。每次当我面对前来考察的中央、省、市各级领导，慷慨陈词，展示我的蓝图的时候，我从他们的频频颔首、赞赏微笑甚至激情鼓掌中，找到了新的自信，新的兴奋点。那些生活上的风流麻烦，内心的敬畏与羞耻，在这种激昂的情绪中，变得薄如纸片，在我心灵的灰暗夹缝中，消失了影踪。这算什么事呢？在我的贡献，我的能量面前，这不就是一点不值一提的风雅吗？

当我的绯闻传得满地的时候，也是我马上"荣升"消息漫天飞的时候。但是，绯闻我不一定经常听到，马上荣升的祝福却是每天不绝于耳。有说我要升任市长的，有说省里器重我，要调任政府某核心厅局一把手的，也有说我已被中央看中，作为后备交流干部，到邻省任职的等各种版本。好消息想听就有，坏消息难得露面，我真的处在没有昼夜的亢奋之中。

如此这般，一针一针新的鸡血打进了我的身体。

老赵的故事，我听了几乎整整一夜。

老赵喝着讲着，讲着喝着，后来全然不顾我的存在了。到最后，语速极快，而且全部变成了方言，我听得非常吃力。而且，他开始思绪混乱，一会儿诅咒自己，一会儿又狂话连篇。他还开始重复自己所讲的内容，甚至肆无忌惮地描述小乔和小凡的魅力、善良，表白自己跟她们是真心相爱。他也许是太疲劳，酒也喝太多了，说着说着，进卫生间去吐，回来歪在沙发上就睡着了。

我十分疲倦。天已大亮。老赵的亲戚把我送到镇上宾馆，我一觉睡到下午两点才醒。涂书记一直在宾馆等着我，见面后问我谈得如何，我说听他说了整整一夜。

"他的料，不大，但不少，不简单，我认为极具代表性，"涂书记说，"客观上讲，他的违纪违法，并没有给国家带来太明显的经济损失，涉腐金额也很小，所以连同渎职、重婚这些，就量刑了两年。但他造成的内伤很大。怎么说呢？就是他这种人，不是个别，他的行为没有造成重大公共事件，看起来没有伤害人民群众，没有坑害国家利益，但他伤害的是亲人，是身边人，是跟他发生关联的人。所以，他颠三倒四的，动辄说枪毙自己都嫌轻，还要求法庭重判自己，完全不奇怪。伤亲人，伤近人，最终还是伤自己啊。"

"这个我认同，"我说，"等于是把毒药喷在自家的花园里。"

"还有，他间接害了不少同志。"涂书记说，"市长因为爱他的才能，也一直不太相信他会生活放荡到这个程度，所以遇有举报什么的，没有深究。在提拔重用上，没有把关，导致失察，被记过处分。政府副秘书长，还有开发区里他的好几个下属，都涉腐被抓。他被失察，他也失察别人，形成恶性循环。"

我觉得，这类人制造了体制的裂缝。我把这个意见说出来，涂书记一拍腿，说，有道理。

领导干部是体制链条里的重要环节，相当于一个零部件什么的，若干个零部件出问题，影响了机器高效运转，进而使一些人怀疑整个机器本身的质量。

涂书记说，赵的许多作为，虽然停留在道德层面，但影响极坏，极有舆论杀伤力。

我们探讨了一会儿。最后，涂书记说了办案过程中的一个插曲。

"他一定给你说了他在部队时挨手电筒抽打的事了吧？！"

我说，是的，很震撼的细节。

"一般人那一家伙给打醒了，他呀，看来，给打了个半醒半昏。"涂书记嘴巴里发出轻蔑的一声哼哼，然后说："在立案调查期间，我见了他一面。我跟他有渊源，他的案子我是回避的，一点不参与。但他中间给放出来两个星期，就到处找人说情，也找到我，要我帮忙，他说他只是生活问题，没有经济问题。后来他又给老首长打电话，就是那个拿手电筒抽他的老首长。老首长气坏了，电话里一听是他，就挂掉了。案子定性之后，我突然接到老首长电话，托我关心他一下。无论如何，他有一份心意，要我亲自转给赵。于是，我又见了他一面。替老首长转达了心意。"

这家伙卖关子，讲到这里就停顿了。我好奇地问，到底什么心意啊？这老首长很有一葫芦啊。

　　"是的，很有一葫芦！"涂书记说，"老首长的心意是，让我再抽他一电筒。我找了好几个超市，才买到了一个电筒，过去抽了姓赵的一家伙。他跳起来，说你狗日的不帮我，还他妈的搞暴力办案啊。我一字一顿对他吼，这是老首长让我转达的心意！他立即蹲在地上，就像个孩子似的哭了。后来，有人不明情况，就传说他欺骗纪委办案人员，被监察局的副局长给打了。我还背了个破坏办案纪律的黑锅，都没办法解释。"

　　我这一夜听下来，觉得赵的优点不少，比如，坦率，血气方刚，肯吃苦，有能力，肯干事，情感丰富，精力充沛。但他的基本素养中没有健全的道德体系，人格不太稳定，价值观比较模糊，尊耻颠倒，缺少这个层次的领导干部应有的强大信念。我和老涂的一致意见是：这样的干部早晚要出事，晚出事不如早出事，早点出事，利国、利家、利他、利自己。

第二部　无法直立

2015 年，在中央召开的重大腐败案件案情通报会上，中央纪委的一位领导脱稿列举了几个发生在"大老虎"们身上触目惊心的违法违纪事例。其中一个案例引起我的注意：云南省委书记白恩培为了谋私利，大肆卖官卖爵，收受巨额贿赂；作为党的高级领导，不顾"犯忌"，亲自插手到基层政府，干预土地划拨、矿产开发等特别具体的经营项目，为向他行贿的企业开路压阵。白恩培是一省"首长"，工作的确很忙，没有过多时间亲自接待来自五湖四海的下属和老板们的"孝敬"，便安排其家属为他"分担"了这项"杂务"。白恩培的妻子利用直接收钱、牌桌变相收钱等手段，敞开口袋，若干年下来，白恩培自己都搞不清，家属为他"进账"过亿元。

白恩培的故事具有高官失守党性的代表性，其纵容甚至暗示家人参与以权谋财，更是失却底线，把家人一起拖入犯罪的深渊。类似的情况在被查处的官员中，并不鲜见。白恩培被我列入本书的写作重点。可是，直到其他案例全部采访和材料消化完毕，进入这部书的正式写作，白恩培案尚未了结，上级纪委无法在有限的时间内，安排我见到采访对象，与他做一次当面深谈。

但是，白恩培式的故事在我的书中不可或缺。

我正在犯愁，热心的上级纪委案件审理部门的一位领导，给我发来一份内部资料，向我推荐了一个案例。材料显示，某中等城市的市政协主席李立青（正厅级），在其担任市委常委、组织部长和市委副书记的六年时间内，卖官卖爵，并为煤矿老板、开发商等大开方便暴富之门，伙同妻子、女婿等亲属，收受贿赂累计 4600 余万元之巨。可以说，李立青是白恩培的缩略版，连同家人一起违法，一起被抄窝。通过消化李立青案件的调查材料和与所在省纪委办案人员的电话沟通，我发现李立青的故事，除了犯罪手段与白恩培相似之外，还有白恩培未必有的"复杂"——李立青发迹和堕落的过程几乎是同步的，官场是他的生意场，他买官然后再卖官，卖官然后再买官，通过循环犯罪的手段，不断把自己的"官场产业"做大。令人震惊的是，他的背后，还站着一个"兄弟"集团，把李立青当作一个项目来投资和运作，最后达到了操纵这个"项目"的目的。

在南方某省的一个美丽山区，已于 2015 年被判处无期徒刑的李立青在此服刑。在一番联络和奔波后，我比较顺利地见到了这个长相颇有几分英俊的 58 岁男人。跟网络上发布的大量资料照片稍有区别的是，一身朴素的囚服取代了一身笔挺的西服，一头花白头发取代了以前的一头黑发。我忍耐不住好奇，见面就问了一个很私人化的问题：

"老李，你以前在位时的一头黑发是染过的吗？"

"不是。"他摇摇头，望着我，露出了一丝不易察觉的笑：

"我从来没有染过发，每次理发师都给我说，要想从我头上找几根白发，可不容易呢。"

"噢，是这样啊。"我说，"你看起来比资料照片老了不少。"

"啊，还好吧，"他说，"进来这几年，头发可能有些花了，但自我感觉身体还好吧，真的，真的，我现在也算是摆脱俗心，了断尘缘，反而放下了，轻松。"

他一连说了两个"真的"，好像担心我对他的话不相信。

1

一个人迫切地想把自己做大，往往是从中年危机中开始的，真的。我就从那个时候说起吧。

改变我命运的关键年份是 1995 年。我 37 岁，在市里的重点中学教书，是一名出色的教书匠。

之前，我在老家的小镇高中教政治。我带的班级，政治学科考试，连续几年，高考成绩全市前三名，创造了小镇教育的奇迹。这也引起了教育局的注意。我后来是通过选拔考试，被教育局用破格挖人才的方式"挖"进了市重点中学，成为全市中学政治学科的教学骨干的。当时在家乡引起轰动。我通过教学硬是挤进了全市最好的中学教书，没有开一点点后门，走一丝丝关系，我觉得做人做得很硬气，我有我的优势，这就是实力，我用不着求爷爷告奶奶的，低声下气过日子。真的，我年轻时，才大气盛，做人就是这么牛。

可是，现实远没有我想象得那么光鲜，我从小镇到了中等城市，到了这所全市最好的学校后，混得并不如意。我觉得学校并没有发挥我的特长。学校里管教学的副校长是一个戴着黑框眼镜、表情刻薄的老女人，她也是教政治的，同行是冤家，她就是不想让我盖过她，所以连一个教学组长的小位置都霸着，宁可自己兼着，也不给我当。市里和全国各地的政治教研活动，她基本上自己能去的就一定自己去，自己不能去的就是把名额烂掉也不给我。我来这个学校的第二年，校长曾打算让我先当教务处副主任，把政治教学全面管起来。那女人听了，到校长办公室大吵大闹，坚决不同意。校长只好作罢。她为什么这么蛮横，校长为什么处处让着她？不是因为她本事大，也不是因为校长软，是因为她的丈夫是市公安局的领导，算个官太太啊。

最气人的是，我调到这里两年，连煤气包都不能解决。那个年代，煤气包的重要性仅次于房子，有了煤气包，才像真正的城里人，烧饭不用土灶，不用煤球炉甚至煤油炉了。我因此狼狈地吃了两年的大食堂。真的，每天吃饭的时候，是我最生气的时候，太窝囊。别的老师吃食堂，是为了调剂一下胃口。我呢，吃食堂就是个日常生活，就是个命。

我的爱人，她姓孙，我喊她孙兰，原先是我的同事，她仍然在老家我原先的学校教书，我们解决不了两地分居的问题。女儿眼看着就要小学毕业了，如果孙兰不能解决调动问题，女儿只能在老家小镇上上中学，那样的教学质量，很可能会耽误了孩子。每次我向校长提出来家庭生活方面的困难，校长都支支吾吾的，就是不肯明确表态帮个忙，只一个劲儿咂嘴，说自己官太小了，这件事最好能找到市里某一位领导，一张条子，哪怕一个电话，招呼一声，想调到哪里就调到哪里，不要说好中学，进教育局都有可能。可我到哪里找更大的领导？除了学生和同事，我还认识谁呢？找领导连门都摸不着。

我老家的亲戚和邻居，很快都知道我进了城，生活反而更糟糕了。说我是书生无能终究还是无能，鸡就是鸡，不是凤凰，再高的平台给鸡，鸡也就是趴窝，飞不起来。每次周末和寒暑假回到小镇上跟家人团聚，孙兰都会给我脸色看。她无法理解，在课堂上谈笑风生、踌躇满志的我，为什么在全市中教界，业务名声震耳欲聋，却办不了针尖大的事？起初我也不明白，但后来懂了。这个社会，有时候不逐利，致不了富；不富，攀不上贵；不攀权贵，呵呵，办不成事。光靠才华混世，徒有虚名，有些事情真的不一定能办成，古人说的"百无一用是书生"，就是讲的这个道理。但是，懂这个道理又能怎么样呢？我有什么资本去逐利，有什么能耐凭空致富，有什么天梯攀权接贵呢？我一筹莫展，甚至都想过开倒车，重新回到小镇上去教书，反而清静。可想到自己如果这样自暴自弃，不单这一代没有前途，下一代说不定也要受穷，一辈子憋在那小地方，子又生孙，孙又生子，子子孙孙无穷尽也，无形大山堵路，怎么出去啊？世世代代当愚公的可能性都有，唉。

　　我一度心急如焚，真的，心急如焚，一点不夸张。我那个时候是出现过白头发的，不像现在这么多，毕竟年轻啊。可后来人生转机后，我的白头发又没有了。人的头发，就是心情的晴雨表，至少在我身上，表现得特别明显。真的，特准。

　　1995年我37岁，人生最危机的时刻，转机也来了。那一年，市里拿出十几个部门副职的位子，进行公推公选。我想，不就是考试吗，无论是面试还是笔试，我能写能说，我干得过那些机关油子。正好有个教育局副局长的职位，很适合我啊。我决定拼一次。于是，我就报名参加了。笔试成绩出来后，我在教育局副局长岗位入围的三个人中排第一，稳操胜券。面试的时候，我用一刻钟的时间，提纲挈领地提出了一整套对全市基础教育进行改革的方案。说实话，那是我多年教学实践和教育思考的实料，这次终于派上用场了。

面试回来等结果的时候，副校长，那个刻薄女人对我说，李老师，你应该去跑一跑，坐着等，馅饼不会掉到头上。哼哼，我当时很讨厌她这一套，没安好心。再说，你不是屁话嘛，如果组织上要搞这一套，这些岗位就不用拿出来这样折腾啊。那人给了我一个假惺惺的笑，其实我能感觉到她的鄙夷不屑。她说，面试也不全是口才这回事啊，人家也要观察品德，了解能力之类的。女人说话真损啊，是吧。如果你落选，就是你能力不行甚至品德不行啊，要不怎么笔试第一，面试后就淘汰了呢。结果公布出来，我果然落选了。这两年我细想，虽然那个女人讲什么面试就能考出人品道德，纯属滑稽，但她瞎猫碰着死老鼠，我今天的下场，某种程度上不就印证了她的刻薄话吗？不说了，不说这个了，添堵。

入选教育局副局长的美梦破灭了。我陷入更被动的窘境。干部没当成，惹得一身骚，人们说，鸡就是鸡的命，给你天空你还是不会飞。我都要爆炸了，真的。可是，几天后，市政府的一位副秘书长突然找我，说聊聊。我到他的办公室，他先夸了一通我这次积极响应市委号召，踊跃参加公推公选，精神可嘉什么的。又夸我有才华，有胆识，说公推这个舞台，结果不重要，登台展示自己才重要。你看，咱们不就注意到你了吗。落选不要紧，还有其他机会。接着，话锋一转，对我说：

"市政府办秘书处需要一位搞材料的，你愿意不愿意过来？不过，无法解决你竞聘岗位的那种副处级待遇，只能解决秘书处的副职，也就是副科，你是否愿意考虑一下？"

我想都没想，就回答副秘书长："什么级别都没有，我也来。只要我的这点才华有用。"

副秘书长拍拍我的肩，说："很好，我马上打电话给组织部和教育局，协调一下，正式调用你。"

37岁，我从中年危机中突然颠簸了出来，被命运的风浪冲到了岸上。真的是另外一个岸上。

2

我们都是吃社会饭长大的，对吧。社会两个字有时候就是势利的代名词。真的，就是这样的，这些年我看透了，早看透了。

我从一个业务顶尖的名教师，变成一个为领导写讲话稿的御用公务员，在人们的眼里，我"发达"了。在我调动期间，副校长，那个刻薄女人，突然变得一点也不刻薄了，写在脸上的全是友善。校长特意安排了一桌饭，隆重欢送我，说了一大堆留恋友谊、惋惜才华、衷心祝福的话。我回到老家小镇，镇里的干部甚至一些老邻居，都跑过来看我，要请我吃饭，为我祝贺。我原来教书的镇中学校长，通过我爱人孙兰，请我回学校"再讲一课"，跟孩子们分享一下"成功人生"。多么滑稽啊！应该说，我当时是看得透也看不惯这些东西的。但是，我好像很享受这个。请吃的饭我都吃了，所谓的"成功人生"课，我也去讲了。我觉得这是我该得的。我熬过来了。

我的人生轨迹证明了，其实我就是一个功利主义者。我骨子里向往功利，在中年的困境面前，我一筹莫展，既不调节自己的内心平衡，也不积极地用正道去克服困难，而是一直在自怨自艾，一直在等功利的馅饼。我也是个势利鬼，真的，就这么回事。可是，您说，混世的人，有几个不势利呢，清高确实要不到煤气包，有时只能当个受气包吧。

凭良心讲，不能鄙薄我这个天上掉下来的秘书处副处长馅饼，真的。应该说，那几年，我的才华得到了很好的发挥。市里基础教育改革"九五"落实、"十五"规划，就是我带头起草出来的，在市政府会议和市委常委会上都是一稿通过。调我过来的副秘书长跟我说，他在市政府工作了二十几年，这么重要的文件一次性通过的极少。他很庆幸自己看准了人。我也不辜负他的期望，没辜负组织的厚爱，几年里加班加点，没日没夜，吃的盒饭可以堆一座小山了。我有胃痉挛的毛病，就是那时候搞出来的。真的，不容易啊。回想那段时光，背脊上吱吱冒凉气啊，太辛苦了。但是，这种苦，值得去吃。市政府的领导很关心下属，市长是一位很厚道的长者，几乎每天下班的时候，他都要从我们秘书处的办公室绕个道，说小李啊，赶紧下班回家，别怠慢了老婆孩子；小李啊，有什么困难跟秘书长说，他解决不了的我来解决，我解决不了的组织出面解决；小李啊，你要多吃点好的啊，别年纪轻轻把身体搞垮，听说胃不好？我告诉你啊，胃是有性格的，有的暖性，有的火大，有的大凉，要不怎么说有寒性胃、暖性胃呢，要相信中医啊，你摸清它的脾气，顺着它来，它就温和了。痉挛？那就是胃发脾气呗。老市长工作比我们更忙，可他对下属的特长、困难、需求都了如指掌。那样的老干部，后来还真不多。真可惜，退休没几年就生病去世了。他就是被工作累坏的。说实话，我们吃苦也就那几年，可老市长一直那样，过来几十年，一台机器持续高速运转，很少休息和保养。一旦突然停下来，马上就散架了。真的，许多工作狂就是这样的，哎呀悲剧，落到现在，还没人理解。现在老百姓都不相信，很多干部是赤诚的工作狂啊。这样的人，哪个单位、哪个地方都有。老市长去世，我和同事们都哭了，特别伤心。可我的眼泪，那时就唤醒了一份私念，觉得不能这样干，为工作拼命，理所当然；但得保养自己，得犒劳自己。

这也许为自己埋下了思想的祸根。是吧？嗯，应该是的。那时没意识到，现在意识到了。

那几年，大概三年多吧，卖命工作，甘心情愿，还是有动力的。煤气包在我进市政府工作的第二个月就解决了，当年年底也分到一套小公寓，老婆调到了市里的一所中专学校工作，解决了两地分居。女儿上了市里的实验初中。再也没有人背后嚼舌根，说我屄，说我是不会飞的鸡了。我老婆有一天回来跟我讲，她学校的同事得知我在市政府办公室工作，问能不能看得到市长。孙兰告诉她，每天都见到市长。那位又问，吃饭，上厕所都能见到吗？孙兰说，那当然了，市长不就是普通人吗，别人要做的事，哈，人要做的事，他都得做啊，总不能不吃不喝不拉呀。她的同事就羡慕地说，我们天天在电视上见市长，你们那位天天见真人哪。你老公天天见市长，你天天见你老公，我天天见你，人的富贵气息是可以传染的，得多跟你在一起。孙兰特别得意。我听了，虽说嘴上批评她荒诞不经，但心里，哼哼，受用。真的，得意扬扬。

四年后，我40刚出头，当上了秘书处处长。不算年轻，也不算很老。但我那个时候，已经让抱负坐上了快车，咣当咣当地往上冲开了。真的，不顾一切地冲，我觉得我有点被耽误了，有点憋屈了。得提个速了吧。

3

　　我这处长一当就是三四年，不管我内心多么焦急，就是没有任何要被提拔的迹象。

　　不久，我的机会又出现了。2003 年，市里再次拿出一些直属单位副职，进行公推公选。我毅然报名，这次报的是体育局的副局长。离上次参加公选一晃八年过去了，这八年我这段弯路，走得何其辛苦。这一次，我感觉自己毕竟在市政府干了这么多年，对宏观管理相当熟悉，市里的人头也熟悉，应该不会出差错了吧。

　　可是，这种事，谁知道呢？官场深如海，变幻莫测啊。

　　报名的第二天，我正上班，老婆忽然打电话给我，希望晚上跟我一起吃饭，说一个昆明的朋友请客。我觉得有点奇怪，因为老婆很少在上班的时候给我打电话，也没有听说过在昆明有什么朋友。孙兰说，你别管那么多了，反正不是坏事。在搁下电话前，她还意味深长地说，这是为你吃的饭，来了你就知道了。

　　我命运中最重要的一个人，就在这次饭局中出现了。

　　他姓许，是一个矮个头、圆圆脸的男人，年龄跟我相仿。这人性格开朗，能说会道，一见面他介绍自己，叫"许博士"。我问他是哪个学校的博士，他哈哈大笑，说最多是孙兰嫂子那个中专学校的博士。原来"许博士"是他的外号，他喜欢穿一个叫"BOSS"牌子的衣服，一年四季，衣服上全是这个商标，朋友们就直接喊他"许 BOSS，许博士"了。其实，如他自己所说，就是个"中专博士"——他是孙兰教书的那所中专学校的"杰出校友"，在本地和昆明等多个城市有企业，公司的总部在昆明。

　　吃饭的时候，他跟我说，李处长您很有文化，是知识型干部，若是在学校继续从事教学工作，早就是特级教师了。大家公认的，您能力强，水平高，市里的许多重大文稿，听说都是您牵头搞的，重要部分，都是您亲自动笔起草，哎呀，这么多年了，早就应该走上重要领导岗位了。我也听说，您还特别廉洁，嫂子和孩子跟着您吃了很多苦，至今还住在当初市里分给您的小套公寓里，对不？

我说是的。这一点我很自豪。

这个回答，晚上回来后，孙兰狠狠嘲笑了我一通，说人家都在买房，买商品房，谁还住那丁点儿大的政府福利房啊？你那不是廉洁，你是无法不廉洁啊。

那天晚上，孙兰介绍这位校友给我的真正意图，是要让他帮我"运作运作"。她觉得我太迂腐了，要是早点"运作"，8年前就应该是副局长了。现在是考得再好，不一定被重用，这跟古代科举不一样，科举是一张卷子说了算，现在的关键是后面的"面试"，里面的水就深了。

许博士说他在昆明认识一位重要人物的太太，经常陪着那位太太打牌。那位重要人物对太太很好，到中央开会，太太总是跟到北京玩。重要人物开他的会，许博士他们几个密友，白天就陪着太太逛街，晚上在宾馆陪她"搓麻"。那位太太"搓麻"的瘾特大，水平特高，大多数时候都能赢。呵呵，你不服不行啊，没有点实力，你想常陪那位太太，门儿都没有。可他许博士，都是贵太太每次点将跟着的！可见水平和实力，不是虚晃的，这个，你懂的。许博士承诺，会尽快回昆明找那位贵太太，陪她"狠狠打一次麻将"，把我的事跟她讲一下，就说我们是亲戚，让她关心一下，给市里的主要领导推荐一下，确保这次考试顺利过关。

我觉得这是一次机会，可心里还是很不安。晚上回来我跟孙兰说，我们没有什么存款，人家陪打麻将是要花大钱的。这个人情欠下来，怎么还啊！孙兰笑着说，你真是越混越呆了，人家找上门来，这不明摆着培养你，看好你，你有了大好前途，还怕没有机会报答他呀。

我至今不知道许博士在昆明到底有没有"下药"，下了多少"猛药"。

据孙兰回来透风，许博士连续陪贵太太打了两个晚上的麻将。第一个晚上输掉了十几万，贵太太突然说肚子饿了，就不打了，出去吃夜宵，没有捞到机会说这事。第二天他们继续打，许博士又输掉了三十几万，太太很高兴，打完麻将又出去泡脚。许博士看她兴致高，就跟她说了自己"亲戚"参加公选考试的事。太太立即表态，一定关心。

我无法不相信孙兰的话，真的，怎能不相信呢？反正后来我顺利通过了笔试和面试，当然笔试我知道自己完全没有问题，但大有弹性的面试和后来的考察，我都顺利通过，总不是鬼使神助的吧。最出乎意料的结果是，市委没有把我录在体育局副局长的位置上，而是让我直接到组织部报到，担任组织部副部长。同是副职，可组织部副部长的分量之重，是体育局副局长望尘莫及的啊。这份意外让我惊喜万分。从此，我对许博士感恩戴德。

我的人生就此改写，进入了辉煌。不过，你也可以说是堕入了疯狂。辉煌，疯狂，我老家方言一读，差不多吧，有意思，两重天，一步之遥啊。

4

两次应试，完全不同的命运答卷。45 岁，我彻底摆脱了中年危机，走上了组织部副部长的岗位。我并没有正视这种人生的跃升，是自己工作努力、才华兑现、资历积累的一种结果，是国家用人和组织选人花落我家的幸运。而是，完全把它看成是运作的结果，看成是生命中遇到贵人，遇到许博士这样的热心朋友的必然结果。由此，我也颠覆了自己，重新确立了一个很可怕的仕途观，认为工作好坏对自己的升迁不那么重要，人生迎来转机的关键是要靠运作，要能找到通向上面的路子，找到一只无形的"如来大手"，不断把自己托起来。此后的几年，我从原先的埋头苦干的书呆子型干部，变成了一个整天东张西望、拉三扯四的鬼精明官僚。

我们许多人把包括自己在内的体制内的干部看得过于优秀，都认为自己肩上扛着聪明过人的脑袋，背靠庞大的体制，凡事没有把控不了的。其实，各行各业，何处没有精英啊？中国的聪明人是无缝覆盖的。真的，我结交的许博士，就是这么一种体制外的聪明人，加上他的心智厚黑，在社会上摸爬滚打，阅历不浅，我们的长项他有，他的长项我们未必有。我们毕竟受体制管束，无法放开手脚做一些出格的事。但许博士这样的人，就无所顾忌了。

这个人非常奸深，用现在流行的话说，特能 hold 得住。他不紧不慢，步步为营，把我设计到他的棋盘里来，让我成了他的干将。而他，是这个棋盘里真正的帅。

我上任副部长好几个月，他都没有再出现。这让我感到非常奇怪。我问过孙兰，孙兰的回答当时让我很感动。她说，许这个人素质非常高，他从来不为什么具体目的帮人。

孙兰在暑假和孩子到昆明去玩，许博士全程接待，饭局上找来陪她们母子的，不乏省城的各路官员的家人。大家在一起，都说许博士好话，说他是中国企业家里特别有素质的那一类，已经摆脱了唯利是图的原始积累低层次，而是广交朋友，乐于助人，善举善缘。

2004年春节前，许博士终于出现了，他提了一点烟酒之类的东西来给我拜年。我说，许总你怎么现在也不找我了，在忙什么呢？他说，哪里好意思给领导添乱，这不来了吗？我说，我应该去给你拜年，因为添烦给你的总是我啊。下次没准又要你出马托举我呢。他说，我天天盼能有这种效劳机会，大哥的进步，就是我们做小弟的福气。

从这一声"大哥"开始，我就拉开了跟许博士等一帮小兄弟称兄道弟的序幕。我就说，那你能不能交一点任务给我呢？要让我有为老弟服务的机会啊。他说，这不来了吗？有事要您帮忙呢。

许博士在这里的分公司，由他的表弟担任总经理，年前因劳资纠纷跟人打架，砍伤了好几个人，被抓了。他的姑妈就这一个宝贝儿子，哭得眼快瞎了，希望能通过赔钱、罚款等方式，把这小子放出来过年。我听了这事，立即表态尽力。两天后，公安就放了人，以民事纠纷作调解，赔了伤者一些钱，了事。年后，许博士提着一个小布袋过来给我再次拜年，说是拜年，其实是感谢我捞出了他表弟。他离开后，孙兰打开袋子，说是10万元钱。孙兰问我怎么办？我说，他的事我已经给办了，你先收下吧。我们这些年太清苦了，留着贴补点家用吧。孙兰笑了，说你终于像个领导了，有度量有风度了。

这是我第一次收别人大笔的钱，晚上轻描淡写地让老婆收下，其实心里一直怦怦跳着，夜里失眠了好久。第二天早上起来，想想还是对老婆说，把这钱退了吧。孙兰有点不高兴了，说你这人也太没劲儿了吧？人家可不是小老板，都是跟大首长在一起交朋友的。对你的贡献那么大，这是看得起我们，看得起你。这钱一退，朋友都没法做了。我说，是啊，我们还欠人家人情呢，怎么能办这点事就要人家答谢呢？孙兰说，你可不要不长脑子啊！一事归一事，头脑清楚的人是不搅和的。再说，人家就是聪明，让你欠着点，这样的交情才能长久。要不然怎么那么多大领导跟他交朋友啊？

真的，很多事的是非，就是换个角度看的，不同的角度，会得出完全不同的解释。孙兰这样一说，我心里突然就踏实了，而且庆幸自己没做"傻事"。当然，今天我的结局说明，是就是是，非就是非，怎么能变通呢！颠倒是非，说法再美妙，逆天倒行，没有好下场啊。可惜，当时我怎么也不会这么明智。

过了一段时间，许博士果然又来找我了。这次他是看中某县里的一片矿山，想获得开发权。按理讲，我不是政府口的，不便来协调这种与组织工作八竿子打不着的事情。但对许博士托的事，应该另当别论，对吧，人家对我有贡献啊，我还欠着人家情呢不是？我二话没说，打电话给县委书记。县委书记很热情，说让他来公平竞争吧，政府准备招标。我心里有点不踏实，又打电话给县里的组织部长，让他帮助跟相关部门招呼一下，"同等条件，请予关照"。

这件事顺利办成了，许博士拿到了这片矿山的开发权。

这次，他给我送了50万元。我觉得太多了，不想收。许博士就对我说，大哥，您知道我拿下这片矿山可以赚多少吗？我说，多少，难道能上亿。许博士说，说上亿，太保守了，我就是转手一倒腾，给别人开发去，也能获利过亿的。所以，这点茶水钱，大哥务必收下，别在心里骂小弟我小气就行了。

他这么一说，我又心安理得了。过了几天，他又到家里，给孙兰送了50万元，说是端午节来了，让嫂子买些粽子。他跟孙兰说，李大哥这个人是知识分子，书读得越多，胆子越小，这在官场上可吃不开，咱们要替大哥涨着点底气，别让他蹑手蹑脚的，耽误了大好前程。他还对孙兰说，李大哥是他见过的少有的清官。他做生意几十年，遇到过几个清官，后来都被人挤掉了。孙兰回来跟我转述这个，我只轻描淡写地说，没那么严重吧？他一个商人，能遇到几个领导，就以偏概全。但我在心里，当时是认同许博士的这些"高论"的。其实，人家说这些话，无非是给我们夫妇打气，让我们心安理得收钱办事，让他的行贿行为变得合情合理。

也是从那个时候起，我几乎不再亲自收钱，孙兰替我把这类事都办了。孙兰把关也很紧，几乎只接待许博士和许博士的关系户，不扩大范围。许博士出手大方，又是"自己人"，我们用不着再跟外人啰唆。一般别人来找我办事，给点香烟给点酒给几张衣服券超市卡什么的，我几乎都退了。给我钱，我更不会要。我不想为这些小恩小惠，替人家做事，还弄得满城风雨一身贪名。所以，我一直到被"两规"，在全市人民心目中，都是一个好干部，清正廉明的领导。当然，有些人是心知肚明的，因为毕竟我在帮许博士做事，做的都是"大事"。许博士后来专门买了一栋小楼，跟我家是散步的距离。他把小楼装修成一个很好的餐厅，专门养了两个厨师，用来招待市里方方面面的领导。我和孙兰直接就把这里当成自家"厨房"了，每个星期都有两三天在这里用餐。许博士跟我的关系，知情人是心里有数的。

我也不是没有考虑过这方面的负面影响。但孙兰帮我分析，认为这是"百利一害"。市里面稍微有点头面的人，谁不知道许博士是昆明来的大企业家，是省领导的座上宾。跟他相处过密，不正说明自己"上头关系硬"嘛！这个，很微妙，真的，我毕竟是个小知识分子出身，基础薄弱，在官场上常常有摇摇欲坠的危机感，跟许博士成为密友，我自认为我的背景从此不那么单薄了，不那么被人一眼看穿了。

对许博士和他兄弟们的生意，我有求必应。对他们一次次的慷慨，我也不再阻止。有一次，我问孙兰，我们现在到底有多少存款，她说，据她所知，我们家在这个层次的干部里，算穷的。我也就不再过问家里钱多钱少的事。孙兰说，你一心一意当好你的领导，偶尔帮朋友办办事，造福一方，惠及朋友，有功有德，何不宽心宽意呢！

有那么一阵子，我似乎吃得香睡得着，而且，顺风顺水，一切看起来，都很如意。这样的生活是真的吗？我当然希望是真的。

5

如果你没有走对路，你走得越远，离魔鬼就越近。魔鬼，总是在各种邪路、错路前面守株待兔。我在狱中反思了很多，我想写一首叫作《与魔鬼赛跑》的长诗，就像《神曲》《伊利亚特》那样的体例，那样的风格。我要把自己神化成一个努力奔跑的人，为了下一个目标，我不断向外索求能量。这个时候魔鬼出现了，他妖惑我，说他的能量能让我健步如飞。我明明知道他是魔鬼，魔鬼的能量就是魔力，未必是正能量。但我太想奔向我的目标，所以我自欺欺人，宁可相信他的话，并一发不可收地接受他的能量。在借着魔力奔跑的过程中，我的确有一种脚下生风的感觉。魔力在身体中逐步占据各个角落，驱除着我朴素的原始能量，驱除了本我。等我在魔力的驱使下，接近所谓的目标时，我突然发觉自己的身体虚脱了，自己的灵魂已经不在，我成了一个空壳，而且这副空壳瘫痪在地上，无法直立。真的，就是无法直立，我已经不是一个可以站立的人，我彻底地趴下了。这个时候，魔鬼干脆直接架着我，拽着我，随意搬弄我，我成了他施展魔术的烂道具，成了他把玩的臭玩具。我内心里想抗争，想摆脱，但我没有了自我的正能量，我只能眼睁睁看着自己的躯壳抽大烟，跳大神，做大梦。

唉，说这些真的没意思了，可笑可恨啊。把才华用在写这样的魔鬼之书，真的，滑稽。

2009年初春，我被提名市委常委、组织部长。消息传出后，四面八方的人打电话、发信息甚至登门祝贺。有人送茶叶，有人送烟酒，有人送红包，但这些似乎已经激不起我的兴趣。关键时候，我的"兴奋点"总是由许博士带来的。

一天晚上，许博士请我们夫妇吃饭，送我回家的时候，说给我弄了两箱土特产，可以添喜的那种。当时，我觉得箱子很重，扛上楼很麻烦，就让他直接放在地下室。公寓楼每户有一个地下小房间，用来储存杂物的。许博士告辞后，我们好奇，这家伙神秘兮兮的，到底弄什么添喜的土特产呢？打开箱子一看，竟然全是现金。我和孙兰蹲在又潮又闷的地下室，数了老半天才数完这些钱，是666万元。弄散了之后，在地上好大的一堆。我当时觉得场面震撼，但是我的心里，甚至都没有当初收他10万元的时候那么心潮起伏了。一年后，许博士还如法炮制了一回，我女儿结婚，他说包了一个888元的红包，为侄女添喜。我回到家一看，这可不是一个红包，而是两个红色的大袋子，里面整整888万元的现金。

许博士这么"用心"，我也努力帮他谋利。他提出要市中心老干部活动中心那栋楼，我就出面协调照办，不单把这栋楼盘给他开发，还将在郊区为盘老楼置换的土地，开发新的活动中心的业务全盘托给他们公司。因为老干部局是组织部下属单位，我就一张嘴说了算，根本没有费什么周折，更无须招标程序，直接就办得妥妥的。

但这个时候，姓许的已经不能满足经济上的利益了，他要势力。他开始给我推荐干部。一开始，也就是给谁提个级别，给谁调个位置，给谁搞个返聘，退而不休什么的，我都一一照办了。搞成几件事之后，许博士多了一个外号，叫"二部长"。一些干部不信党，纷纷拜倒在一个商人门下。

我担任市委常委、组织部长没几天，许博士就推荐一个年轻人，当组织部的办公室主任，理由是，这个年轻人文字能力强。他说我是专家型领导，又在市委当过大笔杆子，机关里一般庸庸碌碌的公务员，根本不配给大哥您当"大内"。我嘴上答应了，心里其实开始不舒服了。办公室是单位的核心部门，主任一般是一把手亲自选协调能力强、品行好、忠诚度高的人担任，你一个生意人，居然要直接给我安排这个岗位人选，这不是成了他的"派驻"了吗？但我忍住了，真的，我认了。看在姓许的这么多年追随我的分上，看在他背后有"首长"的分上，我装着爽快的样子，接受了。可第二年，他又给我推荐常务副部长人选。他是这样说的：

"部长大哥啊，您想想，您前途无量，马上，下一步，很快就是副书记、书记了，如果组织部没有我们自己的接班人，您一走就失控了。过去是人走三年茶凉，现在这个社会，人一走茶就凉。我们要提前把热水续上。"

他一口一个"我们"，跟我商量干部问题。说商量还是好听的呢，不就是直接插手吗？我当时脸色一定很难看，我有点忍不住了。我就对他说，兄弟啊，常务副部长人选，我可不敢说了算，这种角色，多半是市委书记亲自定的。

许博士的脸色也不好看了，他居然在我面前摆脸色。真的，您说这些商人，给个梯子就往天上爬，还嫌给梯子的人不把梯子扶扎实了。真的，气人！

我回到家，跟孙兰嘀咕这件事。孙兰也不高兴了，也在那里摆脸色。您别误会啊，她不是帮我不高兴，她是帮姓许的不高兴，她是对我摆脸色。她的理由是这样的：

"铁打的营盘流水的兵，官位又不是咱家的，能给人家就给人家，谁来不是干啊！朋友推荐的，你不要，等到不相干的人瞄住，托书记、市长一压过来，人家不感谢你，跟你也不可能合心。你傻啊？老李！再说，你这不过是公事，人家帮我们解决的，都是私事。做人要有良心，你女婿的事，人家办得多爽快啊，安排得多痛快啊！你当年为了前途，把我们母女摔在乡下几年，吃了多少苦？现在你有前途了，八面威风，我们母女得到什么实惠的？说实话，女婿的事，许博士办得很漂亮，我这才对女儿少了几分愧疚。许博士对我们的这份功劳，按理应该记在你头上，如果你忘恩负义，我非要跟女儿女婿说清楚不可，让女婿从人家公司撤出来，咱哪有脸享受那么好的待遇！"

孙兰这样一番话，让我陷入两难。女儿长相一般，学习成绩一般，没能考上好大学，在本地职业高专读书时认识女婿，同学恋爱，感情不错。但这种学校毕业的孩子，能走上多高的事业平台呢？还是许博士出面关心，把他安排到昆明，在他的一个朋友的公司里做管理，年薪好几十万。女儿也跟过去，在昆明工作，小家庭总算安置得不错，让我放心了。

在他们的围攻下，我不得不答应照办。考察对象是下属县的常委兼中心镇党委书记，第一学历只有高中。当面接触过之后，我觉得这人整体素质不高，尤其不适合党委这边的岗位。我跟许博士协商，能不能推荐他到政府部门，到农经口，姓许的竟然一口拒绝。人家要的就是组织部常务副部长，这把滚烫的椅子。我无奈，只好硬着头皮办。为了不出意外，我捏着鼻子几次跑书记、市长办公室，把这个土干部说得像一朵花似的。真是作孽啊！

　　2012年年初，我得知自己有当选市委副书记的机会，就让孙兰暗示一下姓许的，养兵千日用兵一时，这事他得到上面帮助活动一下，请首长关照一句。姓许的第二天就带了一个人，到我办公室来谋划这件事。他悄悄跟我说，大哥你这些年连升几级，现在干部很大了，关于提干的事，他已经力不从心，需要背景更深的人，才能说得动话。他说，这个人搞定了，不要说副书记，就是市长、书记的位置也很容易就办到了。我问这人是谁？许博士说，反正人家跟首长有血缘关系，您也不要问那么多了，反正他肯来这里见您，估计这事成一大半了。我就直接问他说，需要多少费用？许博士说，这个我真的不好问，不好知道。说完就借故上厕所去了。

　　我跟许博士介绍来的人，交谈了十分钟不到，就达成协议。他帮我把事情搞定，帮我在三年内上到正厅职，我先给他提供500万元活动经费，事成之后再给500万元；若事不成，那人承诺前面的500万元一定退回来。说实话，拿这么多钱，我的心真的很疼，但是为了再上一步，我咬咬牙，办了。这一年，我果然当上了副书记。

　　我虽然跟许博士还维护着"兄弟"关系，但我们彼此心里都清楚，有了一道沟壑。找我的老板有的是，手上有米，还怕唤不来鸡吗？我开始把那道原本开得很窄的闸门打开，开得大大的。而且，我开始感觉"缺钱"了，为了当副书记，已经拿出了500

万元。下面如果运气好，还需要拿出 500 万元，我有了"资金缺口"了啊！我和孙兰精心策划，怎么更好地整合资源，利用资源，放大资源，再生资源。我们终于想出了一个"妙招"。

我让孙兰提前退休，去昆明开了一家茶社，并在茶社的基础上，筹建一个私人会所。从此，市里要巴结我的人，都跑到昆明去"喝茶"。小茶社开张几个月就门庭若市，每天有大笔进账。投资建会所的，也大有人在。孙兰很快筹到 1000 余万元的"投资款"。来年后，我又被提名政协主席人选，果然正厅级要如愿了。为了确保当选，我主动到昆明，专程去把姓许的介绍的那位朋友请出来吃饭，交给他另外 500 万元钱。

孙兰的生意，增添了我的自信。我不需要受谁牵制，尤其不需要一个私营企业主来对我指手画脚。世上的许博士何止一个，只要我李立青一招手，几十个、几百个许博士就来排队了。所以，最后的两年，许博士还妄图给我推荐副秘书长，推荐分管单位负责人，继续当我的"二部长"时，我明确告诉他，我已经不是组织部长了，安排干部的事，今后不要找我，我不好办，请你理解。

姓许的脸憋得通红，眼睛里立即充满了以前我从未见过的杀气。真的，从未从这个人的眼睛里见过这种杀气。

这人，其实很毒，招儿很损。我被他坑苦了，坑惨了，我的后半生就是中了他的"设计"了，才落得如此下场。我被"两规"后，才知道，他最后找来的所谓的帮我运作升官的贵人，其实是他的一个小兄弟，是他的"群众演员"而已。他自己被逮捕后交代，他不服气送给我那两笔"666、888 巨款"，也没有想到我拿了他的钱，后来却不怎么听话了，他推荐个干部，我常常不爽快安排。所以，他不高兴了，就导演了"买官"圈套，让我钻，巧妙"夺回"他的钱。你看，这些个混蛋，多么没有节操，无耻下流没有底线啊。

与李立青面谈完，我回到住地，再次把中央纪委提供的材料，细细研读了一遍。关于他最后的疯狂和结局，材料里有详细的记录。这里，抄录一段，也许可以让我们更完全认识这个名字带"立"的人，这个从直立的小知识分子起步，以趴着的方式发家，最后彻底在金钱面前瘫痪了的厅级干部：

在茶社和虚拟的会所这个平台上，李立青夫妇长袖善舞，很快赚得金银满盆。一壶茶卖大几百到上千元，一些干部和老板依然络绎不绝；投资的钓饵一抛出去，老板们纷纷带着几十万、几百万元前来咬钩。姜太公钓鱼，愿者上钩啊，而且都是些肥鱼。李立青认为，这绝对是自己的得意之笔。他认为这样做手法高明，方式隐秘，送钱和收钱的都很有面子，很有尊严。当官发财两不误，面子里子全照顾，多好的人生啊。李立青飘起来了。他飘得有多高呢？可自从十八大之后，他依然我行我素，窥见一斑。据调查，中央八项规定颁布之后的一段日子，李立青毫无顾忌地通过帮助企业协调工程项目，大肆收受贿赂，进账30多笔共500余万元。甚至组织对其问题进行初核调查启动时，他还在忙碌地穿梭在老板们之间，在茶室一笔一笔地收钱。李立青猖狂到如此程度，引起了省纪委高度警觉，决定不再按部就班，调查核实之后再采取措施，而是召开紧急会议，决定立即对其采取措施。他的案件，从立案到移送司法机关，仅用了20多天，创造了厅级干部从党纪执行到法律执行交接的最高效率纪录。

李立青在被"两规"前，风闻自己被调查，他居然表现出"从容不迫"的姿态，一边照样忙着收钱，一边忙着召集行贿者统一口径，串供，签订虚假投资协议，订立攻守同盟。当他找到他的"兄弟"、单个人向他行贿近 2000 万元的许博士，要求其"聪明一点"，"配合"对付纪委的调查，就说两个人是君子之交，只有几顿饭的来往而已。这位"兄弟"竟然未等他喊了多年的"大哥"把话说完，大声地骂道：

"姓李的，去你妈的，你当我跟你一样弱智啊！"

访谈结束后，我向李立青递上两个问题，他看了字条后，整理了一番思绪，认真地回答了我的问题。

问：你说你把自己弄瘫痪了，到底是什么力量所致？

答：心不足，情自大啊。人心不足蛇吞象，我就是这样的蛇，吞下去大象了，还不扭曲，不撑坏自己？我本来出身平民，可是在官场上越来越大，竟以为自己能有吞象的力量，这种错觉来自身边人的恶捧，也来自本身的逐年膨胀。这些东西形成一种虚伪的力量，我却未能看清，反依靠这种力量，驾驭自己的人生。这种力量真的有驾驭力吗？没有。所以，动用的都是低级的物质手段而已，说到底就是物质力量，没有任何精神层面的东西。所以，必然崩塌。

问：如果让你再来一次，你还会选择从教师队伍出来吗？会走另一种人生吗？

答：可能……还会选择从教师队伍里出来。但一定是另外一种人生规划吧。不知道为什么，我现在特别特别崇拜的人竟然是焦裕禄。我不是说假话，我觉得一个人为崇高的事业身死，比为了肮脏的物质利益心死，要幸福一万倍。一个人一旦发现自己的人生很可耻，真是生不如死啊！希望年轻的干部，尤其是像我这种小知识分子走上世俗场的人，千万要执守住初心，那点理想，那点人文，那点不畏惧贫困的小清高，是人最宝贵的心灵财富，什么物质财富都无法换到。人生，千万不要做丢西瓜捡芝麻的蠢事。

第三部　风雅殇

在临退休前，因分管的下属单位发生违法犯罪窝案，多名领导干部和专家，涉及利用公职权力和信誉，偷盗、制假、贩卖字画文物被法办，作为分管领导，担任省文化厅副厅长的他，受到党纪的严厉处分：省纪委给予其留党察看一年、行政降为副处级的处分，省委组织部及时取消了其已经公示的巡视员（正厅级）待遇。考虑到他在美术界有一定的声望，又临近退休，他的处分没有做社会公示。但系统内还是传开了，这件事其实成了"公开的秘密"，许多人为他扼腕叹息，不愿看到学仕双全、堪称人生完美的他，在最后一程，却因下属犯事而受到如此严厉问责，留下偌大的缺憾。也有的人认为，现在的纪律是不是太严苛了，一人做事一人当，下属犯罪，领导要受连累，多少有些替人受过，有点冤屈吧。还有人坚决支持这样的严苛，甚至认为对他的处分轻了，这至少有三点过硬的理由：1.文化犯罪活动持续时间长，非突发性，不可能不露蛛丝马迹，如果没有他的失察、纵容，很难实施到这种程度；2. 这些下属大都是他提名任命的，个别专家还是他亲自考察引进的，很难说他与这些人之间没有利益瓜葛，他掺和其中的可能性都是有的，应该抓起来才对；3. 文化是文化人的一种人心工程，文化产业是政府的一种信誉产业，在其领导下，文化和文化产业在一个地区某种程度上伤害了人心，背弃了诚信，对社会造成的"潜破坏"不可低估。

见面时，我把这几点传闻理由对他说了。他沉吟了片刻，说，清者自清，浊者自浊，如果我真的参与了他们的犯罪行为，省纪委和司法部门也不会放过我。现在法纪的严明，人人皆知，不要说我一个副厅长，副省长副部长副国级干部都抓了，国家凭什么放过我这么一个芝麻官啊！

我追问，那么，对传闻的第一条、第三条"理由"，你怎么看？

他说，我是有责任的。省纪委不会纵容我，但的确也没有冤枉我。省纪委的同志要求我把这些事的来龙去脉，对您说说，我答应了。听说您写作时会做一些技术性处理，以免读者直接把我们对号入座，真的很感谢您的良苦用心。所以，我会详细说说，文化界这些年还是蛮乱的，是普遍乱，也不光是我们这里，全国许多地区包括北京、上海、广东、四川、江苏这些艺术大区，我们这里发生的事，他们那边或多或少都有，有的还更严重。比如，南京的夫子庙、清凉山，北京的琉璃厂，等等，这些地方，造假货、卖假货已经成了"光明正大"的产业。当然，别的地方严重，不能说明我们这里不严重。我是做了深刻的检讨和反思的。

我的教训，或许有点警示意义。文化界不应该是党纪国法的特区，我敞开心扉，也算是尽一个文化人应有的一点良知和良心吧。

1

20 世纪 90 年代中期，我在省文化厅下属的文物公司当经理，相当于处级干部吧。那时候好多行业，尤其是文化口，政企、事企不分，文物公司领导算是真正的领导。这个当然是有弊端的，但是你也不能说一点好处没有。文物成为商品，可以流通，但文物毕竟是一种特殊商品，说到底流通的是文化，是民族的记忆，那么做这一行，信用就特别重要。政府直接做，至少信用上有保障，老百姓信任，从业者也有一份敬畏，不敢乱来。再说，为了公家的事，何必乱来？可以说，那时候，我们站在文化官员的身份上，从事这个行当，没有想过动歪脑筋谋私利。但可以用来流通、交易的文物，毕竟有限，又不敢放开经营，比如当二道贩子，从社会上征收文物，再加价卖出去，这里面风险比较大，靠编制内有限的专家力量，做不起来。所以，文物公司做不大。等2000 年初组织上来考察、提拔我当副厅长时，我觉得很惭愧，自己业绩一般，却被提拔，总归有些心虚。但当时的老厅长有他过人的心胸和智慧。他说，这个行业不能通过数字看业绩，要看对行业严肃性和信用度的维护程度，看这种维护对文物保护和健康交易的可持续意义。这话被后来的人，甚至被我私下嘲笑过。现在想想，非常正确，非常有远见，是一种基于社会良心的金玉良言。

当上副厅长后，我仍然管这一块。当然，因我是书画家，所以还兼着省画院的院长。时代不同了，文化产业的概念，在那个时候被大张旗鼓地提了出来。2003 年前后，中央开了文化体制改革与文化产业发展会议，出台了放开、搞活文化体制，引导文化产业发展的一系列政策。省委分管文化意识形态的副书记，省委常委、宣传部长，管文化教育事业的副省长，先后到我们厅里调研，希望我们能够跟上步伐，把这次发展机会抓牢。

我知道自己的担子加重了，副厅长没有以前那么清闲了，就赶紧组织人马，一边开务虚会，探讨出台全省文化产业发展的规划方案，一边组团出去调研学习文化大省的经验。

我们去了北京，看了老的艺术区琉璃厂，和刚刚兴起的以当代艺术经营为主题的798艺术区；南方我们去了闻名遐迩的深圳大芬油画村，在那里目睹了油画成为一种产业的蓬勃景象，我们在回来的路上，交流时说这是"美术也疯狂"。当然，最值得的一趟调研还是去江苏。江苏比较早地提出建设文化大省，进入新世纪后又提出建设文化强省，他们最大的特色，是从体制上较早地破冰。文化体制改革和文化产业发展，早几年他们就启动了，比如，江苏的无锡市，是在全国率先从政府部门中，剥离广播电视，建立广播电视集团，实现政企分开，局台分家的。很快，他们省又在省直层面上把文化改革推开，在2001年前后就把广电、报业、新闻出版、演艺、文化投资等全部从政府中剥开，组建几大产业集团，实行文化产业的市场化运作，政府不再包养文化，文化也取得空前活力。我们去学习调研时看到，它们的几大文化集团，规模、实力，在全国无不领先。江苏的美术产业也不错，诞生了一批民间画廊，一批艺术品拍卖公司，书画艺术交易非常活跃。一度曾有书画市场"北北京、南南京、上上广，山东四川小二郎"的说法。调研回来之后，我们非常兴奋，决定大干一场，为我们省的文化，为我们省的文人，找点发达的机会吧。

姓张的就是在这个关键时期闯入我的视线的。

您知道，干事业首先得解决人才的问题。政策再强，机遇再好，没有人来运用，不能抓住，一切都是空谈。所以，我决定先找人，把几个关键岗位的负责人换掉，文化产业处，文物公司，画院，得有一些具备经营头脑的人，才能玩得转。姓张的原先是省博物馆的后勤人员，只有大专文凭。别人评价这个人，脑袋就长得一个铜钱的样子，有圆有方，灵活而又富态。别看他文凭不高，但文化产业的点子特多。有人曾经举报他不好好上班，利用博物馆的平台，干自己的私事，倒卖文物字画。还听说他鉴定水平是火眼金睛级别的，一些鉴定大家不一定比他强，据说跟故宫博物院的专家，都敢打口水仗，辩论文物的真假问题。文物毕竟是一种实物，真真假假，这个有时候未必靠文凭，一定的学养见识，丰富的过眼、过手经验才最重要。厅里有许多他的传说，比如，一张字画，除了鉴定真假，他还有一项才艺，就是喝价。你一出示一件作品，他喝出的价格，会准得令你瞠目结舌。他会这样说，你这个，如果是买来的，聪明一点，5万元上下；笨一点，你花了8万元左右；要是拍卖来的，在12万至18万元之间。但不管怎么说，字画无贵贱，真假才是道道。由此，行内有句话，叫作最贵的艺术品是假的。

您知道这话什么意思吗？就是说，字画这种东西，本来就是无价的，毕竟不同于普通商品，有相对科学和稳定的定价体系。它是艺术品，卖的主要是附加值。什么是附加值？什么名气啊，来历啊，题材的重大不重大，吉利不吉利，有没有历史记载，最好跟历史人物、历史事件有关联；这些都没有，有一点传说佳话也行，等等，反正是要有说法，有来头。所以，你买一件东西，买得便宜了，不一定是真占便宜了，买得贵了也不一定是真吃亏，因为艺术品本身不重要，它的内涵和外延，才是最重要的价值所在。比如，最近佳士得拍卖了一件乾隆玉玺，两个多亿，我有个学生跑过来跟我说，老师，两个多亿买这个，有点不值啊！您看那玉质，放在和田玉里是很一般的档次，远远达不到羊脂玉的程度啊。我说，孩子你错了，你把一件艺术品看成工艺品，甚至看成一块石头，说明你还没有入门啊。这是文物，是乾隆的东西，它就是用一块砖雕成的，也比你现在一块上好的和田玉贵无数倍。

话说回来，为什么假的最贵？你花1000块，买一张看起来高大上的八尺假画，对不起，你吃亏了，因为你这个东西一文不值，你白白浪费了1000块，还搭进去一些工夫，对不？你花50万元买了一张巴掌大的张大千小品，真的，恭喜你，你赚了，即使眼下高于市场合理价，但不需要多久，总有一天，这东西会超过50万元。你说，是1000块的假画贵，还是50万元的张大千真画贵？这就是这个行业的道道儿。

我本人原先虽然学美术出身，现在也算是个"知名书画家"吧，但我在机关待的时间长，社会上的这些道道儿，当初我还真不懂太多。许多书画家都不懂艺术市场中的无数奥妙。这跟作家不懂图书发行，文物贩子大多不是文物专家，挖矿石的对钻石市场一无所知一个道理，"专家"不行，"钻营"才行。所以，当姓张的，嗯嗯，我叫他大张，他毛遂自荐，来找我谈这些时，我当机立断，决定用这个人才。我用这个人，和后来用的一些人，为我创造了业绩，这个有目共睹；同时也为我，为这项事业埋下祸患，起初谁能料到呢？早知有风暴，谁还出海打鱼呢？有的人最近对我说，你当初就把人看错了，这人一看就不是好东西，不该用他。我说，我也是这么想的，可朋友，你早哪里去了，既然那么早就穿越时空看准了坏人，为什么不阻拦我？哈，他很窘。做人，不要那么自作聪明嘛，好像自己能生产后悔药似的。这很没意思，对吧。

考虑到大张，他当时的级别很低，才是科级，我就先给他任命了一个文物商店的副经理兼党支部书记。我让他兼书记是要让他在班子里有充分的话语权，特别是在用人问题上有话语权。文物商店的经理是我的后任，当时老厅长推荐的，机关的一个刘姓老副处长，50多岁了，解决个正处退休，没地方安排，就让他来坐这个位置。刘这个人典型的老机关，很本分，但什么都不敢做，什么也不想做，只想安全退休。大张一过去，就跟他弄不到一块儿，一个拼命要做事，一个死活不想折腾，拧巴着。两个人开干时，都来找我投诉，我一般是在言语上激烈批评大张，安抚老经理，但在工作上支持大张。

大张果然有办法，他建议干脆在文物商店的基础上，成立一家文化艺术发展公司，注册的时候，找熟人打擦边球，加上了属地省名，成了"省文化艺术发展公司"。这牌子，狠，连我们分管副省长听了汇报，都忍不住哈哈大笑，说这名取的，听起来是一个跟文化厅平级的单位。公司由文物商店的经理兼董事长，大张是文物商店副经理兼公司总经理，兼党委书记。看得出来，实际控制权在大张手里。我虽然觉得这有点过分，但考虑到要大张做事，不这样架空一把手，不行。另外，我当时也纳闷，怎么会设党委，而不是党支部或者党总支？大张说，这个就是要名头。大张在公司下面设了很多部门，什么瓷器部，现当代字画部，古代字画部，珠宝玉器部，杂项部，等等。这些部的负责人，不叫经理，一律叫主任，听起来确实跟文化厅的部门主任，一样一样的。最初这些部门其实只有一个人，大张就弄了许多空挂的员工，目的是把场面撑大，符合设置党委的要求。他甚至把文物商店，说成是公司的下属企业，把老经理差点没气死。

我也批评过他好大喜功，玩文字游戏。他说，领导，文化产业，说到底就是个文字游戏。然后，他给我讲了一个故事。他说，领导，您知道有个姓刘的人，是怎么追到某大明星的吗？我说不知道内情，但是大明星配大老板，常理啊。他说，姓刘的追某大明星的时候，可不是什么大老板。他其实是个落魄诗人，但他喜欢吹牛，吹起来底气很足的样子，用虚假资金注册了一个听起来来头很大的文化公司，然后就说资金实在没法花，到处去找那些穷报刊谈收购。买传媒这种事，传媒界最关注，马上就形成了轰动的新闻效应。姓刘的再出现的时候，俨然就是一个大富豪了，那种虚名和气势，一下子就震倒了某大明星。一个全中国男人的大偶像，超级大美女，就这样被收到落魄诗人的假大空皮囊中。这个就叫文化产业。

我说，你胡说八道，别吹，给我把事做实了，我们可不是民营企业。

他说，是是是，只是讲个笑话反映一个道理。领导放心，事业一定做实，不光做实，还要做大。

2

大张做了两年多老总，虽然架空了他的一把手，但他们关系渐渐地也还凑合。大张拼命工作，挖空心思在这个领域钻营。个人对经理也不错，吃个饭，活动出个场，拿点纪念品什么的，也都是让经理去。等到经理退休了，他还返聘他做学术顾问。那刘经理也是糊涂虫一个，对他感恩戴德，为了一点小利益，后来对大张言听计从。我提醒过大张，我说你返聘他可以，但弄成学术顾问也太夸张了。他没什么文化，不能把东西全看走眼了啊。大张说，不会，文化厅下属文化机构的领导，不言自威，在这个领域有足够话语权。再说，我们不需要判断自己的东西是真是假，我们的东西还会假？名正言顺，义正词严，只要是我们这里的东西，闭着眼睛直接说真啊！再说，一件东西需要学术评价和真伪鉴定，也不需要他老刘亲自操刀，只需要他组织高校和社会上的专家，收集对我们有用的说辞就行了。老刘这样的老机关，人好，口紧，做事一丝不苟，假话真话，都说得认认真真，一本正经，有时候还声情并茂，他最适合坐在这个位置了。

大张当上一把手后，先是开始大面积做广告，向全社会征集文物字画。东西收过来之后，全部囤积起来，过几年才往外抛。在这期间，他会组织专家，为这些艺术品"塑造身份"。具体的做法很多，我举两个例子吧。比如，一件民间偶得的古画，尽管是真的，也是那个时代的名家作品，但是它仅仅是一张孤立的字画，没有"内涵"，如果要登大雅之堂，卖出好价钱，就难。所以，我们要找历史学家，找艺术学者，为这张画做一番"考据"，弄出它的"历史渊源""传世波折"等故事，找到它在艺术史上的"方位"，在艺术体系中的坐标，这样，一个饱经沧桑、积淀深厚的"老东西"就"诞生"了，其文物价值立即凸显出来。你想想，这价值出来了，价格不就猛翻跟头啊。再举个例子，我们收到一件民国时期的书法作品，比如，于右任的作品吧，因为年代不是很久远，行内人对于右任作品的价格大致心里有数，所以要让一件书法立即获得暴利，有点难。我们就得组织评论家，找名人，为这件作品写文章，最巧妙的方法还不是直接写文章鼓吹这件作品，而是夹带在对于右任作品的概述性评论，甚至评述民国艺术史的时候，提名这件作品。

这些文章见诸报刊，甚至收入教材，这件作品身价自然就上去了。所以，时间很重要，看上去是"囤积"艺术品，让它们睡大觉等涨价，实际上是为它们"镀金"，搞说法，不是等"涨价"，而是"搞涨价"。不是按市场规律获取涨价幅度，而是人为包装撑大这个幅度。

外行人听起来，觉得这个不地道，其实这是文玩界的套路。买了这些经过包装的作品的人，肯定花了很多钱，但还算走运。为什么？毕竟是真品，虽然经过的是"速成"，但到手的东西也算是"名品"了，这样的"名品"不一定经得起历史考验，但可以在当下流行，转手还是比较容易的，不会吃大亏赔大本。中国人喜欢字画，但有几个真正懂字画？即便懂，也无法弄清每一件作品的来龙去脉。所以，当他要下手购买某一件作品的时候，他就会去百度搜索一下这个画家，有比较多的资料，他就觉得可靠了。他更相信资料而不是卖家，更不是作品本身。最倒霉的是另一种情形，花了大钱买到了赝品。那种损失是百分之百的。经济上的损失即使不论，自尊心受到的打击也难以承受。您看不看央视的《一锤定音》《鉴宝》之类的节目？看，您会注意到，当持宝人的藏品被宣布是假的时候，那一刻他们的表情不仅仅是心痛，失望，恐怕还有掩饰不住的羞耻感。这是对自己精神向往的一种戏弄，对自己学识修养的一种轻蔑和欺骗。这就是文玩界所谓"不存在买贵""只存在买假"这种江湖黑话的原因所在。

基于这样的教条，尽管我知道大张他们这样做公司，目的不在老老实实卖文玩，而是谋取最大利润，但我觉得这样不违背行规。我也提醒过他们，要做良心生意，他每次都点头承诺，说，我们不能保证很便宜，因为大家都要吃饭，国有企业要规矩纳税，没有利润的生意也不能做，但一定会守住底线，杜绝假货，这个，请领导放心。

大张他入行很快，经营之道起初对我也还是坦率相告的。他说他的这些经验也是从南京和北京抄来的。他最初的几年，频繁北上南下，掌握了大量"穴道"。经他介绍，我知道了北京的琉璃厂和南京的夫子庙、清凉山这些地方，是中国传统艺术品的集散地。数百家艺术品商铺、小型画廊、艺术家工作室，集中在这些以政府名义打造出来的艺术街、艺术园区。名气一大，也就形成了一定的产业规模。文化产业，地方政府都是积极扶持的。从大的层面讲，政府规划支持，是市场具备一定信用度的保证。可市场是政府的，各个经营单元却是个体的，民间机构的。其繁荣的背后有诸多秘密。上面这些艺术品集散地既是艺术品进入大众消费的强大通道，又是心照不宣地造假售假的源头，是研发中国艺术品出炉和流通五花八门"潜规则"的实验基地。艺术交易繁荣导致几种效应，一是市场规模越来越大，入行和入市的人越来越多；二是粗制滥造的艺术品、赝品假货越来越多；三是真品、精品价格越来越高。这种效应一旦形成，您可以想象，艺术品市场的乱象、险象丛生状况就产生了。如果没有好的机制约束，没有底线，这个市场会很快烂掉，本来是风雅满园的，失控成厚黑畅行、残花败柳的景状，无须多日。

唉，现在，你看看，难道不是这样吗？您跑到任何一个中国城市的文玩市场，你敢轻易下手购买艺术品吗？可以说，我手下这批人，跟中国艺术品市场的堕落历程是同步的。等我明白过来的时候，已经晚了。

到 2010 年前后，大张他们已经把公司发展到几十号职员，数千万资产规模。这个当然成了省文化系统的一张名片，业绩也是上到宣传部长、副省长，下到厅里领导，包括我这个直接分管领导的骄傲啊。到这种时候，我几乎不去具体过问他们的业务了。这里面水太深，每一件作品、每一次成交，可以说里面都有故事，有难于启齿甚至不可告人的秘密，我觉得还是识时务、装糊涂为好。干预具体经营工作，也不是一个政府部门或主管领导该有的职能吧。我是这样理解的。

　　当然，这里面可能也有我个人一份私心在起作用。有一阵子，想想大概就是 2009 年、2010 年的时候，就是这帮家伙开始不满足于高价忽悠，直接走向制假售假的时候，大张陆续领来几个老板，介绍给我认识，说是要经营我个人的作品。其中有一个社会上的画廊老板，说要长期"包养"我的作品。他给出的价钱是 3000 元一平方尺起步，每年还可以上浮 1000 元左右。第一次见面他就留下 60 万元，预订我 200 平方尺的作品。我当时没有多想，就收下钱了。

　　我是知名画家，平时零零星星的也从私下渠道，卖掉过一些作品。但毕竟不是职业画家，不能大张旗鼓去吆喝，也不方便和没有精力去经营自己的作品。我在美院读书时的一些同学，不少当年才华平平的人，后来都在社会上靠这点手艺发财了。还有，你看我们省，跟我在一个层面上的书画家，哪个不是开宝马住别墅？人家羡慕我当厅长，羡慕的是一个空头衔，其实他们心里有数，60 岁之后你什么也不是，赚钱的机会也丧失了。说不定因为多年陷于俗务，没有文化的积养，技艺的进步，特别是没有思想的沉淀，到时候估计也就江郎才尽了，落得个晚景凄凉吧。所以，有人上门来要经营我的作品，我就愉快地接受了。大张跟我开玩笑说，领导，您是俊杰，没有官瘾，毕竟是文化名人，格调高远，眼光也长远，您50多岁了，在仕途上再怎么奋进，恐怕也进不了省部级，何况正部副部，退了休都是散步，还是抓住自己的专业，趁着艺术市场繁荣的火候，争取到自己应得的那份羹，多好啊。退休了，您还是大画家，那些正部副部遇到您，恐怕就要对您主动笑脸相迎了，因为您越老越值钱啊，这可是艺术规律呀。

我知道他这是趁热打铁，拍我马屁。但我当时听了还是挺享受。这也是现实，对一个画家来说，作品能在市场流通是硬道理。所以，后面的几年，我腾出许多精力打理自己的作品，我的艺术精进也是有目共睹的，我的作品卖得确实不错。但我忽略了自己另一个身份的重大责任，对自己的手下粗放管理，导致这帮人投机钻营，肆无忌惮，以不惜损害政府利益和行业信用，来谋取私利，大发横财。某种程度上讲，是我自己太自私了，光顾了个人眼前利益，耽误了对本来职责的严格履行。还有，我也是中了这帮人精心设计的"局"——他们希望我粗放，再粗放，最好不去管他们的事，所以就顺着我的喜好，放了一些烟幕弹，把我导入专心画画儿这个"局"，分我的心，瓦解我的注意力，好让他们为所欲为啊。

唉，造成的损失，真的不可估量。我现在为弥补自己过失能做的，就是利用各种渠道，把他们黑勾当的手法一一揭露了，把这个行业的黑规则通过各种渠道捅出去。我也跟省委领导做检讨打过保证，我要加入到那些有良知的艺术家和优秀商人中去，跟他们一道撕开这个灰色地带，让大家看个清楚。这是我能做的一点微薄贡献，算是将功补过了吧。

这里，我跟您简单说一点，将来我会写一本书，专门揭露这个"灰"。

比如，工艺品中的红木类，从材质上分，就有五属八类三十三种，最高品质的海南黄花梨，木质坚而润，色泽美丽，纹理极其漂亮，其价格是其他种类的数十倍，甚至数百倍，雕一个手把件，都要一两万元以上。但木头一旦做成家具和工艺品，多道工序后，一个类型的木头中，细致的品种很难完全区分。都是红木，把鸡翅木说成紫檀，很常见。但这个还好，毕竟还是红木啊，以次充好而已。再比如，玉器、水晶等矿石类，那就更复杂了，人造的效果以假乱真，甚至直接用玻璃钢代替玉石，用玻璃或人造树脂代替水晶，一般肉眼看不出来。可这个，才是"低级黑"。

至于"高级黑"，一定是把工艺上升到艺术，把艺术上升到文物。

大张他们有一阵子就发了这个黑财。中国不少人在发这个财。

造假古玉的地方，大多是用青玉等低档次玉石，粗糙仿古雕刻，然后化学侵蚀，做旧，形成类似出土古玉的伪劣艺术品。再赋予一个年代、出土情况、得到途径的玄乎说法，骗局就完整形成了。一块品质低的青玉牌，正常的定价是几百块到一两千封顶，但如果是文物，特别是弄成唐宋时代甚至殷商时期，或者清朝"宫里头流出来"的，呵呵，那价格就是几万、几十万，一件东西宰得你倾家荡产的例子，多的是。

文物骗子最喜欢跟"官方"合作，因为信用最值钱。大张他们就是跟这些民间骗子合作的。文物商店后来撤销了，但一个商人把场地租下来，继续挂羊头卖狗肉，大量销售假古玉和字画。后来得知其实是大张他们几个人，跟外面商人合股做的店。他们人站在国有文化单位，心和利挂在外面的黑店里。每当遇到大买家，他们就介绍到那家店去，然后名义上的"店主"，就神秘兮兮地从里面拿出某几件文物，说这是真正的好东西，是从文化厅下属的博物馆里"流出来的"，看中了就悄悄买走，千万别声张。很多土老板就这样被骗了，买了一块"蚌埠出土"的烂玉片当成传家宝珍藏着。这个，就不多说了，因为这还不是重点；重点说三遍，永远是字画，字画，字画啊。

字画造假的初级阶段，是仿作。就是找无名画家，对着名家作品，照葫芦画瓢，"创作"出一幅一模一样的"名家作品"，或者"名家风格作品"。你到北京琉璃厂，几乎每个字画店都卖"启功""范曾""沈鹏"，甚至华国锋的书法作品，卖黄胄的毛驴，齐白石的虾子，何家英的工笔少女，一张50元至500元不等。到南京夫子庙和清凉山，到处有陈大羽的"公鸡图"和徐培晨的"金猴献瑞"，林散之的书法"风雨送春归"，甚至傅抱石的"丽人行"，一两百块，一两千块，大甩卖。但这类东西属于人为模仿，仿作的笔意只能形似，绝对无法再现名家神韵，比较容易被识别，而且也登不上大雅之堂，卖不出什么价钱。这类作品只能停留在作坊与地摊，供一些穷困潦倒者糊口。

那么，高级阶段是怎样的呢？

现今有个说法，近十年出现在各种拍卖会上的名家书画作品，属于活着的书画大家的，真假对半；凡是已故近现代名家的，90%以上属于高级赝品。什么是高级赝品？为什么选择死去的近现代名家作假？呵，学问就在这里，机关就在这里。

首先，近现代名家故去不久远，他们的声望还留在当代，许多佳话还在热传着。比如，黄宾虹、于右任、李可染、陈之佛、齐白石、张大千、陆俨少、徐悲鸿、傅抱石、刘海粟、林散之、启功、钱松岩、亚明等，好像并没有离我们远去，他们的作品里还散发着他们的体温，睹物思人，大师风范，犹在眼前。所以，对当代人来说，他们是真正可以触及的大师。我们对这批人的艺术了解，比对其他任何时代都要多，要翔实。由于相隔时近，这批人的作品留存量还是比较大的，这样，市场空间也就大了，流通机会多，值得炒作。这就像现在的炒楼盘，一定是炒新开发集中区域，存量大呀，有投入和产出空间啊。如果你那个区域，只有一两个楼盘十栋八栋楼，旁边也没有空地，后面不存在再开发价值，就不可能参与炒作了，其他开发商更不会掺和进来。艺术品也一样，谁手上有了傅抱石的作品，谁才希望傅抱石不要被忘记，希望傅抱石的作品不断看涨，也才愿意跟所有手上有傅抱石作品的人，一起为傅抱石抬轿子。

然而，问题来了，这一批画家留存东西再多，但毕竟是非再生品，经过几十年，大都流到富豪和专业藏家手中了。不出意外，这些名品，藏家们就不会轻易拿出来卖。但这些画家作品是需求最旺的，只要手中拥有，很容易高价售出。市场越来越稀缺，造假者就瞄住了这块稀缺空间。但是，越是为人熟知的名家作品，模仿难度就越大，如果走拍卖路线，宣传、展示、鉴定、现场拍卖预展，公开亮相环节很多，需要蒙混过去的关口也很多；如果走私下交易路线，一般买家会反复找熟悉的专家把关，加上都是熟悉的掮客从中运作，轻易被识破大家就很难堪，朋友都做不成了。那这些赝品就需要专家级高人、行家级推手、魔鬼级掮客共同参与，从技术上、营销战术上不断突破"瓶颈"。

您听说过十多年前，深圳著名的艺术产业集团雅昌公司，就能通过一套设备，复制世界名画，仿真程度超过99%，肉眼完全无法识别。但那是西画啊，对中国画来说，这个不容易做到——然而，咱们国人还是做到了。广东、上海和南京一带的画商，用一种大型喷墨精彩打印机，可以直接用宣纸打印国画。他们通过对名家的作品——真品或高清图片均可，进行扫描，在电脑里调好色调（一般色调浅于原作），然后打印出来。这时候，得到了一幅色调略淡的跟原作完全相同的作品。因为喷墨材料跟国画颜料有所区别，所以第二道工序就是人工描画，用国画颜料照着打印稿再描一层色上去，这就完全变成"真材实料"的作品了。这种作品一般不能"裸卖"，要揉皱，然后再装裱，完了在仓库里放一段时间，拿出来亮相，一般肉眼根本无法看出来是"加工品"。

这种"加工品"存在的风险是，时间太久之后，墨、色会分离，斑驳。还有，如果有人知道此种作假，突发奇想，送到实验室进行化学鉴定，会把油墨和颜料两种不同的材料检测出来。还有一个更大的风险就是，如果哪天原作亮相，那么伪作自然不攻自破，因为一个画家不可能画得出概貌、细节完全重合的两件作品。所以，说到底，这种作品只是"高级黑"，还没到"顶级黑"的阶段。

"顶级黑"的阶段是什么呢？

举个例子说吧。国内某屡创拍卖高价的著名已故画家，他的作品通过弟子、子女的成功运作，很快都被高价卖出。到了2000年初，可以流通的该大师作品越来越少。这个时候，弟子和子女开始了联手"高级制假"行动。因为弟子跟着老人家学画多年，已经基本掌握了老爷子的笔法。画出来的作品，近乎出于一人。于是由弟子精心画画儿，落老爷子的款，完全仿出老爷子的作品。注意，绝对不是老爷子的"同一作品"，而是"不同"的作品。什么意思？就是完全用老爷子的笔法，创作出一幅类似题材的作品。最狠的是，所用材料，笔、墨、彩、纸、印、泥，全是老爷子的遗物，都是民国时期到 20 世纪 80 年代之前的产品。这样"创作"的作品达到一定积累量后，子女开始剧透，家父有一批"传家精品"。弟子写文章，回忆老爷子当年创作其中某作品、某某作品的花絮。引得富豪和大拍卖商纷纷上门重金求购。富豪自然如获至宝，永久珍藏。而拍卖商都是鬼精，即便怀疑有假，拿出去鉴定，绝对没有办法找到任何瑕疵；即使判断有假，也心知肚明，根本不会计较，留着下次再去收购时做不亮相的压价"底牌"，因为他的公司有这样的大师作品上拍，既增加了公司的分量，又拉高了公司业绩，而巨额成交额也为公司带来滚滚佣金。大家心照不宣，期待下一次的愉快合作。大拍卖商与大画家后人，形成了默契。这些大拍卖商也是过人的机灵鬼，马上到民间，到传世的文房作坊，到处搜罗老墨老纸老彩，专门囤积到自己手中，高价卖给书画名门，或者作为礼物，送过去换得"永久合作"的权益。

这种"顶级黑"，黑到如此程度，一出门不洗即白。随着拍卖成交量的增加，这类作品会逐渐进入各种艺术资料图书，甚至艺术史类的图册。再也不会有人怀疑，不是画家本人作品，唯有天地鬼神和当事人自己的良心明明白白吧。

艺术界的江湖之深，黑幕之厚，三天三夜也说不完。说多了，传出去，我们被人砍了的可能性都有。我这是知耻而后勇，豁出去了。

艺术不应该成为江湖，更不应该成为黑色江湖。走到这一步，既是艺术产业化步子过快、力度过大的结果，又是艺术家和艺术推手失去底线的结果，也是我这样的行业部门领导失职导致的恶果。我承认错误，但我先前没有进到深水区，只是偶尔耳闻，权当八卦了。再有，说一千道一万，就是没有想到，我的下属也正潜伏在这样的江湖深水区呢。

人说不知不为过，我作为专家和行业领导，不知也是过，知了没有效管制，就不是过了，是作孽，是罪了啊。

3

他们干的最缺德的事，当然还不光是跟社会画廊画商勾结起来，坑消费者。这个行业，要么穷困潦倒，要么大发横财、黑心财，人一旦陷进去，难以自拔，胃口会越来越大，阴招、损招、奇招，无所不用其极。

党的十八大之后，中央出台"八项规定"，很多靠公款消费的宾馆酒店，生意一下子就不行了。当时文化厅下面有一个宾馆，过去是政府主办的文化招待所，改革开放之后变成文化系统的培训中心，以做系统内的培训和会议接待为主，基本上惨淡经营，入不敷出。这个单位也是我分管的，我多次想改革，让它成为纯粹的经营实体，面向社会，面向大众消费者。但每次一酝酿这个事，就有人提醒我，说小心点啊，这么多职工，都是习惯了老体制，躺着吃皇粮的人，要改变他们的习惯不容易，这些人过得惯一起穷，受不了身边有人富。而且他们多数是一些关系户，跟宣传文化口的老领导们有着千丝万缕的联系，动了他们，风险可不小。我跟厅长也多次商量过这事，班子里的意见基本趋于一致，保守疗法，拖到哪儿算哪儿。党的十八大之后，这个单位更是举步维艰了，可这个时候，大张突然站出来，说帮助厅里解决这个麻烦，由文化公司接盘，保证扭亏为盈，三年后开始上缴利润。

　　说实话，经过这些年，我眼看着大张从无到有，玩空手道，把文化公司玩得这么大。对他的本事特别欣赏。人就是这样，一俊遮百丑，本事大了，对公家、对别人有贡献了，你就不会去细究他的缺点，心里头也不愿承认他有什么缺点。文化公司在经营过程中，也闹过一些消费纠纷，也有媒体向省领导写过内参，说他们造假坑人之类的。但很快都被大张平息了。有一天，副省长曾专门把我喊过去询问这件事，我当然否认了造假坑人这类情况。副省长说，听说艺术品拍卖的国际惯例是不承诺保真，出门不退，是这样的吗？我如实回答，是这样的，像佳士得、苏富比，包括纽约艺术交易所，无不如此。副省长有些不解，又问，那消费者如何信任这些机构？如何避免赝品？我说，著名的艺术机构都是用多年的信用建立和发展起来的，他们对艺术品的把关很严，可以说比买家还要当心，因为信誉才是他们的财富，他们的生命，没有信誉，他们会失去一切。中国的艺术机构建立时间还都不长，有一些做大的，完全靠资金、艺术来源渠道和人脉实力，而不全是靠信用。当然，没有信用，高层次人脉也很难维系，所以规模跟信用有时候是对等的。

　　副省长听了，很高兴，表扬我们干得好，当即做了几点指示，大意是要求把省文化公司做大，要请一流的专家把关，确保公司信用，因为这个公司也是省文化产业的亮点之一，其口碑也是全省文化艺术事业的口碑。他还承诺，如果有什么问题，可以随时找他，他会为此尽力协调解决。

副省长的鼓励，使我倍增信心，从此对大张他们更放手了。当大张提出要接收小宾馆时，我心中竟然有如释重负的窃喜。我想，他这样的能人，再烂的摊子恐怕也能给我整光鲜了。我去请示厅长，厅长一口答应，就提出唯一的要求：安置好老职工，不得引起劳资纠纷。

这个，没想到大张早就考虑周到了。他用文化公司装下这个宾馆，年轻一些的职工分流到公司各个部门，然后成立了一个物管公司，把公司的日常管理、后勤、保安等打包到物管公司，宾馆部分人员进入这个公司，剩下十几个老弱病残，一律以优惠的条件提前病退。他出台了一个专门的病退条例，对提前病退给予特别的关照。这样一弄，那些混日子的人纷纷拿着病历卡过来要求病退。人员问题，就这样解决了。

人员问题一解决，大张就开始大兴土木，对老楼进行全面改造，几乎扒得只剩下一个框架，然后再建。一年后，一栋全新的大楼，出现在人们面前。大张把它定位成一个"文化中心"，规划了两大功能区，一个区域是开放式画廊，与餐饮结合；一个区域是会议培训功能区，直接承包给一家大型培训公司，用来做美术、音乐的培训场所。这样一弄，档次，人气，都上来了。大张这脑子，你不服还真不行。

你问我大张在这件事上，到底怎么缺德的？可能你坐在家里，开动你作家富有想象力的脑袋，想个三天三夜，都不一定能想象出来。

哈，您一定会走到基建工程贪腐这个套路上去，所谓大楼起来，人倒下，惯例啊。当时纪委的同志也是这么想的，拼命去查工程项目的账，还把建设公司和装修公司的老板喊进去协助调查，你猜怎么着？大张一分钱都没贪污，没受贿。那家装修公司曾经送他十条香烟两箱五粮液酒，都被他退回去了。出问题的是宾馆的前任经理，他受大张委派，全面负责管理工程项目，他收了两家公司40多万元现金，一块欧米茄手表，和一些名牌包包什么的。这小子还包养了一名女服务员，这个女孩也拿了其中一个公司老板20万元现金，和一套卡地亚首饰。所有的人都特别纳闷，觉得纪委是不是搞错了，不要把反腐败搞成一场乌龙，没把大张搞进去，反倒查出个焦裕禄来，就出大笑话了。哼，我们的愿望太天真了，大张玩了一场狸猫换太子的把戏。他玩得的确高，的确大，也的确危险，甚至致命。

这个游戏，他施展出了狡诈智慧和无知无畏的胆量。他处心积虑，精心谋划，并步步设计，最终达到目的，充分体现了他这个人的黑江湖本质。大张看中这烂宾馆，其实是怀有巨大的不可告人目的的。这个宾馆虽然烂，但历史悠久，又属于文化系统自己的场所，几十年来，多少书画家在此作画写字，楼道甚至房间里，都挂满了省内几代名家的书画作品，陈旧破烂的镜框里，装的可都是大有价值的宝贝啊。大张通过改造大楼，改变格局，顺理成章地把这些无人统计过的作品收了起来，有的直接贪污，三件原先挂在大厅显眼位置的作品，就复制，重新装裱，放在仓库里，等待哪一天有人过问，可以对付一下。他估摸着，了解这些老场所的老同志纷纷退休了，进棺材了，包括我们这些人，也都快退了，历史会永远成为历史。时间一长，谁还惦记这些，谁还记得这些？这本来就没有登记，没有纳入固定资产管理过。一本糊涂账，谁能说得清呢。

我敢保证，在中国，改革开放后的几十年，在无数的老宾馆、酒店的改造里，都发生过这样的事情。只是，更多的"大张"，都没有机会撞到今天这样的反腐败高压线，如此而已。

　　谈话结束后，我把事先准备好的一个问题，写在纸上递给他，希望他能回答。

　　"有学者把贪腐存在的表现分为两种：一种是拥权者为了达成自己的各种私欲目的，对权力的个人意志最大化运用，可称为积极的贪腐；另一种是在其位而无所为，任凭世间各种恶的存在，以致泛滥成灾，可称为消极的贪腐。请问，你是否认同、如何理解这个观点？"

　　他看完纸条，脸上立即露出十分尴尬的神色。过了一会儿，他把纸条折叠起来，放进自己的口袋，说：

　　"这种表述，我看不明白，容我认真想一想。"然后，站起来，跟我握手告别。

　　我说，谢谢你！

　　他快步离开，走出几步，回头向我挥挥手，说：

　　"其实，我没有义务接受你访谈的，是吧？再见！"

　　这回，轮到我站在那里尴尬了。

第四部　最后的华尔兹

不是所有高级领导干部，都有他那样一副风雅的派头。

跟他谈话的过程，应该说是顺利的，甚至是愉快的。他知识面很宽，学养非同一般，而且率性，能言善辩。说话的时候，经常伴以一个手势，一瞥不经意的倨傲，一丝满不在乎的笑；当然，也能捕捉到失落和神伤。

他也是友好的，礼貌的。如果你不知道坐在眼前的他，是一名犯罪分子，一名因严重违纪违法而被北京、天津、石家庄等几个北方大市，作为全体党员领导干部，尤其是高级领导干部学习反腐倡廉的典型案例的主人公，那也许仅凭言谈风度，很短的时间内你有可能会对他肃然起敬。

可当得知，这位曾经贵为正部级领导的男人，在任时，为了企业家妻子、影视明星情人，这两个女人，动用公权力，违规操作中国境外资金数十亿元，在国际上造成恶劣影响，导致中国金融的国际机构受到重罚，造成巨大损失，他本人也因收受贿赂、渎职等罪行，被判处有期徒刑 12 年，这一系列情况后，你怎么也无法把一个真实的他，与眼前这个风度犹存的老男人，联系在一起。你更无法去羡慕他，尊敬他，甚至无法去赏识他那些本来应该受到赏识的出众经济才干和艺术才华。

如今，他服刑结束，过着普通人的生活。

他的成长是优美的。

他的青春是美妙的。

他的才艺是出众的。

他的生活是锦绣的。

他的感情是激烈的，泛滥的。

他的事业是博大的，后力是强劲的。

他的女人是美丽的，聪慧的，华丽的，风情万种的。

然而，他所有的这一切，给他成就的未来竟然是灰色的。这个男人，没有多少化神奇为腐朽的能量啊！

这位在国际金融界和中国政坛显赫一时，在社交场上挥洒自如，在情场上如沐春风的当代"精英"，最后竟然以牢狱作为自己的归途。

言语之间，他的情绪时而激烈，时而黯然。

"给我再来一杯卡布奇诺。"等服务员走近我们的时候，他招招手，并示意服务员也要征询我的意见，为我续杯。

他对服务员说，谢谢，谢谢您！

看得出，他现在生活得还是不错的，至少是健康的。跟在位时一样，他依然喜欢穿深色西装，留着分头，身材高而瘦。精神状态也不错。

这让面对他的我，在替他痛惜的情绪中，有了一份欣慰。

1

应该说，我是个天生浪漫的人。

这也许跟我的天性有关——每个人都有天性，天性有时候是好东西，需要放纵；有时候是坏东西，需要抑制。是吧，小丁同志？我相信你也有天性，比如文学，一个人爱好文学不是后天的，后天只不过根据天性做了一次选择，所以我说你的天性适合从事文学艺术创作，你内心一定像我一样，充满着许多浪漫的特质，不是吗？当然是。

我的天性就是浪漫，所以它不限于喜好什么文艺门类，拿我当初学习功课来说，比如说学习建筑吧，我后来可能就是建筑艺术大师，至少也是一个唱着歌、写着诗的高级泥瓦匠。所以，我从事的专业不是文学，不是美术音乐舞蹈之类，是金融，是跟钱打交道的学科，但这个一样没有妨碍我一直做一个相当有情调的人。当然，你可以写文章时，像那些小记者一样，说我是个浪荡的人，放荡的人，而不是浪漫的人。但你可以想象，一个浪荡仔，一个放荡鬼，能进入金字塔尖？不要说是正部级，就是谋取一个乡镇长的位置，如果只有浪荡，试试看，能不能当上，当上了能不能顺利干几年？不容易。我自己对自己的认定，就是浪漫嘛。

我60多岁的人了，坐了十几年牢，时光和坎坷把我身上的许多气质消磨掉了，但我自认为内心没有变。我也用不着塑造自己是什么人，用不着矫情。我就是这样的，有后悔怎么会自毁前程，但为浪漫而死，死而无憾。我这份天性，这份做派，是是非非当然会多。也许，我不应该在体制内发展，我是体制内的另类，坏了体制内的规矩，所以最终付出了这么大、这么惨的代价。在人生最应该辉煌的年龄段，我成了阶下囚。这个，真不应该是我的结局。

我的父母都是大学教授，他们从事教学研究，一个是国际贸易专业，一个是外国文学专业。他们是新中国最早的两个面向国际的专业方面的人才，他们是两个极有情趣的知识分子。在朝阳区老公寓楼的一个小套里，两个人把小日子过得风生水起。我小时候，母亲用英文给我念雪莱和泰戈尔的诗，用双语给我解读莎士比亚戏剧。

我稍稍大一些，大概是进入青春期了吧，我母亲有一次看着坐在地板上读书的我，突然打开音乐，说，宝贝，你起来，妈妈跟你跳一支舞。她带我走了几步，我跟不上节奏。我就说，妈妈，你跟爸爸跳一遍，我看看，马上就会的，都不用你带。爸爸正在厨房炒菜，赶紧洗了手，进卧室换上西装，才跟我妈妈随着音乐翩翩起舞。他们那份优雅，我一辈子都忘记不了。你看，在家里跟妈妈跳一支舞的父亲，放下锅铲，一定要换上西装才登场。那也不是什么舞场，是不到十个平方米的小客厅。但他们跳得认真，投入，热情似火。他们对少年的我来说，简直是释放的一道电光。我从内心敬重我的父母，爱我的父母，一辈子没有变过，但愿他们的在天之灵，能够听得到我的这番心声。

第一次，我观摩了一遍，在曲子完成之后，我跳起来，跟我的妈妈跳了人生第一支华尔兹。"这是华尔兹，欧洲中世纪在诸多宫廷舞基础上发展起来的高贵舞种。"母亲微微地俯下身子，在我的耳边细语道。我闻到她身上清淡的香水味。我为这样的家庭气息而陶醉。

我很快从文学天地，进入舞蹈殿堂，因舞蹈，又进入音乐的世界。我高中的时候能够阅读英语文学原著，世界所有一流的文学大师的作品，我至少读过每个作家的一两部。我喜欢听交响乐，听歌剧，当我的同学陶醉在民歌里的时候，我简直没法忍受，我听到那种不传统、不现代，不质朴又不高雅的曲调，浑身就起鸡皮疙瘩。我的华尔兹跳得棒极了，但是整个学生时代，我几乎没有舞伴，除了我亲爱的爸爸妈妈，在我们青春的那个70年代，好像很难找到一个贵族舞伴，一个外国文学读友，一个交响乐和歌剧的知音。他们正在扭秧歌，跳忠字舞，正挥着红缨枪唱着"大海航行靠舵手""不爱红装爱武装"。有什么办法呢？

离开父母进入大学后，才是我真正孤独的开始。所以，别人看我孤独，说我孤傲，讨厌我不合群，看对了，说中了，讨厌得也没错啊。你说，我这样的人，怎么融入他们？一直到今天，虽然我被判刑过，但我走出去，还是华尔兹，还是歌剧，还是普希金、拜伦、海明威，我跳不了广场舞，唱不出《小苹果》，读不了《盗墓笔记》《鬼吹灯》，我跟我们这个年纪的许多老家伙，道不同而不相与谋，本来就是两个星球的人。永远、绝对永远混不到一起去。甚至今天这个时代，穿得花花绿绿的小家伙，我也不欣赏他们。他们打游戏，手机上穷聊，读胡编乱造的网络小说，那些山寨电视节目，一点经典的营养都吸收不进去，一分钟都专注不起来。我认为他们这一代很危险，他们中的有些人不长大脑，从未深度思考过，接触的不过是一些电子碎片，一种垃圾信息产物。我不希望年轻人永远是这样。时代在变，不能把人类文明的优秀内核给抛掉。我们这个民族，文化基础并没有想象的那么厚实，如果在薄弱的框架上放纵低俗，会很快散架，成为空心的壳子，一击就成碎片的。

也许我没资格指点他人，训导时代。但我看得清楚，说的也都是内心的实话。我的这些说法也不新鲜，不独创，还是有些同感之人的。我们是从内心出发，怀着真正的焦虑，在大脑里思考了无数遍才形成，才不由自主把这些别人不一定爱听的话送到嘴边的。相信我，这绝不是有口无心，信口开河。

不说这些了，说了，自己和别人都会不舒服吧。

20世纪70年代中期，像我这么外语出色的大学毕业生，全国找不到多少。再加上外国文艺的修养，全国更是找不到几个。摆在我面前的机会很多，文化部的一个对外文化交流机构，外交部的北美司，中央人民广播电台国际部，中央统战部，大概有十几家中央直属单位来学校要人，每次我都被要人单位的代表挑中。我对中央电视台，那时候还叫作北京电视台呢，有些兴趣。记得一位副台长亲自找我谈，对我的气质和口才赞不绝口，表示只要我愿意，电视台马上可以录用。

这么多单位，我就对这个心动了。电视在那个时代稀有，金贵，神圣，似乎符合我的浪漫理想。但是我的父母坚决不同意。他们觉得在新闻和文化单位工作，政治上太危险，几句话，一篇文章，就有可能让你的前途完蛋，严重的还会一夜之间成为"反革命"，你潜在的命运危险，多是任由别人来强加，跟你本身没有必然关系，你的专业特点，忒容易授人以柄。我的父亲对我说，你要有一颗浪漫的心，但是不能有浪漫的言行，更不能把浪漫当作事业来做，当作职业来做。况且，我大学学的是财务啊，这种专业的选择显然是我父母对我人生的一种理性规划。他们说得对，浪漫不是用来做事业的，是用来美化内心的，用来点燃生活的。然而，我只听进了一半，做对了一半。

什么意思？后来我选择了不浪漫的事业，却又把事业成果做成了浪漫，进而毁了事业。所以，不听长者言，吃亏到跟前。

按照父母的意愿，我选择了一家央属金融单位。在那里上班不到一年，我就被派往欧洲的英国、丹麦等地学习外汇金融业务，先后被安排到负责代培的米兰、标准麦加利、巴克莱等著名银行做实习代理员。这在 20 世纪 70 年代的中国，我成为为数极少的，具备了国际金融眼界和业务能力的专业人才。

实习期满后，单位没有安排我立即回国，而是直接把我派往中国金融在美国纽约的分支机构工作。我记得跟我同时被派往纽约的同事，在纽约这个世界金融中心，在玻璃大厦森林中，在澎湃的汽车声浪中，这座世界时尚之都，金融之都，让他们一时手足无措，自卑万分。而我，仿佛回到了就是自己本来的世界里一样，闲庭信步啊。我那样的淡定和风度，使得同事们无法不刮目相看，都风传我是中央首长的公子。那时候很多首长子女都改名换姓，插在清华、北大这样的名校读书，然后像普通人一样在普通的工作岗位上，日出而作，日夕而息。真首长的孩子许多就这样淹没在普通平凡人之中，不为人知。可我，真的不是名门之后啊。话说回来，如果我真的是首长的孩子，恐怕我的学养和气质，也无法让我淹没在平凡中。

我穿梭在大纽约，如鱼得水，很快展现了出众的才华，熟练掌握了全套外汇业务，在黄金交易和外汇的研究上尤为突出。我常常在世界经济论坛上，用流利的英语发表国际金融业发展的观点，放大中国乃至整个亚太地区在该项业务中的国际声音，引起国内外同行越来越多的关注。在社交派对中，我经常用亚洲视角评论欧美文化；又假设欧美视角，发现和体恤亚太文化。每次，我做报告，不是从经济出发说经济，不是从金融出发论金融，我用文化视角，用文化判断，我有我独特的推论方法。我是生动的，独见的，我在世界艺术方面的学养，帮我建立起一种独特的形象，不同于那些常见的玩弄金钱的势利面孔。这使我的沟通有了利器，我从中国人，甚至亚洲人这个领域的群体中脱颖而出，我也因此交到了许多欧美国家精英阶层的朋友。

应该说，在中国改革开放即将到来的时候，我的身上已经具备了可以与西方融会贯通的气质风度和学识水平。我正是中国下一步发展炙手可热的稀缺人才。当我与祖国一起迈进 80 年代时，一个锦绣灿烂的人生机遇大踏步向我走来。

2

从少年时代一直到中年，我都沉浸在奋斗与成功的亢奋中。我的高傲几乎从未让我低下头颅，去真诚寻觅一份属于心中的浪漫感情。

最近有一首流行的歌曲唱道，"就在那一瞬间，你就在我身边"，这句歌词我很喜欢，我难得喜欢流行歌曲，可这一句我真心喜欢，因为它唱出了我人生某一刻，又某一刻！我的两段情遇就是这样到来的，某一刻突然降临，毫无预见；某一刻又款款而来，如同冥冥。一点也没有我歌我咏中的罗密欧与朱丽叶的坎坷。

20 世纪 80 年代中期，我回到了中国金融本部，我才三十四五岁的年纪，已经位居央企中层，成为体制内非常年轻的"正厅级干部"。我风华正茂，英气勃发，要在事业上大干一番。同时，我渴望的高雅爱情、浪漫知音也在 35 岁这一年姗姗来迟。

我跟一位老革命家的小儿子是好朋友。他是个非常文艺的人，用现在时髦的说法，叫作文艺范儿。他恐怕是中国人中少有的那种，对音乐痴迷的人，痴迷到不要任何东西，不工作，不操心未来，只沉湎于"音乐响起来，我心在澎湃"的那一刻。他有一个朋友圈子，他们经常在一起搞个派对，围绕音乐的派对。但其他人都是业余的，也都不固定。只有他一个人是固定的，大家就围绕他，时不时聚会一下，过一个快乐的周末什么的。

这个圈子很有意思，不断有新人加进来，朋友带朋友，朋友的朋友与朋友的朋友再成为朋友。后来我知道，这个圈子成就了好几对恋人，只有那哥们儿一直是孤家寡人，自始至终很热心地张罗着所有圈里的事，大家的音乐，大家的爱情，大家的纠纷，大家的婚姻，大家的，哈哈，埋单什么的，真是个好人啊。那哥们儿去世很早。核心人物没了，这个圈子也就没了，真的很可惜。20世纪80年代有许多有意思的事，有很多有意思的人。如果他活着，我不知道这样的人，会不会不能免俗，像许多他那种家庭背景的公子哥一样，在后来的30年迅速把自己做成亿万富翁？恐怕是的。这是一个时代的陨落，我们的记忆里留下的是那道闪亮的划痕。

有时候我甚至想，那哥们儿死得非常及时，他及时固化了老革命血统中的那种浪漫。所以，当我现在听到一些朋友在议论，官宦子弟如今都是富豪，这一类话题时，我会提及这个人。他们会竖起耳朵听。有一次，一位著名导演对我说，你把这个另类哥们儿的故事，写篇小说吧，我们来做部电影吧，这很有意思啊。是的，有意思啊。但是，这哥们儿对我来说，意义更不同寻常，因为就是通过他的这个圈子，通过音乐派对，我认识了我的前妻郝宁。

应该说，郝宁那次在我的人生中出场，给我的震撼是巨大的。

那天晚上大家跳舞跳得很欢。郝宁一直在一个角落里抽烟，并没有上场。我不知道为什么注意到她，注意到这个抽烟的沉静女孩。我记得当时的情境是，我感觉到一束光从她坐的角落闪现出来，一直跟随着我的脚步，那就是她的目光吧，一种异样的目光。后来我走过去，自我介绍，邀请她跳一曲。她就笑眯眯地站起来，跟我跳了一曲《多瑙河之波》。跳舞的时候，她告诉我，她并不喜欢这种快节奏的华尔兹，她更喜欢波士顿慢华尔兹，激情隐逸在舒缓、优雅之中，有一种持久的张力。她说她和朋友们把《蓝色多瑙河》舞曲，进行改编，搞出了快、中、慢三个节奏的舞曲，不同的人喜欢不同的节奏，各取所需啊。

这支曲子完成之后，她从随身的包里拿出一个自录的光皮盒带，告诉我，她其实是拿老上海的歌曲当舞曲的。她是周璇和白虹的歌迷，专门在香港翻录了两位老上海巨星的全部歌曲，带着卡带和小型录放机，随时欣赏。她告诉我，她还特意去拜访过白虹，如今，这位曾经在上海滩光华四射的巨星，黯然隐居在北京的老苏州胡同里。

她把卡带放进收录机，播放白虹的《春之舞曲》，然后独自上场，跳了一支芭蕾舞步式的快舞。大家看呆了，那种感觉，那种效果，你可以想象，她的独到，她的独特。

那天晚上，她还和几个朋友一起演奏了一曲苏联歌曲《列宁山》，她拉的手风琴。她演奏的时候，十分投入，闭着眼睛，微微地昂着头，一缕黑发在额头上荡来荡去。从舞场下来，我提出送她回家，她说好啊。走到门外，才发现有一辆京 G 牌照的奔驰车在那里等她。我马上明白，她是高干子女。在她的热情邀请下，我只好上了她的车。车上，我跟她开玩笑说，本来想追求你的，一看这车，就没有勇气了。

她抿着嘴矜持地笑了一下，说，你知道我为什么演奏《列宁山》吗？我说，当然是因为喜欢苏联歌曲啊。她说，这个回答可有些平庸哦。演奏这个，是因为我们今晚应该有一个共同话题，比如，列宁。然后，她就不再说下去了。

我很着急！我说，可是可是，关列宁什么事啊，我关列宁什么事啊。

她还是不吭声，抿嘴笑笑。

临下车时，她说，大卫杜夫香水与列宁有渊源，列宁曾多年使用，现在这款香水又开始进入中国，这是一个亲近社会主义的西方香水品牌。

我目瞪口呆，因为，我的确使用大卫杜夫品牌的香水。而这款香水进入中国，与我在美国时认识的一位高管有一定的关系。他问我何时中国男人会用香水，我说，现在，马上，您可以进入中国，中国正在发生巨变，像我这样洒香水的男人会越来越多。我没有想到，郝宁竟然如此有心，如此用心。她聪明的"发现"与精致的"设计"，让人与人之间，出现了许多"机缘巧合"。

郝宁身材苗条而脸蛋浑圆，嘴角线条清晰，具有东方女性典型的美。她彻底征服了我。我开始对她展开了热烈的追求。可是，她漫不经心，跟我若即若离。她真的是那种很聪慧很矜持的女人，毕竟是大家闺秀，一切尽在她的掌握之中。两个人之间所有的感情进展，我都无法控制。我只能单向拼命释放我的爱慕。

从认识她的第一个夜晚，我似乎就感觉到她对我的好感和用心，似乎感觉爱情只有咫尺之遥，可就是那么一点距离，我用了整整两年挺进，何其艰难啊。在两年里，我调动了全部的艺术细胞，向她看齐，试图与她并肩。事实上，郝宁的聪明超出我的预料，她在经济和艺术两个领域，都称得上是专家。她通读过大量经济学著作，对投融资行业了如指掌；她会作曲、写诗，会熟练操作四五种乐器。她更是一位生活家，对食物、时尚、奢侈品品牌等如数家珍的生活家。她是那么才华横溢，光彩照人。我两

115

年里给她写了将近两百封情书，简直无法想象那种近乎疯狂的动力，为她源源不断地喷薄着。每一次约会，我都要带着一封情书去。回来后，我会陷入一种新的抒发欲望，再次拿起笔来。

我的前妻，她就是这样一个充满魔力的女人。魔力，这个词不同于魅力，你是文学家，一定会体会到这两个词语的内涵差异。

那么，什么是魅力呢？我之所以比较这两个词，就是为了说一说我的另外一个女人，我对她昵称安娜。我不说她的名字，其实你也知道，是吧，媒体报道过不少，她是一位著名的影视明星啊。关于我们的八卦能少吗？一个是"贪腐高官"，一个是"大红明星"，多有猛料啊，太对那些记者的胃口了吧，对不对？哈哈，我不怪你来找我，选择我访问，恐怕不光是因为我级别高，属于老虎级的。其实，在"老虎"里面，我算是轻量级的，哈，但是有风流韵事啊，你不就是冲着这个来的嘛，呵呵。

我今天答应见你了，愿意跟你谈这些，本身就说明，我能够坦然对待自己的过去，自己的人生，"是非成败转头空"嘛，三国弹词开篇不有这一句吗？最终都是"樯橹灰飞烟灭"啊，老弟。所以，人最好坦然，不要遮掩自己的过去，更准确地说，不要遮掩自己的灵魂。

我说跟安娜的这段往事，首先要申明，绝对不是有些人八卦的那样，我通过一部电视剧看中了她，然后打电话给某导演，然后开始了物质轰炸，直到把她轰晕，倒在我的怀中。你来之前，肯定也研究过我的案情，我相信你研究的是权威的官方材料，而不是民间小报。我有那么下作、那么低级吗，一味奔着人家的肉体而来？再说，我的涉案数额就那么多，最后认定的也就一两百万，即便那些钱全部给她，能买她这个级别的明星跟随我几年？人家的片酬和出场费早就超过了这个数，凭什么跟我就那么贱？

安娜在我生命中的出现，在我情感世界里的出现，可以说，也是突然的，意外的。跟郝宁的出现一样突然，一样意外，一样充满了机缘巧合。

那是1998年秋天的一个周末，我的一个大客户何先生，急匆匆地给我打电话，希望我能在第二天下午出席他组织的一个慈善活动，并在晚上的招待酒会上讲话。何先生是一位来自香港的投资大佬，每年组织此类活动，意在与内地金融、商业、投资、传媒界的大佬们聚会，并借此整合资源，挖掘机会，顺便也传达一下爱心。何先生在电话里恳切地邀请我，说虽然活动嘉宾中大佬云集，明星斗艳，但真正有分量的还是我这样的政商两跨的首长。我如果肯光临指导，活动的档次会高出很多。企业家，画家，导演，影视歌舞界明星，他们真正在乎的，还是在晚会上遇到像您这样的首长，国家未来的经济掌舵者。

当年，46岁的我已经掌管一家中字头金融集团，位居正部级已经5年多。人们根据我的年龄，位置，实力，资历，无不判断，不久的将来，我必定会进入国务院，未来的中国，需要我这种专业的高层领导。我自己也觉得，在这方面几乎无人可以与我攀比！我相信何先生的话虽然出自一份热情，一份抬爱，但并非空穴来风，毫无依据啊。

那一年，正是亚洲金融危机大爆发的第二年，形势十分危急。第二天下午，我准时出现在活动大厅。我知道大家等我这场讲话，最关注的还是金融危机到底到什么程度，能不能走出，何时走出，以什么方式走出，需要哪些国家、哪类机构、哪个群体做出何种努力，甚至牺牲。我对着一屋子成功人士，微笑着，轻松地微笑着，没有讲一句套话，没有讲政治经济，没有正面讲正在发生的东南亚金融危机，甚至没有讲慈善的美德，而是讲了一个似不关联的小故事：

这是炎热小镇慵懒的一天。太阳高挂，街道无人，每个人都债台高筑，靠信用度日。

这时，从外地来了一位有钱的旅客，他进了一家旅馆，拿出一张1000元钞票放在柜台，说想先看看房间，挑一间合适的过夜。

就在此人上楼的时候，店主抓着这张1000元钞票，跑到隔壁屠户那里支付了他欠的肉钱。

屠夫有了1000元钱，横过马路付清了猪农的猪本钱。

猪农拿了1000元钱，出去付了他欠的饲料款。

那个卖饲料的老兄，拿到1000元钱赶忙去付清他召妓的钱（经济不景气，当地的服务业也不得不提供信用服务）。

有了1000元钱，这名妓女冲到旅馆付了她所欠的房钱。

旅馆店主忙把这1000元钱放到柜台上，以免旅客下楼时起疑。

此时那人正下楼来，拿起1000元钱，声称没一间满意的，他把钱收进口袋，走了……

这一天，没有人生产了什么东西，也没有人得到什么东西，可全镇的债务都清了，大家很开心……

这个故事讲完后，我说，故事告诉了我们一个什么道理？现金是要流通才能产生价值！但这只是表象。实则我们从中得到的启发是，只要流通起来，钱即便不会生钱，但死钱会变成活钱，活钱就能解决经济中的许多梗阻问题。包括金钱本身的麻烦，比如今天我们遭遇到的亚洲金融风暴。当然，这还不是我今天要表达的思想。我是想告诉大家，今天我们从家里，从世界各地走到一起，企业家应该向画家求购艺术品，投融资专家应该与企业家勾肩搭背，商业流通领域的先生们应该关注和介入传媒，传媒大佬们应该帮所有人扯上关系，这就是流通，就是创造价值。然后，所有人，从自己的价值盈余中拿出一块，交给传媒去运作慈善，积善积德，造福社会，播种仁爱。俗话说，得道多助，天下顺之，我相信今天我们会聚一堂，是以庙堂之高搏江湖之远，是智举，善举，福举！好，让我们举杯、举杯、再举杯！

我在仕途30年，很少中规中矩、拿腔拿调地讲话，多是由着兴致来，随着性情来，尊重现实来，我的讲话绝大多数时候，受到欢迎和好评。热烈掌声和热烈掌声是不一样的，一个经常在主席台上发言的人，不可能看不透、不明白各种奥妙。热烈的掌声如果有配套的热烈表情，这掌声基本上是真的热烈，由衷的热烈。我讲话的时候，看到了安娜就站在人群的前排中央，她一直凝视着我，微笑着频频颔首。我看到了她眼睛里的热烈。我相信我的直觉。

安娜当时刚刚主演了一部电视剧，这部电视剧也正在热播。她光彩照人，在人群中闪耀着巨大的磁场。不能否认，那个慈善之夜，我和她，是全场的焦点。

当我端着红酒杯，在一旁静静地看着她被人群包围，欢畅地聊天，放声地大笑，我忽然有一种特别恬静的喜悦。过了一会儿，她应酬完几个包围她的企业家和画家，就端着杯子向我走来。她美目流盼，裙裾飘逸，一步三韵。在厚厚的羊绒地毯上，她无声地向我飘移而来。那一刻，世界是凝固的，而我的血液是急速奔腾的。

我主动对她说，安娜，我一直在三尺之外，艳羡着你，也保护着你。

她说，谢谢，很有风度的距离。

她的眉毛向上挑了一下，说，首长为什么叫我安娜？

"你让我想起了少年时代阅读的人文版《安娜·卡列尼娜》，封面上有一张素描安娜，你的风姿，表情，出类拔萃的美丽，如出一辙。你更有西方古典气质，而不是东方传统。"

我毫不讳言，对她大加赞叹。请你相信我，我不必在任何公众场合，对女人滥用溢美之词。我没有必要那么做，也没有人能激起我那样做的冲动——除了知遇郝宁，除了艳遇安娜，人生中的这两次相遇，我的两次怦然心动。

那天晚上我们分别邀请对方跳了一支华尔兹舞。我先主动，然后，她追加了"主动"——整个晚上，她一直在我的视线里，没有逃脱。我清楚地发现，她就主动邀了一次舞，唯一的一次主动，给了我。在辉煌硕大的水晶吊灯下，她身姿挺拔，舞步流畅，我们和韵合拍，身心摇摆。她微微昂起下巴，拉直了颈线。她的锁骨是那样的凌厉，她的酒窝是那样的浑圆，她简直就是天使在人间。如果拍一部中国版的《天使在人间》，安娜是女主角的不二人选，是华人版的艾曼纽·贝阿。

跳完舞后，我们又到露台吧喝了很多红酒。我想起了安娜前一次恋爱的不幸。她错爱了一个文化骗子，陪伴那人浪费了几个春秋，结果文化骗子的资金链断裂，匆匆卷走了账上的一点资金（其实都是银行贷款），连招呼都没有给安娜打一个，就突然从她的生活中消失了。据说，逃到了日本，隐姓埋名避难。可安娜独自吞噬自己的苦果，从未在人面前说过前男友一句不是。每当媒体纠缠她的时候，她都是淡淡一笑，说我个人对自己的青春负责，没有什么好哭的，好恨的，好说的。谢谢大家关心。

想到这里，我就脱口而出，安娜，你是一个非常善良的人。

跟许多明星不一样，你心灵高贵而精神平和，你站到我身边时，我感觉到的气场虽然十分强大，但一点也不咄咄逼人，而是散发出一种暖融融的气息。

"那是因为空调打得太冷了，我成了热源。"安娜俏皮的话，让我们哈哈大笑。

那一夜北京的天空难得的澄澈。

举办晚会的地点在京郊，没有太多的光污染。星空灿烂，恍若眼前。我们两个趴在栏杆上，一齐伸出手去，说要捧取这星光。我还临场发挥，改编著名的《月之故乡》的歌词，吟咏出几句诗行：

天上有个星星
地上有个星星
此时，天上的星星下凡在地上
地上的星星其实在天上
我抬头望天上，低头看地上
一个在梦里，一个在心上

安娜静静地听着，含笑不语。但我能够感觉到她的心花怒放。

我和安娜就这样相遇而心动了。我认为，我们是彼此钦羡的，我们的交往是循序渐进的，我们的感情是水到渠成而后发的，绝对不是一些小报搞的那种春秋笔法的瞎编排。

我那时一个人生活在北京，是一个"准单身"。早些年，郝宁跟我结婚之后，很快跟着我到纽约生活。我在结婚的第二年被再次派驻纽约。我们在那里，有着如痴如醉的新婚甜蜜，找到了如诗如画的异国情调生活方式。郝宁常说的一句话，就是我们前辈子一定是欧美的灵魂，今生虽经周折，终究还是寻到了归属。我们在联合国总部旁边买下一栋小洋楼，经常在家里举行宴会，花旗银行等美国一些著名银行的执行官都是家里的常客。我们很快生育了两个孩子。周末举办 Party 时，我陪着外国同行喝红酒、抽雪茄、打高尔夫球，而一对儿女与客人的孩子们快乐地在一旁玩耍，郝宁深深地陶醉于这种生活。我也有种特别的满足。可是，我知道这种生活对我来说，一切都是临时的。我在纽约，代表的是中国金融，我不是私人资本家，这种生活不过是"借来的生活"。然而，郝宁铁了心要定格在这种生活里。两年后，当我再次被召唤回国时，郝宁坚决不肯跟随我回国，而是在纽约长期定居下来。

我在北京甚至全国全球到处有朋友，离开郝宁却让我发现一个恐怖的现实，就是他们跟我很难踩到同一个鼓点上，他们中几乎没有人可以取代郝宁。

回到国内，白天我处在事业的亢奋中，每当华灯初放，我坐着小车徐徐穿过长安街时，心中总是怅然若失。每天上班后，再也没有人为我梳理发型，没有人为我搭配好西装领带，没有人跟我讨论约翰·施特劳斯和邓肯，没有人为我调制我钟爱的鸡尾酒，没有人在酒后伴着我在卧室踏着柔情的舞步……我曾多么的相思郝宁的骄傲、睿智、时尚，以及如歌行板的妇唱夫随啊。

当我遇到安娜，在相当长一段时间，我们都是保持着热烈而强劲的友谊。

我觉得奸情与恋情的区别，在于前者是用物质化手段直接强暴感情意志，后者是顺其自然，保持健康态势，一步步发展出来的。你看过吴若甫、蒋雯丽和俞飞鸿主演的电视剧《牵手》吗？当年正好在热播这部剧，很火，从物质贫乏相依为命式感情生活走出来的中国人，正处在巨大的情感波动中，《牵手》顺应社会心态横空出世，引起万人空巷。为什么？很简单，这是第一部客观肯定"小三"真爱的中国戏，惊天也逆天啊。吴若甫演的钟锐与俞飞鸿演的王纯，在事业中相互扶持，知音知心，发生了婚外情。这种感情并不肮脏，甚至有些美好。说实话，我当时就是觉得自己是恋爱中的吴若甫，安娜是王纯，在我的心灵空缺的时候，如仙女般下凡。当然，我比吴若甫更幸运，郝宁并不是刁蛮的黄脸婆夏晓雪，只是，她不肯随我迁徙，不能做一个妻子对丈夫应有的陪伴。

然而，一些媒体是怎么评论我的这段感情发生的情景的呢？你听听：

……回国后，他对附庸风雅生活的追求丝毫没有改变。他经常在北京的家中举行小型酒会，不少文艺界知名人士都曾到他家中做客捧场，这些明星、大腕在他面前显得毕恭毕敬。一边是女演员对他暗送秋波、投怀送抱，一边是高朋满座饮酒赋诗、谈论文学艺术，这时他总能感到一种特别的风流倜傥、潇洒得意。

1998年秋季，一部颇有影响的电视剧正在国内各大电视台滚动播出，剧中影后级女主角那青春靓丽的身影、甜美俏丽的笑容吸引了他的目光。他立即拿起手机拨通了一个熟悉的名导演的电话：这女孩子演技真不错，我认真看了，有一些心得要跟她交流，如果把握得好，她会成为中国的凯特·温丝莱特，有机会请她来参加我的Party，我跟她说说。

时隔不久，在他家举办的酒会上，他终于见到了倾慕已久的女明星。

走下荧屏的女明星真是有着惊人的美丽，一颦一笑都让他心醉不已。他立即上前很绅士地拉住她的手，在手背上印上深情一吻：大驾光临，不胜荣幸，艳光四射，蓬荜生辉。知道吗，为了有资格在你石榴裙下，做一个痴情王子，这段时间，我把你演的全部影视剧都欣赏了一遍，对你的演技佩服得五体投地。更没想到生活中的你更加光彩照人！

他的举手投足和言辞完全是洋做派，让这位见过大世面的明星，竟然克制不住激动，两颊泛起了娇嗔的红晕。在酒会上，这位身居部级领导岗位的中年男人，放下了平时端着的一切架子，毫不掩饰对明星美人大献殷勤，不顾众多来宾，从酒会开始到结束，一直紧随着明星身边陪她聊天。他演绎着自己在美国打拼的传奇经历，夸夸其谈如何判断亚洲金融风暴的走向，如何反制金融大鳄索罗斯，头头是道，那气度简直如同共和国总理似的。这位高官的传奇、健谈与风度，让女明星刮目相看，而他毫不吝啬的赞美也令她心花怒放。酒会结束时，看着风情万种的女明星飘然远去的背影，他的心里生出一种非征服不可的欲望。是的，征服，如歌中唱的，就这样被她征服，切断了所有退路，他的心情是坚固，他的决定是糊涂……也许，他的心中当时激荡的就是这首老歌的旋律。

您看，就是这种文章，铺天盖地，我完全就是一个不入流的猎艳者，我还有什么自己的想法可说的呢？

3

我跟安娜开始约会，安娜喜欢热闹，最初都是我策划组织小型 party，我们很自然地在一起，开开心心过一个周末什么的。安娜喜欢高档西餐，这个与我不谋而合，我们都是西餐派，拒绝中餐的油腻，厌恶中餐环境的那种嘈杂。她最喜欢法国大餐，日本料理，我喜欢意大利和法国大餐，还喜欢地中海式的环境。一段时间的 party 式约会后，我开始单独约她见面"吃小灶"。

我通常为她选择马克西姆法国餐厅，那里的牛排、鸭舌和玫瑰饼，非常对她的口味。我还选择了最高档的中和日式料理店，为她购买了紫金贵宾卡身份，吃饭前可以沐浴，并穿上美轮美奂的和服。安娜的悟性很高，那里有日本传统音乐三味线的表演，她很快迷上三味线的情韵，尤其喜欢年轻派的演奏家作品。比如上妻宏光，那时候刚刚第二次获得日本音乐大奖，他的津轻三味线演奏，简直对人的情绪世界长驱直入，那种感受真不是一般艺术可以渲染得到的境界。我就设法通过关系找到店长，翻录了他的全部三味线音乐，包括吉田兄弟、长山洋子、高桥竹山、北岛三郎、杵屋五三助等人的《梦の桥》《春驹》《觉醒》《YOAKE》《RYDEEN》《桃源乡》《火の国》等作品，然后亲自编排目录，绘制 CD 封皮。

人有时候连自己都不清楚自己有多大潜力，我觉得安娜激发出我更多的潜能，这些细活儿我以前从未染指，但为了她，我竟然上手就会，而且做得非常精致。安娜赞不绝口，说编剧都编不出这样的故事，一个大首长，日理万机，却能在夜晚进入自我的宁静小世界，做出与事业毫无关系的精耕细作的活计！我及时脱口表白：感谢爱赋予我至高勇气和力量啊。

她微笑着不语，清酒使她微醺，音乐让她迷醉，关怀呵护，让她神采飞扬。此情此景，万般动人。

私交了两个月后，我决定设计一场两个人的独特浪漫。

在筹备了两个星期之后，我们的浪漫周末开幕了。在酒店顶层超过 600 平方米的三面落地窗的总统套房内，我跟安娜对坐在雪白桌布铺就的西餐台前。伴随着悠扬的弦乐四重奏现场表演，象征着"久仰久慕"的 9 个统一白色着装的服务生，陆续登场。三道细点，七道意大利浪漫餐，委托酒店订购的意大利顶级葡萄酒，一瓶价值过 10 万元 Giacomo Conterno，开瓶后溢出浓郁的葡萄醇香。餐后，一杯英国红茶，几句温软情话。然后我们移座中央客厅，12 名白衣少女组成的圣女合唱团，进入客厅，在小乐队的伴奏下，演唱了四首经典歌曲，两首欧美情歌，一首宗教诗，一首中文歌曲，而这首中文歌曲正是安娜主演的一部电视剧中的主题歌。然后是一位美容师，三位专业水疗师伺候的两小时私人水疗和美容。

这一切结束后，真正属于我和她个人空间的时刻到来了。服务生推进一个礼品餐车，一个烛光车，然后熄灭了房间所有的电灯，在温馨烛光和玻璃窗外首都的灿烂灯海里，我开始了表白。

我揭开礼品餐车上的盖头，99 朵玫瑰花束灿然而出。我手执玫瑰花，单膝下跪，向安娜做了三分钟的倾诉，告诉她从第一面见到她之后的无限相思，交往中的无限欢愉，她在我心目中的无限魅力。接着，我从车子里拿出另外一件礼物，一块价值 12 万美元的江诗丹顿艺术腕表。待安娜自己解开礼品盒后，我看到了她的惊喜。她说：亲爱的，这款，我知道的，太贵了。她用了亲爱的这个称谓，嗯，她用亲爱的！我热血沸腾，我说：亲爱的，我本来看上的是 48 万美元款式的全钻女表，可是没有订到货，我正担心这个价位的东西不一定配得上你的大明星身份呢，你的宽厚质朴让我感动。

安娜从沙发上站起来，绕过餐车，走到我面前，伸出胳膊，大大方方地说：亲爱的，给我戴上吧。

我为她戴上腕表。她说，我喜欢。然后就抱住了我的头，用她修长的手指，梳理着我的头发。

　　一个多么浪漫的温情之夜啊。

　　我不否认，安娜喜欢这样的场景，喜欢这样的生活。但人家是那么大的明星，整天亮相于红地毯和镁光灯，你总不能用包子和炸酱面，在快餐店作为与明星相处的配套吧。但我相信，安娜绝对不是被所谓的金钱打动，她没有见过一百万两百万吗？只要她愿意，可以为她花费上亿元的土豪会排成长队。我经常跟一些大企业家在一起，有时候熟悉了，难免会谈谈大家喜欢的女明星。十个人里面至少会有三四个说，喜欢安娜和舒淇这样的，这两个女人是成功男人、成熟男人的偶像。现在走红的范冰冰、林志玲，是 80 后的小朋友喜欢的吧，那样的脸盘，不符合传统审美，她们不能表现雍容华贵。女人的脸是一张命运写照图，也是其内心世界的观照镜。安娜的善良和温厚，在与我相处的日子里，完全呈现。其实，这才是我内心欣赏她的最有力的理由。如果仅仅是为了博得美人一乐，我们的感情不可能持续发展，最后又陷入难舍难分的痛苦。

　　安娜虽然是影视明星，但一直感觉自己在北京大院中长大，比较谦卑，她说自己小时候如野小子，贪玩，甚至跟小伙伴翻墙，打架，10 岁时过早进入演艺圈，成了童星，开始了浮华的青春生活，一直至今，所以她真正静心读书的时间并不多，缺少厚实的文化底蕴。其实，她出生在书香门第，最欣赏的男人还是像她的父亲那样的博学睿智的成功男人。她对我的感情，最初也许是被动接受的，但不可否认到后来产生了真正的依恋和爱慕，因为我博学，有情趣，而且懂得呵护女性。我的绅士风度是自幼养成的，融入血液一样发乎自然。你可以给我与她最初的交往定义为偷情，但后来我们大不一样。我们在一起歌唱，一起大笑，一起痛哭，分享每一分财富和心情。她为我吹眼睛里的沙子，摘黑发丛中的白发，为我工作的辛苦而焦虑，为我仕途的每一个哪怕极其微小的进展而欢欣。

有一个生活的经验，可以跟你说一说：一个女人是不是真正爱你，在现在这个社会，说实话，很难彻底判断。但可以通过一件事基本准确地表现出来，这就是她是否日积月累、越来越强烈地想嫁给你，与你结成终身的伴侣。这一点很重要，尤其是一个物质实力与社会地位跟你没有多大差距的女人，是否想跟你结婚，就更有爱情说服力了。安娜一开始就知道我是有妻室的，跟我约会，愉快相处了一段时间后，变得有些烦躁，有些情绪反常。痴情的她认为，我对她如此温柔与慷慨，必定也是渴望与她终生相守的，所以，一定会有一天，主动向她求婚，拥着她走进婚姻的神圣殿堂。然而，我没有。我有郝宁，有儿女，有一个完整的家庭，我对如何破解这个家庭，重建一个新家，没有思想准备，也没有道德承受力量。所以，当有一天，她眼里含着委屈的泪水，向我提出这件事时，我惊呆的表情一定使她悲愤欲绝。

还有一个生活经验可以说，也是从这件事可以判断女人对你的爱是否深沉。当她渴望与你结婚并终于提出来时，你很为难，甚至因为双方皆知的原因，难以做出准确的期限承诺，在接下来的日子里，女人的表现可以反映她的爱与善良程度。她虽然痛苦，但理解你。她独自流泪，但是她不威逼你。她依然跟你相伴，体恤你，甚至同情你的家人。她不闹腾，唯有等待。安娜，她算是这样的女人吧。

所以，我搂着安娜，帮她拭去脸上的泪水，说：亲爱的安娜，请给我一点时间，我一定会给你一个满意的答复。

大明星在我的怀里，像个小孩一样破涕为笑。

4

如果我没有被中央纪委查办，这个故事也许可以到此结束，谁愿意把一个浪漫弄成一个悲剧呢。我的故事到此，虽说不能花好月圆，但至少看起来两情相悦。然而，人生无常，注定会导演情爱无常。

作为一个男人，同时拥有郝宁和安娜这两个出色女子，当然是一件容易让"胜利冲昏头脑"的美事。对这两个女人的感情，得手需要能耐，驾驭需要技巧，维持需要胆量。

我在郝宁之前和之后，并非没有过女人。跟她们大都是逢场作戏，她们无非是银行里面的小业务员，刚刚闯入社会踌躇满志，不知天高地厚的小女生。这些丫头没见过什么世面，在我这样的人物面前，几乎没有抵御能力。跟郝宁的蜜月期过后，在认识安娜之前，我有过一些拈花惹草的事，这些都没有逃脱郝宁的敏锐眼睛。1990年前后，我在国家金融纽约分公司当总裁时，曾经跟一位年轻的下属发生关系，被郝宁发现，大闹过一场。我拒不承认这段关系，也没有明确道歉，但为了安抚郝宁，在经济上给了她很大一笔补偿。大概在1992年，郝宁与一名中国台湾籍美国商人在旧金山注册成立一家投资管理公司，我亲自给这家公司批了一笔2300万美元的贷款。事后不久，这家公司涉及香港洗黑钱500亿港元一案，受到香港廉政公署侦查。而该笔贷款迄今仍未偿还，成为呆账。这是我惹的最大的一个祸，也是后来我的人生天平上最大的罪行砝码。这个砝码不是安娜或者其他哪个女人给我的，是我自己的老婆给加上的。

回国任总部董事长三年后的春节，郝宁回国与我团聚时问我，如果她回国创业我支持不支持，支持的话，她就回来。我说，当然支持。郝宁就在开春后回国，与她的一位在央视工作的大学同学，合办一家广告公司。因为有美国的先例，对我平素的风月之事，郝宁一旦风闻一些，掌握一点鸡毛蒜皮的破证据，便与我摊牌，开始"战争"。每到这个时候，我就出面帮她在业务上解决一个问题，她就偃旗息鼓。时间长了，见并不危及家庭，而且我在经济上对她大开方便之门，郝宁也就睁一只眼、闭一只眼了。

后来郝宁提出的要求越来越大，数字也逐渐加大，我对她的要求，就只能用"爱理不理"来处理。我与安娜的风流绯闻在北京传开之后，郝宁再次跟我摊牌，提出要包揽我所在系统的全部广告业务。我就将计就计，提出全国不行，但最大的分支机构广东金融的广告业务可以给她，因为广东公司的总裁是我亲手提拔的亲信，比较听话，懂事。郝宁说，那也行，先这样。就把她的广告公司迁移到广东，并在广东、福建、浙江、海南、广西以及香港、澳门一带，如鱼得水地展开了金融广告的业务。

我比安娜大 20 多岁，且有家庭，安娜这样的大明星，肯与我维系感情，我一直视为知遇之恩。安娜主动提出婚姻要求，如张爱玲所说的，真是把自己高贵的女人花，降低到尘埃里去了。我觉得她的内心是苦闷的，为了我，她在承受着哪怕是一个常人也不一定承受得了的屈辱。我能报答的，也就是对她好一点，更好一点。

自第一次后，安娜再也没有提及过跟我结婚的事。她的隐忍让我更加揪心，她给予我的爱和包容，也让我更加动心。人生得一知己足矣，有了安娜，今生何求！

经过一段时间的深思熟虑和内心的痛苦纠葛，我终于给远在广东的郝宁打了一个电话，提出离婚。接到电话，郝宁意外地表现得十分平静，只是在电话里说，我这段时间忙，不能回来谈，正好也给你留几天时间，你认真考虑成熟后，我们再见面。

我知道郝宁聪明，厉害，但依然预计不足。其实，她一接到电话就悄悄回到北京，收集我和安娜交往的证据。过了将近一个月，掌握的材料相当充分了，她才出现了。

一见面，她就大声呵斥我，说我是国家花费巨资培养的无赖。她指着我的鼻子责问我说，你知道国家培养一个省部级领导要花费多大的代价吗？告诉你，跟培养一个脱离地球轨道的宇航员，是一样的代价。可是，国家培养了一个什么样的省部级干部，你看看你自己，一个伪君子，一个脱离正常社会轨道，自以为徜徉在道德和法律真空的败类，竟然包养女明星，你以为你是同治皇帝啊，可以出宫嫖妓？笑话，我马上向中央举报你，让党清除你这个昂贵的祸害。这些年我对你的宽容已经达到了极限，你至今还在考验我的承受能力。为了一个戏子就不顾孩子们的感受，不顾我多年对你的恩情，和我离婚！好，那我就让你身败名裂、一无所有。看那个戏子还跟不跟你花前月下？

郝宁这个女人，出身名门，高雅起来如天仙，但一旦发飙，如同草根泼妇，十分狰狞，十分可怕。我不得不重新审视自己面临的处境。我和郝宁之间不仅存在着一层受法律保护的夫妻关系，更重要的，还是自己苦心经营多年的利益共同体，一旦离婚，牵一发而动全身，许多资源将不复存在。更糟糕的是，倘若她果真跳出来举报我，我如日中天的前景会变成黑暗一片，成为阶下囚不是没有可能。

这次的离婚风波以我的失败和妥协告终。我向郝宁赔礼道歉，并答应帮她拓展在整个华南和华东金融系统的广告形象代言业务。在一个月内，我就协调了七家金融机构共计 11 笔广告代理费 300 多万元，直接汇入她的广东公司。这才暂时平息了她的暴怒。

其实，郝宁这边算是容易解决的。离婚不成，我该如何面对心爱的安娜？本来，我打算把慷慨离婚作为一份大礼送给她的，现在反而惹出麻烦，不得不利用权力，硬着头皮，赤膊上阵，帮妻子拉业务。安娜这边，我没有什么高招了，只能实话实说。我说我和郝宁这些年只不过是名义上的夫妻，但现在离婚还不是时候，孩子还小，等孩子上大学了，她一定会撒手，否则她折腾起来，大家都非常难堪。你是明星，凡事都有关注度，要爱惜羽毛，我绝对不能让你进入一个有纠纷的婚姻生活。我们也不能逃避现实，私奔桃花源，我和你没有事业，不可能有真正的幸福！

安娜听我说完，轻轻地吻了一下我的额头，微笑着说，爱，就是一种等待的过程，只要你陪着我等待就好。

她的话，让我顷刻泪眼婆娑。

我要对得起这份情义，在接下来的几个月，我斥资近千万元，为安娜在京郊购买了一套独体别墅，作为两人的爱巢。我甚至卖掉了十几块名表——我有收藏世界名表的雅好，多年来，我收藏到世界上四十多种品牌的七十余块名表——筹集资金，为别墅配备豪华家具和高档电器。我为安娜购置的一套顶级视听设备，就花费 200 多万元，这个数字，在当时可以在京郊买一栋小别墅了。为了她方便出行别墅，我又为她购买了一辆价值 300 多万元的进口兰博基尼跑车。

你问我，哪里具备这么强大的经济能力？这个……嗯，这个，我跟你说，我有这个经济承受力。我的工资收入很高，这个，你应该了解的，央企嘛，前些年薪酬就是很高的啊。当然，我不讳言，我作为一个部级领导，一个掌管着数万亿资产的领导，一些琐碎的花销，是不需要个人掏腰包、个人跑腿去操办的；有许多人排着队为我办，办了还受宠若惊，办了还对我感激涕零。

说实话，我们的官员，一旦熬成一把手，权力太大，很难不失控啊。一旦失控，就是自己的问题了，怨不得组织，怨不得体制，怨自己吧。在这方面，我的确是犯了错误，犯了大错误，嗯，非法吧，跟党中央开了一个大玩笑。代价也付了，人生也完了，从巅峰跌到谷底了，本以为是一场春梦，醒来却发现，是噩梦啊。

我的事发，是我自首的。这在省部级以上干部的案例中，并不多见吧。这也是我的坦荡，我的天真。当然，这里面也有我的绝望。我不断被人举报，风声传得越来越大。有人说，中央纪委已经掌握了我大量违纪违法事实，就等着中央纪委常委会研究，一旦证据确凿，常委会通过后，就会对我采取措施。人在这种信息的包围中，是很难受的。一天，为了试探虚实，我拿起桌子上的红机，接通分管我们这块工作的国务院领导，跟他请示，希望能当面向他汇报工作。结果，领导很客气地说，过几天有空的时候，听秘书通知。我觉得这不是一种好的信号，这跟以前领导一接到电话，就滔滔不绝跟我说工作的情况，大相径庭。放下电话后，我在办公室坐了一夜。

第二天凌晨，我打了一个电话给远方的郝宁，说了我的担忧。本来想得到她的安慰，并希望她能看在夫妻情分上，通过她老爷子的人脉，给斡旋一下。没想到，她在电话里勃然大怒，说，一定是你的奸情败露了，天下女人何其多，你脑子进水，偏偏要去惹一个戏子，能风流几年不出事，已经是前世积德了。劝你赶紧去中央说清楚，生活作风腐败，最多挨个纪律处分吧，真是自作孽不可活。

我已经懒得争辩，听她喋喋不休的呵斥。我摔了电话，下楼开车去别墅，找到安娜，跟她一起吃早饭，并把我的担忧说了出来。

安娜伸出她那只戴着我送的价值百万江诗丹顿的胳膊，用手摸摸我的额头，说，亲爱的，你大概累了，别感冒了，好好睡一觉，一切都没事了。

我哪里睡得着，就陪着她在餐厅里坐着。沉默了片刻，她到客厅打开音乐，说，亲爱的你太紧张了，需要放松神经啊，你不是喜欢华尔兹吗，我来陪你跳一曲慢华尔兹吧。

我非常感动。我觉得安娜在这个时候给我的温情，是一份无法取代的慰藉。

她拉着我的手，来到客厅。我和她缓慢起舞。当时的情景，现在回忆起来，十分模糊，仅仅记得舞曲放的是《友谊地久天长》。这首曲子，唤起了我心中从未有过的一种酸楚，无法言喻。

两个小时后，我决定重新回到办公室上班。

京郊的冬天，有些荒凉。落光叶子的杨树，静静地站在旷野中。没有风，没有云，没有蓝色的天空。一切都在烟雾蒙蒙中。我把车子开得飞快，飞快。我仿佛是踩着快步华尔兹的鼓点，在急速地奔跑，甚至跳跃，甚至飞腾。回到单位，一切如同平常，听汇报，开会，看材料。就这样，恍恍惚惚地过了几个月。

可笑而又可悲的是，安娜，那个风情万种的明星女人，我再也没有见到。她在《友谊地久天长》的舞曲中，消失得一干二净，彻彻底底。我简直无法相信，世界上还有这种女人，斩乱麻的刀如此锋利快捷，让人反应不过来。她一消失就是几个月，我也真的病倒了，高烧不止。我一度怀疑，跟安娜的一切，不过是自己的精神幻觉。我记得看过一部关于诺贝尔奖获得者小约翰·福布斯·纳什传奇人生的电影《美丽心灵》，说这位普林斯顿大学教授长期患有精神分裂症，进入自己幻觉的世界，扮演着拯救祖国安全的科学特工。我是不是也在重演小约翰的人生？我无法接受安娜突然离开、杳无音信的现实，我几乎怀疑有没有这个中国演员，我有没有看过她主演的那么多作品，我的艳遇与她的浪漫相伴、肌肤之亲，是不是我对偶像明星空想过头，而产生的幻觉？

可是，几个月后，安娜突然又高调出现了，不是在我的生活里，而是在媒体上。她还是那么光华四射，笑语吟吟。她告诉记者，这两年她一直在国外拍戏，顺便在一个世界著名的电影学院里旁听，她太渴望学习了。她透露，她在国外还收获到一份爱情……

交谈结束后，我给他递上我临时准备的一张纸条，请他再回答我两个问题。

第一个问题：你的人生从巅峰跌入谷底，仅仅是因为这两个女人吗？有没有自身的原因？

他沉思了一会儿，说：

"这两个女人固然不是省油的灯，但女人嘛，在生活中，谁都会避不开的，她们不过是男人犯错误的介质。我不遇到她们，也会遇到别人。世界上美丽、聪明、有风情，又会驾驭男人的女人，岂止她们两个，无处不在啊。所以，问题还是出在我自己身上。

"到底什么问题，我没有完全想透彻。浪漫是没有罪的，如果浪漫有罪，人类就不会几千年歌颂浪漫，布施浪漫。浪漫是每个人向往的权利，所以我追求浪漫也是无罪的。但我为浪漫，违反了党纪国法，这是事实，这也的确是为浪漫付出的惨重代价。

"我一直在思考这个问题。我会思考清楚。但可能还需要一些时间，甚至会到下辈子才明白。抱歉。"

第二个问题：如果让你重新活一次，你还会选择这样的浪漫、这样的生活吗？

他毫不犹豫地回答："当然。"

"不过，"他补充说，"我会自己创业，而不是选择在体制里奋斗。"

两个问题回答完，我本来的狐疑顿然解开了。其实，以他的聪明，不可能不知道自己的问题。毕竟，即便放纵、违法跟浪漫的界限再模糊，对他这个文化层次高、社会阅历丰富的人来说，应该不会拿捏不准的。

可不可以这样说：他放纵了自己。或者说，欲望扭曲了他的浪漫。

如此放纵和浪漫，在今天的中国，不仅在体制内要受到惩处，就是在体制外创业，也终究属于不道德，也是要碰得头破血流的。

也许，答案没有那么简单。

第五部　四海之内

"倘若把你的人生经验和教训做一个总结，你能不能用一句话，把最深刻的部分做一个表达？"

这是我设计并提供给访谈者的《人生问卷》中的一条。

他的答案是：

"朋友不能没有，多一个朋友多一条路；朋友不能太多，多一个朋友多一份祸。"

他是个健谈的人，有一种非常自然的亲和力和感染力。我坐在他的对面，不到 5 分钟的时间，我们已经围绕我想了解的内容，进入畅快的交流。我对他不感到陌生，他也不会给人以任何抵触感甚至压抑感。

不得不承认，他的气场是比较强大的，而且是有温度的。尽管他现在是一名犯人，但忽略这个事实的话，你完全可以在瞬间印象里，给他一个较高的定位：健谈爽朗，英气勃发。他的气质特别能写照他以前的身份：厅级干部，社会活动家。

他开门见山，对我说：

"我的人生的确失败了，但我不觉得我一无是处，尤其是在事业上，我不会鄙薄自己的功德。"他大口吞吐着香烟，说，"毫不夸张地说，我们省里建成和在建的每一条高速公路、每一个沿海港口和内河港口、每一条内河航道、每一座机场、每一条城市地铁，数不过来的项目，几乎都是我亲自审批和跑北京协助审批的。我对它们的每一根钢筋每一寸混凝土，都熟悉得不能再熟悉，我跟它们有肌肤之亲的感觉，有深厚的感情，我热爱它们，它们已成为我生命中的一个重要组成部分。所以，希望您客观写我，我的生活我的道德任由评说，我的劳苦功高也不能因此抹杀啊，对吧？"

我点点头，向他承诺，一定不会违背事实。

他突然沉默了一会儿，然后低下头，叹了一口气，声调明显有了一些苦涩：

"一个好汉三个帮，朋友多，帮我成了不少事；朋友杂，也坏了我不少事。"

1

我栽在这片土地上，但我并不是这里土生土长的干部，在这里，我算是外来干部。

20多年前，我在交通部机关上班，是一名年轻的副处长。性格上，我比较活泼，并不是很喜欢那些大的衙门，加上年轻，屁股有点坐不住。有一阵子国家鼓励大机关的干部到基层去锻炼，级别低一点的算挂职，级别高的，就是交流培养了。所以，一般级别低的年轻人，不愿意下去，挂两年职，折腾到某个省某个市，像我这样，一去上千里，吃一番苦再回来，嗨，说不定上面人变了，你连上调一级的希望都黄了。我算另类吧，下来锻炼是我自愿的。我给部里打了报告，说了一番激情洋溢的话，就像当年知识青年下乡前一样，心潮澎湃，急不可耐，所以大表决心，一定为地方父老乡亲做实事，为培养我的交通部机关争光。

就这份报告，把我送了几千里，送了大半生，现在，又送到这里来了。所以，人啊，规划自己的人生道路，跟规划一条实体的公路不一样，这个没有图纸让你改来改去，一旦上路了，没那么容易来来回回地调整方向，甚至重修一条出来。修改工程自然容易，修改人生，难。

我的挂职，顺利也不顺利。我在这里当了两年副处长，挂职到期了，回部里一看，我所在的那个司局换领导了。新领导一见面，跟我寒暄了几句，就站起来送客，说小伙子在新疆好好干。我连忙说不是新疆，是南方哪里哪里，而且我挂职两年到期了，想回来。司长说，好啊，欢迎回来。就跟我握手告别。我感觉，想回来调一级，看来没那么容易。就继续回到省厅上班。我很感谢那时省厅里的几个小兄弟，特别是我挂职所在的那个处的处长，年龄不小了，资格很老，但对我一直很热情很呵护，用足了兄长风范。他见我从北京回来后，情绪不高，也不提结束挂职回北京的事儿，就看穿其中的蹊跷了。

那个周末，他特意组织了一个饭局，喊了厅里一群年轻人，过来陪我喝酒吹老牛。饭局散了后，他说小子唉，你嫂子出差了，你反正一个人在这里，不如到我那里住一晚，我们聊聊。

那天晚上，我住在处长家，我们聊了几乎一个通宵。他给我出了一些主意，如果不想立即回北京，可以在这里等一等。他还透露，他快提拔了，只要他的事一成，立即会提议我来接他的处长位子。

这一夜，让我感受到了同事的友谊，有时真是金不换的。都说机关同事无朋友，在我这里，这个说法还真不成立。我为人还算不错吧，好人往往会遇到好人，这是冥冥之中的正能量主导的运气。当然，也是因为我是从北京上级机关过来挂职的，说到底跟他们不是直接竞争对手的关系，算半个客人吧，大家犯不着小肚鸡肠对我啊。所以，我跟他们处得都不错，有几个年龄相仿的，比如我们处长，关系很铁，不是一般的铁，铁到星期假日，我是可以随便跑到他们家改善伙食的。这一夜，也让我做了这个决定，就是暂时不回去，在这里等个位子，起码解决个正处再回去也不迟。反正，年轻。

不久，我如愿当上了处长。原来的处长提拔了，成了副厅长，而且分管这个处。他是我的恩人，也是铁哥们儿，我在他的领导下，干活干得很痛快。那时，为了一个项目，我们可以连续讨论十几个小时，就着盒饭，不休息，直到项目的眉目清楚了，才撤。所以，他和我的办公室，都在写字台后面放了一张小床。厅里的同事都笑话我们，说是"同性恋"，合计着在厅里偷情呢。有一次，厅长在开会的时候，开玩笑说，这次这个项目，是你们两个没日没夜"偷情"的成果。后来，厅里就流行了一句话，叫"加班偷情"，就是在办公室搭小床加班干活的意思。

我和他还有一个共同的事儿，也很有意思，就是车子里出差的拉杆箱从来没有卸下来过，因为三两天出差跑项目，索性就把出差的一套常用的家伙，一人一个拉杆箱放在他的专车里，方便我们随时出行。大多数时候，我们出差都是临时决定，随机出发，匆匆来去。他对我说，老弟，我把你留下来是留对了，你能干，肯干。而且，是部里的人，上头熟悉，进得去门，说得了话，没你不行。你得多出力，多待几年，等省里的交通状况全面改善了，你再回你那敬爱的北京，OK？

我说，OK！

我们都尝到了"交情"的甜头。副厅长业余喜欢书法。我有一天对他说，老哥，帮我写个作品，挂到我办公室：四海之内皆兄弟。

他说，行，本来我是从来不送字给人挂的，那是真正的献丑，活献丑，但你这句话选得好，我要支持，所以，行。

"四海之内皆兄弟"，那幅字一直挂在我办公室，我提拔，调换办公室，都一直跟着我。我是把它当人生座右铭的。

那时，我站在那个位置上，通过特殊的人际关系构成，的确办成了许多实事。上面人头熟，"跑部"其实就是"回家"，信息灵通啊，说得上话呀。部里我的大小兄弟们，大大小小都有点权力了。他们体恤我在下面不容易，我们省里又是国家重点扶持发展的地区，应该支持。而这边分管领导又特别支持我，我放得开，没有什么顾忌，想得到就能干得到。

至少到那个时候为止，我交的这些朋友都是不错的，提供的多是正能量吧。而且，也是围绕工作在交际。偶尔我想答谢他们什么的，也就是吃顿饭，喝个茶，在一起说几句好话，表达一些正当的友情。

我那个副厅长老哥，确实是一个了不起的人，他很开明，很豪放，也没有什么私心，率性热情都用在工作上，都用在工作结成的友谊里。我的成长期受他的影响太大了，所谓上梁一正，下梁不歪，就是这个道理，这个状态。他挽留了我，培养了我，在我"单身"生活期间像对待亲弟弟一样，无微不至照顾我。除了春节我回北京家里过，其他节日我基本上在他家过的。他们两口子一起下厨，我跟一个大孩子一样，跟他儿子在一旁看电视，打游戏。那是一段多么美好的回忆啊，想起来非常温馨。我现在越发深刻体会到，人与人之间这种温暖而干净的关系，会进入长久的记忆，会进入血液，会永恒。我觉得欠他的太多，无以回报，每次新年从北京回来，就带点北方的特产，红肠，干果，东北大米，给他们。他们乐呵呵地收下来。然后，我每次回北京的时候，他们给我准备一大堆南方特产，让我带回去给老婆孩子。有一年孩子暑假，我老婆带着孩子来我这里度假，他和嫂子都说，别浪费钱住宾馆，我们房子还算宽敞，正好嫂子也寂寞，孩子缺玩伴，住我们家吧。就这样，两家人一起住了两个星期，嫂子陪我的家人，白天出去玩，晚上在一起唠。分别的时候，两个女人和两家的孩子，都眼泪汪汪的。现在想想，都叫人心里发酸。也就是这种感情，才有生命力，无法淡忘啊。我明白得有点晚啊。

所以，那时我干得爽，一爽好几年，爽了好多年啊，时间飞快就过去了。挂的那幅字都发黄了。我也几乎忘记回交通部这回事了。过了几年，老厅长退休，老哥的副厅长转正。他跟我说，老弟，想在这里发展，干脆就正式调过来吧。我心领神会，索性把关系转了过来。不久，我就如愿接上他原来的位置，当上了副厅长。

2

我那时候，官不算很大，但我的名声不小。我是交通行业的名专家，而且我的名声不是单纯靠写文章、讲课吹出来的，我是靠干出来的。我是先有蜚声的业绩，然后才被业界和学界广泛关注的。国家发展改革委和交通部等部委办的一些综合运输研究院所，上海、西安等地的交通大学，纷纷聘我担任兼职研究员和客座教授。我善于结合中国实际，把综合交通运输体系的一些问题准确摆出来，然后从理论和实际两个方面，找到依据和现实解决办法。我记得有一次在沿海某省讲课，他们分管交通的副省长连续听了我两堂课，然后对我说，要是愿意来他们省工作，他马上找省委书记请示，请我过来担任交通厅长、发改委主任或者省政府协调管理这项工作的副秘书长。副省长还告诉我，他全面调研过我们省交通发展的情况，说我不只是能人了，简直是神人。如果他们省有这样的领导干部，他这个副省长就能唱着"好日子"轻轻松松地当了。

我觉得他的话，没有夸张，这一点我用不着谦虚。从处长到副厅长任职期间，我主要负责公路、水路、铁路、民航的规划和利用外资工作。先不说方略，那种精神，多少年过去了，夜以继日、通宵达旦的工作场景，还历历在目。我记得我那大哥厅长，多少次跟我说，哎呀，刘欢的歌所唱的，我们得篡改一下，人生哪怕再豪迈，如果让我从头再来，也不能再干交通了。这样干交通，等于为别人打通无数的路，为自己造一条疲于奔命的路，一晃青春没了，路两边的野花，连看都没有来得及看一眼就枯萎了。

这些自嘲的话，说一下算是宣泄掉了，但其中的苦，都是我们自己一点一点吃进去的。

我给你报一个"出勤单"和"成绩单"吧。我那些年频繁跑北京，到国家有关部委汇报工作和对接项目，争取国家部委对我省交通项目的行政审批和资金投入。跑了多少趟呢？绝对不止两位数。把孩子带大，孩子考上大学后，我爱人也从北京调过来工作，解决了两地分居。有一阵她老后悔了，说早知道你这样不停跑北京，我还要调到这里干什么呀，你在北京的时间，都不少于在这里了。再说成绩单。记得刚到这里时，中央拨给我们省里的交通项目的资金不到 1 亿元，到新世纪的第一个十年，已经超过 100 亿元了，经我手争取到的项目资金，全部总量突破了 1000 亿元。我们这里不是一个发达地区，这么多资金进来，地方基础建设改观真不是一般的大呀！

我还有一块工作，就是交通利用外资工作，这个跟争取国家资金工作，在我这边齐头并进。可你知道，这个是最难的，我们这里山区多，交通利用率却不在全国第一方阵，跟上海、江苏、广东、浙江、山东这些省市没法比，人家是交通建设成本低，利用率高，我们是反过来的，投资成本高，利用率不高，效益风险显然存在。但这项工作，在我们的努力下，依然走在全国前列。比如，我们引进世界银行项目 3 个共 3.3 亿美元、亚洲开发银行项目 4 个共 7.5 亿美元，在全国交通行业中名列前茅，在西部地区名列第一。

有人事后诸葛亮，说我居功自傲，每每说起交通建设的成就是一副小人得志的模样，把省委、省政府的大力支持，把同事共同奋斗的成果，当成了个人功劳，认为自己包打天下，劳苦功高。说我这样的人，好大喜功，他们早就看出来了，必出事无疑。我很佩服那些出口就来一句"我早看出来谁谁谁要失败""我早就看出来谁谁谁一定会成功"的小人，我负责任地告诉你，虽然我今天失败了，但这类人生导师、事业评论家绝对是小人。不客气地讲，假如把我这样的人说成是国家蛀虫，那他们这种人只能算是蛆虫吧，他们基本上是属于吃饭拉屎不干活，专门无事生非议论干活的人的一群，出来就剩一张嘴，其他都无用的混混。我从来没有把功劳揽到一个人身上。省委、省政府不支持，能让我这样跑？还有，我那个大哥不带着我干，我一个人当然干不了。我不是一把手啊，一把手支持你或者你自己是一把手，才能放手干啊。

2009 年，我的厅长大哥退休了，他毫无悬念地推荐了我接替他。可我，却大有悬念地落选了。我的工作环境发生了微妙的变化，微妙在哪里，我不想多说这个，反正，一辆正在加速的车，你不得不刹车，甚至多了一个导航，不断东西南北地告诉你，改道，掉头，这个，那个，说三道四，指东说西，我不适应。

我冷了下来，也许是别人给浇的凉水，也许是自己给自己浇的凉水，反正我工作的热情，当头冷了下来。就在这个时候，一个姓董的朋友出现了，他从北京赶过来，对我说，哥们儿，别泄气了，人生道路，从来没有平坦的，其实你这是回归官场常态了啊——工作，本来就没有必要那么拼命，官场嘛，真理来了半睁眼，工作来了慢慢干，升官就烧三把火，不升，呵呵，躲进小楼成一统，管他春夏与秋冬，三朋四友喝小酒，自得其乐也好过。哈哈，这话讲的，要是早几年，我抽他丫一大嘴巴。可那时，我听了真舒服。然后，在他的安排下，我第一次假借工作调研的名义，回北京跟我的三朋四友喝小酒去了。

那次，我在北京一待半个月都没有回省里来。我们天天晚上喝酒唱歌，上午睡懒觉，下午到高尔夫球场，学打球。董老板说我在高尔夫方面有天赋，上手很快。说实在的，不仅是上手很快，更是上瘾很快。我不知道你会不会打，打得多不多。不会？哎呀，那我们在这个方面，还真没有共同语言，说了你不懂，即便懂，你也没有那种体会。有的人臆想，认为富豪打高尔夫，是因为球场绿草如茵，环境优美，空气新鲜，贪恋环境；还有的人歪想，说高尔夫球童，多是素衣长发的美少女，是猎艳来了；还

145

有的人呆想，说打高尔夫的人都是为了交际，公关，寻求商机。这些说法，你说完全不存在，也不现实。再好的东西，弄到中国，总会附会一点"歪门邪道"，但这些不会多，也不会长久，因为这块土地上，不缺土包子，但土包子缺智慧，缺恒心，凡事搅和一阵，他就没趣地撤了。我不一样，我打高尔夫的时候，思绪像球一样，会不断弹跳，飞起来，落下去，沉入洞里，陷入深邃。我喜欢那样的情境，我的思维会特别活跃，而我的心，会特别舒缓，趋于平和。在球场上，我不想工作的乐趣，也不想事业的烦恼。我是一个纯粹的人。我是我。

我后来迷恋高尔夫，是付出了代价的。不少老板朋友帮我办会员卡，我出事时检察院从我办公室搜到13张会员卡，有北京的，深圳的，南京的，厦门的，杭州的，三亚的，新疆的，成都的，上海的，等等，他们说卡里的会费加起来有200多万元。这些卡我有的用过，用得比较多的也就是成都、上海和深圳观澜湖的，其他的，有的就用过一两次，有的从来没动过。我也不知道这些卡里面有多少钱。我完全不问这个，别人带我去打球，事后就问我，这球场怎么样，我说不错，他们就办一张卡，说大哥这个拿着，就是个打球凭证而已，这样不用我们每次陪着您，您自己也可以带朋友过来挥两杆子，方便。我就拿着了，往办公室抽屉里那么一摔，有的就忘了。

我清楚自己很聪明，而且精力充沛。要是干正事，能出大成绩；要是像后来的几年这样，干一些不着调的事，一样会干得很投入、很出"成绩"。后面三四年，我不光到处跟着朋友去打球，还参加了一些比赛，居然拿过不少业余段比赛的大奖。

后来我是把工作这件事"想通了"的。我没心思上班，一动就借故外出打球，当然不是一个党员领导干部的理所当然。即使放到古代，也没有哪个朝代允许官员这么干。我之所以觉得很正常，其实是心里闹别扭。我觉得我那样干，最后还是没有当上厅长，前任再推荐，业界名气再大，加班脱皮再多几层，都不行。既然如此，就让那些当厅长的人干呗。既然不能让多劳者多得，那就让多得者多劳吧。

人有时候处在一种自我认识的藩篱里，眼界、心胸一时都搁浅了。我光看到自己没能当厅长，就没有看到更多的处长，干活儿也不少，照样当不了副厅长，更多的干部当不上处长、副处长，位置就那么多，总归有分工不同啊。可当时我就是想不通，拼命地闹情绪，闹着闹着，自由散漫，任性放纵，就习以为常了。我整个人确实变了。

在许多事情上，我故意跟新厅长顶牛。比如，省里的一项重点工程——航运枢纽工程是世界银行贷款项目，在设备采购国际招标中，我故意随便意向了一个中标公司。厅长听取评审专家的意见后没有同意，我在会上立即发飙，公然和厅长拍桌子干。当时很多人以为我在那个指定公司里有利益，其实还真没有，后来纪委也查过这家公司，他们的老板我根本不认识。我只是觉得这家公司可能干不好，所以就故意推荐，给工程挖两个坑，让厅长吃不了兜着走。结果，厅长还真蛮负责任的，亲自组织了一个专家组，到工程现场的港口考察，到所有参招公司考察资质，在了解各方面意见后，否决了我的意见。

我不喜欢看到后来的厅长那种志满意得的样子，绝对不耐烦他对我指手画脚，一副领导的样子，慢慢地我甚至讨厌一切服从厅主要领导和其他领导的那些下属。

有的下属其实以前对我很好，也是我多年的"哥们儿"，但是，当我落选厅长之后，发现他们一如既往勤奋工作，而且对新厅长的那种殷勤，一点不比对前任差，我心里就不爽了，从此不把这些人当作什么朋友了。看到他们积极乐观的样子，我的心里往往就产生不愉快的情绪，所以，就懒得参加单位的集体活动。单位党组中心组集体学习，我几乎一律不参加；迟到早退是家常便饭，不请假闪人，也是司空见惯了。我的桌子上常年积压着一大堆文件，我能不看就不看，实在要看，能不表态就不表态，能不批示，绝对不划拉一个字；实在需要签批的往来公文，我就故意拖延。对有审批时限要求的项目审批、资金申报等事项，则在经办业务处室多次催促之后才肯签发，但就是画个圈，签个名字，有时候连名字都懒得签全了，就签个姓，签个日期，了事。我出事后，听办案人员讲，发现我办公桌上仍有积压未签批的四十几份文件，有的甚至是下属单位两年前作为急件送给我而始终未签批的文件。甚至对分管处室人员年度考核优秀等次建议的文件，也被我压着不批。我的心态是，既然我都没有得到提拔，我的下属有什么资格邀功领赏当先进啊，没那好事。所以，我分管的下属单位，后来再也没有出过先进，没有提拔过干部。这些人，对我敢怒不敢言，背后也说过我不少坏话。

就我的这些所作所为，厅长找我谈过，我直接就说，我对他们的工作不满意，等他们干得像我以前一样好，一样辛苦，升官不升官，我不能保证，推举个把先进，还是可以同意的嘛。结果，年底组织部就让一位分管机关干部的副部长找我谈话，提醒我注意。当时并没有引起我的重视，没从自己身上找原因，而是更讨厌厅长和我的同事了，我觉得他们打了我的小报告，在组织部那里捣鼓人，太缺德了。

虽然我的工作朋友越来越少，但我不缺朋友。毕竟是副厅长，来巴结我的老板有的是。以前忙于工作，这些人来请我，我基本上不应酬他们。后来，他们的出现，正好中了我的意，填补了我一时的空虚。我的生活观，在他们的影响下，也发生了巨大的改变，从想方设法工作，变成挖空心思"提升生活品质"，那些跟我一起享乐、为我安排"活动"的老板，成了我亲密的"四海兄弟"。

有了这些兄弟，我似乎找到了"另外一种价值感"。

<h1 style="text-align:center">3</h1>

我的这些老板朋友，没有不知道我路子广、关系硬、能量大、讲义气的。他们天天围着我转，捧着我，为我安排东安排西，很有耐心。他们一般不开口，待处了半年以上，有过多次一起"活动"的经历，他们才开口求助。这类朋友太多了，这里不一一说了，反正就是那么回事。他们伺候我，我为他们，利用权力开方便之门，突破规矩办事，然后他们给我好处。就这个套路嘛，领导干部，大都是这样栽的吧，我也不例外。

挑一个最重要的说说吧。

为什么说最重要？唉，法院认定我收了3000多万元，有2200万元就是这哥们儿送的。他姓黄，是省内一家高速公路运营公司的老板，我为这家公司出过"大力"，帮过"大忙"。他们就不断送我"大礼"，直到，呵呵，直到把我送到这儿来了。

五六年前，我们交通厅与马来西亚的一家集团公司，签订了省内一条高速公路的 BOT 合同，由马来西亚的公司投资建设这条高速公路项目。马来西亚公司委派姓黄的过来筹备成立实施这个项目的高速公路有限公司，并开展前期工作。马来西亚方面打听到我既分管这个项目，又神通广大，就让姓黄的来公关我。我就向黄先生推荐了我的哥们儿董某，担任这家公司的 CEO。董某是在我失意的第一时间，从北京跑到这里来陪我的啊，我得报答人家。董某也很"懂事"，他后来专门在这里开了一家公司，说是方便服务我，当然我知道这是个说法而已，在我的地盘上赚钱才是真，但当时我觉得这个不重要，人家为我服务也是真的啊。我就直白地告诉马来西亚方面的黄先生，董某完全能胜任，而且董某，是我信任的人，你们好好考察他一下，先弄定了人，然后咱们再谈事儿。

我在交通厅分管外资处和高速公路建设等工作。这个高速项目属于外资，在项目审批、核准等方面，都需要过我这一关。黄先生立即答应董某参与该项目的前期工作。董某会意，一个星期内就把自己的公司关门，过来负责高速公路公司的筹备处工作。下半年起，我应黄、董的请托，利用职务便利，帮助他们在省交通厅、发展改革委办理高速公路项目相关审批手续。我利用与交通部、国家发展改革委等国家部委的工作关系，把上上下下的朋友和熟人统统调动起来，为这个项目服务。我连续多次带他们到国土资源部、水利部、国家环保总局、商务部等部委，办理该高速项目用地预审、水保、环评、核准等行政审批事项。在半年的时间内，高速项目先后取得水土保持方案、环境影响报告书、建设用地预审等相关批复。第二年 7 月，国家发展改革委核准该高速项目。很快，商务部批准正式设立该高速公路公司。

我跟你讲，你不干这一行，你不知道报批这样一个项目，有多么的烦琐。这可是一个非常庞杂、复杂、繁杂的大手续工程。一般来说，同类项目审批完成，顺利的话，也需要很长时间。但是，我出马了，效率就不一样了，在我亲力亲为，联系、协调下，这个项目只用了较短时间就通过审批。对于每天支付资金利息高达百万元的高速公路筹备公司来说，真正是"时间就是生命，效率就是金钱"。这俩老小子，对我佩服得五体投地。而我在高速项目其他方面"一挥手一弹指"就能帮"大忙"的能量，更是让他们两人对我有求必应。

比如，该高速项目合同签订后，省交通厅要求外方投资主体马来西亚方面公司，在编制工程可行性研究报告时增加一个连接线方案，我称为J-X连线，就是连接J地到X地的一条专用高速线，将J-X连线纳入整个高速项目同步建设。就此，黄先生向我提出，修建连接线会增加约5亿元的投资且没有收益，马来西亚公司不同意增加该连接线，请我帮助协调解决。我觉得这可是大事，要改变整体规划建设，也就是推翻厅里已经确定的方案。尽管如此，在拿到他们的一笔巨额好处费后，我还是答应帮忙。我召集交通厅外资处、规划计划处等相关处室负责人和黄、董等人开会，研究J-X连接线问题。这是一次开得很艰难的会议，多数人建议按交通厅的决定，先将J-X连接线纳入该高速项目上报国家发展改革委。我坚持必须剔除该连接线规划，并且威胁意见不同的会议代表，谁要是同意保留这条连接线，谁就负责到北京跑部委，报批项目，搞不下来，耽误了工作进展，要负全责。此言一出，他们全部闭嘴，我就拍板决定不将J-X连接线与高速项目捆绑建设。我抓住了他们的软肋。

这么多年，上面的路子，几乎都在我的手中，这是我的筹码，我认为没人可以取代。

有一天，黄和董又来找我，要我协调促成高速项目在路过的一个县增设一个互通。我明明知道这也不太妥当，支吾了两句，说这个有难处。董在当天夜里请我吃饭，送我回家时，提了整整500万元的现金，放在我家的客厅里。第二天我就让老婆把钱存入银行私人账户，然后打电话答复，帮他们试试。结果，这一"试"，又"试"成了。

很多事，我觉得没有我，根本办不下来。我那时候的心态，现在想想已经相当的可怕。我认为，我在帮助这些朋友，帮他们发财，也回报他们对我的"关照"。这是朋友间有情有义的表现，也有助于事业，算是在积功累德啊。因没有提拔，我的确闹了一阵子情绪，懒散不作为，但后来又开始"作为"，一改"故意拖延、压文不批"的毛病，许多事项批示不过夜，立马走流程，主动催着办，积极工作的感觉，总归比消极应付的感觉好啊。可是，我自己知道，这种改变的动力，也就是这些所谓的兄弟，他们让我四海之内，自由行，让我几年之内，路路发，对我的照顾相当的周到，对我的给予，也是相当慷慨啊。

最终，这些兄弟让我四海之内走投无路。

我的厅长老哥，曾经照顾我多年，我跟他一起奋斗，陪伴了我整个青春，并培养我到副厅级领导岗位，他是我人生道路上最大的恩人。可他不幸在退休后的第三年患病去世。我觉得他毁于太傻，是在位时积劳成疾，把一切献给了工作造成的。他去世时躺在那里，四肢瘦得如同几根枯竹，关节骨出来很高。那曾是一个多么生龙活虎的汉子啊。我在他的床头号啕大哭。但我当时没有为他感动，而是为他惋惜。我吸取的不是他的优秀，而是把他当成教训，下决心再也不能像他那样活！从此我走上了享乐主义的邪路。

现在想起我在大哥床头的哭，我又忍不住再哭，我痛哭我自己，痛恨我自己，我宁可像大哥那样死，也不要像现在这样活啊。

我手头关于他的案卷材料显示：公诉机关指控，他利用职务上的便利为他人谋取利益，或利用本人职权、地位形成的便利条件，通过其他国家工作人员的职务行为，为他人谋取不当利益，索取、非法收受他人财物共计 3000 多万元人民币，以及 40 多万元港币和 34 万美元，数额特别巨大。纵观他的贪腐过程，他"收人钱财，帮人办事"，看起来是"顺水推舟、成人之美"，实则是动用了手中的权力或者工作人脉，促成了请托人看来比登天还难的大事。在犯罪过程中，他认为，他只不过是从双赢的结果中获得了一点"感谢"。后来他对法院说，自己的犯罪行为没有给国家造成重大损失，只是为请托人促成项目合作成功，促成外商、民企来省里投资建设，从中获取了一些请托人的好处。希望法院对他从宽处罚。省纪委认为，他的行为具有很大的欺骗性，侵害了公权力的廉洁性，恶化了政治生态，败坏了社会风气，流毒甚远。法院裁定，其行为已经严重触犯《中华人民共和国刑法》的有关规定，应当以受贿罪追究其刑事责任。

在跟我的言谈中，他反复表示自己已经"知罪、认罪、悔罪"。

尽管我在访谈一开始，就已经追问了他一个来自"人生问答"中的问题，但谈话结束后，我又产生了一个强烈的追问念头，我特别想知道，如果当初他如愿当上厅长，他的那些所谓朋友兄弟，来找他办事，他办不办？事情办了，给他答谢好处，他要不要？难道职务的正、副，就能直接导致人生的正、负？

我把我的疑问一股脑儿说出来。他听完，一下子愣住了。后来他说，你这假设太厉害了，我头疼欲裂，现在真的无法回答你了，等几天，等几天，我会想明白然后告诉你的。就这样吧。

显然，人家对我下逐客令啦。

嗯嗯，那好吧。我说，谢谢你的配合。

第六部　暗　裂

小引

　　20世纪80年代中期，随着中国的改革开放，总部位于欧洲大陆腹地的世界著名艺术品经纪集团戴维德斯将它的业务拓展到中国。戴维德斯视中国是其"最后一个野心"——中国是一个刚刚开放的艺术品藏品大国，民间宝藏不可限量；中国更是一个艺术品潜在的消费大国，中国尚未形成真正的艺术交易市场。而中国对戴维德斯的意义非凡：中国是陶瓷大国，戴维德斯正在雄心勃勃地向瓷器艺术经纪业务深度拓展。戴维德斯的中国计划是，趁中国刚刚改革开放，缺钱、缺艺术长远眼光之机，派出强有力的艺术猎头队伍，进入中国，不惜血本收购民间藏宝。等到若干年后中国富裕了，且艺术市场苏醒，这批藏品可以通过国际拍卖和艺术品的"黑暗通道"高价"回流"，戴维德斯可以赚到数百倍甚至万倍的巨额利润。

从 20 世纪 80 年代中期到 90 年代后期的十几年，戴维德斯的计划推行得非常顺利。最让总部惊喜的是，戴维德斯的亚太大区专家，在进入中国的第一年，就从山西和广东民间重金淘得两件惊世之宝：一件清代乾隆御制珐琅彩"古月轩"题诗书画花瓶和一件清代乾隆御制珐琅彩杏林春燕图碗。珐琅彩瓷是清代专为宫廷御用而特制的一种精细彩绘瓷器，由于产量少，传世极少，故价值连城。古月轩始于清代康熙年间，是用珐琅彩在玻璃胎上施以彩绘，经高温烧制而成。此器系为乾隆皇帝特别烧制的赏玩器，由宫中造办处御画匠亲绘。珐琅彩瓷大部是艺术精品，制作工艺非常讲究，不计工本。制作方法是先由景德镇官窑选用最好的原料制成素胎，烧好后送到清宫中的造办处，由宫廷画师精工绘画，再经彩烧而成。清乾隆御制珐琅彩瓶世上据知仅存四只，一只于 20 世纪 60 年代由天津博物馆从私人藏家手中购得馆藏，两只分别在瑞士和英国私人藏家手中。还有一只就是戴维德斯收到的这一只了！而杏林春燕图碗只发现过两只，全世界藏家皆知，另外一只在美国著名藏家巴巴瑞·霍顿手上。

　　2010 年代中期，中国艺术品市场的发育已经十分丰满，各种艺术品拍卖会上，交易活跃，且真正的艺术珍品重金难求。抛出藏品、套回巨资的最佳时期到来了。戴维德斯一举发布了其两件御制宝瓷的资料，并决定于当年的香港苏富比秋拍会上亮相出售。因为有这两件惊世之宝，此届秋拍会的预展富豪云集，藏家接踵。然而，让人们喜忧参半的是，预展和拍卖会上只出现了一件清乾隆御制珐琅彩瓶，御制珐琅彩碗自始至终没有出现。不过，那只彩瓶没有让人们失望，在拍卖会上引起激烈角逐，最终以 1.25 亿港元的价格拍出，一举成为秋拍明星。据说，此价格超过了当年收购价的 9000 倍！其明星效应又加剧了人们对另一只未能如期亮相宝贝的质疑。业界和新闻媒体纷纷指责戴维德斯和苏富比不守信用，玩姜太公钓鱼，只抛竿摆姿势，不放钓饵钓钩的故弄玄虚、吊人胃口的鬼把戏。

苏富比给出的解释是，戴维德斯对一口气拿出这两件珍品，大概有些后悔了，还是要留一只由其博物馆的"世界瓷器馆"永久收藏。这也是艺术商家的良心和操守表现啊，任何巨额利润都不能绑架人家对艺术极品的珍爱，艺术的最终归属一定是藏，而不是买卖！

好一个良心和操守说辞！

戴维德斯果真有苏富比所说的那么伟大吗？对近万倍巨额利润无动于衷、临阵撤拍？戴维德斯对其"伟大壮举"却一直沉默。其中的蹊跷，后来被意大利著名文化学者、艺术收藏家蒂诺先生揭开。他说，当戴维德斯看到全球大咖为了他们的珐琅彩瓶频频举牌的时候，他们喜悦的心其实有一半在滴血——为那只珐琅彩碗，那只更为珍稀、可以创造更高价格的宝贝，其实已经无法完美亮相。因为，它破裂了，对，它破、裂、了！

事情的真相是，20世纪80年代获得这只彩碗的时候，在碗的底缘有一条暗裂，这条暗裂肉眼几乎无法看出，随着搬运、摆弄、藏家的玩赏和岁月的侵蚀，暗裂终于变成开裂，最终导致破裂。其价格当然随之跳水，几乎失去拍卖价值了。

暗裂，隐藏在器物内部的裂纹，肉眼一般不易察觉。一件艺术品，如瓷器、玉器等，如果内藏暗裂，就很难经得起岁月的磨炼，终有一天会暴露，造成艺术品破损，甚至导致艺术品的解体。

所以，戴维德斯用过亿损失和信用危机，给全球艺术藏家上了一堂艺术品的"警示教育课"：岁月驱使贵重的艺术珍品成为轻贱的艺术残次品，只需要一条微乎其微的内伤。

他，教授，博导，理工专业的材料工程学和人文专业的思想政治教育学双学科带头人，七个省级以上学会的兼职领导，名牌高校的党委书记、副校长，位居正厅，拥有多个显赫职位；"全国优秀教师""省英才'555'工程领军人才"等，拥有诸多荣誉；享受国务院特殊津贴，是地方政府科学决策顾问，省政协委员，全国教育工作委员会研究会理事会成员，在学术界堪称"明星"，在教育界堪称大家，在省级政界堪称要人。如今，他是一个犯人，因为严重违纪，利用职务便利，在基建工程、合作办学、人事调整等工作中大搞钱权交易、权色交易，收受巨额贿赂，被判处 17 年的有期徒刑，并处没收个人财产 100 多万元，成为一个全国教育界作为警示教育反面典型的案例主角。

过去，他在全省乃至全国各地做思想政治教育的演讲，在国际论坛和全国诸多学术活动中做报告，他是知识界的精英，是学生的楷模。如今，关于他的违法犯罪的警示报告，被拍成警示片，刻成光盘，印成书籍，在教育系统的广大干部中巡回播放，在全国的干部队伍中发行。他是知识界的羞耻，是学者型官员中的败类。

他的形象交织正与邪，他的心灵含蓄着光与暗，他的人生兼并着功与罪，他的命运承载着成与败。在他执掌那所超过两万人规模的名牌大学的最后几年，知情者斥责他为"双面人""伪君子""变色龙"，更多的普通师生和群众却依然沿袭着对他一贯的印象，赞誉他"学德兼备，克勤克俭，清高正派"。

在陪同我去他服刑地的路上，该省办案人员介绍，他的案子，是新中国成立以来省纪委查办的第一个在任高校一把手违纪违法案件，也是为数甚少的高级知识分子加高官落马案例。该案不仅在省高校的党员领导干部中震动大，甚至在全国高校以及整个中国学术界都产生了不小影响。而他全部的违纪和犯罪行为，竟然仅仅集中在案发前的三四年时间里。在此之前，可以毫不夸张地说，他的确是如更多知晓他的人所认为的，是一个大专家，好领导，是一个正人君子，一个近乎完美的才俊。如果去掉他后面的这几年，他的人生完全可以成为励志的教材。

"我像一台配置较高，价格不菲的宝马，快速行驶在阳光大道上。但是，我有内伤，里面某些零件，比如发动机核心有问题，没有及时维修保养，一直不停地沿着高速路向前跑，最后跑偏了，翻车了。"

他见到我，情绪不高，眼睛里充满了不满。当我告诉他，我也曾在高校工作过几年，当年，还到他所在的学校参加过他们承办的一届全国高校董事会研讨会时，他的眼睛里才闪烁出亲切和一丝惊喜，这才滔滔不绝地向我说开来。

"要不是纪委及时查处我，我真不知自己会滑到哪里。马力越大，跑偏越狠，那就不仅是翻车了，车毁人亡是分分钟的事。纪委也算是帮我踩了刹车，避免了伤亡最大化啊！所以，你来找我谈，我真的很欢迎，我愿做反面典型现身说法。现在，我在里面也在构思，我要写上一两本小说，好好写写自己的人生，这么大的起伏，是有一些通用型人格教训的。我是研究材料学和思想政治工作的，举汽车跑偏的例子，是科学，再从人文角度说我的教训，是几十年修成精英，几年全部爆损，可能路上的确有钉子，但精英的身心内藏暗伤，这才是致命的啊。社会是复杂的，人是复杂的，但人性是最复杂的，我们要认识到这种复杂，重中之重，是要认识到自我的复杂，扬长避短，更要扬长补短。希望大家引以为戒，不要重蹈覆辙……"

他还是比较坦率的，比较犀利的。他解剖自己的时候，也舍得用一些比较"狠"、比较准的词语。

办案人员告诉我，"从本性上来讲，他是一个书生，但财色令昏，权力使他一度迅速崩溃，实在令人痛惜。当初发现他的问题，开始外围调查，他得到一些风声后，耍了一段时间小聪明，搞了一些小动作，被'两规'后摆出一副委屈的样子，责问我们，是不是要搞运动，又要拿知识分子开刀了。但后来经过教育，并找到他的出血点，对症下药，他的态度陡然转好，对自己的认识也比较深刻了，整个人好像脱胎换骨了。其实，这个人原先不错的，学校师生对他有不少好的评价。我们认为，他不过是痛定思痛，恢复了本性里的一部分良知。他在里面两年多来，用他的专业知识，帮我们剖析省里发生的许多腐败案子，甚至结合自身，以身说法，深入灵魂，帮我们查找涉案官员的'病根'。而且，他在里面依然坚持读书、写作、做学问。办案点和监狱里的工作人员，对他还是挺佩服的，大家依然喊他'教授'，言语中多有一份尊重"。

"只是，这结局，太可惜，太可惜，太可惜啦。"陪同我的省纪委办案人员，一说三叹。

而他自己，对我讲述他的人生故事时，单刀直入，这样开场：

"我将自己腐败犯罪的惨痛代价归纳为十三个一：事业上一直勤奋，人生上一直奋发，人格上一损俱坏，命理上一败俱败，情感上一时糊涂，政治上一撸到底，名誉上一文不值，地位上一落千丈，自由上一无所有，家庭上一塌糊涂，身体上一身病痛，良心上一生自责，总体上一败涂地。"

1

我盘点了一下，我的人生分水岭大概有三个。三个分水岭，其实就是三道灵魂裂痕。现在先从第三个分水岭说起。

2013年4月的一天早上，我正在召开校务会议。突然，校办的秘书推门进来找我，在我耳边悄悄说，省纪委来了几位同志，要见我，有工作谈。我心里咯噔一下，怦怦地跳起来。但我还是故作镇静，有些不耐烦地说，怎么事先没有联系过，怕是私事吧。秘书说，不知道，最好还是见一下，看起来他们挺严肃的，不像是为私事而来。

我这个人，遇事不够冷静，站起来时，差点把椅子带倒。当时心里真是慌神了，直觉觉得不是好事。

省纪委来了三位同志，一见面，寒暄了两句，就拿出一份立案调查的决定文件，口头宣读了短短的两行字。被调查人是我的副手，学校的张副校长。文件说他涉嫌收受学校基建合作商的贿赂，省纪委需要把人带走调查。我知道，这其实就是对张副校长实施"两规"了。我松了一口气，毕竟不是冲着我来的啊。但我的心里还是很乱，因为这位张副校长是我的亲信，学校上上下下都知道，我对他用得很"重"，凡是有"实惠"的工作几乎都让他分管。他跟我的关系千丝万缕，总能纠结到一起的。我一看省纪委来执行任务的同志，为首的就是某处室的副主任，正处级干部，我有点来气了。我说，为什么这么大的事，动到我的班子成员了，人家是副厅级干部，又是教授，也不是一般的干部，事先怎么不告知我们党委一声，以让我们有些准备，工作上来得及调整，同时也可以把调查工作配合得好一点啊，如果该同志问题不是特别严重，也好及时治病救人啊。

那位副主任很不客气地说，对不起，不存在您说的"如果"，希望配合，赶紧把人交给我们带走。

张副校长被从会议室喊出来，带走。我立即中止了会议，回到办公室在脑子里梳理了一番，决定做些补救工作。我自己开车，去了离学校较远的一家银行，上门预约要从存款里提出200万元现金。出了银行，我又给我的情人小于打电话，说要过来吃午饭。小于在电话里呵呵直笑，说你憋不住啦，中午就要过来！

我已经没有心思跟她调情了，挂了电话就往小于的住处猛开。在接近她的小区的弯道上，我的前轮啃了路牙子，把护泥板刮伤了。我下来看了一眼，连报警和保险都懒得报，就继续上路，径直开到她住处的楼下。

小于是我2009年认识并发展成情人的。她是我们学校合作办学的民营二级学院的教务处工作人员。那时她刚参加工作，一个外地大学毕业的研究生，应聘到我的下属民营学院工作，租房子住。为了方便跟她约会，同时改善她的生活状况，更多的讨她高兴，我不顾走漏风声的风险，亲自出面找投资该学院的民营企业老板、该学院董事长汪某，要求学院为她解决住房。汪某心领神会，在一个新开发的住宅小区买了一个两室一厅精装住房，家具家电都配齐了，让小于拎包入住。从此，我们就有了一个安乐窝。

我来到小于的住处，见小于已经煮了一锅牛肉面，并洗漱一番在屋内等我。我对美人和美食全没了兴趣，直接把上午的事情说了一下，要求她尽快搬出去，自己租房子住，把这套房子先还给汪老板。我叮嘱她，不管到哪一天，汪老板给你的一切待遇，都跟我无关，可以视为汪某对优秀员工的奖励，也可以视为他对你存在某种"意图"，民营企业家嘛，美人面前，哪个没有动过这样的歪心思！只是记住，千万别说我来过这里，跟你有任何关系。

小于一听就不高兴了，说这么慌张，什么意思啊？又不是你出事，姓张的难道跟你有什么瓜葛，你还会收副手的钱吗？

我说，当然跟我没关系。但是如果追责，就有关系，人是我到省里力主提拔的啊。也是我重用他，让他分管那些有实惠的岗位的，我用人失察啊。而且，我估计他收了你们汪老板的钱了，如果这样扯起来，扯到你这里来，如果暴露出我们有这种特殊关系，有些事情，就说不清性质了。

小于不甘心突然失去这一切，加上受惊害怕，就坐在沙发上抹眼泪。

张副校长超过两天48小时没有被放出来，我估计他的事铁定过不去了。我赶紧带着现金，在第三天的晚上找到汪老板。我回忆了一下，计算出几年里收受汪老板钱物的大致数目，出来之前，从银行取出的那些钱里拿出150万元，准备去退给他。

汪老板正在一个会所吃饭，接到我的电话就下楼见我。我把装着150万元现金的包塞进他的后备厢。他推了推，就收下了。然后，就信誓旦旦地告诉我，跟张副校长之间，没有什么太大的经济往来，让我放心。最后他又很不高兴地对我说，您这也太……那个了，过敏，紧张的吧！即便本人跟张副校长之间有什么不正当交易，最多也是就事论事，自己兜着，怎么可能把其他人带进来呢！

我说，还是小心为好。再说，朋友之间，本就应该君子之交淡如水哦，早就要还给你的，工作太忙，耽误了，希望谅解。

接下来的几天，我又分别找了几个人，退掉几笔过10万元的款子。我跟他们订立攻守同盟。他们无不信誓旦旦地对我说，如果没有我，也就没有他们的今天，没有他们全家翻天覆地的好日子，一定会终身感恩。怎么会乱说呢，怎么会出卖"朋友"，恩将仇报呢？请书记一万个放心！

　　我听了他们的保证后，情绪渐渐平息了不少，心里也获得了不少慰藉。

　　张副校长进去好几个月，并无更多的事情发生。我通过在省委工作的一个学生侧面打听，得知案情可能锁定在姓张的本人身上，主要是他收了承建学校新楼的基建单位的钱物。我紧绷的神经稍微放松了一些。

　　因为把个人私藏的存款都取了出来，退还给别人，我身上几乎没有分文私房钱了。我甚至有点后悔自己心理素质太差，一点风吹草动马上就稳不住了，搞那么多动作，反而惊动了好多人，暴露了自己心虚。这个时候，我又开始想念小于。于是又找她，让她租好一点的房子住。为了给她筹一笔房款，我豁出去了，居然回家跟妻子撒谎，让她取50万元存款出来，千万不要声张，这个钱是用来"活动关系，捞张副校长"的，张副校长身陷囹圄，他跟我虽是上下级，但情同手足，不能有难不帮啊。

　　我老婆，呵呵，还是挺善良的，也挺糊涂的。她什么也没说，就把钱取出来给了我。我这哪里是报手足情，是买孽情啊。我前脚从老婆手中拿到钱，后脚就找到小于，把钱给了她，还鱼水之欢了一个夜晚，把上次没吃的牛肉面也补回来了。想想，那时候的我，真的如一个卑劣小人，不知被哪根错乱的神经支配着，人生表现真是猥琐而又放纵，麻木而又破碎。

　　这两年夜深人静的时候，我一直在盘点那几年的生活。说实话，如我刚才见面时跟你说的，写一部自传体小说，内容确实丰富，但也很糟糕，后半部，会很脏。

　　事实上，那些所谓的承诺，所谓的恩情和爱情，后来证实都是滑稽不堪的。几乎所有向我送好处的和我送好处给对方的，都在第一时间揭发了我。比如，其中我最亲密的几个人，第一个，姓汪的老板，他来找我投资办学，我为他大开方便之门，为报批各种手续，腿都跑断了，使得他的学院很快上马运营，每年赚数千万元，前面我一直没有收他的钱物，甚至饭都很少吃他的。直到他开始哗啦啦进账，我才拿了他一些好处。可是，这个人特奸深，把送人的每一笔哪怕只有几百块钱的账，都做了笔记，事发后为了减轻自己的罪行，主动把账本拿出来，交给检察院。还有一个，我的情人小于，据说协助调查时，办案人员都不需要问第二句，跟我是什么关系，她就爽快地说，情人关系。还哭诉，说自己年幼无知，一个人在他乡生存发展很难，说我乘虚而入，并威胁她如果不从，这么好的工作是保不住的，等等。

小女人为了洗刷自己，把自己都快塑造成喜儿了。而姓汪的，现在看来，你看，证据收集得跟特工似的。这些老板，从来都没有把官员当真正的朋友。他们利用你的弱点获利，然后再揭发你的弱点，以换来自己的"坦白从宽"。他们从向你求助的第一刻起，就为你建起了腐败档案。而你，还在乐悠悠地为这个档案积累材料。

坐在一把有权力的椅子上，我们不自觉地就太自信了。我们若是掉以轻心，真的就成了被别人卖掉而不知道在哪里过年的傻子。呵呵。

这一年，就是我人生的第三个分水岭，我灵魂的裂痕完全张开，无法修补了，它让我的人生彻底瓦解、彻底破败了，成了一个残局。

2

那么，我到底是什么时候开始在内心深处，产生裂痕的呢？我这两年想得很多，很深。应该是从做第一件不耻之事开始的吧？

比如，2009年开始收下了别人送的第一笔钱。第一笔，就是那个汪老板给的，一下子就甩给我80万元。刚才我说了，在与科技职业学院合作办学过程中，我为该科技职业学院董事长汪某提供了太多的帮助，但我一直拒收他的任何好处，甚至一顿饭都没有吃他的。有一次，他给我送了一盒新茶，我随手就扔在了办公室的角落。可几天后，在校园里遇到汪老板，他上来跟我打招呼，然后随口问我，说书记，那盒茶喝了没有？那是很好的茶，包装也忒考究，您一定不要送人，要亲自拆了喝，味道很特别。我想，一盒茶嘛，用得着这么郑重其事？回来一想，不对啊，这里面是不是有名堂啊。到办公室拆开一看，果然里面放着一条钻石项链。我当即重新包起来，找了个机会还给了他。

但事情办成了，那年一开学，汪某就从新生住宿费中直接提取了80万元送给我。我心里有数，他这项实业，只要开始运转，每年的利润进账都会过千万。我就跟他客气了两句，收下了。

噢，那应该是我人生的第二次分水岭，是我灵魂第二次裂开吧，我灵魂里的丑恶终于调动出来，开始出头活动了。但请您相信我，这个裂痕不是天生就有的，也不是那一刻才长大的。40岁之前，我的言行可以说，天衣无缝，好男人，精英知识分子一个，表现比较优秀。当然，这也不代表我的灵魂十全十美，谁敢肯定自己的灵魂天衣无缝？人太复杂了，看不清别人，更看不清自己。不撞墙也不知道自己额头软啊。正是灵魂深处有硬伤，丑恶的种子才在那里找到了一个可以隐藏的裂缝，在里面慢慢发育，长大，变质，恶化。等我有足够的力量，或者一个契机，它就跳出来了，借力借机，发挥它的恶了。

刚才我说了，我要写一本书，把自己灵魂的轨迹画出来。在这里，百无聊赖中，我经常逆着我的人生河流，到上游，到源头去寻找问题，去挖出这个种子。我弄清楚这个，至少对我自己，是有非同寻常的意义的。它解决了我一个心理上的症结，给自己这个莫名其妙的跳水人生，一个合理的发展逻辑。

这些，虽然对我本人用途有限——我已经这样了，可以回去找问题，但人生回不去了——但弄清楚这个，对别人会有帮助，特别是我们体制里的那些年轻干部，那些像我当年那样踌躇满志的青年才俊们，会不会灵魂有个伤口，有个裂缝，有个植入的丑陋小人胚胎蹲在深处，最好能看清楚。用现在流行的话讲，洗洗澡，照照镜子，早查早知道，早发现早好。

要说好这个事，还是要从我的第一次人生分水岭、第一次灵魂开裂说起。

先允许我简单回顾一下自己的成长历程。

我 17 岁就考上了大学，然后一口气念完本科、研究生和博士。参加工作的时候，我 26 岁，因为学历高，论文发表得多，第二年就直接弄了一个行政事业的正科级。提完正科级，我就得到一个机遇，被借调到团省委工作。

在团省委的时候，我觉得自己是借调工作，说到底是客人，一定要低调，勤奋，把工作做漂亮。这个代表学校出来工作，事关学校的形象啊。就是在那里，我学到了团机关干部的一些作风，也染上了某些团干部的做派。比如，积极，上进，有活力，办事讲效率，不拖拉。善于举办各种活动，尽可能在一定范围扩大工作影响力。还有，练好嘴皮子，要练就出口成章，句句精彩的语言表达能力。最重要的是，政治抱负大，但为了抱负身子要放得低，把自己摆在服务生的姿态上，尤其在党委和政府领导面前，要善于做学生，藏起自己那些趾高气扬的书生意气。

由于工作出色，在那里借调工作几个月后，团省委就给我挂了一个学少部副部长的头衔，并选我当上了省学联主席。借调两年结束后，团省委的一位分管学联工作的副书记对我说，你可以有两个选择机会，一个是留在团省委，留在学少部，团省委发个正式的任命文，你就是正规的机关副处长了。第二个选择就是回学校，我们也会对你有个交代，建议学校让你到校团委担任副书记什么的，这样也方便你继续跟我们团省委保持工作上的联系，也有利于学校这一块的工作嘛。

我表示感谢，然后说回去跟学校的书记请示一下，听听他的意见，然后回来给您答复。团省委的副书记说好，还表扬了我一通，说你政治上进步很快，从这一件事上就能看出，你的组织意识很强，个人属于组织里的一员，凡事有请示汇报的习惯，很好。

其实，我这是给自己留一个可以迂回的空间。

我在学术上有很好的前途，念到那么高的文凭，发表了那么多论文，难道就是为了出来当一名埋在杂事堆里的政工干部？我有点不甘心。我回到学校，找党委书记谈这事。我在表述的时候，玩了一点语言技巧。首先，我感谢书记给了我到上级团委锻炼的机会，两年里工作辛苦但水平提高很快，收获很大。然后，我把团省委副书记对我工作安排的建议转述了一下，我在转述第二条意见里的推荐回校团委担任副书记时，故意把这句话里的"副"字漏掉，直接说他建议我回来当校团委书记什么的，说是便于学校团委跟团省委对接工作。书记就问我自己的想法。我说自己留恋学校，留恋学术氛围，还是不想丢掉专业。

我们那位老党委书记有高校领导的显著特点，就是爱才，喜欢有真才实学的年轻人。他一听我这话很高兴，就说，也好，你们年轻教师精力旺盛，做点团干工作，学问也不要撂下，是明智的选择。这件事就这样办成了，我回来当上了校团委书记，成了全校最年轻的正处级干部，年龄刚刚 30 岁啊。

为了消除我那个"副"字的后患——万一哪天校党委书记遇到那位团省委的副书记，聊起来这个事可能会出逻辑上的"纰漏"——我故意在书记找我任职谈话的时候，表现出一种用重了的惶恐。我说，我也跟团省委副书记表达过自己的心态，太年轻了，经验不足，从团委副书记岗位干起就很好了。党委书记呵呵笑了，还拍打了两下我的肩，说压重担才能长大力，团的工作岗位，本来就不同于其他岗位，设那么多死台阶干什么。再说，这也是学校对落实上级团委意见的重视嘛。

我想想，心里还是不踏实。于是在任职报到的当天，又跑到团省委，找到那位副书记，汇报自己的事。副书记很高兴，说学校落实得好，很到位。我就说，我正是为这事来的呢，我觉得当个副书记就很好，校党委硬是要给我压担子，而且我们书记说您的意见，一定要重视，您是一位很少向基层团委推荐干部的人，虽然年轻但德高望重，不会看走眼。副书记哈哈大笑，说你当然能干好，我告诉你，你不要怕担子重挑不起，书记比副书记好干，一把手，好想法、好办法之间，没有周折，副手就不一样了，我支持学校的安排，你就甩开膀子干吧，干好了，也算我们团省委培养干部有方啊。

就这样，我在仕途上巧取到了一个很高的起点。但你可能察觉到了，这里面埋下了一点隐患，为了前途，我不是真正选择学问之路。关键时刻也不是那种很人文情怀的做法，而是选择功利，选择了手段，玩弄了一些恶俗小聪明。这种方法一旦侥幸成功，必然在内心深处埋下种子。当然，这点种子，如果在不断优化的心灵土壤里，恐怕也就死掉了，发不出芽来。能成为一种羞耻的隐私，说不定会对自己的人生有好处，知耻而后勇，许多人年轻时一时糊涂，做了错事没有受到惩戒，但心里清楚，通过反省悔悟，不断激发内在正能量救赎自己，最后成为伟大的人。美国有1/3的总统年轻时都是坏小子，像林肯、奥巴马、小布什，还有肯尼迪这些人，年轻时有的学习成绩很差，调皮捣蛋，但后来都陷入懊悔、自责，最终奋发有为，不只成就伟大，品德也堪称楷模。有些事情，我也知道做得不好，做多了会遭报应。但是，我一方面小心翼翼，藏起这些隐私；另一方面，又觉得这是一种"秘密武器"，这是中国文化胎里出来的，中国自古不以人品论英雄，而以成败论英雄，难道谁能有三头六臂，仅仅以品德高尚成就英雄地位吗？我们不都在动用着孔明的脑筋，表演着刘备的伪善，实施着曹操的手段，成就着自己的江山吗！

我那几年甚至跨学科做了一篇文章，对中国古代四大名著，做一个不同于众的古小说人物形象归类研究。我的论点是，四大名著里没有一个好人，有好人也是一些很烂的好人，比如武大郎、贾宝玉这样的，很屄，还有孙猴子那样一身才艺却永远只能做奴隶的苦命汉。这就是我当时反思的结果。我觉得跟许多成功人士相比，我那点小伎俩，都摆不上台面，小得不易察觉，小得不值一提。

也正因为如此，我的这个阶段，还不是人生的第一分水岭，还不能看出灵魂有太大的口子。

应该说，我的整个中青年时代，虽然不反省自己，但很激励自己。我的工作是拼命的，我的学问是扎实的。我奋斗的弦绷得很紧，一刻也没有放松。这里面可以举无数例子。

我记得 40 岁前后的十来年内，是学校发展最快的时期，招生数数倍扩大，教职工和学生人数破一万，再破两万，重点学科拿下一个又一个，新校舍和新校区规划、落成和投入使用，二级学院、民营学院崛起，等等，无一不是我的亲力亲为。我个人的事业也是飞速发展，从团委书记到二级学院院长到副校长，职务不断升迁。我当学院院长的时候，是全校最年轻的院长，我当副校长的时候，是全省最年轻的高校领导之一。在学术上，33 岁的我开始担任硕士研究生导师，之后逐步展现出我的出色才华，36 岁担任博导和国家级科研课题的领导小组成员。次年，我破格晋升为教授，成为全省材料科学领域甚至全国的中坚。同时，我还是省哲学社会科学专家库成员，省级科研课题项目的评审专家。其间还到清华大学进修了管理，被组织部派到国外参加干部境外培训半年，到老家的县乡教育扶贫一年。我的状态就是一个陀螺，被抽打着快速旋转的陀螺。我得到了很多，仕途顺进，著作等身，荣誉满满。但是，我也付出了很多，比如，儿子上学受到了耽误，学习成绩一塌糊涂，没有任何才华和特长。夫妻感情破裂，跟结发妻子离婚，然后匆匆忙忙找了一个只有大专学历的女人再婚，婚后发现两人几乎没有什么共同语言。前妻的父亲待我如亲生儿子，可是他得了肝癌，去世前我都未能照顾他一天，只是出差时绕道到前妻老家，送了 5000 元钱到老人床头。也就是从那件事起，我前妻对我失望透顶了，两个人的矛盾开始激化。我自己的父亲三次住院，我只得空去陪护过半天，未能尽到应有的孝心。

那么，我当时志满意得了吗？没有。

我担任副校长的时候，在老家名气已经很大。不久省教育厅安排部分高校领导带队，为全省部分县区开展"教育扶贫"。我带了一个队，到我老家那个县的邻县蹲点。有一个周末，我回老家，老家县里的教育局长得知消息，就过来请我吃饭，而且告诉我，已经跟县里领导汇报了。我说不要打扰县里领导吧，我们教育上的自己人，吃个便饭交流一下工作就好。可局长说，那哪成啊，您是副厅级干部，相当于我们县上面的地级市的副市长啊，您来了，县长书记都要出面接待的。再说，您是家乡的杰出人才，大专家，您不肯见这些县老爷，他们会感觉没面子。我要是不告诉他们，不安排好这件事，还不得罪狠了这些县太爷啊。

他说得这么严重，我想想，也是，符合情理啊。于是我说，那就好吧。

结果，这顿饭吃得很有戏剧性，吃得我心理严重失衡。

县委书记听了教育局长的汇报，说正好有几个接待，要赶个场子，就委托县长来陪我吃饭。到了县长那里，县长说县委书记接待的那批客人很重要，是省委组织部的领导，市委组织部的领导陪同过来的，自己不便不参加。然后，就委托分管教育的副县长来陪我。副县长就对教育局长说，书记和县长感到很不好意思，为了弥补不敬，就吩咐把接待放在同一家饭店，到时候他们方便过来交错陪我。我觉得这也挺好，人家这么忙，还动这么大心思，想尽办法照顾到我，真是太热情太诚恳了。我就愉悦地赴宴了。

那晚，饭吃到一半，副县长就提着酒壶，说我先去给省市领导敬个酒，顺便帮书记、县长领个路，再过来陪我们的校长大教授。然后，他去了，这一去就是将近一个小时，都没有回来。我们就干坐在那里等他。所有的菜都上完了，都上餐后水果了，副县长才歪着身子，一个人进来了。他喝得满面红光，看来兴致不错，说领导们知道他酒量好，一定要拽着他，把省市领导陪尽兴了。

说话间，我们就发现一大群人，前呼后拥，呼啦啦路过我们的包间外，走了。副县长和教育局长一看，说正是领导们，马上跑出去。过了一会儿，两个人回来了，说他们喝多了，书记和县长送省市领导去住的酒店了，一时回不来，让给校长打个招呼，失礼了，只能下次补偿。

当时的气氛有点尴尬。我有点不高兴，但想想，还是能理解。省市领导，人家的顶头上司，官大一级压死人，好容易来一趟小地方，地方官员们高度重视也是应该的。管组织的省领导，不要说是到一个小县里，即便是到我们省城的任意一所大学，学校领导一样也会倾巢出动。

我们就快快地结束了饭局。跟副县长告别后，我多了一句嘴，问教育局长，今天来的是不是省委常委、组织部某某部长啊？局长笑了，说，哪里啊，省委组织部市干部处的一位副处长，陪他过来的是市委组织部的一位副部长，两个副处级干部而已。

那一刻，我的心里的自傲自尊，我的价值之塔，简直是土崩瓦解了。我怎么也没有想到，我在省城混成一个名流，一所名牌大学的副校长，一个体制内的副厅级干部，竟然跑到老家，面子抵不上组织部门的副处级干部。

教育局长可能看出了我的脸色不好，连忙解释说，也是特殊情况，今天他们喝多了，本来都要来敬酒的，要不然也不会提议放到同一家饭店接待。他还说，其实基层都是这样的，如果是上

173

级党委政府部门来人，哪怕是科长，县领导都愿意出面。他们也没办法，为了地方发展，越来越务实。非常对不起，我代表他们向您致歉，绝对不是有心，这车实在是撞得不好。

这件事还是在我们老家那一带传开了，而且越传越歪。最后的版本变成：书记县长请省里的副处长和市里的科长吃饭，顺便请回乡的大学校长、大学者吃饭，弄到一桌，省里的副处长被安排到书记右手的主宾位置，市里的科长被安排到书记左手副宾，大学校长被安排到第三嘉宾位置，坐在了县长身边。宴会开始后，书记、县长、副书记、常委、副县长竞相给副处长和科长敬酒，酒喝到第二瓶，还没有轮到给校长敬酒。校长不高兴，中途拂袖而去。

这些八卦传来传去，从家乡传到了省城，传到我的耳朵，更加走形，更加变态，让我颜面尽失。我一个没有考上大学的中学同学，在家乡搞养殖，发了一点小财，据说可以经常请到县里的领导吃饭，居然发信息劝我，不要跟家乡领导把关系搞僵，没有面子，甚至波及同学圈，对大家都不好。

我的肺简直都气炸了。

这件事，才真正导致我的内心巨变，导致我的人生第一次分水岭。我自认为我顿悟了中国社会的现实，这就是世界之最的官本位文化，覆盖到每一个角落。虚名轻如鸿毛，知识不能增加你在人心目中的分量，有时候，只是一个空架子。没有实力，想在社会上搬弄这个空架子，只能自取其辱。我这么多年的奋斗与功名，原来就是搭了一个巨大的空架子，经不起别人轻轻一推。我开始苦思冥想，我甚至后悔当初不该为了虚长一级，回到高校，应该留在团省委发展，留在省级机关从政。

从那件事情后，我的心态完全不一样了。后来的两年，我几乎都没有心思做任何学问，工作的重心，也开始向经营仕途倾斜，而不是在学校围墙内死干活儿。我才 40 多岁，已经拥有好几年副厅资历了，我希望通过"各种努力"，能尽快解决正厅，并把自己的屁股落到省级机关或者地方大市的领导岗位上。

我内心的伤口，迅速开裂，一个小人从灵魂里钻出，迅速茁壮。

但是，我的苦心经营，只成就了一半美梦：没有几年，我得到了正厅的位置，但没有出得去，还是落实在围墙内，走上了学校党委书记的岗位。

3

省委来学校宣布我任职时，我写了一个很长的对党、对学校效忠履职的书面报告，在全校干部大会上慷慨演讲。但是只有我自己知道，当时我内心的真诚与感恩，是打了折扣的。我已经看透了所谓正厅副厅，我在乎的是赋予这个位置的权力有多大，权力有多少。所以，在我任职书记的几年里，我变得非常老辣。我观察了几个月，进行了一场大的人事改革，以此名义干掉了一批卖老资格或者书生气太重的干部，换上一批对我逢迎的干将。然后，我就开始布局各项事业。我的基本原则是，不能为我带来名利双收的事情，能不干就不干；能为我带来名而无实利的事，放权给别人去干；能为我带来利的事，积极支持并参与干；能为我带来名利双收的事，我举全校之力，真抓实干。由于干了不少实事，客观上学校也收益了，在我主持下发展态势良好，而我本人更是获得了很多实惠。

在这个利益大布局中，为了掩盖我的"蓝图"，我暗地里谋取实惠，明里开始设计和塑造自己的正大形象。每天白天上班的时候，我基本上在忙着"表演"这种形象。

我曾对青年学子这样谈自己的人生观，要"以哲学的姿态生活"，提出人生要做到"四然"，即泰然、淡然、坦然和自然。我告诉学生，"以其无私故能成其私"，"夫为不争，故天下莫能与之争"，很多问题想通了，人的一辈子就会很平静。我收集了古今中外很多成功人士淡泊有为的例子，左手教条，右手举案，深入浅出，侃侃而谈。年轻学生在台下，经常听得热泪盈眶，给我的掌声如雷贯耳。由此，我在这群不谙世事，更不谙老江湖心机的年轻人中，赢得了很多"粉丝"，成了他们的"人生导师"。我开设的思想政治教育课，把马列主义讲得十足接地气，当代大学生不怎么感兴趣的一门学科，在我这里，硬是被盘活了，每次选修我课程的学生都超过指标。有时候开大课，连楼道里都挤满了学生。我还是省里各种道德教育活动的积极组织者、参与者，我主编的道德教材进入很多大中小学的课堂。

一个人越是哪里软腿，有时候越是在哪里硬嘴。什么意思？比如，天天喊实事求是的干部，往往都是些混世干部，一屁三谎，不干实事。比如，有些商人请你吃饭，口口声声说交朋友，不是有所图，只是喜欢交朋友，这类商人其实最唯利是图，你吃他一百块钱饭，他恨不得从你身上挣一万、十万的，一件事没办成，他就翻脸，恨不能把你吃下去的饭给抠出来。比如，有些女人，喜欢表白自己多么能抵制男人，面对频繁骚扰无不严词以拒，哼哼，这种女人，多是既虚荣又不检点的，她就是缺别人的频繁献媚，更不具备强大的抵御能力。说到我身上，因为我心里重名利，所以嘴上就整天挂着淡泊以明志，宁静而致远。我背地里开始向不正当利益伸手，表面上在反腐倡廉方面抓得很紧。每次会议都大讲特讲廉政；每年都出台一两个文件，针对廉政建设，建章立制；跟每个利益岗位，比如基建办、联合办学办、招生办、后勤保障部、人事处、校办产业公司，等等，每年都签订廉政责任书。我还在学校专门拿出地方开办了廉政教育室，每年新生开学都要参观，干部上岗必来观摩。其实，这些表面文章，也许能吓吓下属，制约一下他们的放纵，但对我自己，根本就没有什么用。作为一把手，我的任何决策，只要朝自己的小九九里歪一下，好处就神不知鬼不觉地送上门了。

在执行组织纪律上，我自有一套"爪子"。为了体现我的清正廉明，我对班子其他成员要求还是比较严的，经常以班长的名义"敲打敲打"他们。我从来不参与他们的私人活动，不收他们一点好处，杜绝了人情往来。有一次，一位副校长出国访学回来，在免税店给我爱人带了一个古驰包包，里面还装了一些外国巧克力和点心。我象征性地从里面拿了一盒巧克力，其他全部还他。两个人的关系弄得很尴尬。这位副校长就在一次应酬时把这件事讲出去了，说我不近人情，很难相处。我表面上很不高兴，其实心里窃喜。这不正是我要的宣传效果嘛。你拿这个说事，不等于是我廉洁形象的义务宣传员啊！

程序，是我最喜欢的说辞。我多次在校党委班子会和干部大会上讲，"你做事按程序来，错了我也不会批评你；要是不按程序来，对了我也不会表扬你"。乍一听，我是个懂规矩、讲规矩的领导干部，其实这些都是我的"障眼法"。我是这么要求别人的，却不会或者不需要这么要求自己。

当然，在这里面得有一点技巧，实际上，我也并不是对班子里的每个人平均用力。后来在我之前出事的张副校长，我表面上对他也很严厉，暗地里其实是给他空间的。他是我亲自培养起来的亲信，所有有实权的事，我需要通过他控制。一块肉递过来，尽管最终必须到我手里再分配，但是是别人去搬运的，你无法不让别人过手留油。张副校长就这样被我"惯"坏了。他的名声并不好，有他的自作自受，其实也有很多事是替我"背锅"的。所以，他一旦出事，我就有些慌，感觉省纪委在顺藤摸瓜。七八个人的一个班子，班长对谁偏心眼，对哪个特别关照，特别放权，怎么可能蒙得住其他人的眼睛呢，这里面怎么可能不存私心，不存利益交易呢！

不仅如此，我还经常关心下属职工的生活。如果某个教职工家里遇到不幸之事或者生活难事，我都会嘘寒问暖，极力帮助。一位老门卫得了癌症，我亲自把学校的慰问金送到病房，这件事成为教职工口传的佳话。我也经常跑到学生宿舍和食堂去，跟他们一起聊聊天，问问生活，吃吃学生餐，指点一下厨房里的咸淡酸辣。我还倡导学校成立了爱心基金会，每年开春带头捐款 2000元给基金会，一直到我被"两规"，一年未落下过。

在单位里，我总是一副很清廉的样子，不穿名牌，装扮朴素。我在学校参与接待不多，吃吃喝喝的事，尽量让班子其他成员参加，他们也乐于这样做。因为有大食堂的"饭卡"，所以我从来不在学校接待点多吃一顿饭，而是经常拿着饭卡，大摇大摆地进出校职工食堂，跟师生们打成一片。我出门一般不用专车，自己开车或乘公交车或骑自行车出入。有时候，我还故意在下班后，提着一个买菜的帆布袋，从学校迈着老腿，走到对面街道的农贸市场，去买点菜提着。次数多了，许多师生都看到了。有女生还把这件事写到作文里去，称我是"烛光里的教授，菜场里的爸爸"，文字煽情，十分感人。其实，我的白天跟夜晚完全不一样，在台上跟在室内完全不一样，在单位一套，在企业老板朋友面前一套。我像一个活动变形人，根据不同场合切换着自己的

"形状"，变换着截然不同的角色。我切换得很麻利，很严密，不露声色，几无破绽。因此，当我接受组织调查的消息传出后，教职工都大吃一惊，认为是被别人诬告。有的人甚至提出到省委上访，还我"清白"。

事实上，自从我当上一把手，并收受了合作办学的汪老板的80万元第一笔贿赂，我的人生第二个分水岭完全形成，在我表演好领导、好男人的当儿，开始开足马力谋私利。说得难听点，我感觉几十年的奋斗，就是奔这些来的。我不是权力部门和地方领导，我的价值建立在什么之上，难道是写一大堆论文，忙几十年教学和管理，换一头粉笔灰和一张退休证？党委书记任上的几年，尤其是后两年，随着白天演技的日臻完美，黑夜我抓紧时间肆意妄为，征收权力的租子。

在大学新校区路网、综合实验大楼、新校区大楼、新体育馆等工程项目中，我为某投资实业有限公司老板暗施帮助。之后，这位老板为表示感谢，先后9次送给我人民币80余万元和豪华沃尔沃越野车一部。这位老板还多次向我承诺，等新的两栋承建大楼竣工后，将"重重地报答"我。当他得知我多年忙于公务和学问，耽误了儿子的学习和前途，儿子只读了一个专科文凭就匆匆走上社会，瞎七瞎八混着，生活很不景气，老板竟然流下了同情的眼泪，拍着胸脯说，将亲自带儿子，用三五年的时间帮儿子成为身家千万的商业成功人士。后来，这个老板把儿子安插到他入股的一家公司，变相给儿子高报酬累计数百万元。

我常年绕过组织程序，习以为常地为一些不符合条件的干部，提拔任用，调换岗位，评聘高职等的个人问题，提供特殊通道，达到超越能力范围和政策限制的目的，然后心安理得地接受他们的"感谢"。为了方便在人事上任性操控，我选用一个特别无能却对我俯首帖耳的干部，担任人事处长。此人不过是我的木偶和舆论挡箭牌。有一年，我要求人事处将某校财务处一位有问题，正被人举报的副处长调入我校财务处任副处长，把某市出问题的副市长的司机，调入校党政办工作，把某兄弟学校的一位被纪律处分的主任，调到我们学校任工会副主席，把某政府部门负责人的情人，调到学校产业办打杂……这一切，我一般放在暑假进行，这样干脆连会议都不用开，只需让人事处负责人，跟班子其他成员，打打电话，说一下，就算会商过了。无须考察，直接办理，开学就到位上班，其他校领导均稀里糊涂。我这么讲义气讲效率，说到底就是每一个调动里，都有"好处"在驱动。

至于跟汪老板，我的牵扯就更多了。我帮他办成了民营合作学院，我认为他这个稳赚不赔的董事长，就是我给的，所以每年拿他几十万元辛苦费，是理所当然的。在与他的合作办学问题上，校纪委曾发现该院不仅不符合上级规定的合作办学条件，而且连学校的土地证等有关手续都是假的。对此，我却总以各种理由来帮助他们搪塞。纪委书记反复提醒我，这里面有问题，最好停一停，说多了，我就烦透他了。为了尽快成功签署合作协议，我干脆就找了一个机会，把校纪委书记支到省委党校，参加一个时间较长的培训学习去了。等他回来，不单手续早就办完，相关业务已经正常运转好一阵子了。

短短的几年间，我收受、索取数十名行贿人的财物共计几百万元，这些财物包括人民币、美元、澳大利亚元，以及股份、房产、轿车、购物消费卡券等。其中，两次单笔受贿金额高达100万元。作为回报，我在工程建设、人事任用、考生招录等方面挖空心思，寻求突破，为他们大肆谋取利益，包括为没有建筑资质的工程队获得基建工程项目、帮助不符合条件的行贿人提拔、为不符合录取条件的考生增补录取，等等。金钱加速了我的腐化堕落，腐化堕落又加重、加剧了我经济上的压力。我陷入了一种恶性循环中。

我的情人小于是我在帮助汪某筹备合作办学过程中认识的。汪某见我喜欢她，就故意在一次我出差海南的时候，派小于去找我签署一份"急件"。那时候我刚刚再婚，跟第二任妻子在一起时间不算长，应该说，还处在"来电"期。可是，我仍然没有控制得住自己的欲望，当天晚上就带着小于在三亚泡吧，然后喝得半醉，以醉酒的名义，胆大包天地把小于带进房间同宿。我在三亚三天的会议，肆无忌惮地把她藏在房间三天。会议结束后，又转移到另一家酒店，多滞留了两天，与小于共度了一段浪漫春宵。我们在松软的沙滩上散步，在夜空下的海水里嬉戏，在海鲜大排档享受美食。

小于年轻，娇艳，给了我从未有过的"蜜月"体验。我疯狂迷恋她，编织了一套美妙的说辞，套取她的芳心，也给自己找到了出轨的台阶。我告诉她，我这么多年的奋斗与成功，已经成为一个越来越重的问号，横在心里，无法跟人言说。我说，我常问自己，我从哪里来，我到哪里去？我匆匆而行，日夜兼程，风雨无阻，却不知来路和去处。所以，不要看我今天在社会上有一席之地，有三尺之台，海阔天空，其实，从来没能找到知己，无法确定归属。我说，直到遇到了你，我才豁然开朗，你，就是我等到的缘分，就是我人生的指向，就是我生命的归属，就是我落定的江山。

这些话，文采飞扬。那时候说出来不觉得肉麻，现在想想都觉得恶心。想想我这个孩子已长大成人的父亲，老婆已换了一个的老男人，一个整天坐主席台上慷慨陈词的高级干部、德育专家，竟然对着一个小自己二三十岁的小姑娘，极言献媚，用尽铅华。而且，为了维持住跟这个年轻肉体的关系，我从受贿发展到后来的索贿，全然不顾被索贿者的感受，不顾一点点一个万人大学一把手的尊严。

我的这些钱，大都源源不断地流向这个女人，也把一个本来出身贫寒、还算朴素的女孩，逐步侵蚀成一个欲望膨胀的物质女。后来，小于花钱的气势，连我自己都看呆了。几十件一万多元的衣服，买回来，穿一次发现不理想，立即淘汰，随手送给闺密。出国买名牌包包，论打，而不是论个买。有一次，我带她到杭州玩，逛商场的时候，她看中一套皮衣皮裤，反复试穿，觉得合身，时尚，得体，满意得不行。可是，结账的时候，她却突然改变主意了。我觉得她是心疼钱，嫌贵吧，就安慰她说不要紧，贵一点没事，喜欢就行。可是，她还是放弃了。我心里一阵高兴，觉得女孩的朴素本性并没有丧失。吃饭的时候，我就劝她回头可以再去买回来，这套皮衣穿起来确实不错，我要你美给我看，钱不是问题，美才是最贵的。小于哈哈大笑，说，傻子，我告诉你吧，我不是嫌贵，我是嫌便宜，担心便宜没好货呢。我说，多少钱啊。她说，一开始我看多了一个零，才愿意试穿的，结账时发现是3000多块钱，营业员还说，可以打九五折，我就傻了，不敢要了，3000多块钱的皮衣，能穿吗！亲爱的，你说我的决定是不是很明智。

我那几年在这个女孩身上花掉和送给她近600万元。最后专案组查到她时，只追回来80多万元。

有一句俗语说恶人装忠厚，是披着羊皮的狼。我这种人啊，最后几年成了披着君子皮囊的流氓。我坐上高位，最好的平台没有用在为教育事业做贡献上；最鼎盛的精力，没有用在事业正道上快马加鞭；甚至最好的词语，最后都用在赞美女人，滋养情色的歪门邪道上了。踏过人生的三道分水岭，我彻底改变了本色，丢掉了正派，陷入了无耻。我暗藏的虚荣、功利观，潜在的学而优则仕、仕而高则作威作福的青云梦，最终走到了尽头，彻底覆没。

一道内伤，可以潜伏几年，几十年，甚至一生。然而，它的爆裂，发生在我身上，不过就那么短短的几年。

不知为什么，跟他谈了半天话，听得还是比较累。说不清这是为什么。

在回来的路上，陪同我的省纪委案件审理室的一位参与办案的主任告诉我，就是他当时带着人，去学校"两规"张姓副校长的。那时自己是处长。"当时，他有过一瞬间的慌乱，但很快镇定了下来。"主任告诉我，"我立即预料到，张姓副校长跟他关系不一般，一个出事，另一个心里有震动，有恐惧。其实那时，我们除了知道张姓副校长是他的亲信，其他牵涉他的线索，并未掌握。可他太慌，到处找人打听，甚至妄图通过'上面'做做工作"。

主任还介绍说，他是名人，又是高官，有一种自命不凡的自负和麻木。他天真地认为，就那点事，根本不至于扳倒他，顶多弄个党纪处分，退了赃，继续回去上班。所以，纪委把他带走时，在被带走的路上，他还与我们谈笑风生。不仅如此，他还在接受办案人员谈话时，拿出一副"死猪不怕开水烫"的做派，抱定与组织对抗到底的"决心"，拒不配合。整整两个星期，他反复"强调"四点：

1. 浊者自浊，清者自清，我光明正大，坦坦荡荡，没什么经济问题。

2. 我比你们还要懂党纪国法，你们这样做事是错误的，你们要保证我的自由、申诉等合法权益。

3. 我是国内外有影响的双学科专家，你们这样草率决定调查我，是不负责任的，要给我恢复名誉。

4. 你们要尽快让我回去工作，几万教职工和学生在等着我，我回去时，你们要代表组织，在全校师生面前给我澄清事实。

后来，纪委的同志，只好先向他爆了几件已经掌握了的"料"。看得出，他非常震惊。他沉默了一段时间，有一天，突然主动请求交代问题。从此，他的态度180度大转弯，整个人就像脱胎换骨了，对自己的认识，说得特别到位。

听了这番介绍，我提出来，能否再递一个纸条给他，请他书面回答我一个问题。纪委的同志说，当然可以，他现在对我们的工作很配合。

我的问题是这样的：

"请如实谈一谈你在被'两规'后的生活感受和思想认识。"

我人一回到江苏，就收到了此案的审理主任帮他快递过来的回答材料。

他的字娟秀中不乏硬朗。但字写得很小，整体感觉是受到了一种强烈的约束，形态上表现出了一种克制和内敛。都说字如其人，字映其态，我能从他的字，隐约看到他这个人，部分内在的情志，外在的处境。

他的书面陈述如下：

纪委开始调查我的时候，我既恐惧，又愤怒。我觉得自己为党和国家，为教育科研事业，奉献了大半辈子，把一个脱胎于高专的学校，发展成地方最重要的万人大学，培养的人才遍布全国，乃至世界的许多角落。怎么会为那么一点点"鸡毛蒜皮"的事，就对一所大学的党委书记，一个著名学者，动手段呢！我想不通。所以，有相当长一段时间，我拒不承认错误，大闹情绪，跟调查组的同志拧着干。

为打消我的对抗和侥幸心理，办案组一方面苦口婆心地教育引导，给我讲政策讲法纪，要求我认识错误、交代问题；另一方面主动关心照顾我的生活，每天给我检查身体。我的态度慢慢发生了变化。

回顾这段时间自己的思想变化、灵魂洗礼、情感起伏，难以用语言来表达。正是组织上温暖的怀抱、办案人员无私的关心，自己的心情能够得以平复，能够坦然地面对组织敞开心扉，忏悔自己错误的过去。自从进入省纪委办案点至今，我在思想认识上和认错态度上经过这样一些阶段：

刚到办案点初期，一开始思想情绪上一片茫然，不知所措，甚至在某些方面还有些麻木，心里一直在想"我到底为什么被带到这儿来的？"自己还搞不清。其实，在这个时候，自己最应该清楚过去做错了什么。然而，这个时候，自己头脑是不清醒的，这时候自己考虑的不是哪些是该做的，哪些是不该做的，而是组织上掌握、了解自己多少事情，这些事情说出来会对自己有什么影响。一想到这里，我心里就十分害怕，也潜伏了不少怨气，觉得组织上不包容我们这些基层干部，不体谅我们开展工作的难处。特别担忧的是在经济方面的问题，数字大肯定问题重，一旦暴露了，将来会是什么出路，等等。这些就是当时在思想上、头脑里反复盘算的问题。在这种心态下，自己所表现出来的态度则必然是侥幸心理，想蒙混过去，即能不说则不说，不能讲的则不讲，因此自己的态度一直不能端正。

针对我的这些思想认识和对待问题的态度，办案人员采取了急风暴雨式的严肃批评及和风细雨式的耐心教育，动之以情、晓之以理，使我在震惊中思考，在思考中提高，在这一阶段，也就是我对是否向组织靠拢左右摇摆、徘徊不定的时候。办案人员摆事实、讲道理，拿出我认识的落马干部魏某某、沈某某以及安徽的王怀忠、江苏的王益民等，态度完全不同的正反两方面的典型案例来开导、教育我，使我慢慢打消思想顾虑，自觉地、积极地向组织靠拢。经过他们耐心细致的教育引导，我开始认识到自己身上的问题是客观存在的，对这些问题只有依靠组织，以如实向组织交代问题的实际行动向组织靠拢，积极配合组织调查好这些问题，才是自己唯一的出路。

有了这样的认识之后，自己开始转过思想认识上的弯子，开始慢慢地梳理自己的问题。其实，在这个过程当中，自己也曾有过在良知初醒阶段对自己的错误的严重性、危害性转到震惊、恐惧的情况，而针对这些情况，办案组领导都有预测，并且都及时地做好了我的思想工作，使我安稳度过了认识波动的阶段。

通过组织上耐心的教育和细致的工作，我幡然醒悟，开始意识到，在自己犯错误的问题上，领导的话哪一句用在自己身上都是对的，组织对每个人都是负责的，每一句话都是可信的，在自己犯了严重错误的情况下，挽救自己的只有组织。

我还从组织的关心、关怀中看到了组织的大度。在这个过程中，组织上了解到我的自身情况和家庭状况后，各位领导给予了我无微不至的关怀，我生病了为我请医送药，带我到医院做检查；春节前领导专门到我家中看望我家人，对我妻子说了不少我的好话，安排我与儿子通信，使我能够安心放心，集中精力在这里交代问题；办案组的同志放弃与家人团聚的机会，陪我吃年夜饭、看春晚。特别是中秋夜，还让我与儿子互发手机信息。这些都让我为之感动，使我在积极配合组织交代问题的过程中充满了正能量。

　　正是组织上源源不断地给了我这样的动力，使我有一种向组织敞开心扉、吐露心声，与旧我彻底决裂的决心和信心。尽管在这样一个半月左右的过程中，在我对问题的认识方面，在交代问题的态度方面还出现过一些反复，这些反复有的甚至还比较大，分析下来，小反复是一些认识问题的苗头，而大的反复则是这些苗头的集中爆发。值得庆幸的是，在这个时候组织上及时帮助了我，我也在第一时间认识了错误，并比较深刻地向组织做了检讨。这些情况的出现，既在组织的意料之中，又在组织的掌控之中，没有对我认识问题、交代问题带来太大的影响。另外，是今后朝着组织指引的方向前行中的重要教训、反面坐标。正是在这样痛苦的思想斗争中，使自己对组织更加充分信任，主动积极向组织靠拢，让组织拉着自己走向光明大道的决心和勇气更加坚定，向组织交代了全部问题。

　　回顾这段时光，我触及了自己的灵魂，选择了走向光明的道路，彻底告别旧我朝着正确的方向前行。经历这段时光，我的体会是，犯了错误的同志，唯一正确的选择和出路就是听组织的话，按"两规"要求，如实彻底地交代自己的问题，走好后面的每一步。还有就是"相信组织、依靠组织"绝不是一句空话，我按照组织要求，交代全部问题后，更感受到组织怀抱的温暖。有了一种要反思自己的过去、要向组织忏悔、要向组织吐露心声的决心。

最后，我要结合我的职务，结合我的失控教训，跟全国高校的同行说几句话，也斗胆对组织进几句言。

权力一旦失去制约，就会像脱缰的野马一样肆无忌惮地践踏一切。想想我在位最后的几年，确实是表面上朴素谦和，骨子里狂妄、霸道，且耍弄了不少自以为绝顶聪明的官场手段，为所欲为，在学校几乎一手遮天，没有人敢挑战我的权威。一个人在某个单位、某个地方任职，如果到了这种程度，还不警醒，而是我行我素，基本上就是走上悬崖，离坠落近在咫尺了。

学校是一个相对封闭和独立的小社会，一旦主要领导的权力无人能制约，权力过于集中，以权谋私就变得非常方便，人性中的丑恶就会脱缰而出，纵横驰骋，无法无天。这就像一件瓷器，几乎很少有碰不坏的瓷器，磕磕绊绊中，一个人灵魂的瓷器总会有一些裂痕，这个时候需要把瓷器捆绑住，以便及时做内部的修复。如果得不到束缚，在继续甚至更加大幅度的磕磕绊绊中，瓷器一定会突然破碎，散落一地，像我这样，无法收拾。有些单位的一把手常常如赤裸的皇帝，自己认为穿着新装，一些不怀好意的身边人，也告诉你穿着新装。你会麻木自大，感到自己如同君主，万人之上，一呼万应，无所不能。等很多东西传递到上级组织那里，组织上下来视察，往往发现事态已经严重，连亡羊补牢都来不及了。害了自己，也害得整个学校的事业受到损伤。这样的事例在全国高校系统，多有发生，绝非我这一家。

中国的高等教育在改革开放后的30多年，迅猛发展，高校办学产业化，导致高校与社会之间，几乎没有了围墙，社会风气长驱直入，鱼目混珠，无法过滤。高校管理制度不健全、不完善，给职务犯罪以可乘之机；监督制约机制没有发挥作用，内部监督、上级监督、社会监督均存在缺位或弱化现象。这种情况下，高校领导的人性善恶，道德高低，自控强弱，都会直接映射到整个学校的管理效能中去。一个人与一所学校，一荣俱荣，一损俱损。这种过度依赖高校领导办大学的情形，成为常态，特别危险。

如何监督制约高校一把手，让我们这样的人不再成为"爆裂的瓷器"？我觉得，主要还是要加强高校党风廉政建设，重点是要紧抓容易滋生腐败的重点领域和关键环节。一方面，要加强廉政风险防控管理。对人、财、物权力集中的岗位，要进行职权梳理，切实找准岗位风险。另一方面，加强对财务、基建、采购、科研经费等的监管，继续推行高校党政主要负责人"三个不直接分管"制度。再一方面，完善基建和修缮等工程监管制度，健全物资采购制度，进一步规范科研经费使用、财务管理。

最后要建议的是，高校科研院所、国有企业这类相对独立的单位，事业、经营兼具，情况特别复杂，其纪检监察机构，最好不要在单位党委内设，而是由上级纪委派驻，比较有威慑力和制约性。这种单位比党政机关更复杂，为什么机关采用纪检派驻制，我们这样的单位却内设呢？我觉得纪检体制建设的完善工作，还有空间。

想了很多。觉得仍未说到点子上。惭愧，惭愧。

第七部　曾记否

说着说着，她泪如雨下。

在半年的时间里，她已经两次住院，咳嗽，发烧，无法不卧床治疗。

那天，为了在病房里单独接待我们，能够方便敞开谈话，她特意支开丈夫，让他"放假一天"。

她显得瘦弱，甚至有些病态的娇小。

在我过来的路上，陪同我的市纪委党风政风监督室的负责同志特意打印了一叠她的资料给我，还为我传了一段她的活动视频。其时，她是市委常委兼下属县县委书记，正参加县文化墙落成典礼活动。视频显示的她，面色红润，体态微胖，神情自信。她有一张宽宽扁扁的嘴，小方脸，生得大气的美。虽然50来岁了，并没有任何老态。讲话的时候，声音也特别好听，里面还夹带有一点点奶声奶气，亲切而自然。

听说，她在大市里有美女领导之称，而且位居"全市十大美女领导干部"第三。

"如果完全排相貌，她应该是第二。"

一路上，为了活跃一下气氛，也为了从生活侧面为我介绍被访问人的情况，市纪委的同志笑着对我"八卦"道，"因为排第一的是我们大市的一位女副书记，人家位子高，长得也好，当然没人敢抢首长的第一。至于第二名，那是一个真正的美女，市广电总台的一位女领导，人家本来就是美女主播出身，一般干部相貌哪里能达到那个专业水平啊，排第二的应该是真正的貌美第一。第三就是她嘛，算个实际第二吧。至于副书记女士，在这个前十榜也是没有问题的。哈哈，这是干部们茶余饭后的八卦"。

"她还有一个称号，全市第一贤妻，这个称号才是最牛的。"纪委的同志补充道，"这个称号里面有故事含量，她是成也贤妻，败也贤妻，她的故事值得写一写。"

带着这份印象，当我们来到市中医医院，看到眼前的她，简直无法对应。

今年4月份，她因严重违纪被撤职。这才过了半年，她整个人就像换了胎骨，抽了神气，枯了血肉。看来，她不算一个内心很强大的女人。嬉笑风云变幻，从容人生沧桑，此境界在传说中多，在文艺作品中多，在现实生活中，有，但不是那么多吧。

"我这是，这是不适应一下子闲下来。"她在护工的扶持下，坐了起来，仿佛看穿了我的心思，冲我笑了一下，勉强，生涩里略有害羞。"干部中像我这样的工作狂不少，在位时顾不得生病，是的，不是说笑话，就是顾不得，感觉不到自己的身体，没有任何身体意识，像机器一样高速运转。一旦退休，好容易心里适应了，这机器突然关了，受不了。当然，惭愧，惭愧，我不是正常退休，我是被处分，没脸跟人家正常退休的类比。但我的确没有因为心里落差什么的，导致身体崩溃。我这是实话实说。"

从这个副省级城市的下属县县委书记，到没有级别的普通科员；从日理万机，到日日无公事，这两种落差，到底哪一种更伤人？对她来说，导致她生病的到底是哪一种原因，是身份落差，还是工作量落差？抑或两者兼备，那么是前者的原因多一点，还是后者？

为了让我们交流畅快一些，纪委的同志在关心地询问了她的病情和家庭生活之后，就先退出。病房里剩下我和她。我故意扯了一个看起来我与她经历有些相似的话题——我们大学读的都是师范院校，而且我们的母校，实力都排在全国师范大学的前几位。

她的讲述，因此从校园生活切入了。

1

我大三的时候，谈了一场很伤人的恋爱。

我的男朋友是山东人，物理专业的。他身高有一米八二，我们那个时代，全校一米八二以上的，找不出几个，不像现在的年轻人，营养好，人群中一眼望过去，大多是人高马大的帅哥，审美都疲劳了。那个年代，高个儿实在太少，所以男朋友一米八二，那身板，很夺目。他身上的光环还很多。他是校学生会副主席；他在校篮球队当队长；他还兼任校演讲兴趣会的会长，参加大学生辩论赛，得过华东赛区的一等奖；中学时他还是奥林匹克物理竞赛的选手。这样一个男生，五星上将啊，高大英俊，学业出色，能说会道，不就是活生生的王子吗。追慕他的女生不少。

我那时学的是政教专业，文科，在校学生会当宣教部长，可能是近水楼台，喜欢他，有机会表白，就跟他谈起了恋爱。

　　他是个很奇怪的人，平时能说会道，可跟我单独在一起的时候，却沉默寡言。只是一见面，只要没人在，就要做那种事，没完没了地做。那时候大学里明确禁止学生谈恋爱的，谈恋爱要被处分，发生性关系要被开除。我们同在学生会，都是用"工作身份"掩盖了"恋人身份"，好滑稽，像那个麦家写的"潜伏"一样。偷情是很刺激的，他可能有些上瘾。每次下了晚自修，我们就到学生会以工作的名义约会，在学生会里磨蹭。等其他人都回宿舍休息了，我们就关门熄灯，在学生会的那间小办公室做那事。我每次都吓得要死，我实话说，心脏病都快吓出来了，没感觉到这种事情的任何欢愉。有一次保安过来巡视，不知道是不是听到动静了，用手电从窗户往里照了又照，差点照着我们。所以后来我特别反感做这个事。可男朋友不依不饶，我抗不过他，每次都顺从了。因为，我的确欣赏他，喜欢他。

　　说起来真是无地自容，为他，我还打过一次胎，惨透了。

　　我那时很天真，觉得他喜欢你，才拼命要你，至少也是一种爱的表达方式吧。其实，很多男人真的不是看起来那样高大。他的内心是很自私、很无赖的。这是后来我才知道的，认识一个人需要时间。他其实在山东是有女朋友的，中学同学，在济南上大学。快毕业的时候，他女朋友过来接他，露馅儿了，他不得不向我摊牌。

　　我当时简直崩溃了，抽了那个看起来高大英俊的男人几个耳光。我说，你不用解释，你是演讲协会的，你肮脏的灵魂总能找到漂亮的语言外衣。我替你说，你一定是高中就搞上你那女朋友了，是吧？你习惯了夫妻生活，远水解不了生理近渴，就拉上我替补。她为你打几次胎了是吧，我估计是，像你这种畜生劲头，我都打胎一次了，估计她没个五次，也有个两三次了吧？量多质变，她跟你青梅竹马，我跟你是第三者插足，是吧？你一定是这样想的。到时候了，你该回家了是吧？

你猜那浑蛋怎么说？他说，小林，你什么都看得穿，我不想申辩了。至少，当初不是我追的你，是吧？

这话真让人崩溃啊。我怎么会看中这样的人？我还能跟这浑蛋说什么呢。

我回到宿舍，躺下，三天没有起床，我生病发烧，流鼻涕流眼泪，一塌糊涂。

我现在的丈夫老袁，就是在那个时候出现的。老袁是学工艺美术的，是我们下两届的师弟，年龄比我小三岁。学生会宣教部搞活动的时候，有时候会找他来画个海报，布置个场地什么的。他性格很温顺，很听话，外形也是配合着性格生的，高高瘦瘦的，看上去很有点清新君子气质。他父亲是我们大学机关里搞后勤工作的，一个小干部吧。所以，他也算是"教工子女"吧。

记得第一次我遇见他，是我大二的学期末，我们动员全校大学生报名参加一个暑期健康教育巡回演讲活动，找一个同学设计海报，他来了。他一见面就喊我林部长，我说袁同学，你别那么喊，别扭死了。他立即改口，说林姐，什么什么的。我说更别扭了，什么姐姐弟弟的。他就窘在那里，老半天说不出话来。我就调侃他说，傻孩子，喊名字吧。他说，噢，好的。于是就喊林姐，什么什么的。我被他弄得又好气又好笑，说你这傻孩子，还真笨，真犟。一直到现在，老袁他还是喊我林姐呢。你说，这人好笑不好笑啊。

失恋的那年暑假，我回到家里，自暴自弃，什么都不想做，每天睡懒觉，看电视，在小城闲逛。临开学了，学校团委布置的"大学生暑期实践调查报告"作业，一天都没有出去实施过，一个大字也没有写。这天，老袁突然跑到我们老家的小县城来了，坐了长途汽车，再坐了一个小摩的，找到我家的小区，满头大汗，脸晒得通红，一件超大的晃荡晃荡的老头衫，湿透了。他跑过来就是要跟我说一句话，他说听他爹说，学校在下一届，省委组织部要来选调学生，直接派到基层担任干部，有好几个名额分配到我们学校，而林姐你是候选人呢，这是前途大事，一定要把握住机会。

这个，丁先生您不是师范院校毕业的吗，应该懂的，就是所谓的"调干生"。有些名牌大学毕业生不在乎这个，但师范类院校毕业生，为争这个，恨不得动手。那时候大部分人不愿意做教师，教师地位不高，收入一般，能从师范里挣脱出来，觉得很幸运，何况还是去当干部呢。您记得那时候有部小说叫《新星》吗？柯云路写的，后来拍成电视剧，热得不得了。里面写到一位乡镇领导，把一名小学女教师调到供销社当营业员，然后居功自傲地说，我把你提拔到供销社当营业员。教师变营业员，用"提拔"这个词，脱口而出，没有人觉得奇怪。可见，教师在 20 世纪 80 年代，虽然摆脱了"文化大革命"时期的"臭老九"地位，但依然是没地位的。我到学生会宣教部干部长，搭进去那么多时间和精力，当然是喜欢宣教工作，但私下里，也是有这么一份跳槽念想的，如果遇到调干机会，宣教部长当然会是一个很好的竞争筹码。我后来如愿以偿，成为调干生，宣教部里的这个身份，当然起作用了，但决胜的因素，还是我的那篇调查报告得奖了，省委组织部负责考干的领导，读了材料中的这篇报告，当场就为我加分，说这个孩子有才，有见识，适合去基层当干部。

我想，要不是老袁来提醒我，我的暑假实践调研报告就不会认真搞。不光这个，连宣教部长这个职务，我都打算一开学就辞掉。学生会是我的伤心地，初恋失败破碎了我的心，甚至我全部的理想，都蒙上了一层阴影。我不想在这个小官场里面瞎混了，准备回到书本，多读点书，准备毕业回老家当名中学政治教师。真是那样的话，我可能就会失去这次调干机会。因为距离开学时间，只剩下最后三四天，我想都没有想过调查的选题。老袁大老远跑过来，就是为了提醒一句，说，一定要把这篇报告写好。

老袁傻乎乎地在我家住了三天。第一天我到菜市场买菜，他陪着我，说没想到你们小县城菜市场这么繁荣，规模好大。我说你别瞧不起我们这里，告诉你，不要说县城，下面乡镇的农贸市场，都比你们省城街道的那个菜场，热闹多了。他说，我还以为农村里自给自足，根本没有菜市场呢。我说，那是过去，90年代没几天就到了，时代不同了，不一样了。哎呀，他说，这个反映了农村的巨变，说不定会彻底改变农民的生活方式，甚至农业生产方式和结构，都要受到影响，简直是一次生活革命，产业革命。

我眼睛一亮，这不就是一个最好的调查报告选题吗？

剩下来的三天，我们骑车转了四五个乡镇农贸市场，又到县农业局等地方要来一些数据资料，开学前赶出了这篇调查报告。文章在学校得了一等奖，送到全省评比，又得了一个全省大学生暑期调查报告评选一等奖。

我父母亲非常喜欢老袁，一点也没有反感一个男生，莫名其妙地突然跑进家里住三天。他们问我老袁是不是我的男朋友，我说，怎么可能，大学生不许谈恋爱，而且，他比我小三岁呢，在我眼中就是个小弟弟而已。我妈妈就说，女大三，抱金砖，年龄差距没问题啊。我说，你们尽瞎想，尽瞎说。

大学最后一年，我收获了调干目标的实现，也收获了一份缘分，就是老袁。

老袁的父母很开明，人也善良，一点也没有在乎我们的年龄差距。大学的最后一年，我几乎都是在他家蹭饭的。他们的房子离学校很近，大概只有十几分钟的步行路程。毕业的时候，我胖了好多，有点不好意思。有一次，我在饭桌上说出来了，我说，我太贪吃了，又胖又丑。结果他们全家人几乎异口同声地说，胖点好，胖点好，看上去健康。我突然很感动，流下了眼泪。真的，特别奇怪，流得真多，像决堤似的。那晚的眼泪流完了，心里好像突然轻松了很多，有了欢欣感，有了幸福感，有了依托感。我知道，我从那个无赖前男友的感情伤害里，终于挣脱出来了。

2

虽然我取得了调干的名额，不用当教师了，但我并没有觉得占到太大便宜。

我被分回老家，连县城都没有能留下，而是去了最偏远的一个穷乡，当乡团委书记。这个团委书记一当就是7年。

乡政府的机关在小镇上，一个院子围着三厢平房而已。没有自来水，院子中央打着一口水井。到冬天的时候，水井台上全结冰了，我在那里摔了好几次跟头。最严重的一次把小胳膊摔骨折了，在乡医院和自己的小宿舍里躺了几天，才能爬起来上班。

老袁两年后毕业，分在省城的卫校当美术老师。他母亲身体不好，经常住院，一到星期日及假日，他就忙着跑医院。偶尔老人身体稳定的时候，他赶紧就往我这里跑。从省城到我这个乡里，一路上要折腾好几次，先是坐长途汽车到我们的县城，然后转农村公交到我这里。但公交一天只有两班，不一定能赶上，所以得想办法打个摩的，坐个黑车什么的。后来老袁就在我县城的家里，放了一辆自行车，到县城后打摩的到我家，再骑上车过来。县城距离这里有30多千米，每次老袁骑过来，我感觉他都快累得断气了。我们乡里的书记不止一次跟我开玩笑，说小林书记啊，最好这孩子把你抛弃了，大家都轻松，这样折腾，下基层锻炼的不是你这个干部，而是他这个毛脚女婿啊。

我把这个玩笑话，有一次故意跟老袁说了。我心里想，这样确实太苦了，我也说不准，什么时候才能从乡里把干部做上去，在这里待一辈子的可能都不是没有。我想，如果老袁不是很坚持，就让他放弃算了。大不了，我的恋爱再失败一次罢了。我还跟老袁说，镇上税务所有个小伙子，无锡税务学校毕业的，长得挺精神，正在追我，我就跟他搭伙过日子算了。

老袁一听这话，什么都没说，就哭了。

我觉得他对我是真心的，人也很实在，很善良。我不想考验他了。那天是我主动求的婚。我说，走吧，我们去县城领证，结婚去。他就破涕为笑了。接下来的几天，我们就忙着登记，把手续办了。

我们的婚礼非常简单，就在县城里请了两桌亲戚和几个好朋友，吃了个饭，让大家见证一下，我们是合法夫妻了。

老袁是个纯洁的男孩，在跟我之前，跟其他女孩恐怕手都没有拉过，没有恋爱经历。而我，是有过一年男朋友的，为那个无赖还打过一次胎。在登记前，我考虑了一下，还是把这些跟老袁坦白了，我觉得藏着掖着的感情，不会长久，要趁着这个时候，条件艰苦，人在两地，前途渺茫，生活困顿，干脆把所有不好的东西，统统倒出来，看他能不能承受，愿意不愿意接受。老袁怎么回答我的？他说，这些事他都是知道的，学生会不少人都知道，背后谈论的不少，那年夏天就是怕我想不开，才跑到我家里来的。他还反过来安慰我说，不是所有人都像他这么幸运，一谈恋爱恰好就遇对了人。

所以，我觉得我的结婚，感情条件是成熟的，我们是幸福的。

婚后有两三年的时间，我都没有采取任何避孕措施，但都没有能怀上孩子。我觉得可能是打胎受伤了，怀不上。老袁觉得是两个人在一起的时间太少，没有碰上受孕的机会。

这一年老袁的母亲去世了，我的母亲又生病住院了，我们简直焦头烂额。暑假里，老袁背着大包小包来了，像搬家似的。他跟我说，他辞职了。我大吃一惊，说你疯了，难道要从省城搬到这里来当无业游民，做一个连级别都没有的女乡干的家庭妇男？他说，是的。但无业游民谈不上，自由职业也是职业。他的意思是，他会画画儿挣钱的，而且有同事为他在我们县城介绍了县文化馆的一个朋友，手上有不少画海报、做电影消息和展览宣传的美工零活儿，可以揽下来。这些收入贴进来，两个人可以过日子了。最主要的是，他说我的母亲需要照顾，不能分我的心我的精力，因为干部工作来不得半点三天打鱼两天晒网，所以，如此这般，怎么说家里都需要一个相对自由的人，就只能是他了。

那两年的日子，现在回想起来，后脊梁都是冒冷汗的。

乡里多给我一间宿舍，算是让我们看起来像有个"宽敞的家"了。因为手头没有余钱，不可能装修这两间平房，老袁就把其中一间用来生活的房子，打扫打扫，收拾收拾，墙刷白，地上铺上那时候流行的塑料地板革，看上去干干净净的，温温馨馨的；另一间则清空，他用来做画室。他自己买了一些木材，买了一套木工家伙，砰砰砰地敲打了几天，做了一些简易的画架和画台，买了一些画画的工具，然后就在那里"工作"了。我那时候协助一个副乡长抓农业结构调整，我们天天骑着自行车，四村八庄，田头地里，没日没夜地在下面跑。他为了挣零钱，也是待在他那小屋，没日没夜地画海报、画展板什么的。除了夜里睡觉的时间，我们有时候一连几天，白天几乎连照面的机会都没有。

现在的电影电视里，我们这一代行将老去的人，纷纷在抒写青春，那些艰苦而光荣的岁月。用的词，多是"激情燃烧""浪漫岁月"之类。我觉得那个符合革命岁月，符合你们这些作家诗人的想象。艰苦青春终究是苦涩的，未必激情，未必浪漫，却一定有一股力量，有一股志气，有一股奔向远大未来的劲头，对吧，这个很宝贵啊。

人只要有理想，有预设的美好未来，什么都能挺过去。我记得那时候在一本书上读到俄国文学家车尔尼雪夫斯基的一句话，说一个人的生活若是没有理想的鼓舞，那他就会变得空虚而又渺小。我把这句话写在每一本新启用的工作笔记本上。我们那时候，相信未来。

有一天夜里，我被冻醒了，发现老袁不在身边，一看时间已经是凌晨四点多了。我连忙爬起来，端了一杯热水到隔壁，老袁果然在那里画展板。灯光微弱，室内像一个巨大的冰窟，一切都凝固了一般，他全神贯注，站在画板前，只有画笔在动，只有画板在发出咝咝寒鸣，噢，真的不可思议。前些年，有人议论说老袁游手好闲，我心里很气愤。老袁的苦，老袁的勤奋，老袁的责任心、爱心，可以甩大多数男人几亩地远，我心里清清楚楚。那两年，不知道老袁在那个水泥地上站了多少个日夜。我们年轻，没有经验，不懂得那样是多么伤身体，寒气从脚底上传，把他冻成了老寒腿。到了中年，他就开始吃年轻时种下的苦果了，40 岁的时候，就差点瘫痪。后来，虽说没有瘫痪，但也是废腿两条，走路像拽着两条木棍，生生地往前拖着。他在椅子上坐的时间稍微一长，人就不容易站起来。一到刮风下雨天，或者季节交接期，就躺在床上哼哼，根本起不来。

那两年，我们双方的母亲先后去世，全是老袁在病房伺候和料理后事，一切都是为了我的所谓前途。你知道，这是中国啊，年轻人被组织看中，怎能没有一份奉献青春的热情和感恩呢！这类年轻人是国家当作栋梁来培养的，家里人怎能不全力支持呢！

当事业的第一个七年结束时，我已经 30 岁了。第八年我终于被调到县妇联当副主任，我稍微可以喘口气了吧。可是我怀孕了，我女儿出生了。我们又一把屎一把尿地忙碌了两年。女儿开始上托儿班，我被调任团县委书记。37 岁时，女儿刚上小学，我当上县委常委，不到一年又调到市里去干了三年局长，40 岁刚出头的时候，我已经是有点资历的"老正处"了。所以，44 岁上我角逐省管干部的副厅岗位时，有了很多优势，年轻，资历老，经历丰富，有基层磨炼的老茧，这些资本，很少有同僚具备。我如愿入选，成为市领导，并在第二年戴着市委常委的"帽子"，到另一个大县担任县委书记。

这个时候，女儿都初中毕业了，长大了，懂事了。而我在她整个学生时代，没有接送过她，没有陪她过过生日，没有出席过一次家长会。后来她高中毕业，我也没有参加她的成人典礼。到上海去上大学，我更是没有去送，没有去学校看过她一次。但女儿的这一切活动，亲人并没有缺位，可以说，几乎所有活动，家人场场都到，件件都做得很好。而这个家人，自始至终，都是他，我的老黄牛丈夫，老袁。

3

地方一把手不好当，权力太大，责任太重，面对的复杂局面太多。

一般说来，县委书记这种角色，刚上任的头一两年，首先是体会复杂，然后再一头扎进去梳理这些复杂。不久你会发现，越是小心翼翼，想精心处理好这些复杂头绪，越是陷入新的复杂。越是君子风度，人文情怀，越是被人架着、夹着，惹得矛盾重重。所以，县委书记当两年下来，大多数变得很强势，很果决，少数人很蛮横，很独裁。

你无法让别人理解，体恤，只能让别人去敬畏了。获取敬畏，是县委书记最好的定位。这方面，我比一般县委书记可能要来得更快一些，我毕竟还挂了一个市委常委的大红顶子，不光是县里绝对的一把手，还是市领导。这对工作的开展，大有助力，但也是个人后来变得任性的一个导因。

因为年纪大了，女儿上大学了，老袁腾出来的时间，几乎都在为我和两边两个老爹服务。大部分时间，他就跟着我在县里生活。老袁的名气渐渐出去了，大家都戏称他是"县婿爷"。他多年不工作，是典型的职业"家庭妇男"啊。我在县里当一把手，说实话，除了回家睡觉，一天十几个小时都在工作上，除了需要换洗衣服，此外的吃饭这些事情，也不用老袁照顾了。我看到他有些无聊，就跟他说，你身体不好，劳碌了这么多年，不要再为家里的琐事过多操心了，你应该学会自己放松，养好身体，养好心情。寂寞了就跟朋友打打牌下下棋喝点小酒，犒劳自己呗。

我觉得实在是对不起丈夫，想劝他学会享受一下人生，做一个正常的社会化的男人。没想到，这么一件看似很正常的夫妻关爱，最终导致了我多年的奋斗，功亏一篑。

自从走上真正的领导岗位，应该说是任职团县委书记开始吧，我就特别注意检点自己。我头脑算比较清醒的。奋斗的目的，不是要让自己成为年轻时不齿的那类人。想当年，我们那么艰苦，都乐观地挺过来了。人生不需要物质垫底，才会有真正的高度。

走上县委书记领导岗位之后，在这方面我也特别警惕。县里面毕竟贴近基层，中国的基层社会都很重视人情往来，这方面的事情，处理起来很麻烦。我刚来的时候，逢年过节，下属，社会上的朋友，一些企业主，纷纷过来"表示表示"，送点钱，送点卡，送点烟酒土产，我一律让秘书挡在楼外。如果我开了这个先例，坐在办公楼里收好处，那过年过节这栋楼还不成了送礼集市了！那么多常委，县长副县长，哪个领导没有收礼的机会呢。我开了这个口子，这边还不马上崩溃啊。听说好像就是你们江苏苏北有一个县吧，县委书记带头收礼，逢年过节接待收礼者，应接不暇，于是就在自己办公室对面装修了一个小会议室，作为等候区，专门用来接待上门来的"拜访者"。这书记一带头，县长也跟上，县里的大小头头儿纷纷效仿，最终导致这个县腐败成风，腐败得一塌糊涂，20多名乡科级以上领导干部被查处。我觉得我这个线守得还是比较好的。我挡，不光是替自己挡，我挡，某种程度上是替全县领导干部挡。

有一年年底，我原先工作过的老家县里，有一个熟悉的企业家，给我送来20万元钱。他开着车在县委大楼院子外的马路边等我，给我打电话，说过来出差，我老父亲托他带来一些家乡杂粮做的饼子给我。我就出去接他，让司机把东西拿到车上，还请他进来，中午在县委食堂吃了一个便饭。等他离开，我突然想吃父亲送来的饼子，叫司机把袋子提到我办公室。结果，打开一看，有饼子，里面还有一个小袋子，里面装了20万元现金。我当即打电话给他，他不接。发信息给他，他回答说没有其他任何意思，家乡人的一点敬意。我说，不行。马上让司机开车，带着我狂追了四十几千米，才追到他，把这笔钱退还给他了。

这个人本来是要到我工作的县投资的，他气得不行，立即中止了跟我们县开发区已经谈得八九不离十的投资项目。

因为我把关紧，那些到我这里送礼的人，很多打了退堂鼓。也有些是很有办法的，他们就"转战"到我的家里。老袁一个人在家，有的人就说，跟嫂子说过了，就是一点土特产，聊表敬意。老袁不清楚情况，也没有任何社会经验，就让人家放下。等我春节在家休息，一看，坏了坏了，堆了那么多东西。还有几十个红包。过了春节，我和老袁分头一个一个地退，本来年假是休息一下的，结果倒成了忙退礼，累得直不起腰了。一般送红包的，会在信封上写个姓名，可有些礼品，人家根本不会有意留个款什么的，老袁也记不住，许多烟酒什么的，就没法退了，这样稀里糊涂就收了一些礼品。

我批评老袁，不允许他在家接待客人。我嘴上很硬，但心里还是很内疚的。因为老袁看到礼品里有各种牌子的酒，还特开心。他自从腿出了问题后，就爱上了喝点小酒，医生吩咐他适量饮酒，会利于舒筋活血，老袁觉得正常喝点小酒之后，关节确实舒服多了。也是因为这个，最后两三年，我在这方面的要求有些放松了，对特别好的朋友、同事，没有什么具体事情相求的，认为非目的的，人也可靠的，拿过来一点烟酒土产，也就收下了。这其实，也危险，不符合规矩，不符合党的要求。

大概是大前年吧，有一次老袁回来跟我说，他要工作了，有家景观设计公司要聘任他做设计总监。我说，你工作我当然开心，可是你懂这个吗？人家不会有什么企图吧。

老袁第一次，冲我不高兴了，说老婆大人，你当书记老公都不能工作了？这个是哪个朝代的规定？封建社会是一人得道鸡犬升天，难不成如今是一人当官，全家歇业等着饿死？

那一晚，我失眠了。我隐隐约约担心，这家公司会不会利用老袁，来达到什么超常的目的。但我实在是无力阻止老袁工作。这么多年了，他为我，为这个家，付出太多。可如今老袁一把年纪了，除了一身病，出来连个正常身份都没有。说他不学无术，游手好闲，吊儿郎当的，大有人在。记得有一年县里承办了省里的一个大活动，县委、县政府的领导们连续加班两个多月，夜以继日，顾不上家。活动圆满结束后，县里决定组织慰问家属，让四套班子吃个团圆饭。老袁自动跑到家庭妇女那一桌去。有些家属不认识他，以为他是两办的领导，就撵他到别的桌子上去，说大老爷们，往女人窝钻，去去去。

还有一次，有位亲戚的孩子结婚，这家亲戚特别势利，不光按职务按身份排桌次，还在婚礼开场的时候，逐一介绍主桌嘉宾，什么什么职务，什么什么身份，头衔一大堆，以在女方亲朋面前，显示自己家族势力大，能人多。老袁跟着我坐在主桌，不介绍肯定不行，介绍吧，没有什么身份，总不能实事求是，说是无职业者吧。估计我这市侩亲戚也是大伤脑筋的。他介绍老袁是：曾经著名的人类灵魂工程师，尊敬的林常委的丈夫袁先生。女方那边一听，笑声就响起来了。当时我们都很尴尬。

我意识到了问题的严重性，我们这样的夫妻是不正常的。一个人不能为了另一个人牺牲这么多。这种人生不正常。老袁太憨了。每当我坐在高高的主席台上，走在音乐澎湃的红地毯上，我都不由自主想起他的境况，想起他这一路走来的艰辛，想起他一瘸一拐的半百身影，我成功的自豪感马上淹没在对他的心疼中。我觉得他是受委屈的，我们呕心沥血，共同奋斗换来的，不应该是如此参差不齐的风光。

　　第二天一大早，我就推醒了老袁，答应他去那家公司上班。并再三叮嘱他，不要参与任何不符合规矩的经营活动。

　　老袁揉揉眼睛，从床上跳起来，满地找他的眼镜，戴上，然后欢快地奔向厨房，为我做早饭。我坐在床上，眼泪就止不住流下来。我不知道是因为高兴，还是因为担心，还是因为很多说不清楚的复杂情绪。总之，这件事导致了我们的今天。老袁快乐地上了两年班，受到人家贵客般的待遇，拿了不薄的薪水。而这家公司，没有悬念地取得了市民广场和文化墙的工程。

　　我被那家公司的竞争对手举报了。我没有受贿，老袁工作的公司也是通过合法竞标进入项目的，工程质量一流。但我再怎么撇清，也无法绕开权力运作环节里的一个徇私死角，因为我的爱人，他待在了那个死角里。

　　在我办公室的墙上，一直挂着毛主席的诗词书法："……曾记否，到中流击水，浪遏飞舟。"我没有想到，我苦心驾驭的事业飞舟，我和老袁倾情打造的人生飞舟，没有翻在中流击水，却翻在了小小港湾。

　　现在，失去就失去吧，说不上有多少沉痛，但遗憾多多，教训深深。

第八部　曲终人散

访问他并不容易。他先是答应了，等接到省纪委电话，我飞到广州，刚下了飞机，监狱方面又传来消息，说他又反悔了，拒绝接受任何访谈。省纪委的同志安排我在羊城的宾馆住下，等待监狱方面做通他的思想工作，然后再过去。我在宾馆待了整整两天，终于接到通知，说他愿意见作家了。

我们赶紧驱车前往。

在狱警的陪同下，我穿过两道沉重的铁门，进入监狱的内院，到了监守区，上楼，在监狱方面专门安排的一间"服刑人员心理辅导室"，我终于见到了这位被媒体称为"江湖大佬""国企巨贪"的访谈对象。

他矮，壮，黝黑，结实。虽说年近六旬，从犯人头的短发茬里，几乎看不到白发。囚服遮不住他身上流露的南方老男人的精干气质。

为了打破一见面的尴尬，我在来的路上仔细研究了他的家庭资料，以备寒暄。结果，我刚开口问他，最近家里还好吧，老婆的高血压降下来没有，他就不耐烦地向我竖起手掌，做了一个制止的动作，说，对不起丁先生，我不得不打断你啦，你的时间应该很宝贵啦，我们不谈家事好吧，直奔主题啦。

接着，他一口气几乎是自言自语道，你要了解的是我的违法乱纪的无耻轨迹，我的心灵堕落史是吧，那我会坦诚交代。说过不知多少遍了，从调查我到现在，都能背熟了。这回他们又跟我做了好久的思想工作了，说我是国有企业负责人职务犯罪中的典型，是个有价值的案例。哈，做了那么多对不起党和人民的事，给国家造成了那么大的损失，重新活十辈子，个人能量都无法弥补过失，现在有这么一个机会，做一点深度的剖析，把教训提供给现在在位的国企领导们，也算是一种补过吧。全国国有企业大大小小近20万个，也就是说，像我这样的国企一把手有几十万人，确实需要把血的教训告诉这些人。这个有价值，我懂，我当然配合。这些人需要重警示，我不是夸张，国企一把手权力太大了，有时候违纪不违纪，犯罪不犯罪，完全在他个人的一念之间，约束真的太少啦！所以，我想通了，我答应纪委，答应监狱政委提出来的要求，好好配合你的采访。其实，我是一个无期徒刑犯，我答应不答应，你们能拿我怎样？最严重就是改判死刑，哈，这正中下怀，生不如死的生活，可早点结束。但我答应了，因为作为一名老党员，一名曾经的正厅级国家干部，我这点觉悟还是有的。人该有自知之明，我罪孽深重，应该寻求赎罪机会。所以，我今天答应见你，我会扒开我的皮囊，刳出我的心肺，晒出我的灵魂，揪出我的过去，让你看清楚，让读者看清楚，让全国人民看清楚啊。我个人那点形象，反正早就一塌糊涂了，你怎么写，也无所谓了。哈，就这点料，让暂时还没有进来的，呵呵，随时有可能进来的大几十万国企领导中的一些人，仔仔细细听清楚了。

他一口气说了好几分钟，说实在的，我竟然接不上他的话茬。他真的太聪明，太犀利和尖刻。他根本就不容我插嘴，单刀直入地说出我企图拐弯抹角表达的所有意图。

说完这番话，他说，"我先背诵一首歪诗，给你听听，我写的，人生悟道诗吧，能反映我的轨迹"。他向我要了一支烟，猛吸几口，说，"这样吧，我慢慢背，你可以把它记下来，可以发表。诗歌水平不见得有多高，就是个顺口溜吧，但内容有特殊意义。这首诗概括了我的后半生，从走上国企领导岗位，到现在这种状况。你回去可以慢慢消化，当然不是消化文采，我这水平，谈不上文采，是消化里面的道道儿，对你写我这篇文章，有用的"。

历尽沧桑展鹏鲲，
失却航标暮色昏；
国企做成家天下，
得道唤来鸡犬跟。

顺者任尔掌舵轮，
逆者整你难翻身。
金钱美色家常饭，
蛀虫布阵私家军。

辉煌已成昨日事，
功劳不是免罪证。
曲终人散晚景凉，
高墙坚壁度残生。

——狱中作《人生悟道诗》

诗歌背完，他的烟就吸完了。他长长、长长地吐出一大口烟，然后调整了一下坐姿，对我说，再给我一支烟吧。他又开始大口大口吞吐第二支烟。在烟雾缭绕中，他开始了自己的讲述。

1

我是一个实干家，搞经营，我有的是办法。而且我肯卖命干活儿。当然，别人眼里，我胆子也大，很多事摆在面前，我烦不了，想干就干，不管别人怎么说三道四。所以，我经手的事业，有很多业绩，甚至奇迹。我不吹牛，靠吹，省委能让一个吹牛的混混儿，担任正厅级领导，驾驭一个大几百亿资产的企业？至少，这个大几百亿，里面有我奋斗的一部分成果吧，我们的企业，在我领导的时间里，一直在保值增值，而且不是一般的增值。可以说，效益率之好，全省也找不出几家啦。

现在有个词，叫作"不作为"，说一些干部不想做事，怕惹事，明哲保身，混日子。其实，在我们的队伍中，不作为的干部从来都有，不是今天反腐力度加大才有的。许多人，你就是想叫他有所作为去，拿鞭子抽他，他也不作为，为什么？他没有这个能力作为，即使心有余力，而力，大大不足，这样的平庸之辈太多。还有很多人有能力作为，可是他自私，不肯为别人、为公家作为。像有些民营经济发达的地方，许多干部家里有工厂作坊，他上班的时候就混，因为他的精力，他的智慧，都用到自家的产业去了。我今天虽然是一个阶下囚，可我从来不是这种人，你可以去翻翻我的档案。20世纪90年代，我在部队的时候，就为部队做企业。我们有许多会做生意的战友，做着做着就离开部队，自己做生意去了，发了大财，我现在贪的这点钱，说起来吓人，大几千万元。可这点钱，跟我那些战友的财产相比，跟我为国家创造的利润相比，真的就是一个零头，很小很小的零头。

我那时有多能干呢？这样说吧，在部队我的级别并不高，但比我级别高的军官，没有人敢小看我，因为他们的待遇里，有我不小的贡献。我因经营好立了功，不是一两次，是好几次。不在战争年代，军人能干出实事，也应该得军功章啊。

我有多牛，举个例子。有一次，大军区的首长来我们部队企业视察，见了我，"啪"给我敬了一个礼，现场，大家都呆了。我没有呆，我也"啪"一个还礼，大声宣誓：感谢首长勉励，请首长放心，一定发扬打硬仗的精神，把企业做得更大、更强！首长特开心，那天喝了好多酒。部队里是这样：首长跟你在一起喝酒，首长自己肯甩开来多喝，就是对你最大的奖赏。从地位上讲，首长跟我的距离，能绕着羊城几圈远，可首长面对面跟我干杯，不用说了，最高肯定，最大激励，无上荣誉。

正是因为有了这样的经历，20 世纪 90 年代后期，我转业到地方任职后，很快被省委组织部相中，派到这家省属的大型企业集团工作。刚去的时候，职务是党委委员、副总裁。送我去上任的省企业工委书记——那时候还没有成立省国资委，省委组织部的企业工委负责代管省属企业的干部人事工作——对企业集团的董事长说，给你们送个能人来，你们好好发挥他的才干，一定能助力企业大发展。

这家企业最初是一家以军队、武警部队和政法机关移交的企业为主体组建、发展起来的国有独资企业集团，所以业务构成上名堂较多，有矿业、电子信息、酒店旅游、安装工程等多个板块；干部人事上就更复杂了，各路"军阀"整合在一起，外表是一个整体，内里是一盘散沙，大家一起工作，面合心不合，各把持着自己的一块领地，不让彼此插足。

我到任了之后，别人越是介绍我是"能人"，我越是无法渗透进去。相当长一段时间，被赋闲在那里，只能袖手旁观，干着急。集团一把手很无奈，当然，我认为他也夹带着一点私心——他自己也是部队出来的，把控着这个企业里部队业务那一块；我也是部队出来的，他怕我跟他分羹——于是他说，你要谅解啊，我的确也没有办法的，班子里这些人，还有那些个中层干部，他们就那点可怜境界，没有大局观，只想圈地、守故，要在这里做事，看来，你非得解放思想，开辟出新的业务板块不可啊。我们这里，欢迎英雄加盟，但英雄要用武之地，还得自己打拼呀。

我懂他的意思，就是他不会给我任何一个副总裁该有的权力，除非我能拓展出一块新权力空间。创业是很艰难的，一个人好容易爬到这个位置，却发现自己是一个光杆司令，你说气人不气人吧？但我硬着头皮干起来了，干下去了，并且干出来了。我用了三四年的时间，开拓出地产开发、贸易、化工、职业服装制造等业务，有两块还做得相当大。

应该说，那几年虽然辛苦，但没有白干，组织上也没有让创业的人失望。不久，一把手到年纪了，退休，我顺利接班，成为集团党委书记兼董事长。

有了更高平台，自己能说了算，我在产业经营上更是得心应手。接手时企业每年只有几千万元盈利，这些盈利，有一半还是我创立的新业务获得的，到我接任一把手第三年，每年盈利就突破10个亿，而且呈现几何级数快速增长势头。新世纪第一个10年的后期，企业被评为省十大创新发展企业，十大效益优良企业。我也被评为全省十大经济风云人物。组委会给我的推荐理由中写道："重视管理创新与科技创新，狠抓生产经营管理和技术创新，他领导的企业，连续多年在全省直属企业集团中利润增长，名列前茅。"你听，这是念给全省，念给全国人民听的，可不是一个人自说自话出来的。

相当长一段时间，虽然如愿成为这个几千人集团的一把手，算是功成名就，但我心里并没有那么痛快，因为我为此付出得太多太多，不光是才干、精力的付出，还有内心尊严付出太多，被同僚挤压的时间太长，被前任冷落排挤得太厉害，我的内心并没有真正平衡。记得那些年，我做任何事，都会有人反对。一把手不是帮助协调，朝着有利于协调成事的方向努力，而总是顺着反对者的意思，表现出一副很为难的样子，然后推翻掉我的意见。很多反对动作，其实就是一把手本人在背后指使操作的；有的甚至不需要他指使，这点小伎俩的默契，在单位里混到处级干部、厅级干部的，谁不懂、谁不会两招呀。我在集团中势单力薄，多数苦心策划出来的项目，都被直接否定，有的甚至在策划过程中，就被他们粗暴中止，从而一路心血，不计成本地夭折了。我的内心蓄积了太多的怨气，我需要释放。

这种心态在日常中表现为，我太急于要"一把手"的感觉。总算成为真正的一把手了，却又发现有些事情，来得没那么容易，决策的通过，没那么便捷，做事没预想中的快。于是，一段时间，当上一把手后，脾气反而更急躁了，甚至经常暴躁不安。

其实，我躁得慌的原因，就是我感觉后来者不能居上。我的权威一开始远不如我眼中的前任。这让我觉得自己的尊严，比当副职的时候，还要脆弱，地位比那个时候，还要动摇。前任退了，但他的势力还在，班子成员中的一些人，大部分的核心部门负责人和大型子公司老总，都是前任或者某个老资格副总的人，他们表面顺从我这个"新主子"，内心并不服气。所以经常在执行我的命令时阳奉阴违，拖拉敷衍。

更让我不爽的是，省委组织部任命了一位老资格副总担任总经理，在集团形成了"两驾马车"，互相牵制。但我没有正确对待这种分权牵制，而是觉得组织存心制造障碍，让我不能完全施展手脚。为此，我甚至在组织部和国资委领导面前发过牢骚。尤其是遇到重大决策的讨论，班子的意见很难统一，我的权威总是受到挑战，这让我倍感羞耻。我觉得这简直是我人生史上的笑话，我怎么能被这帮平庸之辈，束缚住手脚呢。在头两年，我几乎放下了所有的业务，专门盘弄人事。从理论上讲，面对如此大规模企业数百亿资产大几千职工，权重责任大，集权很累也很危险，我本该小心谨慎、认真把握，而我首要解决的是权力问题，是要达到我理想中的一把手的权威目标，我把它称为"五个一工程"，即：高声低声"一个声"、大事小情"一把抓"、决策拍板"一言堂"、财政花钱"一支笔"、选人用人"一句话"。

第一步，我采取了先发制人，找几个软柿子，狠狠捏一把。有一次，综合行政部经理，在总经理会上向我汇报交办的事情，没有准备书面材料，正好汇报的内容也不符合我的意图，我就故意很夸张地拍桌子，狠狠批评他作风漂浮，信口开河，甚至谩骂他是个混饭吃的，应该趁早收拾东西滚回家养老。还有一次，领导班子开一个务虚会，有位成员因为接待业务单位的客人，迟到了将近半个小时。事先其实他是向组织会议的战略部请过假的，说要晚一会儿到。他推门进来的时候，我不容他解释，直接说："你滚出去吧。"还有一次，我主持会议讨论三个议题，有一位在班子中排名最后的年轻副总，"不懂事"地对第一个议题，发表了不符合我意图的意见。我立即蛮横地打断他的话，指责他平时

216

不学习，开会乱说，然后，在接下来的两个议题讨论中，每当最后轮到这位副总发言的时候，我就视他不存在，直接说，这个议题就讨论到这儿，看来没有不同意见，通过，现在讨论下一个。弄得那位年轻副总十分狼狈，我看他眼泪都快出来了。我的心里却十分痛快。我之所以这样粗鲁，也是预先设计过的，因为他们在班子中是老实的，资历浅的，年轻的，我就拿他们几个开刀，杀他们几个下马威，以此把我的威严抖出来，敲山震虎，杀鸡儆猴，警告班子其他成员，和公司里那些倚老卖老的家伙，别以为老虎不发威，牙钝不吃人。

我一向信奉"宁可得罪君子，而不得罪小人"，在工作的几十年，特别是有了一官半职之后，这个教条屡试不爽。我这一手，就是通过重击那些素质较高的同僚，来让我的小人对手"窥见"我的凶猛。一般说来，这些看起来素质高的人，多半读书多，有些书生气，内心很脆弱，面皮子很薄，跟人争斗的时候，心慈手软，得过且过，所以你得罪他，对你自己不会产生太严重后果，只是他自己心里非常受伤而已。反过来，你要是跟小人干，就不能轻易出拳，除非能确定一拳致命，让小人永远爬不起来。你跟他过手要注意，小人皮厚心黑，轻则会当场弄得你下不来台，狠的给你记一笔，不知什么时候暗中反咬你一口，让你死得很难看。

我知道宁可得罪君子不要得罪小人，是个很不好的歪理，我也心软过，是不是不要这样做。后来想想，这些所谓的君子也是活该，吃这碗饭就得受得住这口气，谁叫你选择吃公家饭的，单位不就是个斗争窝嘛。毛主席教导我们的，与天斗与地斗与人斗，其乐无穷啊，还有，枪杆子里出政权啊，权是跟枪连在一起的，我不惹你，你躺着也一样有中枪的可能呢。在后来的几年，我继续运用此招，来树立自己的权威。我不怕人说我狠，这个比让人说尿，要强一百倍。我在办公室挂上"厚德载物"，大会小会必讲做人要厚道，做事要实在，实际工作和生活中，却把"控制"作为权力王道。我认为中国传统的教导"以德服人"，不过是有权有势者，用来忽悠老百姓的。国有企业里，一人之下万人之上，人、财、物集权独揽，一个一把手，只要别人怕你，不敢跟你唱反调，他自然就服你，还需要费尽那个心机，搬弄什么道德"软腿"呢！我多年来就是这么认为的，也就是这么做的，很成功。当然，我最后也很失败。但我不这么做，最后也不一定不失败。现在在位的国企领导，我可以负责任地告诉你，不需要调查，大多数一把手都是独揽大权，是他那块领地上的"皇上"。别人不敢说破，我现在是"死虾子"一只，就无所谓了，不担心谁派人来砍我。

怎么独裁，你要会弄，不能权还未揽到手，已经弄得满城风雨。所以你得注意，对上对下，搞好舆论，炮制说法。为了堵住那些说我独揽大权人的臭嘴，我在上任一把手的头两年里，颁布了各种各样的规章制度。人事管理、技术管理、行政管理、经营管理、财务资产管理，甚至党群纪检工作，都重新出台了详尽的规章制度。这些制度有的还是我亲自起草制定或修订的。我把这些制度，广泛散布。对上反复报送，对内大张旗鼓宣教、张贴、印制成册，广泛发放。

我本人也把这些制度搞得烂熟，但并不是为了自己更好地执行，而是在执行过程中，可以及时发现他人的"漏洞"。比如，讨论重大事项决策的时候，我会突然袭击，质问某一位妄图反对我意见的同僚，你知道某某规定里的第某某条怎么说的吧，回忆一下，对照一下，看看是我的意见对还是你的意见对？对方一般立马被问住，支支吾吾，便把他的废话咽回去啦。对于我来说，制定很多的制度是为了更好地管束别人。私下里，我自以为"吃透"了国有单位的实质，就是一把手的想法就是制度、就是决策，单位不同层级领导分管的事务必须按照一把手的意思办。否则，就不符合"规章制度"。

比如，关于集团的物资采购，我们有详细的《物资采购管理制度》《采购招标审批小组工作制度》等制度规范。事实上，采购不采购，采购谁家的，往往由我授意给采购部门，下边就必须执行，根本不可能按纸上所谓的制度执行。但如果是别的老总提出来的采购项目，我会授意计划部门制约立项，即便立项了，执行采购的时候，各种规定一哄而上，他们根本无法招架，直到习惯了按照我的意图执行为止。一开始，采购由各个采购单位执行，后来为了全控，我以集团强化高层管理的名义，在总部设置了一个采购部，安排班子中自己的心腹来管理采购部。这位心腹同时是管财务和审计的，这样整个花钱的流程，我可以通过他全控，其他领导根本连插针的缝都没有。很多采购项目，我只管两头，布置和结果。只要结果符合我布置的初衷，我就认为工作合格合规，无须考究过程是否按程序、守规矩、无猫腻。如果不符合我的意图，我就严控所有的环节，从中找碴儿，使得采购招标进程举步维艰。到了后期，只要不是我钦定的企业，跟我们合作我都会制造一点障碍。我被纪委立案调查后，自己才发现，当时的采购招标工作，只有宏观的管理规定，具体实施许多项目连合同登记台账都没有，也没有对合同统一编号，更没有统一的合同范本，随意性非常大。合同漏洞百出，有的没有签订日期，有的大小写金额不一致。个别合同约定金额与实际执行的金额，单笔竟相差 3000 万元以上，合同账面核对实际损失，这些年累计将近 10 个亿，造成国有资产严重流失。

当时，有人在背后曾经"编排"我说，我在公司可谓是熊瞎子画个眼圈装瞎子，其实那是"钱圈儿"，不是眼圈儿；熊瞎子画了眼圈打立正，其实不为站得直，而是——一手遮天。

这些，都是出事之后听到的。

2

都这样了，我对自己的状态并未满意。许多事情做起来不方便啊，要大费周折，大动脑筋，甚至大动干戈。我一度都怀疑自己的驾驭能力，是不是太老了，力道不够。仔细想想，为什么财务、采购招标等业务让我称心满意，而其他许多事上，我的意见推行不畅？还是因为人的问题。有些人本来就不是我的人，有些人不够贴心，有些人鼠头鼠脑，遇事不敢担当，有些人过于呆瓜，不会为领导着想，不会顺势变通。以人为本，无人无本，人多本大，本大本事大。我把这个琢磨透了之后，就开始从干部人事问题入手。我要打造一个完全属于我的"江湖"。

任董事长后，我故意把与下属之间的关系，进行"扁平化"处理。方法之一，就是打造一种江湖气氛，比如称呼这种小事，就做了精心的设计：不是按正常上下级的工作关系，称同志，或者喊职务，而是彼此之间称兄道弟，这样既可以形成一个"团结紧密"的哥们儿集团，又可以给外人造成一个印象，我平易近人，且视同僚为兄弟姊妹。特别是当一个我讨厌的班子成员与一个普通的职工，比如一个内勤工，同时出现在一个场合，我对他们都"一视同仁"，兄弟长兄弟短地呼喊，这就会产生一种微妙的效果，就是做领导的你不要得意，在我眼中你跟一个勤杂工没有什么区别；勤杂工呢，大为受用，觉得自己在大领导眼中，跟其他领导一样待遇，都是兄弟；旁观者一看，更是佩服，觉得我这个人没有领导架子，没有等级观念，位高的不怕，位低的不欺。在全集团，我只跟女人和一个人，不称兄道弟，这个人就是总经理。我这样做就是告诉世人，总经理要跟我平起平坐，我对他敬畏三分，咱们按原则相处，你喊我某董事长，我喊你某总，客客气气，规规矩矩。我们成不了兄弟啦，你们下面的人都给我看好了啊。

方法之二就是，我策划了一个"管理与业务精英百人方阵"，在各部门各下属单位，推举出一些管理和业务骨干，进行重点培养。这个团队既体现了集团的人才优势，发挥精英团队作用，同时，我让这些人有权作为职工代表，参与部门、子公司甚至总公司的决策，以体现民主，调动和利用公司中坚力量，实现普遍性的民主。这当然只是大家看得到的显性作用。潜在的作用是，我通过这个团队，参与到各级管理中去"搅浑水"，使下级单位无法抱团做小动作。这些人都是我上任后亲自选择的，集团里有人暗称他们是我的"一百单八将"，我对他们高看一眼，凡事可以直接跨层向我诉求。其实，就是让他们直接向我打"小报告"。百人精英团队健全之后，我不光赢得了民心，架空或者削弱，至少透明了部分不是我上任之后任命的大小领导。

基层的事情搞定后，我开始布局中层以上重要岗位的人事。首当其冲的是行政人事部总裁人选，是我在部队时办军企的小兄弟。他人不算聪明，但非常听话，没有主见，也没有太强原则性；而且有一个在我看来非常"有用"的缺点，就是贪图小恩小惠。这种人非常好驾驭，而且吃人家的嘴软，拿人家的手软，不管什么过分的事，有了利益就有了胆子。说实话，一般人事安排，在我这里基本上是出于政治考虑，到他那里只是利益考虑，而且是小利益考虑。公司其他领导要安排人，哪怕是分管单位的副职，甚至一个科级干部，我都让他卡掉，其他人有苦说不出，最多冲着他发火。省委组织部原则上要求各单位一把手管人事，要有一位班子成员协管，但班子成员里，我完全信任的人只有一个，而那位副总已经管得很多了，无法再给他权力加码，所以我干脆不设协管。这些年我倒没有直接通过安排人拿人家多少好处，但行政人事部那小子拿得不少。他是在我前面两个月被纪委调查的，这些年收的碎银子加起来竟然超过300万元！我当时听到通报，也大吃一惊。

其他像办公室、投资部、产业管理部、财务部、市场拓展部、地方管理部等这些属于总经理管理的部门，我都通过一次"竞岗活动"，巧妙换掉前任时期的负责人。我有个搬弄干部的原则，就是谁特别效忠其他领导而不是我，我就设法换掉谁。实在换不掉的，我就为他们设置一个支部书记实岗，党政分开，安排一个心腹进去担任书记，对其进行牵制。如果仍然无效，我就授意公司纪检部门和审计部门，对他们某一个项目突然袭击，进行审计，然后抓住一个小辫子，让他自己败下阵去。

有一阵子，我跟总经理之间利益冲突严重，就是采取了突然审计的办法，抓住了公司开发的一栋商业楼盘的营销行为，进行了一场严苛的审计，一举扳倒了总经理和地产公司总经理等十几个重要人物。此事一举两得。一是总经理被省委处分并调走，他的一批亲信被我顺便铲除，二是为我的亲信腾出了一大批岗位。那一段时间，我把在我这边"排队"等位子的兄弟召集起来，连续喝了几天庆贺酒。在总经理失去发言权、人尚未调离的情况下，一口气调整了将近30个岗位人选，积累在我这里等位置的兄弟，一大半笑眯眯地上岗了。他们围着我，弹冠相庆，歌功颂德，我们一连喝了几个通宵。也不是我疯狂，那时候，喝酒这种事，管得还不算紧。

这些兄弟也不是没有给我惹麻烦，可以说是经常惹麻烦。但我当时有个观点，就是我不怕你惹麻烦，就怕你不惹麻烦。四平八稳、规规矩矩的人，做不了什么事，畏首畏尾，不会帮我挡子弹，怎么冲锋陷阵打江山？他们自保最重要。这类人往往性格懦弱，中庸保守，来了工作推给下面，来了问题上交领导，等于国家养了一群看上去像好人的废物，我最烦这种"好人"了。我为什么不怕下属惹事，反而怕下属不惹事？举个例子吧。吴强，我任命的集团二级企业物贸股份公司总经理，是我的"一线心腹"、爱徒和得力干将。他从基层单位一名普通的业务员，成长为业务主管、物贸公司办公室主任、集团拓展部副主任，直至物贸公司总经理，每一步提升都离不开我的"关照"。他在基层的时候，并不得意。他原先的领导是位小少妇，是集团总经理这条线上的人。这女人对吴强非常排斥。后来，吴强到国资委举报这位总经理和集团总经理之间存在不当利益关系和生活作风问题。国资委的领导找我说这件事，因为没有实据，要求我分头找女经理和举报人私下谈一下，稳妥处理好，不要再无事生非了，同时要做好保密。有一天上午，集团开经营工作会，我故意把吴强喊过来谈话，在楼道口大声训斥他不懂规矩，无依无据，败坏公司领导形象。很多人看到和听到我在愤怒地训斥吴强，虽然不知道具体内容，但从话里猜出了"有料"，散会后到处打听。集团上下，很快谣言四起，关于总经理与女经理暧昧的绯闻，迅速传播开来。等过了这件事的高潮，我就开始起用吴强。他看起来在"惹麻烦"，其实是为我做贡献。我就要用这样的兄弟。慢慢地，这就在系统内形成一种微妙的"导向"，只要无利于我的对手的"麻烦"，不管对别人的伤害，对公司荣誉和利益的伤害有多大，不管多么没有节操，在受到我的"严厉批评"之后，都能"化腐朽为神奇"。

在这种权力框架下，集团里许多重要事情，逐渐都是由以我为核心的兄弟帮私下拍板决定，之后再拿到所谓的领导班子会上，认认真真地走程序。尤其在涉及人员调入、干部提拔方面，更是由兄弟们自己的"组织部"操纵。

我还琢磨出一套特殊的干部"加塞"法：就是批量的干部任免，一定趁着有上级组织推荐人过来，或者重要领导推荐人过来，再召开党委会。这样，召开党委会的时候，我再把这些特殊人员的背景关系在会上一一说明，再三强调"都是必须办的"。如果有党委委员胆敢质疑，我就说，好吧，这批人我们就放一放再说。事后，人事部门负责人会巧妙地把风放出去，让推荐人选的组织部门或领导，知道谁卡住他们的事了。其实，要想真正卡住是不可能的，过一阵子我会重新开会，再次讨论，一般就统统通过了。这种周折，只会增加我的威信和人脉，因为别人觉得我既讲民主，又具备最终达到目的的能力，而且帮人的时候，有办法，有诚心。而那个质疑我的班子成员，一般是在班子里不听我话的，或者是愚拙之辈，不知不觉中就得罪了一批人，推荐人，被推荐人，全都会记他这一笔，他不但质疑无效，还会惹得越来越孤立。于是，每一次正常不正常的人员调动、干部提拔使用，都会变成了我个人平衡利害关系、笼络人心、卖人情、打造"小圈子"的绝好机会。

通过这一系列的运作，我在集团内逐渐打造出一支强势的"私家军"，后来形成了个人力量"一面倒"，我的人占绝对优势，集团内部失去了制衡，我想不任性都不行了。在我们这里，很多人都知道，有一家国企的老总，比民营企业老板还要牛。喜欢我的人，说我驾驭能力强；恨我的人，说我把国有单位打造成个人帝国，严重挑衅党的组织原则。这真是一种血的教训，我悟过来时已经太晚。

当然，我任性，我栽培的人也任性。在他们眼里，这个企业只有一个老板，就是我，根本不存在领导集体这回事。而这些人惹的真正的、最严重的麻烦，最终还是由我兜底了。早在我连续调进了好几个老乡，担任重要部门和子公司老总时，就有人举报我，省委组织部和国资委干部处的同志，约我谈过这个问题，提醒我"举贤不避亲"应该有一个限度。但我打保票说这些人，我大都没有渊源关系，有才干就用，能把事情做起来是硬道理，再说，我的管理很严格，不管他来自哪里，哪怕是皇亲国戚，我也有严格的纪律和程序，完全约束得住，没有任何问题。然而，我的这批老乡提拔后，占据了集团十几个重要岗位，有11个老乡后来出了问题，有的管理不力，有的徇私舞弊，给公司造成巨大损失，受到法律制裁。而我的案件的线索，也正是来源于这些人，和所在的单位不断出现的腐败案件，而他们进去之后，无一不"爽快"地供出了与我的利益瓜葛。

真是把我肠子都悔青了。唉，这是后话啦。

3

在我任上的最后三年，我的确攀到了权力的巅峰，个人精神状态，也是无比癫狂的。进到这里，我经常反思自己那时的生活，真的如一场吸毒之后的迷幻。如果是别人的事，说给我听，我自己也未必敢相信。

由于每天晚上，我几乎都有应酬，每天早上，我都睡到自然醒，才下楼上班。我从来不在家里吃早饭，上车之后，有先喝一瓶纯净水涮涮肠胃的习惯。驾驶员会把水早早放在后座位上。办公室主任每个星期会让司机搬一箱纯净水上车。而且我只喝"依云"一种品牌的水，所以他们从来不会搬那些杂牌子水给我。我的车是一辆黑色奥迪A6，3.0排量，属于超标车，购买的时候后勤部门做了一些"技术"处理，从资产账面和车子外形上，都无法看出来。车子里面全部做了真皮装潢。我喜欢听音乐，驾驶员便到汽修厂，把汽车原装音响扒掉，换上了最高档的新型BOSS。这辆车是我平时在城里的座驾。另外，因集团有矿厂业务，单位以领导经常要到工作一线为名义，配备了一些工作用车，专门为我配了一辆奔驰商务车，一辆陆地巡洋舰越野车，留着我出差或搞私人活动时用。

每天，我进入大楼，所过之处，保安都会向我立正敬礼。只有我一个人有这个待遇。一开始，保安按照行规，对集团所有领导都敬礼，后来遭到保安部负责人的训斥，就改为向我一个人敬礼。

我的办公室几乎占了半边楼层，中央"八项规定"实施之后，我们为了规避检查风险，就把这间超大办公室，分隔成里外三间。我在最里面办公，最外面是接待室，中间是小会议室，说是公用，其实绝对是我的私人空间。而且改造过之后，面积没有缩减，私密性和豪华程度更强了。会议室和接待室吧台咖啡机冰箱一应俱全。我进入办公室，才开始吃早饭。每天在我上班路上，秘书会接到驾驶员的电话指令，然后他就会掐着时间，通知餐厅把早饭送上来。他再现磨一杯热咖啡，这个时候，我差不多也就到了。每周内我每天的早饭都不重复，中西混合。我喜欢吃北方的红肠，餐厅负责人专程去黑龙江，联系了一家红肠加工企业，定点供应我们公司。后来我对批量生产的红肠，卫生和质量放心不下，餐厅负责人又专程去东北联系了一家高级私人作坊，定制生产精品红肠。起初，集团领导层有专用的小餐厅，班子成员在小餐厅吃饭，不跟职工一起吃大食堂。"八项规定"出台后，因这事我们受到举报，我立即命令撤销了小餐厅，大家一起吃大食堂。其实，我只在整改的第一天，象征性地到职工大食堂吃了一顿午饭，然后再也没有去过。办公室说，我工作太忙了，经常12点甚至1点多还在开会，谈事情，到大食堂后，菜全冷了，于是安排餐厅直接按"常规标准"送盒饭到我办公室。说是常规标准，实际上是专门为我做的"小灶"，配有海虾仁、鲍鱼仔、海参、鱼片、雪花牛肉等"家常菜"，以及鲜榨果汁、中式面点，等等。

每天下午4点钟之后，我的那些兄弟哥们儿，就争着过来接我出去打一局高尔夫，然后吃饭，再泡个桑拿。我喜欢年份酒，他们就变戏法地搞来一些老酒给我。有一次，一位下属看到深圳的一场拍卖预告中展示了20多种"文化大革命"时期的茅台等品牌的白酒，他立即驱车到深圳，拍下了两瓶茅台和两瓶洋河大曲，据说花费了近30万元。当年我过生日，他就拿了出来，四瓶酒一顿晚餐就喝掉了。

我是个特讲传统文化的人，每年清明都要回老家祭祖。随着职务的提升和掌控度的加强，每年陪我回老家的人越来越多。我的下属，谁要是被允许随我回乡祭祖，都会感到莫大的荣幸，因为这标志着他进入我的"核心圈子"了。后来的几年，每年我回乡，我的祖坟前都是一大群跪拜者。乡里人都是势利的，他们拿我做荣归故里的榜样，教育他们自己的子女要好好奋斗，把我的排场作为一种光宗耀祖的标杆。

大概是 2012 年的春天，我们集团与合作建设楼盘的开发商费某，说要为我介绍一位易经大师，来看看我的办公室，调节一下风水。那位大师掏出来的名片，有整整两版的头衔，各种学会顾问和理事，各种大学科研机构名誉教授、客座研究员。在他的"熏陶"下，我迷上了风水学。因为他有一些判断太准，让我心惊肉跳。比如，第一次来的时候，进入我办公室，看到接待室挂了一幅仿李可染《万山红遍》图，就问我，我的出生年月和时辰。问完之后，立即建议，赶紧把这画摘掉，换一张其他色调的。理由是，我五行缺水，而这张画大红色调，属性火，火火成灾，公司里会有火灾隐患。我当即惊得跳了起来，握着大师的手，直喊佩服，因为就在 4 月初，我们公司大楼的餐厅曾经发生过一次火灾。

大师在我办公室巡视了一圈，然后问我，每天在这里办公，有没有某个时候，突然有烦躁的感觉。我想了一下，确实啊，每天上午我几乎都要冲着下属发火，这么大的单位，怎么可能没有不顺利的事呢，我是个急性子，上午上班开始处理公务，处理着处理着，火气就上来了，一些人、一些事，总会撞上来，被我臭骂一通。大师说，这个楼对面有个玻璃大楼，大概每天上午 11 点前后，楼宇的反光正好到达你这里，这叫"反光煞"，特别凶。这会让你的气场变得越来越凶，对脾气、身体、个人和公司运势，都有害。我听了之后，觉得特别有道理，根据大师的建议，就命令把大楼这个朝向的窗户玻璃，不惜巨资，全部改成不反光玻璃。

晚上，我请风水大师在公司餐厅吃饭。大师喝了几杯酒，高兴了，就在耳边悄悄对我说，过几天我给你送一张画，对你的身体和运势大有好处。过了几天，大师果然拿来一张画，包装得严严实实。到了我办公室，大师掩上门，才拆开画。我一看，竟然是一幅群裸女图。我说，"这画，在我这里挂不出来啊，这是个国有单位。"大师说，"我自有办法，无须悬挂。然后把这幅画藏在我办公室里的小卫生间里。他说，阴阳需要调和，你这里阳气太足，气场会紧张直至崩溃，必须要补点'阴'。"然后，他竖起大拇指，对我说，看得出来，您是个好人，您的女人嘛，有点少，有点缺啊。

我那时在外面有一个情人，在单位有两个。我不知道大师所说的少，是什么意思。大师似乎看穿了我的心思，笑了笑说，男人嘛，特别是成功的男人，阳刚之气旺盛。您看古人上到皇帝，下到乡绅，一夫多妻，妻外有小妾，妾还带着丫鬟，所以阴阳才取得平衡。现在的成功男人，特别是干部，受管束，不敢过分越雷池，但私下里，哪个没有三个五个女朋友的呢。

可能就是从那个时候起，我完全放纵了自己。以致后来短短几年，在女人问题上，犯了很多错误。在外面，生了两个私生子，也是那之后惹的祸。每次，我与一个不同的女人发生不正当关系，甚至致使其打胎或者生孩子，我在惊慌之余，马上会跟大师见个面，大师的理论，在心理上为我取得了绝对的平衡。我觉得像我这样的人，难道不都是这样生活的吗？每次我去参加省里的大会，看看会场里的领导干部们，都会浮想联翩，觉得这么多领导，跟我是同一个战壕里的，谁没有这些事啊。这或许就是——社会。

我的生活，真的过得不太正常，有时很糜烂。我的随从和下属，我们合作单位的老板们，挖空心思取悦我。我喜欢排场，出行至少要两个下属跟着。出差要走贵宾通道。"八项规定"之后，不让走贵宾通道，不让坐头等舱，我的下属很快就找到办法，解决了这个问题。他们以做广告的名义，与机场签订了一个贵宾通道合作合同，这样我就有了走贵宾通道的专属权。到了飞机上，他们马上为我升舱，现金补款，回来用其他发票冲抵。他们在广州最豪华的几家大饭店，考察了几个超级豪华包间，每次只要是我出场吃饭，就订这些包间。其中有的包间，面积达到五六百平方米。有一个包间，光黄花梨家具据说就价值上千万。我吃饭的场合，一二十人规模，是标配。大家轮番上来敬酒，献歌，祝福。有几个下属还特别会逗我开心。我喜欢看人喝多出洋相，他们有几个恰恰就好酒，逢喝必醉，一醉酒就丑态百出。有一个兄弟会口技，喝醉之前学鸟叫，学首长讲话。一旦醉了，就开始学猪叫。他说猪根据叫唤的声调，传达不同的情感或诉求，就表演猪高兴了怎么叫，愤怒了怎么叫，饿了怎么叫，发情了怎么叫，感恩主人时怎么叫，骂主人王八蛋不得好死怎么叫，被杀时，哪些叫唤代表怎样的遗言，等等，一叫唤就是半个时辰一个时辰，直笑得我们人仰马翻。我很享受那种氛围。

在单位，我已经不只是一言九鼎的权威。有时候，无言自威，甚至一个眼神，就能让下属胆战心惊，夜不能寐。有一次，我接待一位河南来的老战友，他是河南一家大企业的老总，到这里来考察。战友之间交往，有个特点，丁先生您没有当过兵，您不知道，我们特别讲义气，也特别爱面子。所以，我对接待战友老总，特别重视，命令几大部门做好方案，严阵以待。我们那个接待阵势，不是吹牛，只要我重视了，绝对不会比省一级政府接待规格低、排场小、气势弱，一切都是部队作风，严阵以待。可是就在双方交流、对口汇报工作的会议上，我正在讲话，介绍公司情况，在场做记录的战略规划部副主任，一个瘦高个儿中年男人，忘记把手机调成静音，电话哗啦哗啦唱起来，唱那个什么歌，凤凰传奇演唱的《月亮之上》什么的，我立即停住，朝他看了一眼。等他慌乱中关掉手机，我才重新开始。听说他在接下来的会议一个多小时内，一直在流汗，那可是冷气充足的全封闭会议室里啊。事后，这个人吓得在家请病假待了好几天，再来上班就主动要求，平级调到基层单位去工作。人事部负责人来跟我说这事，我只是干笑了两声。谁让他不知轻重，在不该响铃的时候叽叽喳喳的呢。

这类事，我不能表态，必须听任下面的人处置。重点儿，不要紧，维护规矩，维护公司领导的威信，才是最重要的。

我知道我对别人狠了一点，对自己放纵了一点。后来，我说的是后来啦。那时，当然不会这么想，也用不着这么想，是吧？

我有一套"远交近攻"的处世哲学。与顶头上司和同僚的关系一向不佳。我不会把心思用在直接领导身上，有人问我，在单位这么横，对同僚那么狠，对省里的相关单位那么冷，就不怕得罪人吗？我有我的方法，我集中精力，在省领导中找一个赏识我的大领导，利用上级大领导打压直接上司，威震同僚和下属。这样，点准了一个穴道，便可制约全局，起到事半功倍的效用。

4

作为偌大企业集团的一把手，对内是组织任命的正厅级干部，对外是资产总额为大几百亿元的国企老总，这种亦官亦商的身份让我广结政商两界人脉，身边围绕众多资源，各种利益均沾。坐稳了江山之后，我身边希望通过我的权力寻求利益的人也多起来了。在这些人的吹捧和央求下，我和他们就逐渐形成利益共同体，我的胆子也放开了，几万、几十万、几百万元，人家敢送，我就敢收……现在我对自己的行为非常后悔和痛心，我深深地知道我的罪行严重。

2011 年春节期间，在广州花园酒店一次饭局上，经一位老战友介绍，我与广州一家民营房地产老板黄某相识。像我这样的实力和身份，一般的民营企业，在我眼里，是没有什么分量的。当时双方礼貌地交换了名片，我见他拥有人大代表头衔，顿时倍增好感和信任。事后，我了解到黄某经营着一家涉及地产、酒店服务、物业管理等多个领域的综合性企业集团，身家超 100 亿元。在心理上，顿时觉得亲近起来。

那次应酬后，黄某又几次打电话，热诚邀请我去他的企业考察。那年夏天，我亲自带着一个近 20 人的队伍，到黄某公司"考察"，看见其办公室摆放、悬挂多张与上级领导的合影，巨大的博古架上，陈列的文物和玉器，琳琅满目。光一件彩色祥云翡翠莲花观音雕像，据介绍就价值 2000 万元。墙上一张巨幅的彩墨黄山图，是刘海粟的作品，若干年前在香港拍卖会上拍得，花费了 200 多万元。有一套牛黄雕塑十八罗汉，据说国内稀罕，价值不菲。这就让我更坚信了他拥有"深厚背景"和"强大实力"。

2011 年下半年，我们公司下属的一家数码科技城项目建设启动，我毫不犹豫将该项目介绍给黄某，在尚未招标的情况下，就与黄某的公司签订了意向合同。

之所以将数码科技城项目介绍给黄某，一方面是因为项目投资巨大，利润丰厚，利益输送空间大；另一方面是项目所在地广州的番禺区域，黄某在那里创业发迹，拥有"强大背景"，办理各种报批手续方便快捷。我自认为此事运作高明，既捞了好处，又送了顺水人情，还利用黄某的关系推进了项目进度，一箭三雕，于人于己于国家，都有好处，何乐而不为呢。

我知道，黄某这种有实力的人，能把私企做这么大，"不懂事"是不可能的。所以，事先，我什么也没有暗示过他，没有表现出任何利益企图。

黄某当然是个绝顶聪明的人，在拿到项目后，一次专门请我一个人吃了一顿饭。饭桌上，他说，"我这个人，懒惰，大大咧咧的，处朋友不够细心，逢年过节，想不起来关照朋友，送什么礼金、礼品。哎呀，这样太啰嗦、太麻烦，人家不喜欢的东西，对人家没有用的东西，费钱费精力还给人家增加心理负担，何必！但这么多年，一旦成了我朋友的，就一直是朋友，而且会很铁，再大的官，都视我为兄弟。说实话，亲兄弟可能比我细心，但不一定有我铁。知恩不报非君子，您是我哥，又是恩人，我不能光顾着自己赚钱自己花——再说，愚弟我的钱，这一辈子也花不完了啊。所以，我干脆一次性给哥哥您1500万元，分三次给，您自己安排着过年过节，买点小东西啊。求大哥原谅愚弟做事懒惰，只求方便，不动脑筋，原谅我好吗，哥？"

我当时一听，觉得够意思，就笑着说，兄弟情分，互相帮助，应该的，您见外。但我并未拒绝，当场约定在东莞交易。

我当时的心态很可笑，觉得广州不够安全，一定要到东莞去收受这笔钱。还有一个原因，就是东莞有我一个情妇，我每个月都要去跟她约会一次，给她带点钱啊，礼品啊。当年国庆节，我和黄某在东莞大富豪饭店见面，他送给我首笔500万元现金。我将其中400万元存到自己家的账户上，另外100万元给了情妇。第二年春天，黄某又给我第二笔500万元。我觉得存钱太多不好，家里人也会问三问四的，特别麻烦。于是，我将这笔钱，一部分拿到老家去购买宅基地，一部分投资自己私下运作的某农改项目，并在后来的几年，盈利了200多万元。第二年夏天，黄某又给我剩下的500万元，我把这笔钱拿出去，投资了另外一个公司。当时，正好一个地产营销公司和一个民营投资公司找我谈合作，一个要营销我们开发的一个商业楼盘，一个想跟我们的矿产公司谈合作开发，我就授意我的女婿，去跟他们谈合作，然后用女婿跟他们合股的公司来跟我的下属公司再合作，并为他们在合作条件的谈判上，大大提供优惠。我把500万元交给女婿，投资到那两个企业里去占股份，然后参与分成，不到四年的时间分到了将近3000万元的红利。

2013年，上海某公司为了做我们新楼的装修和智能化，送给我一张银行卡，并陆续往卡里汇钱共计870万元。2014年7月，我将卡"推给"这个公司经理"保管"，并称现在银行卡都是实名制，还是放在你那里好。该经理向我承诺，这些钱永远是我的。我说我相信他，以后需要用钱，一定会对他说。第二年初，我想在美国买一栋别墅养老，与女儿和外孙女一起享受天伦之乐。我对上海这位经理支会了一声，该经理马上专程去美国，陪我女儿在那里选房，花掉了500多万元。

还有许多不正当收入，我就不一一说了，纪委那边有我口供详细材料的。我对组织上是坦诚的，尽量说出记忆里的每一笔钱，有些几千元的小钱，我能回忆起来的，也都毫无保留地交代了。对我立案调查的时候，我已经退休了，正准备安排自己到老家和美国，交替季节安度晚年。没想到，人都上岸了，还一跤滑回了泥潭里。

真是，人各有命。我就是那种看起来命很旺的灾星一个。发了那么多光和热，最终，还是一颗灾星。这就是——命，命里注定的！

5

我一生都忘不了退休那天的情景，宣布干部调整的大会结束后，我之前提拔的那些亲信、铁杆，包括那么多老乡，一下子就涌到了新的董事长面前，争相效忠表态。我内心极度失落，不知自己是怎么从会场走回办公室的。然而，在接受审查的时候，回想起当时的情景，说实话，好像也不是那样。还是有一些人到办公室来看我，跟我道别。办公室的同志，加班好几天，帮我整理杂物，大家还纷纷祝贺我光荣退休，并没有对我不理不睬。只是我当时的心态不太好，我的这种被冷落感觉，也许是失去权力的"落差"使然，也许是记忆有误。

其实，都不是。

根本的原因，是那些以前一直围着我转的人，反而不见了。那些我内心里认为，对他们有功劳，有恩情的人，那些向我承诺终身报答我的人，他们不——见——啦！

即使在我退休半年后，我有一些私事，想找原来的老部下帮忙，往往热心的，倒是那些我在位时，不常在眼前转悠的人。可是，我特别有把握的那些人，往往是对我最阳奉阴违的人。这些混账东西，后来有的进去了，有的还在外面，但大多数都不跟我再联系。

说一个可笑的无聊事。我退休的第一个春节，自己心里算了一下，怎么着也应该有二三十个下属和生意伙伴，来给我拜年，可结果是门庭冷落啊，不提这事了。有些人，狗都不如，一转身，跑到新主子那里摇尾巴去了。还有些伪君子，过年时发条短信给我，就觉得对我好得不得了，还振振有词地在短信里说，响应党中央号召，移风易俗，文明过年，清风祝福。哼，好像你有了什么想法，被他看穿了，他不但不理睬你，还唱高调，教育你一通。凡这类浑蛋，我看完信息，立马把他们从我的通讯录中删掉。过了一个年，我的手机通讯录，删掉了三分之二的人，你说可笑不可笑。当然可笑，丢人现眼。

我正式服刑之后，没有一个我栽培过的亲信来看过我。听说，有两个浑蛋也在这里服刑，当然，没有遇到过，我们级别不同，我一个正厅级干部，瘦死的骆驼比马大，我也不屑跟他们在一个屋檐下。当然，说这些，没意思。

我的那些女人，早就不知道烟消云散到哪里了。也许她们重新包装一番，又会粉墨登场，再去害几个干部，捞一点好处。也许她们会把自己洗洗白，重新嫁人。我老婆听说我出事了，起初还挺同情我，说陪我终老终死。可我在受审过程中，暴露出外面有女人，还有私生子，她就愤怒了，马上露出狰狞面目，说要来抽我嘴巴子。

回顾我的一生，我觉得我现在就是死人一个。最幸运和最不幸的，都源于一件事，就是当上了一个大单位的一把手，实现了自己的政治抱负，也毁了自己的人生。当我完全掌控这个企业时，也是一步一步接近退休年龄的时候。我太迷恋权力，迷恋那种唯我独尊、来往皆利的生活。我的确有"捞一把就走"的赌徒心理，也有"有权不用、过期作废"的市侩心理，更有"自己贡献大，捞点算啥"的补偿心理……我被"两规"时，已是具有43年党龄的老党员。任副职和正职最初的一段时间，工作能力和成效均得到肯定，公司在一段时间内，业绩蒸蒸日上，取得跨越式发展。但后来，手中有了人事权、项目决策权，大额资金调拨权，花香引蜂，屎臭招蝇，好逸恶劳的女人，投机取巧的下属，像黄老板这样惯于通过放倒领导干部，挖国家墙脚发私人之财的商人，就聚拢过来了。奉承、巴结的人多了，自己开始飘飘然，放松了警惕，对社会上一些不良的风气见怪不怪，从看得惯，到自己做得惯，是转眼间的事。

我在自己交给组织的忏悔书中也总结过，作为一个单位的党委一把手，只顾着管别人，管不与自己穿一条裤子的人，自己党纪观念很差却浑然无知。对上级给予的纪律教育应付了事，总认为那不过是一场党务"工作秀"。党的十八大之后，对上级党委的各项从严要求，视为走过场，搞形式，没有当回事。继续在逢年过节肆无忌惮、心安理得地收受红包，严重违反党员领导干部廉洁自律规定，带坏了企业风气。

我既是一名国企老总，又是一名厅级干部，亦官亦商，同级纪委不敢、不能监督，上级纪委又鞭长莫及。我在担任一把手期间，在业务工作上大权独揽，水泼不进，针插不进，企业党委内设的纪委监督机构成为摆设，甚至沦为我整人的工具。有一段时间，特别是党的十八大之后，省委派来一名纪委书记，这人想在我的地盘上有所作为，一度干预我的一些做法，我就指使亲信，开展了一系列针对他的秘密攻讦。比如，我们捏造了一些他的绯闻，说他公款吃喝，公车私用，生活作风有问题。我的一位亲信有贪污受贿嫌疑，纪委书记想问查追究，我就故意在这段时间，指使人事部负责人考察提拔这位亲信。果然，纪委书记中计，指出提拔此人不妥，并在党委会上建议，一定要等问题弄清楚之后再提拔不迟。然后，考察中止。"个中原因"很快传到那位亲信耳朵里，他就拼命地写人民来信，到上级部门去告纪委书记。在年终干部考评的时候，我授意人事部，故意安排了以此人为代表的痛恨纪委书记的一帮亲信，接受考察组谈话，众口一词地列举纪委书记的种种不是，让纪委书记年终考核，差点没有过关。几招下来，这位纪委书记整天忙着洗刷自己，狼狈不堪，哪里还有心思和精力去问责我的下属们。我知道他来我们单位时间短，没有什么乌七八糟的鸟事，要扳倒他不可能。但我可以通过搅浑水，让他乖一点，不要妄想在我的江山里，挑战我的权威，为难我的小兄弟们。同时，我也要告诉他，不要以为你清高清白，在这里，谁干净谁脏，是我说了算。如此一番动作下来，这位纪委书记很快蔫了，忙洗刷自己还来不及呢。我这样做，还有一个变相的晓谕，是给上级纪委部门的：你纪委不是整天查干部吗，你们纪委书记不是打铁要自身硬吗？我就告诉你，快去帮你们的基层纪检干部澄清澄清吧。哈，他们就整天忙着"洗刷刷"去了，头也没昂得那么高了。

唉，现在想想，这又有什么意思呢？聪明反被聪明误啊。其实，身边多一个人经常提醒自己，是好事啊。所有的人都不敢说你一个不字，你离死也就没几步了。

我在一个单位当领导，从1999年到退休，十四五年，久居要职，形成了自己的小圈子、小群体。国企领导跟党政机关负责人不一样，缺乏轮岗机会。一旦屁股坐在哪个单位，大多数一直到退休，都不会再挪窝。古语云，"流水不腐，户枢不蠹"，我在同一个单位担任副职几年后，又担任主要领导职务长达十余年。这十几年，我不是没有发现单位存在很多隐秘黑洞，但一是因为自己身子不正，不敢较真；二是因为这些黑洞的制造者，大多数是自己培养的人，暴露了他们，对我自己也构成了较大危险系数。所以，我就拼命捂住盖子，自欺欺人地往前混，总觉得混到退休，不出事就万事大吉了。在此期间，组织上也警觉过，曾找我谈话，希望将我交流到省属另一家国企任董事长，或者到省政府办公厅任副秘书长，协助副省长协调国资管理工作。按理讲，这两个位置都是不错的，但我还是有些政治头脑的，觉得除非提拔成副省岗位，仍然能控制这个单位的局面，否则不能离开原来的位置，离开了就会失控于这个单位。所以，我当时就淡定地以公司正处于快速发展阶段，一些重要战略部署尚未完成为由，拒绝组织的这份"好意"。我越是理直气壮，才越是能表明自己大公无私，在这个单位干干净净，底气很足。组织上见状，真的相信我了，让我留在原岗。跟我谈话的一位副部长，还到处替我讲话，说我为了企业发展中间过程不断气，宁可放弃重用机会，放弃个人的又一次人生提升机遇，很了不起。唉，很多的好事，在我身上最后都演化成了恶果。如果当年我接受了组织的轮岗安排，也许不会沦落到今天这个地步。多年来，我在贪腐过程中，存在侥幸心理，认为我把这个单位，管得好好的，正常发展着，每年上缴那么多利税，劳苦功高，组织上不会轻易来查我。甚至在闻到组织调查风声后，我也没有想过坦白自首，存在躲一躲就过去了的侥幸心理。

我现在能做的一点贡献，就是通过解剖自己，说一些实话。

我有几点关于国有企业反腐倡廉工作的体会，我觉得这是一个难点问题，需要有人来思考和解答。国有企业，显然是腐败的地雷密集地，风险太多了。让个人管公家的人、财、物，而且还一把抓，一个人一支笔，这事儿想想都可怕，毛骨悚然啊。一个人，一旦坐在了钱山上，得有多大的定力，才能坐怀不乱啊。我觉得，光靠党性、靠觉悟、靠个人道德素质，真的不靠谱。请把国企反腐倡廉建设永远赶在大路上，马不停蹄。一方面要加强党风和法制教育，大力推进廉洁国企建设；另一方面要加强和完善对省属国企的监管巡察工作，对国企的巡视应该成为日常，不能三年五年才来一次，最好年年来。国有企业领导分工，里面猫腻特别多，上级组织部门应该对此有一个明确的规范规定。比如，同一个领导，不能同时分管管钱的部门和用钱的部门，不能同时分管用钱的部门和查钱的部门。具体说，就是投资、财务、采购、审计等，必须由不同的领导分管，才能互相牵制。一个单位，如果像我以前那样，让自己的人包管了所有这些部门，不是徇私，又能是什么呢！另外，重中之重，对国企高管特别是"一把手"的管理要进一步加强，不能等纪委来了，一个单位的顶梁柱轰然倒塌，损失了人，更损失了单位的事业。要建立国有企业班子成员特别是"一把手"定期轮岗机制，避免出现腐败问题的"长期经营"现象。唯其如此，才能还国有企业一个风清气正的经营和从业环境，也才能有效遏制"能人腐败"，及时挽救像我这样的"腐败能人"。

你看我现在的处境，用惨不忍睹来形容，一点不为过吧。快到中秋节了，感谢你们带给我的月饼。前几天，狱警也给我拿来了月饼。你知道我看到月饼是什么心情吗？我想号啕大哭啊。月饼是什么，是一种美食吗？不是啊，月饼是中国人的亲情寄托，是幸福生活的一种标志啊。可是，在我这里，月饼的残缺，残得不如任何人，甚至一个没有过一天体面生活的、在社会上胡混的小偷、强奸犯、杀人犯，他们的月饼都比我的大，比我的甜，比我的全。人家至少还有几个家人来看望，有几个朋友来看望，有几个同事、有几个哪怕是同伙来看望，而我，没有。也许我的女儿会过来看我。但其他一切亲人、同事，恐怕都不会来的。

他们啊，不对着一轮圆月诅咒我，就谢天谢地了。

不知道为什么，这是我为本书的写作，深谈的最后一个采访对象，也是谈完之后，让人心情最沉重的一个。

在结束采访时，我没有忘记为他加了两个问题，来追问他的内心。

"我看到你人生的前、后两段，有很大的落差，你能不能简单描述一下这两个时期的你自己？"

他眨巴着眼睛，想了一会儿说：

"前半段，我是一个受束缚的成熟能干大男人；后半段，我是一个任性放纵的坏小子。"

我又问他："那你最深的教训，或者说，结合你最深的教训，你最想告诉人们一个什么道理？"

他又斟酌了一番，用了最初的语速，一字一顿，像背诵似的，说：

"利益一来，人头攒动；利益一去，曲尽人散；以利结盟，四面楚歌；平平淡淡，天长地久。"

哎呀，我几乎是惊叹起来。他的头脑真的很聪明，反应非常敏捷，思辨能力也很强。我除了"哎呀"一声，竟然说不出话来了，只是赶紧记下了他最后这几句凝炼的句子。

他还想要抽烟，我说："你还是吃一块月饼吧。"我拆开包装，拿了一个月饼给他。月饼上印着一个"圆"字。他在手上掂了掂，把月饼转了一圈，看看那个字，然后掰了一小块，放到嘴里，嚼起来。

嚼着嚼着，他的眼泪突然流了下来……

走出监狱的心理辅导室，在狱警的陪同下，我再次穿过那两道沉重的大铁门，走出了监区。一个半天，在不知不觉中过去了，此时，暮色已经降临。南方的天空中，堆积着一些暮云，那轮已经升在半空的月亮，在暮云中，忽隐忽现。前来为我送行的监狱政委，是一名头发花白、临近退休年龄的老狱警。他握着我的手，似乎有些过意不去地说：

"也不知这天气，能不能让你看到我们广东的中秋月亮。"

我说，肯定能，嗯嗯，应该，能吧。

我还沉浸在采访最后一刻的气氛中，那个看起来精干、刚毅的老男人，他嚼着月饼流泪的样子，不知道冲击到了我心里的哪一个角落，我的心一时未能平静。

上车时，我忍不住对政委说：

"您看，快过节了，咱们是不是暗地里做做工作，让他的家人来探个视。哪怕来跟他吵一架，也好啊。"

政委告诉我，这些都想到了，已经联系了他的女儿女婿和老伴。他们终究是家人，相信，会来的，至少，会有人来的吧。

"不过，这人真的蛮邪的。"政委摇着头，哀叹道，"估计喜欢他的人，很少，我看，几乎没有啦。"

印象：激情的，骄躁的，混沌的

在即将结束采访和创作这部书稿的时候，有一段特殊的工作记忆，突然从我的脑海中浮现出来。

新世纪的开年，作为江苏省党政代表团的一名工作人员，我有幸随同省长率领的省党政代表团访问新疆。在博大旷远的西北大地上，我与一群江苏的精英，挤在两辆考斯特接待车里同行了十多天。除了几位省领导和秘书、记者等工作人员，代表团的主体人员是 15 位省属政府部门的厅局长和 15 位江苏省著名企业家。这些人当年大多正处中壮年，风华正茂，事业鼎盛。15 天的亲密相处，使我们全部熟识，并在后来的日子里，与其中的一些人成为朋友。

当我盘点这些人和后来发生在其中的一些事件时，我总会有很多感慨。16 年过去了，岁月改变着事业，岁月也毫不客气地催人年老。被改变的事业各有各的方式和结局，被催老的人同样各有各的老法。几位国企和民企的老总如今都退休了，他们所在的企业，有的在前些年被重组，有的没落，从一时显赫中销声匿迹；有几位民营企业家，把自己的企业做成几百亿、千亿级规模，他们中已经有两位卷入官员腐败大案，如今被关押；有的机关被机构改革重组，个别厅局长步入副省高官行列，大多数厅局长已经退休，有两位出了意外，在退休前离开人世。这30个人的人生场、事业场，可以写一部厚厚的书，可以浓缩一个时代的变迁和创造时代的精英们的命运史。在本文中，我无法展开这部书，我要说的是他们中已经离开人世的这两位厅局长。

　　他们所在的单位，一个是管钱的，一个是管人的，都是中国政府职能构成中的重权力机构。管钱单位的S厅长长得结实、英武，他性格热情豪爽，跟企业家们聊天时，喜欢搂着胸脯，拍着肩膀，说哥们儿，有事尽管吩咐。管人单位的M厅长长得矮小、微胖，他性格文弱内向，跟人打交道时，微笑一下，谦卑地点点头，喜欢说请多批评关照，为您服务等话。他们各有各的优点，两个人的能力、水平、声望，在省里也是不分伯仲，都深得省领导的赏识和信任。最后，两个人的生命结局也是一样的悲剧——过早地去世。所不同的是，在我认识他们的十多年里，他们走了完全不同的人生之路，英年早逝，褒贬有别，生命结果相同而命运结论完全不同。S厅长帮不少省内企业做了一些有益的事，但与他们中的一些不法之徒走得太近，隔三岔五地享受着这些人营造的前呼后拥、灯红酒绿的生活，后来他卷入多起企业犯罪案件，同时自己也因为受贿和生活腐败被移送司法机关，判刑入监后不久，就病逝于狱中。M厅长克勤克俭，小心翼翼，踏踏实实地工作，积劳成疾，50多岁即患癌症去世，省长听到消息时正在开会，当场飙泪。这些年，M被追加了很多荣誉，家人朋友一直以他为荣。S则有几篇详细的堕落轨迹报道文章，流于网上，还有无数关于他骄奢淫逸的八卦传于坊间。他原来的同事、下属和亲朋，都不愿谈他，对那些添油加醋、不利于死者形象的八卦传闻，感到揪心却又无能为力干预。

由于年龄和身份的差距，我与S厅长和M厅长，在他们生前不可能有机会频繁接触和交流，对他们的印象大都停留在组织和他人的描述上。但有一些间接接触和了解，多年来难以忘记。

有一年春节，江苏举办大型人才交流会，我的妻子代表《人民日报》参与此次会议的宣传报道。她回来告诉我说，每天一大早，主管这项工作的M厅长第一时间就赶到会场所在的五台山体育馆，跟工作人员一起干活，事无巨细，一一过问，逐项落实，每天晚上在现场察看、盘点全部环节，深夜才离开。白天都是在体育馆的台阶上搭建的临时工作棚里，和大伙儿一起吃盒饭。有一天夜里下雪，M滑倒在冰冻的台阶上，滚下去十几级远，好一会儿爬不起来，还是被下属路过看见，才被扶起来送到车上去的。我妻子说到这事时非常感动，说看到这样的领导干部，虽然心疼他们的劳苦，但作为一个小老百姓，心里疼着也自豪着，幸福着。假如多数官员的精神和境界达到如此程度，再落后的国家都会充满富强的希望，人民一定能从他们身上开启美好生活的盼头。

而S厅长，据说能力很强，能耐很大，脾气和场面也很大。

写作期间，我曾专门拜访了S当年的顶头上司、已经退休好几年的一位副省长。在南京著名的颐和路高干别墅区，我刚准备按响副省长的门铃，恰好他开门出来，手上还提了一个超市用的那种环保袋。他告诉我，正准备出去散步，顺便去几百米外的一家面点店，买老太婆喜欢吃的锅贴。他说，我们就边走边聊吧，你陪我散散步可好？我说，好的，荣幸。

路上，他先给我讲了一个关于 S 当年的故事。

S 有一次出差到苏北海边城市，到其系统内的一家宾馆开会，发现宾馆没有像以往那样，在入口铺上贵宾地毯，在门厅悬挂欢迎他视察指导的大红横幅，震怒，把宾馆经理喊到房间训斥。经理连忙解释，说今天宾馆里还住进了一位领导，所以不太好摆布了，就临时决定，干脆场面上一律从简。S 更生气了，说什么人这么牛，让你们见了我都自动降格服务。经理说，是某副省长。

"哈哈，这位副省长就是我。我当天正好也在那家宾馆，参加市里的一个会议。"老副省长笑着告诉我，"本来，经理这样一解释，一般人就不会计较了，副省长都不要这个待遇，你厅长有什么好计较的呢？可 S 不依不饶，暴骂了经理一通，说那就带上副省长一起啊，不就是横幅上加几个名字嘛！晚饭后，我出门散步，回来一抬头，发现门头上多了一个横幅，写着热烈欢迎某某副省长某某厅长莅临指导工作什么的，吃了一惊，赶紧让秘书找宾馆负责人，把这个撤了。可第二天早上，横幅依然挂在那里，我很不高兴，就让秘书找来经理，亲口对他讲，挂横幅突出个人，不合适。经理僵在那里，就是不表态撤。我生气了，他就一个劲儿首长长、首长短地道歉，说此举是服务管理的规定，上级领导要求的，我们不能擅自改了。就这么个事儿，我搞不定啊，他说上级领导，我想你的上级领导，不就是跟我一起挂在横幅上的 S 吗？我倒要瞧瞧，他这什么破规定！于是，把他喊了过来，问他。结果，他把经理又暴骂了一通。而且事后，人还没有离开这个宾馆，就下命令把经理撤职了。我后来得知，他是他那个系统的绝对"皇上"，这些繁文缛节的规矩、排场，都是投其所好，很多都是为他个人准备的。他喜欢那个谱儿。"

老副省长分析说，S 这种人，在犯事儿的领导干部中，还不少，还有一定的代表性呢。这类干部，一般是年轻时理想坚定，目标明确，工作起来，特别能吃苦耐劳，比较有激情。应该说，底子打得比较实，个人发展得也就比较快。一般中年开始上位，上位后敢闯敢干，争强好胜，但气场强、气量弱，脾气大、境界低，手段多、原则少；是非观模糊，好以成败论英雄，生活观低俗，以外在物质填补内在空虚。一旦位高权重，他们这种人特别容易失去自我，往往不在内心坚守纯洁，而是被外在利益绑架着走，有些无知，有些狂躁，做事上任性所为，做人上随性发挥，一朝事发，外在的东西一失去，内在立马溃不成军。多年的物质惯性和精神错位，使他们短时间内无法调校到平衡状态，所以，很多人身心俱废，马上垮掉。有的人完全颓废，一心想轻生；有的人煎熬一段时间就生病了，甚至很快去世；也有一些人慢慢醒悟过来，从灵魂的炼狱中，爬到平地，恢复到正常人的状态。

最后，老副省长非常犀利地说：

"他们的人生阶段，基本上可以概括为——激情的、骄躁的、颓败的。总之，是先亢奋而后麻木的，多放纵而少克制的，重功利而轻内修的，有所为而未能有所不为的。"

他特别提醒道："这里面有一个贯穿始终的主线，就是，他们的内心大都是混沌的。你可以好好琢磨琢磨。"

随着访谈和写作的推进，我越来越明晰地感到，老副省长的这一语，竟中百的。我得以面对面访谈的官员，有几个属于严重违纪而受到党纪政纪处分，更多的属于违法犯罪，被移送司法机关并被判刑入狱，还有的正在"两规"过程中。在跟他们交谈的过程中，我发现他们虽然都不断明确地表达了自己认错、认罪的思想，表现出懊悔和自责的态度，除了个别人，如《曲终人散》的主人公，自认为看透人心，灰心丧气之外，其他人无不存有强烈的改造自身世界观、将功赎罪、重新做人的欲望。但他们表现出一种共同的特点，就是老副省长所说的，混沌。许多人并未真正意识到他们内心的问题结症，他们根本看不清自我，问不到内心的真实。

《危情记》的主人公副市长，一人同时拥有三个"家庭"，并跟多名社会女性发生关系，但他自始至终认为自己的这种与女人的关系，是个人魅力引发的风流，至少与为其生养了子女的三个女人的关系，是相对干净的，因为，他涉案金额的确很少，并没有像许多贪官那样，以大肆贪污受贿的钱来包养她们。他在言谈中，多次向我流露这个意思，认为自己像电视剧《牵手》中的"吴若甫"，在事业奋斗过程中，与心心相印的女子邂逅，产生了缘分和恋情，虽然不道德非伦常，但毕竟存有几分"人间真情"，有恩在，有情在，有义在。是羞耻而不是可耻，是无聊而不是无赖。其间，我多次忍不住不礼貌地打断他的陈述，问他，难道那么一点看起来"可以理解"的私情，能大于整个社会的道德约束和一个党员领导干部应受到的纪律约束力？他反驳说，如果他是一个没有官位的成功男人，这个问题就简单得多，只不过党对干部的要求要比对平头百姓的要求严厉得多，这才使得他的情感问题彰显严重。我问他，我们可以抛开道德话题说说法律吗？难道我国的婚姻法只是用来约束干部，平头百姓犯下重婚罪就能逃脱惩处？

他一下子愣住。我接着追问："还有一个问题，就是你始终觉得自己的感情是干净的，没有以图谋不义之财去吸引和供养那些女人，那些女人都是因为你有魅力，爱上你，才死心塌地跟你保持关系，甚至与你偷偷成家，生养子女的。那么我问你，如果不利用你的特权，你能够帮助小乔和她的闺密夫妇，找到高薪的工作？能够帮助小凡拉到那么多广告业务？这难道不是利用公权力购买私情，变相贪腐？"

他低下头，脸憋得通红，真的分不清是因为酒喝多了，还是因为被问到"耻处"。半晌，他才抬起头，瞥了我一眼，赶紧把目光闪开，轻声说了几个字：

"是的，我是个糊涂浑蛋！"

关于对非正常情感的理解，还有一个文化层次和在位级别更高的落马官员，则是另一种错位。《最后的华尔兹》中的主人公，是一位风流倜傥的省部级高级领导干部，他周旋在两个在他眼里非常出众的女人，一个聪明绝顶的老婆和一个美丽绝伦的女明星之间。谈话中，他不经意之间流露出一种特殊的优越感，认为自己的贡献和地位，自己的才华和风雅，完全配得上这一份"风流人生"。在位时，为老婆和情人他强势出手，多次伸出巨掌，帮助她们谋取不当利益。他个人还收受巨贿，干预下属业务，造成国家金融资本的巨大损失。但他几乎没有为此感到太多的懊悔——也许是在我面前，不愿意表现自己的这种懊悔。在交谈中，我看到的是一个虽然服刑了数年，却依然傲慢甚至蛮横的官僚。这让我想起了前些年社会上流行的一个荒唐段子：关于定性乱搞女人这件事，老百姓叫耍流氓，县乡长叫生活腐化，厅局长叫不够检点，再大的干部，叫风流倜傥，充满生活情趣。这个段子说明了封建社会皇权统治下的官僚等级文化糟粕，在当今依然大有市场。搂着性感女明星跳华尔兹的高级干部，在国际时髦做派和时尚品牌包装的躯壳里，嘭嚓嚓的依然是一颗陈腐的、残损的心。以这样的一颗心，怎么能显示出高雅和高傲呢？心高气歪，智而不明，这份人生如何不似张爱玲所说的，低俗，低俗到尘埃里去了吧。

在结束跟原"正部"的交流时，我递给他一张纸条，希望他填写一个我带来的问题：如果让你重来一次，你是选择做一个风流的囚徒，还是选择做一个朴素的常人？为什么？

　　他对着纸条，沉思了半晌，轻蔑地笑了一声，摇摇头，说，不好选，不知道。

　　对此，我也无语了。

　　如果说，有那么一份"男女之情"值得同情的话，那我不得不提及《曾记否》里的美女书记和她的丈夫。他们用相濡以沫的爱情和婚姻，支撑着人生信念，克服了一个又一个生活的困难，事业的波折，直到小家庭走向了世俗所认为的"富贵"。应该说，他们的故事是非常励志的。在当今物质主义泛滥，年轻人不再相信同舟共济的爱情和婚姻的横流中，他们的成功，充满了正能量，具备了强大的正面导向价值。

　　然而，所有完美的爱情绝唱，都应该有大情的付出与大义的回报，这两个美好旋律共同构成。美女书记在回报丈夫对自己多年的情义时，不知不觉中失去了理智，动用了权力与利益的间接、隐秘的"潜规则"，打了一个"擦边球"，走上了违纪道路，最后受到撤职处分，为自己的人生留下一条灰色的尾巴。他们的励志神话，于一念之间破灭，为自己也为当今社会留下了遗憾。女书记一辈子清廉，只为爱情犯了一次糊涂，就触电落马，为我们提供了最严厉的警示：在党纪高压线的追踪下，从政的状态，真的不能有半点混沌。我们必须时刻绷在高度警醒的紧张中。

　　中国古代有一句官场教条，叫作"难得糊涂"。封建社会江山社稷是皇家的，你为官一方，干得好、干得孬，与你并无多大关系，所以，最好不要顶真，眯缝着眼睛在官场混世，是一种聪明，一种练达。然而，今非昔比，这份糊涂在皇家天下，也许是聪明的，实用的，但到了今天，人民天下，官员的清醒与糊涂，影响着一方水土上的物质与文明，也就直接影响着广大人民群众的幸福指数。如果为官者还在"难得糊涂"，那就不是聪明，而是不正了；那就不是"难得"，而是"缺德"了；那就不是太平混世，而是要坐等出事了。"无法直立"的市委副书记，收钱办事，花钱买官，他不可能不知道这是犯罪行为，但他宁可眯着眼睛，眼前装糊涂，不去对未来的后果睁开眼睛。《四海之内》的交通厅副厅长，作为一名党员领导干部，居功自傲，腐败堕落，整天在天上飞来飞去，在高尔夫球场把杆子挥来挥去，在狐朋狗友之间蹿来蹿去，个人没有好处就稀里糊涂不履行公职，收到钱财进个人腰包，就精神大振，又是签字又是协调，马上变得勤政起来。他自作聪明地用这点小伎俩，来应付党和人民赋予的使命，应付自己的人生。他是时而清楚、时而糊涂，有钱亢奋、没钱疲软，他的明智度，明显是随着个人利益起伏的。这其实就是小聪明大糊涂，最终必然毁灭。《暗裂》里的大学党委书记，天真地以为自己品行的裂缝，会在无数的光环中永久隐匿。《风雅殇》里的文化厅副厅长，作为一个具有火眼金睛般文化行情修养的主管领导，竟然睁一只眼闭一只眼，对下属疯狂造假、坑害艺术收藏者、破坏文化市场规则的长期作乱，视而不见。在我的反复盘问下，才吞吞吐吐地承认，自己对下属的行为，其实是"心中有点数的"，只是觉得，现在的艺术界"都是这样的"，否则"赚不到钱"，包括他自己在内的艺术家们会"永远穷下去"。而《曲终人散》中的国有集团董事长，以不当手段专权，以不当利益拉帮结派，开设了一场人生的"腐败盛筵"，退休后被党纪国法追缴。当他落得同伙溃败、曲终人散的凄然下场后，竟然抱怨"亲情"不厚，谴责"友情"太薄，为此夜不能寐，一会儿暴跳如雷，一会儿望月流泪。他官至正厅，精明过人，却连种瓜得瓜、种豆得豆，埋下势利种、长出炎凉田，这些最基本的人生换算规律都没有整明白，反为聪明误，必得糊涂死啊。

然而，综合观察这些级别不低的失足官员的人生，引发致危致命"混沌"的时刻，无不在他们成为"成功人士"之后。而成就成功人生的前半路，他们大多是激情洋溢、奋进向上的。在攀爬到一定高度，获取了权力之后，他们就迅速滑向了骄躁和颓败的后半路，并有朝一日在那里彻底摔倒，鼻青脸肿，头破血流。人们为此心痛，也为此迷惘。许多人为此煮心熬骨地调查研究，回答了无数的为什么，又新生出了无数的为什么，就是找不到一个清晰的、权威的结论。很多人把权力导致的人生悲剧，寻根为传统文化的残毒，归结为现行体制的缺陷，甚至追究到人性中的欲望天性。在从事这本书的写作过程中，这些问题，我都关注到了。我觉得这些思考都有必要，这些探讨都有价值，这些结论或多或少都能沾边。

然而，我们必须抱持辩证，着眼全面。有一个问题，我们无法避开：更多同僚的前半程，他们并无差别，可到了后半程，他们却分道扬镳，行走到不同的世界去了。少数的他们，和多数的他们，到底为什么同途殊归？他们在本质上有什么不同呢？既然违法乱纪依然是庞大干部队伍中的极少数，我们怎能以这极少数样本，去判断整个群体背后的文化和体制，甚至人性的是非呢？

我陷入了深深的自问。

既然，我无法驾驭这么宏大的命题，来观照中国干部群体的内心和发展，那我还是把目光，投回到我深度访谈过的这一小群党的中高级官员的身上吧。也许我能对这个群体做一个简单的描画，哪怕是感性的！毕竟，我有了那么多跟他们面对面促膝谈心的日夜，我面对过他们急促或冷漠的呼吸，不屑或温和的表情，放荡的大笑或滂沱的眼泪；受他们的情绪感染过，对他们的言论思索过，对他们的行为恼火过，为他们的命运扼腕过，被他们尚存的良知感动过。我风雨兼程，追踪了他们的轨迹；我夜以继日，倾听和记述着他们的许多，甚至一切经历。也许，从此我更不能忽略他们，我会永远记得他们，而且，努力地让更多的人，记得他们，记得他们在来路上的覆辙。

对他们，我也只能借用一位伟大作家的句子，做一个感性的印象描写。在我的案头，放着我喜爱的作家村上春树的著名作品《挪威的森林》，里面有一段主人公渡边评价朋友永泽的话，我想用在他们身上，谈不上精确，但算得上精彩吧。

他既具有令人赞叹的高大精神，又是个无可救药的世间俗物。他可以春风得意地率领众人大步向前，而那颗心同时又在阴暗的泥淖里孤独地挣扎。一开始就有人察觉出他这种内在的矛盾，而更多的人却对此视而不见，这实在令人费解。他也就背负着他的十字架，艰难地匍匐在人生的征途中，直到趴下。

这，是不是一种真实？

尾声：最后一个故事

"从百里泥泞的乡村走出来的时候，他是全县的骄傲。当然，这一切也是他的残疾父亲从土里一点一点刨出来的。研究生毕业进入省城三甲医院工作，每爬一个台阶，出人头地的信念就更加强烈。在一切机会中寻找捷径，在麻痹、侥幸中一步步走向深渊。临到要移送司法机关之前，他扑通一下向纪委的审查员跪下，提出了一个请求：能不能给个政策，给点盘缠，安排我年迈的父母从老家来一趟，我要好好给二老磕一次头，恐怕以后再也见不到他们了……审查员赶紧拉他起来，事到如今，恐怕一百个响头，也不能减缓一点点他对亲情的伤害啊！"

中秋节刚过，天就凉了下来。借着 2016·杭州 G20 峰会带来的持续高爽，我完成了《追问》的写作。

我马上想起了曾经答应过，跟省纪委的陈姓处长等人一起去看望上面这个故事里下跪主人公的老父母。

汽车跨过长江，沿着高速路奔北而上。经过两个多小时的疾驰，下了高速路，进入一段颠簸的农村公路，将近一个小时后，又拐上了一条土路。开了十几分钟，土路越来越窄，终于无法再往前开了。

县纪委的两位同志和村主任，早就站在路口等待我们。

我们从车上提上带给老人的两袋零食和水果，深一脚浅一脚地跟着村主任，向田野深处的小村庄走去。

在路上，村主任告诉我们，两位老人今年夏天已经走掉一个。去年，老太太得知儿子的事之后，很快一病不起。剩下的那位，是82岁的老头，那个当年拖着残腿养活并培养儿子成才的父亲。

老人出现在我们的视线中。他倚在小瓦房破旧的墙上晒太阳，面朝我们来路的方向。村主任告诉我们，老人双腿走路困难，眼睛几乎失明，头脑糊涂，有些老年痴呆症状，不能生活自理了。自从老伴去世后，都是村上出资派人，轮流照料他的生活。只要不下雨，不管冷热，他每天都会固定不变地坐在这里，对着这条路发呆。

"他是在等儿子回来。"村主任告诉我们，他并不知道儿子犯罪的事，说给他听，他现在也未必懂呢。

村主任又吩咐我们，什么都不要说，由他来跟老人喊话。

我们走到老人跟前，大家围着他蹲成一圈。村主任大声地跟他喊道，你儿子和媳妇回来看你来了。

老人一听，突然呵呵地笑了，并伸出双手，在空中划动着，摸索着。省纪委的陈姓处长毕竟是一位心细的女同志，见状赶紧放下水果袋，把自己的手伸给老人。老人一把抓住，然后就呵呵、呵呵地笑着，笑得停不下来，嘴里还咕噜咕噜地说着什么。

村主任翻译说，他说，我儿子是研究生，我媳妇是大学生。

我们在老人面前大概待了 20 分钟，准备离开。可老人抓着陈姓处长的手，使劲不放。村主任就上去帮忙，好容易掰开老人的手，让陈姓处长抽出了手。

陈姓处长的手腕被抓红了，她的眼圈也红了。

我们的心里真不是滋味。在回南京的路上，我们一行人几乎没有再说话。我们无法表达此时的心情，那种酸楚的复杂。

到南京后，在告别时，我试探着建议陈姓处长，下次去监狱回访老人的儿子时，可以把听说儿子回来，老人抓手这个细节，说给他听听，对他应该有触动。

"这个，太残忍了吧。"陈姓处长说，"再说，事到如今，再触动，只能摧残他的内心，其他又有什么用了呢？"

是夜，我又失眠了。

窗外，依然是一个海阔天高、星光璀璨的世界。

我思绪缥缈。冥冥时空里，沉沉脑海中，忽然飘荡起跟这部书同名，却并无什么意义关联的一首老歌的歌词：

追问 ……
怎么爱变幻骤然似烟云。
去似烟云，没生根……
情缘幻变将我快乐全幽禁。
灵魂亦飘散心思给软禁……
变变幻幻情缘
凄凄戚戚苦乱心……

其实，这是一首粤语老情歌。即便真的播放这首歌，我恐怕

257

一句歌词也不会听懂，听懂了，这首歌艰涩的歌词，似是而非的意思，也无法完全领会。但这首情歌经常在我心情不平静的失眠之夜飘出，无缘无故。如果一定要说有缘有故，恐怕也就是这首歌歌词的模棱、艰涩，诸如幽禁、灵魂、爱、烟云、变幻、快乐、乱心，还有歌名《追问》，等等，这些词语，给人虚虚实实、百暖百寒的一种纠结。而这首歌在夜空里飘出，曲调的空旷、邈远，以及文佩玲声音里的那种悲情和无奈的意味，更有穿心般的感觉。

2016 年 10 月

初心

任彦申作序推荐

【大时代 大主题 大散文】

问心三部曲

丁捷 著

中国出版集团
中国民主法制出版社

全国百佳图书
出版单位

图书在版编目（CIP）数据

问心三部曲/丁捷著. —北京：中国民主法制出
版社，2025.5.—ISBN 978-7-5162-3934-6

I. I217.2

中国国家版本馆CIP数据核字第2025Y0F899号

图书出品人：刘海涛
出 版 统 筹：石　松
责 任 编 辑：张佳彬　姜　华

书　　　名/问心三部曲·初心
作　　　者/丁　捷　著

出版·发行/中国民主法制出版社
地址/北京市丰台区右安门外玉林里7号（100069）
电话/（010）63055259（总编室）　63058068　63057714（营销中心）
传真/（010）63055259
http：//www.npcpub.com
E-mail：mzfz@npcpub.com
经销/新华书店
开本/16开　690mm×980mm
印张/13.5　字数/149千字
版本/2025年9月第1版　2025年9月第1次印刷
印刷/河北鹏润印刷有限公司

书号/ISBN 978-7-5162-3934-6
定价/118.00元（全三册）
出版声明/版权所有，侵权必究。

题　记

你是否获得了
自己希冀的人生？
时光改变了你的容颜，
也考验着你的心。

总序｜在撕裂中追问初心

　　一直以来，总会有一些舆论认为，那些所谓的"精英"，从人上人"一夜之间"沦为阶下囚，其人生的急转直下，皆因"一念之间""一时糊涂"。"委屈""没有功劳还有苦劳""运气不好"等说法甚嚣尘上。成功者的巅峰跌落，究竟是偶然还是必然？这是前些年作为一名有着作家与纪委书记双重身份的我，在心中纠葛不停的问题。结合纪检工作阅历，并在研读了数百个案例，且有机会与一些涉腐的中高级官员面对面交流后，我有了顿悟。2017 年我写作并在中共中央党校出版社出版了《追问》，畅销七年了，一直没有降温。有身居要位的领导说，《追问》是一本现象级的作品，值得聚焦，而我却在远离喧嚣，"冷却"自己，默默地追问着"《追问》何以成为现象级"，《追问》若能冷却，又何尝不是我写作的初衷！

　　在我看来，反腐报道特别真实，但因限于表述腐败事实本身，难免停留其表，无法引导读者细究其里；反腐小说则受困于过多的情节虚构，大多滑向失真和娱乐化。《追问》选择纪实文学的手法来写作，以小说化的手段来呈现案例里的真实。《追问》的切入点是描摹各类涉案官员浑浊的内心世界，还原其精神裂变的路径。这种内在蜕变，往往有一个比较隐秘的、漫长的过程，需要用他们真实的人生经历来演绎，需要设计生动的人生行为来表达，需要一种"文学的真实"。纪实文学不是新闻报道，不是案例直叙，严肃的文学细节的刻画和典型性处理，更是为了聚焦人心和人性，避免故事化的猎奇。选材上，我只对应事，不对应人，事件为人物形象的丰满化服务，努力使每一个人物都具备代表性、概括性，但杜绝对号入座的八卦。

我发现腐败的"顽固性"决定了"追问"的持久性。大路朝天，并没有真正的"突然"翻车，也不存在跌得鼻青脸肿是"一时糊涂"。腐败，几乎都经过了相当长一段时间的"酝酿"，最终用病态的心理、畸形的人格、扭曲的价值观、低下的品德、混乱的生活逻辑，来为私欲铺路并兑现私利。"一夜之间"不过是为他们的无尽灰暗而掩饰，"一时糊涂"不过是为他们的"长期混乱"而托词。正因"起跑"时间长，腐败的惯性也非短时间能消除，腐败和反腐败就一直在路上，一个不肯消停，一个不能懈怠。这也是读者觉得《追问》还很"新鲜"的原因。

然而，《追问》塑造的毕竟是一部基于现实案例的人物形象群集，很难把个案写得深入、透彻和突出。"问案"的关键是"问人"，"问人"的关键是"问心"。风雨兼程，人心好不容易成长、发育、壮大了，怎么又复杂、混沌、颓败下去了呢？这当然是一个"精致"而"悲哀"的过程。我在思考"追问"之后如何再追问的时候，两部新作的灵感相继闪出，这就催生了偏理性的政论大散文《初心》和纯感性的长篇小说《撕裂》。《初心》融入了更多的自我，是我把自己五十年来对历史的认知，对社会和现实的体验，个人内心成长过程中与他人、与世俗的拥抱与冲突，坦率地讲述出来的一部悲欣交集之作。这部作品还试图用通俗的哲学和传统文化来放置人心，以此启发更多的迷失者"醒来"，不求"顿悟"，但求"触动"，哪怕肯在我的文字中，做一点沉思，回头望两眼来路，也好。

而《撕裂》呢，则是选择了几个《追问》素材库里最扎实的案例，也是最不宜直接公开纪实的案例，用心进行糅杂、萃取与想象，实现在现实宏观里虚构微观。我本是小说家，是诗人，用"虚构"进行表达，也许更能满足一贯追求的"至欢至痛"写作体验。因而，对这部后来进入年度政治小说排行榜十强的小说，我自有一份偏爱。你看到成功者风光的那一刻，是否能想象到他擦得锃亮的鞋子里，那双脚已经血肉模糊？你听到成功者通过话筒传播出来的豪言壮语的那一刻，是否能想象到你听不到的低声部，充斥着虚假、欺骗、谄媚和违心？西装笔挺，不影响在隐秘的角落里卑琐下跪；你眼中的笑得灿烂，可能是他心中的恨得阴暗和哭得凄惨。我们处在这样一个撕裂着的世界。

人生，应该是一个相对安静的、循序渐进的上升过程，而不是书中人物这样的大跳跃。满则招损，速则失控，妄图在财路、仕途和情感方面快速得到比普通人多得多的东西，最后必然导致毁灭。"问心三部曲"想通过正、反和模糊地带的多面观照，告诉读者真正有持久生命力的，还是一颗淡定、本真、量力而行且底线分明的心。从这个角度说，"问心"也是永不过时的"成功学"教科书。年轻人追求成功、成功者享受成功的人生路上，是不是要有足够的自我追问、忍痛撕裂和初心抱守的雄心、决心和恒心呢？

丁捷

2025 年 9 月 5 日

序

任彦申

　　2017 年，反腐题材纪实文学作品《追问》的畅销和反腐题材电视剧《人民的名义》的热播，在中国社会产生了石破天惊的轰动效应。这两部作品，是现世版的贪官现形记，是鲜活的人性百态图，是发人深省的人生启示录。

　　《追问》这部作品的震撼之处，不在于它揭示了人所不知的种种贪腐秘闻，也不在于它鞭挞了这些贪官在光鲜外表下的种种丑行，而在于它触及了贪官们的内心，剖析了他们走向贪腐的心路历程，深深地敲打着他们扭曲的灵魂。

　　面对《追问》这部作品热销、热议、热捧，作者丁捷不是沉湎于这种荣耀，而是开始了更深入的"追问"。他在全国各地做了多场"追问初心"的专题报告，在与各层人群面对面的对话交流中，他获得了更多的灵感和"悟觉"，引发了他新的写作诉求——关于人心的天真、成长、成熟、变化、扭曲和回归。

　　丁捷是伴随着中国改革开放 40 年的历程成长起来的，经过大学教师、省委机关干部、企业管理人员、援疆干部、省属文化单位纪委书记等多个岗位的历练，耳闻目睹了40年来社会的变迁和人心的演变。洞察世间万象、人生百态，剖析众人的起落浮沉，丁捷终于找到了一条透视人生的指导线索，把思想聚集到"初心"这个主题上来。

"不忘初心，方得始终"，这是近年来使用频率较高的一句话，意思是只有坚守本心信条，才能功德圆满。

初心，顾名思义，就是做某件事最初的愿望，最初的原因，最初的目的。

丁捷在《初心》一书中对初心的理解是，初心即自然，初心即自俭，初心即自由，初心即自重，说来说去，初心是一切美好的本愿。守得本愿，方得美好。追问初心，还是初心。

"人之初，性本善。"一个人，一个政党，一个政府，开始起步时大都有美好的初心，然而"靡不有初，鲜克有终"。初心易得，始终难行。走着走着，把初心淡忘了、走丢了，结果，善始而不得善终！

所谓不忘初心，就是不要忘记人之初那种纯真与善良，不要忘记做人的良知和底线，不要忘记人生的希冀和梦想，不要忘记事业起步时的承诺和誓言。砥砺前行，不懈奋斗，以达到至善的最高境界。

党的十九大把"不忘初心，牢记使命"作为中国共产党的时代主题，习近平总书记讲："中国共产党人的初心和使命，就是为中国人民谋幸福，为中华民族谋复兴。"

那些失足落马的官员，原本并不坏，不少人曾是奋发有为、政绩显赫的干部，也曾有良好的初心。因为走得太快、走得太远，以致忘记了自己为什么出发，忘记了自己走过的路。面对着各种挑战、各种机会、各种选择、各种诱惑，逐渐迷失了方向，不知道自己要到哪里去。作为共产党员、领导干部，任何时候都要坚守初心，不辱使命；任何情况下都要坚守防线，不要跨越法律、纪律、政策、道德这四条"边防线"，循规蹈矩不逾界；任何情况下都要把住私心、贪心、野心这三条底线。一个人一旦失去底线，什么坏事、丑事都敢干。一个社会一旦失去了底线，什么荒唐的事情都可能发生。人生的经验告诉我们，常理比知识更重要，良知比智慧更可贵。一个人只要不违常理、不背良知，即使有小错或者小毛病，也不至于导致大错和沉沦。而一旦违背常理、泯灭良知，那便不可救药、下场也就可悲。

初心，这是当今社会的大主题，是人生的大文章。丁捷的这本著作《初心》，未必能从理性上完美诠释"初心"这个大课题。《初心》更不企图引领和教化，而是作者自我心灵的直白，真诚情感的结晶，是美好与忧伤记忆的萃取，语境亲切，态度率真，因而它读起来如此感人；《初心》更是丁捷跳出思想的小我，概括一代人甚至几代人的思想的某些"情绪"，某些"律动"。《初心》的初衷，是感召更多的人，走在人心的光明正道上。文可化心，文可载道，《初心》也许是当今社会呼唤的一种美好文本。

2018 年初春于北京

背景：文学初心的历练与改变

我生性腼腆，不善交际。看起来安静内敛，实际上心若惊澜。这种个性，不容易接近别人，却极容易接近文学艺术。受父亲的影响和引导，我从10岁开始阅读大部头文学名著，14岁开始创作并发表文学作品。一晃30多年了，从文学少年变成了如今的"文学中年"，眼看着白发增多，想说的废话也在增多，阅历的世事，人生，大山的不烂之石，大海的不枯之水，也是相应增多。最重要的是，阅读的书，出版的作品增多；大脑的褶皱增多，心灵的纵横增多。从来行走在职业的世俗中，却一直抱持着文学情结，背负着一些人文情怀，磕磕绊绊地向前。风雨，寒窗，忽亮忽暗的灯火，阳光与星光交错的希望，燃烧不熄的热心肠。一点一滴，无不汇聚在我心的汪洋。

在高校教书的时候，曾经有人笑我，一介书生，满腹才华，却苦有济世抱负，不如爱你所爱，任你所性，勇往直前，才是书生正道。在省级机关工作的时候，一方面看到许多机关"老黄牛"，日出而作，日落而归，一辆破旧自行车，在家和单位之间，载走了青春，流逝了芳华。另一方面，也有特别精明的同事劝我，写写画画，手不释卷，劳而无功，苦而无获，雅而无益，俭而无助；上班喝茶，下班打牌，人云亦云，动手腕而不动手，动小脑而不动心，才是仕途智慧。几年前，参加中国作家协会采风团去新疆采风，结识了一位北京的心理学教授大姐，她诚恳地送给我一句话：丁捷，你要放下，卸去你身上的一部分背负。几年来，这句话如同霹雳，一直在我心里回响。我理解了，却又没有理解；我放下了，却又没能放下。难道我要到五十才不惑？许多问题，让我又背负上新的纠结。

好在，我有书，有写作。文学始终是我人生道路上的小伙伴，是我心灵的动力，或者说是一种自我抚慰也可能抚慰他人的力量，一根自我清醒也可能令他人清醒的银针。对这个世界，甚至对自己，我虽然还不很明白，但我在靠近明白；我的内心虽然还不算强大，但我每天都在努力追近强大。我自强的手段就是阅读、写作，以及由此带来的思想和情愁。30多年里，我创作出版了20部独立著作，大部分都是貌似"闲云野鹤"类的。青春的，言情的，浪漫的，我以脱离现实的文学方式，解脱深陷现实烦躁中的自己，直到上一部，在全国读者中引起热议的《追问》！

诺贝尔文学奖获得者皮兰德娄获奖时说道：我深信诺贝尔文学奖绝对不是为了激励奖赏一位作家的写作技巧——因为这从来都只是雕虫小技，不足为贵——诺贝尔文学奖一定是为了鼓励作家作品中的真诚人性。大师的话，揭示了写作的本质，以及写作者的价值。《追问》的写作，是一次文学情怀的历练与改变。决定写作这部关于落马高官心灵史的过程是踟蹰再三的。消化卷宗材料、与当事人面对面的采访、写作本身的实践过程，是烦琐的、艰难的痛苦的。发表这部作品也是需要勇气的。而这一切的挺进，所依赖的力量，不是以前所有作品创作时所需的那一点素材，一点时间，一点才华，一点技巧，而是自己身处现实若干年，首次直面现实所激发出来的真诚——以写作者的真诚，追问和交换采写对象，一个特殊"精英群体"的人性真实和内心坦白。真诚可以逼真，而真相才是我们每个人最想了解的，最珍贵，也最有力量。昨天的现实真相，是改变今天的正确力量。过去的真相，很难照耀历史的天空，而它会昭示当下，照亮未来。《追问》让我在自我的文学情结里获释，《追问》让我的写作成为一次与现实的顶真，也成就了自己的人文修行。

而"追问"到的结果，就是"初心"。2017年3月23日，在中央党校举办的《追问》发布会上，在责任编辑王君女士的建议和高度概括下，发布会的主题确定为"追问初心"。该主题引起了读者强烈的"追问"兴趣，100多名在发布会现场的领导干部学员和媒体记者，抛出了一个又一个"追问"为什么关乎"初心"的尖锐问题。我回答了，我听到了掌声，也听到了质疑声。在此后的大半年里，我无时无刻不在继续思考和回答这些问题。我甚至以"追问初心"为题，在全国连续做了近百场报告，结合自己的半生所经、所历、所情、所思、所感、所悟。我讲，追问精英的败落，必然落脚到初心的丧失；我讲，初心的丧失，一度使人与人、组织与人之间的血肉联系异化为破碎的物质利益关系，万象凌乱，诚信缺失，人人自危的塔西佗效应滋生；我讲，从初心病灶看文化取舍；我讲，从初心至上看纪法并举；我讲，从初心回归看自我优化……"不忘初心，牢记使命"，我把这些行动看作尽我微薄之力的初心践行。也许能感召更多的人，走在人心的光明正道上。

目　录

得
之
篇

拥抱：咫尺之远的初心到达

　　一个人只爱自己，一颗心只有拳头那么大，几百克那么轻；一个人只爱自己的小家，一颗心最多有几百平方米那么大，几许柴米油盐那么重；一颗爱人民、爱国家、爱世界的心比960万平方千米还要广阔，与世界一样博大，如山高水长，如雷霆万钧。

月有圆缺，天有晴阴。人生风雨阳光同在，不忘初心，方得始终。

留住初心并不难。初心就在那里，就在所有人出发的地方，就在那些没有成本、无须投资的精神世界里，就在我们善良美好的本愿里。你丢了，可以找回来。你没有，可以去重建。初心的光辉，一直在普照着人类的行程，也一直蕴藏于中华民族的精神富矿，补给着我们的文化血脉。只要你真心想要，它很容易就滋润你的心灵，照亮你的行程。

"所以表不忘初心，而必果本愿也。""不忘初心"最早出自唐代大诗人白居易《画弥勒上生帧记》，他告诉我们，只有带着初心，才能获得本愿，完成你最初设定的情怀和抱负。你迷失，一定是因为忘记了出发时候的愿望。无数先知先觉的先辈都在这样提醒。阿拉伯作家纪伯伦在《先知》里提醒人们，"不要因为走得太远而忘记为什么出发"。走得太远，应该是好事，但走得太远而忘记启程时的美心美愿，就意味着人生走进了险境。

今天，我们如何理解初心的本质，到底有哪些构成，我们如何在风雨兼程中紧紧地拥抱住它们，到达人生的佳境，与全人类一道攀登文明之顶？

心事浩茫连广宇，于无声处听惊雷。苍穹大地之间，有我一心。心有所静，心有所思，心有所悟，心有所得，心与心因为美好而交相辉映。

放眼望心空，如此灿烂。低头入心河，如此澄澈。

1

初心即自然，让我们寄情山水。

中华民族有着深厚的山水情怀，万水千山总是情，历代文人骚客，无不把他们的才情抒发于自然之间；从来，仁人志士爱江山而藐风尘。离开了山水，就谈不上什么境界；再大的功利，在自然面前，都是浮云一块，可以很快被时间蒸发。

寄情物质，心怀利禄，与寄情自然有着本质的区别。凡是带着功利的眼光，带着实用主义的需求，世界看起来就不会是美好的。著名美学家朱光潜先生在一篇文章里，把功利世界和非功利世界比喻成一棵树和它在水中的树影。他说，同一棵树，看它的正身本极平凡，看它的倒影却带有几分另一个世界的色彩之美。为什么？因为看树会有

5

功利的联想，比如，这是谁家的树，树种是否名贵，价值几何，等等，充满了物质探究。而看水中的树影，是跟我们现实世界隔开的，是幻境的，与观赏者的实际人生没有直接利害关系，观赏者就不受利益之心的牵绊，仅仅把它作为一个纯粹景象，安闲自在地去玩味，更多地注意到它的轮廓、纹线和稍纵即逝的斑斓。这种形象的直觉，当然能达到美感的体验。所以，想体味到事物本身的美，一定要从实用世界跳开，以"无所为而为"的精神，进入那种其实"与我无关"的美。

那么，一个人如果功利心太强，他的眼睛里就永远只有表象，只有数量而没有树影，没有抽象。欣赏自然如此，处世更是如此。沉浸在功利世界的人生，根本谈不上什么美好。买一个新包包，最多能获得一个星期的喜悦；升一级职务，大概会有三个月的兴奋；爱情婚姻自古就有"七年之痒"的说法，什么会使其天长地久？你靠什么去维系自己的心态，处在平静、满足和欣慰的常态，总不能天天买包，月月升官，年年娶妻吧？

我写过一本叫《小困兽》的书，给青少年看的，目的是培养青少年的美感，建立一种"世界上看似最没用的事物，往往最是人生的宝贝"的情怀。这种情怀其实就是超凡脱俗，把人从物质里解脱出来，把幸福建立在唾手可得的心灵世界。其中，培养热爱自然的能力和素质，是培养这种情怀的重要途径。

热爱自然可以铸就敬畏之心。

自然的博大与美，让人类认识到自我的渺小与浅薄。登泰山而小天下，在自然面前，人类那点自大变得很可笑，个体的那点分量，更是轻如鸿毛。

1990 年"旅行者"一号宇宙探测器在即将飞出太阳系中心区域的时候，最后一次回眸我们的家园——地球，从 64 亿千米之外拍摄了地球照片。照片中，地球仅是一个 0.12 个像素大小的圆点。著名天文学家卡尔·萨根对着这张照片，感慨万分地写道：

　　地球是在这个浩瀚宇宙剧院里的一个细小舞台。想想从那些将领们和皇帝们溢出的血河，他们的光荣与胜利曾成为这一点上一小部分，一瞬间的统治者。

　　想想栖身在这点上一个角落的人正受着万般苦楚，而在几乎不能区分的同一点上亦同时栖身了另一批人在另一角中。他们有多频繁发生误解？他们有多渴望杀害另一方？他们的敌意有多热烈？我们的装模作样，我们的自以为是，我们的错觉以为自己在宇宙里的位置有多优越，通通都被这暗淡的光点所挑战。

　　看到两张照片中的那同一个小点了吗？没错，就是这里，就是我们的家，就是我们。在这点上有所有你爱的人、你认识的人、你听过的人、曾经存在过的人在活着他们各自的生命。聚集了一切的欢喜与苦难、上千种被确信的宗教、意识形态以及经济学说，所有猎人和抢劫者、英雄和懦夫、各种文化的创造者与毁灭者、皇帝与侍臣、相恋中的年轻爱侣、有前途的儿童、父母、发明家和探险家、教授道德的老师、贪污的政客、大明星、至高无上的领袖、人类历史上的圣人与罪人，通通都住在这里一粒悬浮在阳光下的微尘！

　　地球在宇宙视角是如此渺小的一粒浮尘。正是这一视角，唤起了卡尔·萨根对大自然无限的敬畏，由此激发出更为强烈的家园情怀。"硕大的宇宙夜幕中一个孤独的圆点，对我来说，它强调了我们在更友善、更积极地处理相互之间的关系上的责任，以及保护和爱惜这个暗淡蓝点的责任，这是人类已知的唯一家园。"没有这颗小圆点，我们的心再浩大，又能往哪里寄托呢？

热爱自然可以铸就感恩之心。

没有自然就没有生命，我们是自然的产物，是大地分娩的子女，是阳光、水、空气抚养的生灵。热爱自然，就是热爱我们的襁褓，我们的摇篮，我们的母亲。热爱自然能唤起我们的良心，能感召我们的反哺之爱，报效养育。热爱自然的人，绝对不会不问自己的付出，只求拼命索取。自然是宽容的、憨厚的，她不会跟你斤斤计较，不会对你的贪婪之欲、无情索取实现睚眦必报的反击。但自然也绝不会没有是非，没有爱憎。在你砍伐的地方，森林有一个创口，那是风暴的大门；在你挖掘的地方，大地有一个残缺，那是塌陷的成因；你的每一句污秽之词，都加添着你的肮脏；你的每一袋垃圾，都是你挥霍自然的证物，一定会有一个欠条记载着你的名字；你屠杀的每一个生命，跟你都有同样的权利，都是大自然平等挚爱的儿女；你吞下的每一口食物，其实就是另外一个与你等价的生命，你的生命，不就是他们的牺牲造就的吗！不就是大自然博爱的恩赐与恩宠吗！

没有感恩之心，生命就不配依附自然，人就无权在自然里生存。

热爱自然可以铸就超越之心。

生命是短暂的，自然是永恒的，我们是到永恒的自然里，走马观花地停留了那么一瞬。我们是自然的过客，坐在自然的客厅里，喝自然一杯茶，听自然一曲歌，吃自然两片面包，享受自然的热情与馈赠。我们也能欣赏客厅里自然的宝藏，把玩一下陈列在自然里的那些装饰，那些摆设，那些美景和器物。但是，我们得来的这一切，并非我们自己的。我们无权也无法真正拥有。作为过客，我们应该克勤克俭，取舍得当，衣不奢侈，食不过量，保持做客人的基本尊严、起码教养。生不带来，死不带去，超然物外，轻松走过。

热爱自然可以铸就共享之心。

自然不属于哪一个人，哪一群人，哪一代人，你有我有大家有，日有年有世世有。自然告诉我们，不要慌张，不要急吼吼，人生应该从容一些，礼让一些，优雅一些。

我们要向圣人的淡定、自若、风雅、谦让学习。老子说："圣人不积。既以为人，己愈有，既以与人，己愈多。天之道，利而不害；圣人之道，为而不争。"圣人是不存占有之心的，而是尽力照顾别人，他自己也更为充足；他尽力给予别人，自己反而更丰富。自然的规律是让万事万物都得到好处，而不伤害它们。圣人的行为准则是，做什么事都不跟别人争夺。

下地割麦，不要连根拔起，还一点营养给辛苦的土壤。出海打鱼，不要为了装满你的船舱，连幼苗一起赶尽杀绝。深山采玉，不要为了多几块顽石而掏空别人的山体。授人以花，手有余香；受赠谦谦，心旷神怡。独吞一个大饼，容易撑坏自己；见者有份，皆大欢喜。上地铁的时候，不妨慢一点，"冲锋陷阵"会冲撞老人、孩子和柔弱的妇女，那不是你的家人，就是他的父母、子女或妻子。有一天你遇到一个跟你同样的人，你会被他踢翻在地。多几个你这样的人，你的妻子、儿女和老人随时会失去安宁。做企业的时候，让利润薄一点，不要为了自己的暴富，而把别人压垮。社会从来没有把当官者饿死，当官已经有了应得的报酬，不要再去谋求不该属于个人的利益，那是公众的财产，你权力再大也不可以多占。共存共享，拥抱温柔之乡；你争我抢，人人遍体鳞伤。

大海蒸腾，高山化雪，河流毫无保留地把自己注入汪洋，因而它永不枯竭，源远流长；树木不断剥离自己的枝叶，吐露气息的芳香，大地才不吝供给它营养，天空才任由它蓬勃地生长。汪洋是大度的教科书，森林是奉献的演示场。自然是循环的，社会是因果的。互惠互利，社会规则；平等共享，自然法则。心，当尊之，当循之。

2

初心即自俭，让我们返璞归真。

越复杂的生活，成本越高，越是把人拖入疲惫中，劳力劳心。前一阵子央视播放一部超级火的纪录片《舌尖上的中国》，把中国食不厌精的文化推崇到极致。饮食本来是为生命补充能量，如手机充电，汽车加油。可是，你吃一口菜，要求那么高，搞得那么复杂，追求吃行为本身的乐趣，已经到了变态的程度，要他人付出千般力，经历万般苦，其成本何其高，简直相当于为了手机有电，整天背着一部发电机跑；为了汽车加油，三里备一桶，五里建一站。你不能把吃作为生命的目的。生活本不需要那么复杂，让我们卸下包袱，轻装简行。简简单单是生活，明明白白是硬道理。

我们有些官员喜欢前呼后拥，胡吃海喝，退休之后，什么都不适应，觉得家常菜不可口，出门坐公交跌份儿，没会议开了，便整天闷闷不乐，觉得无事可做。于是乎事事不如意，处处不顺心，晚年健康幸福全无。

好生活需要的不是堆积如山的财富，用堆积如山的财富去装备生活，只能使生活成为生活者烦琐的累赘，那会压得你喘不过气来。感受生活的，是心而不是胃，感受的是里子而不是面子。好生活装在你心里，而不存在银行里。你看得清这一点，好生活只是咫尺之距，唾手可得。你看不清这一点，你就奔走在去往银行的路上，生活疲惫不堪，人生的风景，只有钱柜和棺材两个箱子。美国超级富豪洛克菲勒家族的小约翰曾经通过《时代》警告家人，财富是上帝的，你们不过是管家。他要家人明白，财富越多，管家越累，拥有巨大财富，跟拥有巨大幸福，完全是两回事。更何况，财富终究不能带走，而一颗幸福之心会跳跃在你自己的胸膛里，还会变成幸福基因，遗传给后人。

近几年，我们的社会开始倡导"极简生活方式"。有的人盛赞这种生活方式，认为是物质满足之后的一种自在悠闲的选择，是中国社会经过高 GDP 疲顿之后的全新的理想生活方式。其实，极简主义生活观并不新鲜，古代中国庄子的淡泊、陶渊明的闲适都是如此。他们的欲望有限，所以能满足于最简单的生活。庄子在名篇《逍遥游》中说："鹪鹩巢于深林，不过一枝；偃鼠饮河，不过满腹。"它揭示生命的负担就是欲望需求的负担，生命的规律就是，你心里要的越多，你身上的负载就越大，生命的质量就相应缩水。口渴的偃鼠，它到河边喝水，充其量也就能把整个肚子撑饱了，河流再大，水再丰沛，对一只只能装一勺水的胃来说，意义不超过一条小溪，一方小水塘，甚或雨中干净屋檐的滴漏。所以，偃鼠喝完水，拍拍自己的肚子就一蹦一跳，离开了那条河流，快乐地玩去了。可是，人有时候却不一样。喝几口水，觉得解渴，欲望就膨胀到要霸占整条河流。然后，焦躁地徘徊在河边，玩命地圈占它，控制它的水流，不惜为之用尽力气，费尽心机，有的还因争夺而战争，导致血流成河。

人把自己称为"高等生命"。就这一件事来看，人和小小的偃鼠相比，到底谁是高等生命，谁是愚蠢的生命呢？

极简生活的生命力在于，无论古今，无论中外，无论贫富，"简化欲望"都可以达到"简化生活"的目的。因为它是从主观欲望着手的，所以对任何阶层的人都是有效的、易于实现的。可以说，"简化欲望"是适用于所有人的节能、高效的生活方法。

当然，"自俭"是对个人欲望做减法，是简化自己的生活，不是逃避现实，不是简化事业，不是遏制发展，不是容许消极人生观。总之，不是给自己的付出做减法。懒惰和无为，不能成为自俭的借口。一个毫不付出、对社会没有任何贡献的人，再怎么"极简"，都是对自然、对他人、对社会的耗损。这个，当然不是人类的积极本愿。

3

初心即自致，让我们竭尽全力。

在实现人生目标的道路上，我们不能懈怠，慵懒的人是不可能做成事业的，只能一生碌碌无为。世界上没有凭等、靠、要就取得成功的事业，没有鼓励自己的公民吃闲饭、混日子的超常制度。一个普通人不奋斗，耽误的是自己，连累的是家人。一个企业主不奋斗，拖垮的是企业，砸的是员工的饭碗，耗的是一群人的心血。一个干部，尤其是领导干部不奋斗，影响的是一方事业，拖累的是一个群体，一个单位，一方百姓。一个政党松松垮垮，得过且过，糟蹋了一个时代，把国家、民族带向被世界步伐淘汰的危机。

中国有一个成语，叫杞人忧天。我从来没觉得这是一个笑话。我在中学的时候参加全国 21 城市哲学经济学小论文竞赛，得奖的作文就叫《"杞人忧天"又何妨》，说的就是小到一个人，大到一个国家，都要有紧迫感、危机感，竭尽全力去做好每一件事。你不卖命干，别人在卖命。何况你跟人家还有一段差距。我们跟别人一样卖命，都还不够弥补这个差距，同比还会落后。所以，要生于忧患。这个观点引起了专家们的共鸣。我得了一等奖。

有一个故事，说 1952 年 7 月 4 日清晨，加利福尼亚海岸笼罩在浓雾中，海岸以西 21 英里的卡塔林纳岛上，34 岁的弗罗伦丝·查德威克涉水下到太平洋中，游向加州的海岸。假如成功了，她就是第一个游过这个海峡的女性。那天凌晨，雾很大，连护送她的船都几乎看不到。时间一个钟头一个钟头地过去，千千万万的人在电视上看着。有几次，鲨鱼靠近了她，被人开枪吓跑。她依然在游。阻碍她游泳的最大困难不是疲惫，而是海水的寒冷刺骨。15 个钟头以后，她又累又冷，浑身发麻。她觉得自己不能再游了，就叫人拉她上船。她的母亲和教练在另外一条船上，告知她海岸很近了，叫她不要放弃。但她朝加州海岸看去，除浓雾外什么也看不到。她感到没有必要再坚持了。人们惋惜地把她拉上了船，这时候她才看到，原来大家并没有骗她，确实她距离目标已经很近、很近了。稍稍的懈怠，致使前功尽弃。只要她再坚持一会儿，她的壮举就成功了。

这个故事告诉我们什么？竭尽全力，是我们迈向成功目标所必需的条件。凡是对自己的努力和付出有所保留的，都会为失败埋下种子。

我们常说一句话，叫你争取前五名，那你不能像第五名那样努力，你应该像第一名那样努力，甚至比前几名都要更努力，你才有可能进入前五名。因为你在努力的时候，人家也没有歇着，何况你跟别人之间还有距离需要弥补。

我把竞技运动看成是一种"浓缩的人生"过程。就拿 100 米短跑运动来说：1894 年，人类创造了第一个男子短跑 100 米的世界纪录，成绩为 11 秒 2。以后经过 74 年时间，人类于 1968 年创造了 9 秒 95 的世界纪录；2009 年，博尔特在柏林田径锦标赛上创造了男子 100 米短跑的世界纪录——9 秒 58！这也是到目前为止最好的成绩。从 1894 年到现在，人类用了一个多世纪，极尽各种训练技巧，无数健将历尽千辛万苦，才越过了 1.04 秒的差距。而根据达尔文进化论，人类由于掌握工具之后对工具的依赖，以及生产力发展、物质宽裕带来的懒惰，使得听觉、视觉、握射等很多生理功能退化，远远落后于很多低等动物。你在哪里松懈，你就在哪里退化。些许的进步需要竭尽全力，一日千里式的落后，却只要些许的松懈。这就是残酷的优胜劣汰规律。

时不待我，唯有奋力。"撸起袖子加油干"，这也是初心存在的重要表现。

4

初心即自由，让我们自觉自悟。

匈牙利诗人裴多菲有一首传诵天下的诗歌《自由与爱情》：生命诚可贵，爱情价更高，若为自由故，二者皆可抛。自由是人类精神财富中最宝贵的塔尖，人人向往。一个民族的自由其实就是自主，一个个体的自由，细细看，内涵很深。可以肯定的是，自由无形，自由无利，自由不是物质，自由是一种状态怡然的心灵感受。中国人喜欢说"境由心生"，自由的境界很大程度上也是从内心获得的。

我们追求的自由，起步就是两份自由，自己所处的社会的自由和自己个人的自由。社会自由的获得，来自与压迫者的革命斗争取得的胜利，来自国家的独立自治，民族的自主自立；个人自由，来自与自我欲望的斗争取得的胜利。所以，当内心的自律成为一种习惯、一种品性，牢牢地限制住了欲望的野马后，真正的自由也才姗姗而来，开始纵横驰骋。某种程度上讲，自由是自我修炼的结果，而绝对不是自我放纵的获得。自我放纵，必然冒犯自然，冒犯他人，冒犯社会，成为一种必须受到自然、他人、社会惩戒的"不自由"。

心灵自由不自由，对人的潜力影响巨大。500年前，瑞士钟表大师布克曾指出：雄伟而又无比精致的金字塔，不可能是由奴隶们建造出来的，带着人身枷锁、充满心灵困苦的人，是无法完成这样的伟大工程的。金字塔是由一群快乐、虔诚和充满想象力的自由工匠创建的！布克突破常识的判断，后来得到一些科学家的认可，它来自布克本人的一个经历：他曾经因触犯宗教禁忌而被捕入狱。服刑期间，监狱方得知他是钟表大师，就准备好好利用他，在狱中制作出一批精良的钟表。可不管怎么努力，他在狱中都没有能制作出日误差低于十分之一秒的钟表，而在服刑前，他正是以误差绝对达到此标准成为闻名瑞士的大师的。出狱后，他又能轻松达到这个水平。他回想自己在狱中时，绝对没有怠慢工作，甚至为了立功还比在外面更努力，然而，就是达不到自由人状态下的水平。他感慨：坐在那里做钟表这样的精密仪器，必须长时间聚精会神，不能有半点散漫，说到底就是身体要绝对不自由，所以对一个钟表匠来说，坐牢对身体的自由的束缚，看起来甚至更有好处。但坐牢失去的最重要的自由，是一颗心的自由。布克自身的经历证明，没有自由的心就没有创造的活力。

这是自由最珍贵的真谛：真正的自由是心的自由。要获得自由，先建立自由之心；要建立自由之心，先建立规矩之心，先盘点自己到底心存多少规矩。酷爱自由的我们，得有这份自由的自悟、自律、自觉。

5

初心即自重，让我们天下为公。

人心无爱，自轻自贱。一颗自爱的心，首先是一颗自重的心。一个人只爱自己，一颗心只有拳头那么大，几百克那么轻；一个人只爱自己的小家，一颗心最多有几百平方米那么大，几斤柴米油盐那么重；一颗爱人民、爱国家、爱世界的心比960万平方千米还要广阔，与世界一样博大，如山高水长，如雷霆万钧。小心小爱，虚张自我，手段上位，有始无终；大爱无疆，心如泰山，大业恒久，稳健前行。位高权重，需要民心支撑；德不配位，再高也是危楼。既然知道高处不胜寒，就要赶紧俯身接地气。地气就是人气，人气就是民意。以公谋私，孤家寡人；你为人人，人人信任，你犯人人，人人喊打。人心是对等的，民心是赢取的，不是拐骗偷盗的。

老子说："圣人无常心，以百姓心为心。善者，吾善之；不善者，吾亦善之，德善。信者，吾信之；不信者，吾亦信之，德信。圣人在天下，歙歙焉，为天下浑其心，百姓皆注其耳目，圣人皆孩之。"意思是说，圣人常常是没有私心的，以百姓的心为自己的心。对于善良的人，我善待他；对于不善良的人，我也善待他，这样就可以得到善良了，从而使人人向善。对于守信的人，我信任他；对于不守信的人，我也信任他，这样就可以得到诚信了，从而使人人守信。有道的圣人在其位，收敛自己的欲望，使天下的心思归于浑朴。百姓都专注于自己的耳目聪明，有道的人使他们都回到婴孩般纯朴的状态。

圣人不光自己保持着初心，圣人的初心还感染了百姓，使他们的内心处在婴儿般的状态，可谓初心里的初心。圣人初心的核心就是以百姓心为心，天下为公。圣人的心，是"公心"，它装着天下人的善良、诚信和质朴，圣人自重，是天下之重，承载的是大无我、大无私。

我们无法攀比圣人，但至少我们可以以圣人为榜样，卸载小我、自私，装进爱。大处着眼，小处做起。大有大爱，小有小爱，没有不爱。

小爱，从自爱和爱小家做起。

自爱不仅仅是爱惜生理的自己。累了，给自己一个蒙头大睡的机会，渴了给自己泡一杯热茶，乏了给自己熬一碗鸡汤；一个人无聊了，找朋友小聚一次；在集体里烦恼了，躲进自己的一隅……这些是日常自爱的琐碎。但真正的自爱有这些还远不够。真正的自爱，是努力让自己一生充满快乐的心情，拥有人生的祥和。

因而，爱，比自爱，还是有了更多的内涵。生理的愉悦不能取代心灵的快乐，身体的舒适不能直接兑换人生的幸福。酒肉穿肠而过，好茶好汤的感觉，只在唇齿的那一瞬间。人生躲进小楼，未必能够自成一统。一场精心打造的小聚，把酒言欢，片刻的热闹，在盛筵散尽之后，又是漫长的孤独寂寞。生理之手的按摩，够不着深邃的心灵；自己能给予自己的那点关爱也太少太狭隘了，能有多少能量在空旷的心空驰骋？人的精神世界千头万绪，细细微微难以捉摸，莽莽苍苍无法周全，这些都需要更广阔的他爱，来帮你修正，助你理顺。而没有爱他，哪来他爱？一勺水不捐，担桶来取水，除非多占别人的江河。积溪成河，才取之不尽用之不竭；聚沙成塔，才能一日登高望到天涯。最重要的，还是从自爱开始，走进他爱，做好小爱，努力博爱。

自爱要通过他爱得到保护和实现增加，所以我们先要具备他爱的能力和心愿。那就从头做起，一点一滴去建立他爱。

小爱他爱，从家人爱起，从关怀身边人做起。

爱家人最好的方式就是尽义务的同时，陪伴好家人。在政治上风光一时的撒切尔夫人，由于疏于家庭，儿子失教，成为犯罪分子，女儿跟她感情淡漠，远嫁瑞士。退休后，那些曾经的追随者，烟消云散。77岁生日时，只收到四张贺卡。她把贺卡铺在桌子上，眼泪婆娑，痛悔不已。与家人的感情淡漠，成为这位伟人的人生之痛。没有陪伴，也不能算是尽到了爱家的义务。许多事业上风光无限的人，8小时之内忙得天昏地暗，抽空给家人打一个电话的心思都没有。8小时之外忙于应酬，觥筹交错，激扬废话，把所有精气神都留在了外面，一身烟味酒气，回到家交了工资卡就理直气壮，认为自己是合格的丈夫、父亲和儿子。俗话说，小家不爱，何以爱国？一个不好好爱家的人，哪里有爱国的能力！

他爱如钻石，让人格魅力闪烁其华。一个有他爱之心的人，走到哪里，都是一片春风化雨，其乐融融。你看到别人高兴，别人看到你欢欣。别人为你而感动，你为别人而动情。你为别人排疑难，别人向你诉衷肠。你遇别人掏心肺，别人引你为知己。

雀巢公司做过一个调查，说一个人，哪怕是一个事业成功、看起来人脉很广的人，一生交际再频繁，在这个世界上，也不过与最多80000人有一面之缘，最多结识交往200人左右。而这200人中，属于私交、生活中保持常来常往的，多的在40人左右，一般就在20人左右，有的只有3~5个。在此基础上，我曾经做过一个很有意思的调查，研究交际数量下的"质量"。结果发现，拥有3~5个私交、常交的朋友，质量最高，从交际中获得的满足感最强。拥有40个左右私交的朋友，多受朋友诟病，自己也经常发泄对朋友的不满，甚至认为他们是"累赘"，只因"朋友多是成功人生的标志"，不得已维系住这些关系的。这类人带着功利之心交际，他的爱只是用来装点自己人生的门面，这是何其虚浮，又怎能获得美妙的感觉呢？你没有沉下心来，真诚地关爱他人，他人怎会与你亲密无间、互为知音？你没有真心付出，别人又怎么会给你索取真心的机会呢？

所以，只要你想突破自爱，走进小爱，你就面临一场心灵的拷问：你是否愿意真诚地付出，不去过多考虑回报？你的爱，我的爱，他的爱，就像春风推动云层，云层化成甘霖，细雨滋润大地，大家只为那蓬勃破土的生命，茁壮成长，而从未计较每一个环节的回报，世界因此而有了美好的轮回。否则，你只能退回小家，甚至退回小小的自我世界，抱残守缺，自怜自艾去吧。

当我们走出小我之爱，实现小家之爱，完善他爱之爱，我们就很容易领会大爱重如山。

大爱是精英的责任，大爱是集体的力量，大爱是政党的初心。

播种大爱，心在众生，兼济天下，老吾老以及人之老，幼吾幼以及人之幼。对一个人而言，大爱得温暖、成抱负；对一个集体来说，大爱得事业、壮时势；对一个政党来说，大爱惠人民、得天下、创时代。

特蕾莎嬷嬷，身材矮小，孑然一身，把全部的爱献给世界各地贫民孤儿。她说："人类最可怕的不是居无定所，病贫交加，而是心无所属，无爱无情。"她被称为世界圣母，她爱人人，人人爱她。她看上去那么弱小，而以拯救天下弱小为己任，用大爱赢得了世界，成为人类永恒的神圣。路易十五身居金碧辉煌的宫殿，权倾几百万平方千米，醉生梦死，冷漠无情，有天下之公权而无天下之公心。他说："我死后，哪管天下洪水滔滔？"他被钉在有罪赎罪的十字架上。他看上去那么强大，却以强大博一己私欲，用自私无情毁掉了江山，也毁掉了自己的人生，没有等他死，洪水就滔天而来，把他打翻在地。

最大的初心，是天下为公。它九天揽月，五洋捉鳖。它小扶弱草，大庇天下。它圆满自我，功德无量。它是藏在善者心空的圣光，汇聚在人类天空的太阳。大爱天下，大爱初心！

6

初心即自强，让我们克服懦弱。

法国作家维克多·雨果有句名言："世界上最宽阔的是海洋，比海洋更宽阔的是天空，比天空更宽阔的是人的胸怀。"为什么有的人功成名就，貌似强大，内心却十分虚弱？是因为他的心里没有天空，没有海洋，只有自我。只有自我的天空，当然会头顶天花，无法直立；只有自我的海洋，当然会情感枯竭，无法澎湃。心在尺寸之间游移，情在干涸之上流淌，内在的小我，哪里有条件成为巨人呢？它只能萎缩在那里，无法伸展。有的人，事业大、心胸小，位置高、境界低，德不配位，品不够格，小动力拖大车，举步维艰，欲速不达，还眼看着就会翻车。

财富大、事业大，不是心胸大；学位高、职务高，不是内心的强度高。内心的强大才是强大，是真正的自强。一个人最大的困难，不是来自外部，而是来自自我。你无法掌控和改变你外在的敌人，只能做大做强你的内心。所以，不要在那里怨天尤人，赶紧站直你的身子，扩展你的胸膛，修养你的心灵。

加拿大帅哥总理特鲁多，小时候曾作为礼童迎接访加的美国总统尼克松，尼克松问他，小朋友长大了想做什么。特鲁多毫不迟疑地对尼克松说："像你一样，成为加拿大的元首。"尼克松很高兴，用拳头擂擂特鲁多的小胸膛，说："我完全相信你能做到，但这里必须强大。"

尼克松这个动作、这句话，让特鲁多找到了方向，那就是建立自己强大的内心。特鲁多喜欢上拳击运动，以高强度的打击来训练自己内心的力量。多年之后，他真的当上了总理，有记者问他成功的秘密，他擂擂自己的胸膛，说秘密就在这里，尼克松先生早就告诉了他。他说："譬如拳击，我为什么喜欢这项运动？因为它让我找到人生的真谛——人们总以为拳击胜利的重点，是对手与你的力量差距有多大，以及你能使多大力气打击你的对手，其实不是这样。拳击的重点是你的心能镇定自若地承受多大程度的击打，并且坚韧地继续下去，还要源源不断地爆发出抗击的勇气。"

特鲁多告诉我们：内心强大，无关外部。其实，你的确无法干预你的对手，你无法改变他们的力量，站在擂台上，你也无法缩小你与对手之间固存的力量差距。你能有所为的，就是你的内心能释放多少坚韧，多少勇敢，这是你自己可以做主的事。

美国有一部著名的展现坚强人生的励志电影《当幸福来敲门》，主人公在底层社会摸爬滚打，历尽千辛万苦，最终取得了人生的成功，成为一名优秀的基金大佬。这是美国的一个真实故事。主人公的原型、纽约著名股票经纪人加纳德，从穷人变成富豪之后，送了一句话给人生道路上的拼搏者："主啊，请不要帮我移开面前的大山，而是赋予我内心有翻越大山的勇气。"加纳德无论是在贫穷还是在富裕的时候，都坚持几个基本的原则，绝不动用任何不道德的手段去谋取利益，绝不为了摆脱自己的困境而踩着别人的肩膀，绝不忘记曾经的岁月与处境，永远做一个普通的好人。在他带着未成年的儿子流落街头的时候，他没有白拿别人一片面包，没有在排队领取救济物品的时候插过一次队，没有在儿子那里散布过一句对他人对社会的不满，没有播种过任何暴力和仇恨的种子，更没有设计过任何贵而威武、富而奢淫的恶俗成功期盼。在他取得成功之后，他依然过着简朴的生活，并用自己的财产捐建了一个他年轻时受过帮助的那样的贫穷好人基金。

有这样一颗心，在再大的困难面前，还有什么唤起不了的勇气！

7

初心即自厉，让我们常戒常勉。

《三国志·诸葛亮传》里说诸葛亮的抱负，"至于吏不容奸，人怀自厉，道不拾遗，强不侵弱，风化肃然也"，自厉是古代士大夫抱持的情怀，是历代成功人士的初心要领。我们要学习先人，有自厉的意识和习惯，对自己要保持高度的戒备，并激励为远大、长久的人生目标奋斗。切切不要鼠目寸光，对小恩小惠、对眼前利益心动，甚至克制不住自己去染指。这是很危险的。作为社会的一员，我们要怎么做？让我们一起学习一下大家再熟悉不过的古训："古之欲明明德于天下者；先治其国；欲治其国者，先齐其家；欲齐其家者，先修其身；欲修其身者，先正其心……心正而后身修，身修而后家齐，家齐而后国治，国治而后天下平。"这是自古以来，士大夫阶层对自我的要求。那些要使美德彰明于天下的人，要先治理好他的国家；要治理好国家的人，要先整顿好自己的家；要整顿好家的人，要先进行自我修养；要进行自我修养的人，要先端正自己的思想……思想端正了，然后自我修养完善；自我修养完善了，然后家庭整顿有序；家庭整顿好了，然后国家安定繁荣；国家安定繁荣了，然后天下太平，才能心安理得地与百姓同享富强盛世。

这也是儒家思想传统中知识分子尊崇的信条。以自我完善为基础，通过治理家庭，直到平定天下，是几千年来无数社会精英的最高理想。是的，这个目标就是我们初心的格局。而一个完善的自我核心，无非就是一颗纯洁奉公的初心。

孟子曰："仁，人心也；义，人路也。舍其路而弗由，放其心而不知求，哀哉！人有鸡犬放，则知求之；有放心而不知求。学问之道无他，求其放心而已矣。"孟子说，仁是人的本心，义是人的大道。放弃了大道不走，失去了本心而不知道寻求，真是悲哀啊！有的人，鸡狗丢失了倒要赶紧去找回来，本心失去了却不去寻求。学问之道没有别的什么，不过就是把那失去了的本心找回来罢了。做人之道，何尝不是如此？我们每个人在生活的每一天，摆脱着黑暗，迎接着曙光，沐浴着春风，在雨露阳光下前行，都不要忘记带上初心。

让我们永远保持初心，牢记伟大的使命，始终走在中国梦强国梦的光明正道上。

长路漫漫，有心不慌。

问
之
篇

万象：透过文学，看心纷纭

历史是概括的真实，文学是具体的真实。

前些年，有些人惊呼："经济发展了，风气却在败坏；精英很活跃，人心却在滑坡。"这成了一种怪现象，成了一个怪问题。一个社会，当然应该精英辈出，精英活跃。精英活跃，本身不是坏事啊，怎么会导致社会风气和人心滑坡呢？这正常吗？是一个国家、一个时代独有的吗？还是任何国家、任一时期都难免发生的？是一种偶然，还是必然？或者说是必然产生的一种偶然？

　　寻寻觅觅，我摸索着答案。

　　人类社会对精英的定义和期望，早有结论。精英是满足了平民化的正常需求之后，在精神或物质世界，以自己剩余的理想和努力，为他人、为社会作出更多贡献的人。他们一般不求这部分贡献的外在回报，只求这种内在美好的自我价值的实现。

　　干部是党和政府的中坚力量，企业家、文化名流、能工巧匠、百业骨干，他们是社会的中坚力量，这些中坚力量就是精英。只要他们的精神符合精英的定义，他们的德行符合人们的期望，社会哪里会出问题呢？人心怎么可能会颓败呢？

可惜，当时很多社会精英、党员干部的生活方式和观念都是与传统意义上的精英背道而驰的。很多所谓的成功人士认为，香车宝马是成功者的装备，享乐是奋斗者的福利，腐败是经济发展的润滑剂；拉拉扯扯，是为了搞好关系，吃吃喝喝，有助于招商引资。所以，依照这种逻辑运作下的社会，很快呈现出"应酬复应酬，天天忙不休，社交公关人情事，尽在酒里头"，"工厂变歌厅，书店开酒楼，吃喝玩乐百年计，夜夜有笙歌"，"世事多变幻，官场巧运筹，相互照应方便多，公款交私友"。尽管这些被一些人传诵的打油诗，有些为了恶讽而夸张，但它至少揭开了社会的某些层面，扒开了许多伪精英生活光鲜和事业有成的画皮，刻画出一种严重的政治生态、生活形态及其蔓延扩展的局势。

一部分人在作为，一部分人在困惑，一部分人在作为后困惑，一部分人在困惑中并未停止作为。

一个冷静的头脑，一颗纯净的心，无法在这种状态下保持平静，更无法贸然跟进。我们需要的不只是抨击，还需要明白真相和真理。作为一个作家，我更欣赏马克思的一句话，从那里得到一些启发，一种寻找问题答案的思路：杰出的小说家，通过自己生动的杰作，向世界揭示的政治和社会真理，比所有的职业政治家、政论家和道德家加在一起所揭示的还要多。

噢，我明白了：也许，历史仅仅是概括的真实，文学才是具体的真实。

我在不同时期的浩瀚书海中摸索，打捞出几本著名的文艺作品。

我们困惑的现象和人心，在这些作品里找到些许的对应和答案。

19世纪中叶，伟大的作家狄更斯走在伦敦的街头。天空中阴霾密布，偶尔下几点小雨，打在他的浅色风衣上，瞬间就爆成一个花朵状的污点。抬眼望去，母亲河泰晤士河，肮脏的河水携带着花花绿绿的垃圾，艰涩地奔腾着，并向空中散发出滔天的恶臭。一个年轻人以迅雷不及掩耳之势，盗走他口袋里的几个硬币，从他的身边溜过。巷口打扮妖艳的女郎，争相拖拽他进去交易。他刚刚摆脱她们，一个肮脏的瘦小孩，不知从哪里冒了出来，一把抱住他的大腿，向他乞讨。他站住，低头望着孩子无助的眼睛，抬头远眺城市的边缘，到处都是烟囱，冒着滚滚浓烟。他的耳边，尽是林立的商铺传出的疯狂吆喝。他眼中溢出了泪水，滴在孩子的笑脸上，小孩惊呆了，松开胳膊，跑向一对刚刚从奢侈品商店出来的情侣……狄更斯回到出租屋，就开始创作《雾都孤儿》这部后来成为世界名著的伟大小说。

小说真实地反映了英国19世纪的社会面貌，反映了工业革命迅猛发展，每个毛孔都滴着血的资本主义经济步入快车道后，政府不作为，社会管理不力，新兴资产阶级只顾追求巨额利润，不顾环境恶化、民生凋敝的现实。2015年我的一部小说《倎倎》出版英文版，参加伦敦国际书展上的新书首发式，遇到《倎倎》的翻译、剑桥教授费尔南多先生，我问他，我到伦敦一个星期了，为什么都是晴空万里，没有见到"雾都"？费尔南多先生一听这个问题就笑了，说好几个中国朋友问过这个问题，这是一个可爱的问题，说明中国人很多读过《雾都孤儿》，形成了对伦敦的印象，现在伦敦早不是那个时代的样子了。

狄更斯笔下的伦敦，大街小巷，充斥着偷盗抢骗，穷人得不到福利保障，孤儿得不到政府的照顾，社会道德严重滑坡。资本家忙着赚取暴利，官员浸淫于腐败。小说中愚蠢、贪婪、心肠冷漠的教区干事"邦布尔"后来在英语中演化成贪腐小官员的代名词，就如同我们现在描绘基层贪腐干部用的"苍蝇"一词。《雾都孤儿》具有巨大的感染力和认知价值，环境恶化的深处是人心恶化。而人心恶化者，上有政府官员、资本家，下有平民百姓，甚至殃及孩子，祸害后人。

同时代在欧洲的另一个古老国家法国，巴黎歌剧院门前性感的海报前，站着一位长相清瘦、忧愤的男子，他就是著名的自然主义文学作家左拉。他面前这张海报色彩斑驳，但掩不住海报上女演员的风骚妖媚。就在前不久，这位名震巴黎上层社会的交际花明星，得病死了，她的几十个情人，一群权贵男人，为她掉了几滴眼泪之后，开始投入新的醉生梦死。左拉决定以这个交际花的经历为素材，写一部揭露巴黎上层社会堕落的小说，这就是后来的世界文学名著《娜娜》。

《娜娜》写了巴黎歌剧院的三流演员娜娜，性感媚俗，没有任何艺术修养和廉耻之心，但是深谙时代的拜金术，熟练掌握攻心术，玩弄男人于股掌之间。巴黎上层社会的权贵们对她万般逢迎，趋之若鹜，被她支配得团团转。结交娜娜成为上层社会的一种可以炫耀的资本。新兴资本家、银行老板、农场主、文化名流、共和国的部长，甚至皇亲国戚，争相拜倒在她的石榴裙下。有的为她倾家荡产，有的为她抛妻弃子，甚至有的为她奉献了生命。娜娜就这样成为光芒四射的明星，成为男人们的偶像，成为这个世界里的"圣母马利亚"。

左拉是一位文学大师，他用娜娜这样一个有胸无心的交际花，来打造出一个上层社会的群丑舞台，让权贵们纷纷登台亮相。娜娜身上反射出上层社会的颓败之光，映照着社会各路精英的灰色心灵。左拉告诉读者，资本主义发展到一定时期，社会会失控，人们不警惕，人心将溃烂。传统黯然消逝，无耻闪亮登场，道德狼狈落败，肉欲蓬勃生长，处在这个社会上层的权贵，堕落成一群没有灵魂的行尸走肉，最终只能醉生梦死地狂欢，全然不顾灵魂最终是上天堂还是下地狱。这样的人处在社会的顶端，手握实权利器，是何其危险！他们怎么可能关怀众生，建立秩序，把自己的国家变得文明富强？

我们再来看看黑暗腐朽，被称为"长夜难明赤县天，百年魔怪舞翩跹"的中国封建社会，一部经典文学《金瓶梅》里的明代。

明代中后期在历史上被定义为资本主义萌芽阶段，手工业、贸易等蓬勃发展，而明朝的皇帝们正处在一种安乐死状态，对精神层面的治理毫无方略。封建士大夫精神在流失，一种新生的由无良奸商与封建官僚共同勾兑出的社会潮流，混浊滔天。《金瓶梅》里写的尽是官商勾结，鱼肉人民，权贵腐朽，人性堕落。第十七回里，宇给事的参劾文书描述国家现状：上下官吏"徒以利禄自资""中伤善类"，导致"天下之膏腴已尽，国家之纲纪废弛"。你看，官吏们没有额外的好处，都不愿意干事了。对善良、正直这些正向品格拼命挤压，欺凌，消灭。天下的油水，被官僚和奸商瓜分得差不多了，国家的法制，几乎崩溃。所以，才有暴发户西门庆横行乡里，为所欲为，杀心四起，色胆包天。

几百年来，一直受到争议的《金瓶梅》连篇累牍的充满了肮脏污秽的刻写，被许多人误解为极度描黄写色，意欲成就一部千古艳情之作。其实，仔细一想，那些艳情不过是作家的一套幌子，过度渲染，其实是作家对社会黑暗面的大不满与狂发泄。作家的目的，还是批判封建统治者管理不善导致的罪恶现实。

半殖民地半封建社会状态下的国民党统治时期，也有一篇"反腐小说"，张天翼先生的《华威先生》。这篇小说曾在人教版的中学语文教材里待了几十年，新中国成立后的几代人耳熟能详。华威先生是国民党政府的一名机关官员，每天上班夹着公文包，西装革履地赶场子，一会儿到城东剪个彩，一会儿到城西讲个话，一会儿以慰问为名串个门，夜幕降临了，兴致勃勃地来到饭店，以吃请结束了一天的公务。这就是一个貌似很"勤政"的官员日常工作的现实。虚伪，客套，一本正经地做无用功，认认真真地走过场，加上一点利用身份和权力的吃喝习气——多么虚伪的人格和漂浮的作风！张天翼先生通过这些执行公务的官员的表演，揭露了温雅式国民党腐败，这种腐败以温水煮青蛙的方式，最终造成政党腐化不治，彻底垮台散架。

《华威先生》揭露的社会真相，就是政府把官员这个本来用来担当国家责任的精英群体，驯养成了油滑、懒惰、无为和贪婪的利益集团，用这样疲软、市侩的老油条来治理国家，国家哪有什么希望，恐怕要维护基本的社会稳定都没有办法，更不要说拯救当时中国社会新旧交替、思想混杂、山头林立、形势非常复杂的糟糕局面了。

改革开放后物质浪潮汹涌澎湃的 20 世纪 80 年代、90 年代，当代作家贾平凹先生写了一部广受诟病的长篇小说《废都》，是新中国成立后第一部关于精英大面积堕落的小说。价值体系的断裂，其实就是人心的断裂，尤其表现在社会精英群体的人心断裂。《废都》里的文化名流和政府官员，怀疑和抛弃甚至践踏曾经的传统情怀，企图跟上日新月异的社会转换的趟儿，却一脚踩在断裂的冰层上，四处漂浮，无所适从。堕落颓废，成了他们内心世界唯一的罂粟花。

《废都》是对名利面前大面积溃败的精英的激烈批判。它也是一部预言书，贾平凹先生看到了社会的滑坡，从精英滑坡开始的巨大险情。不幸的是，21世纪之后一个时期的社会形态，果然被《废都》猜中。冯小刚借《非诚勿扰》的主人公秦奋之口骂该时期的社会精英："冒充上流社会，哪有上流啊，全是下流，就是一帮寄生虫，骗吃骗喝骗炮打。"旁边的一位劝他别骂了，说再骂连自己都骂进去了。

综上，从"雾都"到"废都"，不管是哪个时代哪个国度，人心的变化会集中于时代的交替口，社会的滑坡又是由精英的心灵滑坡来主导的。时代变革是人心变化的源头，社会变化是人心变化的结果，精英阶层人心变化又形成新的源头，加剧社会变化和更广泛的人心变化，出现新的结果。最后，人心和社会互为源头，彼此结果，形成恶性循环。民族，国家，从此险象丛生。

从古今中外短短几百年历史里区区几部文学作品，我们不难找到现实的对应和源头。以上作品里的现实描写，无论是古是今，是中是外，我们都不陌生，都或多或少能在当今的现实里找到一些案例。透过文学，察看今天，我们还是可以看懂许多真相的。

源头之一：历史的、时代的、社会的转型共性。农耕经济向工业经济过渡，计划经济向市场经济转换，自给自足、小国寡民、清心寡欲，遭遇贸易开放、市场活跃、拜金主义。经济形态急剧变化导致的社会形态转型过程中，人的潜能和欲望，一并释放并野蛮生长。价值取向发生变异，新旧思想鱼龙混杂，制度建设尚不完备，精神无所依附，功利成为寄托。人心的各种腐败堕落，就从这种社会大气候和周边小环境中潜滋暗长，甚至蓬勃发育，直至产生巨大危害，有时甚至到了殃及国家前途和民族命运的时候，才有可能引起高度警觉。

第一次、第二次工业革命时期，都是人心变化社会滑坡的激烈的历史时期。最后，都是通过大规模战争，彻底摧垮人心世界，才在战后的剧痛中，重新构建出有序的社会和人心世界。幸运的是，整个世界的文明大大超越既往世纪，加上我党强大的纠错功能和千年古国的博大文化净化，我们的社会没有崩溃，止于半坡；我们的人心虽然有损，但未完全破碎，止于这几年重锤响鼓反腐败、全民举国正风气的浩荡之中。

源头之二：人的因素，即精英的堕落，尤其是官员大面积腐败，形成社会追踪效应。习近平同志曾一针见血地指出，一个时期以来，党内政治生活中也出现了一些突出问题，主要是：在一些党员、干部包括高级干部中，理想信念不坚定、对党不忠诚、纪律松弛、脱离群众、独断专行、弄虚作假、庸懒无为，个人主义、分散主义、自由主义、好人主义、宗派主义、山头主义、拜金主义不同程度存在，形式主义、官僚主义、享乐主义和奢靡之风问题突出，任人唯亲、跑官要官、买官卖官、拉票贿选现象屡禁不止，滥用权力、贪污受贿、腐化堕落、违法乱纪等现象滋生蔓延。仅党的十八大到十九大之间的 5 年，我党处理腐败案件的总存量达 100 多万件，涉及 100 多万人，受处理人员的数字和官阶惊人。党的十九大期间中央纪委发布消息：前五年，440 多名省军级以上干部和其他中管干部被立案审查，另有十八届中央委员、候补委员 43 人，中央纪委委员 9 人，纪律处分厅局级干部 8900 余人，县处级干部 6.3 万人……这些人是源头也是结果，他们中一些人腐蚀、拉拢和助推过更多的精英，甚至百姓，卷入滚滚洪流。子曰："人之过也，各于其党。"孔子说，人们的错误，总是与他那个集团的人所犯错误的性质是一样的。恐怕说的就是这个道理。圣贤如同穿越时间长廊，对今人的社会状况一目了然，一言以蔽之。

有一个案例，是最好的说明：广东某中等城市的工商局原局长荣某的生活作风腐化，引起部分领导干部效仿，除荣某之外还有多名工商系统干部发生过婚外性行为，因婚外情等涉腐干部全系统达到 70 多人。其中一名处级干部甚至违规占用单位公房，带女人成双成对出入市工商局大院，公然嫖宿。荣某成为腐败分子，转而成为其领导的整个系统腐败的源头。

其中，由腐败精英派生出的腐败新源头，最大的危害不光在同僚，而且在污染社会，影响平民。若干年前我曾经在这个城市的一个平民小区居住。这里有大量的老国企下岗职工。我的邻居夫妇双职工下岗，靠最低工资和社会福利生活。夫妻两个勤俭节约。因住在一楼，就拿出靠路边的房间破墙开了一个馄饨店，挣点小钱供女儿上学，立志把女儿培养成才。女孩子长得很可爱，也很懂事，每天早出晚归，背着好大的一个书包，来来回回，看到邻居都打招呼。我们为这家高兴，因为从孩子身上看到小家庭未来的希望。经营了一两年，小店的生意越来越好，据说收入可观。可邻居们还没有来得及祝福呢，这家却不平静了，夫妻俩经常吵架。原因是，馄饨店挣到钱了，男主人的腰包鼓起来了，买西装买领带买皮鞋买摩丝，每天晚上皮鞋和头发都锃亮地出门。干什么？吃喝，跳舞，桑拿，深更半夜才满身酒气回家。老婆觉得丈夫是男人有钱就变坏，跟他吵。丈夫振振有词教训老婆，说："你以为我喜欢花钱买这罪受啊？我这是没办法！我这大小也算个老板了，好容易爬了一个社会台阶，可以加入上流社会，能够交到有点档次的朋友了！我不应酬，怎么交到这些有头有脸的人物？一家之主没人理，我们家怎么提升地位？我们的女儿，将来谁能为她谋前途，好工作会等着她吗？没有优秀人脉，怎么门当户对找个好婆家？如今那些成功人士哪个是一下班就回家，天天守着自己的老婆孩子三尺地？有了事，出门一摸瞎，你说，咋办？你有本事能把他们都弄回各自的家，那我也老老实实待在家里，省钱又省劲儿。你真是头发长见识短，时代不同了。"

这番话可谓理直气壮，骂得他老婆哑口无言，从此只好睁一只眼闭一只眼，为了家庭地位和女儿的未来，忍气吞声，任由男人在外鬼混。

后来，我搬家离开了那个小区。过了几年，有一天回去看老邻居们，得知了这家的现状：馄饨店还在，生意依然不错。女儿高中毕业后没有考上大学，父亲的确通过酒肉朋友，为女儿找到了一份工作。但这孩子在成长过程中，受爸爸的生活方式影响太深，上班两个月，感觉八小时不自由，太难受，每月几千元死工资太不够花，一咬牙就辞了职，直接去夜总会上班了。据说，她每天跟她父亲一样，傍晚浓妆艳抹地出去，深更半夜酒气熏天地回家。

我不由得一阵心痛，眼前浮现出那个每天路过我家楼下，看到我天天喊一声"叔叔好"的单纯的孩子。

很难想象，一个常年浸泡在夜总会的小姐，能有一个美好的未来。很难想象，会有一个男人，真心诚意尊重和爱一个以娱乐陪侍为职业的姑娘。一个父亲，一个小小馄饨店的店主，其实就是一个口袋里多了几张钞票的平民，竟然被恶俗拖下水，变成一个"腐败分子"。而这个蚂蚁大的"腐败分子"又成了一个家庭的污染源头，并直接戕害了下一代的幸福。

以上是我透过文学看精英。我最近写了一部长篇小说《撕裂》，试图通过文学"拯救"危途中的精英。在万象凌乱的社会形态下，精英主人公张某挣扎、无奈，不得不放弃初心，同流合污，由此取得阶段性人生胜利……最后，为了消除隐患，也凭着一点残余的良心和党性，痛下决心，与曾经支持他的同僚切割，与自己的过去撕裂。这是一个还算清醒的精英，在党的十八大之后新的形态下所做的痛苦选择，及时挽救了自己的人生，没有彻底堕入《追问》式的下场，但他付出的人生代价是巨大的。

正如我们的国家，虽然曾及时调校了前进的步伐，回归到光明的路途上来，但我们哪一次调校没有付出艰辛而沉痛的代价？

本章收尾的时候，我还想再说说精英精神。我觉得精英要优雅，而优雅来自优秀的文化教养。我们中华民族是礼仪之邦、友善之邦，其文化精髓里，不乏优雅。我们要多学习古人，尤其是古代的士大夫风度。知书达理，谦谦君子。远离那些世俗粗鄙的生活方式和朋友圈，修炼一颗崇尚清高境界的初心。精英还要懂得回馈，自己的成功得益于社会，所以要有坚定的社会担当，力所能及地奉献。中华民族是博爱之族，担当就是建立博爱之心，"先天下之忧而忧，后天下之乐而乐"，"老吾老以及人之老，幼吾幼以及人之幼"。精英要独立，要有一个自由自主的灵魂，不被世俗和功利绑架，坚定地保持纯洁。

万象之中，看清纷纭。不存初心，何来精英？

追问：面对面的心痛神伤

追名逐利是风投，成功被讨利，失败被追债。

在现实与理想星空下的摸索

    党的十八大之后不久，我被任命为一家省属文化单位的纪委书记。毫不讳言，我的人生因此有了一些改变——最大的改变，当然还不是生活，而是内心。几年里，我所闻所历、可以深度嵌入记忆的非常故事，比任何一个工作时期都要多，我的内心振荡频率与幅度，远远超过既往。

    在我担任纪委书记的几年间，我参加了中央纪委和地方纪检系统的好几场学习活动。每次的学习班都有一个固定不变的课程，那就是心理辅导。2015 年秋天，在中央纪委监察部于河北举办的一个学习班上，一位著名心理干预专家前来为我们上心理辅导课。他一走进课堂，就对来自中央部委和全国各地的 200 多名纪委书记学员开门见山地说："如果我在生活中，而不是在今天这个课堂上遇到在座的任何一位领导，我都会像绝大多数百姓一样，用崇敬的眼光仰视你们，当下，纪委书记这个职业，在赋予你们重托的同时，赋予了你们很多的荣誉，甚至超凡的力量感。然而，今天你们端坐在我的课堂上，说得轻松、好听一些是我的学生，说得严重、难听一些，是我的病人。因为，你们的职务使得你们获取了很多负能量信息，你们心里的沉重故事太多太多，随便拿出一个故事，就能让一个普通人听得心惊胆战，扪心捶胸，甚至心理崩溃，而你们却要一年365天，去背负越来越多的这类故事，镇定自若地走在雷霆万钧的路上。从我们心理学的角度看，你们就是病人，你们需要放松、再放松，放下、再放下，党性固然可以强大你们的内心，但内心超载太多，就难免弯曲，直至破碎。"接着，他关掉大教室的灯，播放一段舒缓的音乐，让大家闭目静思。5分钟后，音乐结束，灯光亮起，课堂里闪闪烁烁的，尽是泪光。

教授接着说："然而，任何事物都有其多面性。我们累积的负能量信息，是从社会繁多的正能量信息中剔除出来的。它是正能量的观照，是明辨是非，为社会病理寻本溯源的介质。"

但是，这些，你必须倾倒出来。

在那一刻，在闪闪的泪光中，我的心里突然像被一道闪电划过，无数的纠结豁然消释，许多的言语奔涌而出。那些由"亢奋"带来的迷惘，那些写作实践中的梗阻，似乎在一瞬间找到了突破。

不久之后的一次工作交流中，上级纪委的一位领导则对我说："你是一位作家，比一般人更敏感。你跟我们一起感受到了反腐败这份职责带来的情感冲击，面对的有怀疑和曲解，有助阵有反感，万人千面，百种声音十条心，你要梳理清楚，替我们发声，替我们，也替我们在挽救或斗争的那个群体，做真实的文学表达。你写了很多作品，但你欠一部从自己本职出发，而到达群体内心的作品。"他还说："我们说到底，做的是人心、人性的工作，纪委书记本质上跟作家没有什么区别。"

我决定写一部作品，比《亢奋》更现实，更深入体制内人心、人情、人性的作品。在灵感出现的时候，它的寒冷和尖锐，使得我没法去想象除纪实文学之外的任何一种文体，可以驾驭它！是的，它必须是纪实的，文学的一切生动，都要为它血淋淋的真实所服务。

在灵感出现的那个夜晚，我既兴奋又痛苦，我知道这部作品一旦写出，投放社会，也许会引起意想不到的反响。

决定写这部作品，开始我的"问心之旅"后，我陷入了经常性的失眠。躺在床上，想见从白日的喧嚣中宁静下来的夜空，闪烁的是无数的星星，暗藏的是莫测的黑洞。人类喜欢把博大的宇宙比喻成自身的心灵世界，所以，遥望星空的时候，往往就是追问自己的心空的时候。睁大眼睛，难以入梦。与其说在夜空失眠，不如说是在心空里徘徊。替我这个群体，也替他们那个群体。偌大的中国，芸芸众生。夜空下真的不知道有多少人混沌，多少人清醒，多少因混沌后的惊醒而无眠。

追问的魔力

通常，一个人容易从他的"出身"里找到表达的方式，形成话语的风格。"纪检"这种背景里的作家，必然有话题的诸多顾忌、表达的诸多障碍。出于身份的严肃性，我们慢慢养成了"说大、不说小"的习性。具体说，就是宣讲政策、解读纪律、破译重点案例的时候，口若悬河，说到自己的日常工作，则寥寥数语，甚至三缄其口。但是纪检事业完全又是做"人"的工作，做"人情、人心、人性"的工作，时间长了，感动太多，感慨太甚，感悟太深。心中有事，久憋成患。即便不为自己，从做人的责任与担当的角度出发，我也需要把从业心得与人们分享。事以知之，情以动之，理以晓之，我认为这应该算是尽一份本职。

长期以来，纪检这个行业沉在沧海之中，其力量推动社会文明进化，有着看不见的波澜壮阔，有着听不到的声情并茂。清风不弄潮，浑气来作浪。这个行业的艰苦与辛劳，往往被神秘的面纱笼罩，被误读的雾霾覆盖，太多的故事在口传之间变形走样，最终成了八卦。而八卦给人们留下的印象，像游戏，像编排，文过饰非，无奇不有。诸多的故事，难道不能以正视听，难道不够振聋发聩，让听者动容？我们为什么不去传播这些故事呢？此情此义，在目前的世风下，难道不是一场润物好雨？我想，这大概也是我的一些同行纷纷把这些填埋在心里的故事拿出来，随时准备大白于天下的缘故吧。

然而，我写作的《追问》，所"追问"的并不是自己和同行的阅历。"追问"是从自己和同行的立场出发，披荆斩棘地上路，进入另一个群体——一群被处分或法办的中高级官员的人生历程和内心世界。能否做好一场追问，在午夜的星空里，寻找到黑洞深处有价值的"暗物质"，取决于我到底能不能勇敢地进入这些黑洞，且保持着光明的睿智和温和的倾听姿态。

从上级纪委提供的公开半公开的633个案例中，我遴选出28个省管以上领导干部违纪违法典型，最后成功地与他们接触，与其中的13人面对面长时间交谈，获得了数十万字关于他们人生道路、心灵历程和灵魂语言的第一手资料。最后，又从中选择了8个典型，进行深度记述。

在将近两年的材料消化、当面访谈、实地采风和着手创作的过程中，毫不夸张地讲，我的精神状态几度近乎崩溃。固然，浩瀚的材料研读和大量的走访活动，使我宵衣旰食，但最折磨人的，并非艰巨繁杂的工作量，而是身份的扭曲和心灵的灼烧——作为一部口述体的纪实文学，作者必须进入讲述者的内心，遵从讲述人的所谓逻辑，认同他讲述过程中流露的一切好恶，反映他原本的内在形态，并以此触摸到他灵魂的真实。而这是一群怎样五花八门的灵魂啊，一套套多么荒诞的人生逻辑，一种种多么无常的好恶，一番番多么怪诞的精神形态，它们纠结在一起，混乱成一团，违拗着你的常情，颠覆着你的常识，涂改着你的常理。多少次，我对自己说，我无法睿智了！多少次，我对自己说，我无法温和了！当我太多地追问了他们的灵魂之后，我感到自己的灵魂成了他们的"众追之的"。

一天夜里，当我又一次陷入这种写作困顿的时候，我忍不住拨通了艺术家朋友陈吉安先生的电话，向他请教如何走出这种糟糕的写作状态。我之所以选择向陈先生求助，是因为若干年前，我听说他正在采写一部关于"造反派"的纪实文学。许多当年的造反派进入老年，开始反思自己年轻时的冲动，愿意倾吐那段扭曲的爱恨情仇。陈先生在电话那头果断地对我说："立即终止，放弃写作。"我吃惊地问他，为什么？他说："我打算写作造反派后，找到了几十个采访目标，都是当年的造反骨干，极有故事，也愿意说出来。但我交谈了三个采访对象之后，发现他们很平静，我却要崩溃了，我的心理无法承受那么多负面的东西。所以，我毅然放弃了这个写作计划。"他还忠告说："你不能让自己长时间浸泡在别人的脏污的河流里。寻根追源，排污清淤，固然是好事，但做任何事都要先丈量自己的承受底线。"放下电话，我停止了将近一个月，不再触摸写作的键盘。我的心，充满了畏惧。然而，在一个阳光明媚的下午，我读到了20世纪享誉世界的文学大师乔治·奥威尔的一段话，阐述"我为什么写作"——"写一本书，就是一次可怕的、让人殚精竭虑的拼争，就像是经历了一场漫长的疾痛折磨。若不是受到他既无法理解也无法抗拒的魔力的驱使，一个人是断然承受不了这个过程的。"

我混沌的认识像被豁然拉开了一道口子，顿时明亮了。我过度沉浸在题材的灰暗本身，而导致了写作的疲惫。我忘记了在这种题材的内里，是一定能够寻求到驱使我坚持下去的某种魔力的！

触摸与战栗

　　我得以面对面访谈的官员，有几个属于严重违纪而受到党纪政纪处分，更多的属于违法犯罪，被移送司法机关并被判刑入狱，还有的正在"两规"过程中。跟他们交谈，我发现他们虽然都不断明确地表达了自己认错、认罪的思想，表现出懊悔和自责的态度，除了个别人，如《曲终人散》的主人公，自认为看透人心而灰心丧气之外，其他人无不存有强烈的改造世界观、将功赎罪、重新做人的欲望。但他们表现出一种共同具有的特点，就是，混沌。

　　许多人并未真正意识到他们内心的问题结症，他们根本看不清自我，问不到内心的真实。《危情记》的主人公副市长，一人同时拥有三个"家庭"，并跟多名女性发生关系，但他自始至终认为自己的这种与女人的关系，是个人魅力引发的风流，至少与为其生养了子女的三个女人的关系是相对干净的，因为他涉案金额的确很少，并没有像许多贪官那样，以大肆贪污受贿的钱来包养她们。他在言谈中，多次向我流露这个意思，认为自己像电视剧《牵手》中的"吴若甫"，在事业奋斗过程中，与心心相印的女子邂逅，产生了缘分和恋情，虽然不道德非伦常，但毕竟存有几分"人间真情"，有恩在，有情在，有义在。是羞耻而不是可耻，是无聊而不是无赖。其间，我多次忍不住打断他的陈述，问他，难道那么一点看起来"可以理解"的私情，能大于整个社会的道德约束和一个党员领导干部应受的纪律约束力？他反驳说，如果他是一个没有官位的成功男人，这个问题就简单得多，只不过党对干部的要求，要比对平头百姓的要求严厉得多，这才使得他的情感问题好像很严重。我问他，我们可以抛开道德话题，说说法律吗？难道我国的婚姻法只是用来约束干部，平头百姓犯下重婚罪就能逃脱惩处？我接着追问："还有一个问题，就是你始终觉得自己的感情是干净的，没有图谋以不义之财去吸引和供养那些女人，那些女人都是因为你有魅力，爱上你，才死心塌地跟你保持关系，甚至与你偷偷成家，生养子女的。那么我问你，如果不利用你的特权，你能够帮助小乔和她的闺密夫妇找到高薪的工作？能够帮助小凡拉到那么多广告业务？这难道不是利用公权力购买私情，变相贪腐？"

他低下头，脸憋得通红，半晌，轻声说了几个字："是的，我是个糊涂浑蛋！"

如果说，有那么一份"男女之情"值得同情的话，那我不得不提及《曾记否》里的美女书记和她的丈夫。他们用相濡以沫的爱情和婚姻，支撑着人生信念，克服了一个又一个生活的困难、事业的波折，直到小家庭走向了世俗所认为的"富贵"。应该说，他们的故事是非常励志的。在当今物质主义泛滥，年轻人不再相信同舟共济的爱情和婚姻的横流中，他们的成功，充满了正能量，具备了强大的正面导向价值。然而，所有完美的爱情绝唱都应该由大情的付出与大义的回报这两个美好旋律共同构成。美女书记在回报丈夫对自己多年的情义时，不知不觉中失去了理智，动用了权力与利益的间接、隐秘的"潜规则"，打了一个"擦边球"，走上了违纪道路，最后受到撤职处分，为自己的人生留下一条灰色的尾巴。他们的励志神话，于一念之间破灭，为自己也为当今社会留下了遗憾。女书记一辈子清廉，只为爱情犯了一次糊涂，就触电落马，为我们提供了最严厉的警示：在党纪高压线的追踪下，从政的状态，真的不能有半点糊涂。我们必须时刻处于高度警醒的状态中。

中国古代有一句官场教条，叫作"难得糊涂"。封建社会，江山社稷是皇家的，你为官一方，干得好、干得孬，与你并无多大关系，所以，最好不要顶真，眯缝着眼睛在官场混世，是一种聪明，一种练达。然而，今非昔比，这份糊涂在封建社会，也许是聪明的、实用的，到了今天，人民天下，官员的清醒与糊涂，影响着一方水土上的物质与精神，也就直接影响着广大人民群众的幸福指数。如果为官者还在"难得糊涂"，那就不是聪明，而是不正了；那就不是"难得"，而是"缺德"了；那就不是太平混世，而是要坐等出事了。《无法直立》的市委副书记，收钱办事，花钱买官，他不可能不知道这是犯罪行为，但他宁可眯着眼睛，眼前装糊涂，也不去对未来的后果睁开眼睛。《四海之内》的交通厅副厅长，作为一名党员领导干部，居功自傲，腐败堕落，整天在天上飞来飞去，在高尔夫球场把杆子挥来挥去，在狐朋狗友之间蹿来蹿去，个人没有好处就稀里糊涂不履行公职，收到钱财进个人腰包就精神大振，又是签字又是协调，马上变得勤政起来。他自作聪明地用这点小伎俩来应付党和人民赋予的使命，应付自己的人生。他是时而清楚、时而糊涂，有钱亢奋、没钱疲软，他的明智度，明显是随着个人利益起伏的。这其实就是小聪明大糊涂，最终必然毁灭。《暗裂》里的大学书记，天真地以为自己品行的裂缝会在无数的光环中永久隐匿。《风雅殇》里的文化厅副厅长，作为一个深具文化行情洞察力的主管领导，竟然睁一只眼闭一只眼，对下属疯狂造假、坑害艺术收藏者、破坏文化市场规则的长期违法乱纪视而不见。在我的反复盘问下，他才吞吞吐吐地承认，自己对下属的行为，其实是"心中有点数的"，只是觉得，现在的艺术界"都是这样的"，否则"赚不到钱"，包括他自己在内的艺术家们会"永远穷下去"。而《曲终人散》中的国有集团董事长，以不当手段专权，以不当利益拉帮结派，开设了一场人生的"腐败盛筵"，退休后被党纪国法追剿。当他落得同党溃败、曲终人散的凄然下场后，竟然抱怨"亲情"不厚，谴责"友情"太薄，为此夜不能寐，一会儿暴跳如雷，一会儿望月流泪。他官至正厅，精明过人，却连种瓜得瓜、种豆得豆，埋下势利种、长出炎凉田，这些最基本的人生换算规律都没有整明白，反被聪明误，必得糊涂死啊。

然而，综合考察这些失足官员的人生，引发致危致命"混沌"的时刻，无不在他们成为"成功人士"之后。而成就成功人生的前半路，他们大多是激情洋溢、奋进向上的。在攀爬到一定高度，获取了权力之后，他们就迅速滑向了骄躁和颓败的后半路，有朝一日在那里彻底摔倒，鼻青脸肿，头破血流。人们为此心痛，也为此迷惘。许多人为此煮心熬骨地调查研究，追问了无数的为什么，回答了无数的是什么，就是找不到一个清晰的、权威的结论。很多人把权力导致的人生悲剧，归结为传统文化的残毒，归结为现行体制的缺陷，甚至追究到人性中的欲望天性。在这本书的写作过程中，这些问题，我都关注过。我觉得这些思考都有必要，这些探讨都有价值，这些结论或多或少都能沾边。

然而，我们必须抱持辩证，着眼全面。有一个问题，我们无法避开：尽管这几年我们消除着巨大的腐败存量，查处了不少增量，违纪违法涉案人数过百万，但相对于总数超 1 亿名党员干部、数千万精英，腐败群体还是占少数。为什么更多的同僚前半程跟他们并无差别，可到了后半程，他们却分道扬镳，行走到不同的世界去了？少数的他们和多数的他们，到底为什么同途殊归？他们本质上有什么不同呢？既然违法乱纪者依然是庞大干部队伍中的极少数，我们怎能以这极少数样本去判断整个群体背后的文化和体制，甚至人性的是非呢？

我陷入了深深的自问。

既然，我无法驾驭这么宏大的命题，来观照中国干部群体的内心和发展，那我还是把目光投回到我深度访谈过的这一小群中高级官员的身上吧。也许我能对这个群体做一个简单的描画，哪怕是感性的！毕竟，我有了那么多跟他们面对面促膝谈心的日夜，我面对过他们急促或冷漠的呼吸，不屑或温和的表情，放荡的大笑或滂沱的眼泪；受他们的情绪感染过，对他们的言论思索过，对他们的行为恼火过，为他们的命运扼腕过，被他们尚存的良知感动过。我风雨兼程，追踪了他们的轨迹；我夜以继日，倾听和记述着他们的许多，甚至更多。也许，从此我更不能忽略他们，我会永远记得他们，而且，努力地让更多的人记得他们，记得他们在来路上的覆辙。对他们，我也只能借用一位伟大作家的句子，做一个感性的印象描写。在我的案头，放着我喜爱的作家村上春树的著名作品《挪威的森林》，里面有一段主人公渡边评价朋友永泽的话，我想，用在他们身上，谈不上精确，但算得上精彩吧。

他既具有令人赞叹的高大精神，又是个无可救药的世间俗物。他可以春风得意地率领众人大步向前，而那颗心同时又在阴暗的泥淖里孤独地挣扎。一开始就有人察觉出他这种内在的矛盾，而更多的人却对此视而不见，这实在令人费解。他也就背负着他的十字架，艰难地匍匐在人生的征途中，直到卧下。

这，是不是一种真实？

《追问》之后的追问

那么，《追问》"追问"到真实了吗？到底追问到了怎样的"真实"，有没有追问到怎样的"真实"？这是无数读者反馈给我的新的"追问"。

没有想到，《追问》在全国引起如此强烈的反响。更没有想到，试图解决问题的《追问》，却引发了更多的问题。

这，似乎是一个作家、一个基层的纪检工作者无法解决的。但它们来了，喷薄而出，汹涌而来。我，我们，都无法回避。唯有面对，唯有深思，唯有力行。

思之篇

诊断：欲沟混沌

　　伪精英有个共同的特点，就是对一切看不见摸不着的事物不感兴趣。你跟他谈自然，他关心的是哪里有好吃的好玩的；你跟他谈美术，他关心的是字画值多少钱；你跟他谈友谊，他关心的是交朋友有什么用。所以，他的价值观一定是物质主义、实用主义、庸俗主义的。要击垮这种人很容易，无须动之以情，无须晓之以理，只需要银子浇铸一块敲门砖，一敲就开。

人在混沌

医生要给病人治病，必须问诊病情，由病情判断病理，再由病理诊断出生病的源头，找到病灶，挖出病根。一个人的人生出问题了，言行不端，道德败坏，违法乱纪，这个人已经是一个"人生病患者"，病情严重，需要治病救人；病情恶化无可挽救的，需要及时惩处，以防传染扩散，危及社会。而且，人生的病是一种超级传染病，具有示范性、扩散性。所以，我们需要对"人生病"进行准确的望、闻、问、切，对症下药。

作家和纪检工作者，就是人生医院的"医生"。

在我这些年"行医"的日子里，通过对无数"病例"的研读，我找到了一条问诊人生的捷径，就是"问心"。

中国古代思想家孟子的智慧，给了我启发。孟子与公都子有这样一段对话：

公都子曰："钧是人也，或为大人，或为小人，何也？"

孟子曰："从其大体为大人，从其小体为小人。"

曰："钧是人也，或从其大体，或从其小体，何也？"

曰："耳目之官不思，而蔽于物。物交物，则引之而已矣。心之官则思，思则得之，不思则不得也。此天之所与我者。先立乎其大者，则其小者弗能夺也。此为大人而已矣。"

公都子请教孟子："同样是人，有的成为君子，有的成为小人，这是为什么呢？"孟子这样解释："注重身体重要部分的成为君子，注重身体次要部分的成为小人。"公都子又问："同样是人，有的人注重身体重要部分，有的人注重身体次要部分，这又是为什么呢？"孟子说："耳朵眼睛这类器官不会思考，所以被外物所蒙蔽，一与外物相接触，便容易被引入迷途。心这个器官则有思考的能力，一思考就会有所得，不思考就得不到。这是上天特意赋予我们人类的。所以，首先把心这个身体的重要部分树立起来，其他次要部分就不会被引入迷途。这样便可以成为君子了。"

孟子是不是为我们提供了一种问诊人生的捷径？身体里不思想的器官，容易引人入歧途，但这些器官并不决定人的走向，决定成为小人还是君子的，决定人生走向的是会思考的人心，人心才是人生的决定者。

我们再来看看日本著名作家村上春树的"初心绑架"论述。他有一段话，用以观察和结论当代世界范围内的那些生命"迷茫"和精神"颓败"的事业成功者群体。村上春树的话大意是说：一个人在事业的道路上走得蛮远了，他已经得到了世俗认可的成功，这时却找不到自己，甚至误入人生的歧途，你要赶紧停下来问问自己，是否还走在来时的心路上，是否自己的纯真初衷已经被某种外来的、后生的欲望所绑架？

原来，人的心是会被欲望这种东西绑架的，一个人的人生道路发生偏向，发生滑坡，是因为心出了问题。村上春树说的这个"心"，当然是指一个人在事业道路上起步、奋进的那个阶段的心，其实就是指纯洁、向上的那种初心。初心生病了，初心被欲望感染，继而人生被病心绑架，你就这样违背本愿往前走，你能不迷失吗？我在写作《追问》时，研究了很多落马的省管干部甚至中管干部，他们大都有一个相似的人生轨迹和人心轨迹：人生从坚实、勤勉、向上到停滞、不安、盲动直至滑坡、毁灭这样一个过程，就是其人心从充满激情到不安、亢奋、骄躁，酿成混沌，终致堕落、邪恶的过程。在后期，表象的自由与强势，掩盖内心的虚弱与混沌，最终这片潜在的混沌区会成为人生败落的病发区。混沌区是其人心变化点，是其人生浮沉的交界处。一般说来，村上春树先生所说的"欲望"就是在这个界点上引爆的，它炸出了人心的负能量，加推人生的败落。所以，诊断人生，先诊断人心；诊断人心，必须排查欲望。

我们说，生命体就是欲望体，欲望本无罪；过量的不合理欲望才是祸害；通过非法手段实现欲望，才是罪恶的。

让我们看一看，当今人类的欲望是怎样的，都发展到了什么程度。

几年前，路透社发布了一份关于西方年轻人的欲望数据报告。报告说，几百年的资本主义发展，使得人越来越成为资本的奴才，当代青年的金钱欲望膨胀，到了历史最高点。调查显示，欧美国家年轻人不崇拜上帝而崇拜金钱的比例，达到了 34% 以上。也就是说，1/3 的年轻人只信仰金钱。对此调查结果，西方社会一片哀叹，人心不古，悲莫大焉！

受此启发，中国环球网和央视网协同国内外的一些调查公司，也做了一个调查，并提供一份"中国人的欲望清单"。清单显示，如今的中国人尤其是年青一代，物质欲望非常强烈，具体说来有：发大财（环球网：超过 69% 的中国人认为金钱代表成功并承认自己的确拜金）；买大房子（美国富兰克林邓普顿投资调查公司：34% 的中国人欲囤房、炒房暴富）；开豪车（韩国现代汽车集团调查 500 名中国车主：近 60% 的人认为买车买贵的维持面子、表达身份比买对、比实用更重要）；当老板（央视网：52% 的国人把当上老板作为人生目标，上海等地区这个比例在大学生中竟然占 80% 以上）；中彩票（中国彩民 3 亿左右，预计 2018 年彩票销售额超 5000 亿元，无数中国人都想赌一把，实现一夜暴富的美梦）；当官（当官是国人永远不厌弃的职业，年轻人认为当官不是一个让人愉快的职业，但"升官发财"还是很有诱惑力，值得去"忍受"）；艳遇（饱暖思淫欲，国人在物质方面获得满足，内心的良性寄托并未找到，情欲刺激成为一种寄托）；移民（故人故土故乡、祖国祖先意识淡薄，认为人在江湖，在哪里都是逗留，遇好则留，遇糟则走，所以，有本事就往发达国家移民）；环游世界（世界很大，我想去走走，discovery 的你发现了什么？其实就是贪玩，国内 80 后、90 后中产生百万计的专业"驴友"，有些人不想工作，啃老玩遍天下）；等等。

以上清单，调查的对象以年轻人为主，但我觉得，基本概括了一个群体的国民欲望表现，是比较客观的。它就是潜伏在我们这个社会和无数人心混沌区的一种颇有规模的力量。它绑架的不仅仅是年轻人，也绑架着许多中老年人，绑架着一部分党员干部，绑架着不少社会精英。

　　不过，清单列举的是欲望的表现形式，这不是我关注的重点。在《追问》出版并引起强烈反响之后，许多单位请我去帮助他们的干部员工解读这部书，解读书中的涉腐中高级干部内心世界，处在怎样的混沌区，什么样的欲望导致什么样的人心，发生怎样的病变。说实话，写作《追问》时，我自己都没有能够想透彻。书出版后，在与很多读者、专家交流的过程中，我把这些渐渐地看清楚了。

　　欲望如何异化成腐败根源，细分有很多方面，不妨随着我一一探寻。

腐身物躯

比如，当肉欲绑架了身体。

古今中外，都不缺乏这样一种人，全部的奋斗或投机，竟然奔向一个目标，就是吃喝玩乐，沉湎于声色，满足自己那点最低级的生理欲望。中国当代也不例外。过去我们常说中国干部腐败的三只"大老虎"：公款吃喝，公车私用，公款旅游，每年消耗掉的劳动人民万亿元血汗钱，是老百姓深恶痛绝的"普及型腐败"。

20 世纪 70 年代，我的老家江苏南通曾经发生过一起轰动全国的案子。马塘信用社美女会计汤兰英，生得一张标致的娃娃脸，身材匀称，口齿伶俐，为人和善。在信用社工作有身份，收入稳定，汤兰英的家庭条件也是非常富足的。可她并不满足这些，她喜欢穿新衣服，每年每季都要有新衣服上身；她喜欢饭局，经常在家大鱼大肉，大宴宾客，把酒临欢；她还喜欢男人，索性包养了几个俊俏的小伙子，常年苟且。那点工资哪里够这样的花销呢！信用社就是存钱的地方啊，汤兰英利用工作便利，短短几年的时间就贪污 4 万多元公款，全部用于吃喝玩乐。在乡镇干部普遍月工资 20 来块钱的 20 世纪 70 年代，4万多这个数字相当于一个干部工作 160 年的工资总额，其贪污程度可想而知。汤兰英被判死刑，全县开公判大会宣判后立即执行。

这个案子给我们的童年记忆留下了永久的印痕。至今记得 32 岁的汤兰英被押赴刑场的时候，依然穿着一身新衣服，那张娇艳的脸在阳光下变得惨白，没有一点血色。我想，如果汤兰英不在年轻的时候放纵自己的肉欲，她现在也不过七八十岁，正幸福地活着，应该是一个漂亮的小老太，退休在家，儿孙绕膝。

党中央把这种贪图身体享受的基层腐败分子称为"苍蝇"，看上去小，但是泛滥之后，直接在人民群众眼皮底下，损害人民群众的切身利益，制造了干群关系的紧张，危害面积不可谓不大，危害程度不可谓不深。在我们江苏基层，吃吃喝喝的基层干部被老百姓取了一个专业绰号，叫"棉铃虫"。这是一种隐藏在棉花花蕾里的小虫，不及时处理，就在里面啃食棉花蕾，棉花被它们啃得差不多了，它们也就长得肥肥的了，典型的"损公肥私"的一种害虫。棉铃虫还有一个特性，是产卵多，扩散快，所以，一旦放任，它们可不是一瓣一瓣地啃，而是一片一片地毁。棉花绽开的时候，整片田也就毁之殆尽了。老百姓有多痛恨棉铃虫，也就有多痛恨基层干部的腐败。吃吃喝喝，小贪小摸，发展下去照样毁党的大事业。

有人说，基层干部层次低，更容易犯这种生理性满足的低级错误。其实不尽然，只是基层腐败分子的此类行为更容易暴露而已。社会精英里，此类为肉欲而活的人也不在少数。企业家、教授、中高级领导干部，热衷于酒色的并不鲜见。要不然，那么多高档酒店，那么多私人会所，哪里来的市场？那么多高级交际花和掮客，如过江之鲫，哪里来的活水？

有一位高级领导干部，位高权不重，在单位不管资金、不管人事、不管项目、不管奖牌。按理说，有较高的社会身份，又摆脱了功利的纠缠，不为世俗权力所累，这样的领导干部应该活得轻松、安静、超脱，应该是一位雅士，更能够获得别人的羡慕和尊敬。可他偏偏没能雅起来，反倒热衷于觥筹交错，歌舞升平。有一次，他出访归来，飞机落地打开手机，发短信："宝贝儿，我回来了！"乍一看，挺温暖啊，这是给家人报平安啊。可是，这条短信群发了十几个号码！这十几个"宝贝儿"都是什么人呢？后来查明都是他的"情人"。一个有头有脸的高级领导干部，如此沉湎于声色，整天为他那点生理欲望活着，情何以堪？此人没有太大的经济问题，但因严重违反党的生活纪律，还是受到了严厉的处分。

所以，我们不能认同民间的一些说法，"高级的人"就不犯"低级的错误"，小人物犯小错误就不会有大危害。肉欲过当是一种罪恶。西方宗教认为生理冲动是心魔，人需要战胜这种心魔，这是为自己赎罪的一种义务。完全克制身体欲望的清教徒，受到尊敬、崇拜。东方佛教源头的印度佛教，把克制个人身体欲望到极致的人，定义为苦行僧，会修炼成佛的。佛教在东方普及后，融汇了基本的人性，是兼容人道的，戒律是对教徒信众做了一些并不为过的规定。佛教的戒律里面对基本生理需求的约束比较多，除了最基础的五戒中有约束身体欲望的戒饮酒、淫邪外，还有更多戒律是针对身体的，比如，戒涂饰香、戒视听歌舞、戒坐高广大床、戒非时食，等等。宗教跟文化是贯通的，中国传统文化一样倡导清心寡欲，但不像宗教那样极端，而是比较折中地要求人们，心要"素"，身要"俭"。中国文化还是比较宽容的，富有弹性的，并不苛求人一定要修炼到极致，只是让人管理好自己的肉体，使之张、抑皆有度而已。

宗教和文化是普度众生、教化万民的，可以说，以此超越肉欲是文明人的标志。对社会精英，要求恐怕还要更高一个层次。早在几千年前，孔子有句话，堪称真理。他说："士志于道，而耻恶衣恶食者，未足与议也。"放到现在，意思就是有一种人，身为干部，以人民公仆自居，立志成为社会精英，满口安贫乐道，但又在吃饭穿衣方面极度讲究，不肯安贫乐道，这种人，是不值得我们跟他志同道合的，他们配不上他们的身份和荣誉。

所以，我们要警惕和远离"低级欲望"。

比如，当物欲积养成奢靡。

拥抱功利，远离自然，进而追逐奢侈。这类人有个共同的特点，就是对一切看不见摸不着的事物不感兴趣。你跟他谈自然，他关心的是哪里有好吃的好玩的；你跟他谈美术，他关心的是字画一平方尺值多少钱；你跟他谈友谊，他关心的是交朋友有什么用，对方能不能给自己升官发财带来机会，至少能不能给自己办点事，带来一些便利。所以，他的价值观一定是物质主义、实用主义、庸俗主义的。要击垮这种人很容易，无须动之以情，无须晓之以理，只需要银子浇铸一块敲门砖，一敲就开。

辽宁省某市政府原副秘书长黎某，190平方米的一套私宅里，仅用了三年不到的副秘书长任职期，就堆满了高档珠宝和奢侈品。她落马时，办案人员从这里搜查出 48 块劳力士，253 个 LV 包包，1246 套名牌服装，600 多件金银首饰。她做了不到三年副秘书长，囤积了这么多奢侈品，恐怕一辈子都用不完。但是，她脑子没有进水，她不是不知道家里堆的东西太多了，但她还是收、收、收。这个副秘书长后来交代自己的心迹，说像着魔了一样，一个星期不拎一两件东西回家，进门都是有气无力的，觉得自己当官的价值得不到体现，所以拼命敛物。她还认为以自己的身份，值得穿用奢侈品，因为一个字："贵"。所以，她看到贵的东西，就亢奋。她不断需要昂贵的商品来刺激自己的精神，当官做人的全部价值都落在囤积奢侈品上了。

积物成癖，视贵为靡，物欲横流，泛滥成灾。中国还没有富得流油，却有那么多人率先进入世界级高消费者行列。这是一种灵魂的扭曲，也是社会价值的一种变异，是人心里非正常欲望的失控所致。

非常情

比如，当情欲突破了界限。

情为人本，情为伦常，情为理应。我们为情所生，为情所死，为情含辛茹苦、来来往往走一生。连动物都为情谱写出无数的生命赞歌。

我在《动物世界》里看到一个感人的故事。在非洲大草原，每年转季，角马群都要转场大迁徙，其中过河是一道险关。河水湍急，水下凶猛的鳄鱼成群，水边暴戾的河马结队。稍有不慎，不是被滚滚洪流吞没，就是被同伴踩死，而更多是被鳄鱼撕碎，被河马攻击。所以，角马过河，是一场生死突围，活下来靠力量、经验、勇气和概率，起决定作用的恰恰是那概率，随着大部队冲过去是侥幸，冲不过去是牺牲——每次过河必然要为守候了一年的鳄鱼提供一顿大餐，每只角马只能在侥幸和牺牲之间选一，非此即彼。有一只母角马很幸运，虽然刚刚生育过，体质虚弱，但随着大部队，安全冲到了对岸。可是，当她准备汇入滚滚向前的角马大部队时，她突然发现她的孩子丢了。她转身驻足，发现她的孩子正被河水冲向下游，在激流中挣扎呢！一群鳄鱼跟着水流追逐着小角马。母角马犹豫了——仅仅是几秒钟的犹豫——作为一只饱经风浪的老角马，她知道这种情况小角马基本无救，谁去帮助他谁就成为一个陪葬品。可母角马没有算这个账，拔腿快速向下游奔跑，并一头跃入水中，冲过鳄鱼群，奔向自己的孩子。

感情的强大就是这样，大得理智根本拦不住，大得几乎让人误解成本能。动物尚且如此，何况是人？人的感情，细的如雨，润物无声；柔的如水，流淌纵横；激的如洪，滔滔不绝；烈的如火，熊熊高温；猛的如雷，振聋发聩；壮的如海，恣肆澎湃；密的如沙，久聚成塔；硬的如钻，坚不可碎；软的如麻，乱不可织；醉的如酿，沉湎不醒；恨的如鬼，痛不欲生。万水千山总是情，谁若无情谁非人。人的感情，多种多样，千姿百态，无孔不入，无奇不有。有的人因情而升华了生命，有的人被情猎杀了人生。

感情的种类非常丰富，亲情、友情、乡情、爱情、同学情、战友情、同事情，等等，情情不老，无关古今，皆可成欲。要是把感情这件事联系到当代，联系到现实，联系到我们这个社会的人士，联系到他们的千般感情千般人生，真是一千句话说不明，一万个案例举不尽。

前面讲到母角马冒着生命危险寻找和帮助小角马，是一个伟大的亲情故事。亲情故事在人类社会无处不在。但人类社会的亲情没有动物那么单纯，固然有伟大，但也有卑琐，有错误，甚至有罪恶。

我在写作反腐纪实文学《追问》的时候，收集到不少为亲情而毁掉人生的案例。书中的《无法直立》，写到市委副书记李立青，大半生勤勤恳恳，廉洁自律，可儿女各方面平平，长大后找不到理想的工作，嫁得也很一般。有商人就乘机来"提携"两个孩子，把他们当人才"挖过去"，用心"培养"，使孩子迅速"成才"，然后在其企业里高薪任职。此举通过亲情一下子撬开了李立青的"防护门"，把商人引为知己，有求必应，抛弃了一切原则，为商人提供牟取暴利的机会。最后几年，李立青几乎被商人"绑架"着生活，成了商人操纵的木偶，孩子不过是人家的"人质"而已。

还有一位美女县委书记，在丈夫的支持下，从年轻时候白手起家，辛勤奋斗，到中年取得了事业的成功，位居一方首长。但她的丈夫，年轻时是一位踌躇满志的艺术才子，为了家庭，为了妻子能专心致志在仕途上进取，自愿放弃了自己的事业，站到家庭幕后，做了几十年家庭妇男，把青春牺牲在柴米油盐里。丈夫完成了他的家庭妇男使命之日，也是妻子的事业登上巅峰之时。这个时候，本地有一家做园林环境规划设计的民营企业家找过来，要请赋闲在家的男人出山，发挥艺术才华，担任该企业的设计总监。丈夫十分开心，年过半百，总算有机会出去工作了。可美女书记一听，直觉不是好事，这民营企业有可能是看中自己这个书记身份，才聘用丈夫的啊。于是，她不同意丈夫出山。这一夜，她失眠了，丈夫伺候自己，伺候全家人几十年，大半生没有能够过上一个正常的社会男人的日子，难道自己当领导，家属就不能工作了吗？于心何忍，情何以堪？亲情把美女书记拖入了愧疚、烦恼的深渊。第二天一大早，她摇醒丈夫，同意他出去工作，丈夫从床上一跃而起，开心地说："我去给你做早饭。"然后，像个大孩子一样一蹦一跳去了厨房。看着丈夫的背影，美女书记感慨万千流下眼泪。

然而，两年后，这位美女书记就涉嫌违纪被撤职了。聘用丈夫工作的那家企业，在两年中频频在地方政府工程项目中中标，异乎寻常地取得跨越式发展，也遭到竞争对手们的联合举报。上级纪委认为，无法排除县委书记丈夫就职这家公司所起的公权力作用，美女书记涉嫌纵容亲属在自己公权力范围内从事经营活动营利。

美女书记对我讲述她和相濡以沫的丈夫的故事，痛哭流涕。本来他们的人生十分美好，特别励志。如果不是这么糟糕的结局，他们的故事完全可以写成青春励志教材，教育和感召现在的年轻人。真是成也亲情，败也亲情。我采访回来后，为之痛惜，简直不忍提笔。

然而，当我冷静下来，再观察这个案例，我的认识渐渐清晰，渐渐理性。亲情再美好，它也是一种个人情感的欲望。公私有别，如果用公权力满足这种私情，亲情就发生质的变化。你的亲情满足了，别人的亲情却有了遗憾，有了痛苦，集体的利益也受到损失，公共损失会进而辐射、伤害到更多的个体感情。

亲情的欲望美如罂粟，它容易麻醉我们的眼睛，使我们看不清是非，划不清界限，不知不觉地跌入混沌。

再有一种普遍的情感叫友情。人的社会属性决定了人对友情的渴望比任何一种动物都要强烈千百倍。有人说，人的一生，如果能达到"四好"，就算完美了。一个好身体，一份好职业，一个好家庭，几个好朋友。可见友情的比重之大。"孤家寡人"这个词不光是用来称呼高处不胜寒的皇帝的，也用来形容缺少朋友的普通人。

我曾访问过某省落马的一名交通厅副厅长，他的事业是朋友助成的，他的悲剧也是朋友酿成的。这名交通厅副厅长年轻时，事业起跑受到包括自己的直接领导在内等多个同事的帮助，与很多同事在工作中结下深厚友谊。他尝到了交朋友的好处，所以特别喜欢交朋友，等他自己走上领导岗位之后，他特意在自己的办公室墙壁上挂了一幅书法"四海之内皆兄弟"，提醒自己朋友珍贵，常用友情激励自己的人生。由于投领导所好的人纷纷投靠，他不加选择和防范，朋友越来越多，也越来越杂。他大权在握，狐朋狗友们以友情的名义求他办事，他能办则办，也不管什么原则不原则了，所谓的朋友情义就是他的原则。朋友们乐享他给予的关照，整天围着他转，到处夸赞他"有情有义"，是值得终生交往的好哥们儿。一个好汉三个帮，朋友多曾帮他成就了事业，带给他许多快乐，朋友多也败了他不少事，最终把他带进了痛苦之境。

在监狱采访他的时候，我问他：你人生最大的教训是什么？他说：朋友不能没有，多一份情多一条路；友情不能太滥，多一次来往多一份祸。我这个人，年轻时建立了一种偏颇的朋友观，认为只要是朋友就是有益的，友情是这个世界上最美好、最有用的东西，要珍惜好，呵护好，利用好。我没有想过，我那时事业未成，一无所有，来跟我交朋友的，那叫真朋友，帮助我那是真情分，纯属付出，不求回报。我很糊涂，后来就认为朋友都是这样的，所以当上副厅长后，对打着朋友旗号的，来者不拒，然而，这友情里泥沙俱下，夹带了不少自私、享乐、牟利的目的，友情不是真友情、不是纯友情了，友情成了别人利用我的借口，也成了我理直气壮享受别人不正当伺候的理由。

清代名臣曾国藩待人热诚，广结天下名士，为事业的发达打下了坚实的人脉基础，其朋友数不胜数。在曾国藩家书中，每每叮嘱家人要重交情，多结交。但每每都要再叮嘱一句：一生之成败，皆关乎朋友之贤否，不可不慎也。曾国藩告诉家人，原来交友善与不善，关乎一生成败的大计，必须慎之又慎。这是多么醒脑的提示啊。

友情是美好的，但美好的东西，没有一样是可以信手拈来的。鲁迅先生说，人生得一知己足矣。说的是交朋友难的规律，也从另外一个侧面说明交朋友需要谨慎，需要精选，朋友太多了，未必正常。一个普通人要交到一个朋友，很不容易。一旦成为成功人士，马上四海之内皆兄弟。同样一个人，同样一个灵魂，身份变了一下，原本是滴水的友情，现在变成涌泉，这样的急转，怎么能不去警惕呢！

还有一种美好又危险的情感叫乡情。中华民族是一个寻根民族，特别在乎自己的出生地成长地，对故乡故人充满了眷恋。乡情能激励游子在外努力奋斗，乡情也能召唤游子回归和反哺。乡情化小，是亲情，是恩情；乡情升格，是民族情，是爱国情。我们遇到老乡就感到亲切，想到故乡就流泪，乡情是中国人的根和魂。

乡情是一种经常被我们歌咏的情。我们中国人几乎都有一个"偏僻的老家"，一个小山村，一个小水乡，一个小城镇，一条小街巷；蜿蜒的路，曲折的河，小溪，竹影，麦田，稻浪，篱笆墙上的花香，光滑的石板路面。世界很大，眷恋的很小。心很野，记忆却随着时光之老，滞留在成长的地方。我们的乡情，就这样浓浓地锁定在民族的血液里，锁定在古老东方巨龙的基因里。我们一直为这种基因感到骄傲，也是这种基因，壮大了我们的华夏之根，牵扯着我们的炎黄之脉。

可是，就这么美好的感情，一样可以异化，成为欲望的仆人。

某地的一名交通厅厅长，出生在一个落后的平原小村。他特别重乡情。每年不管多忙，他都要利用春节或者清明，回乡祭祖和看望乡亲。小时候，他家里特别困难，有时候，家里断炊，他不得不饿着肚子，耷拉着脑袋上学。同村有个小哥哥家里比较宽裕，得知这个情况，就每天在书包里揣两个冷馒头，到学校分给他吃。他几乎是靠小哥哥的冷馒头，才没有饿死，坚持把书读下来，后来终于考上大学，并在工作后取得成功，当上了厅级干部。那位小哥哥虽然不及他有出息，但也在县里官至科局级。有一年春节，县长拉着这位小哥哥，请回乡过年的交通厅厅长吃了一顿饭，饭桌上，借小哥哥的口，说出了县里在交通基础建设上的困难，希望厅长能关照关照，尽早为家乡的"村村通"立个项，多拨点经费。

三杯酒下肚，县长说："您看啊，厅长，现在您回来，一下雨这汽车都开不进来，土路上全是烂泥巴。"县长还指着厅长的小伙伴说："听说你们从小跟亲兄弟似的，哥儿俩想见个面，这交通状况，多不容易啊。"

就在此时，服务员端上来一盆馒头，就是小时候的那种味道，厅长睹物思情，感动得与"小哥哥"抱头痛哭。过完年回到省里上班，明知违反原则，在乡情的驱动下，他还是硬着头皮动用权力，为老家县里立项拨款。县长为了回报他的关照，直接先把公路修到他老家的那个乡、那个村，直至他的老宅旁边。他的小伙伴也因为此举有功，当上了县里某局的局长。可两年后，这项工程爆出了腐败问题，县长收受承建商贿赂200多万元，被逮捕判刑。这名交通厅厅长虽然没有在这件事里拿任何好处，但"路修到老家老宅口"就是变相的"好处"啊。交通厅厅长被撤职。出界的"乡情"毁掉了他的大好前途，他的人生从烂泥巴的小路走出去，最终又循环了回来，掉进了乡里的泥淖。

　　一个人成长的过程中，会结下丰富多彩的情谊。除了上面提及的几种感情外，按人生的相逢相遇，还有同学情、师生情、战友情、同事情等。它们写就的人生佳话，数不胜数。它们是我们人类社会的暖空气，是本来陌生的人与人之间的黏合剂，有这些情感，人类才会有广泛的爱，社会才不会是一盘散沙，家庭、朋友、组织、集体、民族、国家、世界这些单元，也才可以形成，可以存在，可以发展，可以永恒。但是，我们往往并非为了有用才产生这些感情，而这些感情一旦产生了，往往又是有用的，也有可能被利用。所以，我们可以下结论，情欲是人生的双刃剑，抓不好，就是血淋淋的悲剧。

　　我们不能忘掉有一种情叫爱情，它被称为"情上之情"。有一个考验人情的烂熟问题，问男人，如果自己的孩子、妻子和老娘同时掉到河里，面临着被淹死的危险，你只有机会救上来一个，先救谁？按照中国传统伦理，孝道为先，所以老一代的中国男人都会毫不犹豫地说，当然是先救老人。父母生养了自己，恩重如山，舍身相救，义不容辞，刻不容缓。到了当代，有一些人从新思维新视角来回答这个问题。第二种答案出现了：先救孩子。为什么呀？孩子刚刚来到这个世界不久啊，他所有的人生还没有来得及展开，怎么能让一个生命夭折在鲜嫩的苗苗阶段？老人，不管你是谁，你的生命毕竟已经趋于完成，你长大成人，享受到了成长、家庭和事业带来的幸福，见识了这个世界的面目，人生已经基本完整，享有了生命权利的大部分了，无论是从自然还是从人伦看，都可以让老人"先走一步"。哪怕低级到算账，也可以证明先救孩子的合理性，孩子死了，失去的是面对几十年生命；

老人死了，失去的或许是几年甚至十几年的生命。于是，争论就开始了。面对两种答案两代人互相指责，老一辈指责新一辈的无情，新一辈指责老一辈的无理，骂声一片，难辨是非，无法折中。这个时候，一个高鼻梁的洋人跳出来了，说：别吵，你们都错了！应该先救妻子。

两代中国人瞪大眼睛看着他，异口同声，愤怒地问：为什么？

老外说：这个世界上最伟大的感情是爱情，而不是亲情或其他感情。因为爱情，来自两个完全没有血缘关系的人，却能凝结成比血缘还牢固的纽带。为了爱情，一个陌生的女人流着泪，离开生养她的父母，加入一个陌生的家庭，与你们一同奋斗，相濡以沫，相夫教子，献出全部的青春和生命，全部的爱和责任。所以，爱情也是最大的恩情。在生命的危险关头，不要说丈夫了，你们全家都应该毫不犹豫地选择救她，救这个家庭里唯一的"外人"。不是为了自私的血缘，不是为了可笑的算账，更不是为了所谓的孝道，仅仅是为了情，为了爱，为了恩，这才叫博大无私啊。

很多中国人听呆了。

我们没有必要纠结在这个虚设的蠢问题中不能自拔。我讲这个故事也不是为了拷问你的道德、智慧或者情义，而是为了引出爱情这样一种人人渴求的情感的话题。爱情能不能伟大到超过道德、超脱理性、覆盖伦常，姑且不论，反正我们不能否认爱情的伟大和奇妙，不能否认爱情对生命的重要意义。

中国古人对爱情的向往和执守，不输于世界上任何民族。为了爱情，七仙女可以从天而降，来到人间，下嫁一无所有的村夫董永；为了爱情，白蛇修炼千年成仙，冒着被打回妖物的危险，大战法海；为了爱情，才郎俊女梁祝化作蝴蝶一起升天。在中国文化铸造的爱情面前，财富是那样卑劣，地位是那样虚无，生命是那样英勇，什么父母之命，什么天地有别，什么人妖不近，什么好死赖活，一切封建的伪道假学臭规矩，统统不堪一击，粉碎一地。

但是，爱情并非就是简单的两情相悦、相许。爱情有洁癖。不纯粹，不超越物质，夹带着目的，功利，不平等，看起来再相悦，再怎么山盟海誓，这份爱情也不能叫作真爱情。黑格尔甚至说："爱情确实是一种高尚的品质，而且显示出一种本身丰富多彩的高尚优秀的心灵，要求以生动活泼、勇敢和牺牲的精神和另一个人达到统一。"这里面有几个关键词，勇敢，高尚，牺牲。这是对爱情本质的定义。到了现代社会，许多声称为爱情勇往直前的人，最终却稀里糊涂地走进了情欲的深渊。如果把这些本质断章取义，割裂开来对照，现在社会上一些人宣称的"爱情"里面，似乎也有"勇敢"——非理性的莽撞，高尚——十分个人化的"自恋"与"自负"，牺牲——基于满足个人欲望的冲动与惨重代价。

有一位省部级干部，疯狂追求一名女明星，名表名车大别墅，烛光晚会赞美诗，不惜一切。他一度得到了明星的投怀送抱，也因此付出了落马的代价。他始终认为自己不过是为了一份"爱情"而栽倒的，他和她是真爱，没有什么好羞耻的。女明星出场费上百万元，并不在乎那些名表名车和晚会，而且，她的美丽和身价，配得上这点奢华。所以，他们是"平等"的，非物质目的的。

还有一位副市长，与一名年轻的女孩子产生了婚外情，为了她，在外面又搞了一个家。他犯了重婚罪，但他并没有多少自责，因为那个女孩子跟他在交往中日久生情，他也从未用物质手段骗取她的感情，他们两个的感情是干净的，发乎"自然而然"，不是用心计博取，而是"无意"获得。这不是"爱情"又是什么？

这两个案例，是当代社会最好的爱情与情欲罪恶教案。它们具有很大的蒙蔽性。我在《追问》一书中，详细地描绘了这两个故事的情节，并未过多地分析，以留一份"追问"给读者。澎湃新闻网关注到这一点，网站对这两个故事的报道文章下面，一天出现了5万多条评论跟帖，讨论他们的"爱情"究竟是什么。如果这不是爱情，那问题出在哪里呢？当事人标榜的"无功利目的""平等""自然产生"，等等，成立不成立？现在社会上这样的事例也绝非仅有这两个，应该有成千上万，发生在社会精英甚至普通百姓身上，这在20世纪80年代前的中国，是不可思议的，也是非常罕见的。为什么我们后来几乎习以为常了，甚至全社会流行一套理论，认为明星是高官大鳄的标配，小三儿是风流倜傥的条件，一个人是可以同时爱几个人的，一夫一妻的婚姻是不人道的，无条件的爱情只存在于文学故事中，是世俗真空的乌托邦，等等。

是啊，当我们启动"追问"模式，发现了一个悲哀的现实，"爱情"走到今天，真的已经面目全非，失去信用。有一位电视主持人理直气壮地向观众宣布：没有永远的爱情，只有永远的利益；如果你有永远的利益，也许你就有永远的爱情。

是这样吗？

是这样吗？

当真是这样？

我仍然愿意坚决地摇头否认。我相信，我们这个世界，更多的真爱沉寂在千万寻常的地方和时光里。越是真实的，就越是淡定的。浮躁社会浮起来的，难道不是情欲放荡的沉渣，不是那些即将被滚滚潮流卷走的污秽？那些误把情欲当爱情，抑或明知是情欲却自欺欺人扮演爱情的，最终都以身败名裂告终，这样的结局，不是最好的阐释、最掷地有声的回答吗！

　　有人说，有情不报非君子。人会生情，有情当报。亲情、友情、爱情、乡情、同学情、战友情等，本身都是良性的。但任何感情一旦超过了正常的尺度，就发展、变异为一种过度情欲，而情欲会成为心灵的洪水，总有一天会泛滥成灾。把感情从自我的欲望里延伸，就成为私情，私情总是在满足自我的需求，最容易庸俗化、实用化、畸形化，也最容易使人动用公权力，动用不法手段，来满足，来实现。这就堕入了公权私用的罪恶。手段不当，这哪里是君子所为呢？不过是小人的伎俩罢了。

无聊之灾

比如，当寡欲演变为异癖。

我曾读到一句古语，翻译一下，意思是说当一所房子长久没人居住，荒芜之后，杂草丛生，败象毕露，各种鬼怪妖魂就会乘机入住，屋子里充满阴戾之气。一个人的内心世界就如一所房子，缺少正能量，没有雅好寄托，就会变得空虚，各种负能量的癖好甚至恶念，乘虚而入，占据了心灵。

中国古代正常年代的官员，大到天子，小到县令，都擅长舞文弄墨。以棋博弈，比文斗彩，琴瑟和鸣，铿锵卓韵。官场崇尚的是"风雅""高趣"，不会去飙歌，斗酒，博彩，猎艳——那是民间，是江湖，平民的俗好、流民的恶习。有记载，在历代明君时代，都会整治官场风气，对民间的流弊也会打击。所以，即便在官员群体中有庸俗事情，也是悄悄而为，绝对不敢大张旗鼓，更不可能积陋弊成风尚。

现在有些官员和老板，除了升官和发财，对其他正常的、正当的事物都没有兴趣，心灵世界一片荒芜。慢慢地心里就生长出一种怪癖。

这种怪癖，细究下来，往往都是官欲、权欲、情欲的变体。

江苏南部某发达县级市市委的一名常委陈某，家庭幸福，生活安逸，妻子是当地知名的企业家，家里也不缺钱。陈某除了工作，性情寡淡，几乎没有任何雅趣来打发闲暇时光。所以，一到下班和节假日，陈某就手足无措，像丢了魂似的百无聊赖。陈某在社会上的朋友看到陈某的无趣无聊后，就拉他打牌搓麻将。空虚的陈某很快痴迷上赌桌，最后发展到动用上亿的公款和向民营老板索要巨资，偷渡澳门大赌，多达十几趟，涉赌金额过三个亿。

海南省东方市委书记戚某，工作比较勤奋，生活也很简朴，在他任职几年的时间内，经常到基层一线调研和检查工作，都是轻装简行。有人给他统计，他下基层和加班，大都是吃几块钱的盒饭。可谁也没有想到，他私下里受贿数百万元，这些钱堆在自己家的卧室床下，层层叠叠，整整齐齐，分文未用。戚某不是"表演帝"，人前人后他都是"克勤克俭"的，看起来确实不像那种贪图物质享受的人。可为什么他要囤钱？原来戚某夫妇染上了一种"数钱病"，三天两头要在家里数钱，盘点盘点这些钱到了几位数，年增长多少，预计下一年度会达到多少。几天没有进账，没有机会数钱，就惶惶不可终日，觉得"心里掉了一块"，"不知道这过日子的乐趣到哪里去了"。一只手电筒，一个账本，黑暗中打着手电数钱、做账，成了戚某夫妇全部的"人生价值"。戚某被逮捕后，依然一筹莫展，弄不清自己怎么"病得这么深"，要这些钱干什么，他们完全没有奢侈生活的习惯，更没有这方面的追求和目标。可是，他们就爱数钱，直到把自己的人生数毁了。

一个派出所所长喜欢暴力殴打犯人"消食出汗";新疆某地区组织部某个官员爱上打猎,走火打死了自己;一个模范学校校长喜欢买假公章,档案造假,先是因为办事所需,办完事后觉得"好玩",业余时间就在玩这个,几年的时间刻了许多假公章,造了许多假材料,有的假材料无用,就创造机会使用;一个银行经理爱上网游,充值数额巨大,欲罢不能,于是动起了客户的存款,为自己的网游账户充值;一个资产过亿的民营老板沉湎于观看视频直播,没日没夜跟踪一个24小时直播私媒体,不断向该视频主播打赏,发展到后来无心工作,企业被耽搁垮掉,还拖欠了几百万元的员工工资;一个大学学霸,从不参加集体活动,性格内向,木讷寡交,在别人眼里,他一天到晚就是在学习,没有其他爱好———一开始确实如此,可后来爱上了偷别人东西,每天晚自修课潜入别人宿舍偷一样东西,藏到自己宿舍来。大学几年,这个学霸竟然偷了500多样东西,这些东西没有一样是他需要的。而且,这个学霸的家里非常富有,根本不是为缺吃少穿盗窃,而是把盗窃作为一种业余爱好,并积累成大恶之癖。至于迷上酗酒、吸毒、淫乱等恶习的社会"成功人士",就更不知其数了。

如果不去研究一个群体的内心,我们就会对这类看上去在某方面很优异的人犯下如此荒唐的错误,感到惊诧和费解。人的心窝是一个无底之洞,事业心固然能填补大部分空洞,但总会有一些空隙留在那里,等待你去填补。我们需要"培植"一两种雅好,那些积极向上、唯美唯善的事,是上苍送给我们的人生珍宝,为何不去抓取它们,来填补自己的人生空隙呢?

天边的云彩

比如，当官欲飙升成官威。

万般皆下品，唯有当官高。封建传统官本位——居高临下，八面威风，出风头，光宗耀祖。古代的官僚把这种官威弄成了制度，级别写在官帽官服上，威风用贵贱礼仪来表现：回避，跪拜，抬大轿子，前呼后拥，逼人仰视。官与民，连称呼都赤裸裸地贵贱分明，官叫大人，民叫小人。

封建社会，最高统治者就是用"官威"这种特供，来笼络和麻痹统治阶层，同时又借助官威之恶，来恐吓平民百姓，把他们的那点志气固守在社会底层，而且让他们心甘情愿。偶尔，统治者再适时挑几个恶官惩治一下，目的不是刹住官威，而是体现天子的爱民之心，树立寡人之德行至高无上的形象。几千年"特供"吃下来，有些官员几乎"无官不威"了，一种"威文化"渗透进了官场血液，随时随地透析出来。这种文化麻痹了努力向上攀爬的人们，许多人就是迷恋这种文化，才矢志不渝而寒窗十年不畏苦的。

有个正厅级的大学校长，双学位专家，可谓功成名就，德高望重。这种软实力，本身就是一种令人敬佩的"威风"，可自我感觉良好的校长却因回了一次老家，丢失了这种自信。他回去的消息传到老家县里，书记县长很热情，说他是家乡的骄傲，荣归故里，晚上隆重地接待他，请他对老家的工作给予指导和帮助。校长很开心，觉得倍儿有面子。到了县里，分管教育的副县长和县教育局局长出面接待他，并告诉他，省里来了领导，书记县长在接待省领导，谈重要工作，但晚宴设在同一家酒店，书记县长会过来串门打招呼，敬酒。晚宴快结束了，书记县长还是没有来。副县长端着酒杯出去，说去把书记县长引过来，估计是忙，忘了餐厅号了。可副县长出去，也没有回来。教育局局长就出去找人，发现县领导班子一帮人，前呼后拥着省里的人，哗啦啦出了酒店的大堂，走了。

　　教育局局长很尴尬，回到包间，忙不迭地给校长道歉，并解释说："晚上省领导临时提出要开个紧急会议，讨论县里的人事问题，书记县长来不及过来敬酒了，让我做代表给您敬酒致歉。"校长听了，虽然有点不痛快，但也觉得情有可原，谁让人家是省领导呢！于是，顺口问了一句，是哪位省长书记？回答说是省委组织部和市委组织部的地方干部处的处长。

　　这一回答，几乎让校长内心崩溃了。原来，家乡官员是如此实用主义，组织部管干部，那才是真正的威力、威风，所以书记县长为了两个处级干部，把他这个所谓的正厅级干部撇在一边，毫不顾忌情面。如果自己不是一介书生，不是一个大学校长，而是同级别实权部门的什么部长、厅长之类，今天被撇在一边的，当然是那两位处长。同样的级别，威风却大不一样，受到的尊重也大不一样，大学校长有官无威，不能叫官。

这件事颠覆了这个大学校长的价值观，从政得不到从政的威风，什么著名学者，什么正厅级，都是浮云。考虑到自己还年轻，他决定运作一下，把自己运作出去，到政府部门去当真正的官，当有威风的官，当回到故乡时那些"县老爷"翘首等待，毕恭毕敬，前呼后拥，极尽巴结讨好的官。为了取得运作"资本"，这个校长一改以往的廉洁，几年内就发展成一个赤裸裸的腐败分子。他没有把自己运作出去，却把自己运作"进去"了。

大学校长虽然饱读诗书，才高八斗，却没有走出从政的恶俗低洼。其实，一顿饭的冷落，有什么呢？稍微有点风度，不会去计较这种市侩琐碎；稍微有点境界，反过来还会为别人着想，组织部的处长虽然级别没有你高，但人家是为公务来的，事关县里的人事干部大事，而你这边，不过是纯粹的应酬，场面上的小事，书记县长的选择，从另一个角度看，是一种务实作风啊！校长应该为家乡官员的这种不唯当事人级别，唯事情轻重的做法，点一个赞啊。大学校长这是把自己当成了"官"，所以他心里那点可怜的对威风的期盼及其所支撑的自尊，是如此不堪一击，如此虚弱易碎。一件事，一顿饭，一个眼色，几句话，立马可以颠覆整个人生世界。说到底，文化虽高，身份虽显，但荣辱观、从政观还停留在封建恶俗的陈腐世界里。

封建式官僚对自己的身份有一个基本设定，威风是身份的属性，权势高于一切，等同尊贵，所以以官自居，自加优越感、自负感甚至霸气。官员丧失了自我作为基本的"人"这样一个属性，某种程度上丢失了部分正常的人性，而赋予了不少恶劣的社会性、文化性和江湖气。经常不是以"人"自居，而是以"我是处长""我是执法人员""我是干部"自居，"我爸是局长""我家是官员世家"等自我拔高定位之后，进而以"你是什么东西"藐视众生，贬斥平民。长此以往，形成了一种"官高一等，可以欺人"的畸形价值观。这种畸形价值观一旦在部分中高级领导干部里形成，就会迅速向社会基层扩散。中央纪委网站曾披露，被查处的四川凉山某地一个村官，在位时间比较长，村官虽小，但官太爷脾气不小。听说此人当村官前还是比较谦和的，与老乡关系融洽，可当了村官之后很快变得面目全非，为人极其嚣张。他拉帮结派，组成一个势力圈，肆无忌惮霸占村里的公共资源，鱼肉乡里。他本人在这个势力圈充当老大，平时说一不二，后来这个小圈子里的人竟然喊他"万岁爷"，他也照单全收，还经常以"寡人"自称。

官欲生官威，官威涨官欲。多少人为了有威风而谋官，多少官因耍威风而栽倒。这就是官欲与官威的因果逻辑，当我们立足起因的时候，为什么不去瞻望一下这样的结果呢？我们很少能改变因果逻辑，但我们能改变起因啊。

当代社会，我们的官员不再定位为大人、贵人，而是定位为公仆。"为人民服务"是国家公职人员的警示牌，时刻提醒我们要认清自己的公仆身份；"人民当家作主"是悬在官员头顶上的利剑，随时会斩切我们滋生的官僚威风。威风这种东西，不过是人们头顶上的一块乌云，最多能泼几滴秽雨，压抑一下人们的阳光心情，不可能受到人们真正发自内心的敬畏。我们所有人，不管身份有多显赫，事业有多大，财富有多厚，名气有多响，最好清除心里的那点官威之欲，大也隐于市，显也敛于众，脚踏实地，匍匐前行，把自己藏于平凡之内，融于万民之中。

比如，当权欲落脚在私利。

官欲还让我想到权欲，权欲是一种最大欲望，也是人性里固存的控制欲。一个人如果手握公权，权欲过盛，就会追求用公权摆布他人和控制利益的最大化。现在，我们有人把行业分成吃香的与不吃香的，把职务分成有分量的与没分量的，把位子分成实的与虚的，其划分依据，一看就知道是权力和权力可能衍生的利益的多少。

我有一个校友加文友，20 世纪 90 年代中期，我在大学教书，他在苏北的一个县中学里教书，出差来省城总要到母校，找我喝一杯小酒，谈一番人生。那时候，他是一个理想主义青年，怀揣着博大的济世情怀，看不惯干部与知识分子、平民百姓之间的待遇不平等。21 世纪初，他获得了一个机会，被地方政府选调出来，当上了县领导。后来他再来找我聊天的时候，表现出来的"看不惯"不一样了——看不惯部门条块之间的权力不均，以及同僚之间分工不平衡导致的权力差距。再过了几年，他当上了县长，谈论的话题更多的是做事的不如管人的权力大，历尽千辛万苦，到头来功过是非全是书记说了算。2010 年前后，他当上一把手了，这个时候不再谈不平衡不平等这些话题，而是抱怨同僚和下属太计较权力这种东西。

一个人的观点为什么会产生这种变化？其中的规律是"屁股变化"，然后是"脑袋变化"。其中的关键，是他太关注权力分配这件事，在他看来，一切不平等就是权力分配不平等。如果像他做教师的时候那样，在乎权益的社会性不平等，那还是令人敬佩的，应该说是一种难得的济世情怀。但他成为权力的拥有者，甚至成为权力的分配者时，他关注的不再是全局，而是他那根权力链条里的那几个环节。他不是济世的，他是"济己"的。2013年，这个师兄因为腐败被查办，判刑入狱。过了两年，我找了一个机会去监狱看望他。他说，他是被权欲害死的，在位时，几乎时时刻刻都在跟人比权力，掰手腕，生怕自己弱势了。最悲催的是，他的心态失衡是最后一次被提拔惹出来的。组织考察他，提一级，当时很开心。可是提拔结果出来时，他急了。此次在他那个地区一共提拔了三人，给他的岗位是市政协副主席，而其他两个一并提拔的，一个是市委常委，一个是市政府副职。他说："我哪里干得比别人差啊，为什么给我一个副主席，而给别人市委常委和市政府领导的位置？"他上任后，憋着气，就开始自暴自弃，一边捞钱，向以前他关照过的那些商人索要回报，收秋后的"租子"，一边放任自己吃喝玩乐，很快堕落。

他的这种反问是很值得玩味的。同样是副厅职务，为什么在他看来，如此不平等？在监狱中，他跟我聊得很深，他说，官场上有许多"规则"和"理念"，摆不上台面、写不进纸面的那些东西，在口口相传和心心默契之间盛行。比如，一种极有市场的论调——有位不一定有威，有权不一定有势，有职不一定有利。说的是官场的一种"潜教训"，官职的一种"灰本质"。

我问他，这个怎么理解？

他说，这个可厉害了，抓住了官场的世俗本质。有的位子，也算是个官位，可它毫无威风，你不能说这个位子不重要，参政议政，对党对国家对人民，的确很重要，但对自己不重要，因为没有实权啊。有的人在位子上有权了，可是他的权力用不出去，自己的权力意志贯彻不下去，为什么？他没有势力，没有培植出众多的追随者，下属们对他阳奉阴违，执行他的指令多是蜻蜓点水，应付皮毛，那他的权力就被晾在那里，时间长了就从实权变成了虚权，虚权也是权，但是难以为自己发挥作用，不能帮自己实现抱负，获得对等的人生价值。最后一句话，有职不一定有利，其实是三句话的落脚点，说出官场本质是争夺利益。职务再高，没有利益就没有意义。利益也不光是改善柴米油盐的那点实惠，它是多方面的，还有地位、人脉、名声这些，很多时候，都是从你的职务里派生的。但有的职务能派生出很多利益，有的职务它就仅仅是个职务，你只能干活，它对你没有多少好处。

我听得有点呆了。

他笑笑，摇摇头，说不栽跟头，这些观点怎么听怎么有道理，栽了跟头，发现是毒药不是鸡汤，它违背了一个最简单的道理，就是公权力应该为公所有，官不过是公权力的传送人、执行人，是把公权力兑现的利益传送到全民全社会那里去的人，并非这些利益的合法享有者。就像厨师烧菜不是留给自己吃的，快递车上的货物不能拖回自己家，银行的行长不能支取大家的存款，一样，一样，一样啊！所以，就着一份职务，在那里盘算这个职务能为自己创造多少效益，是非常愚蠢的，等于自掘坟墓。

我说："你真是花教训买聪明了。"他说："其实这根本不是什么深奥的道理，这三句话你以为需要聪明的脑袋才能想通？不是这样的。

我可以拍胸脯说，哪个干部都能看得出这个论调的错误。但有时候，人不是用脑子思考问题，是用他的心思考问题。心有非分念，脑子就糊涂。人都是为自己的心服务，脑子也不例外。于是心有所令，脑有所从，他就主动装起了糊涂，他就愿意这样糊涂，甚至享受这样的糊涂，有的就变成真糊涂。只要社会存在腐败通道，权力兑现私利很容易，很快，再用私利去博取权力，有时候也管用。所以，权力跟私利能够沆瀣一气，滚动膨胀，一时彼此壮大，直到有一天爆炸。"

在跟他交谈的过程中，我想到一句俗语，说权力是春药；还有一句话，说权力是毒药。其实，这是一句话，春药让人瞎膨胀，毒药让人入膏肓。不正当运用的权力，它是让人生病的药，不是治病的药。

那天告别了醒悟已晚的校友，我走出监狱的大门，微风拂面，外面的世界真的太美了。正是傍晚，天空中停泊的缕缕轻云，正在晚霞中变得绚丽，刹那间辉煌后，逐渐淹没于静谧的夜色。我突然想，我们应该把人生就比着这天空，把身份比着这些轻云，不管你的云朵看起来有多大，你就是轻云中的一缕，如徐志摩先生诗歌里所说的那种境界，轻轻地来，轻轻地走，轻轻地停泊一生。晴空传美，炎热遮阳，旱季化雨，无声无息地焕发纯洁的风采；即便有谁赋予我辉煌，那就尽情放射自己的光辉，而不是吞噬太阳的能量，最后把自己烧毁。更不要吸浊聚秽，变化成一朵乌云，丑化了自己，还玷污了大地。再长的人生，也只是人类历史长空里的一瞬。以透彻的心，看透这一切，看透自己，这是多么美的一瞬。

你轻轻地来，你轻轻地生，你轻轻地走。

化俗：发育的枷锁

上流源于脑，风流源于心，下流源于根。

作为个体的人处在大千世界、芸芸众生之中，左右我们的人生观、价值观，影响我们的生活趣味的，往往不是那些大理论大教条，而是乡俚世俗。简单说，就是普遍存在于社会空间的那些俗文化。

中国传统文化，有高尚精髓，也有世俗杂碎，一并风行社会几千年。这世俗文化在广大老百姓中，在社会基层，甚至在官场中历来都很有市场。可以说，我们每个人在成长的过程中都或多或少有所沾染。一不小心就被这类文化塑造，把一个本真的自己重塑成一个世俗的自己，一个市侩的自己，甚至一个恶劣的自己。世俗文化因为由来已久，积淀很深，面广量大，无孔不入，可以说，不是"中隐于市"，而是自成市场，在中华民族的生存与发展的空间里自由贸易，影响着我们每个人心灵发育。

我曾经把世俗文化里的一些比较恶俗的、危害比较大、普及性比较强的表现和所谓的理念找出来一些。我想先不针对老百姓，而针对社会精英和权力群体，来做一些浅薄的举证和观察。比如面子，比如儿子，比如市井市侩，比如小农意识，比如一人得道鸡犬升天，比如难得糊涂，比如时尚，等等。

比如，面子。

400多年前，培根就断言："当权者有四种主要的恶习，即拖沓、受贿、粗暴和抹不开情面。"可能我们认为，这四种恶习显然是受贿最严重。可培根却说："这爱面子，比受贿危害更大，因受贿不过是偶尔为之，而当权者若是被这情面牵着鼻子走，那他永远（违背原则与滥用职权）脱不了干系。正如所罗门所言，为情面并非好事，有了讲情面这样一个理由，甚至为一块面包就去枉法。"培根的话里有几层意思，一层是列举腐败的主要类型是四种，另一层是说四种里面，情面的危害最大，而我们却容易忽略这种危害。意在提醒人们注意，腐败里面有情面这么一种看起来没有危害却十分有害的东西。还有，培根所说的四类腐败，前三种里，拖沓是习性，受贿是德行，粗暴是作风，而第四种抹不开情面，其实是一种世俗文化。这就是说，人一旦被世俗文化所侵蚀，就能形成大危害。

面子这种东西，中国人更熟悉了，中国社会一向被称为"人情社会"，中国人的面子之重，甚至超过生命。20世纪初，西方传教士在中国宣传基督教，折腾了若干年后慨叹，中国人没有信仰，中国人不肯信仰。美国有一部获得奥斯卡金像奖的著名电影《阿甘正传》，里面讲到傻傻的主人公阿甘曾经到中国来混过两年，他女朋友对他这段经历很好奇，问他中国是什么样的。阿甘想了半天，只说出两点印象，中国菜好吃，中国人不相信上帝。女朋友听了很不解。

林语堂先生则在一个世纪前就用自嘲的语气"驳斥"老外们，他说，谁说我们中国人没有信仰，我们有，而且不是一个，是有两大信仰：面子和儿子。林语堂先生调侃我们的国人，对面子的重视，竟然跟根深蒂固的传宗接代观念一样顽固，而且排在传宗接代的前面！中国社会的现实就是，达官贵人，平头百姓，无不活在面子里面。为面子奋斗，为面子所累，为面子所毁，不管有荣有损，都死抱着不放。

面子文化塑造出来的人，不能脚踏实地、老老实实做人，实实在在做事；言过其实，浮夸妖惑，特别喜欢做自己力所不能及的事，很容易形成虚荣到虚假，进而虚伪的人格。这种人格发展到一定程度就变成欺骗。欺骗型人格表现在官场，是虚报、奢侈和大搞形象工程；在民间，则是山寨文化、山寨经济的根源。

记得读大学的时候，教授讲过一个笑话，说中国的某朝代全社会盛行虚荣，男人在外面混世，尤其爱面子，混世的资本就是面子。有的男人在外面人微言轻，其实是没有什么面子可言的，但为了保住最后一点面子，回家时在老婆孩子面前就要腆着肚子，摆出一副功成名就的样子来。有个男人声称自己人脉很广，在外面混得很开，经常被人邀请吃饭，好酒好肉，吃完很晚才能回家。其实，此人根本就是混混一个，没人正眼瞧的一类，哪里有什么吃吃喝喝的好事！但是，他就剩下在家人面前那点面子了，所以只要出了门，就不敢早回家。为了填饱肚子，还要弄出大鱼大肉的样子，每天就出去找吃的，哪家办葬礼，他就蹭过去，勘察一下坟地。新坟地上一般有供品的，几块肉，一条鱼，甚至一碗酒，天黑下来，他就潜伏过去，跟死人一起"进餐"，也是吃得满身酒肉之气，哼着小调回家，在老婆孩子那里博取一点面子。实在遇不到葬礼，他就到菜场肉案子前，装着要买肉，挑肥拣瘦，手上抓得全是油，舍不得洗掉，磨蹭到天黑，再把手上的油抹到衣服前襟和嘴巴上，歪歪扭扭地回家。老婆嗔怪几句，怎么弄得一身油，你这衣服怎么洗啊官人！娇嗔之下，面子十足。

这个故事让我们大笑之后，也让我们为他们感到惭愧和心痛。为了面子，也真是豁得出去啊。

这种风气在今天，也未必不盛。用苹果手机才有面子，为了买一部苹果手机，有的年轻人甚至不惜割卖自己的肾脏。余华先生的小说《第七天》就写到这样的故事，女朋友爱面子，喜欢苹果手机，男孩爱面子，命令自己必须给女朋友买苹果手机，但苹果手机太贵了，他一咬牙就去割了肾脏，手机买了，面子有了，命却没了。

前些年，有好多企业家简直就是在为面子创业。有的人开个巴掌大的小吃店，开业时要挂上几十条标语，摆上几十个花篮，写了一大堆领导、名人、实权部门致贺的话。有的企业只有10万元注册资金，却开业就借钱买上一辆黑色奥迪。为什么要买黑色奥迪呢？因为黑色奥迪是各地党政要员的专用车型。坐上黑色奥迪，感觉就混同要员了。生意没做起来，奥迪坐上了，后来不是屁股冒烟，而是欠了一屁股债。还有的老板刚刚做了一两家小企业，就不惜违法，拆成几家企业，再虚假注册资金，打造成一个所谓的"集团企业"，做这一切，就是为了自己的名片上印的不是"经理""总经理"，而是"国际总裁""董事长"。

江苏有个搞工程的老板，20年前手下有两支工程队，就注册了一个集团企业，自称了一阵"董事长"之后，还是觉得面子不够大，干脆把企业的名称改得超级大，自己的职务也变成了"董事局主席"，让他的手下一口一个"主席"地喊着。有一次，我在一个会场遇到他，因为认识，跟他打招呼，他缓缓站起来，把身上的大衣一抖，两个随从就熟练地接住大衣。然后，他缓缓地向前走了两小步，把手伸出来握住我，微笑着、慢慢地颔首，说幸会幸会。说实话，我有点呆住了，这不是电影里的慢镜头吗？一个从泥瓦匠成长起来的企业家，怎么把谱儿搞到这个程度的？面子文化真是相当厉害啊。

面子文化在人际交往中的危害更广。许多时候，一些家长开后门让孩子上名校，竟然不是考虑孩子的志趣，而是让自己有面子，所以，这些家长就容忍教育资源的不平等分配。有的干部遇到别人求办事，觉得自己如果办不成，就很没面子，于是违反原则，顶风违纪也要办。为了面子，规矩就被他们逐渐破坏。一个街道办主任，女儿出嫁，本来按照规定，作为一级领导干部，为子女操办婚事应该从简从俭，可街坊邻居好几家嫁女或娶亲，都是越办越阔绰。主任就觉得，自己好歹是街道里的"头面人物"，女儿出嫁没有点排场，太没面子了，以后出了门都没脸见人。于是他顶风违纪，把女儿出嫁的事办得轰轰烈烈，奔驰宝马从街头排到巷尾。

面子文化渗透到政界，那就更不得了了。西部某欠发达市和珠三角某发达市两位市长，在中央党校同班学习，不管落后发达，市长都是市长，同学都是同学，两个人处得极其融洽。两个人相约学习结束后互访，交流城市建设发展大计。学习结束回到各自的城市不久，应珠三角发达市市长的热情邀请，西部欠发达市市长访问考察了珠三角的发达城市。这一看，不得了，高楼林立，车水马龙，发达市的各种高大上让西部欠发达市市长惊羡不已，同时心里产生了深度的自卑。

回到自己的城市，这位市长没有立即邀请人家回访，觉得这个破旧的城市太拿不出手，作为一市之长，太丢面子了。于是他决定透支城市实力，大搞形象工程，先快速改变城市的面貌，等过几年大变样了，再邀请人家来看。疯狂地拆迁、扩建、大兴土木，他的面子工程在此后的两年把市政府拖入债务的绝境，把地方百姓也折磨得困苦不堪。

还有一种"面子"就更邪乎了。

据媒体报道，近10年来，卢氏县委土坯房大院成了"网红"。经历了数轮主流媒体的宣传报道后，迅速在网络上传播，受到亿万网民的追捧。2007年和2013年，《人民日报》记者两次访问卢氏县委大院并刊文报道。在前些年各地政府竞相为办公房盖大楼的风气下，该县几任领导坚持在用了几十年的土坯房大院办公，把钱省下来，用到地方建设的刀刃上去。一时间，"土坯房精神"成为一个符号，卢氏县风头无二。2009年，卢氏县委还因此荣获全国"人民满意的公务员集体"称号。县委书记、县长成了人们心中勤俭的好干部，土坯房也成了县里的"门面"，全国各地的网民纷纷前来参观，感动，拍照，播发，点赞。有网友写帖子说：高楼大厦是政府的面子，土坯房大院是政府的里子，我们宁要这个落后的里子，不要那种看起来豪华的面子！

可是，事实真相是，以县委书记王某为首的卢氏县四套班子，借用这种"没面子"来换取大面子，是一种反其道而行之的作假伎俩，保留土坯房大院，象征性地弄几个人在里面办公，只是为了塑造清廉的形象，以掩盖内心的虚弱。卢氏县领导班子出现了"塌方式腐败"。三门峡市纪委宣布县委负责人落马的8月18日当天，卢氏县城东大街，一阵鞭炮声骤然响起。在此地居住、早就明白事实的卢氏县老百姓说，这鞭炮声是为了庆祝这群县官的画皮被撕开的。

有位老干部在一次国庆座谈会上说，我们以前不是这样为了面子而不顾一切的，我们是一个务实的政党。新中国成立前和新中国成立初期，各级领导干部，从来不在乎个人的面子，也不会觉得呈现落后的真相就是没面子。面子不能大过规矩，面子不可掩盖事实，要面子不是我们虚荣、浮夸、弄虚作假的理由。他讲了两个故事。

其一是列宁与卫兵的故事，其二是秦基伟与通信兵的故事。一个是防止面子挑战规矩的，一个是防止权威呵护面子的。

列宁与卫兵的故事我们再熟悉不过了。列宁因为拿不出证件，被执行守卫任务的卫兵毫不客气地挡在门外。随从觉得列宁贵为领袖，竟然被一个小小卫兵拦在门外，很没面子，要处理那位卫兵。但列宁却表扬了卫兵，因为卫兵在规矩面前不肯让步，管你什么大官面子大，大家面对规矩一视同仁吧。

还有一个开国上将秦基伟被通信兵打断通话的故事。秦基伟军长指挥上甘岭战役时，一次与困守坑道的部队通话，刚说一句"转告坑道里的同志们，军党委和军首长都很惦记前面的同志……"就被通信兵毫不客气地打断了："首长，别啰唆了！拣要紧的说，先下命令吧！"秦基伟后来回忆这件事，神情凝重地说："战士们做得对啊！那时牺牲了很多通信兵，也很难保障电话长时间通畅，只能抢一句算一句。"看着这段材料，上甘岭那严酷、紧张的战争场面仿佛涌到眼前。一个通信兵，竟敢打断军长的话，不让首长啰唆，竟还指示军长该做什么，真是惊人之举，真是了不起！虽然秦军长话被打断，却肯定通信兵做得对。首长的面子是顾不得的，战争中为了争分夺秒，即使是军首长，通话也必须简短，不能啰唆。

反观现在，就说一件最简单的事吧，某些官位还不算高的领导干部讲起话来，空洞啰唆，套话大话成堆，浪费的时间无限，真该有人站起来向这些官员也大喊一句："领导，别啰唆了，拣要紧的说！"可是现在几乎没有人敢这样做。为什么？面子比天大，你打断了领导讲话，他真的会觉得没面子，你真的会吃不了兜着走。

世俗的面子文化，已经把某些人的自我意识喂得很肥大了。

比如，儿子。

中国的老男人，大都心里有个"鬼"，这个"鬼"叫传宗接代，重男轻女。

当然，这个"鬼"在心里不是一天两天，而是几千年了。古典励志范文《愚公移山》，教育别人不要害怕大山挡路的困难，不要担心移山工程的艰巨，因为我们后继有人，可以一代一代地挖。文章说："虽我之死，有子存焉；子又生孙，孙又生子；子又有子，子又有孙；子子孙孙无穷匮也。"他为什么不这样写："虽我之死，有子女存焉；子女又生孙和女，孙和女又生子和女；女又有女，子又有孙；孙孙女女无穷匮也。"噢，一看就知道，老祖宗眼里，儿子孙子才是真正的"后代"，女儿孙女外孙女，那就不算接班人了。从这一点上讲，愚公他可真是个"愚公"。

前文提到，林语堂先生也说到"儿子"是国人的信仰，那是一个世纪前的判断。今天我们的这种封建意识已经淡了很多，但不等于已经根治。中国妇联的一个下属机构，前几年曾做过此类问题的调查，结论是依然有一半以上的中国男人喜欢生男孩，只有百分之十五左右的男人希望生女儿，比无所谓男女的比例还要小。这就出问题了，这种意识除了带来男女比例失调等社会麻烦外，也给个人的命运带来影响。

我前几年为了创作《追问》，集中研究了上千落马官员的案例，发现了一个现象，就是在独生子女政策的约束下，从"婚外情"发展到"家外家"的落马官员，绝大多数与原配妻子生的是女儿。南方某省的测绘局原局长陈某，与一位年轻女子产生婚外情，交往一段时间后觉得不妥，本可刹车，可这时女子怀孕了，拖了两个月不见他，然后告诉他，到医院找熟人看过了，是个男孩。陈某自己家里有一个女儿，男孩传家的封建思想开始作怪，于是不再坚持要女子把胎儿打掉，而是放任女子生下儿子，并在外面置办了另一个家。有了儿子，陈某整个像换了一个人似的，一改过去还算清高的作风，不顾廉耻，到处收钱，购置商品房、汽车等，要为儿子创造一份家产。甚至两个家一碗水不能端平，受贿10万先拿7万给外面儿子的妈妈，剩下的3万带回家上交给女儿的妈妈。

陈某这样的并非个案。如果没有庸俗的"儿子"观，他至少不会走到"家外有家"的邪路上去，也不会如此如饥似渴地利用公职谋取私人财产。

比如，江湖义气。

江湖义气是一种很大的俗文化精神，来自码头、圈子、帮派，核心是侠气、利己、平均和报应，等等。你不能说江湖义气一无是处，比如，江湖上倡导的平等、因果报应、打抱不平、有难互助，都有其趋向正义和善良的一面。但江湖义气基本上还是没有理性的尺度，个人情感驱动，任凭意气用事，缺少共识，没有大局，认人不认法，以及最有杀伤力的"老大"意识。

有位派出所所长，把派出所搞成自己的江湖，一方面，尽量照顾好派出所每个人的个人利益，有困难必帮，有好处共享；另一方面，把自己打造成这个圈子的绝对权威，大家就听他的，派出所只有他一个老大，根本不存在什么"领导集体"。上级的意志，在这里符合他这个老大的，就贯彻，不符合就晾到一边。他管理的辖区，有两个执法标准，经常执行的是他个人和他这个小圈子的好恶标准，而不是把法律当成唯一标准。这个人其实已经行走在半黑半白的社会夹缝中，是十分危险的。此人后来指挥手下动用私刑，报复当地的一个民营企业家，未经任何法制程序，就整得企业家家破人亡。他被纪委立案审查后，他的下属竟然替他鸣不平，觉得老大是个好人，很讲义气。

一群执法者，却不遵守法律，而遵循小圈子里的游戏规则，被法办了，依然不反悔。可见江湖文化对这个小集体的毒害何其深。

比如，市井市侩。

我们中国人，说到底都是来自某个旮旯，不是一个小乡村，就是一个小城镇，或者一个小街道，一个小区。我们通常所说的小市民，在我的理解中，可以读成"小的市民"和"小市的民"，一个指气量不大，一个指格局不大。两个不大，最终指向一种世俗，就是市井市侩。市井市侩未必是一种恶，但绝对是一种眼光局限、境界局限。有眼前而没有长远，有精明而缺少智慧，大个人而小集体，重利益而轻情怀。

市井市侩文化一旦蔓延到商场，唯利是图、利益最大化、没有公益意识的奸商，就会比比皆是。市井市侩一旦装备了官场，没有理想情怀、缺少道德冲动、鲜廉寡耻的庸俗奴才就会大行其道。市井市侩一旦浸淫了文场，御用、软骨、迟钝，毫无独立思想和人格的伪文人，就会端着文字讨饭碗，到处摇尾乞怜。我们的时代，会被污染成一个鼠辈辈出的"矮时代""灰时代"，国民性将猥琐不堪。大文化、大中国会被苟利集团蚕食得七零八落。

所以，我们要特别警惕市井市侩混入社会各个重要领域的管理层面，控制这种文化从基层社会逆流向上，侵蚀中国的主流文化。

比如，小农意识。

与市井市侩配套的，是小农意识。中国是个农业大国，我们大多数人都来自农民家庭，你的父辈不是农民，那你的爷爷就是农民，你的爷爷不是农民，估计你的太爷八九不离十是农民。中国的城市化历史很短，所有人不是农民就是农民的后代。"农民"是好的，"小农民"是中性的，"小农意识"就不一样了。小农意识泛指来自农村底层的一种世俗文化观念，在一小块地上自耕自作，只求温饱，满足自我，无协作精神，缺少公共意识，画地为牢，固守私利，冷漠愚钝。

小农意识者最大的特点，就是凡是自己看不见摸不着的，就是不存在的，或者存在不存在都是事不关己的；凡是能触摸到的，都是自己的一亩三分地，是私家的菜园子，谁也别想踏进一步，只能由着自己任性地支配。

某小农意识特别强的国企老总，甚至觉得单位的漂亮女人都是自己的私有财产。当他得知单位办公室的女秘书跟外人有私情，大发雷霆，认为被别人戴了绿帽子，组织黑社会教训女秘书的情人。而他自己案发后，被查出跟自己单位四名女性长期保持不正当关系。

媒体曾报道，广东省某市女副市长，把单位的财务当作自己的，家里所有的开支都拿到单位报销，甚至出差途中买卫生巾等都要报销。她的理由竟然是，我是为单位工作过程中来例假的，属于工作例假。

中华人民共和国成立之后，中国农民在整体性成长，新时代的农民既保持了传统的勤俭朴实，又通过不断学习，具备了开阔的视野、豁达的心胸和开明的觉悟。正因为如此，几十年来，从农村走出的千千万万农家子弟，成为各行各业的精英骨干。很多农民也有了只身闯天下的机会，外出打工和创业，成为平常事。中国的城市化进程，以及中华民族在当代的文明飞跃，正是浩浩荡荡的农民及其子弟加入、一同进步的伟大成果。所以，我们几乎忘记了还有"小农意识"这回事。其实，它没有消亡，而是随着农村和农民的发展，消亡掉一部分，另有一部分被携带到社会的各个层面，继续寻找着滋生的土壤。

土壤在哪里呢？散落在有些人的心中。

"我很后悔，我是一个农民的后代……"这样的忏悔，这些年并不鲜见。西装领带红地毯，鲜花掌声主席台，才华出众，富可买城，主政一方，名显四方，再大的功名利禄也不能自然消除人心中的缺憾。不管来自何方，我们真的需要边成长边修炼，有修炼才有取舍，才懂得取舍的必要，懂得心灵世界何其大，一亩三分地何其小，可不要种了小田，荒了大地。

比如，一人得道，鸡犬升天。

在传统的世俗成功学以及家文化的糟粕中，一人得道，鸡犬升天，是最常见，也是被运用得最泛滥的一种。几千年来，我们都在宽容、理解甚至接受这种糟粕。它往往披着"亲情珍贵""不忘本""善待穷亲戚""对晚辈负责"等光鲜的马甲，大摇大摆穿行在世俗中，历朝历代都没有停止过作为。《红楼梦》中，刘姥姥进大观园被读者津津乐道，视为最精彩的桥段，那是因为穷亲戚受到富亲戚的善待和无偿的物质馈赠，贾府也乐得花点雪花银，演一出可以载入史册的道德大戏。清朝巨贪和珅罪不可赦，被皇上问斩，但皇上却立即把他的儿子扶上高官位子。新皇帝由此受到群臣的夸赞和百姓的颂扬，认为其厚道，念父辈的旧情。我们的政府在20世纪80年代也有一个时期，干部子女若自己不能成才，可以直接为其安排一份工作，吃上国家粮。大家认为关心干部，让下一代直接接班，理所当然。所有这一切，都是这种文化"披麻戴孝、厚德载物"的表现形式，它能为操作者赚取短暂的、看起来顺情合理的口碑，但它加剧了这种世俗文化的负能量，使其危害变得更加深远。

我曾参与办过一个案子，某市一位美女局长把自己的整个青春和人生，几乎都献给了她和丈夫背后的两个家族。年轻的时候，她工作勤奋，聪明能干，口齿伶俐，在地方上是小名人，找人办事就比较方便，容易得到别人的帮助。家人亲戚看中这一点，有任何困难，想到的就是她，直接找她帮助，而不是自己先想办法克服。她也乐此不疲，尽力为他们解决。她走上领导岗位之后，夫妻双方的家人和庞大的亲族，一旦有困难，大家第一时间都习惯来找她，她像一个陀螺一样，陷入了没完没了的世俗家务事的旋涡，无法自拔。她很烦很累，但每办成一件事，每看到一个晚辈因她的拔苗而"成长"，每听到一句亲人们对她的颂扬，她都感到一份安慰和满足，觉得自己的成功惠及家人，是尽了一份责任，了了一些心愿，自己作为最有出息的家族一员，也算是对家族有了一份交代。为了办事，她到处求人，请客送礼拉关系，不知不觉走上了违纪道路，最后被查处。她懊悔不已，痛哭流涕，在看守所一头撞墙，就想一死了之。本来是家族的柱子，如今却成了家族的耻辱，所有的付出，换回的是这样的结局，实在是难以承受。

其实，我认为这位中了"一人得道，鸡犬升天"的毒的女局长，只看到了自己个人的人生悲剧，至今还没有看到真正的危害在哪里。由于她的"得道"，家中的"鸡犬"们纷纷借助她的力量升天，这些"鸡犬"的翅膀，也许根本就不具备飞翔的本领，借助的力量失去之后，随时会折翅摔落。她其实在"帮杀"他们。还有，整个家族习惯有这样的靠山，失去了发展的危机感，不再求上进，会逐渐形成一种"等、靠、要"懒惰家风。这样的家风下，家族的败落指日可待。所以，她也"温水煮青蛙"地坑杀了家族的前途。

比如，难得糊涂。

自古至今，很多官员喜欢把"难得糊涂"挂在墙上，郑板桥体的

"难得糊涂"书法条幅，不知道被复制了多少，发行了多少，大都挂在了成功人士背后的墙壁上。在社会上，大大小小的人物，脱口就是难得糊涂，有时候用来自我解嘲，有时候用来劝慰别人。

"难得糊涂"已经成为世俗场的一种生存文化，一种精明标签。

那么，"难得糊涂"到底想告诉人们什么？

在郑板桥那里，"难得糊涂"是他在官场遭遇黑暗又不愿意同流合污的一种隐退决意，是聪明看透之后的"无奈"，也是对"软弱无力"的自嘲。这个时候，"糊涂"是最好的退路，放弃是最好的出路。想在心灵上坚守，只能在世俗里撤退。丢世俗而保心灵。这"糊涂"未尝不是一种高明的人生取舍，故以些许的自鸣得意而称其"难得"。这种"糊涂"，从本质上来讲，至少是中性的，是有底线的，不是一种负能量。

我们现在官场，已经完全不同于郑板桥的清代封建官场。郑板桥的官场是皇家私家宫廷，背靠的是主子，一旦内斗，是非难辨，谁的主子狠，谁就是"是"了。郑板桥不用世俗手段寻求靠山，孤军作战，等于找死，所以装起了糊涂，临阵弃甲逃跑。在封建社会，想洁身自好，只能这样做。再说，官员们糟蹋政风，损害的是皇家统治利益。从使命责任的角度看，也不冒犯崇高，不直接损害百姓利益。但今天我们的政治体制已经完全不同，国家是集体，是人民的，政府是服务主体，而不是统治主体。我们就不能遇腐败闭眼睛，遇恶人绕路走。应该坚信，支持在背后，真相在路上，真理会屹立，正义会获胜。选择"难得糊涂"当然是错误的。

当然，今人所抱持的"难得糊涂"，跟郑板桥的"难得糊涂"，含义已经完全不同。今人的"难得糊涂"更多的是劝人、劝自己什么事都不要较真，得过且过，不要为做事而得罪了人，给自己惹麻烦。要善于在夹缝中求生存，不要博取风口浪尖上的利益。有时候，给人一分利益空间，说不定自己还能获得半分利益，互惠互利，不失为一种双赢的聪明。说白了，就是不要追问真相，不要死守原则，不要为无关私利的事跟人较真。比起古人的"糊涂"，今人的"糊涂"已经发展成一种"厚黑"文化了，相当恶俗。

《风雅殇》(《追问》第三章) 里的文化厅厅长，是一位专家型的领导，本身是画家，对书画产业也十分专业。他明明知道自己所分管的文化市场，管理混乱，执法不力，手下人勾结奸商，大肆制作和销售假字画伪文物，却采取不较真、不过问的态度，在治理上不作为。贪官奸商们也心照不宣，用购买这位厅长作品的方式，进行回报。文化厅长就乐享起自己的"糊涂"来。糊涂让他获得了好处，从个人利益看来，他当然觉得这糊涂"难得"。我们说，腐败有积极腐败和被动腐败。这位文化官员的腐败，应该属于被动的腐败。看起来他没有主动去腐败，但他的装糊涂、不作为，照样产生了与主动腐败别无二致的腐败后果，而且十分严重。一个地方的文化市场遭到破坏，政府的文化信用大打折扣，文化消费者的利益损失很大，伪劣艺术品的流传也污染了人们的审美，抹黑了艺术精神。这位文化官员的"糊涂"还不够"厚黑"吗？

如果是真正的明白人、良心人，应该坚决地扯下墙上的"难得糊涂"，清除心里的"难得糊涂"。高悬正大，心装明镜，才是人生正道。

比如，时尚。

很多人喜欢赶时髦，生怕跟不上潮流。一旦什么事物流行，他总要想方设法沾染一点。他也不去细究，这种时兴的新事物，到底是非黑白如何。口头上说是惧怕落伍随大流，心里其实很享受其中的俗气。

清末民初是中国社会和官场陋风盛行的时代。由于吏治腐败，法律松弛，社会上兴起了各种畸形的时尚。当时最强劲的两股时风，就是南方的赌风、北方的嫖风。据记载，苏浙闽等地全民皆赌，一度赌场不够用，把学堂、戏院甚至衙门都开辟成赌场，日夜翻台。官员士大夫公职在身，毫无顾忌，公开参加聚赌。据说，福建省整个官场几乎不办公，把赌钱作为日常功课，大官小吏，人人参与。有一位书生气十足的官员，大白天到巡抚大人那里去办事，见府里摆了三四桌，麻将声此起彼伏，看不下去了，高声呵斥，严厉制止。没想到巡抚大人就在场呢，十分尴尬。于是，撤了麻将桌，索性当场升堂，以咆哮公堂的罪过，把那位官员打了几十大板。事后，跟他关系友好的同僚，竟然责怪他不识时务，扫了大家的兴。

这个时候的北方也没有闲着。北京、天津等城市，达官贵人甚至皇亲国戚，趋之若鹜地结伴逛胡同、狎妓，连同治皇帝都忍不住，脱下黄袍，着黑衣瓜皮帽，带着贝勒爷一起深入街巷，与民同乐去了。到了清末，嫖风久盛之下，畸形的性恋文化形成，无限制"纳妾"，"挂相公"，什么怪胎都见怪不怪了。上层社会不再节制，不再守道德，更不在乎什么规矩不规矩了，纷纷加入肉欲放纵的行列。当时有诗句描写士大夫的生活习惯，"除却早衙迟画到，闲来只是逛胡同"。逛窑子成了主要的事情，政务处理摆到了次要位置，成为"副业"。赶不赶这个时髦，甚至成了"土"与"洋"的分水岭，一个京官如果不经常去妓院饮酒作乐，会被同辈官僚嘲笑，说是乡下人，世代农民，不懂得人世间还有如此神仙般的生活。

在这种时风的滚滚潮流中，能稳得住阵脚的人越来越少，精英们不是堕落，就是弃官回乡，中国上层社会因此土崩瓦解，一旦有一点外部压力到来，一个朝代顷刻覆灭。

中国社会有个口头禅"随大流"，害人又误国。它教唆人，跟着世风跑，对时兴文化不辨雅俗，不问是非，昏头昏脑地接受，同流合污地跟随。而世风是一种多变的东西，越是时尚往往越是短命，一阵风过后，只能慌乱地收拾残局。古今中外，莫不如此。美国20世纪70年代为了治愈"二战"、越战、朝鲜战争遗留的心理伤口，采取了"以毒攻毒"的毒疗法。全社会以性解放为中心的享乐主义，风靡一时，其直接危害，是造就了"垮掉的一代"。

中华人民共和国成立后的70年，社会各个时代也产生过各种风潮，有的人坚决不跟，我行我素；有的人手持戒尺，进退适当；有的人不辨对错，盲目跟风；有的人内心强大而清醒，做了时尚的观察家、批评家和运用家，为时代的进步和社会的净化，作出了建设性的贡献。

20世纪80年代你留头长发，穿条喇叭裤；90年代你辞职下海做生意；新世纪你手拿苹果刷个微博，挥起小红旗暴走，跟着大叔大妈跳广场舞，这些都不是问题，就是赶个小时髦而已。但是，你作为一名社会精英，作为一名国家公职人员，如果80年代跟着倒爷倒买倒卖，90 年代跟着民企老板吃喝玩乐，新世纪跟着贪官勾结炒地谋利，跟着土豪声色犬马，那你就迟早要栽跟头。

西部有一个中等城市的副市长，羡慕民营老板声色犬马的生活。起初还很犹豫，觉得那个老板包养小姐，没有节操，简直就是耍流氓。后来参与了几次放纵声色的活动，再被老板们洗洗脑，认为这样的生活在这个社会已经常态化了，甚至不赶一赶，沾点边，都落伍了，人活着不就是为了快乐吗。光付出不犒赏自己，怎么取得心态平衡呢？一番话，又一番话，三番五次下来，让这个本来很勤勉的副市长从内心深处堕落，最后成了一个家外有家、家外还有家的几重婚外情的违法分子、腐败分子。

先进的文化住不进，低俗的文化长驱直入，在心里扎下根，随时等候一个欲望的契机和世风的浇灌。这样的人生观和世界观当然低俗，当然脆弱。如果初心尚在，也许还有纠结、斗争，还有自我回头的机会。如果初心完全丧失，空洞的内心世界填满了欲望，不断迎合某一种或多种世俗、庸俗、恶俗的流行文化，优秀的传统文化已经没有空间发展，世俗文化在身上大行其道，扩散扩大，直至吞噬了很多良知。所谓初心好死，必然俗心歹活。

以上列举的诸多中国俗文化，是我们许多人成长的文化土壤：中国封建文化绵延 2000 余年，已经成为民族文化心理结构的潜意识，虽经数次清理改造，至今仍在影响国人生活。封建文化体现在国家层面上，崇尚皇权至上、等级尊卑；体现在家庭上，讲究上下有序、亲疏有别；体现在思想层面上，缺乏"超越意识"，追求"安身立命"的实用主义；体现在治理上，重德轻刑、重情轻规。封建时代以"孝"

治天下，实行"家国一体""家国同构"化治理，封建文化思想与金字塔式的国家、家庭结构相匹配，固化了官贵民轻、自私求利的文化心理，这是腐败产生的温床。

南京大学文学博士高红斧先生在阅读了我的《追问》后，不无感慨地写道：丁捷在《曾记否》中写到的女县委书记，认为"获取敬畏，是县委书记最好的定位"，这何尝不是权力的定位？权力一直高高在上；《无法直立》中的市委副书记做官前正当的权利曾屡屡为权所欺，《暗裂》中的高校党委书记的"大名士"光环居然被组织部门小吏抢走，这激发了他们狂热争权夺利的野心。《追问》里的官员满足于做官求财、光宗耀祖，任人唯亲、利及亲朋、官官相护、有私无公，这些都是封建文化遗毒的表现。

今天，我们强调"文化自信"，强调用中国优秀的传统文化塑造我们民族的灵魂，切切不可泥沙俱下。要深刻领会"优秀"这两个字的纯净度，坚决刨除文化里的封建积习，与恶俗做坚决的斗争。春风化雨，以高雅之文，化低俗之念，让巨大的时代正能量细润我们民族的心田。

悟之篇

悟道：行者纵横

与人为善路路通，教子向善代代福。

我们说，初心走失，是欲望绑架的结果。但我们不是说，初心与欲望是对立的。因为，欲望是从人的本性里派生出来的，欲望是生命的本源。拥有适度的欲望是正常的人性。人类生活、奋斗，或多或少是为了满足属于人自身的一些欲望，这本无罪。但是，我们需要把握两个关键：一是欲望的边界，必须控制在合情合理合法的度内。古人说："鱼，我所欲也，熊掌，亦我所欲也；二者不可得兼，舍鱼而取熊掌者也。"这就是关于欲望之度的哲学。我认为，懂得"取"是一种智商；懂得"舍"是一种智慧，而智慧是智商加情商，是一种更为高级的精神。有智慧的人不光懂得"取舍"里"取"和"舍"的共存性，而且懂得取和舍的合理分量比值，懂得取、舍的先后顺序。一个人如果放纵个人欲望，使之出了边界，那必将自毁，欲望损公，公法则制之；欲望掠他人，必遭他人毁。一个人如果总是先索取以满足欲望，后舍予而做回报，不过是一个自私的精明鬼。长此以往，则人人见而避之，躲之不及。二是实施欲望的手段，必须是正当的。古人说，君子爱财，取之有道。这个取财之"道"就是实现欲望的手段，它说的是正道，符合正当的法理，而不是纯粹智谋和索取。

几百年前培根就在《论财富》中说：只挣你取之有道、用之有度、施之有乐且遗之有慰的财富。这就把个人物质欲望的产生、满足、管理甚至回报，全程说得很具体。有道、有度、有舍、有慰，就是你的财富来源要正，取得的手段要合法，对财富的欲望不能太大，要适可而止，同时要有收有放，不能像中国传说的貔貅，只进不出，胃口撑得越来越大。你还要乐于回报，要有点奉献精神。你对财产的遗留，要心安理得，问心不能有愧。而几千年前，孔子把人的欲望说得更透彻，归纳得更精确。子曰："富与贵，是人之所欲也，不以其道得之，不处也；贫与贱，是人之所恶也，不以其道得之，不去也。"孔子说的意思是，富裕和显贵的欲望，是人人都有的，如果用非法手段去谋取富贵，就没有什么乐趣可言，你也不会享受到富贵的幸福。贫穷与低贱当然人人厌恶，但摆脱贫贱同样要合法，非法手段就不会真正摆脱。这算是对富贵欲望的一种警示，核心意思就是不正当的手段成就不了任何荣华富贵，只能折腾出空洞和罪恶。

"君子去仁，恶乎成名？君子无终食之间违仁，造次必于是，颠沛必于是。"警示过后，孔子进一步指出了，只有君子才配享有合法而安全的富贵，而君子的资格，就是"仁德之心"。君子如果离开了仁德，又怎么能叫君子呢？君子时时刻刻都是心怀仁德的，就是在最紧迫的时刻也必须按仁德办事。不要说身处富贵，或者走在去富贵的路上，即使处在贫困交加、颠沛流离的途中，也一定会坚守仁德之心。人心之美，人性之美，才是富贵的对等条件。所以，要富贵，先修炼好自己的人心人性吧。

那么，问题来了，我们怎么才能修炼好自己的内心，优化自己的人性，达到孔子所说的"君子"境界呢？要解决这个问题，首先得认识人心的变化，理解人性的复杂。

古今中外，人类的思想家在人心不能测的情况下，试图用对具有人类普遍性的人性揭示，进行对人的根本性的认识。但是，这种"普遍性"从来没有获得统一认识，而是因不同的民族、不同的文化，解读出不同的人性，甚至完全相反的人性结论。比如，西方更多认同"人性本恶"，而东方普遍认为"人性本善"；在欧洲的思想文化范畴里，有的认为人性"同期摇摆"，有的则认为"异期发展"；同是中华民族的先祖，也产生了大相径庭的结论，东周的思想家告子和孟子就有一场著名的人性争论，一个认为人性无所谓善恶，中性而已，一个认为中性非本性，是静态观察人性的死结论，人性的本性就是善性。

不妨对这些思想体系里的认识做稍微详尽的解读。在解读的同时，来观察一下基于这种认识而形成的社会构架与管理的、各不相同、各有千秋的文化基础。

比如，本恶论。

西方的人性本恶论，来自基督教对人的原罪认定。人都是罪恶的，生来就是污秽不堪，用钉子血淋淋地钉在十字架上，都不过分。《圣经·创世纪》第六章说，耶和华分明看见人在地上罪恶很大，人终日所思想的都是恶。《出埃及记》中记述，亚伦说，求我主不要发烈怒，这百姓专于作恶，是你知道的。《以斯拉记》第九部分则说，从我们列祖直到今日，我们的罪恶甚重。因我们的罪孽，我们和君王、祭司都交在外邦列王的手中，杀害、掳掠、抢夺、脸上蒙羞，正如今日的光景。所以慨叹：神啊，我们因自己的恶行和大罪，遭遇了这一切的事，并且你惩罚我们的轻于我们罪所当得的，又给我们留下这些人。神啊！因你是公义的，我们这剩下的人才得逃脱，正如今日的光景。看哪！我们在你面前有罪恶，因此无人在你面前站立得住。

生命的过程，就应该是一个赎罪的过程，不赎罪，不通过自己有生之年努力洗净自己的灵魂，最后只能带着一身罪恶下地狱。"暴风一过，恶人归于无有；义人的根基却是永久。"

伊斯兰教则直接把作恶者划为异教徒，或者是真主的叛徒。《古兰经》说，真主是信道的人的保佑者，使他们从重重黑暗走入光明；不信道的人的保佑者是恶魔，使他们从光明走入重重黑暗。这等人，是火狱的居民，他们将永居其中。宗教对人性的判断首先是信仰的有无。在《古兰经》第62章节中，真主说：你看见他们中有许多人，急于作恶犯罪，超过法度，吞食贿赂，他们的行为真恶劣！这是从人的品行表现，来划分人性善恶的。对人性考评的依据，是信仰和表现。

在基督教、伊斯兰教信仰比较深厚的民族和地区，神权的威严和教化，是社会管理和人性管理的关键手段。国家机器都要服务于神权。神权至高无上，不可挑战。所以，中东、南亚等伊斯兰国家多见政教统一，欧洲等基督教国家的君主立宪制，皇族都是最虔诚的基督教徒，他们忠于教皇，皇权效忠于教权。大致如此。

比如，摇摆论。

人性摇摆论者不相信人性是凝固的，认为人性极其活跃，难以把控。人性会变化，甚至会极端化。早在古罗马时期，哲学家普罗提诺就指出："人类处在神兽之间，时而摇摆。有的人日益神圣，有的人会成为野兽。大部分人常态中庸。"所以，管理的科学，就是法规至上：把他律，即第三方约束，严厉的法律，置于第一位。中世纪意大利政治思想家马基雅维利也说：不管谁想建立一个国家，管理一片社会，应该首先给管理者制定一套严厉的法则，因为，人性是会摇摆的，我们必须先设定人是可能向凶恶发展的。

应他律的要求，法制法规刚性化，是当今世界认可度很高的制度设计思想。但是，它能从根本上解决人性恶的问题吗？答案是，很好地解决了一些问题，但无法从根本上解决。

一切规则都是人制定的，它反映了人的意志，体现了人对于某类事物发生、发展和结局的预期。因此，法规制定者的人性之恶会延伸、渗透到规则之中，演变成规则之恶，甚至使得人性之恶制度化。

中国古代有些地方，女人出轨要被囚笼沉水，这是封建社会制度的规定。在西方，被后人证明是伟大科学家的哥白尼和伽利略被残忍处死，执行的是当时的宗教制度；反人类的恶魔希特勒屠杀犹太人，代表的是德意志民族当时的民意选择的纳粹。古今中外，这样的例子举不胜举。

这让我们看到，我们不能保证社会和历史的局限，会让人性之恶随时有机会法规化。如果我们躺在法规刚性化的席梦思上，一只手执法，另一只手不同时从根本上不断改造和优化人性，我们当然会陷入历史的错误。伟大的哲学家康德说，行恶者的恶是一种根本恶，是被他们的理性所控制的对欲望的放纵，而不是欲望本身这类感性的东西。这让我们警惕，要解决规则制造的恶，还是要追问制定规则、执行规则的人，问他们的人心，问他们的人性。中国封建统治者让出轨妇女沉笼，骨子里还是把妇女作为没有任何自身权益的附属物，法规的制定丝毫不考虑被执法者的权利，其执法过度，更是透射出他们人性里的贪婪、邪恶和狠毒。

法规之恶也有另外一种折射，就是部分制定者、执行者和拥护者有一种无知的人性之恶。苏格拉底乐观地认为，人们行恶的唯一原因就是他们还不懂得真正的善。我认为他说对了一半，"唯一"是不可能的。中国的圣贤孔子则说对了另一半。子曰："苟志于仁矣，无恶也。"意思是说，如果立志于仁，就不会做坏事了。总的说来，要知善，还要志善，才能自觉不行恶。

有些制定和执行恶规则的人，还是对其行为的"恶"心知肚明的。但往往追捧、遵照这些规则的人的确处在一种"无知之恶"之中。所以，要改变这一部分人的恶，首先是要改变他们的无知。懂得真正的善，对各种事件明白真相，对各种知识"有知"，才能在理性的层面上从善去恶。

当然，艾伯伦还说到"平庸之恶"，认为有一种人心之险、人性之恶，是明哲保身，随大流，冷漠自私。通俗地讲，就是路见不平，沉默不语，不是拔刀而是拔腿。这一部分人看似不作恶，其实是"助恶之恶"。巴金先生在"文化大革命"后写作《随想录》，说他的作家朋友王西彦对造反派坚决说"不"，结果被打断了肋骨。自己见状就赶紧闭嘴，甚至违心地写检讨书，颠倒是非。"文化大革命"后，巴金先生对此痛心忏悔，认为此举是自己人生里的污点。与此相反，很多当年的造反派，那些打断别人肋骨、逼人家破人亡的作恶者，却不肯认错，认为要错也是时代的错，体制的错，自己只是随大流而已。这些人，有"根本之恶"，有"无知之恶"，当然也有"平庸之恶"和"助恶之恶"。时代和体制，只是一块遮恶的布，这些"恶"得以发生，终究还是源于人性的短板。

所以恶之源是人性，光依赖法规，是不能正本清源的。那么，当权力可以驾驭人性的时候，一旦失控，就非常危险。恶会借助权力，无限制地扩大。孟德斯鸠认为权力是人性邪恶的催化剂，掌权者的人性摇摆幅度比普通人要大得多："权力具有天然的膨胀性和向恶性，只要缺乏足够的约束、监督，任何权力都会生出腐败。一切有权力的人都容易滥用权力，这是万古不变的一条经验。有权力的人往往使用权力一直到遇有界限的地方才休止。"

人性摇摆给我们的警示就是，限制个人权力，从严约束那些掌握权力的个体和群体，避免权力与人性之恶结合。

比如，复杂论。

复杂论是一种被普遍接受的人性观点。千百年间，复杂论在东西方获得的认同最广泛。著名的人性论思想大师、法国作家帕斯卡这样定义：人性是处在自主性与可堕落性之间的吊诡的存在，人是万物的裁决者，同时又是一个顽劣的低能儿，一条污泥中的爬虫。按照帕斯卡的理论，可以判断任何人的人性中，善恶是共存的，就像人体中的有益细菌和病毒细菌共生共存一样。所以，我们无法设定谁是好人谁是坏人，就像医生无法设定谁的体内一定有病，谁又一定无病一样。基于这样的认识，我们看到的人性个体，无不危险。

俄国作家陀思妥耶夫斯基，就是以文学演绎这种人性观的大师。他的《罪与罚》《白痴》《死屋手记》等伟大作品，向我们展示了人性黑暗与光明丛生、高大与猥亵共存、正义与邪恶并举、善良软弱与阴毒暴戾同行的浩茫世界。任何人，深入这个世界之后，几乎都会走向无奈或无耻。《罪与罚》的主人公穷大学生拉斯柯尔尼科夫，是一个典型的人性复杂的灵魂。他出身贫寒，是那样自卑和拘谨，同时他爱上无政府主义，又是那样高傲和自由；他是那样狂傲，认为自己是个超人，可以为所欲为，同时又是那样懦弱，连走路都不敢走在洒满阳光的大街上；他是那样善良，在苦无生计、走投无路的困窘中挣扎，不愿意示弱于母亲、姐姐和爱上他的仁慈的穷姑娘，宁可去为几个卢布，杀死放高利贷的老太婆阿廖娜和她的无辜妹妹丽扎韦塔，制造了一起震惊全俄的凶杀案；他异常痛苦，同时又在心的破碎中榨取零散的欢愉，既忏悔得随时走进警局自首，又狡诈地东躲西藏，扮演无辜者。所有这一切，在一个二十来岁的少年身上，不可思议地发生着。你无法去认清他真实的面目，抑或他根本就没有真实的面目，他是随时随地更换不同面目的天使或魔鬼，转变得自然而又真诚，没有任何虚伪的表演。

这是一个背景复杂的时代。背景的复杂就意味着这个背景前，人性的处境艰难和这种艰难带来的人性之灾。陀思妥耶夫斯基身处的 19 世纪，被认为是个没落的世纪。"欧洲的没落"的到来是一场可怕的灭顶之灾，中世纪宗教建立起来的传统保守的人性温和，被杀气腾腾的革命冲动驱赶，激发出感性的狂潮，冲击出犯罪、堕落、偷盗和一切非理性罪恶的深渊。在这个深渊中昏头昏脑的人们，怀疑一切定论，荣辱、善恶、贵贱、王权、信仰，统统见鬼去。上帝住在心中，但上帝真正塑造出坚强、正大和澄澈的人性了吗？即便有，上帝把这种人性唤醒了吗？没有。所以，陀思妥耶夫斯基悲怆地说，上帝也是无奈和无耻的，上帝也要上十字架的。尼采一声"上帝死了"，宣告了理性时代的终结。"上帝死了"，人类把自己的灵魂最终从上帝的束缚中挣脱出来，人性获得了绝对的自由，但同时也陷入了虚无和混沌之中。

凡是变革的历史时期，人性会体现它的极度复杂，而且会快速遗失善良的成分，变本加厉地膨胀其阴暗的一面。直至人心的大面积崩塌和整个社会的颠覆、重组，人性才会进入新一轮的重建。"二战"，中国的军阀混战，中华人民共和国成立后的"文化大革命"时期，无不是人性复杂性与社会混乱性结合的产物。

既然人性复杂，而这种复杂会借势释放心灵的各种妖魔，使得"长夜难明赤县天，百年魔怪舞翩跹"，我们就要警惕。如亚里士多德在《政治学》中警告的那样："把权力赋予人，等于引狼入室。因为欲望具有兽性，纵然最优秀者，一旦大权在握，总倾向于被欲望的激情所腐蚀。"从这个角度管理人性，就是不把公权力赋予任何一个道德低下的人，同时通过完善制度法规，把权力关进制度的笼子，使公权力在阳光下运用。

比如，中性论和本善论。

东周的思想家告子有言："性犹湍水也，决诸东方则东流，决诸西方则西流。人性之无分于善不善也，犹水之无分于东西也。"他把人性比喻成流水，说流水并没有自己的方向，缺口在东便向东方流，缺口在西便向西方流。同理，人性无所谓善与不善，就像水无所谓向东流向西流一样，就是中性的。

告子的这个结论很奇怪，几乎不同于其他人关于人性的判断。中性是一种什么性质呢？无色无味无善无恶无方向，所以它不是复杂的，不是摇摆的，不是发展的，而是定态的，僵化不变的。水，东有缺口即东流，西有缺口即西流，一切决定于外在的缺口。这个阐释又赋予人性"被动性"，人性没有了"自主意识"，完全由外在的东西操纵。

也许，告子说对了一部分人性。现实中的确有一些群体性人性的被动和盲动，外在的操纵力量善，其则善，外在的操纵力量恶，其则恶。德意志日耳曼对犹太人的群体性蔑视和灭绝，离不开希特勒为首的纳粹集团的教唆与控制。我们不能说德意志民族当时表现出的集体人性疯狂，是所有邪恶的个体人性的集合——可能，他们中的相当一部分人，其人性的确是"中性的"。

但是，告子的理论只是昙花一现，并没有获得较高地位，尤其是在中华民族的文化体系里，没有席地。另一位思想家孟子当即提出异议："水信无分于东西。无分于上下乎？人性之善也，犹水之就下也。人无有不善，水无有不下。今夫水，搏而跃之，可使过颡；激而行之，可使在山。是岂水之性哉？其势则然也。人之可使为不善，其性亦犹也。"孟子说，水的确无所谓向东流向西流，但是，也无所谓向上流向下流吗？人性向善，就像水往低处流一样。人性没有不善良的，水没有不向低处流的。当然，如果水受拍打而飞溅起来，能使它高过额头；压迫使它倒行，能使它流上山冈。这难道是水的本性吗？形势迫使它如此的。人之可以胁迫他做坏事，本性的改变也像这样。

同样以水流喻人性，得出了不同的结论。应该说，孟子的思维更开阔，对水性的了解更全面，因而观水及人，对人性的把握也更充分、更全面、更精确。人是有主观意识的，人心对外部事物能感受、会研判、有好恶，这就直接影响思想和行为。心向善就像水向下，是顺流的，自然的，本态的。没有外因的压迫，人性原则上都是善的。

孟子的学生公都子带着疑惑，对孟子说："告子说：'人性无所谓善良不善良。'又有人说：'人性可以使它善良，也可以使它不善良。所以周文王、周武王当朝，老百姓就善良；周幽王、周厉王当朝，老百姓就横暴。'也有人说：'有的人本性善良，有的人本性不善良。所以，虽然有尧这样善良的人做天子却有像这样不善良的臣民；虽然有瞽瞍这样不善良的父亲却有舜这样善良的儿子；虽然有殷纣王这样不善良的侄儿，并且做了天子，却也有微子启、王子比干这样善良的长辈和贤臣。'如今老师说'人性本善'，那么他们都说错了吗？"

孟子进一步解释说："从天生的性情来说，都可以使之善良，这就是我说人性本善的意思。至于说有些人不善良，那不能归罪于天生的资质。同情心，人人都有；羞耻心，人人都有；恭敬心，人人都有；是非心，人人都有。同情心属于仁，羞耻心属于义，恭敬心属于礼，是非心属于智。这仁、义、礼、智都不是由外在的因素加给我的，而是我本身固有的，只不过平时没有去想它因而不觉得罢了。所以说：

'探求就可以得到，放弃便会失去。'人与人之间有相差一倍、五倍甚至无数倍的，正是没有充分发挥他们的天生资质的缘故。《诗经》说：'上天生育了人类，万事万物都有法则。'孔子说：'写这首诗的人真懂得道啊！有事物就一定有法则；老百姓掌握了这些法则，所以崇尚美好的品德。'"

"仁，人心也。"孟子的判断受到更多推崇，成为中国人对人性的基本共识。中国训规《三字经》，开篇就是"人之初，性本善"。几千年来，这种认识已经成为中国文化的一种核心思想。这种思想利导出中华民族信、和、朴、美、厚等品性。"性本善"文化也培育出我们的自信、自省和自律精神。

"性本善"让中华民族更自信。众多的民族，在不断斗争、磨合和交融的过程中，天下归顺，大国一统，建立一个种族丰富、疆域辽阔、包罗万象的大中华，创造出人类世界里的大同奇迹。中华民族在相互交往中没有被蚕食、割裂、分化，而是不断融合成长壮大。例如，在汉唐时代就以包容的胸怀、恢宏的气势与周边民族交流互鉴，造就了汉唐盛世，扩大了中华文明的影响力。明朝时期，郑和七下西洋的壮举也展示了中华民族面向世界的恢宏气度。最近这几十年，改革开放，与世界接轨，几十年时间就把国家建设成为受世人瞩目的世界第二大经济体和文化巨舰，做成了好多国家几个世纪才能做成的伟业。中华民族为什么敢于、又为什么能够以如此开阔的胸襟面向世界？因为我们"心向善、性相和"，人类社会心心相印，我们坚信任何种族都是向往和亲近"善"的，有"善"的文化体一旦相遇，自然一拍即合；没有"善"的文化走不远，长不了，逆人性之本必然难逃消亡或被消灭的厄运，我们对此可以不战而屈人之兵。我们以"和为贵"的良好初衷，达到"协和万邦"宏大境界，某种程度上可以骄傲地说，一心千钧，一善制胜。得道多助，则天下顺之，我们动用的不是兵，而是心，是善良大度的民族之心，是我们的人性之初、文化之本。在如此辉煌的历史进程中，中华民族何以不自信呢！

"性本善"让中华民族更自省。曾子曰："吾日三省吾身：为人谋而不忠乎？与朋友交而不信乎？传不习乎？"反省、反思也从来都是一个民族最宝贵的精神境界之一。孔子、曾子主张"内自省"，孟子则提出"反求诸己"的思想，都是要求经常反省自己的言行，辨察自我意识和言行中的善恶是非，严以责己。以自省来修身，一直是中国古代儒学家们所倡导的重要的修养之道。改过，同样是道德修养中经常遇到的问题。孔子曾多次说过改过是"善"的一种体现，有过不改才是真正的"过"。人非圣贤，孰能无过？过而能改，善莫大焉。善于思过，乐于补过，知过必改，是中华民族在历史上形成的一种重要精神和美德。

战国时期，赵国的蔺相如因为"完璧归赵"有功而被封为上卿，位在战功累累的大将廉颇之上。廉颇很不服气，扬言要当面羞辱蔺相如。蔺相如得知后，尽量回避、推让，不与廉颇发生冲突。蔺相如的门客以为他畏惧廉颇，然而蔺相如说："秦国不敢侵略我们赵国，是因为有我和廉将军。我对廉将军容忍、退让，是把国家的危难放在前面，把个人的私仇放在后面！"这话传到廉颇耳中，廉颇惭愧不已，不顾个人任何面子，"负荆请罪"。这是一个典型的"性善"而"反省"的历史典故。面对廉颇的狭小气量和不善挑衅，蔺相如善良大度，为廉颇和社稷着想，表现出理解和宽容。这就促使廉颇深刻反省，并唤醒自我的良知，一幕"负荆请罪"，成就千古佳话。该故事对人们从善如流，严于责己，自觉反省自己，及时改正过错，一直有很大教益。

"性本善"是一根很高的人性标杆，是一面很亮的自我对照的明镜，是一声很响的拷问。做人能经常丈量这根标杆，对照这面明镜，听取这声提问，就没有察觉不了的差距，就没有发现不了的丑陋，就没有不入耳、不上心的醒训。世世代代，中华民族在自省中不断纠错，不断前进。就这样，亿万子民也在民族精神优化的进程中，同步认识到自省在自我世界里的妙用，养成自省的习性，成就自省的精神。

"性本善"让中华民族更自律。"不以物喜，不以己悲，先天下之忧而忧，后天下之乐而乐"，个人的悲欢，是应该摆脱物质控制和置于天下人之后的。从政，就为人民而忧虑；退居，也要心怀国事。进退，是个人的事；宠辱，是一时的事。要以忧为主，以乐为次；以忧为先，以乐为后。《岳阳楼记》是抒写中国士大夫精神的名篇，虽然说的是从政者的一种以天下为公、以人民为重的境界，却阐述了中国传统精神里的自律人格。崇高境界不光是主观追求的一种客观结果，更是一种主观克制自我、节制欲望的结果。而具备这种主观能力的前提，就是人性之善。性不善，何以体恤众生，"后天下之乐而乐"！性不善，又如何能有大公无私的以天下为己任的家国情怀！善，就是自律的力量，就是严以律己、宽以待人的人性动力。

自信自省自律，以善为核心的中国传统文化，在历史上培育了无数的精英俊杰，这些俊杰，是各个时代的榜样，是同时代和后人的启明星。唯其如此，才在东方孕育出了一个伟大的民族。所以，从另外一个视角观察，我们也可以说，"性本善"文化使民族横翔捷出，涌现大批优秀的精英，这些精英又影响着芸芸众生，带领整个民族走出混沌，更快、更理性地走向文明。

当然，人之初固然性本善，但人之少壮、人之老成是在社会中完成的，是在群体性中发展的，能否持之以恒守得住初善，当然是不确定的。污染人性或进一步优化人性的源头，都在他人和社会。人一旦深度进入社会，一些社会性的欲望，会干扰人的内心成长，影响人性变化。不能割裂人性与社会性，个体的人性与群体的共性。成就人性之自始至终的真善美，不是自然天成，坐等可享。人性本身是不稳固的，其变化发展也并非无条件的。人性再波动，都有破坏性、抗争性和服从性、光辉性。人性自觉，是思想和行为的社会化自觉自律，是意识到"个人欲望"与"社会规则"冲突后的自觉有度。那么，能不能有效把握这种尺度，理性而正确地选择实施的手段，取决于一个人的内在人性与外在社会性的合力，是相互作用的结果。我们需要自我把控。但个体的自我把控，必须与社会、国家、民族的把控，形成互动互化，一个社会的管理方式，也就是体制、制度，要有利于个体精神的发育和完善。

正如前文列举的，世界各个国家，各个文化区域，有不同的人性论，说到底是各民族对人性的不同的文化认知。这种认知也构成了该文化区域里的国家，制度的设计相应千差万别。不过，有一点是肯定的，世界上没有十全十美的制度，任何国家的制度都是基于其客观的、稳定的民族文化，基于这种文化对其人性的认定。更重要的是，无一例外，绝大多数相对长久稳定的制度的建立，都是为了释放人性的美好，限制、打击人性的阴暗。体制也就是人性管理手段。有些侧重于依赖宗教精神，有些侧重于依赖法制，有些则侧重于人与人的相互牵制。我们的体制，其实也是吸取百家之长的，我们向来有一种中庸的智慧，希望博采众长，多举运用。所以，我们采取纪法并举，用纪律塑造人性的光明和约束人性的阴暗；用法律惩罚人性放纵的罪恶结果。以此达到对精英阶层的无缝监管，使社会榜样名副其实，切实率先垂范，保持初心，保持"人之初，性本善"的民族文化定性。

由于摧残初心，改变人性本善的私欲私望，往往其源头来自社会，来自他人，尤其是来自丑恶的榜样。俗话说，近朱者赤，近墨者黑。讲的也是这个道理。所以作为社会榜样的共产党员，独善其身，保持本色，弘扬本善，率先垂范，就显得特别重要。这也是对党员干部，尤其是给领导干部、社会各界成功人士，必须要有更多约束的理由。这一点，即使在不同的文化背景、不同的民族里，也是有共识的。培根在《论高位》一文中说：身居高位的人理所当然是三重奴仆，即君王或国家的奴仆，公众舆论的奴仆，职权职责的奴仆。身份以至于他们在人身、行动和时间上均无自由。培根的观点，是对成功人士施加严苛的限制，以防止他们骄傲——凌驾于国家和君主之上；出言不逊，误导大众；滥用权力，失去敬畏，渎职误公。总之，是对言行不善、权欲恶化的一种严格防范。现在美国等西方国家，公众人物的隐私权甚至不如普通老百姓，为什么？因为你是总统、议员，你是明星大咖，你是企业家，你的品格，在某种程度上，必须高于大众，这是你管理和影响这个社会的资质，所以，必须从严要求，把你限制在这个高度上。

榜样的台阶是高耸的，榜样的力量是无穷的，榜样的责任是重大的。由此，不难理解我们的制度，在国家公职人员——大众眼里欣赏、心里认可的榜样们的乌纱上，套上双重金箍：党纪＋国法，是多么必要和合理合情。制度的自信，从人性认识，从民族性发育上，得到了充分的确认和表达。

学

之

篇

启程：永久的心路

　　祖先留给华夏子孙的遗产，不是金山银山，而是愚公移山。金山银山，总有用完的一天；愚公移山，从来没有从我们的文化中消失，而是成为世世相传、代代共勉的经典。所以，我们打着小算盘，去盘点祖产，还不如翻开经典，多读几句祖训。

启蒙墙

在我们这一代人童年成长的环境里，最重要的教化，就是明辨是非，识别好人坏人。一个孩子被大人抱在怀里时就被反复启蒙这方面的智慧。我小时候，家里有三间瓦房，中堂两侧的隔墙上张贴了许多东西用来美化环境。这些墙壁，其实就相当于一个家庭的海报宣传墙，也是一个家庭里，孩子成长所需的最亲切的文化教材。尤其是每年春节来临的时候，墙上都会增加一些新的内容。这个时候，大人就会抱着孩子，领读这些新内容。还会就着这些新老内容，考察孩子的认知能力，看看究竟已经发育到哪一步了。

墙上的内容越来越丰富，我们就这样一天天、一年年长大。

我通过家里的墙壁识字阅人，可以追溯到 20 世纪 70 年代中前期，两三岁的时候。最先认识的字，是"光荣人家"四个字。我的小叔叔 18 岁参军——那年那月，一个为国家培养了军人的家庭是光荣的——从此，每年的除夕，县政府都会派人，敲锣打鼓送来一副"光荣人家"的门联。这副门联会被张贴在家里最显眼的位置，它为我们这个大家庭带来荣誉和自信，也为成长的一代灌输了一种国家意识，这就是，一个人如果在为保家卫国服务，不但他自己了不起，他的家庭也充满了荣誉感和成就感。个人、家庭、国家，三者是紧密相连、荣辱与共的。

我想，敲锣打鼓送达的一副门联，其实就是一个最朴素的弘扬优良家风、弘扬爱国主义最有效的载体。两年前，我曾在一张地方日报上读到一位老兵的文章，记述自己的军人理想和家国情怀是如何形成的。这位名为江辉生的老兵写道：

光阴似箭，日月如梭。经过二十几年的军旅生涯，我逐渐理解了"光荣人家"的深刻含义，正如一首歌中所唱："当兵为什么光荣？光荣因为责任重。"那年我参军入伍，离家前的那个夜晚，父母与我聊了很多。母亲说："你当了兵，咱家就是光荣家庭。这是荣誉，也是担当。光荣人家该做什么，不该做什么，你都要谨记在心。你当兵在外，我也不指望你光宗耀祖，只要能精忠报国，别给门前这块光荣牌抹黑就够了。"母亲的这番话，我牢牢地记在心里头，一直成为我做事的准则、做人的方向。直到现在，仍然是我不断汲取前进动力的源泉。这些年，"光荣人家"所带来的荣誉和家庭处世的传统原则融合在一起，潜移默化，代代相传，并逐渐形成了我们家的优良家风。也正是在这浓郁的家风熏陶下，这些年，我们家的亲戚中先后有12人从戎卫国。我相信，"光荣人家"的荣誉已经融入我们家的家风。随着时代的发展，也为家风赋予了新的内涵。时光如流，流走了青春，流淡了记忆，许多事情随着时光的流逝而逐渐忘却，唯有挂在老家大门上的"光荣人家"的牌子还清晰地印在脑海里，历时愈久，记忆愈深。

　　这位老兵的文章让我非常感动，也感慨万千。一张小小牌匾，塑造出了一个优秀的家族，精神的力量，多么恒久，多么无穷，多么具有穿透性。我们试想，如果当年"光荣人家"的设计者送到军属家里的不是这样一个没有价格、只有价值的纸联或木牌，而是用现在很多人的思维方式，给军人家庭每年送两桶油、几斤肉、几百块钱的红包，我们今天还会为这既往而激动吗？还会觉得这是一份可以向一代代人传达的荣誉吗？更多的，恐怕会是嫌政府小气，嫌柴米油盐太廉价，嫌红包太薄了。如此，我们新中国，也许少了很多精忠报国的大家庭，多了很多斤斤计较的小人家。

　　除了"光荣人家"的门联，每年新年，我的父亲还会买几套新的连环年画张贴在墙上。除夕贴好这些连环画，春节一大早就会抱着我，一张一张指着给我讲解，红色娘子军是什么样的兵，少剑波是一个什么样的将，江水英是一个什么样的好干部，方海珍是一个什么样的好党员，焦裕禄是一个什么样的好书记，王进喜是一个什么样的好工人；小日本为什么要欺凌大中国，刁德一为什么当走狗，红灯为什么特别亮，座山雕为什么特别横，钱守维为什么要在港口国际货运中搞破坏，黄国忠为什么要提前烧掉筑坝用的柴草……在这些连环画中，我学会了辨别"好人"和"坏人"，懂得了好坏的标准界限，就是大公无私、帮助他人、热爱集体与自私自利、冷漠无情、破坏集体的差别。现在想想，这些标准虽然不够深刻，也不无时代局限性的痕迹，但不管在哪个时代，都是最基本的，也是正确而无可争议的。我们表述好坏标准的用词，普遍是"真善美"和"假恶丑"，是完全可以与此对应的。只不过，那个时代的表述更具体一些，所用的词语更具有时代特征，其内涵都是万变不离其宗的啊。再好看的皮囊，里面裹着一颗自私的心，都是丑的；再伪善的面容和溢美之词，都无法掩盖冷漠者的假和恶；小我第一，崇尚个人主义，没有集体意识、没有爱国之心的人，永远是灵魂卑琐的小人。这些，放到任何时代任何地方，都不会过时，不会落伍。

有一年，父亲不再先给我讲解，而是指着新贴的连环画《草原英雄小姐妹》问我，为什么龙梅和玉荣这两个小姐姐非常光荣，非常了不起？

《草原英雄小姐妹》讲的是内蒙古两个 10 岁左右的小姐妹，给生产队放羊时遭遇暴风雪，为不使生产队遭受损失，两人始终追赶羊群，从白天到黑夜，坚守了 20 多个小时，直至晕倒在雪地里的故事。因为严重冻伤，二人都做了不同程度的截肢手术。对于父亲的问题，我好像回答的是，她们不是为自己，而是为公家吃苦，所以很了不起。那年我四五岁吧。这个答案让父亲当场兴高采烈，使劲亲我脏兮兮的小脸蛋，笑呵呵地用胡子扎我。他还到处夸耀我，说我人小心明亮，不是一般的聪明，不是一般的懂事，是棵好苗子。大概也是因了这，他决定把我带在身边亲自教育、培养，以防在老家"自由放养"会耽误了他的"革命苗子"茁壮成长——父亲是一个正统的党员干部，学的是师范教育，在学校里担任校团委副书记，后来响应国家号召，从师范学校主动下放到农村基层工作，在人民公社的一个单位里当负责人。

我也没有辜负父亲，没有辜负家里的那两面光荣墙。不久，我上学了，墙上每年又多了新的内容，就是我的各种奖状：优秀成绩的奖状，优秀少先队员的奖状，各种学科竞赛的奖状，各种好人好事的奖状。

这里，我还要再说一下关于这个影响了我们几代人成长的一个花絮。

几年前，我读到一篇报道，说多年来，草原英雄姐妹俩一直是各媒体关注的焦点，她们热情地接待每一位来访者，每位来访者都能感受到一个普通蒙古族妇女的赤诚和宽厚。曾有一位记者在呼和浩特采访玉荣时谈到《陪读夫人》里的一段故事：身居美国的母亲为了让儿子学汉语，讲起了"草原英雄小姐妹"的事迹，当儿子听到小姐妹为保护公社的羊被冻成重伤时，他突然发问："妈妈，她们这样做，公社会付给她们很多钱的，是吗？""我们老师说，没有一样工作不该没有报酬呀。"母亲沉思了很久，语重心长地告诉儿子："最好的奖励是，全国一代代小朋友都学习小姐妹的事迹，受到一种高尚精神的感染，为了国家的利益，个人牺牲一下是值得的。这种能塑造人心、提升民族品格的意义，能用区区几个钱买得到吗？"儿子最后明白了："世界上还有一种工作是不能计算报酬的。"听完记者的讲述，玉荣说："我记得当时一只羊的价钱是两块钱，384只羊死了3只，等于损失了6块钱。可是为了这6块钱，我落下了终身残疾。"玉荣笑了笑说："精神不能用金钱衡量。"

我补充这个花絮，更多的不是为了表达自己被小姐妹故事影响的意义，而是为了强调，那些影响了我们一代代人的精神，当时是被大力倡导而成为风尚的，但几十年过去了，它们未必过时，甚至可以说，已经成为人类精神文明的经典。而且，这样的经典榜样，在一个金钱主义汹涌的时代，更加必要，更加亟需。这些精神和榜样，融汇到我们中华民族的诸多优秀传统精神品格中，成为我们不断优化的基因，纯洁和壮大着我们的民族血脉。

大杠上

小时候，我有一片广阔的天地。这片天地，就在父亲的坐骑上，每天迎风展霞，披星戴月，奔波在乡镇土路上的永久牌自行车的大杠上。

父亲那一代人，大多有一辆心爱的自行车。永久、飞鸽、凤凰、长征，伴着他们越过千山万水，战胜坎坷泥泞，写就沧桑而厚重的人生。

在网上搜索"自行车的故事"，有 200 多万条信息。随便挑几条点开，一半以上都是关于回忆。对自行车本身的回忆，主题里有几代人的奋斗与温情。而我的回忆，我的关于自行车的故事，不是自行车本身，而是具体到自行车上面的承载，具体到自行车大杠上面的发生。

我从四五岁那次回答关于草原英雄小姐妹的问题，受到父亲的肯定之后，就被父亲带在身边，坐上了他那辆"永久"的大杠。我不断成长，入学，个子越来越高，才从老"永久"缠满布条的大杠上下来，坐到车子的后座；再成长，学习，进入青春时代，一直到初中三年级，自己能骑车了，才真正从他的"永久"离开，开始了独立行走于人生道路。

在"永久"的路上，父亲总是喋喋不休地讲文章，说故事，解疑惑，明事理。在"永久"的大杠上，我对国家对民族，对世界对人类，逐渐有了认知。对文学有了热爱，对人生有了期望，对生活有了感恩。从社会到自我，我的世界从点到面再到立体，再也不是那么懵懂那么单薄。

父亲的学生时代很辉煌，我每到一个年龄段，他都要提前讲他与我同龄时的故事。他讲自己在学生时代为什么当上师范学校的团委副书记，第一，不是因为自己学习成绩有多好——父亲的功课成绩在学校只能算是名列中游；第二，不是因为自己有多能说会写——父亲的文采不错，但性格腼腆，不善辞令；第三，更不可能是因为自己跟老师和校长、书记关系有多好——父亲从小内向，不善交际。那个年代，连"公关"这个词都没有，搞关系上位绝对荒唐，几乎不可能存在。父亲是一个热心肠的善良青年，本分守纪，乐于助人，别人有难，他总是能在第一时间冲在前面；自己有难，却尽量自己解决，缄默不宣。他这样的品格，赢得老师和同学的推崇。他自己从未想过能当校团委副书记，就连班团支部委员这样的职务都没敢奢望过。当团委副书记，是一份意外的收获，但他后来悟到了，很多意外里隐藏着自然。凡事需要别人认可和肯定，自己首先必须把它做好。把人做好，把事情做好，应该是一个人起码的自我要求。达到这个要求了，才能有资格去获得别人的认可和给予。

父亲讲在他工作的小单位是如何获得同事的信任，胜任单位党支部负责人的。父亲的单位是管乡镇区域的交通和运输工作的，他一年365天几乎天天到码头上去，跟工人们一起干活，好几次中暑晕倒。单位有几支运输拖轮队，他每年都会亲自跟着运输拖轮出几趟差，天南海北，一出去就是几十天。我小时候跟着父亲住单位宿舍，父亲一出差就把我一个人扔下，我非常孤独，一听到汽笛声就往单位后面的运河边跑，趴在桥栏上看是不是父亲单位的船队回来了。父亲从来不收别人一分钱好处。有一年单位里几位搬运工因私事跟别人打官司，这些事与组织无关，但父亲打抱不平，还是主动帮助这些工人，亲自为他们起草申诉材料，最后帮他们赢得了官司。工人们很感激，小年夜提了几斤肉结伴来给父亲拜年，表达谢意。父亲笑哈哈收下了，然后让他们全留下来吃了一顿丰盛的小年夜饭，吃掉了他们带过来的肉，还"倒贴"了两条鲢鱼、好多菜和两瓶烧酒。

父亲在他的单位人缘极好，大家真正尊重他，爱护他，也很敬畏他。父亲讲道，他也并非纯粹做老好人才得到这些的。单位里也有人很怕他，甚至恨他。有一名拖轮队队长是县里一位领导干部的亲戚，据说为人很张狂，每次船队经过内河，有鱼跳，他就命令停船捞鱼，捞到鱼就让船员们炖了给他改善伙食。有船员提意见，说这些鱼不可以捞，这是侵犯别人财产的行为。他勃然大怒，就变着法子整这位船员。当时，没有人敢惹这个队长。父亲听说后就跟这支拖轮队跑了一趟运输任务到盐城。有一天早上，船进了一条内河，哗啦一声一条大白鲢被螺旋桨搅昏了头，蹦跳出水，落到了甲板上。那个队长来劲了，立即命令停船捞鱼。父亲赶忙上去制止，队长不听，说："别傻了，领导，不捞白不捞，一捞就走人，我们一直这样干，谁管得了我们！"

父亲一听，证实了传闻，上去就是一个大耳光。那队长猝不及防，被打栽在河里，像落汤鸡一样爬上船。结束任务回到单位，父亲立即开会，把这位队长降了一级。有人替父亲担心，得罪县领导的亲戚，弄不好这小单位负责人都当不成，可父亲坚持原则。据说，此事传到那位县领导耳里，县领导不但没有整父亲，还找父亲谈话，当面表扬父亲，并感谢父亲对自己不争气的亲戚的教育帮助。那时候的风气，那时候干部的心胸和格局，的确令我们今天的干部们刮目相看。

父亲常说，你要当干部，就要习惯在精力上、在利益上，比别人多付出一些，而不是多得到一些。搞反了会出事，搞反了也就不是共产党的干部了。父亲会就着这个话题讲党史。他说，共产党当年是非执政党，创立和成长的年代，相当艰难，白手起家，要待遇，没有；要危险，随时随地出现。建党初期白色恐怖年代，有一年牺牲了30万人，可大家还是提着脑袋加入进来，继续干革命。这么强大的原动力，绝非来自解决一点个人的柴米油盐之眼前利益，绝对不是利益取舍的那点小境界，而是大情大义大信念，是为了推翻帝国主义、封建主义、官僚资本主义三座大山，实现民族独立、人民解放、国家统一富强的伟大理想。起点很高，着眼点很大，不是为了个人利益，所以才得到拥护，才能在逆境中壮大。你看，一言一行，三大纪律八项注意；走村到户，缸满院净；真正平均地权，为最弱势的贫困大众减租减息，牵挂千家万户的疾苦，所以获得老百姓的坚决支持。革命时期，老百姓才义无反顾地把"最后一块布、最后一缸米、最后一个儿子"交到党的手中。

父亲还讲了一个故事，说共产党对老百姓爱护，对自己的干部和士兵，要求却格外严厉。国民党的高级将军张灵甫，有好几房姨太太，有一次与其中的一位吵架，一怒之下，拔枪就击毙了这位姨太太。这事报告到国民党委员长蒋介石那里，蒋介石勃然大怒，大骂张灵甫夺亲人性命，心狠手辣，可恶无耻。但骂过之后，张灵甫并未受到应有的严厉惩罚，而是以暂时停职搪塞一番，不久又官复原职，一条人命的案子就这样不了了之。而同时期，在延安的共产党内部也发生了一起类似的案件。红军战斗英雄、杀敌无数的团长黄克功，因感情纠纷、逼婚未遂，一冲动，在延河畔枪杀了陕北公学女学员刘茜。事件发生后，中共中央高度重视，在毛泽东的主持下召开会议，经过慎重讨论，决定将黄克功处以死刑。1937 年 10 月 12 日，经陕甘宁边区高等法院判决死刑立即执行。这件事被称为"黄克功事件"。考虑到这个团长是战斗英雄，处理时有人建议开除出党，开除出军队，留一条小命。方案报给毛泽东时，毛泽东说，要听我的意见，就是八个字，人人平等，杀人偿命。所以，这位战斗英雄被就地正法。犯同样性质的罪，得到的惩罚却有天壤之别。这表明两个政党执法严厉的程度不一样，其实更反映出立场是完全不同的。你代表利益集团，还是代表人民大众，一件事，一目了然。

在父亲的自行车上，我听到太多这样的故事。它们唤起我对干部的认识和感情，是单纯的、向上的、美好的、无可争议的。每次爬上父亲的自行车大杠，我都怀着快乐的期盼。春风吹在脸上，享受不完的惬意；冬日照在背上，分享不完的温暖。夏天的明艳，连接着秋天的金色丰硕。日出而出，迎来喜悦；日暮而归，满目星光。

在路上给我留下印象最深刻的一次，是我和父亲一起听到一个广播故事。记得那一年夏天频降暴雨，县里已经有两个乡镇被台风席卷，灾情十分严重。一天傍晚，外面刮着大风，乌云压境，父亲载着我奋力骑行，想赶在暴雨到来之前赶到家。这时路过一个高音喇叭，县广播站正在播一篇抗险救灾的通讯，女播音员声情并茂地讲述着，一个叫戴庄的地方，遭受风暴的时候，广大干群如何同心协力，相互帮助，保卫集体财产和群众的生命安全的。其中一位大队干部，几天几夜没有休息，从倒塌的房屋中抢救受伤的乡亲，扒出了一个又一个伤员，背出了一个又一个伤员。他感到脚底钻心疼痛，每走一步都如刀切钉锥。但他全然顾不了自己，一直到抢险工作结束，又疼又累，昏迷过去。别人把他背到大队医务室，才发现他的右脚板血肉模糊。"赤脚医生"为他清洗后发现，一颗一寸多长的铁钉穿破了鞋底，赫然扎在脚底，并从脚背露了出来。医生和在场的群众无不流下了心疼和感动的热泪。

我和父亲把车靠在路边的树上，在高音喇叭下一字一句听完了这篇通讯播报，以至忘了时间，忘记了恶劣的天气，忘记了倾盆而下的暴雨，我们被浇得全身湿透。

我上学识字之后，开始经常翻一翻父亲挂在自行车龙头上的人造革提包，那里面总能翻出一些惊喜：工作笔记本、连环画、小说、手工装订的材料，等等。不管是什么，只要有文字，我就如饥似渴地阅读起来。我十来岁就开始阅读长篇小说名著，都是从父亲挂在自行车上的提包里翻到的，《青春之歌》《林海雪原》《平原游击队》《茶花女》《西游记》《堂吉诃德》……父亲的包是无尽的宝藏，我每次坐上他的车，就要先翻一翻车上的包。20 世纪 70 年代末的一天，我翻到了一本手工刻写、油印的书，书名叫《县委书记的事迹》，里面收录了从《人民日报》《湖南日报》《新华日报》等报纸上摘抄的全国各地十几位县委书记的故事。其中，有《湖南日报》记者所写的三位县委书记的故事，都是记者在现场随机遇到的真人真事，并未事先安排。这三位书记分别是"晒得最黑的陈书记""穿得最土的刘书记"与"跑得最快的曾书记"，分别记述了湖南浏阳、邵东、汝城的三位县委书记艰苦创业，与人民群众打成一片的故事。

比如，记者与"最黑书记"陈再仁相遇，完全是一个偶然的机会，在收割晚稻的田间碰上的。陈再仁正拿着镰刀站在稻田里和一位老农交谈。记者见这位书记很黑，就上去冒失地问："你为什么晒得这么黑？"陈再仁说，自己的脸比较宽，容易显胖，而老百姓最不喜欢肥头大耳的县委书记，尤其是我们浏阳县，是个革命老区，我们教育群众的最好方法，是进行艰苦奋斗的革命传统教育，为了让自己减少与群众的差别，于是坚持参加劳动，使自己晒得黑一点，瘦一点，能更好地接近群众，为群众办事。

那一年，记者去邵东县采访"农业学大寨"活动。走进这个县就听到巨大的爆破声，闻到浓浓的火药味，到处写着"横下一条心，舍得一条命，石山不炸平，坚决不收兵"等标语横幅。记者准备先找县委书记刘中心了解情况，然后下去拍照，不料刘书记不在，县委办公室的同志接待了记者。他们开玩笑地说："记者要找我们的书记，可不容易，我们的书记叫刘中心，他基本上不坐办公室，哪里搞中心工作，哪里最繁忙，他就在哪里现场办公。县委有台旧吉普车他不坐，说下农村还是骑单车好，车子留着接待客人。"经打听，才知道他在火厂坪公社龙兴大队指挥改造乱石山。记者赶到了火厂坪公社，可公社办公室的负责人说："书记来来去去从不打招呼，都是直接上工地，你们去工地找他吧！"后来，好不容易在去乱石山的田野里碰上了他。他留着很深的头发和胡子，穿着一身破旧衣服，肩上挂着一个黄色旧挎包，衣服和鞋子上还有很多黄泥浆，看得出他刚从工地下来。在记者的镜头中，这位县委书记打扮得比当地干部和老百姓还土气。

还有一次，记者去汝城县龙虎洞水库配套工程的工地上采访，看到一个很热烈的劳动场面，一队队担土民工朝前方跑来，听说他们在搞劳动竞赛，看谁担得重，跑得快，通过跳板不跌倒，就是优胜者。当记者打听跑在最前面的民工叫什么名字时，大家都咯咯地笑了起来，说："那就是我们的县委书记曾春桃，怎么样，帅不帅？"记者连声说："帅极了！帅极了！有县委书记带头，难怪工地这么活跃。"

这本油印的书中最让我难忘的，还是我们当地的一位县委书记袁广文的事迹。文章说，20世纪80年代初，江苏海安县委书记袁广文，很少在办公室办公，县里为他配的汽车，他几乎从来不用。每天上班，他都蹬着自行车，奔走在四乡八里，走到哪里工作到哪里，在老乡家搭个伙，按标准交伙食费。有一次，村里的同志看到他面黄肌瘦，担心他营养不良，做饭时在他的面条里偷偷加了两个鸡蛋。袁广文吃到鸡蛋，责问为什么擅自提高伙食标准？饭后坚决地把这两个鸡蛋钱加上伙食费交给了老乡。

还有一件有趣的事，有一年发大水，袁广文下乡指导抗洪救灾。他独自骑着自行车，到了乡口，发现一条路被冲垮了，洪水泛滥，横在面前。袁广文只好脱掉鞋子，扛起车子，涉水过去。刚到对面，有位穿着一身新衣服、皮鞋擦得锃亮的老乡在后面喊他，说自己去邻乡为孩子相亲，所以才穿了这一身新衣服，不能弄脏弄湿了，能否请老乡帮忙把自己背过去。袁广文当即答应，便立即过去背他过水。背完人再帮他扛自行车。正在这时，当地的干部正好过来迎接他们的县委书记，居然看到书记在背老乡涉水，很生气，就训斥老乡："你胆子不小啊，你知道你在让谁背你啊，县委袁书记！"那老乡吓得赶紧鞠躬认错。袁书记却连忙制止，笑呵呵地问老乡一个问题："如果今天是我出去相亲，遇到这种情况，老乡你是否帮我，背我过去？"老乡说："当然当然，谁没有个难的时候，互相帮助啊。"袁书记于是现场说法，批评乡村里的干部官僚主义，要求他们不要另眼看乡亲，不要把干部当成"官"，大家都是平等的。你要是居高临下，觉得自己比老百姓尊贵，你怎么能心甘情愿、不假思索地为人民服务？

袁书记的事迹当时在我的家乡流传甚广。基层干部们都是拿他做榜样。我记得父亲经常在单位宣讲袁广文的精神。陈再仁、刘中心、曾春桃、袁广文这样的领导干部，在那个年代，并不鲜见。他们实实在在，就劳动在一线，生活在百姓中间。这么多年过去了，人们记住的、缅怀的，依然是那一代干部。从焦裕禄到廖俊波，到了今天，这样的干部，或多或少也还有。正是他们，让老百姓保留着对党和政府的信任，他们是干群不断的感情基础。

毛泽东曾经生动地将共产党人比作种子，将人民比作土地："我们共产党人好比种子，人民好比土地。我们到了一个地方，就要同那里的人民结合起来，在人民中间生根、开花。"我党的群众路线是："一切为了群众，一切依靠群众，从群众中来，到群众中去。"当年的县委书记深入基层，与群众同吃同住同劳动，起到了党员干部的先锋模范作用，成为社会主义革命与建设事业的带头人。20 世纪 60 年代出现了县委书记的好榜样焦裕禄，一直到今天，焦裕禄同志的精神仍然在许多人心中深深扎根并发扬光大。

父亲那一代干部都是挽着袖子，卷起腿脚，穿着布鞋、胶鞋或者草鞋，甚至光脚，风里来雨里去地蹬着自行车，到生产一线，到工地现场，到大街小巷，到田间地头，到千家万户。他们一大早就出发了，往往深夜才回到家。他们的皮肤晒得黑黑的，老茧磨得亮亮的，多少天来不及刮胡子，衣服上全是灰尘。他们大声讲话，大碗喝粥，大口嚼着老咸菜，身上散发着老乡们都有的那种浓烈的烟味，浓郁的汗味，浓重的人情味。他们是大爷大伯，大哥叔叔，大婶阿姨，没有人觉得那些穿行在乡亲们中间，跟百姓勾肩搭背，谈笑风生，一个桌子吃饭，一个沟里挑水的人，是书记、主任，是县长、局长，是官。中国共产党创立的本愿没有偏废，那种踏实的作风、朴素的为人，是领导干部们的常态。这就是当时的党风，是普遍现象。

骑着自行车奔波，是他们那一代干部工作的方式。后来曾有段子说，第一代干部骑车工作，第二代干部坐车工作，第三代干部坐方桌工作，第四代干部坐圆桌工作。段子的描绘，何其犀利！虽说有些夸张，但部分如实反映了干部作风的惊人转变，干群关系的惊人转变。

我讲一件自己亲历亲闻的事。

有一年，经组织建议，我从省级机关处级秘书位置上转岗，去基层锻炼。组织上给我推荐的岗位是苏中某县级市的市委副书记，原则上挂职两年再回到省里。得到消息，我特别高兴，因为我们这一代人最崇拜县级甚至乡镇级的领导干部，我觉得可以直接为老百姓服务，也能直接获得老百姓的爱戴，自己的学业和抱负，正好可以直接转化到自己崇敬的事业和角色中。我的脑海中，马上浮现出焦裕禄、陈再仁、袁广文，浮现出父亲他那一代干部的美好形象。

那期间，正好出差到一个县里。该县政府领导里有一位副县长，是我的老朋友，老朋友见面无所不谈。我把自己即将转岗的事跟他说了，希望听到他这个老朋友的祝福，更想听一听他这个老资格基层干部的指导。他没有表现出我期望的高兴，而是沉吟不语，好一会儿，才蹦出一句话：

"老朋友应该说真话，我不想祝贺你，我不建议你到县里来工作。"

说实话，我当时大吃一惊，怎么也没有想到他竟然说出这样泼冷水的话来。我问为什么？他说："你不会适应，甚至无法胜任。"他说："我考你两个问题，能及格，你就下来履职；不能过我这一关，你最好在省里另谋出路。现在的基层状况，复杂得很，已经完全不是你在老家的那个年代那般光景。"

"第一个问题，你的酒量有多大？能不能每天晚上至少赶三个场子，常年浸泡在酒精应酬中？"

我说："我喝酒不能超过二两，而且没法连续喝酒，隔三岔五喝一点点，意思一下还行，常年喝身体肯定要废掉。"

他说："老弟，这个不行，你不及格了。我们做县长、书记的，不喝酒不赶场子，怎么跟群众打成一片？怎么招商引资？怎么为地方建立人脉，争取资源？你这点酒量，会影响工作，还会把自己身体喝垮，总不能竖着下来，横着回去吧！这不是违背下基层锻炼的初衷吗？"

接着，他出第二道题。他讲了一件发生在他身上的事。他说，有一年县里疏通河道，预防洪汛，工程需要抢在汛期到来之前完成。这项工作是他这位副县长负责的。他需要到工地去督察。一天下午，他就坐着他的专车去了。下了车，施工负责人早已把民工们集中在那里，等他训话。他走下车，站在高处开讲，同志们如何如何辛苦，要如何如何重视，抓紧时间，与洪水赛跑，为保卫家乡财产争分夺秒。正慷慨陈词，人群里突然有一个民工指着他大声吆喝："县老爷啊县老爷，你别在那里唱高调了，最好的鼓动，是下来跟我们一起干，大话抵不上一筐泥。"副县长一看，呵，傻眼了，是自己的小学同学。全场一片哄笑，然后一齐盯着副县长，等着看好戏。请问，下面怎么处理这尴尬的局面？

在后来的多少年，我曾经把这个问题带到为各地省级单位所做的报告会上，考下面的干部听众，大多数人跟我当时给出的答案一样：硬着头皮，下来一起干一会儿，年纪轻轻，还怕被几筐土压倒吗？干给大家伙儿看看，咱们党的干部都是劳动者出身，本色还在呢！

副县长哈哈大笑，告诉我："这个方法不行，耽误了自己的时间，跟他们一起干活儿，出洋相，他们会起哄，会故意把你的筐子压得实实的，让你抬不起，让你当场压趴，你从此会成为全县的笑柄。什么劳动人民，你这是修正主义，已经没有实力跟劳动人民打成一片了！"

"哦，那我说，我编个理由，就说一把手找我开会呢，有急事，先走一步，下次再来跟大家伙儿一起劳动。"

副县长又哈哈笑了，说："鞋底抹油肯定是结果，但你这样处理太生硬，这样做看起来很猥琐，灰溜溜的，哪里还有半点县领导的风度？一样会成为全县的笑柄。"副县长说："我是怎么处理的呢？我不慌不忙，等他们哄笑完了，指着挑衅的小学同学，直呼他的小名骂道：'你啊你，从小就调皮捣蛋，不好好读书，经常考鸭蛋成绩，被老师罚站，长大了还不改，不好好干活儿，在这里起哄。你以为你老同学我只会读书只会当干部不会干活儿？找个时间我跟你比试比试，你未必是我的对手，至少当年我饭量比你大，饭大力气大，是硬道理。今天没空跟你耍，刚才县长通知我回去开会，你以为天下就挖泥巴最难最苦？你来干我的工作试试，不信你马上替我开会去，替我向县长汇报工作去，你行吗？告诉你小子，一点差错，给处分得跟孙子似的，你那脾气受得了吗！'

"说到这儿，还是不能开溜。转身从车子里拿出两条烟，满面堆笑，走到小学同学跟前，把烟往他怀里一戳，说：'老同学我知道你能吃苦，就是脾气大，看不惯干部在岸上不湿鞋，可不能光知道湿鞋的苦，不体谅不湿鞋的痛。既然是发小，我讲话就不客气了，你啊，不光要自己带头干好，还要帮我招呼好大家伙儿，谁让你是我老同学呢。这烟啊，送你，你辛苦了，大家辛苦了，烟跟大家分着抽吧，拜托了，过几天，再来看你们，保证下河跟你们比试比试。'

"说完，抬腿上车，屁股冒烟。工地上一片欢腾，老同学分烟呢。"

说实话，副县长的考题，我们这些在机关的干部的回答几乎都是不及格的。我们缺少基层经验，细想这种所谓的经验，其实是基于基层社会、基于基层干群之间的关系，越来越复杂化，而琢磨出来的应对伎俩，是一种狡诈的智慧。他让我们感到一种落伍，一种迂腐，一种落差，更感到一种说不出的悲凉。人与人之间，干部与群众之间，关系变得这么诡异，难以捉摸，情感的纽带已经不起太大作用，坦诚与信任，好像无助于工作的开展。如今是香蕉与大棒轮举，忽悠与逃避并用，不用心而用心机，不用大智慧而用小脑筋，我们这是怎么了？

这位副县长的话，使我面对那份新工作，望而却步。

岁月如梭，父亲他们那一代干部，那一代人，已经退出历史舞台好多年，他们美好的生命也在逐渐凋零。他们的精神永远活在我们心中。我们看看今天，普天之下，出现的情形有许多熟悉的，也有许多不熟悉的，有许多看得惯的，也有许多看不惯的……诸多景象纷呈，让我们恍如隔世，但父辈的精神并不会消失。这个，我一直坚信。

遗　产

　　现在年轻人普遍关心的是：父辈能给自己创造多好的物质条件？如果有一天，父母永远离开我们，我们能从他们那里继承多少财富？

　　中华民族生生不息，然而一直到我们这一代记事时起，在物质意义上一直都是比较贫乏的。但物质的贫乏，并未阻止中华民族的繁衍和壮大。我们是靠什么生存和发展的？当然，是靠精神，靠我们伟大的文化。

　　祖先留给华夏子孙的遗产，不是金山银山，而是愚公移山。

　　金山银山，总有用完的一天；愚公移山，从来没有从我们的文化中消失，而是成为世世相传、代代共勉的经典。所以，我们打着小算盘，去盘点祖产，还不如翻开经典，多读几句祖训。

　　被誉为"天下无二裴"的中国河南裴氏家族，兴旺了2000余年，英才辈出，名流如云。去研究这个家族长盛不衰的秘诀，发现再简单不过，这就是世世代代都十分重视德育教化。裴氏的家庭教育十分出色，南朝裴子野出生后母亲病逝，他的祖母殷氏"柔明有文义，以章句授之"，裴子野年轻时就成为南齐武陵王左常侍，后来又编成史学《宋略》。这和河东裴氏从小就接受良好教育不无关系，小小年纪，有此成就，神圣的母教发挥了重要作用。一直到今天，这个家族的故居裴柏村还保留了祖上特有的"挂旗"风俗，谁家的孩子出生，孩子的姥姥家要给孩子挂旗，将写有"济世栋梁""自强不息""建国英才"等话语的红绸布挂在大门楼中间，并将书写用的毛笔、砚台一并奉送，最后在大门两边栽种竹子，寓意孩子长大成人以后，成为有才有德之人，以激励后世子孙。从挂旗的内容，我们也可以看到，裴氏家族教化子女的，都是大情大义、克己奉公，而不是怎么守财屯财，怎么设法过比别人更好的物质生活。

名震中外、后人中大家如云的江浙钱氏家族，起源于1000多年前的五代，其始祖先钱镠功可倾国，皇上给他发了"免死牌"，这是当时的最高荣誉了。可钱镠并不认为这份荣誉可以世世代代受用，去世之前，除了这块牌子，还留下了10条家训，核心内容是要后人积德聚才，信义为上，要以国家利益和人民利益为重，不可敛财囤富。如果富裕了，要提携宗族，并拿出钱来赈济乡邻，兴办义塾，教化一方后生。"修桥路以利人行，造河船以济众渡。"勤俭为本，忠厚传家，轻财忠义，福泽乡梓，1000多年来是钱氏家族保持的初心。所以，这个家族历朝历代经得起风雨、荣辱、浮沉，始终保持着令人敬重的优秀基因。一直到近现代，还出了钱玄同、钱穆、钱学森、钱三强、钱锺书、钱伟长等大科学家、文化大家，为人类文明发展作出了杰出的贡献。钱氏家族的遗产"钱氏家训"也成为全世界公认的宝贵文化财富。

德才兼备能长久，急功近利命脉弱。有一个词，用来形容"贝聿铭家族",叫"百年望族"。为贝聿铭家族写传记的作家,一开始准备用"百年旺族"做标题,后来发现不如"百年望族"准确。为什么?因为"旺"是一种"势",而"望"是一种"脉",说到底,是一种文化,对一个家族来说,是一种优秀的家风家德。传"脉"不传"势",才是贝聿铭家族百年兴盛的秘诀。

其实,我觉得每个人都可以做一件对自己、对子孙有意义的事,就是认真盘点和总结一下自己祖先的精神财富。自己终老的这一天,不仅仅是交给后人一本存折,更多的是让后人无法忘怀、永远受用的精神账本。精神账本是不保守的,即便你和你家族的祖先没有多少值得铭记的德行,你完全可以从一些优秀家族,从整个中华民族优秀的传统里,直接撷取。你的子女,也许太过年轻,一时未必能像接到一本存折那样高兴,但随着年龄的增长、阅历的加厚、世俗的磨砺,他总有一天会意识到精神账本的好处,并以此惠及他的下一代。

我的父亲,在他50多岁因病去世时,没有给我留下一分钱的存款,也没有一件所谓的传家宝收藏品。但是,在我走向人生的几十年里,我逐渐认识到自己是父亲遗产的最大受益者,我继承的财富,是难以用数字来衡量的。

比如,他一辈子只戴过一块手表,是南京手表厂生产的老钟山牌,戴的时间太长了,走走停停,但他没有舍得换掉,不是买不起一块表,是因为这块表是他得的奖品,据说是年轻时工作受表彰,政府奖给他的。他认为这是最贵的、最时髦的,没有什么东西比这样的荣誉更值钱。父亲戴着它,我们从小看着,心里就建立了一种荣誉观，一种精神价值观。赋予了高尚精神的东西，才是真正的奢侈品，才真正值得长久珍藏。这块表随父亲而去，但这块表给予我的影响，却一直在。

父亲的那辆老"永久"牌自行车，被我带到南京，骑着它度过了大学时光。这辆老"永久"，反映着父亲这一代的风貌、品格和爱，也承载着我无数美好的记忆，它记录了我的成长和成长路途中我汲取到的那些正能量。

父亲还有一个笔记本，至今还在我的书橱那个带锁的抽屉里。我的儿子小时候看到这个带锁的抽屉，总觉得很奇怪，想让我打开给他看，藏了什么秘密什么宝贝。我跟他说，那是你爷爷的遗产，确实是一个宝贝，用来传家的，等你长大一些，真正懂这个宝贝，我才会拿给你看。2017年儿子考上大学，去学校报到前，我把这个抽屉打开，让他看这件宝贝。起初，他看到是一个破烂的本子，就笑了，认为他的父亲和爷爷很搞笑，可等他读完了本子里的内容，他很感动。

这是父亲当年下放前夕，同学们给他的留言簿。可算是一本20世纪60年代的毕业纪念册吧。这本册子里有三部分内容。

第一部分是同学留言，可以看出同学们对这位校团委副书记非常敬重，多少同学回忆父亲的无私，感恩父亲的帮助，敬佩父亲响应国家号召，毅然下放农村基层参与社会主义农村建设的气魄，多少同学祝福父亲好人好运，有一个美好的未来，多少同学歌颂与父亲结下的珍贵友谊，愿这种友谊纯洁和常青。我小时候，父亲偶尔会拿出这个本子，指着留言簿上的那些名字，告诉我这是谁，是一个怎样的人，为什么跟自己友谊深厚，为什么工作后进步特快，甚至为什么他能文采飞扬，字还写得很漂亮。这些，在我童年幼小的心灵园地，种下了友谊、上进与美的种子。他让我认识到，人与人之间的纯洁关系，是非常美好的，是值得铭记的，也是生活的一份温暖，事业的一份动力。他让我对学校，对社会，对集体，有了美好的向往，"外面的世界很精彩"，歌词是从齐秦的演唱里听来的，而建立这种情怀，却是从父亲他们的文字里开始的。

本子里的第二部分内容是一首长诗。这首署名"校宣传队集体创作"的诗，记述了父亲学生时代一件大事，把父亲歌颂成"共产主义好青年""青年楷模""时代标兵"。长诗写道：

> 漆黑的夜晚
> 传来一个紧急的消息
> 仿佛夜空的霹雳惊雷
> 一个同学
> 生病住院
> 抢救
> 失血
> 生命垂危
> 血，他需要生命之血
> 一个异常特殊的型号
>
> 我去，我去
> 不，我去，我去

同学们在病房外排起了长队

一个个青春的胳膊

伸向医生

抽我的吧，抽我的吧

这时，一个瘦小干练的身子

挤到了前排

"大夫，请抓紧时间

我，符合您需要的血型……"

　　父亲的血就这样流到同学的血管中，同学得救了。在我记忆中，父亲的身体差得似乎一刮风就能飘起来，怎么能当救人英雄呢？我小时候，父亲给我讲过这段往事，他说医生当时也很犹豫，不忍心从一个体重不到 90 斤的同学身上抽那么多血。但是符合血型的同学不多，其他两个是女生。时间耽误不得，父亲觉得自己是男子汉，又是学生干部，必须迎难而上，就冲上去献了血。当时根本没有考虑太多自己身体能否吃得消这类事。后来学校给父亲 20 个鸡蛋和 5 块钱的营养补贴，父亲就拿到班上，在一个周末搞了一个包饺子晚会，与同学们分享了。师生们很感动，于是有了学校文艺汇演时的诗朗诵。据说，汇演时，学校讲普通话最好的一对男女，声情并茂，催下了在场很多人的眼泪。当然，流泪最多的还是爷爷和奶奶，他们听到这个消息，为儿子的身体深深担忧，也为儿子的义举（也可以说是壮举）感到骄傲。
　　我觉得让我的儿子震撼的还不光是这两部分，更多的应该是第三部分内容。本子最后，本来有些空白页，就被父亲在后来几十年用来记录"秘密小账"。20世纪80年代改革开放落实下放知识分子的待遇相关政策后，父亲的工资涨了不少。我记得他经常感恩地说，我们这样的小干部，干的还是同样的活儿，工资从二十几块都涨到快60块了，真是惭愧，要加倍努力工作啊。

父亲逐渐还掉背负了多年的当年爷爷奶奶治病欠下的近2000元巨额债务。很多有困难的乡亲乡邻开始向父亲借钱。父亲尽量满足他们。后来借钱的人多了，有时影响到自家的生活了。我们都有些想不通，觉得父亲也太滥好人了。而且父亲经常忘掉谁借了多少钱，还了没有，靠脑子记忆就是一笔糊涂账。每到年关，我们想去替他催债，他却报不出账来。母亲不高兴，与他吵过几次，说当年困难的时候，除了向国家借到钱的，乡邻里有几个肯帮忙的！父亲就说，当时大家都困难，干部家庭困难，乡亲们就更困难了。而且，如今人家借钱，都不是为了改善吃穿这些事，是为孩子上学，孩子求上进的事，不能眼睁睁不管，要是我们现在仍然困难的话，也要借钱去供儿子上学啊。借钱的乡亲里后来有好几家的孩子考上大学，他们都得到过父亲的接济。父亲去世后，我才发现我保留的父亲的那本留言簿后面，密密麻麻记满了人家向他借钱的流水账，其中一大半都没有还，没有销账。父亲把这种为孩子上学借出的钱，完全看成是捐助，压根儿就没有指望，也没忍心要人家还。原来父亲"丢三落四记不清楚账"竟然是用来搪塞母亲的借口。

这些小账让他的孙子十分感动。大学开学后，儿子曾给我发了一条短信，说他7岁的时候看到别的孩子有爷爷呵护，很羡慕，曾经画了一张画，叫：没有爷爷真苦。自从那次看了爷爷的毕业纪念簿，真的不觉得自己心里苦，不觉得自己没有爷爷，爷爷的形象现在在心里很清晰了。所以，现在要说：有个爷爷真好。

这条手机短信，让我进一步认识到，父亲留给我的这个"不值钱"的遗产，是再多的钱都买不到的。

我们这一代1970年前后出生的人，大多数骨子里非常传统。由于青春期在改革开放勃兴的20世纪80年代，我们的情感是多元的，趣味是多样的，价值取向也有明显的分化，一部分人特别注重"人文情结"，一部分人特别注重"市场经济"。不管是什么朝向，我觉得只要不太过，都是很好的。我有位老同学的爸爸，退休前是一所中学的教务主任，为人正派，清高，但是思想特别保守，固执，不肯接受新事物。我这位同学，大学毕业后爱上了一位从政府下海经商成功的商人，她父亲怎么都无法接受，气得生病住院，跟女儿宣布断绝父女关系好几年，严重影响到女儿的幸福。他认为，一个人刻意去挣钱，是非常可耻的，以挣钱为事业的人一般是恶俗的物质主义者，不可深交，更别说结为夫妻啦。

在我们这一代人看来，老先生并没有真正认识到"市场经济"的意义，也没有真正认清"钱"本身是一种流通和发展的工具，只要使用的手段正确，途径正确，钱是不存在"光荣""可耻"之类的附属意义的。但我们这一代人也不乏抱持老先生这种观点的，认为钱的属性"可耻"，臭钱，臭钱，钱与臭是密不可分的。还有一批人，则完全是金钱至上的，认为金钱是万能的，其他都是虚空的——这样的人其实在古今中外都占有相当高的比例。这就在观念上有了多向分化。所以，我们这一代人在一起聚会交流，争吵起来是很厉害的，有时候恨不能拿起刀叉开打。

显然，随着年龄的增长、子女的长大，我们会较多涉及"遗产"这个话题的争论。"遗产"这个词，其实更多出现在有关西方的话题里，"遗产法""遗产税"等这些词，都是很西化的。从法律意义上讲，"遗产"基本上指的是有形价值的东西，也就是钱财物和能兑现钱财物的知识产权等无形资产。但是在中国文化典籍里，"遗产"这个词更多被用以形容精神财富，这体现了中国传统重视文化传承，非常了不起。所以，我们这一代人，依然有很大一部分坚持认为精神遗产比物质遗产更重要！

1980—1990年有许多苦出身的企业家，在发达之后只有物质缺乏之痛的记忆，没有建立精神充实之乐的修养，囤积了可观的财富，传给子女，却没有传给一块支撑这些财富的精神基石，所以古人警告的"富不过三代"甚至富不过二代的悲剧，纷纷在他们的后代身上上演，家族兴旺如昙花一现。2010年美国林顿调查公司曾在媒体发布一组关于中国改革开放后的第一代企业家退休后，其子女继承资产继续发展家族企业的情况。调查表明，只有不到10%的"企二代"从父辈手中接过企业接力棒，能继续快跑；大概1/4的"企二代"勉强维持着父辈的事业；而65%以上的"企二代"将父辈辛辛苦苦创办的企业带向了穷途末路，其中有不少是将财产挥霍一空。其最大的原因，就是第一代企业家大多数出身贫寒，文化程度低，不重视家教，不在家族企业里培植优秀的企业文化，有的虽然积攒巨额血汗钱，但没有建立正确的金钱观和人生观，没有开阔的眼界和心灵境界，交给孩子的，只是硬邦邦的钱币。下一代只会花钱，至于其他，则无所适从，无能为力。

21世纪的中国企业家文化素质大有提升，他们吸取教训，非常重视优秀家风家德建设和传承。没有血脉的身体是塑料模特，它不是一个生命；没有精神支撑的财产是沙基的高楼，它不是江山基业，弱不禁风，随时倒塌。

曾国藩后人把他写给亲人的每一封家信都保存下来，以家书形式，作为家族的宝贵遗产，昭示后代。曾国藩家书中关于勤俭、好学、敬畏、奉公、爱国、感恩等方面的规训，影响和优化的不仅是曾国藩家族，也是中国无数的其他家族。正是这些精神内蕴，使得一个看起来简单、日常的家教书信集，成为两个世纪追捧不衰的经典。倘若曾国藩留给子孙的是几斗银子，恐怕这些银子和他本人的历史印记早就烟消云散，化为尘埃了。

诸葛亮一生谨慎，因为两篇文章更成就了万世英明。一封是给儿子的《诫子书》，一封是给年轻的君主刘禅的《出师表》。可以说，两篇文章一封是家书，一封是国书，一封重修身立德，一封重修为济世，囊括了诸葛亮对后辈从做一个普通人到贵为国君的谆谆教导。《诫子书》里诸葛亮要求子孙们"静以修身俭以养德"，"非学无以广才，非志无以成学"。《出师表》要年轻的国君"亲贤臣远小人"，勤政明政，实现父辈的遗志。《诫子书》只有86个字，《出师表》也不过百句，但一出成经典，因为它们是高度概括的人生精华、治国精华，凝聚着诸葛亮这位先哲圣贤一生的感悟，饱含老一辈的博大智慧和对晚生的深沉之爱。诸葛亮深知自己身为丞相，一生奋斗，茅庐变豪门，但豪门是用心血浇筑的，如果后代坐享其成，必然会变回茅庐；深知江山的危机，江山的根基不是来自江山本身，是治国方略的正确，是君主的英明。江山是脆弱的，没有精神的江山，垮起来很快。所以，留豪门传江山，还不如留诤言传真经，留美德传善心。

看来，我们每个人都不要轻言自己是穷人，自己一无所有。不要因为存折不厚，就感到愧对子女；更不要为了存折更厚，去非法敛财，脏了自己的形象，毁了自己的精神，成为子女的耻辱，家庭的祸患，社会的负能量。优秀的文化遗产博大精深，取之不尽，只要你慧眼有识，手到擒来，取之一瓢，赠予后人，你的后人一定会受益无穷，一定会对你世代感恩。

第一安全

　　这些年，我们在看待古训上，经常陷入极端。比如，在对待子女教育问题上，一提到赏识教育好，爱的教育好，就完全否定古人教导的"棒打出孝子""不打不成器"。好像几千年来，一代代人都是被棍子打大的，志气都给列祖列宗打没了，所以我们才文化自卑、民族自卑。其实，这是我们没有领会古训的真正含义，只是一味断章取义，甚至歪解曲释。古人的意思是要严格要求子女，特别是在子女犯严重错误时不能放任，要严厉惩戒，以此培养他们的敬畏心和道德底线。这"打"里面是有智慧、有大爱的。

　　我的父亲不算很长的一生，给了我足够温暖的爱。他是一个性情温厚的人，的确是一个运用爱的教育、赏识教育的高手。他对我的教育培养，基本上是采取宽容的、鼓励的方法。即便如此，我还是受到过两次严厉的"棍棒教育"，仅仅两次！也是因为这仅仅两次的"唐突"，才使我内心冲击特别大，印象也特别深刻。

　　一次是在学龄前。小时候一到夏天，我就喜欢和小伙伴一起到家乡的串场河里戏水。父亲基本上是允许的，只是吩咐我们不要到深水区，不要在水里浸泡时间过长。后来我们发现了一个更刺激更有趣的戏水的地方，就是电灌站。电灌站的出水口有一个很大的蓄水池，水抽上来经过这个蓄水池缓冲后再进入排水大渠。蓄水池很像一个泳池，长方形。由于水的冲击力大，不停冲刷，里面就很干净。电灌上来的水浪花翻腾，人在其中顺流漂浮，逆流翻滚，煞是有趣。玩了一次，大家都觉得很过瘾。

我回家说给父亲听，父亲正在抽烟，不顾一支烟才抽了两口，就扔在烟缸里，非常严肃地把我拉到跟前，说：不许在那里玩耍。我一下子愣住了，问为什么？父亲一字一顿地说：不安全！接着，他就向我解释为什么不安全。电灌出水口压力很大，如果工作人员不知道有人在水里，突然拉闸停止抽水；还有最可怕的，那时候电是不稳定的，说停电就停电，一旦断电，水流会形成强大的回冲，排水筒回吸进去一部分水流，人就被挟到里面，小命基本就完蛋了，要死人的！

父亲还给我布置了任务，不但自己不能再去，还要赶紧把所有小伙伴都集合起来，把这个防范风险的道理讲给他们听，大家都不许去那里了。

我按父亲的要求去跟小伙伴说了，结果大家哈哈大笑，根本没当回事。我们又跳进蓄水池，快乐地玩开了。但很快，父亲出现在池边，手上拿了一支长竹竿，抽打我们，小伙伴们爬上来，四处逃散。父亲呵斥道，以后谁再来，所有的大人见了，不管是不是你们的家长，都可以直接打得你们皮开肉绽。然后，父亲拧着我的耳朵，在众目睽睽之下，把我拖回去打了好几棒。

从此，我们再也没敢去电灌站戏水。

还有一次挨棍子是在 10 岁左右。那时候，父亲被组织抽调到一个调查工作组，担任负责人，进驻南通北郊一个小镇的建筑材料厂，调查组的工作跟现在的巡视组相当，查账，查纪律，查作风。工作组跟被调查单位的干部同住一个院子，同在一个食堂吃饭，看起来其乐融融，但背地里就没有那么简单。被调查单位没问题的干部当然是真热情，坦荡地跟工作组交往。心中有鬼的人就不一样了，他们也许表现得更热情或更淡定的样子，私下里会设法做一些小动作。然而，孩子是看不懂大人的复杂世界的。父亲只是提醒我，他们这个工作有着特殊性、严肃性，孩子也要像大人一样守纪律，不可乱听乱说。

暑假的一天傍晚，我在院子里抓萤火虫玩，突然听见身后有人喊我。我一看，是这个单位里一位胖胖的伯伯，我知道他是总账会计，负责单位的会计室，平时总是笑眯眯的，和蔼可亲。胖伯伯问我热不热，跑了一身汗是否口渴。我说又热又渴。胖伯伯就邀请我到他宿舍吃西瓜，说买了一个大西瓜，一个人吃不了，隔夜就不能吃了，浪费。我说，爸爸不让吃别人的东西。胖伯伯就摸着我的头说："那是别人，可我是你爸爸的朋友，是自己人，跟吃自己家的东西似的。"我就去了，吃了一肚子西瓜，还带了一个大米糕回来。

我自小跟父亲住单位，受到许多叔叔、伯伯、阿姨、大姐姐的关爱呵护，也馋嘴吃了不少白食。父亲见了总是很开心，替我道一声谢谢，偶尔也回请大家吃顿饭什么的。我习惯待在一个集体大家庭中，享受这种爱。可是，这一次出了意外，我被父亲狠狠揍了一通。父亲暴跳如雷，打了我两个大耳光。我从来没有受到过如此重的惩罚。

父亲的暴怒令我感到陌生而又恐怖，所以哭得特别伤心，心里感到特别委屈。当然，事后在父亲的提醒下，我似懂非懂地知晓了其中的缘由。那位胖伯伯有贪污嫌疑，正是父亲的工作组重点调查的对象。请调查组负责人的孩子吃东西，当然不纯粹是出于真的喜欢孩子，而是拉拢孩子的父亲。父亲通过这件事警告我，大人提醒要守纪律，孩子不能当成耳边风，不能不警惕，执行起来一定不能打折扣。吃人家的东西，接受别人的物质施与，要动脑子想想，东西没有是非对错，但施与和受施的行为，是意味深长的，你需要学会明辨，不能只顾满足胃口，不问动机。有一些爱，来得突然，来得没有理由，你要学会分析，学会拒绝。人生路漫长，处处有风险，具备清醒审慎的素质，你的人生才会安全。

我成人后，对父亲的两次棍棒教育佩服得五体投地。平安是福，安全第一。人一生可以自己努力掌控的安全，无非就是人身安全和人生安全。父亲对我的两次棍棒教育，正好准确无误地针对了这两个安全。被电灌站回流倒吸进去，我们会失去生命；怀有目的的糖果里，往往裹着"炮弹"，吃了，人生迟早要被炸毁。

人在成长的过程中，需要掌握的安全本领看来不仅仅是那简单的护身了，更要护生，保护自己的人生安全。一个人长大后，护身的能力日渐增强，人身安全的风险也越来越小。而人生安全，却是相反的，你越大，安全系数就越小，因为你接触的世界越广，遇到的陷阱就越多，你越有能力，需求和诱惑你的人就越多。你需要把控的地方，需要把控的节点，就越来越集中，越来越频繁。成人的第一安全，就是这人生安全了。

人生风险的种类也是花样百出，你纵有八斗才智，也不可能完全规避和化解。但人生风险的源头，是有规律可循的，无非就是人心的贪婪、邪恶和堕落。人心的正邪决定着人生的安全与否。所以，千言万语归结为一句话：管好自己的心，也就赢得了一大半人生安全。

风险永远在路上，安全永远在心上。

践
之
篇

流逐：心如凌波人如萍

不错，人活着要遵从自己的内心，但首先要建立一个有价值的内心，遵从内心才有价值。

何处安放我们的内心

作为一个少年时代就开始爱上文学的人，我读了很多书，写了很多文章，在校园的围墙之内，建立了太多的情怀。20 世纪 90 年代中期，当我结束了在南方一所大学 8 年的读书与教书生涯，一脚跨出校门，懵懵懂懂进入喧嚣的社会之后，我开始经历许多阶段性的精神不适，开始了一种我当初怎么也没有预想到的复杂人生。

我走出校园的第一站，是到省委的一个部门当科员。让我意外的是，从高校教师到机关科员，这在我传统认识里并没有高下之分的职业转换，却让我收到了无数的殷勤祝福。这些祝福，使我在短暂的自鸣得意之后，陷入了一种全新的迷惘。

我的大学同学相约来拜访我，我请他们在学校后门的小饭店吃饭。他们指着饭店玻璃窗外行驶的汽车说，祝老同学早日"屁股冒烟"，同学里如果出个大干部，我们就有靠山了。这年头，如果要干成事，那就得当干部，尤其是权力机关的干部，最有能耐了。

我老家的一些乡亲，听说我可以自由出入高大的省级"衙门"，说家乡出了贵人了，多帮老家做点事，拉点项目吧。我使劲辩解，说我就是机关大院一个小小角落里的小小小公务员，不比在大学当老师能耐大。乡亲们不高兴了，说你不要躲我们，为私人的事，我们轻易不打扰你，你这不是发达了吗？只希望你关照一下家乡，这可是生你养你的地方啊。但乡亲也没有错啊，全社会的眼睛里，机关干部就是"官"，教师就是"民"。这是中国几千年的世俗观念。那时走红不久的改革题材电视剧《新星》，里面有个乡长，把女教师调到供销社当营业员，觉得对女教师有恩，开口就说：是我把你提拔到供销社当营业员的，要不然你还在教书呢……

我十分惭愧。我惭愧，我知道自己几斤几两啊；我惭愧，我真的没有发达，也真的没有躲避乡亲啊；我惭愧，我无力说服人们，无力证明"知识"与"权力"是两种同样重要的力量。

好几位少年时代就开始相处的文友，写信给我，对我走进机关"从政"表达欣喜之情。有一位还特意从北方跑到南京，在两个人面对面喝得头重脚轻之后，他在一张餐巾上写下：清空清高是正道，正道其实是俗道。

一位几年前一同留校任教的同事，对我恳切地说：你跳越了苦海，真的，我们为你高兴，你走出书斋，千万不要回头。

我还请我的一位导师吃了一顿饭，算向他告别。他语重心长地对我说："高校是一个可以自贱、自恋也可以自傲的地方，它培育和包容多种气质。这甚至是大学的人文目的。但到了社会上，千万不要妄自菲薄，也不能逞才自傲啊，孩子。才子福薄，美人命薄。才华、美貌和世俗远不得、近不得，拿捏不好就是祸。"

我的母亲说："你以后要穿正装，说正话，办正事，干部是最麻烦的职业，辛苦又危险。要善始善终，必须好身体加好心态。你父亲就是因为当干部，英年早逝，累死和气死的。"

我去向母校的老校长谈先生辞行。他是在教育管理和明清文学研究两个领域都有着杰出成就的一位古板而正直的好人，一位老学究，一位德高望重的教育家。他把一辈子献给了教育事业，未到退休年龄就患上癌症，辗转上海、南京的几家医院，未见好转，最后回到家里，数着有限的日子，走向生命之灯的熄灭。在他身边工作时，我见证了这个赤胆忠心的党员和才情横溢的学者，是如何工作得举步维艰，如何生活得心力交瘁的。他每天一大早就来到学校，开始一天的忙碌，晚上很晚，学生几乎都休息了，学校沉入梦乡，他才拖着疲惫的身子回家，回去后还要再做几个小时的学问。工作和学问两不误。师生们很尊敬他，可也有人看不惯他，教育主管部门有些领导，不喜欢他直言快语，在更高的领导参加的会议上，不歌功颂德，而是实事求是摆一大堆问题。同事中也有人责怪他过于迂腐，不把三产搞活，不让老师出去捞钱——20世纪90年代知识界正在加大马力"破墙"，知识分子纷纷下海，或者兼职，教育产业化的呼声一浪高比一浪。而谈先生坚决认为这不是高校的正道，如果连高校都耐不住寂寞，不好好教书育人，不好好钻研学问，整天跟官员和老板攀比财富，到社会上折腾，耽误了教育，就意味着中国社会将一片平庸，就没有文明的金字塔了。一些教职工因此受到校长的处分，怀恨在心，写信告校长，写文章骂校长。在校长患上癌症、病休在家的日子里，居然还有一位混世教授把电话打到校长家，挖苦他，嘲笑他，抨击他。

其实，他哪里不关心书生们的待遇呢！他为教育工作者待遇过低鸣不平，20世纪90年代流传甚广的"师范大学就是稀饭大学"的段子，就出自他口。为了解决教师的住房、津贴、科研经费等问题，他坐着一辆破桑塔纳到处奔波，甚至还跑到北京去求助，跑到澳门去化缘。可是，杯水车薪。那时候，学校物质胃口迅速膨胀，教师们要的已经超出了他这位"落伍"掌柜那么保守的估算。

在大学后门外的一个拥挤的小区，我叩开校长的家门。校长挣扎着从床上爬起来，穿上一套整齐的中山装，端坐在客厅的沙发上等我。

他身边摆着一堆打印的新书校样。他告诉我，要在闭眼睛之前把这部书稿认真看完，然后应作者要求为之写一篇序。我为之无语，心很是揪痛，就劝他还是养身体为重，康复后再校对和写序也不迟。

我心想，这是谁啊，怎么能在这个时候给校长上任务呢？

校长仿佛看穿了我的心思，连忙解释说："这是一位澳门的著名企业家创作的几百首古体诗词，几年前就拿过来了，被我忙得耽搁在案头，一直没有时间处理，现在再不干，就来不及了。我欠人家情啊！"

我恍然大悟，原来，书稿的作者就是给学校捐助很多的那位爱国企业家郑先生，我记得还陪同校长接待过他。校长个人哪里欠他人情呢？是郑先生对学校有帮助，是学校欠人家情啊！

我记得那次，临别时校长送给我三段话：

第一段：当干部要有一定的理论修养。为什么？不光是用这些教化别人，更重要的是，需要教化自己，特别需要解决自己人生中会滋生的许多困惑——你不会那么幸运，一路顺风，心无挂碍。因而，不要丢掉热爱读书的好习惯，多读点历史，多读点哲学理论原著吧。

第二段：当干部要有心胸。心胸，一个词，两个字，两层意思。心是为民而生的诚心、真心、爱心，为事业而生的决心；胸是胸怀，是气量，要装得下大格局，忍得了大委屈。从来仕途无坦途，从来官场是"生气场"，一帆风顺、心平气和的好运势，真的没有。

第三段：勇敢地走出校园，是好事。一个男孩在校园里，很难长成男子汉，因为磨炼的机会不够多，压力不够大，尤其是诱惑不够多。没有围墙的社会才是真社会。但你从此需要选择，现在的社会变化太快，有些面貌我这个老人都看不清道不明。人也正在急剧分化，有的人固化，有的人异化。你还处在成长期，从什么样的流，做什么样的人，可能会面临必要的选择，这关系到你的未来，你的整个人生，需要好好把握。

多少年过去了，回想这些年的起起伏伏，恍恍惚惚，时而清醒，时而糊涂，时而固执，时而纠结，左右犹豫，上下情愁，内心忐忑。那次拜访辞行不久，校长就永别了，但校长的话在我的人生行程中，被内心交错的热情和寒冷反反复复翻炒，品出来了很多味道，却很少有过熟透的时刻。

20世纪90年代，每个人心里都潜伏着一种蠢蠢欲动的力量。没有人概括得了这种力量，没有人预料得到再后来的20年，这些力量以五花八门的形态，集中爆发出来。我们在这些力量的挤压中，时而激情洋溢，脚下生风；时而暗自铆劲，蠢蠢欲动；时而人人自危，无所适从。

电视里每天播放着大量的小品，嘲笑那些不会"地上六个猴，树上骑个猴"脑筋急转弯的老实人。媒体里到处播放快乐至上、能者多金的消息。穿着中山装就是神经出了问题，艰苦朴素被视为落后的生活方式，认为经济发展离不开鼓励消费、鼓励高消费。思考问题不会变通，成为智障的代名词，办事不运用潜规则被认为是死脑筋。孩子写作文《我的理想》，如果说要当领导、当老板、当明星，被认为是务实，有志气；如果像他们的爸爸辈、爷爷辈那样，写自己要当人民的勤务员，当教师、医生、售票员甚至清洁工，会受到同学的嘲笑，家长会隐隐地心痛和担忧。

随便挑几个看看，看看20世纪90年代到21世纪这10年，那些流行语吧：你这傻脑筋啊；老实人吃亏；为人民币服务；忽悠；聚聚；不求最贵，只求更贵；宁可坐在宝马车里哭，也不坐在自行车上笑……

以前中国人见面打招呼"吃过饭了吗"，现在普遍变成"哪天有空请你吃饭"；以前孩子斗架，回家后大人总是教训孩子"小朋友要互相帮助，团结友爱"，现在大人常会指责孩子"你怎么这么没用，下次不打赢了别回来"；以前流行宣传画，后来流行金箔画，画的背面标注镀多少克金，如今直接指着墙上挂的画，说这个画家的作品每平方尺多少钱……

我突然发现自己进入了一种刹不住的颠簸无助的状态中。

请教机关里的同事，很多人在羡慕社会上老板的财富；请教过去的教师同事，他们常询问我现在是什么级别有多大权；请教已经成为企业家的小伙伴，他们在关心怎么搞定官员，如何提高房价；请教老年人，他们摇头说，世界变化快，有些看不懂；请教年轻人，他们反问你：我们如何尽快有房有车有股票？

记得刚进机关的几年，我经常对我的妻子说外面的世界五花八门。我在社会上看到的人生状态也许太多，我听到的人生建议也许太多，反而头脑不清，手足无措。

前些年，我曾生了一场大病，胆囊发炎坏死。在病床上高烧了一周后，病危通知下达了，必须做一个严重到生死未卜的手术。中午决定手术时间，下午五点开刀。有大半个下午的时间，必须考虑给家人说几句最重要的话——也许就是遗言啊，因为医生明告，这个手术是有很大风险的，胆囊炎恶化，又带着高烧，双重危险。

我想了又想，除了那些生活和未来的琐碎，我的确不知道自己最想说的是什么。关于健康，如果你不幸了，就成了最好的警示教材，你什么也不用说，家人一定会以你为戒，爱惜身体；关于生活，你说得越多，越是干扰家人的生活，你未必是最好的生活家，即便是，你的生活也不能成为别人最好的模式；关于孩子，你要有一份信任，家里其他人对孩子的爱并不会轻于你，要相信他们能够把孩子照顾得更好，培养得更出色。还有什么呢？有，恐怕也就是关于自己了。

在手术床推到手术室门口的时候，我才脱口对家人说，如果能活着出来，今后要好好规划一下自己的人生，不能再稀里糊涂地活着。

我的妻子说，不管怎么活，要遵从自己的内心。

不管怎么活，要遵从自己的内心。噢，不管怎么活，要遵从自己的内心。我似乎在这一瞬间找到了一个人生依据。

可是，自己的内心是什么呢？如果自己的内心都还混沌不清，你如何去遵从呢？我要尽快走出困惑。古人说，四十不惑，难道真的要等到四十，自然而然去不惑？

可"遵从内心"这句话，当时带给我内心的冲击，几乎是震撼性的。我下决心，如果能活着出来，一定要建立一个清醒而强大的内心。

不错，人活着要遵从自己的内心，但首先要建立一个有价值的内心，这遵从内心也才有价值啊！

半梦半醒与一醉九醒

也许大多数人无法一直生活在一种不切实际的状态中。我对文学的偏执和依赖，在参加工作进入现实生活后，处处受到碰击。我对世俗日常的缓慢进入，对世态的惯于挑剔，以及处理生活细节上的迂拙，也使自己时常陷入理想与现实的矛盾。

2003 年，我 34 岁，从省级机关转岗到一个国有万人企业集团任副总，业余还整理出版了一些旧作，加入了中国作家协会。有许多熟人，开始夸奖我是"成功人士"，在世俗事业和文学创作上都有些作为。

在当年人民文学出版社为我出版的诗集《沿着爱的方向》后记里，我写道："我当一个守法的市民，当一个认认真真料理琐碎公务的小干部，良好的营养，平庸的生活，以及压制起伏的内心，使我摆脱了少年儿童时代的清瘦文弱和卑怯。"看得出来，当时我有些意得自满。我在向世俗妥协，准备以一种慵懒无为的姿态进入中年。若干年后，江苏一位女作家在《文学报》上发表了一篇《作家丁捷：天真人》

184

的文章，回忆当时见我的情形：

> 与丁捷的第一次见面的第一瞬间，有点失望。在南京出版人办的凤凰台酒店，他憨憨地走过来，高而又胖，那样子就是中国流行的企业老总范儿，应酬过度，宅过度，皮肤雪白，神智松懈；但一留意，也见有些世故的精明，在眉宇间坏坏地闪烁。丁捷那时正在一个省属的文化集团当副老总，我就心想，看来传说中的大才子，至少外形没有长得脱俗。丁捷送给我一本新书《沿着爱的方向》，设计很精美，用了著名雕塑家吴为山先生的作品做插封。丁捷示意我翻开扉页上的作者照片，说两三年前，鄙人是这样潇洒的。我一看果然英俊小生啊！丁捷紧接着自嘲：适当用点年轻貌美的照片，不算无耻，实属无奈，写诗嘛，要有点写诗的样子。

这段文字是对我那个年龄那个状态比较客观的写照。这段文字表述出来的年轻人，其实是我固有的人文情怀所排斥的，也是今天我回忆起来最无趣、最漂浮的一副形象。人越在俗处行走，就越是不能从俗中自拔。很多人的慵懒庸俗，并不是在一事无成中形成的，而是在小有成就之后，在沾沾自喜一番之后发生的。自以为用这些表象的价值就抱住了人生价值的充实，其实抱住的，就是价值的虚无，自己骨子里都挺看轻自己的。一点自大的优越感，不过是向世俗兑换的自我陶醉和自甘消沉。

内心失落却表现出春风得意的人，活在比自我安慰更低一个层次的虚假中。

饶幸的是，我很快意识到要从中自拔。而这种意识一旦睁开眼睛，尽管还有些瞌睡迷离，但这个时候往往残余的理想和浪漫开始挣扎，并最终挺立。哦，内心里，我依然是一个崇拜作家诗人的人，在摸到文字时倍感亲切的人，对纯真的感情有抒发欲望的人，对美好的世界有无限向往的人，对虚伪和邪恶有痛击冲动的人，对自己有约束有要求的人。

这份难得的内心历程促成了我后来的援疆经历。

边疆的遥远和博大一直吸引着我。最根本的鞭策力是，我无法再承受对眼前的自我所感到的困惑。有时候，我摸不到自己的心，更摸不到他人和社会的心。我纠结在半醒半梦之间。

36岁那年，我主动给组织上打报告申请援疆，此后的三年在新疆任职。新疆博大的自然和浓郁人情，重塑了我内心的热诚和纯粹。新疆生活结束前后，我写作出版了援疆情感大散文《约定》，获得了"五个一工程奖"，《中华读书报》的记者舒女士对我的这段经历和写作产生兴趣，在专访《丁捷：希望努力呈现汉语之美》中，她问道：援疆期间出版的《约定》，能读出你的胸怀和诸多温暖的情愫。能谈谈援疆对你的影响吗？

我说：

我有两位一起援疆的同事，他们在新疆时都已经50岁上下了，此前在机关做了半辈子公务员，从来没有写过半个字的文学作品。从新疆回来后，他们都成了真正的作家诗人，才情横溢啊，出版了好几本作品集。你可以想象一下新疆的神奇，新疆的丰富！新疆让我的性情得到驰骋，我有一首诗写道：

　　天蓝，让我无法睁全
　　迷蒙的双眼
　　地广，让我不能安排
　　拘束的四肢
　　草深得像海
　　马跑得像风
　　我衣冠楚楚的尴尬
　　与城市的小里小气
　　一起
　　悬挂在那拉提草原的半空……

　　在那里，我一度很恍惚，我找到了"文学自我"。为什么这样说？"文学自我"跟"世俗自我"是大不同的。也许很多人尤其是我这个人存在着这两个自我。去新疆之前，我生活在这两个自我的纠葛中。而在新疆，世俗自我失去了天地，文学自我高调登台。

　　新疆的山水太大了，一点尘世的混杂，在那里会得到彻底清洗。我们所有支边援疆援藏回来的干部在一起交流，都有一个体会：开赴边疆的时候还掺杂着一些世俗的想法，在新疆待一段时间后，心里所有的功名杂念包袱都放下了，人变得很轻松。这种心态是自我的，超脱的，文艺的。要养成这种心态，我们这个年代是不是很难？当然很难。但在新疆不难。文学的基本元素是真善美。边疆从山水到人心，这些元素很饱满。工作很苦，生活很艰辛，远离家乡和亲人很孤独，这是现实。但我觉得一个干部到新疆工作几年，还是幸运的；一个作家到新疆生活几年，更是幸运的。一个干部加作家，比如我，这段经历就带来了双重幸运。我经历了一般干部没有的历练，也经历了一般作家没有的体验。如果这些不能让我的精神内化，不能在心灵上得到一次突破，那还对得起这段经历吗？

我造了一个词，叫"一醉九醒"，并用此词为标题，写了一篇文章。我的意思是，从"半梦半醒"到"一醉九醒"，是人生的巨大跨越。当我结束援疆回来，正好进入不惑之年，"一醉九醒"成为基本上"不惑"的一个定义。

我们大多数干部回到内地之后，都有自我超越。这种超越不限于我在对《中华读书报》记者描绘的才情横溢，著书立说，这些只是人生提升的一个方面。超越，就是把原先的小我彻底抛弃，把边疆的博大开阔藏在心胸里，带到新的生活和工作中。绝大多数援友没有得到，也根本没有企图得到社会上少数人所传说的立功归来升官加爵，而是更兢兢业业、无怨无悔地耕耘在平凡的岗位上。

我在给援友的共勉辞中说：

在保持高洁的心灵面前，你的任何功利，多得都是损，有得都是赢，未得都是平。

他们衷心赞同，并给了我掌声。

回来几年后我体会到，最大的收获还不限于以上领悟，而是自己种下了大爱，收获了温暖。我们在边疆救助、资助了一些生病和上学困难的孩子，这些孩子从此把我们当亲人，考学、读研、就业、成家，好消息第一时间与我们分享；我们援助的项目，带给边疆各族人民绵长的幸福——比如，我为新疆画家所做的艺术推介，帮助了数位画家走进艺术殿堂，也走进了艺术市场，有了价值也有了价格。他们没有忘记我，把每一份成绩报告给我，把每一句感激写进文章，装进画框，谱进歌曲。每当我们得到这类消息，受到这些赞美，我们的心是多么喜悦啊，这是任何功利成绩都无法取代的一种喜悦，它使我们的心充满了温情厚意，充满了昂扬向上的力量，充满了友爱与奉献的自信。

后来，当一批又一批志愿援疆援藏的年轻干部在开拔边疆前，向我们这些"老援干"辞行和请教时，我们会说：去吧，迈开大步，不要回头，心会告诉你，值！

每当看到有干部和专家志愿到边远地区工作，他们的慷慨激昂最能唤起我的感动。他们是主动去吃苦的，但我会为他们鼓劲，心里为他们在后背上加推一把力量，因为他们迈出的这一步，不光是勇气，也是智慧，是格局，此行一定会为他们的人生加分。

而另一些干部，即使组织上有需要，要他到艰苦的地方去工作，他们牢骚满腹，谈论条件，算计得失，迫不及待要把这种尚未达成的奉献，兑换成个人的功名利禄。带着这样的纠结状态去工作，是很痛苦的。

我认识这样一位干部，在苏北的一座城市长大，毕业后分配到市级机关工作，一直养尊处优。30多岁时在机关里当上了部门副职，可算是春风得意。这一年，组织上决定培养他，要提任他做部门正职，考虑到他毫无基层工作经历，就决定下派他到下属县担任两年的副县长，他不肯干了。他觉得下去吃苦，怎么能平级下去呢，得提一级才算不吃亏。这次，组织上从培养人才着眼，就给他提了一级，再下去任职。在后来的人生里，只要动用他，他就跟组织上讲条件。中年时，交流他到苏北一个大市任副市长，他推辞不干，说家里老人身体不好，需要他这个孝子照顾，其实内心的想法是苏北太落后了，不想到穷的地方当官。五十四五岁，他迎来人生的最后一次提拔机会，到省属的一家企业集团担任老总，解决正厅级待遇，他又闹开了情绪，说自己年纪大了，一直在机关和地方党政口工作，不适应去领导一个企业。这次，组织没有依他。他骂骂咧咧去任职，心里充满了怨气。两年后，他因为经济问题被立案查处了。

我们观察一下这个人的心态和这种心态对他人生轨迹的影响，可以得出一个结论，一个患得患失、处处算计的人，走上仕途是很危险的，因为他没有把事业看成自己的，而是看成组织上派给的，他有权挑肥拣瘦。由于他内心总是另有自己的小算盘，他就不断盘算，在公家面前，自己是亏了还是赚了。每一次履新，他都会加一次价码，得到了，就赴任，得不到，就在心里记下一笔账，算是组织欠自己的。如此累积下来，他总有一天会寻求自我补偿。于是，他总有一天会栽。

这种人其实一辈子没有从事业中获得任何快感。我们说，人生的境界是"一醉九醒"，保留一份自我陶醉，大多数时候是戒骄戒躁，冷静低调。那么这"一醉"就显得特别珍贵，是朴实人生最好的调剂。如果颠倒过来，大多数时候都处在自我陶醉、感觉良好之中，必然不可一世，成为一个骄夫妄徒。一方面，特别自大；另一方面，内心又特别虚弱，他的虚弱就撑不起他的自大。

　　风雨兼程人生路，风雨一路皆有景。行者无疆，如果需要，我愿意不断踏上远程，义无反顾。

在流逐中

2008 年前后，当援疆结束，被西域烈日晒得浑身黝黑的我回到这个甚嚣尘上的发达都市时，这座历史文化名城，一股热浪扑面而来。不光是火炉城的高温，还有生活的一种燥热——行走在这座城市的精英和百姓，此时已经陷入了一种让我无法接受的风气中。这种风气不单单是我所在的这座城市的，它风靡全国大大小小的城市，甚至乡镇，只不过经济发达的地区尤甚。

当时，全国流行这样一首打油诗：

应酬复应酬，天天忙不休，社交公关人情事，尽在酒里头。泱泱五千年，底蕴多丰厚，领导墨客江湖汉，江山美人酒。改革大潮涌，迂腐全荡走，唯有美女钱权欲，兴盛遍神州。

工厂变歌厅，书店开酒楼，吃喝玩乐百年计，夜夜有笙歌。上面常来人，视察加旅游，小心陪同别出错，工作有成就。世事多变幻，官场巧运筹，相互照应方便多，公款交私友。

人生苦且短，世事多烦忧，待到阎王来点名，拔腿潇洒走……

我又面临着新的不适，我重新变成了一个激愤的理想主义书生。此后的几年，我因等待新的工作处于半赋闲的状态中，我拿起了书本，以及笔，在2010年写作出版了一部长篇小说《亢奋》。小说说的是，某市年轻有为的电视台台长陈振飞，在文化体制改革、市广电传媒合并重组的改革中，惨遭"逆淘汰"。陈振飞和他的亲信们由此被边缘化，个人前途和既往事业都被雪葬。一个助手不服气，跳出来动用各种手段和"潜规则"，使陈振飞团队重新夺得人生的舞台。小说以直面当时社会现实和人心真相的勇气，一头扎进奔命、放浪而又隐秘的影视事业圈，逼视文化腐败真相，以此撕开我们这个浮华时代欲望亢奋者的光鲜画皮，曝光了钱、权、名、色驱使的一群疲惫、焦渴的灵魂。

这部小说在当时引起了较大的反响，成为电子阅读的千万点击量作品。它是一部直面当时现实社会及其"精英群体"的作品，击中了某些时弊——物质主义的亢进，使人在权谋手段上无所不用其极，催发人情堕落，人心扭曲，人性退化。现在想起来，《亢奋》的写作冥冥之中就指向了后来的《追问》。没有昨天的《亢奋》，也许就没有《追问》。甚至可以从个人写作缘由放大到社会，放大到国家的态势来看，没有前一段时期的"亢奋"，就没有党的十八大之后的"追问"。今天，我们严厉"追问"的，正是昨天那些极度"亢奋"群体中的一些人。2017年4月份《追问》出版之后，有些人在忙着消费其中的"明星小三八卦"，在有些媒体记者感慨我写作跨度大，以为《追问》

与我以前的作品毫无联系的时候，南方一家媒体的记者在专访我之前，认真地浏览了我所有作品，然后直接指出，《追问》是《亢奋》的下半部，《亢奋》是《追问》的上半部，整部作品，基本完结了一代"伪精英"的人生命运。

其实，《亢奋》一直被读者认为是"一部没有写完的小说"。在出版后的几年间，一直有读者"追问"《亢奋》里的"陈台长""马总"结局到底怎么样了，他们在事业上取得的成绩，能够使他们在上位过程中使用的"损招"化险为夷吗？再退一步讲，如果他们这批"能人"不通过非正常手段，是不是早就被淘汰出局，一方事业是不是会掌握在庸人、懒人手中而败落？"亢奋式时代"怎么了？人们追名逐利，加速社会物质意识泛滥，而物质意识泛滥又推动更多的人追名逐利，我们好像已经慢不下来、静不下来，也"净"不下来了？读者希望一个作家来完成没有结局的"亢奋"，而作家本人，其实又何尝不处在同样的迷惘中呢！

我甚至在 2012 年创作了一部新的长篇小说《依偎》，尝试着从另一个角度回应读者。《依偎》写了两个受到伤害的年轻人，厌恶了世俗世界的堕落，从各自的故乡小城逃到一个远离世俗的乌托邦里。他们在此相遇、相识、相知、相爱，并最终携手走向生命的终结，同时让生命焕发出奇特的光芒。这部小说本身获得了较大的成功，获得了亚洲青春文学奖和国内多项文学奖。但作为对《亢奋》带给读者的疑问的一份回答，显然是不及格的。我告诉媒体，我创作《依偎》的目的是，我厌烦《亢奋》里的那种人生，所以为读者指一条路：要想真爱，要想灵魂得以安妥，换个世界吧。

无疑，这其实是在"亢奋"的迷惘后，对现实的一种逃避，是创作思想上的无奈和消极。而作为一个身陷现实和深度行走在体制内的作家，我知道自己无法真正"超脱"。

尾声：高山巨川心奔腾

你们烦躁，局促，沮丧，是因为你们平时站得太低。当你上升到足够的高度，你看到整个山河整个世界甚至地球本身，都是极其抽象的。这种抽象很博大，似乎剔除了一切丑，概括了一切美。

有读者问我，《追问》之后，为什么紧接着写《初心》？

我说：

"初心"是"追问"的关联，人生败落是人心败坏的结果。

人生是一条陌路，眼是方向盘，心为导航仪。方向盘不准，前路模糊；心术不正，必入歧途。

忘记上路时设定的温暖目标，最终会陷入漫长的荒凉；得意忘形的狂热高涨，最终会引火烧身。

今日各人只扫门前雪，明天必然全村老少无法出远门；雾霾无眼，污水无根，放任一厂之污，转眼殃及全城……

天下一盘棋，子子相关联，人人盘中生，步步定乾坤。

在时空的博大里，本和末是一切连接的两端，因和果是一切关系的偕同。

你不忘本，本会还愿；丢祖忘宗，面目全非。

遗失初心，有始无终。

何以大成，唯有初心！

有读者又问我，那初心到底是什么？
问题简单，却有无穷意蕴。

我说：
初心即自然！我们要真诚拥抱生养我们的千山万水，行要反哺，言要感恩；天人合一，相辅相成。
初心即自俭！生活简单，心气平凡，保持勤俭、质朴的传统中国人的本真。
初心即自致！尽我所能，履我之职，自食其力，并努力惠及他人。
初心即自由！自由就是自律，情有约束，行有规矩，自己不越轨，他人给宽余。
初心即自厉！常戒才能长勉，最大的尺度是有度，稳健才能走万步，敬畏驶得万年船。
初心即自强！愚公移山，决胜的因素不是山大山小，而是移山的那份勇气和决心。
初心即自重！让我们天下为公，博爱众生……

小河流水见清澈，高山巨川心奔腾。

说来说去，初心是一切美好的本愿。

从初心出发，生命来来往往，守得本愿，方得美好。

追问初心，还是初心！

2018 年春节于厦门

撕裂

周梅森作序推荐

【长篇廉政题材小说】

问心三部曲

丁捷 著

中国出版集团 | 全国百佳图书

中国民主法制出版社 | 出版单位

图书在版编目（CIP）数据

问心三部曲/丁捷著. —北京：中国民主法制出
版社，2025.5. —ISBN 978-7-5162-3934-6

Ⅰ.Ⅰ217.2

中国国家版本馆CIP数据核字第2025Y0F899号

图书出品人： 刘海涛
出 版 统 筹： 石　松
责 任 编 辑： 张佳彬　姜　华

书　　　名/ 问心三部曲·撕裂
作　　　者/ 丁　捷　著

出版·发行/ 中国民主法制出版社
地址/ 北京市丰台区右安门外玉林里7号（100069）
电话/ （010）63055259（总编室）　63058068　63057714（营销中心）
传真/ （010）63055259
http：// www.npcpub.com
E-mail：mzfz@npcpub.com
经销/ 新华书店
开本/16开　690mm×980mm
印张/23.5　字数/338千字
版本/2025年9月第1版　　2025年9月第1次印刷
印刷/河北鹏润印刷有限公司

书号/ISBN 978-7-5162-3934-6
定价/118.00元（全三册）
出版声明/ 版权所有，侵权必究。

题　记

如果你对此泪眼婆娑

请不要误解那是我们的感动

因为我们在剥他们的“洋葱”

总序｜在撕裂中追问初心

　　一直以来，总会有一些舆论认为，那些所谓的"精英"，从人上人"一夜之间"沦为阶下囚，其人生的急转直下，皆因"一念之间""一时糊涂"。"委屈""没有功劳还有苦劳""运气不好"等说法甚嚣尘上。成功者的巅峰跌落，究竟是偶然还是必然？这是前些年作为一名有着作家与纪委书记双重身份的我，在心中纠葛不停的问题。结合纪检工作阅历，并在研读了数百个案例，且有机会与一些涉腐的中高级官员面对面交流后，我有了顿悟。2017年我写作并在中共中央党校出版社出版了《追问》，畅销七年了，一直没有降温。有身居要位的领导说，《追问》是一本现象级的作品，值得聚焦，而我却在远离喧嚣，"冷却"自己，默默地追问着"《追问》何以成为现象级"，《追问》若能冷却，又何尝不是我写作的初衷！

　　在我看来，反腐报道特别真实，但因限于表述腐败事实本身，难免停留其表，无法引导读者细究其里；反腐小说则受困于过多的情节虚构，大多滑向失真和娱乐化。《追问》选择纪实文学的手法来写作，以小说化的手段来呈现案例里的真实。《追问》的切入点是描摹各类涉案官员浑浊的内心世界，还原其精神裂变的路径。这种内在蜕变，往往有一个比较隐秘的、漫长的过程，需要用他们真实的人生经历来演绎，需要设计生动的人生行为来表达，需要一种"文学的真实"。纪实文学不是新闻报道，不是案例直叙，严肃的文学细节的刻画和典型性处理，更是为了聚焦人心和人性，避免故事化的猎奇。选材上，我只对应事，不对应人，事件为人物形象的丰满化服务，努力使每一个人物都具备代表性、概括性，但杜绝对号入座的八卦。

我发现腐败的"顽固性"决定了"追问"的持久性。大路朝天，并没有真正的"突然"翻车，也不存在跌得鼻青脸肿是"一时糊涂"。腐败，几乎都经过了相当长一段时间的"酝酿"，最终用病态的心理、畸形的人格、扭曲的价值观、低下的品德、混乱的生活逻辑，来为私欲铺路并兑现私利。"一夜之间"不过是为他们的无尽灰暗而掩饰，"一时糊涂"不过为他们的"长期混乱"而托词。正因"起跑"时间长，腐败的惯性也非短时间能消除，腐败和反腐败就一直在路上，一个不肯消停，一个不能懈怠。这也是读者觉得《追问》还很"新鲜"的原因。

然而，《追问》塑造的毕竟是一部基于现实案例的人物形象群集，很难把个案写得深入、透彻和突出。"问案"的关键是"问人"，"问人"的关键是"问心"。风雨兼程，人心好不容易成长、发育、壮大了，怎么又复杂、混沌、颓败下去了呢？这当然是一个"精致"而"悲哀"的过程。我在思考"追问"之后如何再追问的时候，两部新作的灵感相继闪出，这就催生了偏理性的政论大散文《初心》和纯感性的长篇小说《撕裂》。《初心》融入了更多的自我，是我把自己五十年来对历史的认知，对社会和现实的体验，个人内心成长过程中与他人、与世俗的拥抱与冲突，坦率地讲述出来的一部悲欣交集之作。这部作品还试图用通俗的哲学和传统文化来放置人心，以此启发更多的迷失者"醒来"，不求"顿悟"，但求"触动"，哪怕肯在我的文字中，做一点沉思，回头望两眼来路，也好。而《撕裂》呢，则是选择了几个《追问》素材库里最扎实的案例，也是最不宜直接公开纪实的案例，用心进行糅杂、萃取与想象，实现在现实宏观里虚构微观。我本是小说家，是诗人，用"虚构"进行表达，也许更能满足一贯追求的"至欢至痛"写作体验。因而，对这部后来进入年度政治小说排行榜十强的小说，我自有一份偏爱。你看到成功者风光的那一刻，是否能想象到他擦得锃亮的鞋子里，那双脚已经血肉模糊？你听到成功者通过话筒传播出来的豪言壮语的那一刻，是否能想象到你听不到的低声部，充斥着虚假、欺骗、谄媚和违心？西装笔挺，不影响在隐秘的角落里卑琐下跪；你眼中的笑得灿烂，可能是他心中的恨得阴暗和哭得凄惨。我们处在这样一个撕裂着的世界。

　　人生，应该是一个相对安静的、循序渐进的上升过程，而不是书中人物这样的大跳跃。满则招损，速则失控，妄图在财路、仕途和情感方面快速得到比普通人多得多的东西，最后必然导致毁灭。"问心三部曲"想通过正、反和模糊地带的多面观照，告诉读者真正有持久生命力的，还是一颗淡定、本真、量力而行且底线分明的心。从这个角度说，"问心"也是永不过时的"成功学"教科书。年轻人追求成功、成功者享受成功的人生路上，是不是要有足够的自我追问、忍痛撕裂和初心抱守的雄心、决心和恒心呢？

2025 年 9 月 5 日

序│问心问道

周梅森

"问心三部曲"是作家丁捷人到中年的转型之作——从《依偎》式的浪漫主义暂时脱身，一头扎进纷繁的现实世界，连续用三种不同文体创作三部既拥抱时代，又干预世俗的力作，在当代中国文化图景中构成了一道独特的精神风景线。作品自发布以来，一直雄踞各类图书热榜，多次登顶全国畅销书十强和类型第一，被公认为现象级作品。《追问》以纪实锐度深剖腐败分子的内心世界，《初心》以政论高度重溯廉洁文化的本源，而《撕裂》则以小说的艺术完整性，完成了对当代中国"成功迷思"的全面解构与价值重建。三部曲层层递进，从现象追问到本质，从道德警示到文化建构，问心问道，形成了有机的思想体系和现实效用。作品在中国当代廉政题材文学中占据着独特而重要的位置，不只是讲述腐败与反腐败的道理与故事，更是透过一个切口，展开了对中国社会转型期精神状况的深刻思虑。

我案头的这部《撕裂》，作为三部曲中唯一的纯虚构小说，其核心价值在于它彻底撕开了世俗成功学的浮华外衣。为何有的人的成功是一场"嗨"，短暂快意之后便遁入无边的空虚？因为在消费主义与功利主义盛行的时代，成功被简化为权力、财富和地位的积累，人生价值被异化为可量化的物质指标。其实，这样的成功学并不新鲜，在漫长的封建时代，早已经过权贵阶层的摇荡，沉淀于各个阶层，以至于成型为一种"民间智慧"。王安石说："豪华尽出成功后，逸乐安知与祸双。"如果把成功标识为"豪华"，追逐物质享受与低俗精神刺激，必将导致人生祸患。丁捷通过张一嘉、李天武、邬娜等小说人物命运的起伏，揭示了这种成功观的内在虚妄与巨大危害。张一嘉从寒门学子到企业高层领导再到主动陷入"做局"，徘徊于灰色地带，其蜕变过程恰是一部成功学异化的反面教材：他将人生视为一场必须获胜的竞赛，将权力视为衡量成功的优先尺度，最终在苦心经营外在认可的过程中彻底迷失了初心。与张一嘉在同一赛道上的关文水、童盼等人物，在这场角逐中选择了退出，他们虽未获得传统意义上的"成功"，却保有了内心的完整与安宁。而堪称名利场"急先锋"的李天武、邬娜等人，最终不可遏止地滑向了深渊，人生毁灭。丁捷通过这些角色的命运交织，提出了一个根本性质疑：当社会非局部性地陷入世俗成功标准的迷思时，那些选择不同生活路径的人，那些拒绝被量化、被物化的生命价值，那些被群嘲的"另类"，恰恰才是真正意义上的成功者。《撕裂》在这种意义上超越了一般反腐小说的范畴，成为一部关于存在方式的哲学思考书。

谈到文学的思想价值，我认为，"问心三部曲"的独特贡献，正在于它构建了一种完整的道德、法制和文化反思体系。《追问》如同诊断书，揭示了道德缺失和文化扭曲下违纪破法的病症；《初心》如同处方笺，指明了正确的文化教养与基于这种教养的方向选择；而《撕裂》则是细节化的诊疗过程，以鲜活的、完全的故事，展现一个时代价值迷失与重建的艰难之道。三部曲共同完成了对当代中国人精神世界的深度勘探，特别是在物质丰富后如何安顿心灵这一时代课题上，提供了宝贵的思想资源。《撕裂》作为殿后之作，其深刻之处在于未停留在道德谴责和文化惯性批判的层面，而是深入探究了环境与个人、制度与人性之间的复杂互动。腐败不能简单归因于个人品德和文化成长问题，而是要将人性放置在社会转型期价值失序的大背景下考验。小说中呈现了一个传统道德解构、新价值体系尚未完全建立的精神真空状态。在这个真空地带，物质主义、享乐主义、利己主义悄然填补了一些人的精神世界，"腐物细无声"的"圆滑"，成为事实上支配许多人行为的准则。这种价值混乱不仅发生在官员群体中，也弥漫在整个社会空气中，尤其是跨阶层侵蚀、传染，激活了几千年"文化糟粕"里的沉渣，构成了腐败病菌滋生的土壤。小说通过不同阶层、不同年龄、不同职业的人物设计，展现了这种价值混乱的普遍性和渗透性，使作品具有了超越具体事件的社会学意义和人文深度。值得玩味的是，《撕裂》的书名本身即一种时代隐喻。我们看到的不仅是个人命运的撕裂，更是整个社会价值体系的撕裂——传统与现代、理想与现实、公与私、义与利之间的巨大牵扯。撕裂了表面的和谐，暴露出深处的矛盾；撕裂了伪装的面具，呈现出真实的人性；撕裂了简单的答案，提出了复杂的问题：在物质丰富之后，如何重建精神家园？在个体觉醒的时代，如何重构集体价值？在多元碰撞的语境中，如何找到共通的价值基础？通过对不同类型人物事业成功与命运结局差异的反思，警示我们，真正的成功不是外在指标的累积，而是内在世界的丰富与平衡；不是对世俗标准的迎合，而是对自我本真的坚守；不是单向度的功名利禄，而是多向度的生命展开。这种成功观的重建，对当下中国社会具有重要的启蒙意义。

作为"问心三部曲"的收官之作，《撕裂》在艺术表现上也达到了新的高度。小说的文学价值不仅在于它的社会批判力度，还在于它的艺术成就。丁捷采用了多线叙事结构，将不同人物的故事巧妙地编织在一起，形成了一幅丰富多元的社会画卷。他的语言既有纪实的尖锐，又有文学的温厚；既能够冷静客观、快速地描述事件进程，又能够把控节奏，步步有韵，深入人物内心世界捕捉情感的颤动。小说中象征手法的运用尤为出色——"撕裂"这一核心意象以不同形式反复出现：被撕裂的文件、被撕裂的家庭、被撕裂的人伦、被撕裂的友谊、被撕裂的私情、被撕裂的社会信任……这些象征共同构建了作品的深层意义网络。

在当代中国文学谱系中，《撕裂》延续并发展了从《官场现形记》到《国画》的批判现实主义传统，但又有其独特的时代特征和艺术创新。它与我的《人民的名义》等作品共同构成了新时代反腐文学浪潮的重要组成部分，我们更加注重人物的心理深度和价值困惑的哲学探索，使作品超越类型文学的局限，达到了更为入世入骨的人性书写向度。我想，《撕裂》的价值也不仅在于它揭示了什么，更在于它影响了我们的生存与发展观，触发我们去摸索关于成功、关于价值、关于如何在这个撕裂的时代保持完整自我的光明大道。

2025 年 8 月 30 日于南京院子

目　录

第一章　变与躁

1. 发觉

张一嘉最近感到自己太累了，近一个月来忙得像个陀螺，不停地转啊转，很想停住，但是感到这一停，这陀螺就会倒下，彻底转不起来了怎么办？所以，还是选择了挺住。看到台历上标着星期日，这才意识到今天是休息日啊。于是，赶紧处理了几个急件，然后泡了一壶茶，点燃一支烟，头靠在高大的真皮椅背上，看着窗外渐渐暗下来的天空，心里就想，好久没有真正放松或者放纵自己一回了。于是，拨通了公司总经理助理兼综合市场部经理李天武的电话。

电话的那头儿，李天武压低嗓门儿，略带喘息，说："老板，我在谈一笔广告，好大的客户呢！待会儿谈判结束跟您汇报。"

张一嘉没趣地挂了电话，躺在窗户边的长沙发上，刷起了朋友圈，不知不觉就睡着了。不知过了多久，掉在地板上的手机，突然铃响，把他从梦中惊醒。他估摸着是李天武回电了，捡起手机就说道："累死了累死了，你找个土菜馆，我们吃顿饭去，顺便告诉我，谈成什么大单子了。"

电话那头传来"哈哈哈"的大笑声，一个冒冒失失的声音闯了进来："让我猜一下，总经理大人这是跟谁约会呢？"

一个怪声怪气的家伙，用老朋友一样的语气自顾自地嚷嚷着，可声音明明比较陌生。声音在那头儿继续："在为文化事业工作，忘了吃饭，埋头工作？在为做大做强国企，大吃大喝，搞好接待，当好三陪？当然不是，不是！这哪是朝气蓬勃的老同学张一嘉呢？"

　　"老同学"三个字，加上这搞怪的腔调，终于使张一嘉想起他鲁南大学的老同学顾东岳。张一嘉不禁哈哈大笑起来，也学对方的语调说："我哪敢跟你比呢，人家可才叫忙呢，走了一乡又一乡，乡乡有二娘；过了一村又一村，村村有情人。"

　　这顾东岳在大学时，是副班长，专门负责做些考勤点名的活儿。这些活儿往往得罪人，又烦琐得很，而且自己是一年到头逃不成课。这样的"官"，是那些自认为目光远大前程似锦的，只想当学生会主席、班长和团支部书记的人，怎么也不愿干的。辅导员就让他顾东岳干了。顾东岳却干得很认真。顾东岳一认真，从早操到晚自修，班上就没人敢轻易旷课，男生睡不成懒觉，女生约不成会，他还讨人喜欢吗？可顾东岳不管这些。其人五短身材，相貌平平，智商中等，功课一般，他没有其他拿得出手的东西，就拿考勤当专长。不仅如此，这老兄事无巨细，向系辅导员做日报，向系主任做周报。这可省了辅导员和系主任不少心，他们足不出户，就知道班级之"天下"。毕业的时候，系里获得市委组织部一个调干生的名额，系主任和辅导员心照不宣，把这机会给了顾东岳。有人不服气，系主任语重心长地劝导他们说："你想一想，有什么人能像顾东岳这样'勤政'，四年如一日，甘于做平凡小事；有谁能像顾东岳这样'公正'，敢于坚持原则，不怕得罪人？谁敢说这不是一个好干部的苗子！"系主任一席话，说得大家口服心服。顾东岳被组织部选走了，临走前满眼噙泪，在毕业纪念册上留言，感谢系领导、老师和广大同学的培养和支持。

　　张一嘉还记得当时自己也在他的纪念册上写："……尤其不要忘记同学们对你的培养——同学们四年来孜孜不倦、不敢迟到旷课，为你的仕途，打下了坚实的基础。革命尚未成功，同学仍须努力。希望你一如既往勤政为民、廉正奉公，不断进步。做大官，要努力；做一个又大又好的官，才值得我真诚地喝彩和加油！"

据说，这顾东岳先是去了老家县级市——干水市的一个小镇，当团委书记，后来到县里当了领导。不过，他自毕业就没有跟同学们联系过。此时突然冒出来，还真让张一嘉感到些许意外。

电话那头哈哈大笑。笑完了，顾东岳请张一嘉出来一起吃个饭。张一嘉说："哪能呢！应该我请你，我是地主啊。正好我最近累了，本来晚上也要找个手下，安排去吃个土菜的啊！"

顾东岳说："别客气了，我们县里的到市里来，见到的都是领导，哪能让领导破费？"张一嘉想找忙的借口，话未出口，就觉得不合适，赶紧咽了下去。这顾东岳却像听到他的心里话似的，说："老兄，你架子大了，当了台座，老同学都请不动你了？别犹豫了，你出来一趟，我这儿可有重要情报要告诉你，你不向我磕头才怪呢。"

张一嘉只好放下手中的活儿，锁门进电梯，下地下停车场开车。刚出电梯进入地下室，突然看到不远处李天武正在搬着一箱东西，往车库的另一个角落走去。虽然车库光线昏暗，但他还是依稀看到了，车库另一角，邬娜，对，分明就是邬娜，正站在她的那辆红色的奥迪 TT 旁，迎着李天武来的方向……

张一嘉心里骂了一句，什么开会什么谈判大单子啊，好你个李拐子，忽悠老子忽悠到眼皮底下来了。

不过，他还是像自己做错事一样，悄悄钻进自己的那辆旧福特轿车。直到他们的车离去，才驾车出库，穿过大半个城市，来到坐落于湖畔的市里唯一的五星级酒店——湖滨饭店。刚进了大堂，就接到李天武的电话，说会议结束了，老板在哪里，要不要过来当面汇报几句。

张一嘉说，明天上班再说吧，不急。就挂了电话，打起精神迈步走向餐厅。

2. 猛料

在中餐厅的 VIP 包间里，早已等候在里边的顾东岳从沙发上跳起来，与老同学紧紧握手。两个人坐下来就开始算有多少年没见面了。一算，时间还真不算短，毕了业一晃就过去十六七年啦。

张一嘉说："我记得你比我大一岁，应该有四十岁了吧。"

"是啊，我开始奔五啦，你还在奔四呢。"顾东岳拍打着自己微微发福的肚子，说，"我儿子都上高中了，你呢？"

"女儿一个，初中生。"

说起这话题，张一嘉想起女儿，赶紧借故去洗手间，出了包厢，在走廊尽头，用手机给家里打了一个电话。好一会儿，妻子陈思维软弱无力的声音在那头儿响起。张一嘉问起女儿，陈思维抱怨说："亏你能想起她，今天是星期几啊？"

张一嘉这才明白，今天是星期天，现在又是晚上了，女儿是住校生，怎么可能还待在家呢？于是，他问："你身体这几天好吗？"

"还好啊，暂时死不了，你不要操心。"

陈思维好像不愿意跟他多说话，把电话挂了。

张一嘉靠着墙，点了一支烟，吸完了，才回到包间。见菜已经上了好几道，服务员正在桌子边的餐车旁，为两只非洲干鲍做最后的一道加工。一股浓郁的熟海鲜香气，飘逸而出。

"跟小蜜打电话的吧？"顾东岳坏笑着。

"是家里那个，老蜜了。"

"查岗啊？"

"我那位，就是这样，知道我喜欢她管我！"不知道为什么，张一嘉说这种没志气的话时，心里竟然有些隐隐的得意。但他的脸上，还是合情合理地堆满了万分无奈。

顾东岳看了老同学一眼，说："嘻，还是陈思维吧？没换？没换，那就是个好帮手，可以做政治上的高参。陈思维不就是政治哲学系学生会那个陈主席嘛，凶不凶哪个不知道啊？"

两个人面对面坐着，扯起学生时代的事情，又干了好几杯解百纳干红葡萄酒，各自的脸上都泛起了红晕。

顾东岳对老同学的工作情况了如指掌，问了几句对方家里的情况，又告诉老同学自己的工作情况。他说自己在干水这样的经济欠发达、人口过发达的县级市，个人发展得还算顺利，镇团委书记、镇纪委委员、镇党委副书记、镇长、市计经委主任、副市长、市委常委、组织部部长、常务副市长，十七年，换了八个岗位，升了七级，应该说知足了。

"本来我是知足的，你想啊，我一个农民子弟，当到市领导——当然是个县级市！可听起来不都是市吗？北京上海是市，咱们干水也是市，什么县处级、厅局级、省部级，绝大多数老百姓，尤其是外国老百姓，听起来是一回事。名片上印出来的头衔，不都是什么市长市委书记嘛！呵呵，不说这无聊话了。——可是，这新来的书记不是个厚道人。"顾东岳一边切着鲍鱼，一边话锋一转，说，"我是从组织部部长提拔的常务副市长，理应顺理成章分管财政市政等工作，可新来的书记却让我管文化工作，真想得出！"

"那也挺好啊，文化工作很重要，而且当下文化产业兴起，只要想做事，有做不完的事。"张一嘉举杯说道，"我们文化产业界的人，看到管文化的领导，真的就如同看到了作品，看到了产值，看到了镁光灯，看到了票房和点击率，看到的简直就是我们的上帝啊，恨不能立即上去抱粗腿呢！"

顾东岳说："我干过团工作、政府工作、经济工作、组织工作，就是没干过文化工作，那是细活儿，我是个粗人，干不好。今后老同学要多支持我啊。"

张一嘉不让老同学再喝了，叫服务员小姐泡了两杯浓茶，以茶代酒喝起来。

两人越喝越清醒。醉意消去六七成，张一嘉不知怎么，突然想起下午李天武与邬娜的事，马上就觉得这酒劲涌上来了，烦得很，一刻也待不住。以前听别人议论过，他们两个关系暧昧，今天也算被看穿和证实了。虽说有些预料，但这事真的发生在自己眼皮底下，张一嘉还真有些不舒服。本来下属这点隐私也用不着当老总的操心，但这点隐私的当事人，一旦是同事，而且有上下级关系，这就有可能埋下隐患了。

张一嘉就站起来，说明天一大早集团要开会，先告辞。顾东岳一把按住他，说："你以为我吃饱了撑的，就想找你叙旧？不是啊，兄弟。大家都是忙人，快二十年了遇一次，我没有大事不登门的。"说完，从随身携带的提包里，掏出一沓装订成册的文件。

张一嘉耐着性子坐下来，翻看文件，是鲁南大学传媒系的毕业生实习和就业推荐表。材料显示：姜萌，女，二十二岁。籍贯干水。鲁南大学，新闻学院传媒系，广播电视主持专业，应届毕业生。志愿：干洲，国有文化产业单位，对口行业求职。

"是老兄的什么人啊？"张一嘉说，"现在我这里早就满编了，实习可以，正式进来不行，我们已经三年没有进一个毕业生了。毕业生进来，生意做不起来，我这是个企业，要挣钱养活大家的，一个吃闲饭的都容不下啊。"

"哎呀哎呀，兄弟，别把话说得这么死，"顾东岳说，"这人对我重要，你得帮忙。她是我拐七拐八的亲戚，这件事情你帮我搞定了，我一定重重报答，我不会白占你的便宜。"

"嗨嗨，说什么呢，老兄！"张一嘉下意识再去看材料上女孩子的照片，果然是一张漂亮的脸，就盯着顾东岳坏笑起来。顾东岳说："你小子也别坏笑，这是亲戚家的孩子，受人之托嘛，谁没有个三亲六故的，这可是有血缘关系的。"

"那么远的亲戚啊，就别多事了，这找工作的事情，现在谁敢惹啊！"张一嘉说，"要是你自己的孩子，我就是挨个处分，也把她弄进来。"

"你小子，"顾东岳说，"这个忙你必须帮。"

然后说了一大堆如何重要的话："女孩的父母，也是我顾东岳的恩人，当年上大学，我们家穷，两位老人给我顾东岳资助过不少，要不然连大学都挺不下来。"

这话把张一嘉说得心软了，就答应努力帮忙，并把求职材料收进了自己的包里。

顾东岳松了一口气，用餐巾抹抹额上的汗，给自己和张一嘉分别点上一支烟，猛吸两口，神秘兮兮地凑到张一嘉身边说："我也不全是为这件事情来的，我有大事要向我的大老总同学禀报啊。"顾东岳一脸神秘的样子，把椅子拉得靠张一嘉近一些，再近一些，直到两人膝盖抵膝盖。

这老同学一开口，把要说的话一说，张一嘉还真吓了一跳，马上把"李邬"的事情带来的烦躁都忘得一干二净。

顾东岳说的是：

干洲市将作为全省的试点，大力进行文化体制改革，打破条块分割，整合文化资源，把全市许多零散的文化产业单位、经营性文化事业单位集中起来，政府国投公司等注入数十亿巨资，发展文化产业，组建一个大规模的、综合性的文化产业集团，据说名字都有了，叫干洲国信文化传媒集团，以此拉开建设文化大市的序幕；全市最年轻的县市领导干部、干水市委副书记、市长关文水，将调到干洲市主管这项工作。

张一嘉这会儿其实心跳加快了许多，但是装作若无其事地说："兄弟啊，这跟我没有什么大关系啊。我们经济传媒公司，这些年虽然做得不错，但在全市国有文化单位和其他企业板块里，不足挂齿，块头不大啊，论级别只是个处级单位，论规模只是市电视台的一半吧。当然，效益不比电视台和日报社差，合并给人家就是了。我叫总经理好听，但压力大；合并给人家，我叫经理，名头小了，但压力也小了啊。吃亏，占便宜，账一算都是一回事。"

"装傻吧你就，"顾东岳说，"你们的状况，我还不知道吗？全市文化系统，谁不知道你张一嘉的能耐，你们公司不大但是效益大影响大，你又比他们年轻、能干，你就服气被他们大鱼吞小鱼啊？那他们充其量也就是个大鲤鱼吞小鲨鱼，不噎死才怪。"

"动听，动听啊！"张一嘉笑起来，说，"您老兄要是干洲的市长，我就好了，直接当集团一把手，保证给你干成全国一流文化企业，要不了几年，给你干上市，而且上主板，您老兄信不信？"

"这个我信！"顾东岳用胖胖的拳头，敲敲老同学的膝盖，说，"有眼光的领导，应该用能人干实业，特别是一些新领域的实业，那些稳妥的，软绵敦厚的，更适合坐机关。你行，得策划一下，抓住这次机遇啊，兄弟！"

两个人又闲扯了一会儿，张一嘉记不得怎么把这顿饭吃完的。饭后，顾东岳送他下楼，在他的车里塞进一些土特产，并趴在他车门边说："老同学，我能为你做的我会尽力。关书记年龄不大，但在干水威望很高，对我也很看重，他推荐我接他，但一把手书记挡着，目前遇到困难。另外，我告诉你一个秘密，关文水这人软硬不吃，但情义他是讲的，他跟熊海东是铁杆，知道吗？"

"熊海东？这名字耳熟啊。"张一嘉想了想，没想出来熊海东到底是谁。顾东岳说："你老兄别装蒜了，人家每年给你投放不少广告，你们拍的片子，好几部是人家冠名播出的呢，你们公司的娱乐网站上，一打开就飘着人家的品牌广告活动条儿，'荣中贵'，荣中贵羽绒服啊。"

"呵，好像在大的场合见过两次面，我一个手下的客户，我跟这老板，倒真没有什么交往。"张一嘉的脑海中一下子浮出熊海东的形象，一个牛气烘烘、刻意在头额中央染了一个白色发块的企业家。据说，他的企业，羽绒服产量快赶上业界老大"波司登"了："他确实在我们这里投了不少广告。"

"你当总经理也别架子太大，礼贤下士，多接触一些基层能人，是有好处的。"

顾东岳掏出一张名片，扔在副驾驶位置上，说："我明天有事得赶回去，过几天我过来，熊海东请客呢，他也很想结识你，有空你一起参加，打我名片上的手机号码。不过，最好带上几个你们公司的美女主持人、演员、网站记者啊什么的小姑娘，像童盼这样的，名气大点的，可是咱们的偶像啊！咱们也不想干什么坏事，只是想见见这些名女孩，满足一下'粉丝'愿望，关键不是我自己喜欢这一套，那熊老板，呵呵，民营企业家，没这套他不来劲儿，你知道吧。"

"你小子，别有用心啊。你可得注意自己的形象啊，领导干部四个字，可不容易担当。别借着民营企业家的名，行自己的利好。"

张一嘉伸出拳头，亲热地捶了一下老同学，然后发动了汽车，说："我争取来。不过，女孩们来不来，我说了可不算。现在的年轻人，尤其在传媒界有点虚名的，可不会那么听话，这得看你这个大人物对她们的感召力了。"

"你别以为是我妄想啊，我纯粹是粉丝心态，"顾东岳说，"我跟你实话实说吧，我是想让姜萌跟着童盼这样的大牌主持人实习。"

"为一个什么八竿子打不着的远亲家的孩子，犯得着这么大动干戈吗？"张一嘉继续逗顾东岳。顾东岳用手做了一个手枪的姿势，说："你老兄白干了这么多年的影视传媒，这么没文化没情调，该枪毙了。"

隔着车玻璃，顾东岳又大声说："一嘉老兄啊，你们这行，要重新洗牌了，摸大牌、出奇牌、打牛牌的机会来了。"

张一嘉轻点油门，老福特驶出酒店广场，画了一条弧线，沿着环湖大道向前疾行。这会儿借着酒劲，或者其他什么莫名的兴奋，准确地说，是不安，开车、看路的感觉都有些不一样了。视野中，车两侧宽阔的绿化带，像两幅展开着的浓彩长卷；浩渺的湖面，像一个巨大的水盘。张一嘉的心律不由自主地提速，提速。他顺手拧开车音响，听见自己台里录制的歌曲，自己填的词，影视公司主持人童盼的演唱：

> 我穿过那忧思的森林
> 向往梦中的大海洋
> 路途艰险
> 荆棘丛生
> 无数障碍动摇我的信仰
> 让我的眼睛蒙上脆弱的泪光
> 但愿我有一天
> 邂逅天边的神凰
> 你的翅膀
> 会托起我的梦想
> 祖先的血脉
> 是引导的力量
> 飞翔，飞翔在那海洋

这歌词是陈词滥调，但是出自自己的手笔，还有童盼的演唱，让他听了，有点感觉。只是音响太破了，电流声吱吱伴响着，自始至终。

3. 香泪四溅

第二个月的第一周，周一——上班，在开办公室的门锁时，张一嘉就听见，里边的两部电话轮流响个不停。他没有来得及放下包，就冲进去，拿起听筒。

市文化产业管理办公室综合处老郭处长在那头儿说："张老总啊，好难找啊，是不是最近又经常出差了啊？"

"没有没有，今天家里有些事儿，所以来迟了一会儿。"张一嘉赶紧表示歉意，并说，"老郭啊，我也在找你呢，我手头有一个画家朋友送的一幅画，我不收藏这东西，你拿去，这人与物有缘，也许到你那儿，它就找着主了。"

"哪里哪里啊。"郭处长在电话里谦虚了一番，说，"我们是小公务员，你应该把它送给许主任鉴赏，他是这方面的专家。"

"这可不是一样的性质。"张一嘉说，"我给你画，是小弟与老哥你之间的事儿，可拿它送给许主任这样的人，人家是市政府领导、大干部，这就有拍马行贿之嫌。这不看低咱们许主任了吗？"

"哎呀，看低看高都是最后一站的人啦。"郭处长的话里明显有意思。两个人都在电话两端迟疑了一下，还是郭处长接着转换话题说："通知你一个事情，下周到宣传部开个会，协调今年的元旦文艺晚会，下周五下午两点半，部机关四楼会议室。"

"哎呀，又是老一套吧，大家七凑八凑，你方唱罢我登场，弄一台大杂烩。"

"我的大老总啊，可不能这么说。"郭处长提高声音说，"今年的晚会跟以往不一样，你看那架势，许主任亲自抓着，宣传部分管文艺的海小红副部长几乎天天找我，预案做了好几遍，还不满意。"

"有什么特殊考虑吗？"

"不知道，反正不一样。现在不是有'八项规定'吗？据说，政府不能出钱办这样的晚会了，晚会还得办，要市场化运作吧。为什么许主任要我叮嘱你，争取把晚会拿下，市场化运作是你们公司的强项，后面有大戏呢，这台晚会，可能是文化改革的预演啊老弟！你是灵通人士，应该听说市里要组建大集团的事了吧，我们文改办都做几套方案了啊。"

张一嘉说："我还真没听说呢。"

电话那头儿呵呵呵干笑，显然是不相信的意思，只一个劲儿说，见面聊，见面聊。

这部电话刚挂下，另一部电话和手机几乎同时响起来。张一嘉看了一眼来电显示，就拿起手机，并关了机，然后再去接桌上的电话。

电话是李天武打来的。李天武在电话里先关心了一下张一嘉的身体，然后说有几件事，方便的话，他过来汇报一下。张一嘉想了一下，说："李天武啊，你在哪儿？"

"我在市中心，我们那个电视广告产品第二直销店，刚谈下来店面，我得紧锣密鼓尽快装潢。"

"那你别过来了，有紧要事电话里先说说。另外，晚上我们要在一起的。"张一嘉想起今天是跟顾东岳约定的聚会日子，就说，"你尽快安排一个晚上的活动，干水市的常务副市长顾东岳是我的大学同学，特意来看我，我们公司在干水的业务，他很关心，我想请他吃顿饭。"

"哎呀，大好事。"李天武说，"这些地方上的大老爷，我们可是请都请不来的，太好了。您看安排在哪家饭店合适呢？"

"找个幽静的地方，现在公款吃喝，得小心点儿。我们这些做企业的，无所谓，但人家是做领导的，不一样，别为一顿饭害了人家。另外……"张一嘉迟疑了片刻，说："有一个叫熊海东的企业家，说要参加，要见我，他们还提出来要见我们的主持人和演员。你看看能不能叫童盼她们几个作个陪。"

"这个好说，能闹酒的女孩，我这里多的是。但要童盼出场啊，不好说话，在我们干洲，她大小算个名人，架子大，几乎从来不肯出来陪吃饭。"李天武在电话那头儿飞快地转着脑子，有些为难。

"这也是为工作啊。顾东岳是一方大员，熊海东是大企业家，说要给我们投一大笔广告费的。"张一嘉说，"你要想办法，我要你把晚上的活动安排漂亮点儿。"

"老板请放心，除了童盼，其他人没问题，请放心。"

张一嘉似乎可以感觉到，李天武在那头儿擂胸脯的声音："熊海东也是我的上帝啊，我正想办法巴结他呢。我这就去安排，待会儿给您回电话。"

接着，李天武就在电话里说了两件事。一是他告诉张一嘉，上午他去了一趟郊区，顺路去寄宿学校看望张清清。张清清的班主任说，张清清的学习成绩一直很好，在班上稳居前列，可是性格越来越内向，不大跟同学来往，经常想家，偷偷哭过好几回。"张总，不是我斗胆说您，您这几年在工作上付出太多，忽视了孩子。还有嫂子，常年生病在家，光靠保姆照顾不行的。"

"谢谢你，李天武老兄，我知道了。"张一嘉不想让他说下去，赶紧追问还有什么事。李天武说："市第一百货商场去年投放的五十万元广告费，做了一半多，现在企业困难，他们要求终止，剩余的二十来万广告费，他们希望能退款。"

"这怎么可以呢？他以为我们是什么呀，想做就做，想退就退，站着说话不腰疼！"张一嘉说，"我听说这'一百'刚换的老总，没亲自过手的钱，就找碴儿呗，别理他！"

"我也是这么想的。可是，"李天武补充说，"这'一百'商场的老总找到文改办的许主任的秘书小钱，给我打电话说情。小钱说本来是要给您打电话，但这是小事，就叫我向您汇报一下，帮忙办了。"

"谁打电话也不能开这个先例。"张一嘉说，"现在许多单位欠着我们的广告款不给，有的老总顶风享受，编造国际业务的狗血理由，一年跑几个国家，飞来飞去游玩，就是赖着钱不给，认为是公对公，肉烂在政府自家锅里，可以扯平。我张一嘉可不想纵容他们，我这小企业，折腾不起。老李你可千万把好这道关。"

"知道了，老板请放心。"李天武说，"那钱秘书那儿，怎么交代呢？"

"你推到我身上，等他找我，我来跟他解释。"张一嘉又问了一句，"那小钱跟'一百'商场老总是什么关系？"

"据说小钱的小姨子在'一百'当营业员，最近刚调到商场的营销科，专门管广告投放一类的业务。"

张一嘉点点头，嘀咕道："这倒是个关系。"

跟李天武刚通完电话，张一嘉发现自己桌子上的传真机一直在向外吐纸张，就抽下来，翻了翻，见有一份是省广播电视学校杨校长发来的，向他推荐明年的毕业生。他忽然想起一件事，就是这广播电视学校有一批实习生在公司里实习。前天晚上加班，张一嘉中途去新闻中心，在楼梯口的黑暗处，发现文艺总监兼部主任康中辉正搂着一名实习小女生说笑，他的秃顶在黑暗中晃动着，散发着幽幽的贼光。

张一嘉想了一下，拨通了副总老秦的手机，说："老秦啊，我听到广告中心有人反映，老康不检点啊，对女实习生动手动脚。老康还是什么国企领导，什么文艺专家，什么省突出贡献专家，这么不厚道！"张一嘉说得激动，忍不住发了一通火，说："这老康倚老卖老，越来越不像话了，别以为留个大胡子又是搞文艺的，就可以像种猪一样，到处撒欢儿！"

老秦在手机那头儿忍不住哈哈大笑。

张一嘉也笑起来，说："老秦，你得提醒他，不能在实习生里搞出事来。市电视台和之路广播电台也有广播电视学校的实习生，哪家有这种事哪家出大丑，别让人笑话。"

"这是文艺界的老瘤子，冒新脓。不过，您要求得对，我一定教育，一定教育。"老秦仍然在嘻嘻直乐。

电话一搁下，电话铃又响起来。李天武打来的，告诉一切都安排妥当，就是童盼不肯去，恐怕得您亲自打电话。

"这事不能勉强。"张一嘉说，"我会再打电话给她。但你还是要多准备几个，文艺部的，还有你们广告部，不是有几个很会闹酒的小姑娘嘛，都带上。"放下电话，墙上的挂钟"当"敲了一声，张一嘉一看，四点半。赶紧打开手机。屏幕一亮，便闯进一条微信：

"张总，我是财务与投资部的小邬，想汇报点工作，方便不？"

张一嘉看看手机上的时间表，发现还有一些时间，就回了一条，说来吧。

邬娜轻轻地叩门，得到应许后蹑手蹑脚地进来。她穿着一件牛仔连衣裙，胸前恰到好处地绣着一簇小黄花。随着她的走近，张一嘉闻到一股越来越浓烈的香水味。

邬娜在张一嘉的办公桌上，放下一个文件袋，说自己对业务有一些思考，最近结合工作实际，写了一篇投资方面的调研报告，想请老总指教一下。张一嘉礼貌地鼓励了几句，又听邬娜喋喋不休地寒暄了一通，不耐烦地站起来说："抱歉抱歉，今天事情多，等我拜读了文章之后，再找你交流，好吗？"

邬娜赶紧知趣地退了出去。

张一嘉随手打开文件袋，看那沓材料，标题赫然出现：

"假如我是投资部经理——关于公司投资业务的几点思考。"

材料袋子里还掉出一个小信封，里面有东西。张一嘉打开一看，是两万元商场购物卡。邬娜那点儿小弯弯肠子，他马上明白了。不就是投资部现任经理，有传闻要提拔调任市电视台副台长吗？

他拿起桌上的电话，拨通投资部的内线，让邬娜过来，把购物卡退给了她。邬娜竟然当场哭了起来，说自己很委屈，完全是出于崇敬，想给嫂子买点儿营养品，但又不知道买点儿什么好，听说嫂子长期生病，自己心如刀割，又帮不上忙，只能用如此拙劣的方式，表达一份尊敬和爱戴。

张一嘉连忙做手势制止她说下去，又抱拳做了一个感谢的手势，说："我明白你的心意，一定转告你嫂子，心领了，非常感谢。你们认真工作，就是对我个人困难的最大分担。"

4. 桃园会

桃园会所在干湖中的一座小岛上，汽车开进湖心公园后，还需要沿着一条长长的人工观景浮桥，走进去，进入树影摇曳的小岛。十几年前，这是一座未开发的荒岛，生长着以野桃树为主的各种杂树。当时的干洲经济传媒公司，还叫干洲广告公司的时候，与民营广告企业——干洲巨龙广告公司合作拍摄一部反映干洲人文历史的纪录片，有人推荐以这个小岛做外景地。当时的广告经营部主任老游过来一看，喜欢得不得了，干脆就报告张一嘉，建议公司买下这个岛的开发经营权。后来建成会所，并在岛和湖心公园之间修了浮桥。长长的浮桥蛇行着，沿桥的水面上，布置着可以变换七色光的射灯。会所的小楼，很有点儿年头了，但是镶嵌在这座中国古典建筑上的各盏夜灯一打开，还是别有一番景致。朦胧的线条在树丛里蜿蜒、伸展，与浮桥两侧的灯光呼应着，在漆黑湖面的上空，构筑出一幅美丽神秘的现代仙境图。

会所的四层也是顶层，有一个加高的单体建筑，远看是一个亭楼，他们叫它四点五楼。这实际上是四楼餐厅的延伸，里面有一个最豪华的大包间，有两面对着湖的、纯进口加厚玻璃的墙体；还有一个多功能厅，可以进行歌舞活动。

这几年形势不同以往，大张旗鼓进行吃喝的活动少了，会所被中央电视台和省里的晚报暗访曝光过，张一嘉责成分管该产业的李天武把会所停业了一段时间，撤下了墙上煽情的广告语，改成中低档本帮菜馆。名称也改为"桃园会本帮菜馆"，仍然是综合市场部下面的产业，由李天武分管。

李天武的一条胳膊有些残疾，看上去总像是一个肩膀下挂了一条假肢，僵硬地悬在那里，所以走路的时候，总有些侧着身子，偏向一面。但这不影响他的灵活，他是个手脚勤快、语速很快的人，一言一行充满激情。嘴巴甜，反应快，做事麻利，这也是张一嘉特别欣赏他的原因。在单位里，这样的人并不多，大多数这种性格的人，待上三五年，处处碰壁，然后就性情大变。但张一嘉不吃这一套，他经常说的一句话就是：你性格再好，不一定能给企业带来效益，好，你就白好了！所以，李天武这样的人，可以说，在张一嘉手下，干得如鱼得水。

此时，李天武一个一个地亲自把客人引进四点五楼的包间。一位网络新闻主播、一位美女编辑和三位广告业务员，一共五位美女在包间里等候着。李天武交代她们陪客人聊天，或者带客人看看湖上的景色，自己则下楼等老总去了。

走上晃晃悠悠的浮桥时，张一嘉开始感受到困意强烈侵袭。这段桥竟让他走得有些费力。主要是两条腿虚，没有力量，像美国车用上了日本轿车的底盘，没有抓地力，飘啊。张一嘉知道自己不是日本车，是美国车，这会儿出现点儿日本车的状况，是因为这些天发动机工作太狠，精力几乎耗光。最近他感慨颇多，觉得市里组建文化大产业的决策是英明的，但这种组合，显然对自己个人事业，对自己负责的这个在市里并没有多少地位的文化企业，也未必是好事。大鱼吞小鱼，本来这边也算一家直属企业，一整合"直属"的地位就失去了，跟那么多老朽的大船捆绑在一起做拖轮，由政府直接拖着，风险可能少一些；但自己那一套直面市场、小股作战、灵活经营的优势，也许就无法发挥了。再说，自己这种说一不二的个性，在经营市场上强硬的作风，跟别人并肩作战，未必有用武之地了。所以这阵子，他感到自己面对山雨欲来，有些弱不禁风。

李天武迎上来时，张一嘉跟他开玩笑说："我这两条腿都抵不上你'一条半'的胳膊有力量。"

李天武向来对自己的残疾不在意，领导拿它开句玩笑是家常便饭。每次张一嘉说他"一条半"，他反而有些得意——干洲经济传媒公司，甚至扩展到整个干洲文化界、企业界，有谁敢拿他的残疾开玩笑？换个角度说，有谁跟他李天武能到得如此这般可以拿残疾开玩笑的境界呢！这难道不是一种"待遇"？

走到楼上包间，大家见过面落座后，李天武的脑子里还在想张一嘉的玩笑。想想怎么能借题发挥一下，把它捡起来作为开场调节气氛。李天武说："我们张总经理对我很关心，但最近我的进步他不知道。"

姑娘们好奇心强，女编辑方静赶紧问李主任有什么进步新闻，快发布一下。

"张总批评我是一点五条胳膊，其实我自己知道，我跟世界上所有的男人一样，不缺胳膊不少腿，甚至有四点五条。"李天武一本正经地说道。

顾东岳和熊海东"嘿嘿"地笑起来，姑娘们朝李天武望望，忍住没吱声。李天武继续说："大家可能听说过，人体有综合平衡机能，凡身体各部，有一残必有一盛。比如说，失明者耳聪，失语者笔健，失聪者眼亮，失胆者肝旺。以此类推，一般说来，瞎子爱好音乐的多，他乐感好；聋子喜欢画画儿，他对色彩敏感；不少哑巴当了诗人作家，他书面表达能力强；我有不少朋友有胆结石，胆囊炎恶化，就把胆囊割了，结果内力全集中到肝脏上去了，这肝啊，勤奋工作，分泌胆汁的能力越来越强，这消酒解毒的水平竟然比有胆者还要高，饭量肉量酒量猛涨。嘿嘿，这这……"

"跑题了，跑题了。"长着俊俏长脸的网络主播古霞，用手巾擦着嘴角的油，抗议道。

李天武反驳说："我没跑题，我李天武跑题了，就自罚一杯酒；要是没跑，你古霞敬每人一杯酒。"

"好！"大家喝彩。

"那我说了，不过内容可是'不文明'的，不想听的就捂耳朵。"李天武故意做小动作卖关子，给每人发了一支烟，先给顾东岳点，然后给张一嘉点，张一嘉示意他给熊海东点。三个广告小姐眼明手快，两个人已经把火举到熊海东面前，另一个小姐就转头把火移给张一嘉。

李天武就把火递给古霞，古霞说："我可不敢享受这总经理待遇。"

"别得意，我这是提前安慰你呢。"李天武坏笑着说，"因为你要输了。我没跑题，你要吃罚酒哩！"

李天武对古霞说："大主持人，你别光顾着乐，快罚酒吧，敬我们每人一杯。"

古霞果然是好酒量，也爽快，一眨眼工夫，打了一圈。满满一瓶装的不知什么酒，下去一大半。这个开场开得不错。

张一嘉坐在主人的位置上，他的右边贵客位上是顾东岳，左边嘉宾位上是熊海东。张一嘉端起满满一杯酒发话了，说："今天是个好日子，我们在自己经营的小地方，土菜、散装酒、贱饭迎贵客，我的老同学、干水市的顾东岳市长，为了全市人民脱贫奔小康，奔走在干洲的大街上。今晚能请到日理万机的顾市长，是干洲影视传媒公司的福气；能请到多年不见的老同学，是我张一嘉的福气，我先干一杯为敬！"说完，端起杯子要喝了。对面李天武赶紧站起来说："哎呀，张总，您这样喝要出事的，您可从来没有这样喝过啊！"

"李总，你不能管领导喝酒，你们老总的酒量，我几十年前就了如指掌。"顾东岳做一个手势按住李天武，然后也端起一个满杯，一饮而尽。

姑娘们鼓起掌，饭桌上有了气氛。这边张一嘉已经又满上了酒，捏在手里，想怎样跟熊海东弄个开场白。张一嘉听说这人脾气大，但是爽快，心想绕着话说还不如来直的，就先对着熊海东举杯子示意了一下，什么没说，满杯就喝了下去。熊海东一看这爽的，嗬！"唰"地站起来，说："我的大总经理，早听说您是个人物，果然不假！今天一切尽在不言中，统统在酒盅。"也把满满一杯喝了，杯子没放下，就自斟一杯，说："哇，哇哇，这是可乐瓶子装五粮液啊，好酒！我这杯敬您和顾市长，今天是开心遇知己，酒后不分家。"

三个人都站起来，举杯。编辑方静眼明手快，掏出手机，抓拍了两张，说他们三个好像是刘关张桃园结义啊。三个人听了很开心，就放下杯子，做了一个结拜兄弟的姿势，让方静美美地照了几张。三个广告员小妹快乐地凑上来，叽叽喳喳地说英雄怎么能没有美人伴呢。六个人刚歪歪斜斜地一对一摆好姿势，方静却停住拍照，说："还少一个美女，古霞得上。"

古霞不肯上，说："正好三对三啊！"

方静说："刘备有两个老婆呢！"

大家哄堂大笑。古霞反应很快，扭扭小腰，做了一个害羞状，说："我站谁身边呢？谁是俺的刘皇叔耶？"

"我是张飞。"熊海东抢先声明。

张一嘉接着说："谁是真正的领导，谁就是你的刘备，这你还不懂吗？"

古霞一听，上去就扯住顾东岳，在闪光灯中，顾东岳还叫嚷着："幸福死我了，幸福死我了！"大家落座后，方静说："我要把这张照片洗出来，明天在网上发个头条，做一个新闻标题：文化结缘，桃园聚义。"

"标题不错，有才。"张一嘉表扬了几句，然后说，"不过这吃饭现场的新闻，不能发。我可要跟你们讲，以后吃饭喝酒这类事，虽然是经营工作不得已而为之，但不可张扬，包括你们个人的朋友圈，都不允许晒。这个，就作为我们不成文的规定吧，大家记到心里去啊！"

大家止住笑，一个个点头说，对对对。顾东岳挥挥手说："你们这两个做新闻的，一个编辑、一个主持，还亲自反串女主角，这现炒现卖啊，要是发个头条，估计就这么把一个好干部给毁了！"

"端的就是你这穷庙富和尚。"两个姑娘嘴巴不饶人。

顾东岳直嚷嚷："说得对，说得对，我就是个傻和尚。现在不是有新三傻吗？第一傻就是吃饭拍照，排在炒股被套的前面呢。"

这下气氛彻底火了。坐在张一嘉对面的李天武，端着杯子走下座来，要给三位敬酒。敬酒的时候，他就点题了。第一杯敬顾东岳，他说："顾市长这么关心老同学，抽空来看望老同学，我很感动。"就喝了一杯。又说："顾市长把熊大老板给我们经济台请来了，这是我们经济传媒的大福音！"顾东岳连忙摆手，说不是市长，是副市长，说错话罚酒。李天武说："我没说错话，马上就是市长了，一定的，必须的！"说得大家都很开心。

他又喝了一杯，接下来去敬熊海东，说："熊老板啊，熊老板，我们盼星星盼月亮，总算盼来了您哪。您这一来，我知道，咱们干洲经济传媒公司的广告业绩啊，'呼啦呼啦'地上涨了。"

"没问题，贵公司一向是我们的投放重点。"熊海东说了一句很场面的话。没有等他举杯，张一嘉就站起来，双手把杯，对熊海东说："这杯酒我代表干洲经济台先敬您，感谢这几年您的支持，您是大企业，我们是小公司，说实话，我们给您的产品做广告，实际上您的品牌无形中给经济传媒做了广告。所以，从哪个角度讲，您都是咱们公司的贵人。我早就想请您，就是怕太冒昧。"

"您这就见外了，见外了。"熊海东端杯子就喝了，喝完咂咂嘴说，"好酒。"李天武凑近他的耳朵，说："熊大老板好鉴赏力啊，张总不让我们高调，这是十年陈酿五粮液，呵呵。"熊海东向他竖起大拇指，说："会办事，会办事，对兄弟你，我也是五体投地！"

中途，张一嘉上厕所的时候，李天武一颠一颠地跟在后面，进来说："熊海东这小子是个痞子，去年还有一笔广告款，我们在省、市电视台垫钱投放的，片子早播出去了，款就是赖着不给。"张一嘉用手指指关着的厕门，示意他别说，万一里面有人蹲坑呢。

张一嘉趴在洗手池前，叫李天武离自己远点。然后他将手指伸进口腔，使劲压迫舌根。他的胃一阵阵痉挛，酒水伴着物渣狂泻而下。厕所里很快充满酒的浊气。李天武赶紧上来冲洗池子，又顺手给他几张抽纸。张一嘉的胃里咕噜了一阵，马上感到清爽了不少，头脑也清醒了一些。

　　两人出去，站到露台上抽烟。张一嘉说："过去怎么样，别管那么多，从今天起，李天武啊，你一定要把熊海东搞定。这很重要，熊海东如果能把广告大头放到我们这里，等于向全市人民宣布，经济传媒是值得大商家关注的。我们是在夹缝中求生存，如今干出来了，报社电台电视台这些传统媒体感到难堪，既抢了他们的市场，又晒了他们的狼狈无能。听说他们到处泼我们脏水，说我们不把自己当国有单位，像民营企业一样蛮干，搞腐败，行贿开路什么的。他们还在市里游说，说要把经济传媒并到电视台，给两个副频道，做一个子公司。"

　　"我不管你用什么方法，反正熊这里，要当件大事情来做。"张一嘉又补充道。他望着水中的涟涟波光，听着微风吹起的水声，感到酒精的副作用在消解。他开始在心里念叨着一串名字："顾东岳—熊海东，张一嘉—顾东岳，这就有了张一嘉—熊海东；熊海东—关文水，这是不是就有了张一嘉—关文水？关文水、熊海东、顾东岳、张一嘉，山水相连，大潮迭起，多好的一组名字啊。"他心里暗暗思量着。

　　李天武哪知道总经理在想那么细的活儿，他一个劲儿关心总经理的身体，说："累了就别跟他们拼酒，反正那几个小妹妹是我的秘密武器，很能喝的，放倒他们，分分钟的事。"

　　张一嘉拍打了两下李天武的背，笑着说："李老兄啊，熊海东这小子一定要争取到，大客户啊。我，小人物一个啊，多喝点酒怕啥。"

　　"懂了懂了。但老板您还是要当心身体。"

　　"我没事。以后别一口一个老板地叫。人家不是骂我们像民营企业蛮干嘛，我们注意点细节啊，现在规定都不允许瞎喊什么老板老板的。改天我们回去，把部门和分公司子公司经理，全改叫主任，好吧，跟传统媒体接轨吧。"张一嘉望着波光粼粼的水面，点了一支烟，说："李天武啊，今天的重点是熊海东，要让他尽兴，你懂我的意思的。"

"我懂，老板放心。"李天武说完，做了一个打自己嘴巴的动作，说又叫错了，让张总放心。他嘴上这么说，心里却有点犯嘀咕：凭什么一个臭民营企业家，比一位副市长重要呢。但张一嘉不是个简单人，李天武心里比谁都清楚，所以，这话，不一般。李天武在黑暗中点点头，脑子里飞速转起来。他看见张一嘉猛吸了两口烟，就用手指把大半截子烟弹向湖面。

空中划过一条细长的口子。

然后，张一嘉拍拍李天武的肩，说："我们赶紧回房间，继续喝。"

李天武忽然想起一件事，拉住张一嘉低声说："熊海东在您到之前，跟我嘀咕，他想让我们把这个桃园会，转卖给他。他寻思着要搞个高级娱乐会所，说我们是公家单位，很多事不好大张旗鼓地办，浪费了这么好的地方。"李天武还补充说："我怕他酒一喝多，当面跟您提出来，您得有个思想准备。"

"这可不行。"张一嘉说，"这么好的地方，谁不想要，凭什么给他？再说，现在是搞高级娱乐会所的时候吗？想顶风违纪啊？"

"可不！"李天武附和了一句，然后说，"可人家是民营企业，自主权比我们大多啦。我看熊老板这是提前做盘子，等着时机盛大餐呢！"

"别胡说！"张一嘉说。

李天武干笑起来。然后，又给张一嘉接上一支烟，说："老总，您看我们公司一些中层干部是不是该调整调整了，有些部门和分公司、子公司一把手，在一个岗位上时间太长，没有积极性了，耽误事儿。"

"比如哪些呢？"张一嘉笑眯眯地望着李天武。李天武想了片刻，说："关键是有些重要部门，对公司发展影响太大，像投资部，还有我也不能兼着综合市场部经理时间太长。"

"好！"张一嘉依然是笑眯眯的样子，边转身回餐厅，边想："不就是你自己和你'小弟弟'的那点事嘛。"自己这样一想，在跨进餐厅的一瞬间，竟然忍不住"扑哧"一声笑出来了。

5. 酒话

酒喝下去第三个巡回，顾东岳开始抖正经话题。

"我们弟兄们在一块儿，喝酒归喝酒，但不误事儿，都是为工作，为事业。"顾东岳说这话是做话题引子。

熊海东反应也不慢，他说："喝酒就喝酒。你们是国家干部，喝酒为事业；我是个体户，喝酒为自己。我没那么高尚。"

"性质是一样的，不高尚，也不卑微。"张一嘉说，"现在也没什么公啊私的，做了事，缴了税，都是为国家做贡献。"

"不过，我跟东岳算老朋友了，张总我们是初次打交道，有什么要求，尽管说。"熊海东又叫服务员斟酒，"咱们来爽快的。"

顾东岳站起来，向熊海东敬酒。他说："我要感谢海东兄不到其他县再搞分厂了，要搞就在二分厂继续扩大规模，还放到我们市。"

熊海东也不客气，让顾东岳喝了两杯，他说："我的厂建到哪儿，哪儿不光要发财，还要升官。你看二分厂在干水市搞了不到两年，人家财政增幅全市第一，我的哥们儿关文水，马上要升官，一夜之间要成为咱们干洲市的领导了！但是，现在，关兄走了，你暂时也不是市长，操这心，白操。"

这话虽然牛烘烘的，但让人听了喜气。听在顾东岳耳里就更不一样了，顾东岳怎么能不喝呢？于是，又是一杯下去，人就有些歪歪斜斜了。熊海东哈哈大笑，说："我就欣赏顾市长这种憨劲儿，当官的，这样的，不多。"

张一嘉也来敬酒，这就把熊海东弄快活了。他的舌头也已经大了，慢吞吞地说："你爽，我就爽；你赖，我就赖。我熊海东是粗人，就是这脾气。总经理大人，你们国企老总，都是有级别的，说到底也是官，你今天撒个泼，放下你的官架子，爽给我看看，我就服你。"

美女编辑方静反应过来，赶紧接话茬："熊总的意思是我们爽，他就跟我们加大合作力度。"古霞一听，赶紧示意其他几个小妹，说："小妹妹们，有广告来了。"三个业务员小妹就一齐端着杯子上来。熊海东说："不行不行，我一个搞仁吃不消，何况你们不能代表你们公司，顶多代表广告部，代表李总是吧。我这是跟你们张总喝，我在对他搞合作诚意进行考察呢。"

几个女孩纠缠了一阵，没有什么效果。这时，张一嘉站起来，说："熊老板，你发个话，咱们喝。不醉，我今天就不是张一嘉，不是你熊老板的朋友。"

"太好了，太好了。"熊海东兴奋地搓着肥厚的大手，"来爽的，咱们换饮料杯子倒白酒，喝一杯我就加一百万广告费，要是小杯子，就是十万。"

姑娘们一听，一齐鼓掌，并争相要求跟熊海东喝酒。熊海东说："要是小姐妹们做代表，一大杯我只能给一百块，一小杯十块。"古霞听了，做了一个拧熊海东耳朵的动作，说："胖哥哥，你太歧视妇女了吧，把我们当啥啦，这么廉价！"

任她们怎么说，熊海东就是不动摇。姐妹们只好先撤下阵来。张一嘉也不发话，把自己的饮料杯子倒空，用茶涮涮，就往里面倒白酒，酒在杯中翻滚。他端起来就喝，像喝白开水一样，速度很快，把第一大杯喝了。他仰着脖子，突兀的喉结在精瘦的皮囊上艰难地蠕动。熊海东也用大杯子喝，因为胖，看不到他的脖子有任何动静，只是听见酒掉进他的海绵肚里，发出一声高过一声的闷响。

张一嘉连喝了三杯，才被李天武和小姐妹制止住。熊海东也跟进了三杯，两个人的脸都红到了脖子。熊海东很亢奋，大声说："爽，爽歪歪的，张一嘉哥们儿爽！三百万，啊，三百万，加上以前的八十万，我今后就投给你们啦！"

姐妹们使劲鼓掌，爆发着欢声笑语。李天武站起来，也倒了一大杯白酒，对熊海东说："熊老板，今天收益最大的，其实是我，最该敬酒的是我这个管市场的经理。"熊海东看着自己的杯子，有些犹豫。

李天武说："您倒杯白开水，我先干为敬。"说着，就把一杯白酒干了。

"这怎么好意思呢？"熊海东"嘿嘿"地笑着，还是去拿酒瓶。张一嘉制止他再喝。熊海东就上去抱住张一嘉的腰，说："张兄啊，我的肚子怎么的，也是你的双倍容量啊，你能搞三百万，我不能搞六百万？"坚持要喝。张一嘉只好又奉陪了一杯。这下子两个人都头重脚轻了起来。顾东岳也加入进来，用大杯喝了一杯，说分厂快出效益，一离不开熊海东老朋友的资金支持，二离不开张一嘉老同学的文化支持。张一嘉赶紧接话说："说到底，都是支持我，支持经济传媒。我向二位表个态，一是我们为'荣中贵'做出最好的品牌出力，熊总投我三百万，我要出六百万的力；二是老同学今天给我引见了这么讲义气的朋友，干水又是人口大县级市、受众大县级市，于公于私我们都应该为干水的发展造点儿势啊。"

肚大能容，果然有些道理。瘦子张一嘉终究不敌其他两位，一刻钟后栽倒在桌子底下。

李天武赶紧上去扶，没有来得及。熊海东想帮忙，可就是站不起来，只好望着快乐地傻笑。顾东岳过来帮忙，与李天武和几位小妹妹一起，七手八脚地扶起张一嘉。走到露台上，张一嘉在那儿趴了片刻，感觉头脑清醒了不少，就挥手让他们回包间照顾客人。他自己则去了卫生间，依然匍匐在洗手水池边，用手指压迫舌头，把吃喝下去的东西，全倒了出来。他的胃一阵痉挛疼痛后，慢慢舒缓下来。浑身上下出了汗，整个后背都湿透了。

再次回到包间时，熊海东正在引导大家讲荤段子。

李天武歪着膀子，在场上拉来扯去，一会儿给顾东岳送点歌单，一会儿给熊海东送去个舞伴，一会儿吩咐服务员给喝多了的张一嘉泡杯浓茶。于是，顾东岳唱了一首《望长城》，又唱了一首《梅花三弄》。熊海东中气特别足，再高的音也能上，唱了一首传统的《乌苏里船歌》，把大家震了一下；再点了阿杜的《撕夜》，压抑到极致，高亢到极限，发挥得极棒。几个女的轮流上去献一束装点餐桌的假花。

趁着这个当儿，李天武把广告部的三个小姑娘喊出去，对她们说："熊总是我们的大客户，今天好不容易请到的，张总很重视，你看他很少陪人这样喝的，今天可下功夫了。"

姑娘们说，我们今天很卖力的啊。

李天武捏捏她们的小嘴巴，说："我知道你们是我老李的面子！不过，熊总今天喝多了，他自己开车，很让我不放心。你们要负责把他送到安全的地方。"然后，他吩咐其中的两个姑娘说："你们两个都会开车，就你们送，再迟也要送。给家里打个电话，就说在公司要值夜班。"

一个姑娘说："撒谎不好啊，行不通的，我的手机是苹果的，男朋友会定位追踪的。"

"就你们事多！我告诉你们啊，要是得罪了熊老板，你们就别干了。"李天武强调说，"不过，如果熊老板明年给追加了广告投入，全算你俩的业绩，百分之五的提成，我一个子儿不少你们的，他就是投一个亿我也照给五百万！看你们拿钱的时候，还叽叽歪歪不？"

"谁稀罕啊，别总是钱啊钱的。"两个女孩拉长了声调，说，"反正我们卖给公司了。"两个人转身去了包厢。

站在一旁的小美是一个高个儿微胖的女孩子，她没被派过去照顾大客户，心里很不高兴。加上一些酒精的作用，她胡乱地发起脾气。李天武赶紧把她拉到离包厢远一点儿的一堵墙后面，熊了她两句，说："你不是找男朋友了嘛，我不能害你啊，恋爱谈得要死要活的，怎么能彻夜不归呢？"

小美嘴里开始骂起来。李天武发了狠，上去揪她的头发，结果被小美踢了一脚，差点把李天武踢到河里去。最要命的是，李天武被她踢到了下身，疼醒了。见李天武捂在那儿，小美知道自己闯祸了，僵在那儿不敢再动。李天武站直了身子，恶狠狠地盯着小美。小美就像个孩子一样哭起来。月光照在她丰满的身上，瑟瑟发抖。

李天武没有像以往那样，上去抢小美的耳光，而是冲上去，一把拽住她，把她对着湖边的栏杆，往前推。小美没有想到男人发这么大脾气，就双手反推栏杆，身子屁股使劲往后移。李天武却从后面抱住她的大腿。

两个人僵持了一会儿。李天武恶声恶气问起她男朋友的事。小美没好气地说，谈了几天就分手了，人家已经在办出国，到加拿大去了。李天武说，不是听说他是大学的研究生，要继续读博士吗？小美一屁股坐到地上，又哭起来。李天武说："姑奶奶，你又哭什么呢！"

"有了你，谁还能跟别人谈恋爱啊。"

"那你被我揍得还不够多！"李天武差点儿把这句话脱口而出，也是和着口水吞了下去。只说了句"鬼话"，就撇下小美，回包厢去。

6. 回家

包厢里的人早就走光了。

李天武把服务员狠狠一顿臭骂，说："活动结束了，也不知道喊一声，你们是猪啊。"

服务员吓得哭起来，有一个斗胆顶了一句嘴，说："我们也不知道您在哪儿呢。"李天武就上去，把刚才那个冲着小美没有打出去的耳光，加了一把力气，打在那个服务员的脸上。服务员捂着脸跑出去。李天武找到自己的夹包，准备走人。另一个服务员怯怯地说："李总，您还没有签单呢。"

李天武站住，从手包里掏出两万块钱，交给小姑娘说："今天是熊老板请客，这是他的钱，你们先收下，结账剩下的，留着他下次来消费。帮他做个账。"说完，顺手在小姑娘脸蛋上捏了一把。小姑娘吓得拿起钱和单子，跑了出去。李天武哈哈大笑，出了门，上了浮桥，晃晃悠悠地走了。

等李天武上了湖岸，到停车场找到自己的奥迪轿车，正开车门，发现停在不远处的张一嘉的老福特，依然在那里。一定是这老兄喝得爬不起来了，李天武不禁一阵窃喜。他重新锁了自己的 A6，走到老福特旁边，透过车窗往里一瞧，见他们的老总果然趴在方向盘上。他拉开驾驶室的车门，又喊又摇又抱又拽，才让张一嘉换了一个位置。

李天武坐到驾驶位，发动汽车，正想起步，腰间的手机"咕咕"地叫起来。一接，是小美。小美说："你不带我走，我怎么办啊？"李天武说："我有事呢，你自己打的走吧。"

接完电话，放下手柄，方向一打，踩油门。可这时候电话再次响起来，他下意识去抓手机，这方向一偏，就撞到另一辆车上了。李天武赶紧刹住车，心里直骂这美国车不像德系车好驾驭。拿起手机，他破口大骂，发觉不是自己的手机来电，而是副驾驶位上的张一嘉的手机，叫得一声比一声急。李天武抓起手机，正犹豫接不接，听见后座上张一嘉的鼾声一声比一声高，就把手机举到耳边，可这时来电挂了。李天武就把手机丢回副驾驶位，打开车门，出去看撞车的情况。这一看，气得差点儿骂娘，撞的正是自己的那辆奥迪。好在两辆车都是轻伤。

他靠在车身上，点了一支烟，心想，还是冷静一会儿，醒醒酒。停车场一片死寂。借着香烟光，他看了一下手表，见已经是一点多钟，脑子里似乎又响起了刚才那个电话铃声。

一点多钟，会不会不是陈思维？这样想时，童盼的一张明媚的有些傲气的脸庞，在李天武的脑海中若隐若现。一种兴奋的感觉又回到李天武身上。李天武拉开老福特车门，钻进去。见手机依然躺在副驾驶位上。

没有李天武希望的事发生，只是李天武盯着的那部手机，不再响铃了。但是一种无法抑制的冲动在李天武的心里，一阵一阵地来电。他终于没有忍住，拿起那部手机，想看一看刚才那个未接来电的号码。可是，这部手机竟然正处在关机状态。李天武像被电了一下，把那部手机扔回去。同时，带着难以掩住的惊恐，扭头看看后座。

后座上的人依然鼾声如雷。

车子开到张一嘉楼下，张一嘉还是没醒。幸好张家在一楼，李天武进去敲敲门，小保姆就起来开了门，并帮忙把张一嘉弄进屋子。李天武没好意思去打扰生病卧床的嫂子，就与保姆一起，把张一嘉安置在客厅的大沙发上。李天武还亲自为张一嘉洗了脚，盖好被子，并吩咐了保姆几句，然后才告辞。上了车，他发现张一嘉的手机还留在车座上，就准备送回去。走到门口，听到陈思维在屋子里一声高一声低地说话，听了两句，没有什么实质性的内容，都是"不爱惜自己身体，喝死才好"之类的。

李天武硬着头皮敲门，里面的声音戛然而止。

小保姆出来开门，李天武问："张总睡得好吗？"保姆做了一个鬼脸，接过手机，说打着呼噜呢。李天武心想，这好，嫂子你白骂。

再回到车上，看看时间，已经快三点了。车子在大街上茫然地行驶着，像李天武的心一样，一下子清除掉那么多的烦事儿，变得好轻好轻。

后来，他拨了一下小美的电话，居然通了。问在哪儿，那头儿说："在你的车旁呢。你车在，人能不来？看你跑到哪儿去？想逃？天亮了还不到的话，我就跳湖。"

"千万不要啊，"李天武说，"临近年关，忙，没时间为你开追悼会。"

"臭嘴啊你，别想逃，我死了你可脱不了干系。"

见了面，小美死劲儿撒娇，说："我身上到处是你作案的罪证，真死了，第一个逮你。看你堂堂大老总，不弄个奸杀罪枪毙了才怪！"

第二天，李天武睡了个懒觉，想到酒店顶层的西餐厅吃早饭，可刚出顶层的电梯，就看见餐厅玻璃墙后坐着熊海东和一个年轻女子。那女的背朝着墙，但李天武看得分明，就是古霞。李天武立即又退回电梯。

7. 关文水

老福特开进市委大院，绕过一个巨大的花坛，进入市委宣传部大楼。大楼前的小停车场上已经找不到车位，张一嘉只好把车倒回去，停到隔壁统战部大楼下，然后走过来。

这几年，宣传文化事业蓬勃发展，最显著的特征就是，随便开个会就找不到车位；要是开一个市直宣传文化系统各单位负责人会议，得要一个相当大的会议室；如果开全市宣传文化工作会议，会议对象扩大一下，比如通常扩大到各县区委宣传部负责人和县主要新闻文化单位负责人，那就要一个不小的礼堂了。好在现在会议场所的建设速度也跟得上，去年落成的市会议中心，大小会议室有二十八个之多，装潢和音效都是一流。这两年，干洲市的办会水平、开会环境，在省内外小有名气。

张一嘉看了一下手表，见开会的时间已到。他没有急着去会议室，而是一口气爬到了顶楼，市文改办就在这层办公。文改办是近几年成立的部门，党委、政府职能两跨，市委常委、宣传部部长挂了个主任职位，日常工作由副市长、文改办主任许之光负责。

张一嘉上了楼道，他看到一群工人正忙着在许之光办公室隔壁的那间房搬东西，他站在那儿想，这里是半年前就退休的常务副主任的办公室，到现在才整理，难道新人就要到岗？

他敲敲许主任对面办公室的门。许主任的秘书小钱在这里办公，开了门，见是张一嘉，显得特别高兴。问："大老总来开会？"

"什么大老总？赵如男、潘得厚这些文化翘楚才是大老总。"张一嘉故意谦虚一下，顺便抛出电视台和之路广播电台台长的名字，看看小钱的反应。小钱果然露出了一丝鄙视的神色，说："那是河马先占了大塘，真正的蛟龙近在眼前呢。"

两人哈哈地说笑了一通，张一嘉从文件包里掏出一个小玩意儿，丢在钱秘书的桌子上。钱秘书打开一看，脸上露出不太自然的笑，说："你们这公司 logo 做得这么精致。"张一嘉说："这是黄金版的，给领导们玩玩，要是弄个铝合金材料的，大家一看就扔了，起不到纪念效果。"

"倒也是。"钱秘书把小玩意儿收到抽屉里，起身要给张一嘉泡茶。张一嘉说："不渴，不喝了，说几句话就走。"接着就说："我们市场部的老李跟我说了，你关心一件事，就是市'一百'商场的那笔广告款，你钱大秘吩咐的事，我们照办！"

张一嘉一句话就点了题，钱秘书有了一份意外的惊喜，直说，不好意思，不好意思。

"咳！这是因为你老弟太把我当外人。"张一嘉拍拍小钱的肩，说，"都是小兄弟，我虚长几岁，有什么事情能用得上我，我一定尽力。"说完就要告辞。钱秘书边上前握住张一嘉的手，边悄悄说："看到隔壁整理办公室了吗？新主任已经来了。"

"什么新主任？"张一嘉装出惊讶的样子。

"新来的常务副主任，关文水呀。就是那个干水市的市长关文水，那是全市最年轻的县级市领导啊。现在我们市里文化产业系统出现的形势，你明白这里面的意思了吧。"

"许主任，要升迁！"张一嘉一副喜出望外的样子。

钱秘书没有做出什么反应，只是说："大家都这么传呢。可我不这么乐观。"

"许主任这样的威望和水平，升迁是迟早的事。"张一嘉索性回头，坐下来跟小钱说话，"再说，现在不是传管社会事业的黄汉平副书记要到人大当常务副主任，或者政协主席的嘛！"

"这可难说，黄副书记比许主任年龄要小几岁，才五十三岁像是到人大政协这些地方去的年龄吗？"小钱给他泡了一杯茶，笑着说，"您不去开会了？"

"无所谓，这种会不开也罢，每年的内容还不都一样？"

"不一定。"钱秘书站起来，贴近张一嘉用神秘兮兮的语调，低声说，"会议内容一样，但形式太不一样了。"

"什么意思？"张一嘉有些警觉。

钱秘书夺过他手中的杯子，说："你还是到会场去慢慢喝吧。"边说边拉他的胳膊，往外拽。见张一嘉不解，就说："看在台长一向对小弟关怀的分儿上，我就违反一次纪律。告诉您吧，新主任坐在会场里呢，他已经来上班了，但没有人知道，他要求听一段时间大大小小的会议，再正式露面，今天发言您可要注意点啊。"

"关文水？"张一嘉这次是真吃惊，"还没有听说过新官这样上任的呢。"

"这还不好理解，改革家的姿态呗！他在几个县市班子里也是出了名的，您想想看，选关文水来接主任的班，什么意思？"

"文化体制要改革？要来大动作？"

"你看你看，张一嘉就是张一嘉，不一样啊！"小钱秘书诡异地笑笑，说，"抓住机遇啊，要重新洗牌了。"

张一嘉感到自己的心律明显快了两拍。他想了一下，一字一顿地说："说实在的，这两年全市文化战线欣欣向荣，许市长是历届管文化的领导中最活跃、思想最解放的了。你想想，钱秘书，没有一个宽松的好环境，没有一个有办法的领导在上面，像我们这样的小公司，早就关门大吉了。再说，我们这种人，能被组织信任，已经很满足了，改革需要的话，把我这张小牌洗掉，我不会有半句怨言。"

钱秘书听了这话，大笑起来，说："张总啊张总，我的话可不能这样理解，您可以大大地过把'谦虚使人进步'的瘾。经济传媒公司这几年的实绩，是全市人民有目共睹的，您可是我们系统里面最年轻的一把手啊。"

"扯远了扯远了，人家也不老啊。"张一嘉在心里骂了一句"王八蛋"，也不知自己骂的是谁。他下意识看看表，这次真的起身走。出门的一刹那，他忽然瞥见门后面的墙角，堆放着好几个纸质的礼品袋，有卫视台台标的，有电台台庆纪念袋，还有印着"干洲市新华书店世纪辉煌"字样的大书包，鼓鼓囊囊，一看就知道里面不是装的书。张一嘉心里很想大笑，但他的目光抽得极快，而且脸上本来就一直挂着淡淡的笑，所以这一"发现"并没有被钱秘书发现。

出门后，张一嘉又回头对送到门口的钱秘书说："老弟，这个周末没什么安排的话，我们聚一下，咱们顺便把'一百'公司的老总也请上。"

钱秘书心领神会地点点头。

会议室已经是烟雾缭绕，张一嘉悄悄进去，又猫着腰，好容易在后排找到一个位置。坐下来，看看长椭圆会议桌旁都是哪些人，见从许主任向两边分开去，依然是宣传文化界那些熟悉的脸。隔着市委市政府两个协调文化工作的副秘书长，宣传部管文艺的副部长海小红，文化局局长董力乎，广电局局长刘伯庭，日报总编江见远。往边上就出现了电视台台长赵如男和电台台长潘得厚。赵如男正在发言，声音特别高亢，卫视的记者在桌子边忙来忙去，镁光灯把自己的台长照得刷亮，那张骨感十足的女强人的脸，在灯光里很有几分咄咄逼人的冷艳气质。她用一个排比句结束了发言："我们电视人相信，在许市长和市委市政府有关领导的领导下，在宣传部的精心策划下，新年文艺晚会在总结过去经验的基础上，一定能办成我市经济社会发展的大颂歌，文化宣传工作的大检阅，兄弟单位和全市人民的大团结！"

许之光带头鼓掌，会场上掌声响成一片。镁光灯在许之光脸上画了一条优雅的弧线，娴熟地随着摄像机的镜头，扫射了一下全场的鼓掌秀。在掌声中，张一嘉忽然想起"七张脸"的说法，干洲市人民最熟悉的"七张脸"依次是：

市委书记洪远

市长秦卫民

副市长、文改办主任许之光

干洲经济传媒公司著名网络主播童盼

干洲电视台全市新闻联播男、女播音员

干洲电视台台长赵如男

赵如男怎么能排到第七张脸呢？除非你不看干洲电视新闻。干洲一市四区五县（市），每天在发生大大小小的事，开大大小小的会，搞大大小小的活动。他们都想上电视新闻，可新闻节目也就半小时啊，要上就要排一排重要性啊。怎么判断重要性？那就是看领导出场情况了，书记、市长、宣传部部长是上新闻最多的。有的单位搞活动，就摸出一个窍门，请不动书记市长部长们，就请电视台台长，那就照样起到上电视的效果，区别不过是播出的时段稍稍偏后一点而已。

有个笑话说，干洲的干北县有个老百姓找到赵如男，说家里的鸭被当乡干部的邻居毒死了，给市长县长写了很多举报信，连个回音都没有，于是跑到市里来找电视台台长。赵如男派了记者采访这件事，还没播出来呢，大小干部来了一群，很快做了赔偿。老百姓"恍然大悟"，说："哎呀，原来我没找到最大的干部，这赵台长一出面，什么人都摆得平，书记市长都听她的！"有群众就编顺口溜："这个长，那个长，不如电视台的女台长！"

这个故事传到许之光耳朵里，他就在一次会议上表扬了赵如男。许之光说："我们要认真研究台长官大的现象，依我看，至少可以说明几个问题：第一，人民群众充分信任和依赖我们新闻媒体，特别是主流媒体；第二，媒体官员在百姓心目中的分量加重，说明执政的进步，因为说到底，媒体作为喉舌，反映的是人民群众的声音，人民群众的声音大于官员的声音，就是历史的进步；第三，赵如男办台体恤民情，为民办事，这也是新闻工作者守土有责的体现；第四，老百姓不找市长找台长，这也是人民群众政治觉悟不断提高的表现，通过舆论来监督政府工作和官员作风，比写信上访有力量得多，渠道也畅通得多，既解决了问题，又维护了稳定……"

台长到底是多大的官？论级别，在这个正厅级大市里，新闻单位中的电视台、日报和电台三家，跟市委市政府的委、局、办一样，是个正处级，可这个正处级的分量不一般。比如，市委书记洪远亲自挂帅，成立了一个转变作风工作领导小组，赵如男赫然与许之光一起名列副组长之中，这是全市所有正厅挂帅的各种领导小组中，唯一的正处级的副组长。当时在宣传系统引起新闻效应，人们甚至传赵如男要接许之光的班。据说，日报总编和电台台长都不服气，说，广播听少了，报纸看小（报）了，领导要亮（相）了，电视正吃香，网络还没跟上，赵如男跟着沾光了！

张一嘉的神没走完，掌声还七零八落的时候，潘得厚已经从赵如男前面，一把抓过话筒，开始发言。张一嘉的神又开始走到他身上，想起人们对这位五十多岁的电台台长的描绘：

　　头发稀稀拉拉
　　肚皮松松垮垮
　　讲话就是夸夸
　　做事就是拍马

张一嘉想到这里，忍不住"呵呵"地笑出声来。这笑声像是从他的心里爆发出的，很急很响，当然，这声音真正发出来的时候，只是轻轻的，不易察觉的。可这声音被同样坐在后排角落里另一个清瘦男人捕捉到了。隔着好几个位置，张一嘉感到有一束目光投射过来，他偏过头，沿着这道目光找过去，他进入了一条沉静而深远的、意味无穷的、陌生的目光隧道。

关文水！悄悄地藏在会议室的关文水！一声不吭上班了的关文水！肯定是的。

他的心又一次一紧，跳快了几个节拍。

正在这个时候，他感到口袋里的手机振动了一下。赶紧掏出来一看，见是公司办公室主任王友友发来的一条短信息：

"张总，您在开会吧？有件事情汇报一下：刚刚接到一个文件，市里成立了文化整合工作和文化产业发展工作领导小组，洪书记亲自挂的帅，副组长是关文水，据说是新调来接文改办主任班的，他要搞大动作。据我的老同学说，文化单位要进一步实行政事、政企分开，要投入巨资，整合市里的零散文化类国有企业，并把广电、报业、出版等传统行业里的一些市场化程度高的二、三级公司统统切出来，组建国信文化传媒集团是第一步。看来，我们要失去独立建制了。"

张一嘉想了一会儿，回了一条短信：

"友友，我知道了，我现在就在宣传部开会，遇见那个关文水了。先别想那么远。有两件事，一是与李天武商量一下，请'荣中贵'的熊总尽快到公司里视察一下，事关明年的广告收入；二是安排在本周末，请你的老同学吃个饭。"

王友友的老同学姓汪，是市政府的秘书长，是个经济学教授。两年前，市政府的秦卫民市长把他从市社科联调进的，从普通学者，一夜变成正处级领导，大家都知道市长"爱才及汪"。

手机又振动了一下，张一嘉以为王友友很快回信，打开一看，见是一个陌生的号码。张一嘉翻开内容，见是女儿清清的：

"爸爸你好，我用同学的电话给你报告一个好消息。我的一篇作文《爸爸是个硬汉子》得了全国中学生新萌芽读写一等奖和新浪网评最佳亲情美文奖；另外，我终于能把三千米长跑坚持了下来，而且得了一个中上的成绩。我很想您和妈妈。对了，童盼阿姨、李天武叔叔、邬娜阿姨、王友友叔叔最近都来看过我。童盼阿姨来的时候，同学们都轰动了，一定要我请她下次再来，最好能帮助我们学校搞一次文艺活动。"

张一嘉看完女儿的手机短信，想想自己忙得好几个月没有见到女儿了，更是记不得什么时候跟女儿深谈过。女儿进入青春期了，居然没有逆反行为，没有给自己增加一点点麻烦，反而表达出对父亲的理解和爱。张一嘉不禁眼角一热，差点儿就没有控制住眼泪。

正在走神，突然会场里响起了热烈的掌声。伴随着许之光洪亮的声音："在会议快结束的时候，我有必要宣布市委的一项重大改革决定：我市根据中央文化体制改革和文化产业发展要求，在省委宣传部等上级领导部门的指导下，将大力推进文化体制的改革，全面实施文化单位政事、政企分开，进一步整合文化资源、资本资源，激发文化活力，发展大文化产业，提高文化效益。这项工作将牵涉广播电视、电影院线、报业、演艺、艺术场馆、图书出版发行、广告传媒、网络、娱乐、旅游等众多单位，现在给在座的各位领导吹个风，让大家早点儿把脑子动起来，把思想转换过来，把准备做起来。"

许之光喝了一口茶水，提高嗓门儿又说：

"现在，我还要为大家介绍一位新朋友、新领导，新上任的市文改办常务副主任关文水同志，有请关主任，坐到我身边来，跟大家认识一下！"

看上去，关文水有些措手不及，一瞬间脸上竟有了红晕。他站起来，走到许之光身边，向全场抱抱拳，行了一个地道的中国礼，说："我是关文水，来自干水基层，市委市政府领导的信任，特别是许市长的厚爱，使我跟大家坐到一起来。今后请大家多帮助。现在报到了，向各位报到了。谢谢。"

说完这番话，他才坐下。

第二章　多事之秋

8. 一封举报信

秘书同志：

　　此信事关我们崇高的文化事业，十万火急，请千万不要延误，及时递交给领导。经济传媒公司的广大员工向您表示衷心的感谢！

智昏老总独断专行　经济传媒流氓当道

尊敬的秦市长，尊敬的分管文化的许副市长：

　　您们好！类似的信您可能收到不止一封了，您是那样繁忙，让您抽出宝贵的时间，来读这封冗长的信，我们实在于心不忍。但我们国有经济传媒公司的绝大多数正直员工，目前处于忍无可忍的焦虑中。我们眼睁睁地看着我们的事业，将要毁在流氓手中，我们的心在滴血。去年，总经理张一嘉借着改革的幌子，大搞人事阴谋，策划所谓的"落实中央文化产业发展会议精神，全员待岗，竞聘上岗"，把一批正直的老员工赶下台，把一批做出贡献的业务骨干赶下台，把一批没有后台背景又不愿意与某些流氓同流合污的年轻人赶下台。

我们绝对支持改革，可是当我们看到聘用的那些中层以上干部的嘴脸，以及他们一年来的所作所为，我们心中的腾腾怒火燃烧得太久太旺了。请看，我们国有文化企业，是被些什么人渣把持的——

王友友其人：

聘用的行政办公室主任。

王友友原是市电视台档案科的科长，高中毕业生，几年前以工代干，老实无能。因在台里不被重用，就投靠张一嘉，直接越级调任我们公司行政办公室主任。他唯一的优点是将"张皇上"的话奉为圣旨，张放个屁，他都要收集起来，装订成册，立卷存档。试举一例，张有一次在职工学习大会上讲话时，顺便插话，说最近感冒流行，大家回去熏熏醋，多喝点板蓝根，不要将感冒带到单位，特别是播音员主持人记者这些要出头露面的，别感冒了影响工作。王友友竟然将此话收入档案，原党办主任不同意，他与人家争得面红耳赤，说这句话最能体现领导关爱下属，有人情味，是新型领导的风采。王友友会拍马屁，张说的每一句话，他都要跟着记录，还恬不知耻地说，"张总的话句句科学字字哲学"，"一句漏不得，漏掉是公司里的损失，是文化事业的损失"。他张一嘉一个中等城市的小小文化企业的总经理算什么重要人物，有多高的水平？王友友不惜肉麻地奉承，无非是想捞点政治资本，他那副看似老实的外表下，是一颗猥琐而又狂躁的政治野心啊！

还有更为恶心的事情。公司的人都明白，王友友特别喜欢假积极，动不动就加班加到深更半夜。请问，一个正式在编人员不过二三百人，加上聘用人员和临时工才三四百人的单位，能有多少业务做不完，要他一个行政办主任不停加班？那么王到底在加班干什么？不少常值夜班的人心中有数：王在加班做不齿之事呢——每当他加班的时候，投资财务部的副经理邬娜也会"碰巧"加班。小少妇叫邬娜，原先在一家民营广告企业当现金会计，这家企业跟我们有合作，合作来合作去，我们公司钱没有赚到，邬娜却莫名其妙成了我们公司的投资部副经理。据说，她当初公关进来时，是王友友去找领导，说她是自己的堂侄女。进来后人们发现根本不是那回事。王友友的办公室在最顶楼的拐角，旁边只有一把手老总办公室、仓库，那最顶层楼也只剩下会计室和公司的大会议室，难得有人上去，晚上就更是世外桃源了。但是世界上哪有纸能够包得住火呢？他们行苟且之事的声浪还是一波一波传到了人们的耳朵里。邬娜要是王友友的堂侄女的话，那他们岂不是乱伦！所以，所谓侄女不过是个"借口"罢了，是五百年前的侄女罢了。

按理讲，公司里流言传遍了，张一嘉对这件事是王八吃算盘，一肚子算盘珠，有数得很。可主人爱狗，王友友的缺点被马屁功盖了，张就"睁眼瞎"。可这就滋长了狐狸精邬娜的妖气。这邬娜据说大学时就风流成性，毕业后分配到一家国有电子厂财务科工作，自以为才比天，相如星，命像纸，小庵里容不下她这个大尼姑。后来搭上巨龙广告公司的老板，跳槽到民企，不知什么时候捞上了王友友这根救命稻草，爬进了我们单位。邬娜仗着这点优势，在公司里撅着屁股走路。她打扮妖艳，举止轻佻，她的形象，有这样的描绘为证：

一不到，香水到

二不到，鞋跟到

三不到，"大妹妹"到

四不到，就白不到

尊敬的领导，请原谅我们做一点庸俗的解释。

这个小段子不太雅，但它来自群众，代表群众的观察和认识。说的是邬娜上班、开会和参加集体活动很少准时，总是拖拖拉拉，但是她人没到，她身上浓烈的香水味肯定会提前到场；人还没有到，那她叮叮当当的高跟鞋示威般地敲击地板的声音肯定提前到场；再没有到，她的高傲的"大妹妹"（大胸脯）肯定先进门了；实在不到的话，那也没关系，这次点名就不算数了呗，反正没有人去处罚她，更没有人敢去少发她一个子儿！你不服还不行，这女人傍的不是大腕儿也不是大款，但是她吃屎碰上一块肉，找到王友友还真找到了靠山呢。

作为办公室主任，要有一定的文字水平吧。至于王友友那点墨水，那就更拿不出手了。他几乎打一个喷嚏，就能带出一串错别字。比如，"元旦文艺按排"，有人提醒他，是"安排"不是"按排"，他还振振有词反驳，说这是个动词，当然应该带提手偏旁，不动手怎么"按"得起来怎么"排"得上呢！他把"安排"的"安"等同了"按摩"的"按"，要动手呢。这真是我们单位的耻辱啊。

李天武其人：

聘用的总助理、经营总监兼综合市场部主任。

回顾经济传媒公司的历史，我们知道我们单位虽然规模不算很大，但凝聚着市委市政府几代领导的心血，整合了原市电影放映发行公司、市国营大剧场、市广告公司、市经济新闻网、市文化旅游公司、市影视制作公司、电视商城和网络购物公司等多家新老文化单位，有的整合进的单位，像电影放映发行公司，有好几十年历史，几代人的汗水。几位副总和一些中层正职，都是市委市政府主管部门直接任命的，或是从原先整合进的单位领导中提任的。他们都不是现任总经理自己选拔物色的亲信，这成了总经理最大的心病。近年来，张挖空脑袋，决意要夺掉他们手中的权力。于是学习社会上的一些广告公司的做法，搞了个总监负责制。什么新闻总监、经营总监、文艺总监等一系列总监，他一手直抓这些总监，总监们由他培养，由他提拔，只对他负责。这样一来，副总就形同虚设。尊敬的领导，我们不需要一一列举这些总监是什么货色，只需看看掌握公司经济大权的经营总监李天武的来历和人品，就可窥一斑。

三年前，张一嘉从社会上招聘了十几个所谓的特殊人才，来公司搞经营和其他项目。李天武是他们中的"杰出"代表。此人号称上海艺术学院实用艺术的研究生，并有过留洋经历，手中有三张金文凭：上海高校的工艺美术学学士、长江商学院的行政管理学硕士、南京大学国际商学院的工商管理博士。张一嘉替李天武到处宣扬，说李天武是他在人才市场上淘得的一块不可多得的金子，既有理论水平，又有艺术素养，更有社会阅历和实干精神。李天武到底是一个什么样的"人才"，没有人能弄得清他的过去，恐怕只有上帝和李天武自己知道。不过，这没有关系，就算他那些"辉煌的过去"全是真的，那么，李天武是个什么样的活宝？让我们来看看李天武在公司的所作所为：

一、昨日"文秀才"，今日"武士道"

李天武刚刚被聘用到公司里的时候，尤其是转正前，文质彬彬，显得很有素养。此人的右胳膊和右腿都有少许残疾，走路摇摇晃晃，一开始说是小儿麻痹症留下的后遗症。尽管如此，此人显得不卑不亢，走在公司里，见人一脸笑，说话软软的，甚至有些女人气，虽然有身疾还主动让路给别人。大家心里很过意不去，都很尊敬他，信任他。可时间一长，从一年的试用期满转正开始，他的尾巴便藏不住了，露出一脸凶相，江湖习气、流氓本性暴露无遗。

他嚣张地宣称："老子是堂堂正正的爷们儿，用不着像个讨饭丫头！""告诉你们吧，老子的胳膊腿，根本不是什么小儿麻痹后遗症，是跟欺负老子的人火并，被人砍的！砍老子的人一辈子都站不起来了，老二也被我弄残了，哈哈！敢欺负到老子头上，下场啊！""地球离开我照转，但公司离开张一嘉和李天武，还真转不了！""我就看不惯有些人的臭酸气，再来一次'文攻武卫'，我照样斗他们，送他们进牛棚……"

这就是一个国有文化单位"二把手"挂在嘴上的家常话。

在张一嘉的扶持下，李天武一步步得势，并如愿坐上全公司最实惠的位置。

小人得志，格外猖狂，李天武开始在经济传媒这个舞台上充当打手。他先是对张一嘉最恨的文艺部主任康中辉开刀。康是当时不买他们账的几个中层干部之一，是我们省优秀的影视导演和文艺编剧。由于他是文艺部的老主任，拒绝对张等人言听计从。张要安排他最欣赏的女主持人童盼，"通吃"文艺部组织的节目和所有出镜的节目，到康中辉这儿就卡壳。我们不否认童盼同志是一名优秀而勤奋的主持人，但是朱军、周涛、王小丫也不可以通吃中央台啊，杨澜也不能把自己的阳光卫视全包了，当年吴小莉她名气再大再漂亮再聪明，也不能不让刘海若、姜丰、孟广美在凤凰卫视出头啊。所以，我们觉得康中辉未必就是故意"黑"童盼的。但张一嘉不高兴了，他不能容忍心仪的女人至高无上的利益受损。恰恰在此期间，文艺部在网络娱乐频道中反复播了几次赵本山的小品《卖拐》，李天武就破口大骂康中辉是指着和尚骂葫芦，是对他的恶意侮辱，是恶毒嘲笑身体有毛病的人。他先是停播了这个节目的广告，扣没文艺部的广告提留，使文艺部所有职工利益受到影响。时间一长文艺部下属们就对部主任产生意见。李天武并没有解气，又找碴，在食堂里对康中辉大打出手。

尊敬的秦市长、许副市长，请您们设想一下那种狼狈的场景。堂堂市属的处级国有文化单位，一个体面的精英云集的地方，一个出形象的地方，竟然出现中层干部在公共场所互相谩骂、打成一团的丑事。两个大男人扯着彼此的头发，在餐厅油腻腻的地板上滚爬了半个小时。但最终还是流氓狠毒，李天武用啤酒瓶砸破了康中辉的头，鲜血在地上流淌，我们的女记者、女主持人看了吃不下饭，我们有些胆小的姑娘吓得"哇哇"直哭。传媒公司成了流氓的发威之地！成了令人心惊胆战的魔窟啊！

这件事情也成了干洲的超级大笑话。有人编排了一首打油诗嘲笑市传媒界，说：

电视之家女人当，男人热衷比窝囊

之路广播电台是猪窝，吃完皇粮等补助

经济传媒粪土壮，餐厅厕所满流氓

这些话虽然说得有点过头，但句句都是有说法的，字里行间都是有故事的。在餐厅里打架，不是流氓行为是什么？在厕所里搞女人，不是流氓是什么！有歌唱道：

小台故事多

充满刀和肉

……

二、美女美元

谁都知道，公司最大的广告合作商，是大名鼎鼎的巨龙国际广告传播公司。巨龙何以要通过我们，拐弯投放广告？巨龙公司是大是强，但全市与巨龙势均力敌的公司，有好几家，比如，大名鼎鼎的新干传媒公司，为什么几年来我们就是挤不进？作为国有传媒公司的优势，我们控制着主城区重要地段广告位，市内高速公路所有高炮位，主流媒体黄金时段的独家代理权益，这些由政府保障的垄断资源，为何只给巨龙合作享用？

调查一下这家公司的背景，我们发现疑云叠叠，迷雾重重：据说，巨龙公司的境外注册资金来自香港，但巨龙公司的员工从未见过港方老板。有人说，港方老板实际上是李天武的老婆——李天武在澳大利亚和新西兰混过几年，那时他的老婆和孩子一直在国内，等李天武回来了，她们反而出去了。李天武到处宣扬他老婆聪明过人，是公派的访问学者，女儿也是自己考出去留学的。事实上，我们认为李天武的女儿是自费留学，老婆是投资移民加拿大，然后到香港地区注册了企业，再与内地合作，产生了巨龙。李天武与她里应外合，就合情合理地洗起了国有企业的钱。巨龙的老板也许只是个傀儡。

与李天武打交道的公司老板都知道，李天武不喜欢人民币，要贿赂他，最好用美元。李天武经常对他的狐朋狗友们说，别看人民币现在吃香，前途未卜啊，还是美元坚挺，瞧那绿色的票子，一看就有生命力啊。为什么李天武对美元情有独钟？一是因为李天武其人坚信"拜美金主义"，二是因为这美元转移到境外方便着呢！据说李天武的老婆每年回国一次，李天武就到那些有求于他的合作商老板那儿，让人家想办法帮助"兑换"美元，这实际上就是索贿。一个老板"不懂事"，果真以国际牌价兑美元给他，结果没几个月就出现"因果报应"，公司失去了与我们合作的优惠权。他哪里知道，其他人给的价都是一元人民币兑一美元，一万元起兑，最多也有兑十万、二十万的……

李天武把老婆送出去，既为了洗钱，也是为了方便自己的"拉链门"。

在比下流这件事上，李天武确实有他吹嘘的资本。李天武在来经济传媒工作前，办了一家什么中介公司，经常和生意上的朋友在娱乐场所鬼混。有一次在小帝国桑拿中心嫖娼被抓，是他老婆找到在市局治安大队工作的老同学帮忙"捞"出来的，所以，他老婆出国，一半也是被他气走的。应该说，李天武还是有些经营头脑的，听说他最初参加广播电视系统招聘，主要目标是主流媒体的市电视台，可人家电视台是女同志当家，坚决不肯引狼入室。最后，李天武是"委曲求全"，找到张一嘉这个知音的。李天武就这样打入了我们单位，从此我们经济传媒的女人就与狼共室了。第一年，李天武就把人家女实习生肚子搞大了。网络女主播古霞长得端庄文静，李天武对她百般献媚，古霞不吃这一套，李天武就在外面捏造绯闻，致使人家与男朋友不和，最终导致这对可怜的小恋人分手。广告部有几个女业务员，贪小便宜，很快被李天武搞定，事情败露后，有的干脆与正在谈恋爱的男友分手，一心一意当起李天武的小老婆。李天武居然当着其他人的面，摸女孩子们的屁股，经常肆无忌惮地在办公室调情。每次出差开会，都有小美女跟随左右，祖国的大好河山，到处留下他们的肮脏足迹。还有，广告部、电视商城等单位，小姑娘如云，她们大多数是李天武招聘来的，也可以说是李天武选美选过来的。李天武开会对她们训话，要求她们对传媒事业要有"献身"精神，与其说是献身传媒业，不如说是献身他这个流氓主任！

我们单位好色的男人当然不止一个，但像李天武这样明目张胆的，绝对只有一个。问题的症结还在张一嘉身上。张一嘉是传媒界出了名的狠人，整起下属来从不眨眼。去年经济新闻网站有一个记者跟女实习生谈恋爱，被好事者发现，打小报告给他，第二天，实习生就被赶走，那位记者也被待了岗，至今没有能"再就业"。可张一嘉就是不管管李天武，人们的心中充满了愤慨和疑虑。

三、对上则为奴，对下是恶狗

在张一嘉的面前，李天武竭尽展示奴颜媚骨。

李天武三句话不离"我们的老板""我们的大老总"，好像哪一天他不奉承几句张一嘉，这一天太阳就落不了山。张一嘉每天下班，李天武只要在楼里，一定要送到下面，亲自帮张一嘉拉车门。张一嘉有专车和专职驾驶员，但张一嘉喜欢自己开车，他的车本来可以自己洗刷，或者让驾驶员洗。可是，李天武却要揽这个活儿，经常一瘸一拐地为张一嘉洗车。张一嘉要午休，本来在食堂和大家一起吃饭，李天武偏偏要叫食堂每天中午专配盒饭，送到张一嘉的办公室。就是张一嘉的屁股也比大家的金贵：张一嘉的办公室有卫生间，原先手纸由服务中心与楼里所有厕所用纸一起配，李天武不同意，专门让广告部买高级抽拉盒纸，送到张一嘉的卫生间。那纸高级得一般人擦嘴也舍不得的。李天武还亲自以单位聘用工的名义，录用了一个有文化有气质的电大女毕业生，做张家的保姆，上岗前又是笔试又是面试又是体检，听说是不是处女都要盘问一遍，比古代皇帝选妃子还严呢，比北大清华招生还严格呢，比东方航空招空姐还高标呢。当然，张的老婆身体不好，常年在家养病，单位派一个工勤员去照顾，我们觉得无可厚非。但选用一个保姆，用得着那样大动作吗？……我们不再一一列举了，否则，单这一点，也能写个万儿八千字的。

有这种细致入微的精神，如若用到工作中，用到所有与之有关的同志身上，那他李天武也算是个好干部了。可他怎么对待同志，尤其是那些比他级别低的同志呢？广告员小陆因为一笔款子没有及时追回，他克扣了人家全年的广告提成。小陆家在安徽农村，父亲患了癌症，年底等儿子的钱还医疗费，还要过年开销。穿金戴银、一顿饭吃上万元眼都不眨的李天武，一个子儿也不发给这个可怜的年轻人，说什么严格执行规章制度，不开这个口子。小陆在办公室号啕大哭，那情景再惨不过了。电视商城有个清洁工，拖地板不小心将洗涤剂洒了，没有来得及处理干净，恰好那天李天武去那儿办公，滑了一个跟头，气得破口大骂这名妇女。人家顶了他一下，李天武随手就是一个大耳光，打得那个清洁工半边脸肿。妇女的老公一直把李天武告到劳动保护委，并到妇联等单位投诉。要不是张一嘉的包庇，这种侵犯妇女劳动者的暴力行径，一定会受到严惩！可李天武并未后悔自己恶劣的举动，还振振有词地说他是替上帝打的，如果跌的是一个消费者，那是什么后果？这分明是公报私仇！

秦市长、许副市长，我们从小读过很多控诉地主资本家狠毒的文艺作品，但在生活中活生生的"拿摩温"，在社会主义的新中国，没有见过。今天，"拿摩温"在干洲市经济传媒公司复活了。试问，张一嘉之流是不是要把干洲经济传媒办成"黑社会"、把员工变成"包身工"呢？

张一嘉在公司的一些爪牙，以及社会上一些不明真相的人，甚至宣传文化口的一些领导（比如，市广播电视局局长刘伯庭），都错误地认为张一嘉是个能人，是个书生，是个低调的干部，是个正派的党员。可是，一个正派人怎么会全用一些流氓恶棍把持党的事业呢？张一嘉到底是隐藏得深，还是脑子糊涂，用人失察？为什么小人在张一嘉那儿总能得志呢？小人的头目难道会是一个正人君子？这不是滑天下之大稽吗？

张一嘉有个最大的毛病，就是目中无人，逞能自傲。当初他在电视台任副台长，根本不服赵如男台长管，并说，自己不能在女人的下面，一定要"男上女下"才舒服。经济传媒组建时，张一嘉谋到了总经理的位置，但是他并不满足，从来没有安心工作过一天，整天为他的政治野心忙着在外面交际公关，任由李天武、王友友之流操控公司，把公司搞得乌烟瘴气。最近，市里要组建国信文化传媒集团的消息传出来了，张一嘉又开始蠢蠢欲动。请市领导密切关注这个不把心思放在工作上的野心家！

张一嘉这个人也非常冷酷，家庭观念淡薄，很少关心自己的家人。张一嘉的老婆是他的大学同学，据说，对张一嘉的事业曾经帮助很大，后来生病了，张一嘉就嫌弃起来。张一嘉拼命培养童盼，据说，得到了老婆的默许。张一嘉的老婆是个事业上了不起的女人，意志坚强，心胸开阔，据传因与张一嘉不能过正常夫妻生活，张一嘉快压抑变态了，老婆发觉后主动放弃自尊，"暗示"和"鼓励"张一嘉在外面交一个"红颜知己"。天哪，女人允许丈夫这样做，何其无私！而男人果真忍心这样做，何其下流啊！不比不知道，一比吓一跳。德不配位，德不配位啊！

我们希望秦市长、许副市长彻底扫清经济传媒的小人，为迎接新的一轮文化改革和大文化产业的春天，铺平道路。给我们这些尚有正义和良心的基层党员，一点勇气和希望吧。

此致
敬礼！

干洲经济传媒公司部分有良知的老干部
于多事之秋

9. 名堂

大市机关毕竟是大市机关，它跟小地方的单位不一样。不一样在哪儿？关于这个，新凳子还没有坐暖，新桌子还散发着浓烈油漆味儿的关文水，有突出的感觉。感觉是感觉，还谈不上什么具体的感受，他到市文改办常务副主任岗位上，才十几天。

当然，抓上一两个"有感觉"事例，却是容易事。比如，关文水第一次参加的文改工作扩大会议，副市长、文改办主任许之光就说了一句话，令他大吃一惊。这叫少听多怪。全市文化战线上的广大干群，都知道这句话是许主任的老调，不塞耳。人家许主任是大侃家，有人说，他就是靠这句话搞到今天这个重要位置的，也是吃透了这句话，才把这个位子坐稳的。

在会议桌的正中位置上，许之光攥起拳头，翘起大拇指，深沉地环顾了大家一下，语重心长地说："有一句话我要反复说，同志们，文化工作是什么？文化工作就是有声音，有图像，有影响，有档次，还要有效益。就像宣传工作就是文山会海！你没有文山，你没有会海，你不用烂笔头写，你不磨破舌头，广播里没声音，电视里没图像，网络上没链接，文件短秃秃，报告干巴巴，你怎么做宣传工作？想一想，我们文化工作跟政府其他工作不一样啊，人家要干出楼盘，人家要修出罗马大道，人家要 GDP 数字，这要像老干部的血压，每次一量，清清楚楚往上涨了。我们呢？我们这种所谓的影响力，工作就成了看不见、摸不着，就成了来无影、去无踪。有一阵子，我们生搬硬套外国人的那一套，觉得文化也就是娱乐项目，也就是经济工程，要弄点实效来，多挣个一亿两亿的，才是真谛。结果怎么样？累死累活，这文化啊，产业化，急不得，效益出来慢。但忽视了文化本身的价值，没有造势，社会效益没有顾上，结果呢？我到基层去，遇到一个做生意的中学老同学，他一见面就哇哇说，许之光啊许之光，前一阵子我可为你担心呢。我说啥事，他说，我好久不大听到你这条块的声音了，不大看到你出镜了，以为改革把这些虚的单位都撤了呢，这好容易摊上个当官的老同学，怎么这么不巧就给改了呢？后来天气凉了，镇派出所的所长屁股上挂着枪，陪宣传部的同志下来造声势，我才松了口气，知道我们的文化还在，那些擦屁股的报刊还在！……别笑，同志们，我这是亲身经历，我这是认真的，想一想，别给广大人民群众造成一种错觉，好像文化就是娱乐，娱乐就是票房收入、门票收入，它没那么简单，没那么功利，没那么直接……我这些话你们觉得有道理就听进去，但不正规，别往报刊电视上弄；没道理，就一笑了之吧。"

想来想去，关文水觉得许主任的话生动，但要说的道理他内心没码准，在会议上就简单地表了个态："我是从基层来的，以前没干过文化工作，许主任的话是多年工作的经验积累，我要认真消化，争取少走弯路。"

关文水这些话，其他人听起来是新官惯用的一番谦虚的话。关文水自己确实是发自内心。大学毕业到基层，十四年来，他做的是镇水利委员、副镇长、镇长、干洲市干水县管工业的副县长；后来干水撤县改市，他是第一批市委常委，后来成为常务副市长，只做了三个月，而后市长出事，被"两规"了，他顺理成章就接了市长。他是干洲历史上最年轻的市县正职。这次，他被破常规调到今天这个岗位。翻遍简历，就没有搞过"软"的。要说有关联的经历，除非说到学生时代去，大学做过学生会副主席，"分管"宣传部、文体部，但这只能当笑话，过家家的。现在他自认为是粗人一头扎进"文人堆"，听他们的话，就是觉得不一样。他得学着点儿，别一落笔一发话一登台就破裤子露腚。大家容易关注新人，这个，关文水懂。

市委书记洪远同志在关文水上任的时候，反复对他说："文水同志，文化工作要虚功实做，你好好体会，为什么我向组织提名一个基层领导来抓文改办的常务工作？改革将至，大任在前，文化系统矛盾重重，你要有思想准备，智慧准备，方法准备。为什么年前让你仓促上任，而且不搞宣布仪式，一是让你先悄悄熟悉情况，二是一旦你正式露面，就必须讲话，必须就很多问题表态，不要打无准备之仗。"洪书记还说："现在市政府分管文化的许之光同志，经验很丰富，你作为年轻干部，既要注意虚心学习，承上启下，又要继往开来，有所创新。"

洪书记的谈话和许副市长的讲话，一个强调文化工作的"要会虚"，一个强调文化工作的"虚要实"；全市的工作，当然是洪书记领导，但许副市长是文化工作的直接领导，这中间还有市里其他领导，比如，宣传部的部长们，既直接又间接，关文水不得不提点神儿，他要踩的是独木桥。虽说工作到底怎么搞，终究还是既要围绕文化工作的虚，又要做出产业的实，但在方法上还要变通着点儿，不能光看前面，不顾左右。否则，即使能站住，也不能说全无危险。这险情，也就在人际关系里。你如果处在一种人际关系里，就必须先研究你周边每个人，研究他们的习性，研究他们的好恶，研究他们的人际关系。在弄懂这一切之前，你其实是一个冒冒失失闯进陌生丛林的游客，赤裸裸地暴露在明处。你如果轻易表达自己，很容易被不知哪儿来的冷枪射中。关文水想想洪书记对自己说的"三个准备"，确实是中肯的。其中的深意，是不言而喻的。

有了几个"准备"，关文水静悄悄地上班来了，凡事不动声色，不急于表态，不拿方案。他基本上在做两件事，一是听会，二是阅文件材料。会议上捕捉的，基本上是老生常谈；材料里，确实能得到不少信息，尤其是有一种材料——举报信。

关文水做过不少年的领导，这举报信，也是家常便饭了。他当市长的三个月，曾专门设过一个市长信箱，听听老百姓的建议，帮助解决一点实际困难，同时监督一下各部门的风气。每个月收到不少信，可这个量满打满算也比不了到文改办两个星期收到的举报信多。最不一样的是，在这里收的信，特别是举报信，真是洋洋万言，读罢不忍废弃，篇篇好文采。全市宣传文化系统的大部分领导干部，关文水还没来得及去认识和了解，但这些信几乎涉及全了。如果你全信，在脑子里画一张图，来写生这个系统，那只能画一盆屎，上面站满了千姿百态的大苍蝇。有时候午休，一个人待在有暖气的办公室里，躺在沙发上的关文水，根据人民来信的内容，在脑子里下意识这样一画，竟忍不住笑出来。文化人是唯美的，文化人是苛刻的，文化人也是……很逗的呢。所以，你还真不能用这些举报信的内容，去勾画这个系统，了解这个系统，这一定是非常偏颇的。

闲着的时候，关文水想起一件事：他有一位师兄叫李东平，在省内另一个市当市长。七八年前，省委组织部到基层选拔干部，在鲁南大学当科研处处长的李东平，作为最有才华、最有政治潜力的后备干部，选调到该市当副市长。你可以想象这个三十几岁的年轻知识分子，一旦迈出校门，为一方父母官，那种读书济世的热情沸腾起来，随时会喷薄而出。但是上班几个月，发现当官好像不是那么回事，而是早上埋在电话里，中午埋在文件里，下午埋在会议里，晚上埋在饭局里，天天埋在琐碎的杂务里。副市长感觉有些窝囊，有些憋得慌，就在他快被死气沉沉的生活弄得撑不住时，机会来了。

年底，他收到一封声泪俱下的人民来信，是市里的老国有企业肉联总厂部分职工，控诉厂方克扣政府规定的每月两百元的职工最低生活保障费。来信说："对我们厂里那些官僚来说，这些钱不过是他们随意多加的一道菜，而对我们这些曾经为企业流了几十年汗水的普通工人来说，两百元，可以让老伴在寒酸的年夜饭桌上少掉一掬泪，可以让年迈多病的老父亲多买几瓶止痛药，可以帮小孩凑一笔开学的费用啊！尊敬的市长，我们知道您是青天，快来替我们做主，让我们过上一个太平年吧！"副市长读完信，满眼含泪，痛心愤慨，当天就来到厂里，对工人们慷慨陈词："二百元钱不算多，但它是政府的一点心意，也是广大工人多年奉献，现在应该得到的基本回报，是一份阶级感情。谁也无权克扣，谁不让工人过年，我就撤谁的职，让谁也尝一下下岗的滋味！有问题继续向我举报。"在工人一片掌声中，副市长坐车离开了。他前脚刚进市政府大楼，人家厂长后脚就跟进来了。干吗呢？找一把手市长辞职呢！说这小年轻不懂基层的复杂情况，不明真相，到企业去乱说一通，工人们都被他煽动起来了，打闹不止，一部分工人就要到市政府来要说法了！厂长说："市长啊，您最了解我们企业，知道我们有多不容易，这样传统落后的困难企业，市里不做投入，不补贴，又不肯改制，几千号人我们怎么养！"

市长马上意识到问题的严重性，赶紧对厂长赔笑脸，同时迅速交代分管工业的副市长、政府秘书长和经贸委主任、财政局局长等组成一个紧急工作小组，采取措施，安抚工人，稳定情绪，制止事态恶化。事后，这位冒冒失失的李东平，主动要求市委给了他一个处分。这件事的后果是，他比同一批考察锻炼的副市长，整整晚了两年，才把"助理"换成"副"字。

想想，举报信这东西，你不能不信一点儿，但你不能全信，更不能迷信。这个，关文水更懂。但内容真实的信和虚假的信，都是有用的。真实的信反映了被写者的真实问题，虚假的信至少也反映了写信者的真实心态。反正，这假中有真，真中有假，关键要会看。

有些信，你不能不重视。比如，领导批转过来的，那么多信，领导为什么就批这一封、这几封？你要认真研究，不要在抽屉里一塞了之。

关文水的黑文件夹里，就夹着上文抄录的这封信。信是写给秦市长和分管宣传文化工作的市委副书记黄汉平的。秦市长就批了几个字——"转汉平同志"。落款是几个月前的九月三日。黄副书记则在页首上批示：

"送之光同志一阅。当前正在酝酿文化系统的改革，请关心一下基层的反映，注意维护稳定，做好工作。黄，九月五日。"

十二月四日，这封信又经许主任阅批，转到关文水手中。

"文水同志：最近反映市经济传媒公司问题的信件较多，如反映内容属实，涉及用人失察问题，我是有责任的。你分管文改常务，此信转你阅研，可从一个侧面了解经济传媒公司及其负责人，并为即将开始的文化产业整合提供参考。许之光。"

有几个领导的批示，关文水心里不禁"咯噔"一下，不由得认真地把这封信读了好几遍。好在，信的内容绝不枯燥。再研究一下信的落款，发现这是一封几个月前的老信。既然是老信，为什么要这么郑重其事地在几个月之后，又是批示，又是转阅呢？还有，既然宣传文化系统的干部这么喜欢写举报信，许主任手中的信，这么多年，也不会不堆成小山了，为什么偏偏转这封信？

"十二月五日，关已阅。"

关文水的一个下午，除了签发了新闻出版局送来的一个读书活动报告，几乎没干成其他事，一头扎在这封长信里就没出得来。这封信虽说不枯燥，但几十页纸的打印稿，还是读得他天昏地暗的。他记得在县政府工作的时候，能收到一封超过三页的信就要很重视。但他现在得提醒自己，吃文字饭不能过于被文字牵制。文化人能编场戏让你大掉眼泪，怎么就不能写封信让你坐立不安，让你激动，让你光火，让你拍案而起？

这是关文水思考再三，在信页上写下的批语。

从基层干上来的人，就不会犯这类书生气。天再昏，地再暗，关文水的脑子不会灌糨糊。不灌糨糊是不糊涂，但不等于没有发热啊。

关文水打开窗户，放掉屋子里聚集了半天的暖气。西天正好在落日，穿过城市上空灰色的空气望去，这个有点陌生的城市晚景，像一幅时下流行的磨砂的怀旧题材画作。

10. 童盼

整整一个多星期了，张一嘉几乎没有离开过公司的大楼。

像往年一样，到这个时候，他把自己关起来，和公司的文艺骨干，以及经营部门的负责人，吃住在楼里，商量筹划元旦电视晚会。这是每年各家文化单位辞旧迎新的重头戏，市四套班子的领导都要参加，各媒体要报道，要播出。这台戏就不是一般的重要，每年排演期间，市委宣传部、市文化局和市委市政府的秘书长们，都要亲临现场好几次，审看把关。应该说，对单位来说，这算是个工作总结、实力展示，也是很自然的一种成绩汇报的机会。想一想，不到这个时候，是没有哪个领导有闲工夫，专门来了解你一个小单位的收成，来拿正眼瞧你们呢！

这场晚会被各单位领导定义为单位的"年终决战"。

经济传媒公司职工动员大会的主席台上，总经理张一嘉不知是有意，还是无意，穿了一件鲜红的外套。这是去年年底他亲自策划的一次活动的工作服，一个地方民营服装企业，为那次活动赞助定做的。这衣服本来是从事野外采访和摄像的工作人员穿的，还有参加活动的青年志愿者穿着做宣传和制造热闹气氛的，但那次活动引起的反响大出人们的预料。香港凤凰卫视的一位美女主持人，不要一分钱，不辞劳苦地飞到这个名不见经传的中等城市，主持了活动，而且就穿着这种红色的羽绒服。未出差的市领导和正处级以上老同志，那次都亲自出来了，有的还托秘书来为亲朋好友索要活动票，上万观众把市露天体育场挤得水泄不通。事后，这家企业的红色服装在本市和周边地区卖疯了，老板一高兴，又给活动追加了一百二十万元的赞助费，外加二十万元的服装费。市长秦卫民在《干洲日报》撰写了署名文章《企业要勇敢走台》，号召全市企业向该民营服装企业学习，善于借助外界条件，亮化自己，打造地方名牌。文章虽然是表扬企业，但对经济传媒公司的这次活动，也是一个最好的肯定。这也是市里的重要领导，第一次以文字见报的形式，公开表扬经济传媒公司这样的单位。整个冬天，张一嘉和他的伙伴们，几乎都没舍得脱下身上的红衣服。

　　但去年是去年，今年是今年，今年人们不穿红色服装，不谈论凤凰卫视的美女主持和"走台"的文章了，张一嘉却把这件衣服翻出来，穿到元旦晚会动员大会的主席台上来，其用意还需多说吗？

　　老游主持会议，说要拿出去年的劲头，再创辉煌，然后请张总做动员讲话。张一嘉总结了一番全年的工作后，就把话题切入今天会议的主旨上来。他强调指出："这个决战要赢，而且要大赢。同志们要问为什么，我来回答你。"

　　张一嘉故意停顿了一会儿，然后大声说："因为我们全年的战斗是赢的，所以年终决战必须赢。我们不能做兔子，短尾巴！"

　　"我要衷心地对大家说几句话。"张一嘉把羽绒服的衣扣解开，又示意办公室的工作人员，关掉会议室嗡嗡作响的中央空调，他的声音就显得更清晰、响亮和有穿透力：

　　"第一句话，我们经济传媒公司要有自知之明，要有忧患意识。我们比起其他文化单位，实在是个小公司，不足挂齿啊。比如，人家千洲卫视，有几十年的历史，电视本身是主流直属媒体，影响大，直通千家万户，有近千号人的队伍。再说之路广播电台，别瞧不起啊，人家的历史可有半个世纪，历史上广播的新闻作用曾是最大的，瘦死的骆驼比马大，电台排在一级新闻文化单位的第一位，也是几百人的大摊子，而且这几年，广播与交通联合得很好，交通广播频道年收入早几年就过亿了。还有日报社，那是党委机关报。你们不要以为人家效益不好日子就难过，不是！我们呢，虽然有些单位历史悠久，但真正企业化运作，也就十几年的历史，百号人的小队伍，抬高自己说，也算是直属文化单位，但规模和地位，充其量只能算是次要的一家企业而已。一级谈不上，二级我们不服气，好歹算个一点五级新闻文化单位吧。比如，市政府当初投钱办经济新闻网站，是新媒体的一种尝试和传媒新技术发展的一种要求。现在网络技术都快下岗了，早就进入数字时代了，我们看上去变了，但做到脱胎换骨了吗？要是我们不求上进，把这个新业态办成拖后腿的老产业，政府说撤了我们就撤了我们。如果我们既无经济收益，又无社会效益，加上本身没有大的政治功能，那么我们不就是个'三无'文化单位了吗？上不影响社会舆论，下不影响百姓利益，毫无意义！大家想想是不是这样的。"

会议室一点声音都没有，张一嘉环顾会场，继续慷慨陈词：

"第二句话，不要有浮躁感，但要有荣誉感。是的，经济传媒是个小公司，但是这十几岁的公司，而且是一个老弱病残、各路人马组合到一起的杂烩，我们把一个不伦不类的杂烩，也就炒了十几年，今天可以理直气壮地说，这是一盘像样的菜了，色香味俱全啊。我想，正在进行中的文化整合，无非就是我们已经摸索并且初步取得成功的路子。你看看今天，我们经济传媒个头不大志气不小：通过全公司上下团结奋斗，通过不断改革创新，我们有了一流的节目品牌，这些节目投放在各地电视台、视频网络，都有着很高的收视率和点击率；我们的广告产值，一直稳居全市前列，也稳居全国中等城市数万家广告企业的前列，所以我们一直是全国和省级广告协会的理事单位。

"这里特别要说的是，有了最好的体制才有最好的经济效益。比如，去年我们的电视和网络购物，干出了八点四个亿的销售额，今年的数字还没有最后出来，李天武同志正在统计，我估计不会少于九个亿。同志们算个账啊，我们干出了人均三百多万的毛收入啊。按照这个数字去算算，干洲电视台应该干到几十个亿才能和我们持平，但对他们来说，这肯定是个天文数字，我听说才三四个亿。之路广播电台和日报社等单位，就更不值得一提了。从这个角度讲，我们不是大赢家吗？不是举足轻重的大新闻文化单位吗？大，不是人多、事业大才叫大，志气大才叫大，我们要为自己的汗水和收获庆功，我们要为自己是经济传媒人骄傲。"

张一嘉说到这儿，停下来，点了一支"芙蓉王"，猛吸两口，然后很畅快地吐出一柱过了肺的青烟。他下意识地向台下的一个方向瞟一瞟，目光便如约般地与另外的目光"交了一下火"，张一嘉的目光便像被烫了一下，缩了回来。但这种被烫的热度很快传递到心灵的深处，并煮沸了一个男人最自我欣赏的那种激发热情和自豪的东西。

地方著名的新媒体女主持人童盼，有一双十分煽情的眼睛。

关于这双眼睛有太多的描述，太多的传闻，太多的故事。其中最有代表性的，是说有一次市委宣传部组织审看童盼主持的一档专题节目，节目看完了，一屋子参加审看的部长、处长和专家们，一个个呆在那儿，什么意见都谈不出来。主持审看会的市委宣传部部长急了，问大家怎么回事。有个专家说，都被主持人电着了，走神儿了，赶紧重放一遍吧。大家嘻嘻笑起来，然后又哈哈笑起来。部长也被逗乐了，说，这丫头，唉，这丫头闹的，重新放重新放吧。又说，什么叫主持人，人家凭网络视频，弄得这么出彩，我们的电视主持人要好好向新媒体主持人学习了。电视电视，没"电"这怎么"视"啊，这丫头才是真正的"电视"主持人啊！

据说会后，部长亲自出面，想把童盼调到电视台当"一姐"，童盼本人和张一嘉都不约而同地拒绝了。张一嘉还斗胆"批评"了一下部长："部长大人啊，您还是看不起新媒体，认为电视高贵，好肉都要盛到传统媒体的碗里去，这教我们夹缝中求发展的新媒体怎么不委屈啊！"部长哈哈一笑，说："罢了罢了，张一嘉，我无非是表达一下对童盼姑娘十分欣赏的意思嘛！"

这个故事被添油加醋传到基层，在百姓中流行开来，当然被加工得夸张、变形了些。但童盼的眼睛与常人不一样是事实。观众都喜欢这双眼睛，需要这双眼睛，每天习惯在屏前与这双眼睛过电。

童盼那双眼睛容易在人群中显出来，不奇怪。任何人坐在主席台上，稍微用心，就能够很快搜出那双眼睛。但张一嘉不一样，张一嘉是五百度的近视眼，平时是戴着眼镜的，他有一个奇怪的习惯，开会坐主席台并有讲话任务时，就把眼镜摘了。他认为这样至少有三点效用。一是与台下的人少了一层交流障碍——其实，他摘了眼镜即使是看台下第一排也是一片混沌，但台下看他就不一样了；二是可以凸显图像，避免了眼镜产生的反光；第三也是最重要的一点是，他无法看清楚讲话稿，可以逼自己养成脱稿讲话的好习惯，驱赶惰性，强化思考，培养独立性、主动性和临场发挥技能。每次只要在与童盼拉开一段距离的场合，不戴眼镜，一样总会在不经意间被她烫着。而且，隔得越远，似乎越容易准确捕获，电流似乎越是强大。

张一嘉微微地闭了片刻眼睛，好像能把那股热流关在内心里。

自从童盼这个女人出现在他的视线里，好几年了，他已经习惯了对这种目光的奇妙感触和享受。他记得第一次见到童盼，是在五年前的一次招聘活动中。童盼瘦削的肩膀，从拥挤在经济传媒摊位前的众多年轻人中穿插上来。张一嘉仓促地翻阅她递过来的应聘资料，发现这是一个杭州姑娘，上海戏剧学院毕业，在上海浦东国际展览公司做了两年多的讲解员。张一嘉忍不住多打量了她几眼，发现这个肩膀瘦削的姑娘，在人群中，确实有着一种独特的气质。他说不上这种气质到底独特在什么地方，反正很"杭州"，也很"上海"，但是比杭州和上海的姑娘，更多了一点儿什么东西。他就问她一个问题，在上海大都市已经有一份不错的工作了，为什么要跑到干洲这样的中等城市来找工作？女孩说，圆梦，新媒体事业是自己的梦。

招聘会结束后，张一嘉已经忘记了招聘会上这简短的插曲。

可是一个星期后，这个姑娘突然自己找上门来，直奔张一嘉的办公室，推荐自己。张一嘉惊讶地说："勇气可嘉，但是我们不是招聘勇猛的飞虎队员，我们这里是新闻网站，我们要的是适合新媒体传播特征的文艺人才。"童盼回答说，自己就是这样的人才。张一嘉说："那你也不能打破程序，回去等面试通知再来不迟啊。"童盼赖着不走，张一嘉就发火，撵她出去。一直带着一丝骄傲的神气的童盼，突然像个小孩子一样哭起来，而且哭得很伤心很投入很放肆。后来，张一嘉才知道，这个姑娘不久前失恋了，正陷在人生的痛苦泥潭，不能自拔，才跑出来的。她从上海买了一张车票，漫无目标，随便点了一个城市干洲，作为自己解脱痛苦的终点。她在干洲的一个小旅馆里昏天暗地地睡了两个星期觉，醒来就随便吃点饭，喝点水，继续睡觉。一整瓶安眠药一直压在枕头下，随时准备吞下去。可是后来的几天，她发现了一个严酷的现实，她把身上仅有的一千多元钱用光后，小旅馆的人要撵她，她饿得连想到一包方便面，都会流出奢侈的口水。为钱而发愁的现实痛苦，已经盖过了失恋派生的虚幻痛苦。她于是爬起来，没头没脑地上街，不知不觉走到了人才市场的招聘会上，就这样挤到了干洲经济传媒公司的摊位前，遇上了后来改写了她人生的张一嘉。

那天，张一嘉被这个俗套的故事，和它的女主角的哭泣，弄得不知如何是好。出于一种习惯，上去安慰童盼，在安慰的过程中，不知怎么就答应录用她了。那一刻，童盼停住了哭，用含泪的眼睛盯住张一嘉。后来，张一嘉记住了这样的目光。这样的目光，本身的美丽是震慑人心的，何况里面包含的受助之恩和新生希望呢！这目光让张一嘉在自己的意识里看到了自己的强大，看到了自己为别人也为自己产生的一种感动，看到了那种在历史和文学的典籍里出现过的英雄救美人般的壮丽……所以，在此后的日子，张一嘉在培养新人童盼的工作上，真正地投入了大量心思。当然，天分出色，加上有上戏学习基础的童盼，在主播行业里脱颖之快，也完全出乎张一嘉的意料，同时那么服帖地满足了他成为伯乐的急切愿望！也证实了自己看人眼光的独到和睿智——不夸张地说，经济新闻网有一半流量是童盼贡献的，童盼在网站上的个人微博，有二百多万的粉丝，也就是说，这些粉丝如果以干洲地区为主的话，大约每四个干洲人中，有一个是童盼的粉丝啊！这让伯乐张一嘉感到他与她的无数次目光的交汇里，更是增添了无穷的意味……

想到这里，主席台上，张一嘉再次猛吸两口"芙蓉王"，梳理了一下思绪，集中注意力，睁大了两眼，漫不经心地扫视全场。另外一只手拿起那只深蓝色的烟盒，举起来晃了晃，说："知道吗？这个烟叫芙蓉王，是湖南最好的地产香烟，是湖南电视台大名鼎鼎的台长送我的。我们前不久去学习湖南的电视，人家是全国最好的省台，拍出过《还珠格格》这样海内外热透的电视剧，搞出过《真情故事》《快乐大本营》《超级女声》《快乐男声》这样的名牌节目，培养了李湘、何炅、黑楠、谢娜、大兵等一批名主持、名导演。在一个文化并不很强的地方，办出了很有社会效益的电视台；在一个经济并不很发达的地区，办出了很有经济效益的电视台。这样的台长，完全可以傲视群雄，但他给我送烟。为什么？同志们想想为什么。"

台下有人干咳，有人就嬉笑起来。文艺部的一位董姓摄像师，嘴上没栏杆，爱闹点儿乐子，忍不住小声接了张一嘉的话茬儿，哼哼道："大有大的牛，小有小的牛，他有他的牛，我们有我们的牛呗！"

马上有哄笑声从那位老兄四周爆开。

老游生气地歪过头，够着老总的讲话筒呵斥道："太不像话了，太不严肃了，还像不像一个文化国企的干部！"

张一嘉用手挡住老游，说："没错，小董说的就是这回事。"

会场上又响起笑声。张一嘉也忍不住笑了两声。他的笑声在收尾的地方有些特色，就是尖厉而有穿透力量，再通过音箱的扩送，像是两条巨鞭在空中抽打了一下，把空气抽成坚硬的碎片，散落下来。其他的笑声和那些歪歪扭扭的身子，打了一个战便静止住。

张一嘉满意地看看会场，慢声慢气，但字字着力地说："人家说，真正值得学习的是我们干洲经济传媒公司，一个中等城市非主流文化企业，做的效益超过本地电视台、报社、电台、出版社这些掌握着垄断资源的单位，甚至直逼省级大台效益，体制那么活，用人那么精，效益那么高，在全国能找得出的不多，了不起，了不起，了不起啊！人家连说了三声了不起，这是多么了不起的肯定啊。当然，这绝不是对我个人的赞誉，而是对我们大家，对干洲经济传媒公司这个集体的赞誉！"

老游在台上带头鼓起掌，会场上响起了热烈的掌声。

趁着大家鼓掌的当儿，倒茶的工作人员顺手递给张一嘉一张便条：

"张台：秦市长的秘书曲小波同志，打来好几个电话找您。我想他可能有急事找您，您能不能出来，与他通个话？王友友。"

张一嘉想了一下，示意老游靠近，在他耳边吩咐了两句，便起身离开主席台，到隔壁的休息室打电话。

老游接过话筒，大声说："市领导有电话找张台，我先代说几句。"

台下叽叽喳喳起来，有的人借故上厕所，有的人到走廊上抽烟，有的干脆在会场上打起了电话，那些看上去老老实实端坐不语的，其实都刷起了微信朋友圈。

11. 小兄弟

市长秘书曲小波在电话的那头儿，把嗓门儿压得很低："张总，我要透个信息给你，省委组织部考察组来了，秦市长要动了。"

"那好啊，早就传他要做书记的。"张一嘉有点儿兴奋起来。

"那是原来的计划，这次有变动了。"曲秘书说，"根据中组部的要求，干部要多交流，这次市里变化会很大，进进出出的领导不少，秦市长可能要走了。"

张一嘉愣了一下，没有立即吱声。他抬眼看了看办公室秘书，想了一下，说："小波啊，我现在正开全公司大会呢。这样吧，下班后我们见一面，我们找个地方谈谈，一起吃晚饭怎么样？"

"今晚要接待省委组织部考察组，要陪餐的，出不来。"曲秘书在那头儿说，"这样吧，反正我们都是夜猫子，晚就晚一点儿，晚饭之后，找个地方坐坐。"

"好的好的。"张一嘉说，"反正我这几天一直住在单位里搞晚会，晚点没关系。我来找地方，八点半之后我到政府大楼后，等你出来。"

张一嘉放下电话，觉得心里有点儿乱。他没有立即回到会场，而是在办公室的沙发上坐着。

秘书见他习惯性地掏口袋，但又掏不出什么，知道他烟瘾犯了，就赶紧递上来一包烟、一个打火机和烟缸，然后就掩上门走了出去。

张一嘉在休息室连续抽了两支烟，才起身回到会场。

乱哄哄的会场马上安静下来。没有等老游的讲话完全收住，张一嘉就把话筒挪过来，说："对不起，我说完刚才的话。"然后，让话筒更贴近他的嘴唇，用更响亮但是更缓慢的语气说："可是，同志们啊，我们是墙内开花墙外香啊，不走出干洲，甚至不出本省，我们都听不到这样的评价啊。我们当然会抱怨体制，抱怨环境，抱怨许许多多这样那样的不理解不支持，抱怨领导的思想解放不够、重视程度不够，抱怨有些人为制造的约束力，等等。但是，抱怨有什么用，委屈不能当饭吃，牢骚不可当药用，我们要把这些东西变为动力。我们经济传媒公司已经而且一直走在干洲文化改革的前头，我们不能怀疑和懈怠。另外，我们也要善于让领导和上级部门了解我们，我们所做的努力，我们率先摸石头过河所取得的成效，我们的实力和我们的抱负。这次的新年晚会就是一次演习、一次汇报，一定要出奇制胜！"

接着，张一嘉宣布成立一个由他亲自挂帅，李天武和文艺部主任康中辉担任副帅的临时工作小组。交代两个副组长当天就要拟出节目和经营团队的名单后，他就不再讲话，提前回到办公室。

老游接着主持会议，反复强调了这次活动的重要性，以及张总讲话的重要性。张一嘉在自己的办公室，听见老游激昂的声音不断敲打着楼道和墙壁，一声接一声地跌进来。他忍不住"呵呵"地笑起来，死劲儿地关紧了门。独自一人，他要好好地筹划一下近期的事，还是晚上与市长秘书的碰头要紧。

晚上，张一嘉自己驾车，停在市政府大楼后边的一个树丛里，熄了火，给市长秘书曲小波发了信息，说："你不用急，我在楼后的老地方等你。"张一嘉在车子里抽掉大半包烟，才看见市长的车子从旁边开走。

过了十分钟，曲小波急匆匆地拿了个大信封下来了，一上车就说，送你个礼物，回去研究一下，有用的。张一嘉心领神会收起信封，也顺手从副驾驶位上拿了个袋子递给曲秘书。曲小波推却了一下，说这是什么？怎么可以呢。张一嘉轻描淡写地说："咳，这是广告产品，一家省城科技公司在我们台做广告，抵部分广告款的苹果 iPad，新款，做得不错，最主要的好处是轻巧方便。尤其是你，材料多出差多，需要个小的。"

曲小波"呵呵"乐了，说："什么都是小的好，大的都要换小的。"

两个人在车里乐成一团，接着商量到哪儿去消遣。张一嘉说："今天我们跑远点儿。郊县有个好地方，巨龙温泉会所，百分百的天然温泉会所，我一个朋友开的，干净、安全，咱们先去泡一下。泡得好，下次可以推荐给秦市长，让他全家老小去泡一下。水里含硫黄等矿物质，绝对对皮肤有好处，所里还有一个土菜馆、一个海鲜馆，菜也不错。"

曲秘书说："这个好，秦市长这人朴实，就爱个土菜了。阿姨对泡温泉，太有兴趣了。好好，张哥想得周到。要是我们政府的秘书长有这么活儿细，就好了，可惜是个书呆子，光知道用那些臭八股文哄领导。"

汽车一溜烟出了政府大门。

巨龙公司的吴老板已经等候在会所前，专门为他们两个人开了一个独立的贵宾池，不大，但非常豪华，还有一面玻璃墙，对着山林。

曲小波说，咱们裸浴，外面林子里有人不全看见了？

张一嘉"哈哈"笑起来，叫服务生把老板喊过来，消除一下曲小波的疑虑。巨龙的老板进来说，后面的林子是国家保护森林，四周有网，没有特殊情况人进不来，会所这一块又特意加了一圈网中网，人是肯定进不去的。白天看就更漂亮了，可以躺在池子里看风景。吴老板还说，最近他们在林子里放了几头家鹿，好几头母的，还是黄花闺女呢，只有它们可以看领导的裸体啊。

大家"哈哈"乐了。

服务生进来问，是不是可以上吃的了。张一嘉说，可以。

过了一会儿，浴池另一侧的一条通道里，缓缓漂出来一个桌面大的小木船，"咕噜咕噜"地自己跑着。跑到跟前，就停了下来，然后还自己从下面打开了支架，小船里有个小桌子，被支架撑高，稍稍高出水面，上面放满了吃的，还有一瓶打开的洋酒。

曲小波好奇得不行，问，这什么西洋镜啊，还像个机器人似的，自己跑，自己站？咳！怎么没有听到马达声？张一嘉说，这不是西洋的，是日本的，亏他们想得出这么绝妙而变态的东西来。

两个人泡在水里边吃边聊，话题很快切到这次考察市领导班子的事。

曲小波分析说，这次省委来考察班子，肯定是要有大动作。洪书记这次肯定不会再当书记了，年龄也不容许了，据说是要当省人大副主任或者市人大主任。张一嘉插话说，考察秦市长肯定是提拔当书记的。曲秘书说，但在哪儿当书记就说不准了。

张一嘉赶紧说："我看不会出干洲，市长升书记理所当然，熟悉情况啊。"

"我可不看好，"曲小波说，"其实把洪书记往哪儿摆，决定了秦市长的去留。"

"为什么？"

曲小波压低声音说："因为两个人很不协调，省里也清楚情况，再不调开就会激化矛盾，对干洲的发展没有好处，现在下面的人也很为难。特别是碰到用人问题，一个看好另外一个就否定，这几年要在一些重要岗位上换个领导，难得很。意见不一致啊，组织部也难堪啊。"

"那秦市长就更有可能留下来。"张一嘉说，"洪书记当然会争取省人大副主任的位置，这可是副省级了。"

"这个啊老哥你就不懂了。"曲小波说，"谁也不愿意为了这么个虚的级别，离开自己的地盘。如果他当市人大主任，虽然不像党委政府那么有权，但他的余威会发挥相当长一段时间。一是有不少人是他提的，不可能不听他的，至少会听一段时间，有个惯性吧；二是人大主任对各部门各地方的正副职，也很重要，毕竟每动一步要由人大通过，那可是成不了你但败你没问题的；三是人大对政法口子有相当大的监管权啊。洪书记很聪明，年龄没到呢，一旦领会了上面有让他退二线的意思，据说马上自己主动提出提前退到市人大去，支持年轻人来当干洲的领头人。"

张一嘉赶紧问年轻人是谁，曲小波坏笑着说："这就是我今天急着找你的原因。他推荐的是黄汉平副书记。那是你们文化意识形态机构的书记啊，他跟洪书记关系紧得很，这人文人气量，有点儿小家子气，又特有城府，不像我们老板那样大大咧咧。如果他上来，你我都完了。你回去看看那信封里的东西，你们系统复杂着呢，文化体制要改革，他跟许之光又是一个阵营的，他们有他们的人。如果像广东上海那样，把所有的优质文化资源捏到一起，搞个大文化集团，政府再注入几十亿白花花的银子，他们两个能让你当头？何况你在非主流文化单位，虽然你很不容易，把那烂摊子做成了金铺盖，而且年纪轻能力强是公认的，但这对那一撮人来说，不一定买这个账，开会时他们可以表扬你干得出色，但不会帮你争取真正的权益。因为你未必是他们的人，你平时没有搞定他们啊，没有输送利益啊，你对有些人没有什么实惠啊，怎么可能所有人都从事业着眼用人呢，还不是比着劲儿搞山头弄他们自己的人？"

张一嘉心里一沉，脸上却装作若无其事的样子说："不会吧，我跟他们没啥过节啊。我一直拼命工作，把公司搞上去，他们应该明白我对他们很尊重啊。"

"别装傻了。"曲秘书敬了一杯酒说，"你知道文改办新调了一位副主任关文水吧，这可是他们走棋的高着。"

张一嘉回敬了一杯说："讨教讨教，这里头有什么诀窍？"曲秘书说："洪书记的如意算盘是许之光接黄汉平的职位，文改办主任的位置还没出来，先选一个人到位，所以关文水拾了个便宜，他是唯一一个不攀洪书记的势力被重用的，也是唯一一个市长书记们几派都没有反对的。关文水这个人口碑太好，确实是个好干部，这样的人提拔是迟早的事。洪书记就利用这一点，既赢得重视贤才的口碑，又封大家的嘴，同时还把他抵在许之光的位置上但没有到位，造成许之光非提不可的局面，真是一箭三雕啊。"

"这个人很关键啊，他来就是接班的，而且一来就抓即将开始的文化改革。"曲秘书说。

张一嘉说："这对我不公平啊。"

"是啊，要不人家怎么在这个时候，连抛出几封人民来信搞你？"曲小波说，"毒得很呢，两封信同时寄给市长和许主任，搞这信的人上下都通啊，你回去好好研究一下。秦市长两封信都干脆一转了事。"

张一嘉又问，秦市长每天收一大堆这种信件，为什么偏偏批转这两封信？曲小波说："这是因为他爱护你，你在他的视线里，所以他要转；因为他不转黄、许，他们就怀疑你投靠了市长，就会当你是政敌了，这比你现在不得他们宠要糟得多。再说，他不转，也中了策划这封信的人的奸计，他为什么只寄给许主任和我们老板呢？因为通过这封信，他们一可测试你跟秦市长到底有没有交情，二可以霰弹枪打你，他们两个，反正是有一个会当书记的，在一把手那儿，先把你定了性，哈哈。"

张一嘉在热腾腾的水里，顿感浑身有些发凉。

曲小波又跟他说了一些上头的事情。两人穿衣服出来的时候，张一嘉感激地说："老弟啊，你这么帮我，我怎么答谢你啊？"曲小波哈哈一笑，说："如果老板真的被挤走，你那儿接受我，赏我个去处。"张一嘉说："没问题，我们缺副总呢，你肯到我的小庙，会让那儿香火旺盛起来的。"

最后，张一嘉又反复叮嘱，帮助安排请秦市长一家到这里来洗澡吃土菜。曲小波开玩笑说，都要走的人了，还在他身上下那么多功夫干什么？多想点儿法子巴结上黄书记、许主任，还要研究研究关文水，看看他有没有什么软肋。

张一嘉拍拍小波的屁股，说："天要下雨，娘要嫁人，我才不去弄这些事呢。他黄书记、许主任明天就当一把手，他关文水明天就当副市长当文改办主任，关我什么事？影响不了我对秦市长的尊敬，这是我的个人感情，与什么工作什么位置，什么关系没有。"

曲小波也拍打了一下张一嘉，说："老兄好样的，市长没错看你。"

送回曲秘书，张一嘉在车里用手机赶紧给巨龙的老总打了一个电话，交代了几句："一是不要向任何员工介绍我和我带来的人员的身份；二要严格管理员工不外传接待客人的情况和客人的谈话；三是在主楼后面的林子里弄个小停车场，够停两三辆车就可以了。"

电话那头儿请张一嘉一千个一万个放心。

12. 又是举报信

回到家，已经是两点钟了。张一嘉迫不及待地打开信封，见是两封复印的人民来信。上面一封是前文提到的，信文落款是稍早些天的；下面的一封日期则是几天前的；除了秦市长的批示是与写信人日期相应，其他人的都是刚刚批示的。信文全用黑体字打印，极有视觉冲击力：

尊敬的秦市长、黄书记：

前几天，我们经济传媒的老同志们，曾经给你们二位领导写过一封信，反映干洲广告公司，现在也叫干洲经济传媒公司的总经理张一嘉，结党营私，滥用坏人，造成了企业里矛盾激化、分配不公、贪污腐败、淫乱成习的事实。领导们一定已经对王友友、李天武之流，略通察一二。二位领导为了干洲的工作，夜以继日，也许还没有来得及认真调查和处理这个小小单位的大败类。不过，不要紧，只要领导心知肚明，不影响未来的文化事业改革和我市文化产业的发展重组，我们就放心了。

其实，一窝熊熊，熊于熊首。

九十年代中期迄今，传媒公司运转了二十多个年头了。应该说，今天的经济传媒不缺少德才兼备的人。在这里，你可以无才，但不可有德，否则，你不是被赶下台，就是永远没有上台的机会。经济传媒这几年为什么正不压邪？就是因为龙头不正。归根结底，经济传媒变成张一嘉的台后，才雨后春笋般冒出了一批流氓小人。张一嘉是他们的幕后人，他藏得深，做得奸，演得好。所以，他不但能够稳坐钓鱼台，而且捞了一大堆荣誉和头衔。他的爪牙们到组织部，到宣传部，到省市文改办，甚至在兄弟省市和中央有关单位，编故事，找说法，到处吹嘘他的政绩，把他塑造成业界精英。的确，经济传媒现在的经济效益在我市文化产业单位名列前茅，但是这不能说明张一嘉是能人，更不能说明他是好人。经济传媒得益于你们和所有市领导长期的亲切关怀；得益于市委市政府的正确领导，和对新型文化单位不遗余力的扶持；得益于广大传媒人的玩命工作；得益于新单位负担轻、包袱少，不像电视台、广播台和日报社这样的单位，有一大批离退休人员；得益于前几任领导打下的良好基础；得益于它不是主流文化媒体，无须承担大量正统的宣传任务；也得益于我市其他新闻文化单位，体制过于陈旧，动作过于保守；等等。

现在，整个文化界都在为了适应形势酝酿和正在进行着大调整大改革。据说作为全省数一数二的大市强市，省里要把我市作为文化产业改革的先行试点，这是一件大快人心的好事。但是，我们认为改革的成败关键是人，我们将有什么样的领头人，事关重大。听说张一嘉蠢蠢欲动，他的爪牙们大造舆论，说即将组建的新文化产业集团的老总，非张一嘉这样的"能人"和"专家"莫属。我们真诚而又急切地期盼上级领导，以广大人民的利益为重，认真调查经济传媒和张一嘉的问题。下面，我们综合群众对他的几点了解和评价，供领导参考。

一、政治上哗众取宠，沽名钓誉

张一嘉采取明暗两手抓的办法，为自己大捞政治资本。近年来，干洲经济传媒公司获得了大大小小很多奖项，这些奖项为张一嘉争了不少光。其实，这些奖都拿得不是理直气壮的。每逢评奖期间，张一嘉的亲信就"南征北战"，"南征"就是到省里去活动，"北战"就是到北京去公关。这几年花在买奖上的冤枉钱不知有多少。另外，这些获奖作品，也不是我们台主创的，而是通过各种途径，花大钱买过来的，只不过空挂了我们台一个名罢了。暗地里，张一嘉到处活动，在组织部门和宣传部门广交"朋友"，为自己的仕途打造外部环境。

二、组织上任人唯"奴"，党同伐异

上一封信我们列举了张一嘉赏识和重用的一部分人，这一点不说你们也有了几分印象吧。张一嘉经常得意地说一个历史故事。说东方朔这家伙才高八丈，德可斗量，了不起啊，帮皇帝出了很多治国的大略，解决了很多危机。汉武帝内心很佩服他，但不愿重用他，因为他狂，他经常不知道谁是天谁是地，不服管，骨头发痒。"奴才奴才，七分用奴三分用才。"皇帝老子这话都说出口了，最终肯定得废了他。

为什么？就是这个道理。他张一嘉把这个歪理吃得最透，消化得最彻底。可以毫不夸张地说，干洲经济传媒公司就是张一嘉"奴才说"的实践基地。

三、经济上不择手段，黑洞重重

有许多事情能够折射出张一嘉的经济问题。比如，在干湖搞高档会所，吃喝玩乐；大举装修大楼，这中间不会没有文章；小小单位，斥巨资到新区圈地三百亩，一个几百人的文化单位要这么多土地干什么，可见张一嘉对这种有利可图的事，多么有兴趣；与广告公司的老板们交往密切；参与社会上的一些投资经营活动，这是谁赋予他滥用血汗钱的权力；今年设备大换代，影视分公司的设备比市电视台甚至比省台的设备还要先进、昂贵……

四、生活上铺张浪费，腐败糜烂

传媒公司组建之初，靠国家财政拨款补贴，比较困难。正因为这一点，单位上下养成了勤奋节俭的良好风气。记得从前公司附近，冷冷清清，干干净净，没有那么多不三不四的地方。张一嘉和他物色的这批人上台后，消费旺盛。现在公司四周，饭店、歌厅、洗头房、桑拿中心、礼品屋应运而生，生意火爆。那些小老板都说，公司是他们的衣食父母。

现在早就明文规定，领导干部不许自驾公车，张一嘉却带头自驾公车进进出出。为了掩人耳目，浑水摸鱼，他鼓励职工们买车、驾车，并对买车每部补贴三万元，仅此举就流失国家财产千万元。同时，这些车均出自公司里指定的一个汽车专卖店，他为什么如此关照这家汽车专卖店？

张一嘉对网站和影视分公司少数几个貌美的女主持人特别偏爱，其中众所周知的，就是著名主持人童盼。童盼以前是一名普通主持人，主持购物频道一个叫"消费时尚"的小节目。这几年童盼迅速蹿红，一度几乎包揽了公司所有出镜机会。张一嘉还经常让她参加与省台和中央台、腾讯新浪等大型网站与地方联合组织的活动。张一嘉的老婆身体不好已经好多年，也管不住自己的丈夫，童盼二十大几不谈对象不思嫁，嘴上说得比唱得好听，什么"为了事业不想嫁""不是不要，是缘分没到"，明眼人一看就知道她念的什么经。

……

尊敬的领导，你们是直接关心经济传媒公司成长的领导，只有你们能够挽救干洲经济传媒公司，能够把我市下一步的文化改革大旗举高举正。我们反映问题的目的不是要叫领导去整人，我们希望领导能治病救人，帮助经济传媒端正风气，清除腐败，帮助有些人找回良心，彻底反省。我们建议在下一步的文化事业改革中，除了建立一个好的事业机制外，更要把好用人关。张一嘉这样的干部可以提拔，但不能再在文化产业口上任职，他不具备政治家办文化的起码素质，不具备团结文化人干事业的度量，不具备新闻家的严谨作风。"文化事业无小事，思想出错非小错"，用什么人当家真要慎之又慎、慎之又慎啊！

现在，公司及其下属单位的许多正直的干部群众，一致表示：坚决支持改革，坚决不同意张一嘉继续担任文化产业行业的领头人。如果领导认为张一嘉"年富力强"，我们举双手赞成他提拔升官，但这样的品德，不能用在政府的文化部门，不能用在传道授业解惑的行业。如果事与愿违，我们将继续到市委、省委、中央上访举报！

干洲经济传媒公司部分干部职工

十二月，彻夜难眠中

张一嘉首先从这封信里注意到几个值得研究的问题。一是各位领导的批示里，都藏了无限玄机，看似大话套话，实则非同寻常；二是落款和批示日期上的玄机；三是写信人的语气，特别是用语习惯，比如，将已经改名几十年的广告公司名字列进来，如此看来，倒真是出自本单位有些资历的人之笔……他正要细细研究，听到卧室里传来痛苦的呻吟声，就赶紧收起信，到卧室去看陈思维怎么回事。

13. 知心爱人

陈思维是大学三年级的时候看上自己的"下属"张一嘉的。

大学三年级是大学学业和学生成长的拐弯阶段。二十世纪九十年代学生基本上还是由国家统配，要有一条好的出路，最后两年的在校表现和学习成绩就特别重要。陈思维来自江苏扬州的一个小县城，父母都是中学老师，在他们的培养下，陈思维从小好学，发展健全。考上大学哲学系后，她更注意培养自己全面发展。大二的下学期，她已经是哲学系学生会副主席、党员，还是一大群教授参与的校马列学会的委员会主任。大学三年级一开学，她又通过公开竞争，成为校学生会主席，由此顺利地成为省学联主席团成员。

没有人怀疑，一条通向金色仕途的捷径，已经在她面前铺成。

就在这拐弯的节骨眼儿上，新闻系的才子、校学生会下属的学通社社长张一嘉，突然在"外力"的作用下，闯进了陈思维的内心世界。

"外力"来自陈思维的一个"政治对手"——外国语言文学系的系花庞敏。她在与陈思维竞争学生会主席失败后，在省城的一份三流文学刊物《雪花》上，用荒诞手法，写了一篇名为《错错错》的小说。大致的意思是一个有性格缺陷和生理缺陷的才女，被男孩看成洪水猛兽，唯恐避之不及。在到处求爱不成、恋爱屡遭失败的情况下，她开始变态地加入黑社会，并凭着她的无情和狡诈才智，很快成为黑社会的老大，一一报复了抛弃和轻视她的那些男人。

《错错错》在那本发行量只有两千来本的刊物发表后，本来没有任何影响。但是，神通广大的庞敏不是等闲之辈，她去找了一个文学圈所谓的老权威，为这篇文章写了一篇评论，又推荐到当年春天开评的"扬子之春文学奖"评选，获了个三等奖。新闻媒体一报道，本校的学生开始注意到这篇文章，似乎有含沙射影的味道。有人在学生图书馆的这一期期刊上，加了一个注：

《错错错》告诉你
学生会是个黑社会
主席是个女老大
小鸡鸡们，快跑！！！

　　就这样，这篇文章在学校炸了窝。陈思维看到之后，肺都气炸了。但走到同学们面前的陈思维还是那个精明理性的陈思维。她没有发作，好像这些事情跟她毫无关系。没有人知道，对陈思维这样的女孩子来说，几乎没有解决不了的麻烦和弥补不了的损失。
　　一天深夜，陈思维回到她的宿舍。同室的姐妹们在她回来前，商量再三，决定告诉"蒙在鼓里"的陈思维，她是如何中了别人的文字暗器的。所以，当陈思维忙完她学生会的"公务"，一推开门，就发现姐妹们都没有睡，桌子上摊放着那本《雪花》杂志。
　　陈思维站在桌子前，"好奇"地打量着姐妹们。她们指着桌子上的刊物说，庞敏那个妖精，写了一篇小说诅咒你。
　　陈思维边收拾自己的床边说："我还以为你们不睡觉，是谁过生日呢。这篇文章啊，我早就看到过，很有文采，人家学外国文学的，毕竟不一样，表现手法新得很。"
　　姐妹们全瞪大了眼睛，说："知道了你竟然这么平静。"
　　"人家不是骂我，况且骂我我也不在乎。"
　　一个姐妹跳起来说："你有毛病啊？"
　　陈思维说："她写得不像我，我早有男朋友了，哪像小说里的女侠倒过来追求男的，人家还不理。追我的多着呢，我是躲不掉才挑了一个最痴情的。"
　　这下子姐妹们全跳起来了，说："好啊，毕竟是做领导的，怎么一点儿风声也不肯透露，什么时候？谁？快交代，为什么瞒着我们？"
　　"张一嘉，新闻系的张一嘉啊！"陈思维平静地说，"学校三令五申不提倡在校谈恋爱，我是学生会主席，我能带头？我怕你们嘴巴关不拢呢。"
　　整个宿舍被这颗重磅炸弹炸开。

姐妹们一夜叽叽喳喳，兴奋得不能入睡。陈思维则躲在被窝里，悄悄地抹了一夜眼泪。这篇文章风云刚起的时候，她就陷入了无限的痛苦和烦恼中。她的眼前始终晃着庞敏那张经典的高傲、美丽而刻薄的小女人脸。她必须把这张脸从她眼前拿开，像丢一片落叶那样。她想了很多正面的计划，比如，找庞敏谈谈，让她停止攻击自己；比如，也写一篇文章，以庞敏为原型，使劲儿刻画她的种种丑态，可以塑造一个外表漂亮内里无货的绣花枕头，在时代的浪潮中如何经不起物质诱惑，进而堕落的；还可以直接找到校领导和外语系领导，直接指出她的这种所作所为，是恶劣的人身攻击和对学校推行的学生会负责人选举制度的挑衅，等等。但是，当她冷静下来，这些计划都被她一一否决了。她想她一定能够找到一种方法，在若无其事中"打败"那个人。后来，在一个夜晚，她做了一个大胆的决定。

张一嘉就是在那个夜晚被陈思维约出去的。

学通社社长张一嘉，正在校之路广播电台准备第二天的晨播节目，学生会主席陈思维忽然冲进来，说："我有话问你。"然后像个恋人似的拉着他的手，急匆匆就往外跑，一口气跑到校外附近的一个公园，跑到一个幽静的角落里。张一嘉站在草地上，莫名其妙地看着他们平素不苟言笑的主席。

"我不想再当主席了，我要辞职，我要你去接我的位置。"陈思维把话讲得非常急促，但每个字都不含糊，都像是咬牙切齿才说出来的。

她的与平素反差如此鲜明的举动，使才子张一嘉感觉自己的脑子有点儿不转弯，他问："为什么？"

陈思维说："因为我爱上你了！"

这下子张一嘉脑子彻底蒙了。他傻站在那里，惊愕地看着眼前这个清瘦的姑娘，好一会儿才说："你开玩笑的吧，我们在学生会里几乎天天碰面，我一点儿也没感到啊。"

陈思维突然"哇哇"地哭起来，上来一把抱住身材瘦高的张一嘉。

在张一嘉毫无准备的情况下，她的冲击力像她那决堤的眼泪，把张一嘉的精神和身体，一下子统统放倒。两个人跌在草地上，天上的月亮，疯狂地倾泻着它的光辉。身边的草木，无声地涤荡着两个陌生的年轻人。陈思维不再说任何话，就是哭，好像受了几百年的委屈。这种哭声和它传递的可怜楚楚，慢慢地把学生会主席陈思维从张一嘉的身边赶走，把一个软弱痴情的带着勇敢冲动的小可爱，送进了他的真实的怀抱和新鲜的认知。在她的哭声渐渐远去后，张一嘉开始吻她的脸和嘴，两个笨拙的嘴靠在一起。

就这样，学生会主席陈思维成了她的"下属"、学通社社长张一嘉的女朋友。

不久，陈思维辞掉了一切学生干部职位，只保留了她最喜欢的马列学会主任的职务。此后，她一心"辅导"着张一嘉在学生会打拼。书生气十足的张一嘉，在女友的调教下，终于在大四走上了主席的岗位。而且，他比陈思维走得更高，当上了省学联的主席，并进入了全国学生联合会的主席团……

这会儿，张一嘉推门进去，见陈思维卧在床上，牙疼得不行。她这几年瘫在床上，下身几乎麻木无知觉。但这不影响其他神经的活跃，这牙神经就是其中活跃的一个。只要不小心受凉，或者吃了东西塞牙，然后稍微有所动作，牙齿就毫不客气地报复，非要疼她几天，用药也没有用。

张一嘉进来的时候，看到陈思维裹着被子躺在地上，旁边打坏了一个水壶，水流得到处都是。陈思维裹着被子就躺在水里。张一嘉心里一阵疼痛。他把陈思维抱上床，给她换了一床新被子，责怪她要喝水怎么不喊他一声，或者叫保姆。陈思维说："深更半夜的，保姆也很累，你又忙成那样，我能为一口水喊你们？我这人也不能废物到这种程度啊。"

张一嘉打开空调，又用手试试被窝里的温度，触到陈思维的身上是潮的，赶紧又去找内衣给她换。在为她脱光衣服的时候，张一嘉看到陈思维的下身都已经变形，皮肤也因为长期裹在被子里不见天日，生满了斑疮。张一嘉不禁眼睛一湿，流下泪来。

陈思维抱过张一嘉的头，放在自己裸露的两个乳房间，也抽泣起来。

"我现在丑成这样，帮不上你忙，心情不好，还尽给你添麻烦。"陈思维说，"连女人该给你的东西都不能给，能早点儿死掉多好。"

"我跟你说过无数遍，不要瞎说，不要这样瞎想。"张一嘉看了妻子一眼，又把头埋到她的胸前，并轻轻地吻着她的乳房，"你活着，就是我和清清的力量！"

陈思维更大声地哭起来。

哭声惊动了对面小房间的保姆小蔡，她过来敲门。张一嘉赶紧边帮陈思维穿内衣，边冲着门说，没你的事小蔡。

陈思维小下声来，只是一个劲儿流泪。

张一嘉到卫生间给她洗了一条湿毛巾，并给她倒了一杯热水。陈思维的情绪渐渐平息下来。她对丈夫说："你忙成这样，不要管我，早点儿休息吧。"

"今天我也睡不着，"张一嘉说，"我陪你聊会儿天吧。"

两个人七扯八扯，就扯到学生时代。陈思维又哭起来，说牙疼，实在睡不着。这整天憋闷在家里，快疯掉了。张一嘉说："我背你出去看看月亮吧，今天月亮很好的。"

陈思维没有反对，但她担心张一嘉身体吃不消，就说："我们最多二十分钟，就回来，你也要早点休息。"

张一嘉替她穿好衣服，就背着她下了楼。陈思维的身子骨实际上很轻，看上去不瘦的地方，其实都是浮肿的。张一嘉在月光下，背着她慢慢地走。地上铺了一层细细的霜，与月光融合在一起。没有风动，只有细碎的树叶切割着他们重叠的身影；没有声响，只有零散的交谈撒落在他们之间幽深的沟壑。

张一嘉忍不住把最近工作上的烦恼事说了。陈思维用手揪揪他的头发，说："不要烦，我觉得这是好事情，是你张一嘉的又一个机遇，你早就不应该是一个小文化企业的负责人了！"

张一嘉岔开话题，说："以后，我还是要挤出点儿时间陪陪你，跟你聊聊总是有长进。呵，你的牙还疼得厉害吗？"

"好多了。"陈思维心满意足地说，"我们回去吧。"

第三章　鬼精灵

14. 一天一夜

第二天早上来到办公室，张一嘉忽然感到背部酸痛。上了一会儿班，感觉实在不行，就吩咐司机小王开车到医院去。医生查了一下，说发烧了，病要去得快，得输液。张一嘉就开了药，到输液室内打点滴。

刚坐下来，临座有个人喊他张台。抬头一看，是一个老人家，戴着老式的灰色鸭舌帽，也在输液。张一嘉感觉自己不熟识，就冲他笑笑，点点头，算回应。可老人家站起来，就要提着盐水瓶过来。张一嘉赶紧主动过去，在他身边坐下。

老人家说："你可能不记得我，我是干洲电视台最早的组建人之一，我叫常正方。"

张一嘉赶紧站起来，说："哎呀，您是常老啊，老台长啊，对不起，失敬失敬了！"

两人寒暄片刻，常老帮张一嘉回忆，他们是如何认识的。张一嘉终于想起来，若干年前，张一嘉还是干洲电视台副台长的时候，常老到办公室找过他，拿了市委一位提拔过张一嘉的老领导的字条，为自己的孙子找工作。张一嘉当时好奇，问："您是老台长，为孩子的事，应该找一把手赵台长，力度会更大一些。"对方说，不找她，女人官大了不好说话。当时正式的招聘已经结束。但是张一嘉看到老领导的字条，还是交代自己分管的一个部门负责人，把小常录取进来。这件事情一过好多年，不提，自己还真是想不起来呢。

张一嘉顺便客气地问，孩子有没有回去说，现在工作适应不适应，有没有什么困难。常老唉声叹气，说孩子性格内向，如今在台广告经营中心的产品销售部，做营销工作，并不适应。张一嘉赶紧检讨，说自己太忙，这么多年没有关心到位，回去一定给原来的下属打电话过问，又问常老有什么要求。常老说，如果有机会，还是跟着您跑，能不能调到经济传媒公司，随便安排个工作。张一嘉当场承诺，不但回去就办，而且一定要办好，让孩子找到适合自己特长的岗位。常老的眼泪涌了出来，哽咽着说："想不到年轻的张老总，是一个品行如此优秀的人，我这么多年，退休下来，从来没有人这样拿老干部的话当回事的！"

"这是应该的呀，"张一嘉说，"常老您是我们的老前辈，没有你们老电视人，就没有干洲电视台今天这么庞大的电视队伍，甚至也没有经济传媒这样有活力的新型文化企业啊，哪里有我们这些大大小小的台长老总们的位子和事业呀！"

"只有你才有这样的良心啊。"常老慨叹，"我是电视台的老台长，但我的孙子不想再在爷爷工作的单位干了。为什么？赵如男那个女人太势利了！黄汉平和许之光真是瞎了狗眼，用这样的女人当家，简直葬送电视事业啊！"

见老台长有许多牢骚要发，旁边又有许多输液的病人，无所事事，侧耳听着，张一嘉就打住老人家的话，说回去先了解一下小常的情况，然后给他一个说法。还说，这两天有空的话，请您老出来吃顿便饭，好好听听您的高见，经济传媒已经走到十字路口，我们困惑也很多，需要请教。

老人家一听，直点头，说："好的好的，老朽没有什么能耐，至少广电文化系统这个行业的人头是熟的，事业成败，说到底还是人的问题。"

张一嘉输完液回到办公室，见李天武正坐在那里等他，赶紧对李天武说："你的事情不紧要的话，先听我安排个事情。"李天武从包里摸出一个大罐子茶，说："您先吩咐，我不急。"然后替张一嘉泡茶，边泡边说："老板啊，您不要喝那么多绿茶，对胃不好。现在时兴喝普洱，我给您弄来两罐子极品的，您尝尝。您最好培养一下对普洱的兴趣，您瘦，我觉得不适合喝太多绿茶。"

"那玩意儿不是说减肥吗？"张一嘉问。李天武回答说，是减肥，但是主要是温胃，对饮食条件好、应酬多的人，适合呢。

张一嘉接过杯子，说："你来了正好问你个人，我在电视台任职时的一个手下，姓常的小伙子。我想把他调到这里来。你去帮我了解一下，看看这人怎么样，适合到我们这里哪个岗位。"

李天武说："我立即办。"就转身回办公室打了一圈电话，在电视台内部熟人们那里了解情况。一刻钟后，李天武回到张一嘉办公室。

"那小伙子在什么岗位上啊？"张一嘉问。

李天武说，营销岗位啊，在电视台的广告中心打杂，主要负责推销一些商家抵用广告款的商品，把那些烂东西变现。啊呀，本来就是个烂差事。加上这个小常性格太内向，软弱无能，要不是您介绍的，这种废物绝对不能要！

"可别啊，没有用过人家怎么能轻易下结论呢？再说电视台给人家那个位置，合适吗？"张一嘉说，"那可是常正方的孙子啊，老前辈的后代。好歹也算干部子女，这种在养尊处优环境中长大的孩子，其实很聪明，素质也不差，但面皮子薄，让他干推销之类的工作，当然是没有用到点子上。"

"现在的孩子也真是！家里有个吃皇粮的长辈，一个个就都把自己当高干子弟啊。"李天武不屑地说，"一个退休的干部，他怎么不让赵如男去解决他的子女？塞到我们这里来，莫名其妙。"

"问题就在这里啊，"张一嘉说，"你不要发牢骚了，赶紧帮孩子调个岗位，弄好后告诉我，立即安排个小范围的活动，请常老吃顿饭，我们俩给他汇报一下孩子的情况。"

李天武意识到事情不一般了，说："好的，好的。"然后汇报晚会拉赞助的事情。张一嘉说："这晚会啊，其实早就应该停办了。可咱们还是带住点儿弓，不要拉得太满，现在的形势太复杂，一瞬就要万变。晚会还是让文艺部和老秦老游他们多操心些，你最近得跟我身边，我们不能把经济传媒的汗水，活活给人家'整合'了去。关键是'整合'去了也不要紧，反正都是国有资产，一个盘子倒腾到另一个盘子，可本来在我这里是整整一盘子，甚至不久会增长为两盘子三盘子一大锅，我们有这个信心和能耐。但如果弄到另外一个盘子里去，他们不珍惜，瞎折腾一通，我们几十年的心血，不要几年就有可能被他们败光。全国国企，这样的例子还少吗？"

"啊呀，关键看谁当家。"李天武说，"如果干洲新组建的文化公司，由你来当家，将来文化产业一定会成为干洲最伟大的经济社会亮点！新公司的模式，不就类似于当年组建我们经济传媒这般吗？所以，您最合适，先行的改革实践成功了啊！"

"可不要太天真。"张一嘉笑着说，"单位重组，最后拼的都是人事，不是其他。"

然后，把昨天看到的人民来信中关于李天武的部分，渲染了一通。李天武气得鼻子冒烟，说："我们窝在这个楼里死干活，人家一边逍遥，一边泼粪，什么世道啊，看来是得学着点儿，悠着点儿。"

"悠着点儿也不对哦。"张一嘉认真地说，"因时制宜，一个时期有一个时期的重点，现在年底，做好账务；但又是特殊时期，埋头走路不看路，会把路走没了的。"

李天武急匆匆地走后，办公室王主任进来送材料。顺手给台长的杯子又加满水，并说："这黑乎乎的，台长喝的是什么啊？"

"李天武刚拿来的普洱，说是极品，暖胃的。"

"这东西刮油，减肥，不适合您吧。"

张一嘉说，可能不适合。说完拿起那罐子递给王主任，说："你那个亲戚，投资部的小邬有点肥，适合她喝，给她吧。"王主任笑嘻嘻地接过去，说："我替她谢张总了。"正要离开，张一嘉又喊住他，说："友友啊，昨天，有位市领导喊我吃饭，给我看一封告我们这里大小领导的人民来信，说你跟邬娜关系不纯洁，我纵容，说我跟童盼暧昧，你看你看，把我们公司想象成夜总会了吧。"

"我才不吃那一套呢，不纯就不纯，我还没有下作到乱伦吧。小邬是我亲戚，我没有瞒着您过。荒唐呢，让他们传吧，告吧，只要您不打我屁股就行，呵呵。"王友友乐呵呵地说。张一嘉白了他一眼，不再说什么。正在这个时候，童盼敲门进来，张一嘉和王友友都有些尴尬。童盼很敏感，说："是不是打扰领导谈话了？要不我等会儿再来。"王友友拔腿就溜了，顺手带上门。

张一嘉走到门后，把门重新打开，说："这个老王，神经兮兮的。"

童盼看看门，又看看张一嘉，说："关门的坏，开门的心虚！"就过去，索性"砰"一声关了门，还拧了一下反锁。张一嘉坐进他的真皮大靠背椅，说："是是，就是心虚，就是心虚。"接着示意童盼坐下。

童盼没有坐，把腋下的一个绿色的大文件夹轻轻地放到他面前，说："我收集到一些文件，可能你会感兴趣。"张一嘉翻开，见是厚厚一沓剪报剪刊，还有网上下载的文章，署名作者全是一个"孤舟"。不禁满腹狐疑，说这有什么意思啊，一些文学作品而已。又问"孤舟"是谁啊，是你的笔名吗？

童盼已经返身走到门后，拧开锁，回头说："当然不是我，那是一个人的笔名，不过干洲这地方，几乎没有人知道。"

"谁啊？"张一嘉跟过去，按住童盼开门的那只手。童盼的脸"唰"一下红了，慌忙躲闪开。张一嘉没趣地向后退了一步，尴尬地笑笑，垂着两个胳膊。童盼顺手从张一嘉门边的一个斗柜上拿了一个搪瓷的奥运福娃，说："这是女孩子玩的东西，你留着干啥，送我算我为你找资料的报酬吧。"拉开门就走了。

张一嘉回到座位上，再翻那个夹子，还是摸不着头脑，就拿起电话打童盼的手机。童盼说："'孤舟'是关文水的笔名。"就挂了手机。

张一嘉抱着夹子，在那里沉思好一会儿。心里涌起一点儿感动来，更多的是好奇和兴奋。

晚上，他和陈思维一起，躺在床上看这位新来的文改办主任的文学作品。看到一篇关文水对新婚不到一年就生病去世的妻子的怀念的散文，陈思维看得眼泪都出来了。张一嘉拿了一盒纸巾给妻子，说想不到我的老婆如此多愁善感，想不到关文水这个人生活还这么坎坷。

陈思维说："你有这样的软心肠就好了。"

张一嘉说："我心肠也不差吧，瞧你那个架势，好像看了几篇文章就爱上人家了，你这么多年可很少为我流过感动的眼泪。"陈思维说："我不为坏人流这种泪，如果我是一个单身的女人，我马上会爱上这样的男人，并为他去死。"

"爱就爱吧，有必要死啊活的？"张一嘉说，"生命才是最宝贵的。"

"这是你这样的自私男人的托词。"陈思维说，"要是你是有关文水这种心地和才情的男人，我早就可以死了。我真羡慕他的妻子。"

两个人打了一会儿口水仗，陈思维觉得累了，不再拿这个话题攻击丈夫。转而，在丈夫耳边认真地吩咐："今后，做事千万要小心，不要学文化界那些老油子，滑头滑脑的。世俗的一套，对关文水这样的领导，可能没有什么用。"

"我就在等这样的领导，本来我就是个有理想有信念有原则的人，当然不会像这帮老阿混。"张一嘉厚着脸皮说。他妻子从被窝伸出一条瘦骨嶙峋的胳膊，刮了他鼻子，说："你要是好人，不要说是老总，干两辈子你怕是连个中层干部都当不上，你那些下属，能捞个位置的，有几个好人？你自己心里最清楚了，臭美！"

张一嘉说："老婆大人教训得是！"

看完文章，两个人背靠背地躺下。过了好一会儿，张一嘉迷迷糊糊进入一个小梦，却听见陈思维忽然在黑暗中叹了一口气，说："这童盼倒是个聪慧女子，真是你们文化界那些乱七八糟的女人中的另类啊。我觉得我如果死了，应该想办法把我的男人和女儿托付给她。"

这句在黑暗中十分唐突的话，把张一嘉惊醒了。他翻了一个身，说："我刚才做梦了没有，怎么听你说了一句发神经的话。"

陈思维说："你没做梦，是我说的！"

张一嘉气呼呼地坐起来，说："你这人怎么了？今天晚上死啊活啊的，说个不停，说什么呢？怎么说了一个晚上越说越不上路子啊？"

陈思维开始抽泣，说自己哪里是个正常的妻子呢，一年三百六十五天躺在床上等死，还不如早点儿死掉成全别人呢，你们男人不都盼望这样的好事吗？中年升官发财死老婆，人生三大快事！……陈思维边哭边说，把自己弄得很累了，到下半夜才入睡。可这时，张一嘉睡不着了。他感到自己发烧又加重了，头胀痛，背上像背了千斤的石板，僵硬，酸痛。他后悔自己没事找麻烦，干吗改不掉老习惯，屁大的事都要跟老婆叽叽歪歪的。把童盼找给他的资料，带回来跟陈思维一起研究，这不是为老婆找不愉快吗？

可是，这习惯是他大学时代就养成的，拿不准的事情，就找陈思维商量，陈思维几乎总是能够给出精辟的结论。今天他没有想到陈思维对资料研究过之后，对整理资料的人发生过敏反应。可是童盼跟他有什么呢？什么也没有啊！什么也没有他才敢坦坦荡荡地把文件夹子拿回家的啊。陈思维平时言语间，对童盼流露出的欣赏、好感并不少。童盼对清清也很好，两个人如同姐妹。准确说，童盼是他们一家的朋友。

可是，他们之间难道没有潜在的微妙关系吗？陈思维神经质的发作，一点儿内在因素都没有吗？自己对童盼，真的能有一颗平常心吗？……自己要不要，或者有没有勇气向陈思维发一次誓？可这不是把一个无稽之谈变成一个有稽之说吗？还有，童盼的心里也许更单纯清澈，夫妻间如果在背后为这种"莫须有"的事争执，太无聊了吧……

张一嘉就这样胡思乱想了一夜。等困意上来，起床的闹钟响了。于是爬起来，到医院继续打吊针，然后去公司里上班。

15. 欲动不动

星期五下午，张一嘉把手头的事情料理完，就把王主任喊进来，问这个星期六星期天有没有什么重要的活动。王友友说，有三个活动，鲁南大学新闻学院举办的全省电视营销研讨会，在星期六上午。张一嘉说："你了解一下市委市政府和宣传部有没有领导参加，我不一定去了，再说这种活动电视台和广电局少不了人去的。"王主任接着说，有一项自己公司的活动，驻地部队的年底走访慰问，想放在星期天全天进行。张一嘉说："你安排一下，叫几个副总分头带队，把一些要慰问的单位全部走完。今年在慰问支出上，大方点儿，提高两个标准吧，反正我们账上宽裕得很，以后还不知道是谁的呢。"王友友附和说，也是也是。又说，市广电局有一个新年文艺晚会的协调会，通知定在明天上午九点。

王友友回办公室打了一圈电话，回来汇报说，鲁南大学的研讨会，市委市政府没领导参加，但是，市文改办新来的关文水副主任参加。"我就多打了几个电话，电台和电视台都是两个一把手参加，看来是冲着新主任去的，要不您还是去一下？关主任以后是我们的领导，要负责文化整合和组建新集团的，您好增加点儿让他了解您实力的机会啊。"

"算了。"张一嘉想了一下，说，"让赵如男和潘得厚去跳吧，这是他们的作风，不是我的作风。"然后，吩咐王友友这两天看看汪秘书长有没有空，一起出来休闲一下。王友友又折回去打电话。利用这空当，张一嘉给女儿打电话，拨了三四次，女儿才接电话，解释说是打乒乓球呢。张一嘉说："你等着，今天晚上我去接你出来吃饭，你先想想吃什么。"

"我才不跟你一起吃饭呢。"清清得意地说，"童阿姨约了我一起吃饭的。"

"哪个童阿姨啊？"

"装蒜，"清清说，"你的手下呗。"

"那我就不管你了。不过，你应该叫她姐姐才对，童盼比你大不了多少岁。"张一嘉心里有一丝轻松和温暖，他吩咐道，"你们不要跑得太远，找个条件好一点儿的店，卫生第一。"

"我们吃西餐，已经在大众点评里找到一家五星加的店了，你不要操心了。"

张一嘉刚在犹豫，要不要吩咐女儿，不要多跟妈妈说这些，可对方没等他做好决断，早就挂了电话。

"本来是要腾时间陪女儿的，可人家不要我。"张一嘉对进来的王友友说，"汪秘书长什么时间有空呢？"王主任说，约了明天下午。张一嘉："好，把曲小波一起喊上，我们到巨龙温泉会所去。"

张一嘉又拿出顾东岳给他的推荐材料，交给王友友，说："我同学顾市长的亲戚，马上毕业，你看给她安排一个位置，先实习。如果表现好，就尽快进来。"

　　王友友愣了一下，说："张总，你这几年不是把进人的口子卡死了吗？"

　　"有些人情关难过。"张一嘉解释说，"再说这几年卡死，也造成缺岗严重。你干脆跟李天武、秦总他们几个研究一下，今年把一些缺岗补起来，做个方案我看一下。我们也欠鲁南大学不少人情，人家传媒系优先招了我们不少职工子弟，可我们几年不录用人家毕业生，说不过去。再说，等人家把我们合并掉，想进人恐怕都没有独立人事权啦，到时候跳脚也没用。咱们经济传媒，多养十个八个，养得起。"

　　王主任心领神会，说："我会尽快拿方案。"张一嘉想了想，又吩咐说，李天武那边还有一个人，是电视台老台长的孙子，想跳槽，你们了解一下，一起办了吧。另外，还是先不要跟老秦说，保密，这进人的口子一开，消息走漏，还不是洪水决堤，挡不住。

　　所有的事情都推掉后，张一嘉忽然有了一个不知所措的周末。他独自在办公室把最近没来得及看的报纸都看了一遍。看到一篇文章，列举红斑狼疮的辅助治疗食物，说长期坚持食用地黄枣仁粥，可以有效缓解甚至治愈。就锁了门，开车去市中心的中药店，买地黄，又找到一个南北货市场，买了枣子。顺便又买了一些干货，到邮局去寄给老家的老母亲。回到车上，发现丢在座位上的手机有四个未接电话显示，一查：一个是李天武的，打了三次；一个是邬娜的手机号，打了一次。就回李天武的电话。李天武在那头儿问："老板你在哪里？急死人了，我有重要事情要汇报，能不能到桃园会来？"张一嘉说好，就发动汽车往湖边开。路上再拨邬娜的电话。

　　电话里传来邬娜有些疲倦的声音，说没有什么大事，一是等待张总对自己那份调研报告的批评，二是感谢领导的普洱茶。

　　挂了电话，进了桃园会，李天武早在那里等着。两个人到餐厅的一个包间，让餐厅煮了一大盆鱼片粥吃。两个人喝得满头大汗，直喊舒服。李天武边喝边告诉张一嘉，他的"内线"最近弄到一些情况，赵如男、潘得厚和许之光三天两头在一起，私下讨论将要组建的文化产业集团"封神榜"计划，省委组织部已经来考察许之光升迁之事，但许之光想把文改办主任继续兼一段时间，等把集团弄定了再卸掉主任的位子给关文水。张一嘉说，不大可能吧，如果洪书记和秦市长放手让他弄这事，还临时插一个关文水进来干什么！

"这种事情说不准，打预备仗太重要了，人家可在积极活动。"李天武说，"我的大老总啊，您光埋头工作，再能干也不行，可不是人民群众呼声高，就选出领导来的！现在形势对我们公司很不利。而且最近听说举报信满天飞，我们在这里坐以待毙吗？就算是关文水马上上台，更不会无缘无故亲近我们，他一点儿不了解您和咱们单位呀。等我们合并到赵如男、潘得厚那些人手下，不全死定了。"

张一嘉不吭声，听李天武一个劲儿说。一口气喝掉三碗粥后，他才说："现在这种形势确实对我们不利，现在领导不了解我们，我们的好事没人知道，坏事传遍天下。最近上面的朋友给我复印了几封举报信，把你们几个说得一塌糊涂，细枝末节都有，你看是谁这么了解我们内部的事情？"

接着，又把信件中关于李天武的那些细节说了一遍。李天武气得直跳，张一嘉说你不要急躁，目的还是搞我，多长个心眼儿，把事情弄清楚，对症下药才行。出拳不在多，而在准。不要像他们一样，弄得满城风雨。他们频繁活动，声音越大越好，我们弱者就弱者嘛，弱者干脆就以弱者居。

"我操他妈的，一定是老游这个老家伙当内奸。"李天武还在生气。张一嘉说："老李你别江湖习气，一口一句粗话。没有搞清楚之前也不要乱打靶，如果是老游倒不是坏事，总归是一条线索吧。"接着，就问李天武小常工作有没有调好。李天武说："正要汇报这件事呢，已经弄好了，常老头儿要请您吃饭呢。"张一嘉说："李天武你代表我请常老吃顿饭，再以新年的名义，给他捎点礼品。"

"没有必要吧？"李天武不解。

"那是老台长，与现任赵如男的关系很僵。老同志跟原来单位的关系千丝万缕，总是能够了解一些情况的。老同志不在位子，讲话可以不顾忌，又喜欢讲，所以是传声筒啊！"

李天武说："我懂了，我会把老人家哄开心，保持热线联系。"

李天武饭没有吃完，邬娜几条微信已经进来。张一嘉又在不紧不慢交代另外一件事，他说："很多人捣我们的蛋，拿桃园会这个地方说事。我看这地方虽然改成了土菜馆，但终究是一个吃饭享乐的地方，总是给人一些联想，授人以话柄。"

张一嘉想跟李天武就桃园会的事商量出一个两全其美的方案，既不能流失资产，又不能招惹流言，就一五一十地说他的设想。可李天武就是不停地看手机，张一嘉一看，知道他没心思谈事了，才想起这是周末吧。于是，自己也没有心思再吃饭了，起身说："女儿今天可能会回来，我得先回去。"

回到家里，见陈思维屋子里还亮着灯，推门看见女儿正帮妈妈擦洗身子，就说："你快点儿回自己屋子休息，我来。"清清冲爸爸笑了一下，就回自己屋子了。张一嘉发现妻子身上的斑点越来越密，脖子上也起了一圈斑疮，就惊觉地说："思维你必须住院疗养，不能老在家吃药。"

陈思维不吭声，好像刚才跟女儿说话说得累了，闭目养神，对自己的话一点儿反应也没有。

干完活，把毛巾盆子等一大堆东西送出去。回到卧室后，张一嘉就告诉陈思维，自己买了一些地黄和枣子，还有那个报纸上的食疗说法。陈思维闭着的双眼，慢慢流出了眼泪。她轻声说："张一嘉，我认真地告诉你，我盼望自己早点儿死掉。所以，你别黄鼠狼给鸡拜年，提这提那地回来。"

张一嘉急了，说你怎么又说起了这样的话？陈思维独自流了一会儿眼泪，说："你明天让司机去买个小床，加在边上，你自己睡，我这样的身子，对你不好。"

"别瞎说了。"张一嘉上去抱住妻子瘦弱的肩膀。陈思维扭开，说："今天童盼送清清回家的。"

张一嘉心里吃了一惊，但还是平静地说："这有什么呢？你在为这事闹心？"

陈思维擦掉眼泪，忽然看了张一嘉一眼，嘴角上挑起一丝冷笑："以前，我是为她闹心，因为我觉得她跟你之间有事，尽管我几乎是一个没有资格吃醋的妻子。今天见了她之后，我就开始为她跟你之间没事而闹心了。"

"我实在听不懂，怎么这么绕啊？"

"虽然我这几年足不出户，但我知道一点儿如今这世道你们男人的世界。"陈思维恨恨地说，"你们这些所谓的成功男人，一个个心里都住着一个小皇帝，尤其是你这样的小农民后代，做的都是几千年的皇帝梦。你们不挥霍那点儿成功，不放纵自己，总觉得会白奋斗，白来人世，所以你们比着劲儿，你们甚至抱团放纵，这是不是现实？"

"的确有这种情况。"张一嘉说，"但你不能一棍子撂倒所有男人，社会并非像你想象的那样混浊。"

"差不多了。"陈思维说，"你看那些贪官，不出事时人模狗样的，出事后一爆料，全是乱七八糟的事，简直是无耻至极。有这么多'老虎''苍蝇'，怎么把国家往文明的道路上带？"

"这样的人哪个国家都有，污染是必然的，但他们污染不了整个民族，我相信也能治。"张一嘉为陈思维讲了几个治理腐败取得成效的事，还背诵了一大堆数据来说明社会政治生态的好转。陈思维一副似信非信的表情，听了一会儿，说："你说的这些，也不新鲜，我上网看过不少。我只关心你怎么办？"

"什么我怎么办？"张一嘉没有听懂陈思维的话。陈思维垂下眼帘，说："我宁可你跟童盼交往，我不反对，但你只能跟她一个交往，不能乱。"

张一嘉说"陈思维你想多了"，就走出房间，带上门，去敲女儿的房门。

再说李天武，跟张一嘉分手后，就开车来到邬娜的新住处。邬娜在屋子里把空调温度打得很高，加上暖色调的装潢，使得人一进来就被什么包围住似的。邬娜把客厅的灯关掉，只留了一个床头的小台灯。她直接把李天武引到卧室。李天武捏着邬娜牵引他的那只绵绵之手，身上的温度开始升高。他打趣说："你这是引狼入室呵。"

"他不是出差了吗？我这是请你来看看我的新房子嘛。"邬娜说，"你应该感谢我老公厚道，他跟你相反，是个清心寡欲的好男人，很少碰我啊。"

李天武忍不住哈哈笑起来。邬娜说："你笑起来真太可爱了，不像马，不像猴，像一个真正可爱的小猪八戒。"李天武说自己挺喜欢笑的，但不能在单位开怀地笑。邬娜说："也是啊，在单位里，谁不装啊，谁不装谁死得快。你看张一嘉，在我们面前那么清高，那么有城府的样子，我就不信他跟童盼鬼混的时候，也是正襟危坐，西装革履，一口一个廉洁，一口一声指标！"

"别栽赃张总啊！"李天武捏捏邬娜的嘴唇，说，"我不相信张一嘉跟童盼真有什么，至少没有到我们这样。"

"你就是愚忠。"邬娜对着李天武掰弄自己嘴唇的手打了一巴掌，说，"看起来越是正经的人私下里越下流，不是有个作家说，都是装样，装上见高低吗？"

这下可把李天武彻底逗乐了，歪着脖子笑了好一会儿才止住。

邬娜说："你也别只顾着笑，只顾着快活。我告诉你啊，你给我的卡，我拿去送张一嘉，被他退回来了，要是我们公司被组合掉，我这级别又解决不了了。你也不帮助想想办法啊，整天巴结着张一嘉，他怎么就不替你多想想呢！"

"哈！"李天武说，"你以为张一嘉替我想，就是替你想啊。我这不是在谋划吗，人事问题是系统工程，张一嘉已经在考虑这方面的事了，我先成为副总，才有充分发言权，得把你们部门的经理提拔到我空出来的总助位置，或者把你们投资财务部进行拆分，财务部就是财务部，投资部就是投资部，你就担任投资部经理。"

邬娜很高兴，紧紧搂住了李天武，说，靠谱的男人有魅力。

16. 以文会友

　　圣诞节正好是星期六。干洲电视台台长赵如男临时决定，搞一个圣诞的活动。活动的计划是把本市的一些著名书画家集中起来，为电视台《艺术大家》栏目画一些画，庆祝新的一年。同时，也举行一场晚宴和联欢活动，答谢画家们为电视台艺术栏目做出的贡献。

　　三年前，许之光从外地调任干洲市副市长、文改办执行主任之后，第一件事情就是对市属媒体的庸俗化倾向进行了严厉批评。媒体老总们迅速做出反应，日报社及其所属的四家子报，相继恢复了被撤除的纯艺术专栏；电台的潘得厚在各个频道开了《古典音乐欣赏》，这样就连到干洲来出差的外地人，一跨进出租车都可以听到电台交通频道播出的是古典音乐，而不是全国百分之九十九的交通台尽播的那些玩意儿——这就使干洲的门户形象大大改变。外地游客经常慨叹：哇，干洲真是不一样啊，连出租车司机都是听古典音乐的！干洲的面貌焕然一新。省委的简报专门发表文章，推广了干洲的文化形象建设，省城的媒体都前来学习了。许之光在干洲班子里的分量，一夜就加重了许多，洪远书记经常把一句话挂在嘴上："之光，我们文化战线上的大才子啊！"

　　只有两家新闻单位的反应是过慢和麻木的。一是干洲电视台，隔了三个月才有举动；一是干洲经济传媒公司，固执地认为自己是企业，经济效益第一，就应该走俗路，不搞曲高和寡。但前者与后者不一样——人家赵如男是在认真调研，一举推出与大家不同的栏目，一鸣惊人。赵如男认为，媒体的跟风是必要的，但是怎么跟得不一样，才是水平的真正体现。三个月后，赵如男推出了《艺术大家》，集中介绍本土的一些艺术名人。干洲是一个书画家满街走的地方——其实，自从名人字画能卖好价钱之后，干洲与全国的书画艺术同步繁荣起来。干洲美术家协会和书法家协会的会员突破一千人，其中省级会员超过一百人，国家级会员也有四十人之多。这些书画家经常上纸质媒体，很少能上电视。电视台的《艺术大家》一推出，对他们的刺激很大，纷纷来联系给自己做专题。可是画家不肯出钱，只肯画画写字，电视台只好收藏他们的作品，用来抵播出开支。书画在干洲这样的地方还没有抢手到可以当钱用的程度。电视台就积压了大量字画。所以，《艺术大家》这样的高雅栏目，注定成了一个亏损栏目。

不过，像赵如男这样的新闻干将，深知亏损这样的事情在所谓的主流媒体中，是一个光彩的事。人们甚至有这样的认识惯性：好像你亏损了，才是高雅的，才是主流的；赚钱了就是庸俗的，就是不入流的。所以，赵如男的心里一点儿也不慌。不慌的底子还有一个，就是赵台长三个月的调研成果，这就是在干洲如日中天的许之光是一个书画艺术欣赏大家，业余时间就只有点儿雅趣了。市委市政府领导里面，爱好书画艺术的也不止许之光一个。节目播出来后，除了在书画界产生"强烈反响"外，也不乏领导的表扬。第二年，这个栏目就作为文化大市建设的重点扶持项目，收到市文化基金重点资助经费两百万元。这样一折算，《艺术大家》成了干洲电视台甚至整个干洲新闻界最赚钱而且最高雅的节目。众媒体的老总佩服得五体投地，叹服道：赵如男，这才叫政治家办台啊！

像以往一样，许之光早早来到圣诞节的书画笔会活动现场，一家大酒店的大会议室。许之光特意穿了一件传统汉服，在画家们热烈的掌声中，许之光做了一个简短的讲话：

"各位艺术家朋友，今天是洋节，我们电视台办中国的活动，意义不同凡响。首先，穿中国服装，欣赏中国书画艺术，晚上再跟大家一起，吃个地道的中国淮扬菜，这是我们中国人借洋节享受我们自己的快乐！所以，我先代表市政府，向大家致以节日的问候。其次，要强调的是，过节就是过节，我们不是搞什么一本正经的活动，而是一次展示才艺和放松的机会。我本人是作为一个普通艺术爱好者来欣赏大家的作品的，是作为大家的朋友来与大家联欢的，来蹭饭的！"

书画家们大笑，气氛一下子活跃了。等大家开始动笔后，许之光跟二十多个画家，一个一个地前去打了招呼，然后到隔壁的休息室抽烟去了。赵如男进来，悄悄给许之光一张房卡，说是楼上8502套房，上去休息吧。许之光说，这么多人在，我们离开不好吧。赵如男想了一下，拿着房卡出去，找到在现场服务的电视台工作人员，大声说："小王，安排许之光市长到楼上休息吧，几个小时呢，不能把领导晾在这里。等笔会快结束的时候，再请他下来看作品吧。"

小王赶紧拿着房卡，去安排领导休息。赵如男就接过小王的活儿，给画家们当下手。画家们兴致很高。乘着这当儿，赵如男对书画家们说，今天还给大家准备了一份新年礼物，一种新出品的数码微单相机，像素超过两千万了，以后书画家们把自己的作品拿出去之前，可以顺手拍下来，这样自己的作品流出去了，至少有个资料留存。

小王回来后，赵如男又忙了一会儿，然后说："想起来了，咱们画家们都是风流才子啊，喜欢美女，我得去安排一些台里的姑娘，与大家一起吃饭联欢。"

画家们一片叫好声，有人干脆点名，要谁谁谁，那个什么节目的谁谁谁来。有一个说，那个童盼从来没有见过真人，今天一定要安排过来，让我们见一下。

"童盼不是我们台的，"小王赶紧解释，"人家是经济新闻网的主持人，我们不好调用的。"

提议的画家很吃惊，说："这么大个名人，怎么不在大台，在什么经济新闻网啊？"

"时间不长，都是一回事了，"赵如男说，"经济传媒以后就要被整合掉的，说不定会成为我们台的二级公司，大家下一次来开会，也许就是童盼给你们裁纸磨墨了。好吧，不爱看我这个老太婆，我就走了，为你们调姑娘去。"说完，就边拨电话，边出了会议室。

许之光在屋子里上网，赵如男敲门进来的时候，正好画面定格在经济新闻网的访谈频道。穿着一件水蓝色正装的网络主播童盼，正在访问穿着黑色西装的胖子企业家熊海东。访问的主题是，本市最大的服装生产企业"荣中贵"集团，正在积极地预备于香港上市，"荣中贵"如何抓住即将到来的上市机遇，将企业的发展推向一个更广阔的平台。

"……我们已经在省城商业中心，并购了破产的省华联商厦，行将打造成全省最大的中高端服装销售航母，使企业从单一生产型过渡到生产销售一体化；我们还将在服务业中拓展；如果政策允许，我们更有兴趣进入文化产业……"熊海东对着镜头侃侃而谈。

赵如男为许之光打开了电视，说："许市长，您也太神了，优哉游哉的，也不看我们电视了，像年轻人一样爱上网，这童盼也太漂亮了是吧。"

"气质、口才都好，听说是上海姑娘还是浙江姑娘？"许之光说，"小赵你们台要有危机感啊，电视现在还算主流媒体，却出不了童盼这样的主持人，是不是用人机制出了问题啊？"

领导喜欢喊自己的部下小某小某，这里面总是有些亲切的意味。如果被喊的人年龄小，那么喊得理所当然；如果被喊者年龄老大不小了，则饱含着一种身份定位，外加一分续辈分的味道。喊的、被喊的会隐约觉得大家是"自己人"。许之光喊小赵，小赵其实不小，已经奔五了，跟许之光也就是两三岁的差距吧。但除了职位低些，"小赵"看上去也未必像许之光那样显老。

赵如男当年在部队文工团工作，转业到地方后，到当时刚刚组建的干洲电视台工作，从综艺节目的主持人干起，一直干到今天的位置。几十年，赵如男在同事眼里，风风火火、精力旺盛的形象就没有变过，魅力也似乎没有减退过。除了微微发胖，岁月并没有能够对她起多少摧残的魔力。方形脸，气质高贵，一双大眼睛从来都那么清澈明亮。皮肤的颜色，在少许的脂肪映衬下，泛着健康的光泽，质地有绵绸感。这些年，赵如男注意形体保持，坚持每个星期上三节瑜伽课，加上年轻的时候就是舞蹈演员，所以身体的柔软度，没有什么改变。从当年的老台长，到后来一位管文教的副市长，再到许之光，几乎都是"不由自主"重用她的。美女才女，嘴巴又甜，而且能把事业做得风生水起，哪个领导遇到这样的下属，能忽略不用呢？

赵如男敲门进来，就是想利用这个机会，说说电视台改组的一些想法。因为不是在办公时间，汇报自己的工作想法，有很多微妙的好处：比如，可以说得随便一些，把在正式工作汇报场合不便汇报的话说出来；比如，说得妥当与否，关系不大，与水平无关，可以视为闲聊啊，用不着那么妥当；比如，可以拉近跟领导之间的距离，同时给领导一种非常敬业的印象，等等。所以，赵如男特别善于抓这种机会。

这会儿许之光只听，不急着表态。赵如男为许之光泡了一壶茶，边给领导倒茶，边漫不经心地问："许市长，都传您要升，在干洲还是到省里什么地方去？我们干洲人都希望能一步到位，接上秦市长的位子，听说他这次肯定要动了。"

许之光"呵呵"地笑起来，说没想那么多，随便组织安排，当官要当副，副的轻松。嘴上这样说，心里其实有些不高兴，觉得赵如男这人也太直接了吧，几句话不到，就关注起自己的职务动向来，这是真关心还是探路呢？

"您如果走了，我们电视台怎么办？"赵如男边说边把电视调到自己台的第一频道，"文化界改革重组，一合并变数很大，万一把电视台下面的经营性公司业务切割出去，再来一个外行或者外地人当集团一把手，我们电视台就困难了，新集团也未必能利用好这些资源，我们台里的干部职工很担心啊，领导！"

"一般不会。"许之光瞧瞧赵如男那张血色很旺的脸，绕着圈子说，"广播电视这个行业还是很专业的，业务性强，将来又要往企业化方向发展，一般官场上的人不太愿意过来，所以将来的集团肯定还是你们这帮人当家嘛。"

"大市长啊，我们这帮人？我们这帮人可不是个小数字，鸡零狗碎的相关单位可不少。我都愁死了，您如果离开了，那个新来的关文水，并不了解您的人事布局意图，他接了班会怎么操盘呢？"赵如男嘟囔着，"夜长梦多，到这个时候了，你们可连个改革重组的筹备班子都没有搭起来。"

"班子马上要搭了。"许之光说，"关文水同志虽然不是我推荐过来的人，但他也不是任何人的人，他只能算是我们这个班子集体的人。只要我不离开干洲，他不会随意背离我们定下的东西。一个新人，人生地疏，蹚浑水，一般不会急着搬自己的主张。再说，他跟这个系统以前没有打过交道，就没有恩怨，也犯不着把好恶倾向谁。"

"也不知道领导您怎么考虑新集团的班子呢。"赵如男试探地说，"我觉得电台潘得厚资格比较深，而且人家电台虽然现在处于弱势，但政治地位可不比其他新闻文化单位低，电台的排名是排在电视台前面呢。而且听说他是哪位市领导的亲戚。"

"小赵，不管是不是哪位市领导的亲戚，领导也不是你想象的那种人，这么大的事，难道没有一点儿原则？"许之光有些不高兴了，但脸上还是摆出笑容来，说，"小赵你可别忽悠我，潘得厚根本不是你小赵的对手，你的对手还没有浮出水面呢！"

赵如男停下手中的活儿，在电视机前扭过头，一副惊讶的样子："谁啊？就这么点儿池塘，还会浮出个谁啊？领导啊，我追随您多年，我不是来要官的，我向来只会服从组织安排，官大官小，排前排后，都无所谓。但要是比工作比成绩，我不能示弱，这可关系着领导您的眼光，关系着我有没有辜负您的信任问题。"

"小赵你越来越会装了。"许之光看着镜子里的赵如男，清了两声嗓子说，"你知道的比我许之光多多了，你不是很怕那个年轻人吗？"

"您说谁啊？张一嘉吗？"赵如男脸上露出不屑一顾的神情，"他怎么有跟我们比的资格，那不是一条起跑线，呵！"

"还在装啊，我的小赵同志！"许之光笑着说，"你们要是不怕他，干吗策划出那么多举报信，搞臭他干什么？"

赵如男愣住了，片刻眼泪从眼睛里流出来，说："谁又栽赃我了？太恶毒了。我听说是老潘和他们自己的老游搞的事情，我不过是听说而已。再说，那人本来就是个狂妄的坏人，这样的人上台，我们这些老实巴交的，还有活路吗？你们这些领导，一拍脑瓜就是一个主意，我们在下面只有忙碌和惊恐的份儿，您替我想过没有啊？"

"好了，别哭，赵如男同志，我正式提醒你，做事要光明磊落，别搞那些不上路子的小动作。有个人诉求，勇于挑担子，不是什么丑事，可以竞争嘛，可以向市委市政府立军令状嘛！"许之光很不耐烦地说，"不过，你们注意到那小子，说明你还不钝。只是别跟潘得厚这些人搞到一起去，那可是几个没品没格的卑琐之辈，当心把你坑了！搞这种事情，最要当心策略，特别是跟谁一起搞，千万要小心。"

赵如男不知是惊吓的，还是气愤的，浑身颤抖，脸都白了，只一个劲儿乖巧地点点头，然后慌不择路地离开房间。在回会议室的路上，她给台办公室主任发了一条信息，让他从台里叫几名姑娘来。如果凑不够，就跟酒店老总借，服务员也行，或者让酒店经理到店内的夜总会 OK 房找几个漂亮小姐，以电视台广告业务员或者实习生身份，参加晚上的活动，那些小姐更放得开。

回到笔会现场，赵如男见画家们大都已经完成了作业，坐那里喝茶或聊天。赵如男就故意嚷嚷着骂自己的台办主任无能，说居然喊不动那些美女主持人什么的，害得自己不得不亲自回台里一趟，协调这么个事，才弄定了。画家们听了，很感动，说再给领导个人画张画吧。赵如男说："我就算了，给真正的领导画吧。"然后问小王："许市长休息完了没有？怎么还没有下来？"小王回答，没见下来，自己没敢打电话去喊，怕影响领导休息。赵如男训斥道："我一刻不在，你们就不动动脑子，许市长最爱看画家们现场创作了，要不他不会这么早就赶过来！还不快去请！"

小王慌忙跑出去安排。赵如男一边逐一欣赏、赞叹画家们的新作，一边还不时忍不住气呼呼地责怪自己"工作疏忽"，说画家的作品收笔时最精彩了，怎么能让领导错过那样的时刻呢！

17. 人事榜单

王友友约了好几次，市政府的汪秘书长才肯出来。他的酒量不行，喝之前几乎不吭声，喝完几杯后，就话多起来，情绪也高涨起来。他是个性情中人，手把着张一嘉的手不放，说："张总，你这个人不错，对秦市长和我们这些市长身边的小人物，都很关照，我和小曲经常在一起谈到这些。"

张一嘉说："谢谢首长和秘书长、曲秘书的关心。只是平时太忙，也知道首长和你们更忙，不好意思打扰太多。所以，拖到这年底才请你们出来，主要是方便我自己汇报工作。"

曲小波插话说："我们不好意思，前一阵子事情多，省委组织部在这里考察班子，所以也没有心情出来活动。"汪秘书长打断他的话，说："小波，张总也不是外人，干脆告诉他们吧，有些人事变动的信息，早点儿知道对他们有好处。"两个人就把话说了。一是洪远书记到人大任主任，要从外地调一位新的书记或者市长来；二是秦市长是直接接书记还是交流出去，目前还不明朗；三是副书记黄汉平到政协当主席；许之光副市长，分管文化工作；关文水接任副市长兼市文改办执行主任。另外，市政府的两位副市长也有调整。

"我们也应该敬一下汪秘书长，"曲小波站起来说，"我们的汪秘书长也要履新了！"

大家很惊喜，纷纷站起来敬酒，并追问是什么新职务？秘书长直摆手，说新的岗位，没有发文都不算数的。他的老同学王友友就说："领导啊，把张总和你的老同学都看成什么了啊？这么重要的事情，早就应该向咱们透风，好让我们早点做服务。"

正这样推说着，张一嘉的手机铃声大作。他一看是顾东岳，说："嘿，我这老同学也凑热闹来了。"说完，就走出去接电话。顾东岳劈头就问："老同学啊，是不是在跟我的新领导一起吃饭啊？"张一嘉马上明白了怎么回事情。接完电话心里想，这种新闻，新闻单位抢死了也抢不过民间内部的消息。但还是装糊涂，问："什么新领导啊？"

"又来了，装糊涂。"顾东岳在电话那头儿"嘿嘿"笑起来，"你不是正跟汪秘书长一起吃饭吗！他可是马上成我的顶头上司了！"

"上司？到你们干水吗？书记还是市长？"

"当然是书记。"顾东岳在电话里得意地说，"我们的书记，就是接关文水的那位，刚来就出事了，是原先任职的单位对他老人家进行审计，审出了一屁股的问题，内部处分，另作他用了！据说，要保留级别调到干洲市统计局任调研员，哈哈！"

"竟然有这样的事情？你们县里，真是风云变幻啊！"张一嘉故作惊讶地说，"我真是领教了，那这样老兄你日子应该好过了啊。"

顾东岳叫张一嘉代敬一杯酒，然后又说年底要过来一趟，好好聚聚。接着，追问他托的姜萌那个学生的事情怎么样了。张一嘉说，现在急不起来，因为搞改革重组，人事上的事情敏感，动不得。顾东岳说："扯淡吧，得赶紧动，就是要在启动重组前，把这类的事情办了，否则，难说啊！"张一嘉权衡了一下，说："这样吧，先让她找我，我安排她先在一个好的岗位上实习。"

"光实习不行，一拖机会就没有了，春节前后这用人单位跟应届毕业生都会落实了关系的，老同学你可别砸了我的事。"顾东岳电话里确实很焦急，张一嘉说："那你再来一趟，我们当面商量，行吗？"

回到座位上，张一嘉就说："对不起，秘书长，我刚才接电话耽误事情了，您说您要到哪里高升？像您这样的专家型领导，应该到一个重要的地方当父母官，造福一方！"曲小波惊呼："张总果然好眼光，跟我们秦市长想一块儿了！"

"哪里是什么高升啊。"汪秘书长轻描淡写地说，"到一个穷市，那个干水当家啊。"

"那可不是穷市。"他的老同学王友友说，"那地方多重要啊，我们新来的关文水，不就是那里出来的吗？"

大家一齐站起来，向汪秘书长祝贺。张一嘉心里却怎么也高兴不起来。这领导的人事变化，虽然难以捉摸，但还是有规律可循，而且说来就来。汪秘书长是秦市长的御用秘书长，没有大的变动，秦市长怎么可能把他急着外放任职呢？看来，秦市长走的可能性很大啊。

饭后，他把曲小波拉到一边说："我们不管市长到哪里去任职，市长永远是我们的好首长。上次跟你说过的与市长一家子聚会休闲一下，小老弟你帮我尽快安排一下时间啊。"

曲小波直点头，说一定近期安排上，早就跟市长说过，要不是组织部来考察，早就聚过两次了。说完，就去喊汪秘书长，说他也有话说。汪秘书长过来，悄悄对张一嘉说："市长安排我们，肯定要有变动，我的事情就这样了。还有一个曲秘书，跟市长干了好几年，如今是正科级的秘书，他想到文化界来干，这可是个好青年。"

"我这个单位太小了，而且在文化机构不像电视台日报社那些单位有地位，最高岗位才是个处级。这里没法子解决他的级别啊！"张一嘉说，"小波也是我的好兄弟，我当然欢迎他来一起干。但是不是说要改革重组文化产业集团吗？不知到那时我能否说上话。"

"依你的能力和年龄，应该你来干。"汪秘书长叹了一口气，说，"我们会尽快敦促市长过问一下文化重组的事，首先要让你进集团筹建班子。如果秦市长不交流出去，就不存在这些顾虑了，市长他是了解你的能力的。你老弟不要说当文化产业的一把手，给个市长位置，你照样干啊。"

"秘书长抬爱我，我的资历浅，都是首长和您关照我。说实在的，你们才是一言九鼎，我们办文化娱乐业的，大家每天骂的骂，夸的夸，萝卜青菜各有所爱，众口难调。至于最终怎么取舍，全是仰仗领导们的正确判断啊。"张一嘉说，"当然，不管谁来弄这一摊子，不管秦市长是不是在干洲当领导，市长身边的人，水平、学识、人品，都是公认的好，到哪个单位工作，就是哪个单位的福分。小波要是肯来，您和市长发话，我这里求之不得啊。"

"唉！"汪秘书长长长叹了一口气，说，"让我们和全市人民一起祈祷，秦市长继续在干洲领导我们的事业吧。"

告别的时候，王友友按照张一嘉事前的吩咐，给秘书长和曲秘书每人送了一部最新的苹果手机，还有一大包进口零食。张一嘉对秘书长做检讨说："我实在不知道您的岗位变动，所以毫无准备，就拿了这些广告产品来给你们，真是罪过。不过，这次不算，等秘书长的任命文件公布，我和友友专门为您送行。"

汪秘书长说："怪不得大家都说你人好，又能干，我们平时忙东忙西，这文化界的事情，很少关注到，忽略你了。市里的工作面太宽，不是文化不重要，文化工作在政府工作里毕竟只是一个小的方面。现在，你看，能有什么任务交给我们，你尽管吩咐，最后几天了，我们也许还能说上话。"

"我真的是每天昏头昏脑忙工作，没有去想这些事情。"张一嘉说，"给我们这些人有饭吃就行了。我主要就是可惜我们经济传媒，这么好的效益和势头，刚尝了一点儿打拼市场的甜头，要是合并后，换了其他新闻文化单位啃政府的做法，肯定会溜下坡啊！"

汪秘书长沉思，点点头。

王友友说："听说市里头最近就要定下来，哪些人参加这次文化产业行业合并工作的领导小组，如果经济传媒连小组成员都不是，谁能够保证我们经济传媒率先改革取得的成果，还有这样良好的方向？老同学你可要跟秦市长反映一下。如果为个人，我和张总都不会开这个后门，可是大变当前，牵涉我们全公司的利益和命运啊。"

车子开出去好久，汪秘书长还在思考他们刚才的话。他对坐在前排的曲小波说："小曲啊，明天赶紧看看，能不能找个合适机会，跟市长把这件事情吹个风。如果将来的文化集团全部由潘得厚、赵如男他们掌控，这个张一嘉恐怕就永远别想出头了！"

"是的，他们跟经济传媒矛盾很大，老说经济传媒不承担主流政治任务和文化宣传，没有负担，可以办得活些，甚至乱七八糟都可以上，所以经济传媒公司才有那么好的效益。"曲小波分析道，"其实，全国各地，像央视、湖南、浙江、东方这样的台，都是主流媒体，讲政治，也活泼，效益很好，说明赵如男、潘得厚他们这些人不行。我看张总的方向才是我们集团化之后的发展方向。以前他们不在一口锅里吃饭，只能互相说说风凉话。现在弄到一起的话，情况就复杂多了。"

"可是，没有用，屁股指挥脑袋。"汪秘书长说，"各有各的说法，各有各的看法。我们能使的劲有限。找秦市长说说吧。他重视，也许会好一点儿。"

第二天一上班，汪秘书长就来到秘书的办公室，想跟曲小波一起，找机会跟市长说去。曲小波做了一个很沮丧的表情，从桌子上拿起一份文件，说："他们可真快，油墨还没干呢，估计是加了一夜班。"

汪秘书长拿起文件一看，顿时傻了眼。以市委办市政府办联合发的这份《关于成立干洲市文化产业整合领导小组的通知》，已经明确了小组成员。小组由关文水任组长，市委市政府两个分管宣传文化协调工作的副秘书长任副组长，文广局长刘伯庭、电视台台长赵如男、电台台长潘得厚，以及市委组织部、市发改委、市编办、市财政局等部门的负责人担任成员。文件同时说明，由市委分管意识形态的副书记、市政府分管文化工作的副市长主抓文化改革和新集团建立工作。老汪一看就知道，这份名单至少透露了三项人事内容：一是市委分管副书记不确定，黄汉平可能走定了；二是许之光马上就要另作他用，关文水已经行使文改办执行主任职责了；三是对下一步新文化集团的人事安排，是一个最权威的预示了。很显然，将来新集团的负责人在赵如男和潘得厚之间产生，或者董事长、党委书记和总经理分设，他们各占一半江山，只是一个为主一个为辅的问题了。

汪秘书长不无担忧地对曲小波说："这下麻烦了，弄不好张一嘉连个常务副总也弄不上。"

曲小波气愤地说："这也太离谱了，经济传媒明摆着是我市文化产业的标兵，张一嘉把一个不起眼的拼凑不良文化资产而组建的公司办成这样，最后竟然沾不上改革的边，还要被革掉，这什么导向啊！"

汪秘书长压压嘴唇，示意他说话注意点儿，不要那么大声。曲小波问，能不能再去跟秦市长说说，有个什么变通的办法，把张一嘉结合进来。汪秘书长摇头叹息，吩咐小波不要再过问这件事，说这么大的事情，秦市长不可能不知道。秦市长知道了却没有提名张一嘉，说明秦市长不在意张一嘉的命运，我们去说，市长会怎么想啊？我们只能在心里为这老兄祈祷了。

曲小波有些沮丧。汪秘书长拍拍他的肩膀，说："小波啊，我知道你的心思。你的事情我可以大张旗鼓地跟秦市长提。再说，市长和我与下属单位，关系都是很好的，经济传媒马上就要并到大文化集团去，赵如男、潘得厚都很尊敬秦市长，我也是他们的朋友，到时候我去跟他们推荐，他们不会不买账，老领导的身边人嘛。"

"我只是觉得张一嘉，太可惜！"曲小波说，"我真的不是为了自己的小九九。"

18. 塌方

张一嘉这天没有及时看到这份文件，因为他下了乡，处理一起突发新闻事件。

早上六点多钟，网络新闻主播古霞把电话打到他家里，说距离市区四十七千米外的小干山公路，遭遇山体塌方，一辆卡车和一辆丰田轿车被压，市交通局的通信员来电话报告新闻线索。张一嘉赶紧叫古霞带着采访车来接上他，一起去现场。

虽然是经济传媒定位于纯文化产业，但因为里面有干洲经济新闻网这样的新媒体，张一嘉对新闻的敏感习惯，使得他一直重视这一块与新闻搭边的业务。张一嘉有个习惯，只要发生新闻突发事件，他就要亲自上。上去也不是亲自做报道，而是采取许多应急措施，小记者们未必能搞定。比如，今天的事，张一嘉直觉，等到采访车赶过去，估计车子至少已经堵了几千米了。这条公路是西出干洲市直达市属西三县的唯一机动车通道，又逢年底路上车多，这一塌方，不知道要堵成什么样子呢。要是疏导交通不及时，工程车进不来，还不知道堵到猴年马月呢。这采访车也不会长翅膀，飞不过去的。所以，张一嘉上了古霞的采访车，就给在市交警大队当队长的老同学打电话，请他派两辆警用摩托车来。

赶到山口处，就发现已经堵成长龙了。采访的面包车只能停下来。古霞和摄像的记者跳下车，先对着这长龙拍摄了几个镜头。古霞又对着镜头，说了一下听闻的一些事发情况。完了发现车子后面马上堵上了几十辆。

张一嘉走下来，跟摄像的小伙子一起抽了半支烟，两辆警用摩托就从后面的车缝里挤了上来。古霞说，张总干新闻出身，就是先知先觉，有办法。古霞和摄像记者一人爬上一辆摩托，张一嘉把自己的一个双肩背包，背到古霞身上，在她耳边说："里面是六条中华烟，完了给两位警察兄弟一人两条。另外两条现场你看着处理。"

古霞说："我的大老总，每次跟你出来，都忍不住要爱上你，哈哈。"

摩托带着记者见缝插针，向前开去。张一嘉倚在面包车上抽完那支烟，手被冻得通红。司机老顾摇下玻璃，叫他上车，车上有空调，暖和。张一嘉上车后，问司机在公司里干了几年了。司机说三年前招聘进来的。接着，就说了一通感激他和王主任的话。张一嘉弄明白这个司机就是三年前王友友推荐过来的那个出租车司机。据说，从前是出租车公司的二驾，夜里跑出租，老婆在身边陪驾，出了一次车祸，把车子全赔进去，老婆还受了重伤，倾家荡产。当年王友友介绍他的情况，张一嘉亲自签字特聘进来的。此人进来后连续三年被评为优秀职工。张一嘉问问他的家况，又问问他现在的工作和待遇。司机直言，工作自己很珍惜，就是待遇太低，他们聘用工与正式工的待遇相差太大，福利只有他们的一半，工资只有他们的三分之一不到。张一嘉吃了一惊，检讨说自己只是在几年前，顶着压力把业务干部中正式的、非正式的待遇拉平了，忽视了聘用工这一块。

两个人说了一会儿话，发现后面上来了疏导交通的交警，张一嘉赶紧下车跟他们打招呼，并说明了采访情况，让他们帮着疏导一下，把他们的采访车掉头回去。在掉头的过程中，古霞他们的摩托已经采访完下来了。他们挤出车队后，换上了采访车，快速往回开。开下去十几千米，迎面发现电视台和日报社的采访车。古霞叫司机减速，与对方打招呼，说："别去啊，进不去，你看我们不折回来了吗？"人家摆摆手，没有理会，与他们擦车而过。

十分钟后，经济新闻网就开始播出了这条新闻，一个小时内已经跟帖无数，全市都知道这事儿了，而其他新闻单位还堵在上山的路上。

张一嘉灰头土脸地回到办公室，王友友就跟了进来，说文艺部康主任的老婆到公司里来闹事，要我们交出一个女实习生，说那个女实习生当了康主任的二奶。张一嘉气不打一处来，说怎么把家务事闹到单位来啊！王友友说，人被我堵在办公室，没让她到工作区乱窜，也绝不让她惊扰领导。张一嘉沉思了一会儿，说："这样吧，我先洗把脸，你去安排，当着她的面，打电话通知老游、老秦几个在家的领导，到会议室开会商量老康的事情。我们到齐后，过十五分钟，你把她带到会议室。对了，把老李喊上。"

张一嘉洗完脸，慢吞吞地来到顶楼会议室。前脚到，后脚王友友就把康主任的老婆带了进来。

女人一张白胖的圆脸，浓眉大眼。因为哭泣，脸上的妆已花得不成样子。

张一嘉站起来，上去很关切地请她坐下，又亲自给她倒了一杯水，说："嫂子啊，别伤心，我们刚刚商量了，一定帮你出这口气。"说完，坐下，拿出一个笔记本，翻开说："刚才公司领导班子临时开了一个紧急会议，专门研究了康中辉同志的家属举报其生活作风问题。经研究，即日起对康中辉进行停职调查，就生活作风和经济问题，对，顺便说明一下，作风问题往往跟经济问题关联，康中辉如果包二奶，不可能不贪污，文艺中心的那些演出赞助和支出什么的，每一笔账都要细查到实处。如果属实，上报市委市政府市纪委市委宣传部市文改办和文艺家协会，移交检察机关。同时通知鲁南大学领导，建议处分他们的学生。但是嫂子啊，一个是学生，一个是成年人，而且是有影响的艺术家，有家室的人，老康只能是施害人，实习生充其量是个道德低俗的受害者啊。我们要感谢嫂子大义灭亲，主持公道……"

张一嘉话还没有说完，康中辉的老婆扑通一下跪倒在地，哭诉道："我不是这个意思，领导们误会了，我只是要领导提醒老康注意影响，我找那个小贱货，也不是要怎么样她，就是想劝劝她，年轻人自重啊。"

王友友赶紧把女人拉起来。张一嘉焦急地看着大家，说："这可怎么办？这可怎么办？这么严肃的事情，会议都开了，想改就改，太随便了吧。"接着，给王友友使眼色。王友友赶紧检讨说："可能我听错了，误解了嫂子的意思，我们先走，我们先走。"就拉着女人离开了会议室。

老游和老秦还是一头雾水呢，张一嘉的戏已经演完了。张一嘉把事情说了说，大家哄堂大笑。等王友友回到会议室，报告老康的老婆已经千恩万谢地走了。正好李天武也到了，张一嘉就宣布总经理办公会正式开始。会议讨论了几个问题：

1. 制定详细的实习管理条例，营造广阔的文化产业人才培养空间；

2. 加强与鲁南大学传媒学院的合作，选进八至十个优秀毕业生，充实到各业务岗位，但行政岗位不进人，经营岗位完全面向市场招聘；

3. 职工的管理向市场化看齐，正式工、非正式工，只要同岗就同酬；

4. 做好年终慰问，加大对地方军警单位和其他友好协作单位慰问的力度；

5. 创新召开年终大客户答谢会的形式；

6. 退还市百货公司剩余广告预付款；

7. 改革和盘活桃园会等资产；

8. 年终的考核奖励问题；

……

等到这些问题都研究完了，已经过了午饭时间。王友友给大家一人准备了一份盒饭，大家就散会，拿着盒饭回到自己的办公室。张一嘉吃完饭，想休息一下，王友友就把那份市委发的成立文化整合小组的文件送了进来，嘴里骂道："这些混蛋，欺人太甚，简直不像是吃国家饭干国家事的。"

张一嘉只浏览了一下标题，不用看文件内容，也就明白了。他说："算了，老王，我们干工作也不是为了这些。只是对不起你和李天武等兄弟，本来我正在报你们两个，上一个台阶的。但愿这件事不要影响你们就行了，我自己清楚自己的未来，干好干坏，都不太可能让经济传媒的负责人去当新文化产业集团的家。这么热火的新单位，要整合不少传统文化单位的业务板块进去。当然是整合进的单位谁重要，谁就更有资格当家啊，谁让我们不是主流媒体呢！"

王友友说："我们不要升官什么的，只要能跟着你干就行，不要沦落到赵如男、潘得厚手下。"

王友友还说，电台、日报社和电视台年年亏损，年年要财政补助，节目办得相当死板。但是他们的花销，大手大脚，据他们办公室的人透露，年底电视台给领导们准备的礼金开支，都好几十万。电台还专门给许多领导准备了高级音响，说是送"收音机"，方便领导听广播。王友友还建议，咱们是不是也想点儿办法，给方方面面打点一下，我们的银子，比他们充裕多了，而且我们是自己挣的钱，用得光明正大。

"挣的是光明正大，但用起来别人就不会说你光明正大了。"张一嘉说，"唉，你还不清楚现在的游戏规则吗？为公家挣钱怎么也不犯法，怎么为公家花钱，犯法的说法可多了。我们犯不着去学这些歪门邪道。"

正说着，李天武进来，也骂骂咧咧地说"领导小组"的文件。张一嘉说："你们两个，全市人民都知道是我的人，千万要低调对待这件事情，你们骂出去，人家全当是我的意思。再说，我还在为你们争取上一个台阶呢。"

他吩咐王友友回办公室，安排请文广局刘局长来公司指导一下工作，其实就是请他来吃顿饭，算是一年里对分管领导的敬意吧。同时让他在下午上班后，通知老游跟康中辉警示谈话，并劝那个女实习生先离开公司，小姑娘要把持住自己，想要工作，凭本事来考，我们给平等的机会。

王友友一离开，李天武反锁了门，神秘兮兮地从包里掏出一个光盘。张一嘉问什么东西，李天武说，你先看。两个人就趴在电脑前，播放光盘。张一嘉看得汗都出来了，脸色刷白，吓得不轻。荧屏上显示的内容，是电视台组织画家笔会那天，赵如男走过宾馆寂静的走廊，去许之光房间的情景。还有晚饭和晚饭后，觥筹交错、歌舞升平的场景。

"老李你要死啊，这可是犯罪，这也敢弄，哪儿来的啊？"张一嘉慌忙从电脑里取出光盘，抓在手上，不知如何是好。

"张总，我要为你拼一下。你知道我三教九流的兄弟多的是，这种事，我会处理，出不了一丝一毫的毛糙。"李天武咬牙切齿地说，"把这个寄给省纪委，他们两个人甚至连潘得厚都完蛋。我看他们还做什么构筑大文化天下的梦！"

"这样做太拙劣太卑鄙了吧。"张一嘉在屋子里转来转去，形似困兽。但在恐惧、慌乱的同时，还是有一股兴奋的潜流，在向上翻涌。

"卑鄙的是他们，我们最多是手段下作了一点。"李天武说，"其实想开了，也没有什么，这不就是地下工作最简单的招式吗？这些事情拿到007那些伟大的特工那里，都是小学生的作为啦。"

那张光盘在张一嘉手里，都快捏出汗了。张一嘉又在电脑上放了一遍，然后说："不过如此，不过如此，这有什么呢？这能说明什么呢？在宾馆搞活动开会，组织方的负责人到领导休息的房间去请示汇报工作，没有什么不正常，人家是异性，就去不得了？纯粹瞎鼓捣。你弄这东西，没意思吧？还有吃点儿喝点儿，跟女孩子跳支舞，唱首歌，又不是在社会上的娱乐场所，无伤大雅啊。"

李天武有些沮丧，还是犟着说："这个时候搞这些，难道不是顶风吗？这正常吗？"

"别折腾了！"张一嘉把光盘从电脑里扒拉出来，扔在桌上，说，"这种事，弄不好人家连犯错误都定不上，咱们犯罪倒完全够格了！实在摆不上台面，弄不好搬石头砸自己的脚。"

李天武嘴巴里还在絮絮叨叨说:"光盘先锁起来,我只复制了一份,自己留着。我等你发话,随时可以捅出去。"张一嘉打断他的话,千叮万嘱,让他切不可轻举妄动。两个人收起了光盘,接着讨论其他事情。重点说了桃园会转让的事。李天武说,熊海东铁心要桃园会,在我们自己手中,确实放不开手脚经营,那么好的地方,就办成那样一个小饭店,既赚不了钱,又不能作为公关场所。最后,张一嘉被李天武说动了心。说可以交给他经营,就转交个经营权,可以跟他签长期合同,也可以寻找一条合作经营路子。李天武又说了发现熊海东和古霞的事,并开玩笑说,当个文化单位的官,头上的绿帽子,垒起来恐怕能通天。

"你提古霞,我倒有个想法。"张一嘉说,"古霞在新闻主播岗位上干的时间不短了,而且挺能干,我觉得她的才干还可以发挥更大一些。等你到位了,能不能让她接替你,当个综合市场部主任,桃园会经营的事务,就可以让她先负责起来。这样网站新闻部的新人也有出来的机会。"

李天武说:"当主任我没意见,可是我刚刚不是说了她跟熊海东的关系,万一他们勾结……"张一嘉打断他的话:"桃园会在我们手上没赚什么钱,我们还指望桃园会今后再去为那个新集团赚钱吗?关键是我们这样安排,熊海东那家伙爽吗?"

"当然爽了!"李天武的脑子到底转得快,很快明白了张一嘉的意思。

临走,张一嘉又吩咐光盘的事,千万不能走漏半点风声。李天武拍胸脯,郑重地做了保证。

李天武走后,张一嘉便找古霞谈话,先表扬了早上的采访,接着告诉她李天武来要人,桃园会要改革经营,差一个负责人。张一嘉说:"古霞你多大了?有对象没有?"古霞说自己三十二了。张一嘉假装发了一通火,责怪自己的部下们那么清高,眼睛眶眶太大,只知道把命卖给事业,不知道把自己的大事处理好。古霞就流下眼泪,说自己整整干了十年的广告业务员和新闻主播,搭进了几乎全部的青春,一把虚名在外,社会上对她们这些"名女人"还有成见,认为她们不安分,架子大,脾气大,做不了贤妻良母。

张一嘉安慰说:"这样说来,我就心安了不少。本来我舍不得把你从

105

新闻岗位放出去，看来转个岗也未必全是坏事。至少收入要翻个跟头，可以拿到三十多万的年薪。"张一嘉又说："再说桃园会，要跟熊海东合作经营，你可能听说了，我得放自己的人去才放心，毕竟那么好的地方，今后，要是合并成集团，再安排这些事情，就不一定是我能说了算的。你如果同意过去，我尽快为你办理任命。"

古霞又流了一通眼泪，这回是感激的泪水，为总经理的爱护和培养流的。张一嘉还交代她，代表我方跟对方合作，不要过于跟人家斤斤计较。我们看重的是熊海东的广告投放之恩，桃园会就算是一份回报吧，人家开的条件，说得过去就行了。

古霞一离开，张一嘉就给李天武打了一个电话，说桃园会的事，大方向就这么定了。古霞明天就交班，到综合市场部去报到，你们可以尽快与熊海东谈判，草拟一份合同，没有大的出入，我们争取在春节前就敲定这件事。电话刚打完，王友友就进来了，说刘局长今天下午在参加文化产业整合领导小组的第一次协调会，答应下周找个时间来我们公司指导工作。

张一嘉意识到，这些人的动作也真快，看来，市里的领导班子大换血，就是眼前的事了。

第四章　在那银色月光下

19. 驾到

　　尽管文化产业整合要使经济传媒失去独立地位的消息很快传开，公司里不免有些人心惶惶，但是高于以往任何一年的年终奖金，还是使全公司干部职工情绪高涨。楼道里整天充满了欢声笑语。张一嘉索性又吩咐王友友和李天武，清点一下仓库里的东西，那些堆积如山的用来抵广告款的商品，数量大的就发放给员工，数量小的当作一般礼品，分发给各个部门，让他们年终去送给那些关系客户。这一清点，王友友和李天武吓了一跳，没想到这些年，积累了这么多抵款广告产品。比如，衬衫和内衣有两千多件，羽绒服有三百多箱，白酒能装几卡车，好多茶叶都发了霉。公司在郊区的仓库，被这些东西填得满满的。仓库主任见公司里派人来清理，咧着嘴乐，直说："这下好了，减负减负，我这里已经疲惫不堪了。"

　　两个人处理了几天，大概理出了清单。回到公司向张一嘉汇报处理方案。张一嘉说："衬衫、内衣，发给员工，包括所有已退休人员，同等待遇。还有宣传部、文广电、文改办这些单位福利不是很好，可以给他们的干部职工都带上两套。白酒看看能不能通过关系户，有没有商场给吃进去，可以打个大折扣给他们。"正说着，也是碰巧，许之光的秘书小钱打电话进来，说干洲"一百"公司的老总，非常感谢张总退回那笔广告款，说老总想约个时间，请张总年底聚一下，吃顿饭。张一嘉顺口就说："年底很忙，饭就不要吃了，正好我这里有些白酒，能不能请'一百'公司帮助处理一下，他们资金紧张的话，可以兑换一些日用品，给我们发福利。"小钱在电话那头儿说，应该没有问题。又说老总有一份答谢的礼品在他那儿，什么时候方便转交？张一嘉说："不要了，要不你留着吧，算我收下啦。"钱秘书直说不行，并说要送过来。张一嘉问他是否真的要来，钱秘书说，二十分钟后就到。

张一嘉赶紧交代王友友和李天武几句，然后就带着王友友下楼等钱秘书。

人到了后，张一嘉一直迎到大门口。钱秘书哈哈直笑，说："张总你可真会搞笑，听说市里的头头脑脑来，你只站在大厅前的台阶上迎候，今天不是忽悠我，想折杀你老弟我吧。"

张一嘉认真地说："领导来公事公办，礼节适度；兄弟来就没有什么大小规矩，凭高兴，你要是给我时间，我还要安排单位的美女们披上绶带，列队欢迎呢。"把钱秘书逗得哈哈大笑。

进了大楼，张一嘉问钱秘书有没有实地见过文化传媒的工作流程，看过编辑美女们的"真身"。钱秘书说还真没有，比如，那些新闻主播、影视人吧，总是只见上身，见不到下身。大家又笑起来，张一嘉干脆就领着小钱把楼上采编室、演播室、制作室甚至机房，全参观了一遍，弄得全公司都知道，张总的小兄弟、许市长的秘书来了。

副总老游正在文艺中心的审片室，审看一部新制作的电视剧。听到风声赶紧放下手中的活儿，回到办公室给电视台的赵如男打电话。两个人在电话里百思不解地讨论了半天，这小钱莫名其妙跑到经济传媒去"考察"，是什么意思呢？是许市长的安排，还是纯粹他个人来玩玩的？赵如男最后给老游打气说："我看八成是那个小钱，嘴上没毛办事不牢，擅自跑过去玩的。张一嘉自作聪明，借着小钱兴师动众，无非是想制造一点儿跟许市长关系不一般的烟幕！"

钱秘书参观完，笑哈哈直说过瘾过瘾，总算见到文化美女们的"下身"啦。两个人又到张一嘉的办公室喝茶。继续开了一通玩笑，说还是像张一嘉这样实惠，首长级待遇也就是看看她们的"下身"，当个老总，那些花儿草儿，种在自家园子里，随时随地看，随情随意用啊。半杯茶下去，钱秘书准备告辞，就从口袋里掏出"一百"公司老总转交的礼品，一部新出的华为高像素拍照手机。张一嘉说，我们网购直销中心，什么稀奇的手机都在卖，这个东西算我的，转赠给你，一份心意，何况我还要请你和老总帮忙，帮我们处理掉那些积压的广告费抵用酒呢。

"都是好酒，茅台、洋河、五粮液什么的，而且是厂家和代理经销商直接拿过来的，绝对没有质量问题。"张一嘉说，"我已经让办公室给你拿了两箱样品，放到你车上了，你回去尝尝就知道货真价实了。"

小钱被弄得过意不去了，说本来送东西来的，结果东西没送到，自己反倒占了，还背一堆东西回去，多贪啊。张一嘉做出不高兴的样子，说："见外见外，兄弟我巴结不上。"小钱走到门口，迟疑了一下，回转身对张一嘉说："兄弟啊，你恐怕要长个心眼儿了，这次重组，好像对你不利啊。赶紧做做工作啊，别光闷着头干活儿，这是临门一脚的事了，人家可早就带球跑起来了。"

张一嘉没有立即表态，只是说谢谢，谢谢兄弟关心。

小钱又说："这领导小组成立没几天，已经开了两次会议了。你不是成员，啥事情跟你都没有关系似的，信息也掌握不到，这可太危险了。现在这个架势，恐怕新领导班子都快定下来了。"

"真的？"张一嘉说，"这也太快了吧。你估计都是谁呢？"

"这不明摆着的事吗？电视台台长赵如男，广播台长潘得厚，一个是党委书记兼董事长，一个是总经理呗。"

"我没有什么想法，我们毕竟是小单位。"张一嘉说，"可我真的想不通，这样弄还有什么改革的意义呢？还是这帮人还是这摊子事，不就是个物理组合，硬捏成一块嘛。"

"我也想不通。但是这些年我见多了，什么机构改革精简了，什么大学合并了，出发点都是为了提高效率，增加效益。可一进入操作，大家一股脑儿全在人事上较劲，说到底就是洗位子的牌，是否有利于事业，关谁的事啊？权力再分配可不同了，谁的事都管！你不在乎，跟着你干了多少年的兄弟姐妹，你的下属员工大家都盯着呢，怎么体面下台啊？"

"我这里乱得很，我没想法。可如你说的，兄弟姐妹不希望经济传媒公司因为改革而走下坡路。"张一嘉一屁股坐在门后沙发上，并拉钱秘书也坐下，"可现在这个样子，我有什么办法呢？"

"我们是人微言轻，说不上话。反正我觉得大家都在积极运球，你傻站着，球不会撞到你脚上，就是撞到也不会自己反弹进门吧？"钱秘书压低声音说，"我只能做下提醒。我觉得第一步你应该争取新集团总经理的位子。既然是改革，总有可能弄个改革派上台，不然起用关文水干什么？你应该争取让关文水了解你。如果关文水因为刚上任说不上这么大的话，那也为今后埋一个伏笔。退而求其次，你要先争取一个常务副总之类的位置，并且最好有一个更老资格的人取代赵如男或者潘得厚，这个人干两年就到退休年龄，给你和关文水腾一个喘息的机会……"

张一嘉的心思飞快地转起来。

片刻，他问："哪有这样的人呢？"

小钱站起来，边拉门边说："你老兄还不清楚吗？这个人有，就是他没动念头，没想到新集团一把手的好处有多么大，得把他弄醒，让他上场。"

说完，小钱就走了，还冲张一嘉坏笑了一下。

张一嘉没有把小钱送到楼下，而是被小钱挡在电梯外。正转回自己的办公室，在走廊里遇到邬娜。邬娜穿了一件新羊绒衫，脖子外绕了一条水晶链子，头发刚烫过，身上散发着一股香气。她拦住张一嘉，低声说："张总，看看我今天漂亮不？"张一嘉赶紧躲闪，说："你别开玩笑，被人看见不好。"邬娜呵呵笑起来，说："我的大老总啊，在你的地盘上，谁敢嚼舌头说大老总啊！"

张一嘉又拿拇指示意楼道的监控摄像头。邬娜更乐了，说那早被王主任关了，领导办公室附近的摄像监控，早就全部撤了。

张一嘉拉下脸，说："那也不行，公共场所，得衣冠整齐，行为端正。"邬娜还想开玩笑，张一嘉索性也用开玩笑的语气说："邬娜啊邬娜，你要再没完没了，我就找李总来收拾你。"

邬娜愣了一下，脸立刻涨得通红，慌张地告辞。办公室主任王友友刚走到电梯拐角，听到他们俩的声音，就在拐角站了一会儿。听到张一嘉刻薄的言辞话中有话，和邬娜越来越近的脚步声，他这才走出拐角，差点儿与邬娜正面撞个满怀。王友友赶紧解嘲，问她看到张总下班没有，有个很紧急的事情要汇报。邬娜说，没看到。又叫王友友看她的新衣服如何。王友友说，你应该去当主播，会疯狂吸粉，这么靓可惜了。邬娜气呼呼地说："还不是你迫害的，要不是我愿意在副经理位置上图清净，我早就叫我舅舅骂死你。"

两个人正在你一句我一句，电梯突然一响，老游从里面走出来。老游从他们身边绕过，结结巴巴地说："我找张总，我找张总，不打扰你们，不打扰你们。"王友友气得鼻子都冒烟了，咬牙切齿低声对邬娜说："王八蛋，怪不得谁写信告我跟你有生活作风问题，谣言就是这样产生的！"

邬娜白了他一眼，说乱伦了，天塌了，咪咪笑着钻进了电梯。

等老游出来，王友友才敲门走进张一嘉的办公室。张一嘉正铁青着脸，站在桌子前。见到王友友就说："我知道了，老游跟我说过了，那个狗屁领导小组突然决定，年终的文艺汇演改为文化、新闻、出版、广电四界联欢会。我们连参加的份儿都没有，老游想推荐童盼做联欢会女主持人，人家也不让上，看来要把我们的声音从地球上抹掉。"

"我们轰轰烈烈准备了那么久了，这就把我们要了。"王友友气愤地说，"那我们的节目，不白练了吗？"

两个人面对面站着，沉默了一会儿。张一嘉忽然问："我老同学顾市长推荐的那个学生，来实习没有？"

"就那个姜萌吧，来了。"王友友说，"好几天了，据童盼介绍，素质还不错，可惜体形有些偏胖，出镜头稍稍弱了些。但人长得很漂亮，就是不怎么上镜。"

"好，他们不让我们干，我们自己干。我要把这台戏继续做好，响应上级号召，送戏下乡，送到我老同学的县里去，免费给老百姓过节看。"张一嘉前言不搭后语地说，"明天一上班，就叫童盼带着姜萌到我的办公室来。"

王友友陪着张一嘉下班，下楼，看到雨棚前停着一辆新别克车，还没有上牌照。王友友拉开车门，把钥匙交到张一嘉手中，说："通用汽车干洲 4S 店的老总预订了我们新闻网明年的《潇洒车一族》栏目广告，这算是预付的一笔宣传费。你那辆老福特太破了，被我送到汽修厂了。正好，我们就把这辆车提回来，你开开，换下心情。"

"行啊，你。"张一嘉坐进驾驶室，"我开一下，明天还是交给车队，做工作用车吧。给我调辆旧车，美国车就行。"

"有车用就行了，新车旧车都是车。"王友友说，"别人也不会因为我们老板开破车，就说我们经济传媒好话吧？"

"那倒是。"张一嘉发动车子说，"那我就先开着。"

20. 在那银色的月光下

都说过了四十岁的老男人喜欢年轻、丰满而又活泼的姑娘，张一嘉见到姜萌之后，松了一口气，觉得这孩子基本条件不错，担心老同学顾东岳瞎推荐人的想法，消失得一干二净。

二十二岁的姜萌长着圆润的脸，大眼睛双眼皮大嘴巴，形象生动；加上一副好嗓子，和看起来很柔软的身子骨，一种魅力就扑面而来。张一嘉问了她几个问题，比如，专业里最感兴趣的课程，喜欢什么样风格的主持人，平时读什么书，看什么电影，喜欢哪些网站。然后，又让她评价央视的文艺主持人周涛、朱迅和董卿，以及湖南卫视的何炅、李湘和黑楠，江苏台的孟非以及搜狐网的大鹏。她说自己最喜欢的女主持人是董卿，因为"她好像一只机灵的孔雀"，最喜欢的男主持人是何炅，"一看到他就觉得自己有了一个乖巧聪敏的弟弟"。张一嘉问她，如果让她当网络主播，她会追求什么样的风格？回答是"年轻俏皮，快人快语，直肠子型的"。问为什么，回答是"现在年轻人喜欢这样"。还补充说，中国电视和网络界，过于稳重和过于低俗的主播有的是，但既清新又稳健这种风格的女主播，不多。

张一嘉彻底消除了"安排关系户有后遗症"的顾虑，直觉告诉自己，这是个好主播的苗子。张一嘉就逗她，那就没有你觉得比较完美的主播吗？姜萌笑嘻嘻地搂着童盼说："我的偶像是童盼姐姐，我就是冲着姐姐来的。"张一嘉和童盼都被逗乐了。张一嘉就跟她们谈正经的，告诉她们公司决定把年终的文艺晚会，改成送戏下乡。距离过年只剩下两个多星期了，所以只能给十多天的准备时间，要把这台晚会改成热闹、活泼，适合老百姓口味、饱含过年欢乐气氛的一场戏。下乡的地点是干水县。

　　姜萌听了，高兴得跳起来，说："太好了，我的老家啊。"张一嘉说，你别急，好事在后头呢。"我要起用新面孔，跟童盼搭档，搞一个姐妹组合主持，一个高挑，一个丰满；一个娴静，一个活泼；一个把握场子上的大局，一个推进进程中的细节。还有，一个用普通话，一个夹带干洲方言。你们明白各自的角色了吗？"

　　童盼和姜萌一同瞪大了眼睛。

　　"童盼你就别瞪眼睛了，我记得你到我们这里上班第三天就主持了全市精神文明创建文艺会演，十分成功，一鸣惊人，所以这对你来说，是小菜一碟。你的担子，这次是助姜萌克隆你当年的轰动。"张一嘉对姜萌说，"小姜你有信心吗？"

　　姜萌激动得脸潮红。她说："有童盼姐姐，我才不怕呢。"

　　"那就好。这件事我就放手了。我会重新交代给老游和康主任。你们的任务就是到时的临场发挥，平时帮着把持排演的节目，要出一个表现新农村家庭悲欢的小品，不是搞笑的那种。我要老百姓流着眼泪，享受戏里的人间温情。"

　　童盼忽然问："哪里来的灵感啊？"

　　"你给我的剪报夹。"张一嘉给了她一个眼色。童盼出门时说："张总，你知道我为什么崇拜你老人家吗？你真是太有才啦！"

　　他们出了门，张一嘉就给顾东岳打电话商量到他们县送戏的事情。顾东岳一听，高兴万分，问需要什么条件，要不要出赞助费。张一嘉说："出赞助费还叫送戏下乡吗？我还要倒贴你们呢。我这里有不少广告产品，衣服，食品，书包，文具什么的，你找两个贫困乡，我们把它们捐赠了。"

"啊呀，还是老同学好啊。"顾东岳说，"在县里干了这么多年，还是第一次遇到不要钱的吆喝呢。我要好好给老书记汇报一下，这么高觉悟的下属，他可要培养啊。"

"好事还有呢，你听着。"张一嘉继续说，"我还要感谢你并要你帮忙呢，你推荐实习的那个大学生姜萌，非常具有主持人潜质，素质出众。这次我们文艺中心的大导演康中辉和名主持童盼，可看重她了。童盼要求让姜萌与她搭档主持送戏下乡，改变一男一女的主持老套。我听了都很意外啊。我现在都担心她实习完了不肯留在我这小地方呢。"

"是吗，是吗！"顾东岳着实高兴了，说，"我知道你老兄背后抬爱了。"

"这你老人家就多心了。"张一嘉说，"文艺主持人这个活儿，是要真刀真枪亮相的，开得了玩笑吗？再说，我如果想安排，可这是人家专业上的事，那些小知识分子会听你老总的摆布吗？那不是等着给他们骂不懂艺术规律，权力强奸艺术吗？"

"玄乎玄乎，"顾东岳在电话里直咂嘴，"我不懂你们文化界的事，反正，玄乎。"

下班前，张一嘉忽然接到一个意外的电话，是宣传部的海小红副部长打来的。海部长让他第二天一上班就去部里汇报送戏下乡的事。张一嘉就检讨说："自己被动了，本来也准备明天去汇报的，没想到海部长您已经知道了，我们也是刚刚定下来。"海小红是个心直口快热情的女人，平时跟大家处得都很热络，她笑着说："啊哈张总你就装吧，不是老姐我想你这个刘德华样的帅哥，是楼上文改办关主任要我找你的，我是仆奉主命呢。"

这个电话使张一嘉长了几分精神。他赶紧叫文艺中心连夜加班也要弄个节目安排表出来，明天好拿着去宣传部和文改办汇报。

晚上张一嘉回去后，主动问陈思维今天是否牙疼，因为最近陈思维特别反常，几乎每天晚上喊牙疼，并要张一嘉搀扶着甚至背着，到小区外的一条林荫道上散步。陈思维的理由是，最近的月色特别迷人，林荫道两旁的高大梧桐，叶落剩下繁杂的树枝，把月影切割得丰富斑斓，她很喜欢。

这条路更是他们在这座城市刚刚建立小家庭的日子里，几乎每天散步的必经之路。

"看来习惯靠培养，即使这种习惯不好。"陈思维调侃张一嘉，边穿衣服边下床说，"今天怎么这么贱啊。"

"这怎么是贱呢？都应该是我主动才对，你生病，老公是伺候工作第一责任人，我这已经欠你太多了。"

"真孝顺。"陈思维也挺高兴，拿话占张一嘉便宜。张一嘉听到的是以前那个他熟悉而又佩服的陈思维的声音，不禁心一热，顺势就蹲下身去背起老婆。

陈思维下了楼就不肯让张一嘉背，要自己走。陈思维说："你别以为我这样，我也有身体好的时候呢，我也心疼我的老公啊。再说，我得巴结着你一点，我死后还要仰仗你照顾清清呢。"

"呵呵，又是死啊活的，"张一嘉挽着老婆的胳膊，"你这话说的，倒让我怀疑清清是不是我的亲生女儿呢。"

"哎哟，厉害。"陈思维说，"要不我们赶个时髦去做个 DNA 鉴定啊？"

"那可不行，现在据说，只要做这个的家庭，出事概率高达七成。万一我中标，我可承受不了。"

"七成？是你们文化界那些女人吧？"陈思维说，"如果是你们那个行业，这个数据还太保守，太保守。"

两个人斗了一会儿嘴，就很习惯地聊到了张一嘉当前的处境。张一嘉说了前一阵子几件事，对自己连文化整合领导小组都进不去愤愤不平，对秦市长关键时候不帮自己说句话，很寒心。陈思维开导他说："这个事情并没有结束，还会有变局。你千万不能在任何场合流露一丝一毫对这件事的不满，尤其不能表达对秦市长的不满。你想想，你以为就你一个人对秦市长好？你以为秦市长就赏识你一个人？说不定人家对赵如男、对潘得厚更赏识呢？"

"这个我想不会。"张一嘉说，"再说，秦市长对油嘴滑舌的许之光很不感冒，谁不知道赵如男是许之光的红人？"

"你不要看表象。"陈思维说,"在男人主权的世界里,能混到这个地步的女人,比你想象的还要复杂。只听说过赵如男上面有某某领导赏识,可你听说过赵如男有什么领导不赏识的呢?再说,好男不跟女斗,官场上,有时候宁可错干掉几个男的,也没人敢轻易对女人挡道。"

要不是跟赵如男狭路相逢,张一嘉还真是很少去研究女干部,因为他以前觉得毕竟自己不是在真正地从政,更很少能碰上真正的女官员。你只要闯到这片领地,就像花木兰披甲上阵,敌人不会在乎你是男是女,只在乎你的武艺,你的刀枪。

"你要沉住气,风浪头上不要当跳梁小丑。"陈思维继续说,"我知道你心里委屈,觉得自己干得这么出色,怎么连个小组成员都不是,完全失去了发言权。这样的处境确实很不妙,但塞翁失马,焉知非福?有时候也许被置于不利之地,受人同情,比一时占上风而春风得意要更好。"

沉默了片刻,陈思维就回忆大学时代的事。

陈思维反反复复地说,当年张一嘉竞选学生会主席,两次败阵的事情。陈思维就喜欢说这件事,而且用文学语言描绘当年的张一嘉,如何在失败的时候,在学校小酒店酗酒,与外国留学生打架,如何抱着陈思维痛哭。陈思维每次都耐心地抱着张一嘉,说:"孩子别哭,玩大人的游戏,就要有大人的力量和承受力。"这个时候,陈思维总是最好的依靠,最好的宣泄对象。张一嘉记得那时,自己哭完了,总是被陈思维抱得越来越暖和,然后就扒陈思维的衣服,两个人亲热一番,这样他才能平息下来。

陈思维的声音穿过那些逝去的青春岁月,变得再次充满激情,充满梦幻一样的色彩。多少年来,只要这些岁月的声音响起,张一嘉那颗充溢着颓废情绪的心,便充血般变得饱满。这样的饱满,使他的血液流速加快,使他的男人力量得到修复,忍不住重新站到一条充满奇峻的起跑线前。

是啊,谁也代替不了陈思维,只有陈思维能够读到血液里的每一个数据,陈思维能够为他解码,为他启发设计新的编程的灵感。

冬天的微风,经过干湖浩渺的水面的激荡,经过那些温暖的水汽的掺杂、软化,从城市的一个方向轻轻吹来,在夜空的梧桐里做着短暂的停留和曼舞。最后的几片叶子,在路基上为过往的风送行,交换着窃窃私语的亲密。张一嘉和陈思维走在这条路上，即使是生活的困窘，也在心头变幻出几分诗意。陈思维有一双锐利的现实主义眼睛，一个敏感的哲学头颅，又有一颗浪漫的文学心脏。是不是世界给她的睿智太多，就要侵蚀她的健康肉体呢？

张一嘉有些感伤起来，不由自主挽紧了妻子的胳膊，步子放得更缓慢、更缓慢一些，好像这样，时光就会呼应着，生命就会呼应着，会回应他的心思，放慢她逝去的脚步。

"我觉得目前最关键的是，你要稳住阵脚，放平心态，至少看上去心态平和。"陈思维的声音又在耳边响起来，"清末的时候，垂帘听政的老慈禧与乳臭未干的光绪皇帝争权。压抑万分的光绪疯狂收藏洋钟表，并每天去看这些宝贝，倾听时钟的激荡唱响。就这样一种行为，让慈禧痛下杀心……这个故事，能让你悟到什么吗？"没有等张一嘉回答，陈思维就自己解释道，"今天拼不过他们的资历，明天拼得过他们的年龄。"

张一嘉脑子里冒出一个成语，"坐以待毙"，信口说了出来。陈思维说："看起来是这样，至少外人看起来是这样。但可待不可坐，你要悄悄动作起来。比如，要设法让坐的时间短，就要让慈禧变成一个更老的慈禧。"

这让张一嘉恍然大悟，想起钱秘书那天的话，简直是不谋而合，就把钱秘书的提醒跟陈思维说了。"你说这小钱，他指的是谁可以介入新集团班子人选竞争，替我挡一下道，为我留点儿时间呢？"

"这不就是刘伯庭吗？你真笨，光天化日下摆着呢。"陈思维伸手拧了一下丈夫的耳朵。

其实，张一嘉不是没有想到这个人，但他实在想象不出，一个五十六七岁的人，有什么兴致跳出来争这个位置，再说又有什么堂皇的理由，去体现激活机制的改革成果反映的人事新气象。这不荒唐吗？

"怎么就不可以呢？"陈思维仿佛听到了张一嘉的心思，"只要刘伯庭跳出来搅浑水，就要重新洗牌；只要重新洗牌，既定的人事格局就会打破，不公正的东西在这种时候，最有可能得到调整。"

张一嘉又提到下午海小红打电话的事。

"这不有戏了吗？"陈思维说，"你真正的救星是关文水，因为只有他跟你们中的任何人没有瓜葛，没有恩怨。要说无私改革，恐怕只有他有这份心，只是目前还使不出劲罢了。"

"这个人对我的印象，恐怕已经坏了。"

"怎么会呢！"

"有人猛写我的举报信，拼命诬陷我，既详细又狠毒。"张一嘉说，"秦市长的秘书曲小波偷偷给我复印了一份，简直可以算是经济传媒邪传，能当演义读。这封信被转到了关文水手中，明天是不是要查问这方面的事，我还担心呢。"

"谁叫你们干那么多坏事的呢？活该。"陈思维说，"看把你吓的，你还是心虚吧，没做亏心事，不怕半夜鬼敲门……不过，被人写举报信是好事。我记得我父亲在世的时候，经常跟我说人民来信这种事。我跟你说过的吧？我再说说。老人家说，一是被写举报信得够格，说明别人在乎你了，说明你有上升趋势和传闻了，说明你对他人的影响不可忽略了；二是没有领导岗位、权力岗位的人不被举报的，除非你无权无势无影响，大家都被人写了，大家就等于都没有被人写，扯平；三是人家要用你，来信就是诬告，就是捏造，就是心里不平衡者的打击，就是被你整治过的坏人的报复，就是你的竞争对手的卑劣手段，反而会激起伯乐快马加鞭的欲望，尽早促使千里马冲出去。人家不用你甚至要搞掉你，来信就是正义的呼声，人民的呐喊，就会被敦促高度重视，调查取证。所以，人民来信里包含的哲学就是：我有，也让别人有；我有伤，很正常，权力角斗场，上阵谁能不受伤？但是不能有硬伤。平时做事不要留下硬伤，到头来不可治愈，像我这个烂身体一样。"

陈思维越说声音越大，张一嘉赶紧摇摇她的胳膊，示意小声点。因为，一辆市级机关牌照的帕萨特汽车，缓慢地从他们身边驶过。陈思维打住话，但是她要张一嘉蹲下去，马上把她背起来，她说她眩晕，快不行了，赶紧走。

张一嘉赶紧背起老婆往回走。走了几步，才发觉自己累得快散架了，"眩晕"这个词，也完全可以马上用到自己身体上。

银色的月光，一路晃荡。

21. 二人转

海小红在办公室听了张一嘉关于送戏下乡的简单汇报，很兴奋，说："我觉得文化单位直接送戏下乡，是一个非常好的示范，简化烦琐的政府环节，替党委分忧。张总你这是帮我们做好事。戏单子我留着慢慢学习，我还是领你去楼上文改办看看，如果关文水主任有空，我们一起给他汇报一下比较好。"

张一嘉有些犹豫，说："没有预约，我也没有向关文水主任请示过，这样冒昧，不好吧？"海小红说："你不了解关文水这个人，只要不是无事套磁，为工作我们主动点儿，他会高兴的。"

于是，两个人上了文改办的楼层。关文水果然在办公室。见了张一嘉，主动伸过手来，说："张一嘉，我正要找你呢。听说你弄了一些年货，要送到干水的老百姓那里，太好了。我记得小时候过年，没肉吃没新衣服穿，但是大队人民公社有文艺演出，很热闹，这年啊，就过得一样快活。现在过年吃穿都不错，可就是不热闹不快活。"

"关主任这是变相批评我。"海小红哈哈笑着说，"这不，张总帮我补台来了。"

张一嘉赶紧做了一下自我批评，说自己工作不主动，这么久了没有来汇报过，关主任是自己早就仰慕的领导，到市里来任职是我们文化系统的福音。

说完就送上节目单，请关文水过目。关文水随手放在桌子上，说："这是件好事，我是文艺外行，有海小红部长把关就行了。我今天其实不是请你来说文艺的。"关文水盯着张一嘉的眼睛，说："张一嘉，你既然送上门来了，也省得我找你。"

关文水没头没脑的话，把张一嘉吓了一跳。他马上想到那封可恶的举报信，心想说出来也好，自己总得有个当面洗刷的机会。可关文水下面的话一出口，他才知道自己多心了。关文水说："我早就想专门听听你对文化改革和产业重组的看法。你们经济传媒我也经常关注的。你们的微信公众号我订阅了，每天都上去浏览，很活泼。据说，你们这些年把老单位都盘活了，人不多，效益不错，怎么做到的？我很想请教。"

张一嘉松了一口气，就开始介绍他这些年的做法，主要挑了与其他文化单位不一样的做法。关文水听得很认真，海小红就帮关文水做笔记。张一嘉介绍了经济传媒经营和用人上的灵活机制，并开始历数一些具体的操作实例。关文水越听越感兴趣，他做了一个停止的手势，说："张一嘉，这样吧，今天我就听到这里，觉得有启发，你回去准备一下，下一次我们开重组领导小组会议时，请你列席做个专题介绍，要简明扼要。最后，我再问一个问题，你简单说，作为老总，你觉得做文化传媒业，这些年最有用的领导法宝是什么？"

"上级领导的信任和支持。"张一嘉脱口而出。

关文水和海小红都忍不住笑起来。海小红说："张总，你就别跟关主任讲这个了，说实在的吧。"

"那我就讲第二个法宝，"张一嘉说，"这个也是别人的理论，我借用了一下。北京大学的一位老领导写了一篇关于人才理念的文章，说用人应当扬长容短，必要时敢于护短。古人也说，有大略者不问其短，有厚德者不非小疵。文化传媒类的单位，说到底它其实是一个新闻和文化娱乐的媒介，是一个经营单位，它就是家公司。我们的目标很明确，就是在不违反规矩、不给政府添乱的前提下，把节目尽量做得好看，把经营尽量做得灵活，争取更多的人气和财气。干活的单位需要干活的人，我用各种灵活用人机制去挖能干的人，与鲁南大学等联合培养在职员工，像网站的主持人童盼，经营负责人李天武，他们这些人都是从社会上招聘进来的，有的都主持一个部门工作好多年，成名成家好多年，但都不是公司里的所谓正式工。很多人身上小毛病多，有时还犯点这样或那样的错误，但是我们领导班子就事论事，事情该怎么处理就怎么处理，不给人家留小辫子供以后抓。这些人小的方面被'护短'了，非常感激，更加卖命，其他人看到我们的宽容，也不会再缩手缩脚，全公司思想解放，大干快上，不搞整人的'小九九'。这个恐怕是经济传媒管理的法宝。"

汇报结束后，关文水说："有点儿意思。"

海小红送张一嘉下楼，张一嘉脑子里还在想："你不提别人告我状的事，不等于你心里没有这事。我更不好主动提这事，但不等于我不会解释这个事。"

两个人在楼下，碰到赵如男正下车往楼里走。赵如男一看到海小红，就上来亲热地拥抱。两个老娘儿们，互相夸对方衣服漂亮，全然不顾张一嘉尴尬站在一旁。张一嘉就跟赵如男打了个招呼，赵如男说："好久没见了，张大老总忙啊。"张一嘉说，还好还好。赵如男不知怎的竟然诉起苦来："还是你们好，有钱又轻松。我这里可不是人过的日子，市里三天两头下指示，宣传这宣传那。这不，常委又召见了，许主任还让去汇报什么事。中午还要去国宾馆陪省委组织部考察组吃饭。"

张一嘉附和了两声，就走了。

这边海小红与赵如男叽叽喳喳地说着话，上楼，去常委部长办公室，再去文改办许主任的办公室。海小红很好奇，问上面组织部门是不是来考察市里领导班子的。赵如男说是的，据说要等过年，最迟春节后要调整到位。

其实，赵如男是来接许之光一道去国宾馆，参加市里招待考察组的午宴的。

赵如男年轻的时候在部队当文艺兵，跟一个东北籍的金姓女兵学二人转，后来两个人搭档演出，赵如男唱女角，东北丫头唱男角，两个人在南方部队把北方戏演得很火，有一年大军区推送他们的节目参加部队会演，风头都盖过二人转故乡沈阳那边的大军区选送的同类节目了。赵如男的戏剧细胞很发达，所以至今还挂着个干洲市戏剧家协会主席的头衔呢。东北丫头后来也转业到省级机关。这次到干洲的考察组副组长就是这位金处长。金处长一到干洲就急着要见老战友，两个人通电话，金处长就叫赵如男来国宾馆一起吃饭。赵如男说："这么重要的工作餐与我无关，我插进去不太合适吧。"金处长哈哈笑，说："老战友啊，吃饭就是吃饭，正因为工作重要，所以吃饭这种场合是绝对不谈工作的。"赵如男就答应了，然后就直奔宣传部，来接上许之光，提前到国宾馆金处长的房间，打探打探。

从国宾馆的主楼下了车，赵如男就喊许之光"许市长"。许之光讪笑着说："你别逗我啦，这可不能乱喊。再说你喊没有用，你那个老战友喊才有用。"又说："我们空着手去见你老战友，太没礼貌了吧。"赵如男说："您老人家是考察对象，这个时候当然得空着手。放心吧，我跟她老战友之间，什么都好说好办。"

虽然是白天，国宾馆最大的招待餐厅依然华灯全放。舒缓的音乐在厅里盘旋。空调的温度调得很高，大家都脱掉外衣，露出了各色毛衣。以省委组织部副部长为组长的七人考察组，以干洲市委书记洪远为班长的市四套班子成员，市委组织部全体部领导，以及部分工作人员围着一个大长条桌用餐。餐厅还设了一个小舞台，铺上红地毯，用来摆话筒供领导讲话。洪远书记致欢迎词，并请考察组组长、省委组织部副部长讲话做指示。然后大家正式用餐。

赵如男边用餐边观察领导们的脸色，看看能不能从他们的表情中摸出几分动态来。可能房间里太暖和，大家的血液升温了，每个人的脸上都红润光亮，挂着矜持友好的笑。这时，赵如男还是有了发现，她发现了一个生面孔，一个高鼻梁的英俊的年轻人，穿着很有品位。他不跟考察组坐在一起，显然不是考察组成员，那么这人是谁呢？

凉菜用完后又用了两道热菜，大家开始运动起来，离开位子到处敬酒。赵如男发现洪远书记敬完考察组酒后，就去敬那个年轻人的酒。赵如男赶紧离开位子，跑去敬酒，借机问许之光，那是谁？许之光摇头说不认识，好像是省里来的。赵如男又去问老战友，金处长在她耳边说："一个开发商。跟我们一道来干洲，看看这里有没有什么投资机会呢，大老板啊。"赵如男还是不解，说这又不是投资考察，是干部考察。金处长又咬她的耳根子："呆丫头，干部考察跟你有什么关系吗？你能蹭饭，人家就不能蹭饭！"赵如男继续不解，说："我可是你的客人。"

金处长哼了一声，打了一下赵如男丰满的屁股，说："人家，是干洲所有领导的客人。"

"我就不信他是李嘉诚的孙子啊，还全干洲呢。"赵如男说，"你们省城一个开发商，就这么牛吗？"

"可不只是个开发商。好好去敬人家一个酒吧。"金处长吩咐道，"多一个朋友，没坏处。"

"你坏死了，跟姐姐玩什么深沉哎。"赵如男也打了金处长一下，然后就过去敬酒。赵如男走到跟前，边做自我介绍，笑盈盈地举起杯子，边瞄了一眼桌子上的席卡，写着：田晓地。她就说："田总，我敬您一杯，初次相识，我代表干洲电视界欢迎你来干洲指导工作，投资兴业。"

两个人喝了一杯酒，还互相交换了名片。赵如男想再找个话题，看看能不能熟络些，弄明白这个人的来头。音箱里忽然响起一阵刺耳的电流声，转脸一看，是许之光上了舞台，拿了话筒要说话。赵如男赶紧回到位子上。许之光熟悉的风趣的声音，在大厅里响起来：

"今天，省里来了这么多重要领导，干洲阴冷的天气一下子温暖了。但是我感到，就此时此地，我们的热情度远远不够，我们干洲人就这么没才啊，不能把热情再井喷一下啊？我先唱一首干洲之歌，这是我们的好班长洪远同志的创意，原干洲电视台著名艺术编导康中辉作曲、鄙人作词的一首市歌，在干洲人人会唱。"

　　……天空蔚蓝，传递着响亮
　　湖水清澈，倒映着辉煌
　　走进历史，是悠远绵厚
　　干洲传奇，世代存赏
　　走进今天，是生态梦乡
　　干洲文明，时代唱响……

许之光的声音还真不错，虽然是清唱，但效果依然出色。大家使劲鼓掌。许之光又满了一个杯子，敬全场人酒，然后说："我无非是抛砖引玉，我认真研究了一下今天场上的艺术人才，有一个惊人的发现：今天在座有两位女士，两位战士，两位艺术家，有请——省戏剧家协会副主席、省考察组副组长、省委组织部的金处长登台。"

金处长被大家推上台。许之光又说："上来了一块玉，还有一块玉，是——干洲市戏剧家协会主席、干洲市文化产业整合重组工作领导小组成员、原干洲电视台台长赵如男，有请！"

大厅里又响起掌声。

赵如男走上去，接过话筒，简短说了一些欢迎省里领导的话，说了一些感谢干洲领导建设新干洲成效大、关怀广电业情意浓的话，然后就介绍了自己跟金处长在部队唱"二人转"的事。大家一听说"二人转"，真的很来劲，一个劲儿鼓掌，吆喝。赵如男和金处长交换了一下眼神，异口同声说："那我们就献丑了，为大家助个兴！"就点了一个《王二姐思夫》，服务员把音乐放起来，两个人扯了几块垫盘子的大餐巾，就边舞边唱：

　　　　八月呀秋风啊冷飕飕哇

　　　　王二姐坐北楼哇好不自由哇哎哎咳呀

　　　　我二哥南京啊去科考一去六年没回头

　　　　想二哥我一天吃不下半碗饭

　　　　两天喝不下一碗粥

　　　　半碗饭一碗粥

　　　　瘦得二姐皮包骨头

　　　　这胳膊上的镯子都戴不了

　　　　满把戒指打出溜哇

　　　　头不梳脸不洗哟

　　　　小脖颈不洗好像大车的轴哇哎哎咳呀

　　　　王二姐在北楼哇眼泪汪汪啊

　　　　叫一声二哥哥呀咋还不还乡啊哎哎咳呀

　　　　想二哥我一天在墙上划一道

　　　　两天道儿就成双

　　　　划了东墙划西墙划满南墙划北墙

　　　　划满墙那个不算数呢

　　　　我蹬着梯子上了房梁

要不是爹娘管得紧哟

我顺着大道哇划到

干洲的大街上啊哎哎咳呀……

大家笑成一团，十分开心。洪书记带头喝彩，好好！省委组织部的副部长还拿筷子，在盘子上敲起节拍。只有副书记黄汉平和政协的两位副主席，不知是不高兴还是放不开，始终一本正经地坐在位子上，不温不火。但是大家也没有在意，继续闹腾着，有些人开始自告奋勇，登台表演。

下了台子，有人对她们说："金处长，赵台长抛给你的那些媚眼，你接住了吗？"金处长说："我做了几个势，去接，都落空了，人家把媚眼都抛给场上的小帅哥了。"说完，就拉着赵如男去跟田晓地喝酒。趁大家闹得正欢，三个人在桌子的一角聊天。赵如男说："这金处长闹的，说我给你抛媚眼呢，我这么大年纪，都老黄瓜刷绿漆了，敢对着这么帅的省城大老板抛媚眼吗！"田晓地说："大姐你谦虚了，是我向你抛了半天媚眼！你可要小心，这年头流行姐弟恋，像你这么有才情有身份的美女大姐，人身安全得保卫啊！"

三个人很开心地说笑。金处长说："赵姐啊，我跟你说正经的，我们小田若是来投资，你在这里人多地熟的，可得关照，我把他交给你了。有好的地块，帮他留意点儿，提供个信息，牵个线搭个桥什么的。"田晓地也直说，大姐关照，大姐关照。赵如男说，大姐一定尽力，恐怕自己官小，为田总效力排不上队啊。

饭一直吃到四点钟才散。告别时，赵如男与金处长相约晚饭后，到家里喝茶叙旧。赵如男悄悄问金处长，传说许之光升任副市长，有没有戏？金处长说："我可不想泄密，而且这种事，有时候领导都做了任免谈话，只要没有发文，都不作数。"她反问赵如男，是否希望许之光上升，赵如男点点头。金处长就说："你这个人一生都会很有运势，我从来没有怀疑过。"

赵如男马上心里有了几分定数。她还在好奇那个田帅哥，开玩笑问金处长，总不会是因为人家长得帅，才这么特别重视的吧。

"有这么好色这么浪漫的半老徐娘吗？"金处长说完把赵如男推上车子，说赶紧忙你的去吧，晚上见。赵如男叫司机别开，摇下玻璃，还想等句明白话。金处长说："你啊你啊，我以为你这么聪明，一看到人家的名字就明白了。回去想一下，我的顶头上司叫什么？"

车子开出了国宾馆的大门，赵如男的心还在过速跳动。老战友的顶头上司，不就是省委常委、省委组织部部长田远吗！怎么就没有联想到这么金贵的姓呢？回到办公室，赵如男呆坐了一个小时，就开始拿手机编写信息，先给许之光发了一条，直呼"市长大哥"，然后给金处长发了一条：

"姐姐，你托我为田帅哥留意地皮的事，我回来一想，根本用不着踏破铁鞋，满天下找。我们广电正在搞合并，市里决定成立大集团并迁到新区合并运行，我现在屁股底下这些老房子，在市区最繁华的商业区，只要不出意外，我能够继续主持广电这摊子，我正愁这块地没有优质的接盘人，可以请田帅哥这样的大商人来投资。另外，老的之路广播电台、经济传媒公司和广电招待所、广播电视学校，也都在老城区，腾出来后如果开发盘活，市场潜力可观。请姐姐务必给我留住帅哥，晚上能否一起，我带着你们悄悄先看一下这几个地方？"

信息太长，心情太迫切，分几段才发完。过了半个小时，金处长回信息了：

"丫头，遵旨，晚上把帅哥送给你！看来，该你的好事，跑不掉。"

几天后，市里一位有分量的领导请田晓地吃顿便饭。饭桌上，闲聊间，田晓地说："首长啊，你们电视台的那个女台长，确实比较优秀，这个人有点儿大材小用了。"

领导一听，心里稍感意外，但不假思索地说："我也觉得她的舞台小了。不过，文化系统正在重组，到时候舞台就不小了。"

"是该重组了。"田晓地说，"省里文化广电集团都成立有几年了。"

又过了两天，市里管城建规划的一位副市长，跟田晓地会晤。田晓地再次说起赵如男这个能人有些屈才。副市长说："不屈才啊，一个女人，马上可是掌管着全市十几个亿的文化资产的大红顶啊。"田晓地说："文化界挺复杂，我老爹在省里，从来不敢轻易摆弄那儿的人事。没有那些既有出色专业水平，又正派还泼辣的高人，那点儿江山，可不容易坐住啊。"

副市长意味深长地看了田晓地一眼，不断用茶杯盖子划着茶水，说："嗯，田总说得是，赵如男，应该是这种高人，我没有看错吧？"

22. 拜年

进了腊月中旬，大家就开始悄悄拜年。春节前所有的夜晚和假日，抓紧时间拜上级拜各种有用的人，春节开始才不分日夜拜家人拜亲朋好友、四乡八里。

干洲的腊月，天气就不太好，不是阴风飕飕，就是雨雪交加。但这样的天气，挡不住勤劳而执着的拜年脚步。

腊月十八晚上九点多钟，外面下着阴冷的雨夹雪。潘得厚自己开着车，去给黄汉平副书记拜年。此前，他已经去看望了洪书记、秦市长、许之光和组织部长，以及市委市政府的两位秘书长。洪书记和组织部长都让他吃了闭门羹。但是他不在意这些，表达不表达心意，是他的事；方不方便要他表达，是人家的事。管好自己的事，尽好自己的心力，是自己能掌握的，得做；人家怎么看，他不管。

在黄汉平的公寓前按了半天门铃，黄汉平的夫人才出来开了门。见是潘得厚，被雨雪打得像个落汤鸡，黄夫人就责怪说："你这个娃子，也不先打个电话约一下，我们以为是谁呢，看把你淋的。"

潘得厚把大包小包往墙根一放，就在客厅中央扑通一声跪下，高声说："得厚给表姐表姐夫磕头拜年了，祝恩人全家身体健康万事如意，大吉大利，大吉大利！"黄夫人赶紧去拉潘得厚起来，潘得厚不起来，说还没给表姐夫磕头呢。黄夫人就高声喊黄汉平出来。黄汉平穿着睡衣和拖鞋，跑出来一看，被这架势吓坏了，说："潘得厚，你这是干什么！"

夫人把黄汉平按在椅子上，说："老黄你先别慌，让他磕完再说。"

潘得厚又连磕了几下，高声说："兄嫂如母，小辈得厚给大恩大德的长辈磕头了，健康长寿，万事如意！"这才爬起来，脱了湿漉漉的外套。黄夫人给他递了一条干毛巾，并给丈夫介绍说，这是北方老家，给长辈拜年最隆重的礼仪。

黄汉平一脸尴尬，很不屑地说："我是南方人，还真不适应这个，太那个了呀，太那个了呀。"

潘得厚跟黄汉平夫人的娘家，同在豫北的一个县，两家也有百十千米的距离。两家老家人上溯八辈子也毫不沾亲带故。四年前，黄汉平从另外一个市调到干洲工作，在广电局当办公室副主任的潘得厚，就找了过来，正式拜黄夫人为老家亲戚，并按照老家的辈分，"寻根"寻出是"表姐弟"关系。此后，每逢过年过节，潘得厚都要来看望表姐表姐夫，回老家也专门跑到黄夫人的老家村子，看望黄夫人的老父亲和在县城工作的胞兄。

黄夫人很喜欢潘得厚这个老家弟弟，觉得虽然看上去笨手笨脚，但是人憨厚实在。地方党委副书记压缩职数后，黄汉平基本上就是常务副书记，党务、宣传、组织和统战、群团工作，都要协助一把手过问，平时工作相当繁忙。黄汉平是个不太活跃的人。他大学毕业后，一直在社科院工作，后来又调到政府研究室当负责人，干的都是写材料写报告的事，养成了"文职幕僚"的习惯，很少往基层单位跑，大多时间坐在办公室处理文件和杂务，辅助处理洪远书记的内务。作为副手，这种性格恰恰使他"较好地把握了副手的分寸"。所以基层单位每年要请黄汉平"亲临指导"，那是难上加难。但自从潘得厚出现后，刘伯庭就特别有面子，跟小潘同志说一下，一年总能请到黄副书记至少一次，来文广局听取汇报，察看实情，有时候还做两场精彩的报告。甚至文广局主管的干洲广播电视报和广电宣传内刊这样的地方行业媒体，都能约到黄汉平副书记的稿件。此后两年多的时间，潘得厚就从办公室副主任升为主任、局党委委员，后来又调任之路广播电台台长。连黄汉平都没有想到，自己在干洲遇到这么一个能干的"亲戚"。他们的"亲戚"关系，黄汉平从来没有在外面提起过，同时也吩咐家人和潘得厚本人，绝对不要去对别人说这些事。在黄汉平看来，如果暴露了这种关系，反而会把小潘同志卷进政治派系里去，影响他的前途。黄汉平觉得这潘得厚实在倒也有实在的好处，靠老实忠厚，人在外乡，几年也竟然能干成处级干部，不容易啊。潘得厚把自己的进步，处处都记在表姐夫关怀栽培的头上，经常上门感恩戴德，让黄汉平都有些不过意了。但今天潘得厚用老家礼仪跪拜，这是黄汉平第一次见识，确实是吓了一大跳。

坐下来聊了几句，黄汉平就批评潘得厚，不要弄大包小包的过来，这样不好。潘得厚说，这都是自己媳妇按照老家的做法，做的一些年货，土得掉渣，主要是让表姐解解乡情的。潘得厚还从随身的提包里，掏出了一个大信封。

黄汉平严肃地制止。

潘得厚就说："表姐夫您听我汇报好吗？"接着，潘得厚就列举这些钱的由来：黄汉平四年零两个月内，参加广播电视新闻专家月评，每个月应该有月评费，第一年、第二年是每月／次三百元，第三年到现在是每月／次五百元，合计两万零两百元；在干洲广播通讯内刊发表的讲话和理论文章，共计七篇，其中有两篇被评为年度优秀新闻理论稿件，稿费与奖金合计一万两千五百元；前年在文广局，去年、今年在电台，前不久在市行政学院，共为本系统记者和干部职工开讲座五次，按照时下专家开设讲座的较低报酬计算，每次三千元共计一万五千元；两次率领广播电视系统的访问团出国，外办和广电局为每位出访团员发放的出国补助五百五十美元和七百美元，折合人民币共九千六百三十元；去年编纂《干洲广播事业的回顾与展望》大型画册，您的顾问费三千元。总计是六万三百三十元。这些钱都是您的合法收入，您这些年不肯要，可难死我们了，不能总放在我这里，时间长了不成了我贪污别人劳动所得吗？要是您一定要退回，那就更难办了，有这些合法收入的不是您一个领导一个专家，这么多年发出去那么多钱，都成了违法的话，不但所有的规矩要更改，而且所有有了这些收入的领导专家和同志，全都犯了严重错误了，难道我们政府和新闻单位在为领导和专家设计陷阱？

黄汉平哑住了，还真找不出反驳老家舅子的理由，只是嘴里重复念叨，这样也不可以，这样也不可以！

潘得厚干脆装作没有听到他的念叨，站起来去跟表姐聊天，又去帮表姐到黄汉平的书房调试广播。说是广播，其实是一套最新的 BOSE 音响设备。

不久前，潘得厚给一些领导每家准备了一套。这种新型音响运用了全新的技术和设计理念，通过一种压缩气流进行传送和扩充声音，使得音箱的体积极大地缩小，六只音响加起来体积也不及传统音响的一只大，但音响效果有过之而无不及。潘得厚精心选择了这套东西，是考虑到领导们的"承受力"的，因为这种音响，不了解的人都以为跟街上铺天盖地出售的小音响没有什么区别。而那种小音响也就是最好的 SONY 、JVC 一类的进口品牌，不过一两千块钱。同时，为了消除领导的顾虑，潘得厚还给每位领导配置了一个专用的定制电台频道播放器，内设了中央之路广播电台、省之路广播电台和干洲电台的综合、经济、音乐文艺和交通四个调频段，并附送了一份加盖公章的报告，"强烈要求"广大领导干部，从百忙中抽出宝贵时间，收听"上级党委和干洲人民的声音"。领导打内心里也不能拒绝"弱势媒体"的这种正当请求。"不知道不为过"，即使什么时候"知道"这套东西昂贵，但这个只是工作配置而已，何况谁知道这小玩意儿价格能上万？有责任也是电台的，他们不说清楚，采购办公用品不够节俭。再说，不过一个广播而已，给领导甚至给老百姓千家万户免费装广播，是新中国成立后几十年的传统做法，甚至可以说是曾经形成的必要的工作规矩。总不能说，现在传媒发达了，沿袭个老传统，接收和关心一下广播，就上纲上线扯到不正之风上去，无聊不无聊啊，呵呵。所以，潘得厚的这项工作，开展得很顺利，得到了许多领导的肯定。

书房里流淌出干洲之路广播电台文艺频道播送的晚间音乐，十分舒缓、优美。黄汉平刚才严肃的脸色缓和了不少，对回到客厅的潘得厚说，这个音乐好听。潘得厚介绍说，这是爱尔兰的一支乐队，用现代管弦乐器，演奏改编的爱尔兰民族音乐，传播甚广。黄汉平感慨地说，还是纯音乐经得起听啊，现在我们这些人太浮躁了，就知道看电视上网传播八卦。接着，吩咐潘得厚："也要把广播变成传播民族文化和地域文化的主阵地，中国民族音乐也很好听，中国民歌也很有魅力啊。你看，我们的民族歌曲，不一样都唱到音乐天堂维也纳金色大厅了？还有那个齐·宝力高，内蒙古的马头琴演奏家，马头琴，你看，那么地道的土乐器，不照样进了维也纳，登上世界音乐圣殿，为中国文化争光。你们媒体要有点儿使命感，别一味迎合社会低俗文化啊！"

潘得厚赶紧从提包里，掏出笔记本，一边听一边记录。黄汉平一口气，说了半个多小时对电台传播民族文化的建议。潘得厚都记录下来了，一边保证回去落实，同时兴高采烈地说："我记的这些，打印出来就是一篇论文，太受启发了，一定要回去在全台认真传达。"接着就黄汉平的话，苦着脸说："姐夫啊，我有一肚子想法，可是没有办法实施出来。电台其实很重要，正如您说的，可是现在有些人太不重视电台，连中央领导也多次批评有些地方领导，热衷于在电视上出图像，在报纸上出图片。新中国成立后，电台一直处于很高的宣传地位，为宣传事业立下汗马功劳。一直到现在，电台在市直单位的行政排名，还是在电视台前面的。可是，现在不正常的现象是，大家都觉得电视吃香，电视台就有地位了，电视台台长好像可以成电台台长的领导啦。"

黄汉平听出了潘得厚话中有话，就批评说："你说自己就说自己，帮自己的事业呼吁是应该的，但千万不要去跟人家比，各有各的重要性啊。"话一转，就问："那个赵如男台长怎么样？"

"这个人很有本事，但我觉得她的本事没用到正路上。"潘得厚脱口说，"跟其他领导我不敢说，您是我自家长辈，我斗胆说。这个女人问题太多，胆子太大，现在已经把电视台弄得一塌糊涂，如果将来统领整个文化系统的产业，后果还不知道会怎样呢。"

"没有那么严重吧。"黄汉平说，"洪书记秦市长和许之光，不都挺满意她那块的工作吗？你可要跟她搞好团结，你们是搭档啊。"接着又问，"张一嘉这个人怎么样？"

"系统里的人对他评价不高。"潘得厚说，"他把经济传媒公司搞成了家天下，弄了一帮坏人在社会上到处搞钱，乌烟瘴气的，败坏了文化单位的形象。"

"这个不能这样说。"黄汉平打断了他的话，"文化经营单位不搞钱，怎么养活自己？都像你们和电视台这样，规矩是规矩了，但是每年要财政拿那么多钱供养，也不行。中央文化体制改革和文化产业发展会议，开了好多年了，我看干洲落实得不快。组建集团的目的，就是要改脑筋改体制，企业化运作。你和赵如男，你们都要改改。张一嘉那里是小公司，但是效益是你们的几倍，一定也有值得借鉴的地方。要不然，你们那么大一摊子，恐怕连饭都吃不上，成为财政的包袱和干洲人民的负担，那形象一样也不光彩！"

潘得厚感觉到今天没把话说到点子上，一边记录一边头上直冒汗。

出门的时候，黄汉平把那个信封塞回潘得厚的怀里，并吩咐他，今天的话是家里人的话，记了就记了，记到自己脑子里就行了，不要去传达，也不方便传达。

潘得厚点着头，哈着腰出去。黄夫人送他出门，在楼下，潘得厚又把那个信封塞回黄夫人的怀里，并哭丧着脸解释说："姐姐啊，我没法办了，这个钱都是姐夫的稿费，他退回来，我既不能自己吞了，更不能还到单位账上，那样不是害了其他许多领导和专家吗？人家会怎么看姐夫呢？这是正当劳动所得啊。"

黄夫人僵持在楼下，潘得厚又压低嗓门儿说："我这也是听说姐夫年后就要退到政协了，才把这些账目给他结清了。如果姐夫继续身居要位，我也不跟他结这个账。"

"娃子啊，你也听说了？"黄夫人有些感动，"你是个好人，可有些人不一样，自从上个月传闻你姐夫要退到政协当主席，上门看我们的人明显少了，今年就要过个清净年了。"

"我跟那些人不一样。"潘得厚表态，"再说，我是您的小弟，我们是亲戚，姐夫是什么官不官的，对我来说，都一样，到哪一天都是姐夫！"

"汉平这人是个死脑筋，这么多年也没帮上你什么忙。"黄夫人一感动，就拉着"表弟"潘得厚的手说："娃子，你说，有什么需要的，你不方便说，老姐我跟他说去，这不是还没到政协吗？在一天位总能使一天职啊。"

"我没有任何出格的野心。"潘得厚说，"我就是不服气，大家都是媒体负责人，我的排名在赵如男前，这是工作地位决定了我的位置，凭什么许之光他们布局时，把赵如男弄成书记董事长人选，我弄成总经理？万一中途再杀出一两个人来，您弟弟恐怕连总经理都做不上，先锋元帅变末将。姐姐啊，您说这公平吗？"

一番话，使黄夫人心里为这小弟很鸣不平。

她回到屋里，就跟黄汉平说潘得厚的事。黄汉平叹口气说："小潘，人挺老实，但是本事不如那个赵如男，甚至还不如那个张一嘉。我看，我不干涉一下，恐怕总经理还不一定能干上呢。"夫人有些着急，说："老头子，这个事情你不能迷糊，这些年小潘对我们很仁义，你总得管一次吧，他过了这村就没那店儿了。再说，人家不过是争取应得的一份差事，又不是要当市长书记什么的，合情合理。他被欺负了，你脸上有什么光，干洲的那些势利鬼，还不高兴死了，庆幸没有跟着你混呢。做人总要有点儿爱憎分明，活得明白一点儿。我不知道你这一辈子，都快退休了，是真糊涂还是假糊涂。"

"好好好。"黄汉平烦得直摆手，说，"你别唠叨，我要睡觉了，明天一早还要开常委会，讨论几万字的报告。你让我的耳朵歇歇吧。"

第五章　红楼

23. 非常情报

洪远，省人大副主任；

秦卫民，升任市委书记并在"两会"后兼人大主任；

省发展改革委曹主任，接任干洲市市长；

黄汉平，市政协主席；

许之光，接黄汉平，市委副书记；

关文水，接许之光，副市长或副市长兼市文改办主任；

……

　　这是年底在干洲市流传的一条微信。这条微信，引起的躁动，把干洲的过年气氛，推向了另外一种高潮。

　　赵如男的情报一向是比较灵通的。这天下午，赵如男在将要在市文化宫剧场举行的"干洲市文学艺术、广播电视、新闻、出版四界联欢会"文艺彩排现场审看节目，办公室主任追到现场，一口气向她报告了四条信息。

　　第一条信息是微信圈的那个"封神榜"。赵如男说："这是地下组织部长草拟的文件，我的版本，可不一定是这样的。"

第二条信息是："文广局的刘伯庭局长，昨晚专门到张一嘉那里去听取年终汇报，还在一起吃了饭，饭后拿了许多礼品，连司机都有份儿。"赵如男听了，呵呵笑道："一个老虾子，一个死虾子，搞不出什么惊涛骇浪。"

第三条信息是："电台台长潘得厚最近频繁出入市领导家中，开始大拜年，据说有市领导表态，潘得厚同样是即将组建的大文化集团的一把手。"

赵如男轻蔑地对她的办公室主任说："就潘得厚那个水平，除非市领导目标是断送文化事业，而不是发展。我看他那点儿拜年的小儿科，治不了他那个弱智的毛病。"说完，赵如男在主任耳朵边吩咐说："把潘得厚到处去哭要当一把手的消息放出去，包括那些告文化系统一些干部状的人民来信，都是他搞的。"

办公室主任点点头，继续说第四件事："听说张一嘉把经营切割、做大，最近划出三千万资金到桃园会，手下李天武，在火速成立独立的经营性企业，与广告经营剥离，成立注册资金高达六千八百万的干洲桃荣投资发展公司。"

"张一嘉不就一向喜欢拨弄钱吗？他讲的是经济效益，我们讲的是社会效益，随他瞎折腾。"赵如男说，"只是这个时候，搞这么大的动作，不怕人怀疑他有转移优质资产的目的吗？他哪来的上亿注册资金啊，你不是说只划出三千万吗？"

"问题就在这里。"办公室主任说，"他们游副总告诉我，这是一家合股公司，市里的服装企业'荣中贵'参股六千八百万。桃园会那个地方，早些日子，'荣中贵'集团的老板熊海东，已经买断了这个岛三十年的经营权，经济传媒以桃园会一直亏损为由，以很低的价格卖的。可这次熊海东一转手就用二十年租金的形式，把桃园会折成三千万，这样成了六千八百万的投资，实际上'荣中贵'集团只注资三千八百万元，就取得了桃园会三十年的经营权和桃荣公司的绝对控股权。"

"这样干啊，看来张一嘉是要钱不要命了。"赵如男说，"这样也好，我们不管他。"

"可老游不这么认为。"主任说，"他说，噱头在这个熊海东身上。"

"哦，那不就是头上一撮白毛的羽绒服老板吗？"赵如男说，"他们勾结无非是趁着文化合并的混乱，先挖一勺子出去，分国有资产的羹汤呗。"

"可能还不止这么简单。"办公室主任撇撇嘴，"听说，那个熊海东跟未来的文改办主任是铁杆兄弟。"

赵如男一下子愣住，过了好一会儿，才怏怏地说："那个关文水啊，是个一本正经的书生，我看他即使当再大的官，也不会让他的朋友，在自己的手下胡搞。"

办公室主任走了之后，赵如男一直在那里沉思，彩排的节目根本没有心思认真审看。节目排演完了之后，她冲着演员和编导莫名其妙发了一通火，责问为什么没有安排"二人转"节目。编导解释，说这是文化界的活动，知识分子多，担心他们会骂格调低俗。

"简直是放屁！"赵如男呵斥道，"文化界有什么了不起，看不起全国老百姓都喜欢的艺术，他们多识几个字，会喊两嗓子，能乱涂几笔，就那个高雅这个不凡，就不是娘生养出来的凡人了！"

赵如男的手下都已经习惯了她间接性发作的"更年期"性子，也不吭声，站在那里听赵如男训完了，平静了，又继续开始彩排节目。

赵如男喝了一杯热水，这才感觉心口有了一丝暖意。她离开文化宫的剧场，上了自己的车，赵如男说："我要打个电话。"司机懂赵如男的规矩，就站在车外等。赵如男分别给老姐妹、省委组织部的金处长和帅哥老板田晓地打了一个电话，又给许之光发了一条很长的信息。这才在屁股后面冒着烟离开。

24. 最后一颗棋子

与往年任何一次都不一样，今年张一嘉为请刘伯庭吃饭并听自己的工作汇报，动了几天脑筋。钱秘书和老婆的提醒，让他感到在一盘几乎没有任何争议的输棋上，隐约出现了一颗变局至少是拖局的棋子。

晚上，张一嘉背着老婆陈思维散步时，议论这个事。陈思维嘲弄他说："你这一肚子坏水的人，怎么也会落魄到连主意都没有的地步，这么乱阵脚，根本就不应该吃国家饭。"张一嘉说："我的坏水是你给灌的，现在你掐了源头，我这不就干涸了吗？"

陈思维给他分析说："刘伯庭这个年龄的人，显然不会在乎什么前途不前途的，剩下没几年了，怎么也突破不了七品。所以，要让这样的人最后跳一下，得有其他法子，拨动他的心弦。"

"有什么法子呢？他会为什么动心呢？"张一嘉有些迷糊。

"你们这些所谓的传统入世的男人，追求的人生幸福目标是什么？"陈思维引导说，"你跟我坦白，剖析一下自己的骨子，我帮你研究刘伯庭，得有一个标本，你们当官的，本质上是一样的。"

张一嘉不吭声。

陈思维从他的背上下来，拉着他的手，坐到路边的椅子上去。张一嘉怕她凉着，就把自己临出门围在脖子上的羊绒围巾解下，垫在她屁股底下。陈思维不等他的话了，她当然知道，老公不会傻得按照她的思路，去把自己剖析一番的。于是，她自己就分析道：

"有一个成语叫五子登科，说的就是男人的价值。就是你们男人希望自己有位子、有房子、有票子、有妻子、有儿子……"

张一嘉扑哧笑起来，说："你也真会胡解释，大学时还是才女呢！五子登科哪是这个意思啊，这是《三字经》里的话，窦燕山，有异方，教五子，名俱扬。说的好像是宋代一个叫窦燕山的男人，把五个儿子全部教育成人杰了，相继及第，所以说五子登科，什么房子票子的！"

"你别打岔，别跟我来这套臭迂腐。"陈思维说，"你以为我不知道原意啊，现在你们男人早就把这个成语新解了！刚才我说的还是你们说得出口的呢。说不出口的解释应该是：位子，儿子，房子，票子，马子。我没说错吧。"

"新鲜新鲜。"

"别装蒜了，让我把话说完。"陈思维就一口气歪批起"五子登科"来，"现在男人最在乎的是位子，因为有了位子，就有了其次重要的票子，有了票子其他一切什么子啦就易如反掌。生个儿子传宗接代，是大男子主义者骨头里的本性要求，前些年计划生育，很多人跟原配不一定能生个儿子。比如，像我这样的，偏偏就生个女儿，气死你老人家。不过，不要紧，有了位子，就有票子，有了票子就可以有马子，弄几个小老婆，悄悄地，再选择其中乖巧听话的，让她偷偷生个儿子，把这个子补上。有位子有票子的男人，有的是法子啊。"

"你这绕来绕去的，说什么呢，开《百家讲坛》似的。"张一嘉说，"你也没有说到正题上，我们今天不是讨论古语新解啊。"

"我可没有跑题。"陈思维说，"你要刘伯庭主动换个位子，他图什么啊？人的要求其实也有限，房子马子儿子恐怕不是他这个年纪最紧迫的需求了。"

"你是说钱？"张一嘉明白了几分。

"对啊！"陈思维说，"你想想看，多少出事的贪官，不都是最后几年放开手脚捞钱惹的祸吗？你们文广大集团一组建，企业化运作，负责人的年薪怎么也有好几十万，就算刘伯庭过来再干三年退休，可以比当那个小局长多拿一百万以上的阳光收入，灰色收入就更多了。估计他也会想到这一点，之所以没有动心，是认为自己年纪大了，不在人选考虑范围。要是有人跳出来把他踢醒，让他老夫聊发少年狂，新文化集团一把手的位子，非他莫属啊。谁会跟一个快退休的人拼呢，而且人家是政府管这口子的局长，只要愿意屈驾到企业，再吃几年苦，谁好阻拦啊？除非给人家提一把，弄个人大副主任、政协副主席——文广局局长，一般说来，是不可能弄到市级领导位置的！"

张一嘉觉得有几分意思，但是觉得自己没法去说，以刘伯庭的年纪能当自己的老子了，又是直接领导，他怎么能去"指点"老人家呢？斗胆指点，人家说不准还以为自己有什么阴谋呢。

陈思维对他的担忧嗤之以鼻，说："你这务实的老总当得太久了，人家是实事虚干，你倒好，实事实干还嫌不够笨不够累，连虚事都要实干来着。怪不得搞不过别人！"

次日一上班，张一嘉就寻思着，谁，用什么方法，可以把刘伯庭这个老家伙踢醒，赶快动作起来。这个人，张一嘉想，应该是一个资格较老，有身份，在刘伯庭面前说话有一定分量的人。这样的人无非就是：长辈，大半生的密友，老伴，老师，老领导。刘伯庭这个年纪，你不可能去找他的长辈说话了；密友，人家的密友，是谁你哪能很快搞清楚呢；老伴那工作也不好做，哪个大男人能做老太婆的思想工作啊！看来，只有老师或者老领导了。

张一嘉记得刘局长是十多年前从省文化厅办公室副主任位置上，调任干洲电视台来当了一段时间台长的。想起这个，张一嘉就赶紧打电话给李天武，问前一阵子，好像给李天武推荐了一个小伙子来公司工作的，是干洲电视台老台长常正方的孙子吧。李天武说，是啊，我们给那小子安排了不错的岗位，他也挺乖巧，不时讲点从老头子那里听来的过时信息，赵如男那些人过去的丑事。张一嘉吩咐："你向那个小常要一下老人家的住址，我晚上要去给他拜个年。"

拜年的收获果然是不小的，张一嘉从常老台长口中得知，刘伯庭最尊敬和感恩的人，是他的老领导、省文化厅原副厅长陈桥。当年，刘伯庭在办公室任副主任，与主任严重不和，而主任又是一把手的红人，刘伯庭因而郁郁不得志，四十大几了得不到提拔。时任副厅长的陈桥出手相助，推荐他下派到干洲任市文广局副局长。陈桥为此事还亲自给他在党校厅级干部班进修时的同学、当时的干洲市市长洪远同志，写了推荐信。刘伯庭到干洲后担任了文广局副局长，还兼任了电视台台长，几年后又顺利接任了文广局的一把手。可以说，没有陈桥老厅长，刘伯庭十有八九就僵死在文化厅，一辈子风里来雨里去地骑着破自行车，淹没在省城浩大的工薪族中上下班呢。

陈桥，陈桥啊。张一嘉以前只是在省里参加文广系统会议的时候，见过主席台上的陈桥，没有什么交往。如今的陈桥退休好几年了，但还挂着一个省传媒学会会长的头衔。

从常老台长家里出来后，张一嘉已经累得口干舌燥，腰都直不起来了。上了车，还是坚持着，把车开回单位，上办公室翻资料。因为他隐约想起，一两个月前，省一个什么学会好像有一份函寄给他，通知他的一篇论文获奖，并要求交钱买获奖证书和参加什么会议的。从北京和省里寄来的类似的函件太多，张一嘉几乎都置之不理，随手丢一边。

张一嘉在办公室翻了半天，终于找到这份东西。张一嘉看到这份两个月前省传媒学会寄来的函件上，自己有个简短的批示："不参加。先存档。张。十一月二十二日。"张一嘉琢磨了一番，在"不参加"前，用相同的色笔，补了一段话。

整个批示就变成：请办公室和财务部门的负责人阅。省传媒学会为推动传媒事业的发展，组织我们系统积极开展专业研究，为基层文化传媒单位做了大量的工作。我们公司和我本人都是直接的受益者。上级传媒学会的工作，今后我们要做好响应，在人力物力方面尽可能支持；在没有特殊冲突的情况下，学会通知的活动我们不可以不参加。先存档。张。十一月二十二日。

文字补得天衣无缝。张一嘉把文件复印了两份，揣进手提包，原件留着退档案室。拿到这份东西，张一嘉心里有了一项计划。在请刘伯庭吃饭的时候，张一嘉敬酒之际，就说："刘局长，我有点事要到省里去两天，想顺便去拜访一下省传媒学会的领导，他们把我的一篇论文，评为年度优秀论文，太关照我了。我跟他们没有打过交道，受之有愧啊，我得答谢答谢人家。"

"好啊，祝贺啊。"刘伯庭开心了，"小张你知道吗？省传媒学会的会长是陈桥啊，老厅长，我的老领导，是个特别厚道的老领导啊，呵呵。"

"太好了，原来会长是陈厅长啊，我说怎么这两年学会的活动这么热火呢！"张一嘉站起来给刘伯庭敬满杯，"我能不能代表您去看看老厅长，带点土产拜个年？"

"当然可以，那可是位热心的好领导，也是很有水平的媒体专家。"刘伯庭是真的高兴了，也回敬一个满杯。张一嘉提要求说："刘局长，您得帮我写个条子，否则，我太冒昧了。还要老厅长的手机号码和家庭电话号码。"

刘伯庭当场就在饭桌上把条子写了。

吃完晚饭，张一嘉安排了一些年货给刘伯庭。两个人站在车旁，又聊了几句公司里的工作。张一嘉趁着刘伯庭兴致好，就提出以前申请过的提拔王友友和李天武进班子的事情。刘伯庭说，现在在重组，人事上的事情要慎重。

张一嘉解释说："以前我们也不知道要组建集团，对公司里的用人卡得太死，班子职数也偏少，我们确实干得很累。王友友、李天武这样的中层干部，他们都是双倍的工作量，把中层的具体活和班子成员的责任，都担当了，有其责没其位啊。我欠他们的太多。经济传媒的发展也是很快的，差人差得厉害。我想，成立集团，不管谁当家，只会发展，不会削减这一块，所以，刘局长千万帮忙，照顾我们一次。还有老秦也到年龄了，他的空缺也得有人填啊。"

"我想提一个，争取一下是有可能的，毕竟老秦这边腾出一个位子。"刘伯庭说，"我马上回去开局党组会议，解决这个事。副处，就要上常委会讨论，一个小单位一下子解决两个副处，估计通不过，挺复杂的。"

"您知道我们只是个被边缘化的单位。"张一嘉说，"老游老秦资格老，是在您的关怀下，给他们解决副处级待遇的。这次再补充两个副处，才算不断层了。谢谢局长关心，我们尽快研究两个人选，供您确定一个。"

25. 桃园会的明天

出差去省城之前，张一嘉先把老秦老游喊到自己的办公室，吩咐老秦主持他不在的这两天的日常工作，吩咐老游抓紧下乡节目的排练，争取他回来时，一台演出完全可以上马了。

老秦和老游走了后，张一嘉又把王友友和李天武叫到自己的办公室，交代这几件事。一是办公室要督促下乡演出的排练，做好排练的后勤服务，安排好送戏下乡和调用社会演员报酬的专项经费。办公室还要继续做好年底的慰问和公关工作。

张一嘉补充说："把年底的访问，做一个详细的报告，一一列出，报给市委市政府领导、市委市政府文改办、市委宣传部和文广局，以及改革领导小组。不过，记住，这份报告紧挨着春节送过去，最好是放假前一天一大早，派人一家一家送出去，让领导们放假前或者假期中能看到这份东西就行。另外，给市委市政府和各个部门送一些戏票，把下乡的这台戏，正月里撤回来后，在我们自己公司演播室演一场，放在初五初六，大家正好在家，年也拜完了，班还没有上，可以带着全家来我们演播室看戏，也算是我们的一份心意。"

张一嘉一口气说了太多话，感觉有些累了。王友友给他泡了一杯茶，张一嘉接过杯子，就说："友友你去帮我准备一点土特产，我到省城去拜访一下上级单位。正好我再跟李天武说几件经营上的事情。"

王友友出去后，李天武从随身的提包里掏出一个大纸包，说："听说您要到省城出差，我这里带来十万块钱，算是托您代我们维护一些关系，为今后的经营工作做点更好的铺垫。"然后，开始汇报桃荣公司登记注册的情况和已经启动的项目。李天武介绍：桃园会的餐饮等项目，年底全部关停。春节一过，施工队伍进驻，开始做新的项目——桃荣贵宾艺术总会的建设。桃荣公司将把整个小岛全部进行改造，沿着小岛的边缘建设一个大型的半环抱建筑。建筑地上四层，三层是大型餐饮场所，已经跟浙江来的餐饮航母企业向阳集团签订合作协议，向阳集团将每年提供六百万元的租金；顶层是艺术展览馆，以及演艺培训场馆，展览馆是熊总用来展示和销售自己公司的收藏品的，演艺这一块给鲁南大学传媒学院和艺术学院，他们跟我们文艺中心以及干洲巨龙广告公司合作，在这里培训学校和社会上的表演艺术人才，定期开展演艺活动，带动人气，同时为来这里吃饭和参观的客人提供演艺服务。

听起来，这是非常激动人心的。

张一嘉问，为什么只建四层呢？地方不大，可以多建几层，充分利用空间啊。李天武介绍，我们也希望多几层，但是在规划局那边做了许多工作，人家不同意，这是湖中的岛屿，为保护生态和旅游形象，要限高。不过，四层有四层的好处，我们的楼房就全掩映在树丛中，很美。到了晚上，楼内灯光齐放，透过树空隙，"欲盖弥彰"，反映出波光，斑斓五彩，那多神秘多奢华啊！

张一嘉笑起来，说："李天武你这家伙，看来这个项目把你的骚情调动出来了，看你说话，文屁烘烘起来了。"

"向老板学习啊，跟您干活，不能没有文化，不能没有激情。"李天武笑呵呵地说，"现在又遇上个熊海东，人家这民营企业家，社会上打滚出来的，就是厉害，思想新，点子多，动作快。这次，要不是他，好多手续办不了。像这个湖中央开大型餐饮场所，这个大兴土木，我们以前也有想法盘活桃园会的，市里什么规划、环保、园林、城管、卫生、消防、公安、工商、防空等衙门，一个门几道关，怎么弄啊！我们又是国有企业，没有办法拿出太多公关费用，不敢给人家请客吃饭喝洋酒塞大红包，根本突破不了这些关卡。可人家熊海东，民营企业家，用自己的钱，没有人去举报和审计他，他自己不怕，拿的人也不太怕。"

"有道理，看来我们这次盘活桃园会的做法，合乎市场规律和游戏规则。"张一嘉接着问，"你刚才说是上面四层，难道还有地下？"

"老板问得高明啊！"李天武赞叹道，接着介绍，"下面的，才是我们这个项目的心脏，也是将来我们桃荣贵宾公司要亲自经营的项目，是真正的贵宾项目。准确说，这不是地下，而是水下。我们的环楼是贴着岛边缘造的，除了美观和提高容积率的好处，还有一个目的，就是为了借水。什么意思？就是我们下面的两层，外墙是浸泡在湖水中的，然后外墙材料全部是加厚特质玻璃和钢材框架，是透明的。你站在下面，相当于站在鱼缸中。外围我们将加一层拦网，拦网与墙体之间，我们培植水生植物，并且大量放养鱼类。在玻璃墙后，我们将看到一个龙王宫般的水下世界。这两层，我们将办成中国之最甚至世界之最奢华奇幻的生态温泉疗养所，完全会员制，不接待散客，通过电梯送客人进入水下的演艺大厅。大厅每天有高雅艺术表演，音乐，美女，咖啡香。四周临水是一些高品位包房，高级会员可以在自己常包或者预定的包房里，打棋牌、健身、娱乐。每个包房靠水墙的一个套间是水疗房，你进去之后整个就像潜泡在湖心，一个多么美轮美奂的水世界啊。里面的水是热的，外面的水是冷的。你在热水中望鱼，鱼在冷水中望你。我们还有演员，陪贵宾休闲；有按摩师和健康顾问，甚至有高级医疗专家和形象设计师，专门为贵宾的塑形、体检做现场顾问……"

说实话，这个把张一嘉都听呆了。听起来简直太完美了，但是张一嘉担心地问："哪来这么多钱投入呢？那个六千八百万就投这一个项目也未必宽裕啊；还有，有这么多高端客户吗？"

　　"这个我也担心过。"李天武撇着嘴，学熊海东的语气，说，"李天武，你，老外！"又接着介绍说："省城的一个姓贾的娱乐大亨，据说贾府娱乐投资机构上过胡润福布斯中国软财富排名百强的，专门在全国大中城市搞这种顶级休闲场所，他负责管理和融一部分资金。但是，不绝对控股。至于客户，更不用担心，老板您不要忽视了，我们这里到南京上海到杭州到省城和到相邻的长三角外商集中区，有高速公路，有高铁，都是一两个小时的路程，这是休闲出行的黄金距离啊！"

　　说到这里，李天武想起什么来了，说："老板，我想起来了，那个贾总，邀请我们去省城考察那里的影视基地呢，熊海东说过几次，什么时候您有空了，他陪您去。您明天去省城，太好了，顺便去那里看看吧，与贾总熟识一下。"

　　张一嘉说自己去公干的，时间紧。年底大家又都忙，也不便打扰人家，到时候看是否方便吧。接着，问李天武，古霞任总经理，熊海东是否认可。李天武说，早就认可了，她的能耐没说的。张一嘉问，她的报酬你们董事会准备怎么定？李天武回答："没有正式议过，但是熊海东要求依照市场规律，合理定年薪，并且与效益挂钩，进行激励。初定年薪是四十万。不过，最后还是要您拍板。"

　　李天武还说："老板啊，这么大的公司，我们投入也不小，这个董事长熊海东让我们的人担任，这是对您的信任，您兼任比较合适。"

　　"还是你担任，我们说好的，总经理办公会都讨论过的。"张一嘉对李天武说，"你定心地搞，你是个能吃苦也能吃亏的人，但是你的工资，我想给你一个自由，可以把工资关系放在这个股份制公司，桃荣公司和我们综合市场这两块，你的职权范围不变。这样，你可以拿得高一些，比如，高于古霞二三十万，是合理的。拿公司里的工资，只能二三十万，现在大学老师都能拿这个数了。所以，这也是我对你的一点补偿。这么多年，你的贡献很大，没有拿到合理的报酬，咱们给国有企业干，只能按规矩来。

现在，就这么点市场手段，我们先用起来。以后，即使被合并了，别人当家，也不能把干预之手插到走市场的合作公司去啊！"

这么高的年薪，说出来确实让李天武的心跳快了两个节拍。李天武又强调了几句推诿董事长职务的客套话，都被张一嘉坚决挡回去。李天武有些感动，说："老板，我李天武一定誓死为您效命，不管天怎么变。"

"别一口一个老板，我们之间，是兄弟关系，不存在贵贱。"张一嘉语重心长地说，"某种意义上说，我也在为你们效命啊，我这个身份，要做一些突破性的动作，像桃荣公司这样的动作，我也要承受压力和担当责任的。不过，我一直有我的价值观，我们不要把这个什么官啊、位置啊，这些虚名看得太重。我们这些人，不会钻营，只会经营，没有后台，只有平台，领导和群众，能看重我们的，还不就是我们这一点务实的操守和本领嘛。"

李天武直点头。

李天武兴高采烈地离开后，张一嘉打王友友的手机，问东西办好了没有。王友友说，早就办好了，这就过来。王友友一进张一嘉办公室，就告诉他，二十份礼品，干洲"一百"公司送来的羊绒衫和李天武他们电视直销中心提供的新款华为手机，全包装好了，放在汽车后备厢。他还建议张一嘉不要亲自开车："年底路况太复杂，人多车杂，您又这么辛苦，连续干工作，这段时间事多又烦，脑子里万一走个小神什么的，太危险。"

"乌鸦嘴，你。"张一嘉骂王友友。王友友还是坚持派司机开。张一嘉想想，就答应了。王友友说："这次换开采访车的老顾给您开，那人朴实嘴巴紧，您又是他的恩人，这次解决了他们几个聘用工人的同酬问题，老顾激动得眼泪都下来了。说一生遇到您这样的正派善良的领导，是最大的幸运。"

"那是应该的，"张一嘉说，"人家干的是一样的活儿，我们不能因为人为的因素、落后的管理制度，就欺负人家。"

王友友就着这个话题，告诉张一嘉："市里的文化单位，这两年都十分向往经济传媒公司的这种人才制度和激励分配机制。尤其是那些有才干却没有所谓正式编制的，要不是马上要重组，都想跳槽到我们这里来呢。

现在，赵如男和潘得厚他们所在两个单位，人心浮动，大家都盼望新的集团有您这样的掌门人，才会起到真正的改革促发展作用啊。"

"我个人无所谓，只是我担心经济传媒这项热腾腾的事业，弄不好会给他们这帮人糟蹋冷掉。"张一嘉说，"更担忧我的这帮兄弟姐妹，以后怎么办。所以，现在我的所谓前途，反正任人家拿捏，不如不瞎操心，为公司再办几件大事，为兄弟们留点后发的空隙。还有……"

张一嘉喝了一口茶，把半截子话丢在空中，好一会儿才说："还有，我正争取拉你们几个一把，为你们职务的事情，我给上级部门都磨破嘴皮了，恨不得要给刘伯庭这个老家伙下跪，他们才答应给解决一个，前提是老秦到年龄了，必须退。唉，老秦也是个老黄牛，帮我分担不少担子，而且制约了老游他们这帮人。我还真舍不得他啊。"

王友友不知说什么好，还没有来得及接口，就听见张一嘉说："这一次就力保你了，友友你要好好干。"王友友一听，流着眼泪说："我知道您一直为我们这些下属奔波。您的恩情我心领了，可是李天武怎么办？他的贡献比我大，我只是个打杂的，我怎么能抢在李总前面呢？他毕竟已经是总经理助理了啊。"

"这个助理是我们自己任命的，组织上不认可。李天武的工作，我来做吧。"张一嘉站起来，手按着王友友的肩膀说，"你们都是我的好兄弟，谁上我就为谁高兴，为另一个难受。本来一直坚持两个都解决的，但是，现在我的处境你们清楚的，以后弄不好就是个什么经济传媒子公司负责人而已。人家不看好我，说出的话，别人敷衍你，你跳也没人理你。他们都把我当病猫了！你看，这刘伯庭，答应我可以解决你的问题，但立马要我去省城，为他的老领导办事，还要去帮他打点，维护一大帮他的老关系。"

说完，抽了两张面巾纸，交给王友友说："大老爷们儿，别掉泪水。对老秦好一点，我出差期间，你帮我想个办法，看看怎么补偿他一下，人家最后一个在位的春节了。这么多年，一直忠心耿耿配合我的工作，我心里有愧于他啊！"

"请张总放心，"王友友抹掉眼泪说，"我一定好好向秦总学做人，一定会把您交代的事情办好！"

26. 老厅长

来到省城后，张一嘉开列了一份详细的拜年清单，把要拜访的人分成两类。一类是老师、专家和他们夫妇俩的亲朋，让司机老顾带着东西，代表他一家一家去送，并转达张一嘉的问候，对自己不能亲自登门，表示歉意，就说因为年底太忙，实在脱不开身。一类是张一嘉认识的省里有关部门的几个领导，张一嘉亲自跑。这三五家一跑，天就暗了。

省文化厅老厅长陈桥的拜访，被张一嘉安排在最后一个。

晚饭后，好容易打通电话，张一嘉和司机老顾在省城走街串巷，折腾了两个多小时，才在一个很旧的小区里，找到陈桥的住宅。没想到在小区大门口，竟然遇到李天武站在那里。张一嘉说："你怎么来了？"李天武从汽车后备厢拿出两个纸袋子，说："我一夜没睡着，想着我们对老首长还是应该更尊重，弄些土产太不上档次，不好，就重新买了一点东西，赶过来。"

张一嘉打开袋子一看，是两盒包装精致的海参和虫草。他不得不佩服李天武的聪明，也欣慰自己下属办事的周到和贴心。

提着东西，张一嘉一个人上了楼。陈桥的三室一厅居室里，很是寒酸。客厅里的布沙发，屁股常坐的地方，陷下去几个明显的窟窿，有的地方还露出了里面的海绵。张一嘉见了，心里很不是滋味。想想当年的陈桥，是他们这些基层文化单位干部仰视的大人物。张一嘉记忆里，一直是那个戴着无框眼镜，激情洋溢地在讲台上，描绘文化传媒事业美好明天的领头羊的高大形象。他想象老人家，即便如今不是住着依山傍水的别墅，也应该是城区高尚小区里的一套电梯洋房吧。

张一嘉把拜年的礼品放在墙角，做了自我介绍，给老厅长递了一张名片和一本自己两年前出版的一本传媒市场化运作探索的理论专著。陈桥戴起眼镜，仔细地翻阅了十几分钟，不断地点头，说好，写得好，年轻人就是有创新意识。他放下书后，张一嘉就掏出刘伯庭的信递过去。陈桥看了信后，慨叹道："唉，现在传媒事业做大了，我们这些人都是过时的人了，刘伯庭也老了，这一眨眼，他也快到退休年龄了。"

张一嘉把那份复印的省传媒学会的文件拿出来，说感谢会长的厚爱，把我的文章评为二等奖，文章写得不好，平时工作忙，没有做深度思考，惭愧惭愧。陈桥接过复印的文件，说："想起来了，想起来了，你的文章还是我亲自阅评的呢，里面的论据比较实，而且都是自己的实践，我觉得很有意义。本来要评一等奖的，可是学会秘书长说，一等奖名额得留给出钱赞助年度会议和奖金的会员单位领导，否则会议都开不起来，这传媒学会还不成了一个空架子啦。可悲啊。"

"我也是为这个事情来的。"张一嘉接过话，"一是给老厅长拜个年，老厅长对我们的事业支持很大，这些年全省传媒事业和文化产业迅猛发展，没有老厅长您的领导，不可能有今天的局面。老厅长还给我们选派了刘局长那么优秀的领导，把我们干洲的事业也提携上去了。刘局长经常念叨您，说，您是他的引路人和恩师。"

"刘伯庭这人不错，憨厚、稳重，做事有板有眼，也是个正派的干部。"陈桥慨叹道，"就是这样实心眼儿的干部，如今不一定吃香啊。"

"他在我们干洲文化界威望很高。"张一嘉赶紧介绍干洲文化产业正在重组的情况。说了一半，陈桥插话说："小张啊，你不介绍我也知道，这文化重组，说简单也简单，各家有精英性质的文化传媒单位，合署办公，统一名称，重新划分一下部门而已。但这样的组合，意义不大，就是把几艘小船捆绑起来，变成一个大舢板，看起来像个大船而已。复杂就复杂在人事，谁当头儿，才是关键——组合前一个单位的领导，人品高低水平好坏，不过影响他负责的那个单位，那一片事业；但是组合后，选错一个领导，撂倒一个地方整个文化传媒业，很危险。就说这省里面吧，当时我忽略了人事问题，结果文化集团组合后的好几年内，一把手独断专横，与其他合并的各个单位负责人，磨合不成，你争我斗，下面也是分化成卫视帮、有线帮、电台帮、广电学校和影剧公司帮、网络帮、机关帮，各自为政，混乱不堪。为什么？集团一把手威望不高，压不住；人品不好，人不服啊。内耗啊。所以，你们一定要接受教训，不要重蹈省里的覆辙。"

话题果然靠近张一嘉的题路上来了。张一嘉赶紧抛出干洲文化传媒目前重组的人事问题。陈桥问现在干洲确定的人选是谁，张一嘉就介绍赵如男和潘得厚的情况。陈桥一拍沙发扶手，激动得站起来说："那个潘得厚我不认识，赵如男那个女人我认识，听说在领导面前像个乖乖女，在同事和下属面前泼辣得像只母老虎，能耐是大，品行听说不怎么样的。"

"还是老领导清楚、直率。"张一嘉说，"我们系统服从市委市政府的安排，赵如男和潘得厚是主流台的台长，领导指定他们，我们基层小单位，没有意见。但是，我们内心希望干洲的传媒事业，越办越好。所以，大家最盼望的领头人是你的老部下刘局长。可惜，他好像不愿意出来，我们着急他老人家却超然其外呢。"

陈桥急了，在屋子里踱着步说："这个傻子，千万不要走我的老路。我当年也是这样，组建集团的时候，觉得自己年龄大了，不去争，结果怎么样呢？害人害己。传媒集团一组建，从政府的体制中完全剥离出去，与政府部门平起平坐，块头比文化厅还要大，事业也全在集团，厅倒成了一个很滑稽的部门，人家根本不理你，就成了一个一两百人规模、下面空荡荡的小单位，无权无钱，谁也不买账。我这个厅长更惨，最后叫文化厅厅长，但管不了文化，更是享受不到文化产业界的任何物质待遇，我的收入还不及他们的一个记者、一个业务员，你看，现在退休成这个样子，无房无车。兼个什么传媒学会会长，可是没有钱，要搞活动，觍着老脸到处去跟以前的下属化缘。遇到没良心的，还给我个冷屁股，羞辱我的老脸。远的不说，就你们那个赵如男，前不久我给她打电话，告诉她，能否承办这次传媒学会的年会，因为干洲这么多年来，没有承办过学会的活动，全省推磨子也该转到她那儿了。结果，她说：'老首长啊，我很想承办您的活动啊，可是我们在重组，您可能知道的，这个时候钱出不来呀，能不能等我们总盘子确定之后再办啊？'呵，跟我打起官腔来啦！"

老人家越说越激动，干脆到书房，给刘伯庭写了一封信，足足写了近一个小时才出来，说："我一定要提醒这个糊涂蛋！"张一嘉接过信，不无担忧地说："老厅长，万一刘局长在您指导下，醒悟过来……可赵如男那个人心气很高，自认为非她莫属。"

"那没用！"陈桥一挥手，说，"全国都是这个规矩，文化政企分开，人事的问题上，只要局长想到集团去，就一定得安排局长当书记兼董事长，而不是什么社长台长之类的人。"

"老领导，我们那里复杂得很啊。"张一嘉说，"我们市里负责文改的许之光，特别欣赏赵台长，他亲点的人选是赵如男。而且，传言许之光主任年后就要接黄书记，成为干洲的副书记。"

"没事，不用担心。"陈桥蛮有把握地说，"我会给你们的洪远书记打电话，认真说这件事。除非刘伯庭那个死脑筋不开窍，否则，没有什么悬念。刘伯庭还有三四年才退休，不但可以把干洲的文化产业扶上一程，而且他本人怎么着也可以多出一两百万的合法收入啊，他不退休不知道养老的艰难哪！"

告辞的时候，已是夜里十一点钟，张一嘉故意把那个复印的文件，拿在手上晃了晃，放回茶几，说："老领导，您放心，这次的年会应该是干洲办，这是给干洲的好机会。赵台长那里困难，我那里可以承担一切费用。我出来的时候，刘局长反复指示，一定让我问问老领导有没有什么困难，有没有什么交办的事项。您看我领了命却领不到活儿的话，还真回去难以交代。这下太好了，我们既能够承办全省性的会议，我个人又交了差，真是太感谢老领导了！"

陈桥呵呵笑了，握着张一嘉的手，一定要送下楼。张一嘉坚决不让，说楼道这么暗，太不安全。还慨叹说："我们传媒行业的老首长，住这么旧的楼，我心里真是难受。听说省文化传媒集团的领导班子成员，全住上上千万元的别墅了……太不可思议了，太让人寒心了。"

老人坚持送下楼，送到张一嘉的车子旁。张一嘉有点不放心，又叫司机老顾把陈桥再送上楼。

张一嘉上了车后，发现自己放在后座上的手机，有十八个未接电话。一看，有女儿清清的一个，李天武拨了三次，王友友拨了七次，老游拨了一次，老秦拨了三次，还有一个陌生号码，拨了三次。张一嘉见时间太晚了，就只给王友友回了电话。两个人在电话里沟通了公司里当天的工作。打完电话，发现微信里有李天武一条语音信息刚刚进来：

"张总，省城贾府娱乐的贾总一直期待您有机会考察一次他们的影视基地，绝对是全国一流，明天我们不妨利用机会学习交流一下。我先赶回干洲处理一点业务上的急事，明天白天跟您联系，如果您愿意去看看，我立即赶回省城，联络安排。老板您辛苦了，早点休息，多保重！"

听完信息，张一嘉打了一个哈欠，是的，快回宾馆休息。这一天，特别是这个晚上，可把他累坏了呀。

第六章　沉湎的夜

27. 贾府

在一片高低起伏的开阔地上，张一嘉开着汽车，放开速度猛跑。车子越开越快，真是太畅快了，风在耳边咆哮，大地像席子一样，一会儿卷到半空，一会儿又哗一下展开。车轮碾过的地方，泥土夹带着野草，向身后狂泻。

金色的阳光，照耀着整个世界。突然，张一嘉听到车前"砰"一声巨响，眼睛黑了一下，睁开，惊恐地发现几个雪白的身体，在车子的前方被撞飞。他猛踩刹车，大地立即凝固住。他惊呆了，一切的一切都凝固了。那些被他撞飞的雪白身体，都呈现出一个痛苦的姿势，凝固在空气中。

他只看到她们的臀部，光亮的脊背，散开的黑发。他想他不用看，他不忍看：那个满是创伤的，是瘦削的陈思维，正蜷缩在半空中；那个身材匀称的长发女子，一定是童盼，身子笔直地斜戳向大地的方向；还有一个瘦小白皙的身体，闪闪烁烁，忽远忽近，无法辨识……他忍不住声嘶力竭地向她们喊话：

你们野到一起干什么！你们野到一起干什么……

张一嘉从梦中惊醒，发现自己出了一身汗。他看看手表，见指针指向

153

两点多。他搞不清这是下半夜还是下午，就从床上跳下来，挑开窗帘一条缝。刺眼的阳光，立即射向房间。

他的头有些昏沉。在沙发上坐了片刻，就去冲澡。在盥洗间，张一嘉想起刚才那个梦，觉得十分荒唐。要不是有这个出差中的偷闲，他一年三百六十五天，好像都被世俗的烦琐捆绑着，没有任何心理空间和想象的自由，他的眼睛，未从眼前的那些俗事中挪开过。他就在头脑中倒电影，把刚才那个梦中的情节回放了一遍，最后定格在那几个空中的肉体上。他觉得只有那个不明不白的身体是开放的、温暖的，靠近的时候，似乎有一股热浪；陈思维是一些模糊的斑点，童盼只剩下几抹简洁的线条。水流涓涓，从他头顶的淋浴头泻入身体，像无数绵柔的手指，灵巧地挠着身体。他感到皮肤都苏醒了，释放出敏感的灵性。他的下身竟然有了强烈的反应，血液正在那里蓬勃运动。经过不下十二个小时的沉睡，张一嘉感觉自己的身体，回到了自己的感知中。

从盥洗间出来，他感到自己饿坏了。穿好衣服，打开手机，马上就涌入了十几条信息。其中一条是昨天那个陌生的号码发进来的：

"张总，我是贾府娱乐投资机构的小贾，听熊总和李总说您来省城出差，特来拜访，发现您在休息，不打扰。请开机后给在下回一个电话，谢谢。"

电话拨通后，那边响起了一个有些女气的男声，说："我就是小贾。"贾总说："张总啊，好累的吧？我没有忍心打扰。饿坏了吧？我马上过来，几分钟。"

张一嘉说，下午想回去了，不打扰了，下次再来。对方急了，说就快到了。

果然，时间不长，门铃就响了。张一嘉打开门一看，一个浑身光鲜、珠光宝气的小伙子，笑吟吟地站在门口。"张总好，我是小贾。"对着张一嘉招呼，上来就拥抱。他的身后，还跟着两个小伙子，都是非常时尚的打扮。

贾总手一拍，说："帮张总把行李都收上，堂堂大老总，怎么能住这么个破三星宾馆呢？换地方。"张一嘉连忙挡住说："不用不用，都要退房了，不必换。"贾总说："张哥啊，能不能给弟弟我一点自主权啊，我们虽然没有见过面，可我们的事业已经紧密联系在一起的啦！"

贾总的两个助手七手八脚就收好行李。一行人下了楼，分头上了贾总带来的一黑一白两辆宝马X6。张一嘉想起自己还有司机和车子在呢，贾总说："我都安排好了，让他先回干洲。顺便让他告知李总，他说您若是肯视察一下我们基地，他要来陪的。回头我们派车送你们回去。"

宝马车放着周杰伦的《双截棍》，向郊外驶去。

在车上，贾总向张一嘉介绍他的家族，他的事业。贾总说他们是南京江宁人，就是《红楼梦》中贾家的后代。"那个贾宝玉小祖宗，可没有像曹大爷写的那样当和尚，人家妻妾成群、儿孙满堂，要不然我们是从哪里冒出来的啊，哈哈！"贾总说，实际上自己是贾府投资机构的二把手，真正的一把手是自己的姐姐，她常年在北京总部，负责集团的全局工作和实业投资管理。"前些年部分奥运工程她有介入。"贾总自豪地说。至于他自己，主要负责艺术投资、影视娱乐，也就是文化产业吧。

说着说着，车子开进了一片乡野树林。大概五分钟路程的通幽曲径后，前面出现了一片湖水、竹林和一个古典园林建筑群。大门上方赫然有一块写着"贾府"的牌子。贾总介绍，这是仿《红楼梦》贾府开发的一个项目，是一个旅游山庄，也是贾府投资机构精心打造的古典剧影视拍摄基地，集住宿、餐饮、娱乐和艺术展示于一体。

张一嘉被安排进了住宿区的一个大套间里。套间客厅的一面墙上，是省艺术学院一位著名油画家画的巨幅油画《金陵十三钗游园》。贾总指着油画说："这张画，画家画了整整半年，我们以两百万的价格定制的。现在，这幅画多次出现在我们拍摄的电视剧中，待电视剧一火，我们对它的升值期望是八百万以上。"

说着他打开卧室的门，向张一嘉展示床铺："这是我们的贵宾套间，您这张床，是一张仿古全镂空红木大雕床，造价百万！"

张一嘉不由得慨叹："了不起啊了不起，这民营企业做文化，做成这样，值得好好学习。"

贾总说："张总您谦虚了，干洲经济传媒可是全国、全省闻名的优秀文化企业啊，您的能耐，一点也不比我们差。要是您张总这样的英才，来做民营企业，我们还有吃饭的份儿吗？只配给您做个跑腿的。不过，你们也可惜了，这样的能力要是给自己干，现在您也是个上亿资产的富翁了吧！"

"那也不一定，"张一嘉说，"你看那些官员下海的，有几个不呛死在出海三里浅水地带内的！"

贾总说："有意思，我喜欢您的话，我们有缘啊。"接着，贾总在张一嘉的耳边，低声说："姐姐经常教育我，我们在海里打鱼，要懂得对岸上的人回报，要有感恩心。人家为你打过船，配过粮，送过淡水，测过风浪气候，看上去没有直接参与你的打鱼活动，但是里面的贡献可不小。所以，打到的鱼，我们得给岸上的人分一分，有福同享啊。"

介绍完，贾总就交给张一嘉一张活动安排单。张一嘉觉得过于隆重了。贾总说："不隆重不隆重，我们贾府投资机构也算是家大企业了，至少在文化企业集团里，我们在全国排得上。我姐姐经常告诫我们，企业要规范，接待无小事！"

打开活动安排单，张一嘉见是：

第一天，晚上，贾总等代表集团，宴请张总一行

饭后，观看电视剧演员表演小节目

第二天，上午十至十二点，听取关于两部电视剧情况的汇报，洽谈协议

下午，参观贾府园区工程和艺术馆典藏

晚上，去市区海港海鲜大酒楼用餐，饭后安排娱乐活动

第三天……

"你们太精心了，非常感谢。但我最多只能到明天上午。前面的活动，我服从安排。下午之后的参观和出去吃饭等，我们等下次有机会再来。"张一嘉说，"我现在要先插个活动，这晚饭时间没到，可我实在饿了，麻烦先给我来碗面条垫个肚子。"

28. 迷离之夜

　　晚饭的时候，省城艺术学院表演系的主任带来了七八个女孩，据说是贾府投资的后备演员。加上贾总邀请的省财政厅科教文处的处长，省文化发展基金会的秘书长以及省文化厅的一位处长，一位省城化工集团的总裁，共十几个人，围了一个大桌子。贾总先介绍他们精心打造的贾府菜。

　　"吃过满汉全席吗？"贾总问大家。

　　客人们不吭声，只是笑。

　　表演系的女孩们全嚷起来，说："没有吃过没有吃过，贾总今晚是不是要整一桌给我们开开眼界？"贾总说："我们这个叫贾府菜，是我们的大厨师，专门在省城最大的饭店，蹲点学习他们闻名遐迩的满汉全席后，结合我们祖上贾府菜肴，创造出的一种菜系，叫贾府家宴。我们还申请商标了呢，在省工商局专门登记了。"

　　第一道菜上来的时候，女孩们哇哇直乐。揭开盖子，原来是一个大蛋糕，上面绘制着精美的红楼胜景图。四周用水果萝卜雕制的十三个女子，分明是"金陵十三钗"。贾总说："这个是用来先垫一下胃的，糕点、水果，先用点，对后面喝酒有好处，不伤胃。"接着，就操刀切蛋糕。趁着大家吃蛋糕的当儿，贾总和表演系的主任就介绍这些学生，说全是传媒系各个年级精选出来的苗子，主要是为贾总投资四千万的五十集电视剧《十三钗之凤传奇》挑选的配角，是"十三钗"中的一部分，今天把她们叫过来，是请在座的专家、领导好好地考核一下，到底有没有天分，能不能胜任角色。

　　系主任一个一个地介绍，贾总打断他的介绍，说："你不要这样介绍，大家记不住。你就直接称呼她们将要扮演的角色名字，那样生动又好记。"大家一齐拍手称好。

　　主任就介绍起来。一个东北口音的女孩被唤着"史湘云"，一个性格看起来腼腆的被唤着"迎春"，一个看上去很聪慧的丰满的姑娘被叫着"元春"。染着一头彩色头发、长着一个翘下巴的是"秦可卿"，介绍她的时候，她说："我想演李纨，即使做一个寡妇，也比一个偷情大王强。""史湘云"就说:"我们也想演秦可卿啊,可是我们长不出那个偷情的相。""秦可卿"就去打"史湘云"的屁股,说:"你个臭男人婆,我打死你。"丫头们闹成一团。在座的还有剪着短发的"妙玉",有长着一张娃娃脸的"巧姐"……七八个人一一对上号。贾总就着系主任的介绍,说,主角"王熙凤"是中国演艺界的大腕马小丽,今天当然没有过来;主要的两个配角"林黛玉"和"薛宝钗",都是由国内比较知名的新秀担任,初定是景甜和郭采洁,目前在家潜心研读剧本,导演规定她们一个月内不许参加任何应酬,把剧本给弄熟了才能出来。

张一嘉忍不住插话,问道:"哎,等一下,《红楼梦》里一直是金陵十二钗,到你这里怎么变成十三钗了?倒有点像张艺谋的电影名儿。刚才看到墙上的油画,我就忍不住想问了,难道这是你们的独特创意?"

桌子那头响起了清脆的一声,贾总拍了一下巴掌,站起来说:"我们的张总好聪明啊,这就是我们要的效果。人家一听到这个剧名,一下子就被这个问题吸引住:唉?没听说有十三钗的,这第十三钗是谁呀?戏就在这里头。张艺谋先生也想到了这个,他拍电影叫'金陵十三钗'。我们写的就是这第十三钗,她是这个剧中真正的主角,就是王熙凤同志的妹妹,注意,不是指那个尤二姐,这个妹妹我们给她取名王煦凤,故事说的是这个王煦凤与她姐姐之间的恩怨,与贾府的恩怨,与十二钗之间的恩怨,与贾家男人之间的情怨。你看,它是一部'红楼梦外梦',故事曲折迷离,人物关系错综复杂,借十二钗说故事,但又不是去说十二钗,你想象一下,那效果,呵呵。"

姑娘们鼓起掌,说:"太好了太好了,贾总,你赶紧和导演老师商量啊,赶紧把十三钗谁演给定下来。"

贾总又"啪"地拍了一下巴掌,高声说:"宝贝们,你们真聪明!现在的悬念就剩下这个人选了,你们都给建议一下,谁演第十三钗合适?"

大家的兴致都给调动起来,七嘴八舌地议论起来。

见她们谈得热火,张一嘉出于礼貌,觉得不加入一下也太淡定了,就说:"你们说的这些好像都不是势头上的明星,我看最好找一个新人,长相和性格表露的方式,要迥异于马小丽那样的!"

贾总立即击掌叫好，说："张哥就是不一样，专家眼光，这就是我和导演想要的一种人选。"

　　一箱洋酒被两名服务生抬上来。贾总示意开瓶斟酒，并举起酒杯说："配角好找，主角难求，我建议我们今天就从眼前这些配角里，产生一名主角。丫头们好好表现，你们谁能当选，就是今天晚上，在座的专家们说了算！让我们干杯！"

　　大家就共同喝了一个满杯。一个东北口音的女生说："我们可土了，这样喝洋酒啊，跟喝啤酒似的。"大家又笑起来。

　　财政厅的处长说："我同意贾总的意见，从无名演员中选一个，推一个新人出来，也给观众一些想象和好奇的空间。你看当年那个赵薇小燕子，那个范冰冰金锁，都是这样红起来的。据说，《还珠格格》第一部发行的时候，五万元一集，人家电视台都不太情愿要，说没大腕，号召力小。可放着放着，火了，二十万一集，续集都跳到超过百万一集的价格呢。你看，这投资可值了。我们财政支持省文化基金会的重点文化项目，是应该的，但是我们希望出精品出效益。国家的钱也是钱，是钱就要心疼，就要用来创造钱，如果贾总你们把这个剧做好了，以后省里的资金扶持投入，会锁定你们的，包在我身上！"

　　"啊呀，说到我的心坎上了。"贾总端了一个满杯，走下来敬财政厅的处长和文化基金会的秘书长，说，"有两位领导撑着，我财大气粗啊，我就是要拍成精品。据说，国内有人嚷嚷着要拍摄第三版《红楼梦》，那绝对是一个愚蠢的主意。《红楼梦》拍来拍去，就是那些大家烂熟的故事，有什么新鲜感呢？王扶林老师拍的八七版《红楼梦》，已经很好了。前些年来了一个新版，结果呢，批评声一片；现在再拍，只能是浪费人民币，光说演员，他们找得到那样病歪歪气质的林妹妹吗！我们这才叫真正的创意，大手笔。如果我们的《十三钗之凤传奇》跟他们同期发行，他们就只能喝西北风去。搞艺术要与时俱进，炒冷饭有什么意思！"

　　女孩子们又一次一齐鼓掌。加上已经有两杯下去，室内的气氛开始活跃了起来。贾总带着文化厅的处长，一起给张一嘉敬酒。张一嘉说："很惭愧很惭愧，我不知道能为贾府做点什么？"贾总说，诸位领导今天可是有任务的，这些演员要靠你们选呢，相貌、才艺、热情度，都是指标，哈哈。文化厅的处长对张一嘉说："贾府是省里的重点扶持文化企业，为省文化艺术发展做了很多贡献，我们当然要出力。这也是省文化产业的重点项目，张总一定要支持！"

张一嘉再次问，自已能做什么？处长说："听说你们在娱乐实业投资上有很大的合作，这已经是互相支持了。不过眼前，这个电视剧是一个很好的投资机会。如果，咱们干洲经济传媒公司有眼光，买断这部电视剧，也许可以挣一大笔。张总可以考虑一下。"

"好建议，只是我们目前在合并重组，不便签太大的单子。"张一嘉见贾总已经回到位置上，又对身边的文化厅处长说，"处长吩咐就是了，蛇吞象式买断不一定能做到，但是可以变通一下，领导们都一致看好，我当然相信不会吃亏。"

饭后，一群人进了楼上的多功能包厢，继续唱歌、喝酒、跳舞。张一嘉拉住贾总的手说："贾总，这么盛情，有事尽管吩咐。"贾总就说："大哥见外了，我们已经是一家人了，干洲合作的项目，没有张大哥和熊老板的大力支持是不行的。"又说："您来的第一天晚上，熊海东大哥和贵公司的李主任，都给我打了电话，要我接待陪同好，我这唯恐不周到呢，大哥您多批评。"张一嘉说："太好了，太客气了。"贾总又说："如果大哥对我们这个《十三钗之凤传奇》有兴趣，不妨考虑一下。不过，今天我们不说这个事，好好玩。明天我送个计划书给您看看，有兴趣就做，没兴趣也无所谓，因为我们是投资性的企业，说到底，资金不是问题。只是做文化项目，信心最重要，有时候行业内的专家，像您这样的，肯出来参与一把，对我们的鼓励是无与伦比的！"

包厢里已经闹成一片，灯红酒绿，歌声鼎沸。贾总把"秦可卿"拉过来，说："这是大专家大老总啊，做过电视台的大台长，我们的电视剧拍出来，要交给他发行的，我把你交给大老总考核了。""秦可卿"拉起张一嘉就往舞池里跑。"迎春"在唱《女人花》："女人花，摇曳在红尘中……"张一嘉摇晃了一阵，感觉站不住了。"秦可卿"赶紧扶住他，走向角落里的沙发。娃娃脸"巧姐"正在那里独自发愣。"秦可卿"就把张一嘉推给"巧姐"说:"单晓晓,这是个大老总,交给你了,我那边还有几个,对付一下。"

"巧姐"单晓晓就扶着张一嘉,好让他坐稳。张一嘉似乎听到单晓晓对自己说什么老乡老乡之类的话,就什么也不知道了。

贾总出去为大家安排了住宿。系主任和其中的两个女孩说要赶回去,第二天一大早还有事情,贾总就派车送他们走了。剩下的人继续玩。贾总在包间隔壁又弄了一些洋酒,端进去,对大家说:"我们一人干上一杯,然后放开来,摇滚一下,出出汗,把酒精排排!"酒喝了下去,大厅里很快吵成一团。有的人专门飙高音,说是海豚音;有的人学龚琳娜,咔叽咔叽也不知唱的什么,感觉怎么难听就怎么唱……

张一嘉睡了一觉,在梦里他一直沿着老家的一条路,向前开车。父亲和母亲站在路边向他招手,但是他的车子太快,停不住。他的脑子里残留着父母亲一瞬间的惊恐和失望。他奔突到老家的很多地方,当年的乡村小学已经变成一片坟地,他看到小学时的同桌,已经变成一具骷髅,他记得那曾经是一个多么强壮的男孩。他们经常在座位上打架,从座位上打到走廊里,最后,同桌总是把他打翻在地,骑在胯下,让同学们围在四周起哄。他记得自己在他的身体下挣扎,但是,那样泰山压顶般的力量,使他的一切努力,只能化成失败和耻辱。他只能像个女人一样,在半空中伸出手,去抓身子上面那个男孩的脸,把他的肉抠在指甲里,紧紧不放,直到那些血从指缝里流下来……同桌后来没有考上大学。那一年,已经在干洲工作的张一嘉,带着陈思维和刚出生的女儿回家,透过车子的玻璃,他在老家的路边看到了同桌,胡子拉碴,骑着一辆装满木工工具的破旧自行车。他赶紧下车来,跟他打招呼,并把两条香烟塞在同桌自行车的篓子里。同桌腼腆地笑着,沧桑的脸上满是惊喜。又过了几年,他回乡过年,仍然想去看看同桌。村子里的人指着一个长满杂草的坟头,说,那里,他前年外出打工感染上肝病,回来不久就死了,坟头长草了,老婆带着孩子嫁人走了……张一嘉的车子继续开啊开,最后飞了起来,一会儿是长江在身下,像一条飘带;一会儿是干湖,像一面镜子,反射的阳光,让他睁不开眼睛。最后,他听见"轰"一声巨响,所有的嘈杂如碎片般远去,消失在茫茫夜空。四周变得安静，安静里飘出婉约的音乐，飘啊飘，飘啊飘，越飘越近……

张一嘉终于醒来了。

他从沙发上爬起来，头疼得快要爆炸了。他使劲揉眼睛，发现包厢里的人基本走光了。只是舞台中间亮着一盏射灯。空中飘荡着优美的越剧唱词：

买丝难绣佳公子
掷果争看美少年
人中选
芙蓉拟赠水云边
了前生未了姻缘
定来生未定姻缘
趁一刻东风便……

张一嘉隐约记得好像是《凌波影》里的古曲，以为是在放音乐。一抬脸却见单晓晓坐在舞池中间的一把高椅上，独自拿着话筒在唱。那种声音很缠绵，很空荡，很伤感。张一嘉很吃惊，问自己眼前怎么突然出现了这么一个尤物。生活的场景，有时候很恍惚，很虚无缥缈。自己仿佛脱离了现实，失去了离心力，变得轻而又轻，狂而又狂。

张一嘉心如火燎，口渴难忍，向前伸出手去抓什么。他抓住了茶几上的杯子，就喝了几口。洋酒变得很浓稠，很甘甜。可喝下去之后，就烧起来。他的体温变得越来越高，他感觉他的血液和脂肪都燃烧了，成为一勺沸水一直从胸口，从身体的下部，往上奔涌。这些沸水积压在他的脖子，并继续向上喷薄，最后，他突然抑制不住这些沸水，从嘴巴、鼻腔、眼眶里，滚滚而下。

透过微弱的光线，单晓晓突然发现那个一直在角落里落落寡欢的中年男人脸上的泪光。她犹豫了片刻，放下话筒，从茶几上抽出几张面纸，走到张一嘉跟前，要帮他擦眼泪。张一嘉站起来，紧紧抱住单晓晓，趴在她弱小的肩头，一个劲儿哭，而且哭出了声音。单晓晓僵在那里，不知如何是好。过了一会儿，她把自己的一只胳膊，从张一嘉的后背绕过去，那只手，慢慢地把指头插进男人的短发，笨拙地妄图演绎一个温柔小女人安抚大男人的动人细节。

29. 意外事故

快半夜的时候，干洲市公安局局长给副市长、市文改办执行主任许之光打了一个紧急电话，说干洲经济新闻网的主持人童盼晚上在干湖边遭到歹徒的侵犯，现正在市人民医院急诊室打吊针，情绪非常不稳定。两名巡警在那里临时陪着她。

许之光在被窝里，把睡意全吓跑了。他听完汇报，立即对公安局局长做了以下指示：一是对犯罪分子要严惩不贷；二是童盼是干洲的名主持人，是公众人物，她的名声是干洲的无形资产，要严加维护，任何人不得把此事张扬出去。接着，许之光又打电话给副手关文水，要他带一名助手，立即去医院看望童盼，与公安对接，并了解情况，处理相关善后事务。

关文水接到许之光的电话时，一个人正在宿舍里刷屏，还没有休息，于是立即出门，边走边给海小红副部长打电话，要她立即往医院赶，并设法通知经济传媒公司的张一嘉老总，同时赶到现场去，并叮嘱，不要惊动其他人，以免扩大事情的传播。关文水在路边打了一辆出租车，就赶到医院急诊室。

到了急诊室，关文水在室外向两名警察说明了自己的身份。警察悄悄地简要介绍了一下事件的经过：大概十点半的样子，童盼在湖边正常走路，被三个小年轻盯上，尾随了一段，三个人上来堵住童盼。童盼与他们打起来，并挣脱。因为冬天天气寒冷，几乎没有路人，呼救无效，童盼就一急之下，跳到水中。这个时候，他们两个正好开着巡逻车到此，就抓住了人，并把童盼从湖里救上来。童盼当时被吓坏了，浑身颤抖，语无伦次，身上的衣服也湿透了。他们好容易把她弄上车，在车里才发现好像是著名主播童盼。两个人边打电话给附近其他巡警人员，把人犯弄走，然后赶紧送童盼来医院，并让医院单独弄了一间带暖气的小治疗室，安排护士临时找了一套病号服，为她换上。现在，童盼因受凉受惊发着高烧呢，但情绪已经稳定下来。

关文水感谢两位巡警，并再次交代保密纪律。他进去时，童盼正躺在那里，打着吊针，脸色苍白，头发湿漉漉的。

"童盼，你怎么样？我是关文水。"关文水俯下身子，在她耳边问候了两声。童盼睁开眼睛，眼泪汩汩而下。她伸出手，一把抓住关文水的手，就不肯放开。关文水没有料到这么大的动作，差点趔趄扑倒在病床上。护士赶紧搬了一把凳子，让关文水坐下，然后提醒当心打吊针的那只手。说完关上门，先出去了。

童盼一句话不说，就是流泪。海小红副部长进来的时候，她抓住关文水的那只手，还是死死地没有半点松动。海小红让护士找来两条干毛巾，亲自为她擦湿漉漉的长发。关文水问张一嘉联系上没有，海小红说，出差到省城了，打了半天电话，没有应答，估计睡觉了，没听到。海小红说："我们观察一下，如果打完吊针，情况较好，就送她回去休息；或者到我家，我来照料她。如果情况不好，就安排住院。我得先给她弄套干衣服，这样不行。"关文水说："我去买衣服吧，你来照顾着她。"

海小红把嘴巴凑到关文水耳边，悄悄说："真可爱，我的大主任？深更半夜，你到哪儿去弄女人衣服？还是我回去拿我的衣服，先给她将就一下。再说，你被人家'绑架'了，走得动吗？"

关文水脸上一阵发热。他的手的确被童盼抓着，无法也不好意思拿开啊。就这样，关文水的手被人家抓了一夜。

凌晨时分，水挂完了，海小红才过来。童盼已经很安静，很清醒，说着感谢他们的话，并说要回去。关文水出去关上门，让她换衣服。他站在走廊里，忍不住反复看着自己的那双大手，翻来覆去地看。他不知道这双手，好像被传染了什么，不断地把一种久违的软绵绵的温暖，向他的心里传送。

第二天中午，海小红一脸疲倦，走进关文水的办公室，告诉关文水，事情全部处理好了。早上，海小红把童盼送回宿舍，两个人聊了当时的情况。八点多钟的时候，两个人就一起下楼，吃了早饭。童盼的脖子被划伤了一块，用围巾绕着，也看不出来。所以，海小红坚持一起去湖滨派出所，做笔录。

"这是个好女人，心肠蛮好的。"海小红对关文水说，"她到派出所一看，得知那三位小青年竟然是干洲第三中学的学生，三个人被铐在那里一夜，又冷又怕。三人称发现她是主持人后，在好奇心和崇拜心的驱使下，才跟踪并搭话的。童盼竟不忍追究了，还对派出所的同志声称不怪他们，怪自己当时一慌，没看清没听清什么，是一场误会。童盼还按照这个说法，做了笔录。"

两个人说完一起去许之光的办公室，把情况做了汇报。许之光表扬说："这样做，是对的，对童盼本人，对孩子们，对我们文化界，都有利。既然张一嘉联系不上，这件事情就不必再跟他说了，反正我觉得这种事情，知道的人越少，了结起来越干净。"

走出许之光副市长的办公室，海小红又跟到关文水的办公室来。海小红盯着关文水的充满疑问的眼睛说："关大主任文水小弟啊，大姐我要提醒你了，童盼恐怕是喜欢上你了！"

关文水像神经反射般地跳起来，说："这这，哪里的事，海大姐你说什么呢？我们都是什么年龄的人了，还会有一见钟情的神话吗？"

"你别那么紧张，吃人啦？"海小红走到关文水身边，把他按回到椅子上去，"我到童盼的小房间里，发现写字台和床头，复印了几十篇'孤舟'的文章，上面密密麻麻全是读文章的感叹。她不说，我还不知道'孤舟'是你呢，你就没有人家坦诚。这官越大，就越不近人情了是不是？"

"这种事可不能乱说。"关文水垂下眼帘，嘟囔道，"我到市里来，一事尚未成，就弄出什么与主持人的绯闻来，怎么对得起组织啊！"

"都绯闻了哈，那么快吗？"海小红哈哈笑起来，说，"大姐我心直口快，谈这种悄悄话，也没把你当领导，就当小弟的嘛。不过，如果将来有一天，你们真有意，我就是媒人啊，媒人会有两双新鞋一筐红鸡蛋的好处的，别到时候没有良心甩了大姐啊。"

"好了大姐，怪不得宣传系统的人戏称你是'海口'，我总算领教到了。"关文水也笑道，"什么玩笑都能开，这个不能，你也是党的宣传部部长，得讲政治。"

海小红依然笑眯眯地说："两个大单身，没有什么不可能的！这个，不违反政治。对不？"

关文水茫然地看着海小红那张热情的笑脸，不知道说什么好。

30. 沉迷

从贾府的迷离之夜开始，张一嘉的确整整一天一夜没有顾上接听电话。

在贾府的豪华套房里醒来的时候，已经是第二天中午。张一嘉的耳朵里，还在回旋一种缥缈的越剧唱声。他坐起来，发现床头的灯亮着，下面压着一张纸条：

> 张大哥，我是艺术学院的学生单晓晓，我也是干洲人，昨夜认识您，我很高兴。我们都喝多了，做了一点糊涂事。您吐得很厉害，早晨我起床把垃圾都清理了，但是，弄脏的床单，因您在睡觉，没法清洗掉。
>
> 我一个人哭了很久。但是我不自责，也不责怪您。人生总要从这里开始。
>
> 我很热爱艺术，但是艺术的梦想实现起来好像在一点一点剥光艺术本身的外衣。如果我们有缘，可以继续相处——好朋友那种，我想我们会有许多关于艺术的话题。
>
> 贾总的这部"凤传奇"电视剧，我在里面担任一个小角色巧姐，王熙凤的女儿，主角王煦凤的侄女。我并不在乎这个角色，但我看了本子之后，还是很喜欢这个故事的。它写了王煦凤这样一个穿着古代服饰的现代灵魂，倔强、独立，追求唯美，有智慧游离于权贵之间，却又有性情超脱于权贵之外。我个人觉得是对红楼题材的超越。但

是，因为主角迟迟未定，我们只能哩哩啦啦地拍了一些零散的情节，大部分时间都在读本子，或者被拉出来陪酒。据说，是资金困难，贾府在文化产业的实业上投资面太宽，影响了这部剧的资金到位。我有个大胆的设想，如果您能够深度介入这部戏的投资和经营，一定很快能够推进拍摄，而且，一定会赢得可观的利润和品牌影响力。干洲经济传媒公司在您的领导下，大家都知道这些年实力很强，完全能做到这些。

噢，对了，我不是来帮助贾总当说客的。今夜的行为，也不是那些所谓的公关行为——至少我不是。老实说，我是第一次。你不要有任何心理负担。你我相遇，只是一种缘分，不是其他的一切。

好吧，我不多说了，身体很不舒服。我得回学校了。

单晓晓 即日晨

张一嘉赶紧跳下床，令他震惊的一幕呈现在眼前：被子掀开的地方，雪白的床单上是斑斑点点的血迹。这下，他的脑袋几乎彻底炸了。他光着身子，站在床边，又把纸条读了一遍，百思不得其解。直到打了一个喷嚏，他才惊醒似的，回过神来。他赶紧拽出床单，到盥洗间，一边站在浴缸里放热水，一边在袅袅升腾的水蒸气中，一遍一遍闻那条床单。床单上是一股清新的体香，幽幽地弥漫在雾气中。

张一嘉把自己连同床单，一起泡在热水中。直到浑身出汗了，他才爬起来，用沐浴液搓洗那些血迹，一遍又一遍，总算洗得洁白。他把床单拧干，挂在屋子里用电吹风使劲吹了半个小时，看起来像干了，他就重新把床单铺上床。为了看起来像是呕吐污染的，他干脆又浇了几杯水在被子和床前的地毯上。忙完这一切，已经是下午两点多钟。

他在房间里坐了一会儿，怎么也无法想象夜里的事。不知为什么，他眼睛里有了眼泪，先是湿润，然后滴下了几滴，接下来就控制不住，稀里哗啦地流淌。他甚至不知道这算是哭，还是仅仅排泄泪腺里多余的水分而已。

他就这样，流泪竟然流了二十分钟。等泪止住了，到卫生间去洗了一把脸，玻璃镜子里，他看到自己的眼睛，因为流泪而血红。他只好使劲地在房间里平息自己莫名的情绪，连抽了两支烟，才终于平静了一些。再到卫生间，看镜子里的眼睛，那红也褪色不少。这才收起那张纸条，提着行李下楼，准备退房走人。

刚走出大堂的电梯，贾总就迎候在那里。贾总笑着问张一嘉休息得怎么样？张一嘉说，蛮好的，蛮好的，只是喝得太多了，丢脸，把你们的房间吐脏了。

贾总笑而不语，只是吩咐手下，把张一嘉的行李先放上车，然后带张一嘉到大堂的咖啡吧用简餐。

吃饭的时候，贾总就把电视剧的合作书和一部剧本稿子交给张一嘉。几份合作书草拟了几种不同的合作方案。一个是买断全省甚至全国的发行播映权，贾总开出的价码是四千五百万到六千万不等。一个方案是经济传媒公司直接买所在地区播映权，二十八万元一集，五十集一共是一千四百万，签订合同先预付一百万的定金。还有一种是深度合作，共同投资，然后按照投资比例，参与分成。投资下限是一千万，占总投入的二成至三成。

张一嘉一边吃饭，一边看合作书。吃完饭，张一嘉问了进度、预算出入等几个问题，然后就跟贾总说："目前干洲在搞文化产业重组，投入太大会引起不良反应，万一上头干预，就不好办了。所以，我觉得买断的方式可能不可取。而且，你们没有进入实质性的拍摄阶段，也没有片花，买断的决策不好定啊。但是我们肯定参与，肯定合作，这个剧本的创意是非常好的，我也相信贾总你们这样的大公司，完全能够操作成功。"

贾总一连喊了几个"爽"。在恳切地、反复地挽留张一嘉再住几天被婉谢后，贾总送张一嘉上车，并顺手在张一嘉的提包里塞进一个大纸包，然后帮张一嘉关上车门，摇手告别。

车子开出去好久，张一嘉在后座悄悄地打开纸包，见是一捆钞票。他拉上包，对贾总的司机说："师傅，我还有一个短会，明天才能走，你把我丢到市中心的希尔顿大酒店，我去会上报到。"

有会议当然是假的。张一嘉在希尔顿酒店开了一个小单间，住下来。

他把手提包里的钱掏出来，一数，足足有三十万。张一嘉把临出来时李天武给他的十万元，与贾总的三十万合到一个纸包里，又用希尔顿酒店的手提包裹着，提着出了门，打了一辆出租车，直奔老厅长陈桥的家。

陈桥拉开门，见是张一嘉，很是惊讶。张一嘉鞋子也忘了脱，径直走到客厅，把手提袋放在桌子上，然后扒开袋子口，示意老领导看。

"这里是四十万元钱，我们单位赞助和募集到的，老厅长您看年会我们赞助这个数，够不够？"张一嘉说，"如果不够，我今天回去，明天上午就把不足的部分汇给学会；要是够的话，就请您代交给学会，请学会开具一个收据，寄给我就行了。"

"够了够了，够了够了。"老厅长连说了四个"够了"。老厅长真的有些蒙了，嘀咕道，"怪不得风传您这个人，干练，雷厉，大气！太让我这个老朽开眼界了。干洲不重用你这样的小伙子，实在是干洲的大损失，是我们传媒事业的大损失啊！"

张一嘉说："那我就烦劳老厅长转交代办了，因为我要赶回去，年底事多。"说完就告辞。陈桥执意要送下楼，张一嘉坚决不让，说："这么多钱，摆在桌子上，开着门不安全，老首长还是请留步。"陈桥就不再下楼，站在楼道直向张一嘉拱手作揖，并反复叮嘱张一嘉，要他回去把自己的话，一定尽快带到刘伯庭那里去："洪远书记那里，我会认真地打个电话，推荐刘伯庭。当然，还有你这个年轻人，我也要推荐！用人失察，事业不兴；用人得当，马到功成啊！"

回到希尔顿酒店，张一嘉拉上窗帘，坐在黑暗中抽烟。连续抽完两支烟，他到包里找手机，翻遍了包也没有手机的影子。又翻行李箱，还是没有。看来手机给弄丢了。他只好给服务台打了一个电话，请他们开通了房间的长途电话。他想给女儿清清和老婆陈思维各打一个电话。女儿的电话先打通了。清清在电话那头说，今天考完试了，明天学校放假了。张一嘉吩咐女儿回家多陪陪妈妈。女儿爽快地答应了。张一嘉见女儿情绪很好，就没有再给老婆打电话。

王友友的电话打通后，他们通了二十几分钟的话。最后他吩咐王友友明天上午派老顾再回来接他，约定时间是十点钟，让老顾准时在希尔顿酒店前等候。王友友顺便告诉张一嘉，赵如男太精明了，听说我们送戏下乡，也要搞一个送春联下乡，据说不惜代价，将要请一批省里的和北京的大书法家到干洲，为农民写对联。为农民写是形式，实际上是为干洲的大小领导留下一些墨宝。张一嘉说，让她折腾去吧，这些事，我们弄不过她，不去攀比。她有的是财政支持，用多少钱都是从政府口袋里掏，我们像她那么搞，全公司职工早就喝西北风去了。王友友说，是啊，本事好不如命好。

在电话里，王友友还焦急地说，年后省里的人代会一开，据说市里的班子调整就彻底到位了，所以，最近几天市直单位负责人的调配很频繁，组织、政法、财政、工商、税务、公安、质检、劳动人事等部门，都有人事变动。没几天就要过年了，现在几乎两天就开一次常委会，两次常委会至少有一次要讨论干部，主要部门都弄完了。春节之前，肯定要弄宣文教卫这些部门了，大文化班子恐怕会在其中。他委婉地提醒张一嘉，赶紧回来，再活动活动。

张一嘉就对他说，别想那么多事了，省省心吧，我们干我们的，他们一天不撤销我们，我们就正常运转一天。等别人坐镇了，我们恐怕想干活也使不上劲了。

跟王友友通完话，张一嘉就拨童盼的手机，想跟她说说话，也要问一下，送戏下乡排演的情况。可是拨了几遍，也没有打通。

张一嘉走到窗前，拉开窗帘，见天色已晚，省城华灯初上。沿着希尔顿酒店前面的街道，向东南方向望去，可以看见省城为之骄傲的那两座小山，交错在天幕下，有一种独特的美丽和性感。山下就是省城的几个著名大学学区。他的母校，还有，那个突然在他心中有了莫名感觉的艺术学院。他感觉自己这么多年，包括在大学的四年，对艺术学院，从来没有去关注过。艺术本身对他而言，好像就是很遥远的一道风景，就像他眼前交错在天幕下的那两个山包一样。他会去瞥一眼，但从来没有把它们看到心里去。他是一个从主流社会的偏远的底层，奋斗到省城的小青年，又是一个带着踌躇的现实主义志向分配到干洲这个在全省举足轻重甚至在全国都有一席之地的中等发达城市的。

现在，他回到省城的这个空落的夜晚，站在希尔顿酒店厚重的玻璃分割城市的热闹，而制造的虚假又短暂的寂静里，他的内心一瞬间涌起无限伤感。他也弄不清这些伤感到底从哪里发出的，随着酒意的消退和贾总掺和在酒里的那点激情的淡却，他的身体在渐渐苏醒，神经竟变得敏感而脆弱。

　　他再次拉上窗帘，打开房间的灯。在晕黄色的柔和灯光里，他从口袋里掏出那张纸条，细细地读了一遍，又一遍。他的脑海中晃荡着那张还很稚嫩的脸，以及浸泡在热水中的雪白床单上，慢慢渗出的红色。那种红是他生平第一次见到。他的心有些发揪，有些感动在融化，有些湿漉漉的咸。

　　晚饭就在酒店西餐厅里，点了一份七成熟的煎牛排。七成熟，是他最喜欢的，可是他怎么也吃不出什么味道。他把大半块牛排搁在盘子里，只吃了几根土豆条和两块西蓝花，然后要了一杯红茶慢慢地喝。他感到红茶真是很苦，就不断地往里面添加黄糖。他的行为甚至惊动了餐厅的经理，这个穿着一身藏青西装的细心的高个儿女人，走过来，俯下身子恳请他为他们的餐饮提提宝贵意见。他看着那双淡灰色的眼珠里恳切的目光，笑了一下。他闻到了一股似曾相识的洗涤品味道，淡淡的，与他内心里新鲜的记忆，重合在一起。

　　于是，他冲着她笑了一下，说："牛排，还有茶，真的很好。是我生病了，没有胃口。谢谢，谢谢。"

　　经理回报他一个友好而感激的笑，并告诉他，五楼商务中心旁有一个医务室，如果需要可以到那里去看医生，那里有二十四小时值班医生，有常备药。

　　"谢谢，谢谢……"他持续这样重复道。

　　一个多小时后，张一嘉出现在省城艺术学院大门前的街道上。鬼使神差似的，他机械地搬着两条腿，不知不觉地走到了这里。他站在嘈杂的人群中，仰望这艺术学院气派而前卫的大门。他看到大门里进进出出的，是那么多年轻俊俏的身影。他们青春阳光，穿梭在别人的羡慕甚至嫉妒里。有几次，他几乎要跳起来，穿过街道冲上去，拉住她，她，还是她的胳膊。但是他细看后，发现她不是她，她还不是她。

他就这样呆呆地望了将近一个小时，忘记了一切，忘记了自己。

最后，他在街边的小店找到一部公共电话。他拨114，查询艺术学院的总机。他拨总机，查转表演系女生宿舍的电话。女生宿舍有好几栋楼，他一栋一栋地拨，他的电话终于追寻到了那个声音：

"我是单晓晓，请问您是谁？"

他报上自己的名字，他竟然感到自己的眼泪快夺眶而出了。他使劲地克制着，用平静的声音说："我看到你的纸条，我想跟你谈谈。"

"我生病了，我已经睡觉了。"她的声音有些沙哑，有些迟疑，有些疲惫，"我很累。"

"我特意留下来，就是为了……"张一嘉说，"我不打扰你太久。"

"好吧，"那边说，"我穿件衣服，就来。你在哪儿？"

"你们学院大门对面的小商店。我没带手机，只能站在这里不动，等你。"

"啊？"她呵呵地笑了两声，说，"你竟跑到我们学校来了！"

二十分钟后，单晓晓穿着一身浅色的运动羽绒服，出现在张一嘉面前。

张一嘉看见的是一个熟悉而又陌生的女孩。她的身体轻盈，甚至有些瘦小，只是脸上，不像身子显得那样相称的瘦弱，而是多了一些柔和丰润。

两个人沿着马路走了一段，单晓晓显然步履有些艰涩。"我的身体真不行了。"单晓晓蹲下去，在路边哭起来。张一嘉也蹲下去，说："那我送你回学校？"

单晓晓摇头。

张一嘉就说："那我们打的，找个暖和的地方，聊天？"

单晓晓还是摇头。张一嘉就说："那我背你走？"

"好啊好啊。烧血的车比烧油的车更高级呢。"单晓晓说完，真的爬到张一嘉的背上。

张一嘉就背着单晓晓，走了几步，看到一条小巷子，赶紧拐进去。单晓晓在他身上哈哈笑起来，说："大老总，大男子汉，丢脸了吧，没志气了吧，羞死人了吧。"

单晓晓贴在张一嘉的背上，轻盈、熨帖，而且温暖。她的体温传进张一嘉的身体，慢慢聚集到那个沧桑的老心窝。走了几分钟，单晓晓说："不要你背了，看你窘相。我们打车走吧。"

出租车司机帮他们推荐了半山树林中的一个咖啡馆。他们找了一个靠山角落的包厢，要了现磨的卡布奇诺，还有一盘小点心。咖啡馆里播放着爱尔兰音乐，悠远、缠绵，淡淡的诗意。张一嘉这才能够仔细地观察单晓晓的脸。深的眼窝，有点像混血儿的气质；浅的米窝，分列在唇的两侧。脸廓柔和，但是鼻梁到眼影处的线条锐利。如此这般，一张娃娃脸盘的中央，不经意透露出一些坚定和睿智。说实话，张一嘉在传媒界有些年头了，也算是阅人无数，阅美人无数，这样的美和独特，确实是鲜见的。

单晓晓从咖啡的芳香中，遇到张一嘉注视的目光，说："大叔您怎么像狼看羊似的看着我。"

"还大叔呢。"张一嘉呵呵地忍不住笑起来，"这么好的环境，还有美妙的配乐，还有老东西当听众，你就说说自己吧。我们认识了，我还不了解你，可我真是很急切、很急切、很急切地想知道你更多。"

单晓晓就说自己：出生在干洲城区，独女。父亲是一名国画家，母亲是中学物理教师。三岁背诵圆周率几十位数，五岁开始学书法，获得过全省少儿书画大赛一等奖。中学时爱上文学和艺术，《红楼梦》读了十遍以上，越剧唱了十年以上。中学毕业考上省城艺术学院表演系，现在大学二年级，年龄正好二十岁。喜欢表演角色，痛恨表演人生。崇拜安吉丽娜·朱莉、克里斯汀·斯图尔特和徐静蕾这样的才女，希望自己靠才艺而不是其他进入演艺界。"90后"的傲气、脾气、志气、小气、才气，全都有，一个都没有少。

张一嘉听了，觉得听她讲话，实在是舒服。单晓晓干净利落地说完这些，就要张一嘉也讲讲自己。"我的人生短，所以可说的不多；你的人生不长不短，但也不许碎嘴，还是要干脆。"

"好的，你考验我，担心我老年痴呆。"张一嘉思索片刻，说，"我讲两个故事，只能算是点一点人生。

　　"第一个故事：我上小学的时候，有一天放学回来后，发现村子里一片沸腾，各家都提着篮子端着盆子，往村里的大晒场而去。我也过去凑热闹，原来是村子里的一头老水牛，被捆绑在那里。我问发生什么事了，爹告诉我，今天要宰这头牛。我说：'为什么呀，它天天帮大家干活，全村人跟它熟悉，大家友好相处，互相帮助，它犯了什么错，要这样对待它？'

　　"父亲说：'它生病了，没用了。'

　　"我着急地说：'那不能给它治病吗？治不好不能让它老死吗？它为大家辛苦了一辈子，毫无怨言，就不能对它好点吗？'

　　"父亲说：'这是大家共同决定的。你这么心软，以后到了社会上，会是个娘儿们心肠，成窝囊废。'

　　"我不理解，觉得这样做太残忍了，太不公平了。世界不应该是这样的，人不应该是这样的。可是，没有人理会我幼小、可怜的心。老水牛眼睁睁地看着它一辈子的伙伴们，走向它，用一个大锤奋力地击打它的头颅。我想，在它倒下去的一瞬间，它透过自己被飞溅的鲜血模糊了的眼睛，看到人们的凶狠和兴奋，它一定盼望自己以最快的速度暴毙。如果有一丝力气，它应该会对它的儿女高喊一句遗言：'不要、不要、不要做勤奋而忠厚的牛！'

　　"那一天，大家分到了牛肉。整个村子洋溢在浓郁的肉香中。我蹲在自家屋子外，倚着墙哭，不肯进屋吃肉。邻居家的一只小狗走过来，我突然发狠，揪住它猛打。父亲听到凄惨的狗叫，走过来好奇地望着我，问我为什么打狗：'人家招惹你了吗？你个小杂种。'

　　"我说：'不是你要我狠心吗？我现在就是在做一个狠心的人！'

　　"父亲给了我一个耳光，教训我说：'你犯了至少两个严重的错误。一、人狠心不狠心，不是自己的心说了算，是大家的心说了算。杀牛是大家同意的，没有人会指责屠夫狠心。二、为什么大家都会同意？因为杀牛大家都能够分到一坨肉，而不杀大家谁也没好处，只落个心软、善良的虚名。今天你打这条狗，不会得到任何好处，名利尽失，还要落下个坏名，这就是愚蠢至极，已经不是什么狠心不狠心的问题了。所以，小子，你得记住，许多有利的事是卑劣的，能不能做取决于一个群体；许多无利的事是善心的，能不能做成也取决于别人。你由着自己的心去做事，吃亏上当甚至失败在等着你；但是，如果你一味由着别人的心去做，你也有可能成为那头牛。"

单晓晓被张一嘉的故事绕得头昏眼花。她的确不知道张一嘉这个令人浑身发凉的故事，到底表达着什么意思。张一嘉继续说："我的意思是说，一个在社会上奋斗滚爬了半辈子的人，他的世界观必然很复杂，他的心很累。但是，我不想完全做我父亲那样教条的实践者。他是一个挣扎在社会底层的村主任，他们的哲学复杂也简陋。人和社会，其实比他们想象的还要复杂。比如我，我自己一直按照牛的榜样，去工作，但我不想把自己经营成一头牛。我同时是驱使牛的人，我还要为它们创造生存和发展的空间，让它们得益，受它们拥戴。所以，你问我是什么样的人，我是个亲自做着牛、驱使着牛、杀着牛，又养着牛的人。你被我绕昏了头没有，怕了吧？"

"你是想叫我，警惕可怕的成功老男人？"单晓晓玩弄着手中的杯子，"可我啊，最多是那条小狗，反正犯不着你宰。你宰我，你爹——你刚才说老人家早过世了？对，你爹会一巴掌把你抽到他那里去。"

张一嘉说了半天，想想还是不太切合今天这种谈话的氛围和对象。但不知道怎么，随手就抓了这么一个故事。他还想讲第二个故事，是他带领有线传媒公司在计划不计划、市场不市场的年代，泣泪泣血的拼搏传奇。比如，他为了几千块钱的一个小广告，被一个制砖厂的小老板，灌得大醉，胆水都吐出来了，独自一个人骑着摩托车跌倒在大街上，像个叫花子一样在地上昏睡了一夜；比如，他为了制止客户调戏自己的主持人，被人家设计打断过鼻梁骨……他还是克制住了，没有去讲更多的故事。他的倾诉欲不知为何，在一天的时间内，急剧膨胀，一不小心就想倾倒出来，花花绿绿地摊开，炫耀一样摆在这个看似不谙世事的女孩面前。

天，不知何时，下起了雪。在窗外装饰灯的照耀下，他们发现那些雪花，在无风的夜色里，婚纱一样轻薄飘飞。两个人都有了兴致，结了账跑出去。在树林里，单晓晓一会儿在树间躲闪，一会儿在空地上跳几个芭蕾的动作，一会儿又双脚并拢，拿腔拿调地唱一段越剧。张一嘉是她一个人的观众，雪夜是她一个人的舞台。

一直玩到后半夜，单晓晓才提议回去。单晓晓说："我回不去学校了，跟你去宾馆。可你不许……"

"别小看我啊，昨夜里我很抱歉，我醉得厉害。"张一嘉赶紧表态，并与单晓晓拉钩。他开心极了，觉得自己回到了青春时代。他想把保证下得更直接些，可以像小孩子过家家那样，严肃，率真。可他举着拳头，说出来的话竟变成这样的："我回去一定在宾馆房间里拉一根绳子，中间写上约定语'越线者禽兽'，我保证在接下来的几个小时内，循规蹈矩，让你明天早晨醒来，足以破口大骂张一嘉连禽兽都不如！"

单晓晓大笑着，挽起张一嘉的胳膊。回到宾馆，她头痛发烧，小脸烧得通红。张一嘉在她身边坐了一夜，不断用毛巾给她敷额头。天亮前，她才睡着。张一嘉就坐在沙发上，小眯了片刻。

上午十点钟，张一嘉准时坐到老顾赶来接他的车子上。

他看到窗外依然下着雪花，省城的空气迷迷蒙蒙，宛如一场梦戏的布景。

第七章 知遇

31. 常委会

张一嘉待在省城的两天，李天武设法与顾东岳和熊海东在巨龙温泉会所搞了一次聚会。巨龙温泉翻腾的水花，使人与人之间的交流神经，达到了最大化的兴奋，或者说是放松。李天武委婉地恳求，两位老兄一定要关心张一嘉的事，新文化集团组建班子可能就是春节前后的事，市委市政府高层要动，此前有一系列人事上的动作，现在就剩下大文化口子，似乎就要见底了。如果此次张一嘉进不了集团班子，经济传媒这块的事业恐怕会下滑甚至垮掉，今后用传统的思维去办大文化产业，只有死路一条。

顾东岳说自己已经给老班长关文水打过电话，推荐张一嘉。

"关文水没有明确表态。不过，我知道这是他一贯的风格，凡事不在事前表态，事到临头，他自会决断。"顾东岳说，"关书记这个人是个务实的人，我相信他会起用我的老同学这样的能人。"

熊海东不这样认为，他说自己虽然不在政坛混，但是知道你们搞政治的就是复杂，有时候有心不一定办成事，甚至会帮倒忙；有时候无心办事，看起来成了有心事。反正，累得很。所以，关文水用能人的心肯定是有的，因为是他在抓文化改革，用人高低，决定成败与否，但是，用人高低，他个人力量目前决定得了吗？市里为什么不让他一步到位，既不是市领导甚至不是部门一把手，没有多大的发言权吧！

两个人分析了相关因素，然后一致宽慰李天武，马上会分头再给关文水打电话推荐。

腊月二十六早上，关文水接到市委办公厅的会议通知，要他下午列席市委常委会，参加新文化集团组建和班子人选讨论。关文水翻阅附在会议通知后的讨论材料，见只有组建干洲新文化传媒集团（暂定名）方案讨论稿，没有任何人事方面的材料。他给市委组织部的一位他熟悉的副部长拨了一个电话，想问点这方面的情况，可人家声称一无所知。搁下电话，关文水在办公室里踱步转悠，考虑了半天，最后还是去敲许之光主任的办公室门。

许之光一见关文水，很高兴，说："我向洪远和秦卫民同志建议过多次了，讨论文改事务的常委会，请你列席一下。你看，你全面接手这一摊子工作，是眼前的事，不了解高层，光凭着调研基层，并不能做出科学决策，特别是这敏感的人事问题。"

关文水想问的就是这人事问题，可是自己主动问这种敏感问题，好像实在冒昧。毕竟，不是当家人，无权问这么重要的事。

但是，这种问题，真的不过问的话，上了常委会，就没有什么回旋余地了。他在县里当过领导，知道一般情况下，只要事先沟通过的人选，会上是完全不会再有变数的；那些让大家都无关痛痒的人选，才会被拿到桌面上讨论来讨论去。

许之光好像看穿了关文水的心思，用手指点点会议材料上人选问题字样，说："你看，小关啊，我这个半吊子副市长，勉强也算个市领导，当得并不完全明白。人选这么大的事，都是书记碰头会先弄了个七不离八，才到常委这里来。下午都要开会了，除了赵如男这种毫无悬念的一把手人选，其他我还不是完全有把握。"

正说着，办公桌子上的电话响起来。许之光接完电话，说："洪书记的，让我上午先去碰个头。敢情是说这事的。"许之光站起来收材料。关文水也赶紧站起来。许之光拿起自己的公文包，边走边说："小关，你是不是有好的人选建议，赶紧说说吧，如果洪书记征求我的意见，我还来得及最后推一推。"

"我听了张一嘉一次工作汇报，了解了经济传媒的一些业务情况，觉得他们的运作模式可能符合文化传媒产业发展的方向，他们超前，有效。"关文水脱口而出，"不知道这个人怎么安排职务的，我觉得他有思路，蛮肯干也蛮能干的。"

许之光愣了一下，手抓着门把手，停顿了片刻，说："你这个建议不错。我也想过，尽管张一嘉这个人，群众反映问题很多，特别是道德品质不行。不过，我觉得群众反映这东西，毕竟不是组织定论，证据不确凿就不能定人家是非。我很希望我们文化系统多出能人，像你这样德才兼备的年轻优秀干部难得啊。可是，像张一嘉他们这个层次的干部，在文化系统不少。像市教育电视台、广播电视发射台、广电报、广播电视学校，还有一个这次要合并进来的文化进修学院，都是经济传媒公司一个层面上的单位。那些单位的头头脑脑，张三李四王二麻子，提谁不提谁，没法平衡啊。但你的意见很重要，我马上正好跟洪书记再推荐一下。你今天不是列席会议吗？可以在常委会上再提名，我跟着呼应一下，兴许能成。"

回到自己办公室，关文水左想右想，觉得这文化集团人事问题，搞得这么神秘，这实在有些不对劲。他是这次改革领导小组的主要负责人，但是对搭班子的过程一概莫知，临上常委会了，人家竟然一点底牌都不透给自己。

观察了这段时间，他发现文化系统能干实事、能锐意进取的领导，并不好找。也许是自己涉足文化系统的时间太短，没有真正了解他们。仅仅靠参加几场文化改革领导小组协调会议，听取几次汇报，道听途说一点民间的传闻，以及阅览上报材料上的一些抽象的数据和空泛的文字，确实不能对相关工作和相关责任人，做出十分客观准确的评判。但是，就在这些看似浮泛的光泽中，凭着多年的工作经验和阅人经验，他还是能够捕捉到一些真实信息。尽管这些真实也许是片面的，也许是短暂的。

他记得上大学的时候，他的一位老师，一位著名的国学教授，经常篡改古人的那些著名的人生哲学。"三思而后不行"是老师常挂在嘴上的话。

特别是在改革攻坚阶段，凡事三思，恐怕机遇都丧失殆尽了。

关文水抓起桌子上的电话。他决定立即把自己的想法向洪远书记和秦卫民市长这两个主要领导，做一个汇报。电话拨到一半，他又觉得不妥。于是，又改拨两位秘书的电话，告诉他们，自己有紧急的要事，想向领导汇报。考虑到打电话给领导不方便，马上给秘书的手机发一条信息，烦请秘书同志能够尽快把手机信息拿给领导看一下。

关文水拿起自己的手机，信息很快编写好，发到了两位秘书的手机上。

洪远书记正在与许之光谈话，秘书敲门进来，看了许之光一眼，没有吭声，径直走到书记身边，举着手机，让他看关文水那条信息：

"尊敬的洪书记秦市长，我是文改办的关文水，因为紧急，谅我以这种不妥的方式汇报一点工作。在领导们的亲切关心和许主任的领导下，我主持的文化改革工作进展顺利。今天接到下午列席常委会参加集团新班子人选讨论的通知，我感到有些突然。我不知道人选确定的具体情况，但是我希望更多文化系统的能人、正派人，此次能借助改革，得到他们渴望的冲锋机会，而不能完全靠论资排辈定座次。非常冒昧，打扰二位领导。下属：关文水。"

洪远书记看完信息，对秘书说："你马上去通知秦市长、汉平副书记、市委秘书长和组织部部长到我办公室来，开个临时碰头短会。之光同志也一起参加。"

十分钟后，几位领导就到了。洪远书记用商量的语气跟他们说："既然这次是改革，我们在班子人选问题上，也要有些灵活度。我刚才冒出一个新的想法，我们下午讨论文化集团班子人事的会议，开成一个真正开放的、民主的常委会，把宣传文化系统相关单位所有副处以上，甚至正科的优秀干部，具备担任新广电领导基本条件的所有人选，全部做好材料，拿到会议上一一过电，让大家讨论，提名，发表意见。组织部在做材料的时候，要客观公正，注重实绩。大家有什么看法？"

"我觉得洪书记的建议非常好。"秦市长表态。黄汉平也表示同意。许之光对组织部部长说："这个，太匆促了吧，材料能来得及搞吗？"

"我们可以抓紧时间搞材料。"组织部部长说，"不过，我恳请把会议时间向后推推。还有，要请市委市政府两办和许市长，你们文化系统配合一下。"

秘书长表态，两办绝对没有问题。

许之光说："领导定下来的事，我们尽力。"

洪远书记就吩咐秘书长，把会议时间推迟到下午五点，让食堂给大家准备一份盒饭，晚上吃饭开会两不误。又说，年关很忙，大家做事讲点效率，不要事事往年后拖。

下午五点钟的时候，文化改革专题常委会准时召开。前一个小时，大家讨论文化改革领导小组关于文化产业分离和临时合并的具体草案。草案由关文水宣读并提请常委会讨论。草案的重要内容原是文广局所属，凡有经营性质的所有事企单位实体，以及各家媒体，保留一块主流宣传阵地，比如，电台电视台保留第一频道，报业保留日报，组建非经营性新闻总社，保留政府办事业单位性质；其他的均从政府和原先单位母体中剥离出来，合并并独自组建成干洲市新文化传媒（集团）总公司，打包原有资产，再由市国投公司注入二十亿元资金，在工商部门登记注册国有独立法人企业，今后政府不再补贴，完全走市场化道路。即日起，市属所有媒体进行组建前的宣传；新集团班子常委会讨论确定后，即可以开展工作；春节当日，报业、广电所属媒体全部分开标识和称谓，市领导发布新春贺词，第一段明示祝贺新文化传媒集团总公司成立内容；正月底二月初要完成所有前期分割和并行，择良日举行挂牌仪式，等等。

草案讨论完毕，大家也都吃完盒饭了。稍作休息，就进入干部问题。

会议室一下子变得鸦雀无声，只有列席会议的组织部常务副部长，字正腔圆地宣读一大沓干部材料。其中，有市委办公厅的一名副处级秘书、市政府的科教处处长、组织部《党建月刊》的主编、日报社的一位副总编、文广局含所有媒体和下属文化单位负责人、两个相关高校的宣传部部长等推荐的人选共三十七名。组织部常务副部长整整读了两个小时一刻钟，嗓子差点都读哑了。

读完之后，会议室更静了。大家谁也不吭声，大眼瞪着小眼。许之光从口袋摸出一包烟，站起来边分发边说："呵呵，大家累了，怪不得说这人事工作不是人事！"

坐在他身边的组织部部长说："老许在骂我们呢。"

常委们哈哈笑起来，抽烟的抽烟，喝茶的喝茶，气氛总算活跃起来。

"我们先提名党委书记兼董事长和总台长兼总经理人选。"洪远书记说，"我和秦市长先听，汉平副书记和之光，你们先说嘛，你们最有发言权的。"

沉默了半分钟，黄汉平副书记直截了当地说："我提名之路广播电台台长潘得厚同志，作为集团的班子主要负责人。"然后，简单地陈述了理由。

黄汉平说完后，洪远点名要许之光接着发言。许之光谦虚了一下，说自己不是常委，冒昧了，然后就说："我同意黄书记的推荐，我觉得潘得厚同志是成熟的文化领导干部，踏实肯干，电台目前的地位和影响，虽然不及电视台，但是历史上，电台是做出了重大贡献的，我们不能忽视电台人的功劳，更要重视电台媒体在突发事件中不可取代的作用。电视台作为当今的主流媒体，当然是广电行业的领军。台长赵如男同志这些年是全市广电行业甚至宣传文化系统的中坚，也是这次协助关文水同志进行文化改革重组筹备的主要责任人。所以，我提名赵如男同志担任党委书记兼董事长，潘得厚同志担任集团总经理。赵如男和潘得厚两位同志搭档的阵容，基本涵盖了文化事业的主要人脉。"

大家七嘴八舌地议论起来。意见基本集中在谁先谁后，但对这两个人选没有太大意见。

在大家的声浪低下来后，洪远书记向市委常委、组织部部长示意，组织部长马上也提了名。他说："我们组织部做了一些这方面的调研，在已经组建了传媒集团的省市中，有一个不成文的经验，能有效避免组建初期人事混乱问题。这就是，原先政府体制下的文化事业领头人，担任新集团的领头，这种角色的延续性，可以帮助新的实体，在不成熟的时候，相对稳定一段时间，让他上马跑一程，很有效果。"

许之光笑着打断组织部部长的话，说："部长啊，您说的是个经验，可是各地情况不一样，而且我们文广局的刘伯庭同志，五十六岁了，我跟他谈过，他表示自己年纪太大，不愿意再折腾了，仍然当他的局长。"

"老许，您了解的情况可能是前一阵子的吧。"组织部部长说，"我们组织部的考察组在向文化系统各单位征求意见时，刘伯庭表示了对新集团工作的忧患意识，表态愿意发挥余力，如果组织信任，愿意出任集团的班长。"

许之光脸色有些变了，不悦地说："我向洪书记和秦市长多次请示过，新集团是一个新单位，文化产业是一个活跃的事业，主要领导要有点活力。我觉得刘局长如果有兴趣继续做点实事，可以考虑事业性质的新闻总社，不需要打拼市场，只需要把握好舆论，那特别适合他，是吧？"

"啊呀，老许啊，活力跟年龄关系不大。"组织部部长看看在座的黄汉平等几位过五十五岁的同志，慢悠悠地说，"特殊时期嘛，经验和权威才是最重要的。论年龄，我们这一摞子材料里，年轻的多了，像经济传媒的张什么的，那不比刚才这三个，都年轻多了，是不是让那个张什么的来担纲呢？"

眼看着许之光脸色越来越难看，市长秦卫民朝组织部部长摆摆手，说："我觉得两位说得都有道理，站的角度不同而已。我看这样行不行：就按组织部门的提名，让刘伯庭同志担任党委书记兼董事长，五十六岁倒是一个很好的过渡年龄。而且有好处，不影响后面同志的发展。所以，建议赵如男同志任党委副书记、集团总经理，潘得厚同志可以先担任副书记兼常务副总经理。当然，这是我个人的想法，因为此次人事变动，按照班长的指示，事先没有私下沟通，恳请大家议论。"

洪远书记赞许地点点头，轻轻说："就这样，挺好。"

大家就纷纷表示同意，不再争论。

洪远又特意问许之光，对秦市长的这个提名，有没有意见。许之光快快不乐，但努力做出很满意的样子，点着头说："既然两位领导都认为这样合适，我当然赞同。"

接着，讨论其他副职人选。洪远书记特别指出，要培养年轻人，充实到班子中去，班子的配备要老中青结合，形成完整梯队，这样事业才不会断档。关文水听了洪远书记这番话，暗暗高兴，心想早上的信息还是起作用了。可是，在接下来的讨论中，常务副市长提名的候选人是鲁南大学出版社的社长，许之光提名的市文改办的综合处处长胜出，他们被提名担任副总。

洪远书记见职数快满了，就请大家静一下，他也要推荐一个人。

坐在会议桌一角的关文水，身上几乎都汗透了。这些新产生的领导，至少从行业经验、年龄和能力优势看，没有一个比得上他最看好的人选张一嘉。他认为张一嘉这样的人选，一上会就应该被摆到主要负责人人选的位置上讨论。如果没有人为的遮掩，张一嘉的光彩完全可以盖过其他任何一个人，可为什么就是没有一位市领导来推荐他呢？组织部部长在中途提及了张一嘉一次，可竟然是作为笑话来说的。

关文水正在下面焦急得不行，见洪远书记要发言推荐人，心里像掉下了一块大石头。

洪远书记到宣读材料的组织部常务副部长跟前，把那堆材料拿过来，回到座位上，翻阅了一阵，从里面抽出一张。洪书记晃着手中的材料说：

"前不久，中央有关领导，在一次会议上强调，领导干部要严格要求身边的工作人员，秘书，包括司机的选拔配备，应该通过正常的组织程序；使用应该严格视同普通工作人员，不得搞特殊化；在领导身边工作，原则上不得超过四年；领导调动工作，原则上不得携带身边工作人员一起调动，等等。最近，我在省里开会，省委办公厅的同志告诉我，省委省政府包括人大和政协，严格执行中央的规定，最近把一些在机要秘书岗位上任职时间太长的同志都做了转岗安排。人非草木，孰能无情？但党的纪律，向来是稳定一切的。这是我们每个领导干部必须有的操守。前几天，秦卫民同志主动跟我说，他的秘书曲小波同志已经干了四年十个月了，他建议组织上给予安排，同时不得搞特殊化。大家都清楚，前一阵子，我们陆续安排了一些重要的政府部门领导职务，为什么没有搭那个顺风，让曲小波同志去工商税务财政部门？秦卫民同志是政府的市长，最方便安排他的秘书进这些所谓吃香的部门，但是他不肯这样做。这正是曲小波同志的材料，今天出现在一个前途未卜的、正脱离公务员领域的文化产业系统人选讨论会上的原因。"

几乎没有任何异议，曲小波被提名担任新文化集团副总，得到大家的一致同意，顺利地通过。

会议就这样结束了。洪远书记把材料还给组织部，回到位子上准备做总结讲话。关文水的耳朵嗡嗡作响，感觉自己像冲锋陷阵一样站起来。他本来感觉自己是冲向洪书记，跟他说两句话，要求发个言的。可不知为什么，就变成猫着腰，轻轻地走到许之光身边，俯身在他耳朵边，焦急地说："许主任，还有张一嘉呢，怎么办？"许之光做了一个惊讶的表情，说："糟了，职数满了，这怎么办！"关文水感觉自己快要哭出来了，当了二十年干部，第一次感到自己十足的无能而且狼狈。

洪远书记见他们咬耳朵，就喊道："老许，小关啊，什么事，神神叨叨的！"

关文水赶紧站起来，但他没有离开许之光的身边。许之光叹了一口气，做了一个无奈的手势，说："文水同志主抓文化改革领导小组的工作，我和他都不是常委，想提名，怕不妥，而且，新集团班子也没有岗位了。"

"畅所欲言啊，小关，你大胆说。"洪远鼓励道，"成不成不重要，你的参与和你的视觉，才是最重要的。"

关文水就站在那里，说出了张一嘉的名字，并一口气陈述了经济传媒的情况和这个公司的工作探索，及其对新集团发展的特殊意义。

说完后，他回到自己的位置。大家又不吭声了。

"我也想到这个人的。"洪远打破了沉默，"经济传媒这些年确实办得不错，特别是管理体制活泼，经营效益好，可以说是我市文化改革最成功的试点。可是我们坑少萝卜多，可惜了，一个人才！"

又沉默了一会儿，秦卫民提议说："有个变通的办法。工会主席是享受班子成员待遇的，我们可以设一个党委委员、工会主席的岗位，这样既有待遇，又能参与党委工作，还不占职数。洪书记，还有各位，你们意见如何？"

许之光赶紧答道："谢谢秦市长，太理解和支持我的工作了。"然后，对关文水高声说："文水同志，你也要谢谢各位领导啊。你看，你即使现在是常委，都不一定能做到的事，今天做到了，这是大家支持了你，支持了我们的文改工作。"

关文水窘得脸通红，赶紧站起来给大家一鞠躬，说："谢谢大家，谢谢各位领导。我冒昧了，冒昧了！"

洪书记开始做最后的总结讲话，他说：

"……今天我们用改革的办法，召开了一次有创新的常委会议，会议民主、活跃、圆满，而且有意外的收获……使重要人才，都能够走到更重要的工作岗位上……"

会议在十点多才结束。走出热腾腾的常委会议室，走出市委大楼，走在雪花翻飞的夜幕下，关文水冷得瑟瑟发抖。

32. 美人有计

腊月二十七上午，市委市政府关于成立干洲新文化传媒集团的通知和市委关于新集团有关干部的任免通知，迅速下发到市直单位和所辖各市县。

刘伯庭给老厅长陈桥打电话，报告自己调任集团党委书记兼董事长的事。陈桥说："这没有什么悬念，只要你肯干，这个位子当然应该是你的。再说，洪远同志也不会不在乎我的推荐。我倒是关心那个经济传媒的张一嘉同志，他是怎么安排的？"刘伯庭就如实报告，说给张一嘉安排了一个党委委员兼工会主席的位子，虽然虚了点，但总算进班子了。陈桥在电话那头遗憾地说："看来你们的书记市长，不想发展文化产业。改革改革，说到底是合理调配人，人用不好，还不如不改。张一嘉那样的年轻人不用，你今后的工作没有得力助手，恐怕不好开展。"

放下电话，刘伯庭就把文广局昨晚刚刚印刷出来的关于任命王友友为经济传媒公司副总的文件拿了两份，亲自送去经济传媒公司。在路上，刘伯庭给张一嘉打了一个电话，说马上先去宣布这个任命。等刘伯庭到了公司会议室的时候，张一嘉带着全体中层副职以上干部，已经等候在那里。刘伯庭宣读了文件，简单讲了几句话。张一嘉和王友友也做了一个表态性的发言，会议就结束了。

刘伯庭会后特意跑到张一嘉的办公室，替老领导陈桥感谢经济传媒赞助省传媒学会的年会。张一嘉说，不全是我们赞助的，有家民营企业出了大头。

刘伯庭把陈桥在电话里对干洲新文化传媒集团人事安排方案表示遗憾的话，转告张一嘉。张一嘉立即说："很感谢您和老领导这么器重我，我知道自己被抬爱了。以前干出那么一点成绩，还不是在市文改办和文广局，特别是在您这个宽厚的班长领导下取得的吗？这次能进入集团班子，我已经很满足了，工会工作地位高却责任小，确实很适合我目前的状态。而且这些年我确实累了，妻子长期生病在床，女儿进入青春期和即将高考的关键阶段，我这个当丈夫做父亲的，家庭责任，也必须腾出一点精力担起来啊。"

"唉。"刘伯庭反复叹气，说，"其实我这个位子应该你来坐，可能会更好。至少，你应该坐赵如男那个位子。我这把年纪，不是你和老首长劝，绝对不会出来干这个。我原以为市委会选择你这样年轻能干的人与我搭档的，这下弄的，赵如男个性那么强，你知道过去我们就有些分歧，今后工作恐怕还要你多支持。"

"刘局长，您请放心，"张一嘉立即表态，"我一直是您的兵，到哪一天都不会变。工会工作，虽然以前没干过，但我一定会尽快进入角色，干好它。"

"我可不能让你这样的人才，只发挥工会主席的那点作用。"刘伯庭说，"你不要忘了你是党委委员。你看市属事业单位和企业集团，几乎没有工会主席进党委班子的。这次洪远书记秦市长和许主任，为你开了这个先例。据说，关文水列席市委常委会，大胆发言，为你争取了可贵的一分。我们不能辜负这些领导的希望，今后要最大化发挥新集团的党委领导作用。没有你，我们这个班子的务实能力，太弱了。"

说完，他问张一嘉经济传媒这边有什么在交接过程中，需要他来关照的。张一嘉就说经济传媒这边会全力配合，"完璧归集团"。另外，提了两个请示，一是希望能让新当选的王友友副总，担任新集团下的经济传媒的总监；再一个是经济传媒的经营模式不落后，甚至超前，这些年也富有成效，希望总公司成立后，不要轻易撤销目前的经营建制，特别是今年成立的社会化公司桃荣公司，目前正在火热地开展项目运作，如果中断，损失将很大。

刘伯庭答应说："你放心，我的愿望是，你们的做法不但要保持，而且要在全集团推广。我这边还没上任呢，有人已经背后说我会将干洲文化导向退步了。"

送走刘伯庭后，张一嘉立即叫等在门外的王友友进来。一进门就恭喜他的荣升。王友友千恩万谢，并报告说："老游肆无忌惮地在公司散布谣言，说我的升任是突击提拔，为新文化传媒制造遗留问题。"

张一嘉说："你们的事我早就报上去了，又不是一天两天。谁也不知道市委把新集团的班子定得这么快啊。"又说："我刚才已经跟刘局长请示过了，提名你主持原先我们经济传媒这一摊子的工作。老游八成就是担心这个吧，没准儿一直以来，他贴着赵如男他们，当奸细，盼的就是有一天能主管经济传媒这一块啊。我看他做美梦了吧！"

两个人议论完几件杂事，张一嘉就说，觉得对不住李天武，本来没有文化重组合并这种意外事，李、王两驾马车要齐头并进的。王友友也觉得自己心里很过意不去。张一嘉就说："我们只能努力保住经济传媒和李天武负责的经济实体，正常发展，不要受到收缩限制，更不能被解体、拆分。"

他又问，账上目前还有多少钱？王友友说："已经不多了，前不久大部分投进了桃荣公司，大概还有不到二千万。不过，还有一些进项没有收上来，公司这些年下来，也几乎不欠外债，银行也无赤字。如果需要更多就先借，凭我们的信用，贷几千万是小菜一碟。"

张一嘉就吩咐，再给桃荣公司投二千五百万，这次在省城谈成一个大的电视剧项目，这笔钱追加给桃荣公司，让他们投资与省城传媒巨头贾府再次牵手，成立一个独立的电视剧项目公司，拍摄大型电视连续剧《十三钗之凤传奇》。说完，张一嘉问王友友：

"友友，你升官了，对办公室的那些兵有什么考虑啊？你可不能做无情无义的领导，办公室的人跟你我干了这么多年，比一般岗位辛苦多了。咱们不能拍屁股就走人。"

王友友说："我也在考虑呢。"还说，投资部的邬娜听说我们两个的位子都要变化，都急得哭了。张一嘉点点头，说："老康老游他们把文艺中心把持得太紧，我很担心失控。每年我们光内容采购，就是一大笔钱付出，他们心术若是不正，乱吃人家回扣什么的，捅个乱子出来，我们怎么向组织和全体职工交代？我建议你分管行政、财务，暂时兼着办公室主任；老秦和老游交换一下分工，让老秦去分管影视文艺，老游分管党务。同时，把童盼提升为影视文艺中心主任，再从办公室调个人把关采购工作。"

"这样调蛮好。"王友友说，"你看邬娜在副经理位置上待的时间不短了，不能叫人家一辈子干副职，要不我这个办公室主任就不要再兼，腾出来给哪个中层正职的人，为小邬腾个位子啊。"

张一嘉没有表态。沉默了一会儿，说："邬娜还年轻，机会多。再说，经营投资等部门，还有二级经营单位都是老李管的，我得听听他的意见。"

王友友又提出担忧，老游会不会不肯与老秦换，他自认为是文艺专家，哪服气去干什么党务？张一嘉说："干什么是他能说了算的吗？我是喜欢干工会工作吗？"

正说着，李天武骂骂咧咧地进来。看到王友友在，一抱拳，说："啊呀，王大副总。"

王友友尴尬地笑笑，就告辞了。

张一嘉关上门，叫李天武坐下，喝点水再说话。他边给李天武弄水，边解释这次为何只上了王友友一个的问题。李天武赶紧制止张一嘉说下去，李天武说："张总你不要说了，太见外。我不在乎这个东西。我这个人的长项是经营，搞实体，不是去搞那些政治。你已经给我搭了很大的舞台了，我若是对这点所谓提拔的事在乎，我就太没出息了吧？我在为你鸣不平呢，凭什么老家伙刘伯庭，快退休的人搭上改革快车！凭什么赵如男把一个大台的效益搞得不如我们一家小公司的几分之一，却当上了什么总裁！凭什么潘得厚那家伙，什么都不懂，还什么常务！办公厅的毛头小伙子和大学出版社的书呆子，都当上了副总，我们经济传媒搞得这么好，本来应该领军新集团，却连个副总都产生不了。"

张一嘉叫他轻声点，不要冲动，还是先喝点水，有正经事情要商量。李天武这才平静下来。张一嘉就跟他说在省城与贾府公司达成口头协议的事，以及扩大投资桃荣公司，成立《十三钗之凤传奇》电视剧公司的想法。李天武说，贾总也曾与自己协商过这方面的事情，既然领导同意了，真是太好不过了。张一嘉就跟李天武讲，自己在贾府的活动中，发现了一群好演员苗子，有想法让"凤传奇"造星。张一嘉轻描淡写地说："那群演员都是艺术学院表演系的学生，贾总选得不错，有眼光，而且不是明星，付出的演出报酬很低，这是我愿意投资合作的前提。但是利用廉价不是我的目的，我的目的是要从中发现苗子，推一个到主角位置上。"李天武就问，有没有印象，她们中的谁有这个潜力。张一嘉说，只是匆忙一起吃了一顿饭，看她们做了几个小节目，没有来得及细看。印象中，有个小丫头居然有深厚的古文化功底，会唱古装戏，素质高于我们的想象。

"对了！"张一嘉一拍大腿，想起来似的，说，"好像姓汤还是唐的那个，据说还是一个干洲人，如果那孩子能推上主角，还真是干洲文化的福气呢！"

他建议李天武约一下贾总，尽快把合同签了，并一同当个"星探"，从里面把主角选出来。

说完，他把从省城带回来的协议书和剧本转交给李天武。

这件事商量完，李天武又开始骂骂咧咧，说狗屁集团选领导的不公平，并说："我们应该把赵如男和许之光他们搞腐败的录像带，弄到纪委去，让他们玩完。"张一嘉就严肃地跟他说："老李你千万不要再提这件事。这事弄出来，害人不利己。再说，都是一些正常不过的活动，吃个饭唱个歌搞点舞文弄墨的事，是雅集，不能判断就是搞腐败。"

"张总，您这个人我算看透了。"李天武感叹，"您这人心太软，胆子太小。所谓软不食肉慈不带兵，您这样，我们这些下属喜欢，但您搞不过对手啊！"

"算了，这么多年，大家井水不犯河水，不都过得很好吗？"

"现在可不一样了，我的大老总。"李天武焦急万分地劝说，"现在是短兵相接了，不出手也得出手。而我们不过是在人家出了多次手之后，还击一两下罢了。"

"没有更好的主意，只能是自己命不好。"张一嘉慨叹道，"就这样安排我，我也得千恩万谢啊，我给秦市长，给许主任，给关主任，都发了一条感谢短信。不这样，怎么办？能向组织跳脚发脾气吗？"

"我这还有撒手锏呢。"李天武凑近张一嘉说，"去年春天之路广播电台组织的一次交通广播千里行活动，曾经出过一起事件。据说台长潘得厚亲自带队，走到最北端的界县，住在小镇后面山上的一个度假村。晚上，潘得厚和三位男记者接受当地接待单位的招待，喝了很多酒，并从娱乐场所每人带回一个小姐到房间嫖宿。事后，度假村有一名服务生给市纪委写过一封举报信。但是，那服务生文化水平很低，大概小学都没有毕业，错别字连篇，文句狗屁不通，表述词不达意。市纪委群众举报室每天收到大量这样的信，一看没法读，就转到信访局，积压下来。最近，我跟信访局一个老乡在一起吃饭，无意中聊到文化传媒重组合并，班子选拔不公正的事。那哥们儿就附和说，是啊，这些人是不怎么样，连找小姐这种下作事都干得出来。我觉得这话中有名堂，就跟他拼命喝，那哥们儿喝多了，就把这封信的事说出来了。"

"那又怎么样呢？"张一嘉说，"一封胡言乱语、毫无根据的过时的举报信，能弄出什么新内容啊？"

"信本身没有什么用，但是这封信可以给我们找到一些有用的线索。"李天武说。

张一嘉还是不同意李天武的做法，更不相信这样做有什么效果："如果一封信可以有效绊倒一个人，那我们早就被他们绊倒了。"

"您难道还没有觉得自己已经被他们绊倒了！"李天武着急地跳起来，慷慨陈词，"当初文化重组的信息一传出来，我们经济传媒就被人家大量写信告状，在市里方方面面的头头们那里，先入为主地泼了我们的污。听说秦市长本来要通过改革把我们树起来的，特别要提名，把您一步到位用起来的。可是赵如男潘得厚他们，联手我们这里的内奸，到处游说。后来甚至秦市长都听怕了，不再敢力挺经济传媒。熊海东告诉我，关文水是个很欣赏实干家的人，但是不断有人提醒他，说我们的钱是邪路子来的，现在，能说上话的领导都被他们影响了，说不上话的新人想扭也扭不动。最后，眼睁睁地看着你不但不能入主新集团，差点连班子也进不去。现在班子勉强进去，却是排名最后的一个委员，还什么工会主席呢。太缺德了。可就这位子，不是你的老同学顾市长和熊海东争取了关文水，光靠我们的实干啊业绩啊，都不一定能得到啊。"

李天武的一番话，把张一嘉的心火烧着了。张一嘉压抑着，拼命地喝下去一大杯水，然后才保持住平静的状态。他说："听说潘得厚是黄汉平副书记的亲戚，谁能绊倒他啊！"

"他们也不是什么亲戚，黄汉平的老婆是潘得厚的同乡而已。再说，黄这个人，书生出身，我觉得他是个清官，眼里揉不得沙子的。到时候不会护他短的。"李天武还分析说，"关键时候，大家都要保护自己的利益。名誉也是一种利益，潘得厚对黄汉平再好，但如果要影响他的晚节名誉，黄也不是吃素的，秀才用刀不见血。"

"就算把潘得厚做掉，对我们有什么用呢？"张一嘉摇头沉吟。李天武马上说："赵如男的问题连着大人物，而且听说许之光要接常务副书记至少是常务副市长，我相信了您的警告，先不去惹她。但取代不了赵如男，难道取代不了潘得厚！常务的下一步就是总裁，明摆着，刘伯庭太老了，弄两三年下不下也得下。"

张一嘉不语，一个劲玩弄着手中的杯子。李天武说："您不说话我就当您默许了。您不是默许也没关系，这是我的事，跟您无关。我看那人不顺眼，什么人啊，还常务副总呢，谁服气啊！我要为民除害。"

张一嘉把杯子往桌子上一放，说："反正我不欣赏这种做法，想想心里都不舒服，手段不太光明。"

接着，他就岔开话题，征求李天武的意见，说："王友友升了，关于中层怎么重新调整一下，老李你有什么想法？"李天武就说，谁谁谁该提拔，比如童盼、邬娜，谁谁该轮岗，比如，财务投资部经理。张一嘉就说："老李你的想法跟我的都不谋而合，你去做个方案，跟友友商量商量，我们就尽快把中层弄到位。"

李天武很高兴，直说"是是是"。

张一嘉伸了个懒腰，说："这段时间太烦了，我们兄弟仨，去吃一顿。让王友友这小子请客。"李天武一听，拍着桌子说好，然后就去办公室找王友友。两个人合计了一番，决定去一家新开的海鲜火锅城，涮火锅去。再喊上童盼、邬娜、姜萌、古霞、方静和小常几个，约定了时间和具体包间。晚上，一行人吃了三个多小时，喝了许多啤酒。

但大家都有默契，没有人说过一句新集团的事，更没有一个人说过一句祝贺张一嘉当集团领导之类的事。张一嘉想想，还是要提振一下大家的精神，就干脆在饭桌上搞起封神榜来，说："下午王友友和李天武都来为你们在座的说好话，推荐你们更上一层楼，我没有意见，最近让李总和友友负责这件事，让你们每个人都有一个适合自己的更大的舞台。"

然后，他就一个一个用手指点着说，其中重点说："邬娜是大家最没有争议的，形象好，能力强，点子多，李总和王总抢在我之前就推荐好几次了，好，就把投资部的工作全面抓起来吧。"

古霞一听，立即跳起来喊："邬娜姐姐，这下子我们大钱小钱都有着落了，我们这里可差钱了，姐姐要关照啊！"

两个女人就干了一个大杯啤酒。

李天武这两天心情比较复杂，自己提拔的事泡汤了，有些失落。但老板的遭遇如同自己，又使他心里稍稍有些安慰，感觉倒跟张一嘉太有缘了，真是同舟共济，一荣俱荣一损俱损啊，想起来反而有了那么一点悲壮感。再说，张一嘉把人事工作委托给他，既是一种莫大信任，又是一次巧妙的补偿。特别是今晚，张一嘉特意点名说，提拔邬娜为投资财务部经理，这也许是对自己的一种心照不宣的抚慰。当然，看起来也是给王友友"锦上添花"，毕竟，"王邬"的确是亲戚，不知邬娜跟自己有一层特殊关系的人，当然都会视为张一嘉在挺王友友啊。

李天武不禁有些兴奋，借着酒劲，就想做点什么，悄悄发微信给邬娜，邬娜在桌子对面朝他斜斜眼，示意他看微信："好哥哥，太迟了，今天真的不行！"

李天武的老婆在国外陪孩子读书，李天武偶尔会带广告经营部的小美女小美回家。吃完火锅，就心急火燎给小美打电话，约了小区见。两个人到李天武家的大床上翻滚了一通。

　　第二天早上起床后，李天武让小美帮他一个忙，他从自己的口袋里，掏出一张小纸条。上面写着：

　　干洲之路广播电台，交通频道，张玲，现金会计，电话136×××7788。

　　小美不解地望着他。

　　李天武坏笑着说："我来给你详细说这件事。你先做外围的准备动作，然后等待时机，听我的命令行事。"

　　小美说："你怎么还不升官，我看张一嘉对你不好，这次王主任不是提拔了嘛。"李天武笑着说："我才不在乎这个呢，实力最重要，不掌实权，级别再高，有面子没里子。我会让张一嘉替我卖命的，现在还不是时候。"

　　"可是，"小美说，"你也要考虑一下我的困难对吧？"

　　"不是给你钱了吗？"李天武不耐烦地说。

　　"我的困难不是钱能解决的。"小美嘟哝，"我不能一辈子干广告业务员吧？"

　　李天武干笑两声，说："你把这件事干完，我帮助把你调到人力资源部当干部。"

　　小美俏丽的身子，从床上一跃而起。

33. 春天的约定

　　舞台上的灯光渐渐暗淡，剩下一束淡黄色的，静静地照在童盼扮演的"妻子"的脸上。妻子斜卧在床上，洁白的床单，惨白的脸色。

　　抒情的钢琴音乐，从舞台的一角慢慢地流淌出来，淹没了整个舞台，整个演播大厅。

　　姜萌反串的男主角"丈夫"，穿着简易的黑色夹克，从幕后慢慢走了出来。快走到"妻子"身边的时候，"他"停住了，用手帕擦干了湿润的眼睛，然后做了一个照镜子的姿势，在脸上摆出一个轻松的笑容。

丈夫走到妻子的面前，什么话也没有说，蹲下来，半跪在妻子的身旁。

妻子伸出一只手，抚摸着丈夫的脸。

"为了我，你吃了很多苦。"妻子深情地说，"我知道你不光辛苦，而且心也苦。因为我感受到你真切的爱，难以割舍。"

"你不要想那么多，我们正过着美好的日子。"丈夫强忍着泪水，说，"马上就要过年了，医生说你年前就可以出院了，我们一起走向春暖花开，一年后，还要生个小宝宝，最好是个女孩，有你的脸庞和心肠，有我的身材和气量。"

她摇摇头，一边笑一边落下眼泪。她说："我知道我将不久于人世，不可能等到下一个春天。今夜我做了一个梦……"

舞台上弥漫人工云雾。上方的大屏幕，凸显出妻子苍白美丽的脸。妻子缓缓地讲述："我梦到了一个仙人，苍老雍容，慈眉善目，他向我伸出手，轻轻一拉，就把我拉到云端。他说：'孩子，我来接你走。你知道为什么你跟他只有八个月的缘分吗？因为，不是每个人都是循规蹈矩地来到这个世界上，当你急于要到世界上寻求另一半的时候，急躁也许使你没有按照上天的规定，提早降世，来到爱人身边。但是，你们的生活不会长久，我必须按照上苍的要求，带你回去补上在天上应有的等待时间。'我悲痛地说：'要多久，要多久？'他说：'也就是一天，两天，三天……看他想念你的程度，来定你的回程。当我们确信，你的那个他永远无法把你忘记的时候，我们就把你送还给他。'"

丈夫听得入神。音乐流向每一个人的心里。舞台上变换着迷离的彩色之光。继而，一道灿烂的光束划过。一片漆黑，雷电交加。音乐急速。良久，黑暗褪去。在弥漫的云絮中，灯光模拟的光亮变成七彩的太阳光。整个舞台的下方和大屏幕上，鲜花烂漫，一望无际。

换上了一身彩色裙裾的妻子，像天仙一样，从舞台的高处下沉，下沉……

音乐变得舒缓、柔媚。

妻子的声音在半空中响起。

丈夫在舞台的一角，翘首望着，带着迷茫而又掩抑不住的表情，迟疑而又急促的步伐，向着空中美人的方向，走，望……

妻子说："天上一两天，人间一两年。如果在我走后的一两年，或者更短或者更长的时间里，有一个美丽的女人向你走来，走到了你的身边，走向了你的内心。请你相信，她就是我，她是我在天上补完了时间，确定了你的忠贞，重新飞回到你的身边。我的爱人，请你不要犹豫，挽起这个女子的胳膊，一同走向新的春天。这是你我，春天的约定。"

音乐旋律变得欢快、激荡，丈夫挽起了落定在舞台上的妻子。两个人拉着手，互相笑着，并唱起了缠绵、欢乐的歌。

……

演出进入高潮，现场的摄像师灵活地把镜头调转，捕捉精彩的现场表情。他迅速拉近焦距，扫描着一张张特写的脸。许多观众流下了感动的眼泪，特别是那些多愁善感的年轻女观众，这跟在乡下演出时的效果，如出一辙。但让他惊讶的，是看到在演播室观众席的第一排的中间，坐在刘伯庭和赵如男中间的市文改办常务副主任关文水的眼睛里噙满了眼泪。同样饱含泪水的，还有第一排边上的那个平素总是冷着脸的总经理张一嘉。而他当了多年的摄像师，很少有机会能够捕捉到做领导的那些大男人的眼泪的。

大幕落下，大厅里响起持久的掌声。

这是正月初六，年假的最后一天晚上，原本由前经济传媒创作表演的一台晚会，在送戏到干水县等地完成了春节农村演出慰问，回到干洲后组织的一次汇报演出。

不过，此时的演出已经是以干洲新文化传媒集团的名义进行的。演出地点也是放在集团也就是原先的电视台文艺演播室。演出作为文化合并和统一标识后的第一场大型文艺活动，取得了较大的成功。干洲市的不少领导到演播现场观看。干洲数百万电视观众、广播听众和网民通过直播观看收听到这场演出。他们崇拜的女主播童盼和新人姜萌，以创新的歌剧形式，在晚会中穿插表演的《春天的约定》，演绎一个患白血病的新婚妻子，用生动的表述，宽解和抚慰丈夫痛苦的心，帮助丈夫早日摆脱失去爱妻的悲伤，尽快走进全新的人生。

这台戏在直播时，正好被回乡过年的一位省领导看到。回到省城上班后，省领导念念不忘这台戏，尤其是其中的歌舞剧《春天的约定》。印象深刻的缘由是，该省领导在老家过年，听说如今农村外出打工青壮年劳力多，因工作意外患病、重伤甚至死亡的事情时有发生，令其亲人难以承受。《春天的约定》以一种全新的视角，来劝慰这些人的亲人，及早摆脱悲痛的阴影。这是建设社会主义新农村、建设和谐社会的一种艺术补剂。这位省领导吩咐省里的日报社，派一名文化记者专程到干洲新文化传媒集团采访。

记者找到集团总部，要求见总经理进行采访。赵如男让办公室主任把他打发走，因为她觉得这台戏尤其是《春天的约定》，小资情调，格调不高，而且最大的问题是宣扬唯心，宣扬所谓的今生来世。办公室主任赶紧嘘了一声，告诉她，省城的日报记者是省委领导亲自点名派来的，这部戏领导已经有了定论。赵如男这才赶紧让主任把记者请到自己的办公室。

几天后，省里的日报社在文化版用一个整版刊登了记者的专访《干洲新文化，从春天出发》。文章以记者与新成立的干洲新文化传媒集团总裁赵如男的对话形式，激情洋溢地叙说了干洲文化单位如何送戏下乡、送春联下乡等为民服务、为三农服务，办实事，并以此作为新文化传媒的开局。文章自始至终没有提及这台戏的真正由来，只是在文章中通过赵如男的介绍，说了"我们得知原经济传媒公司，即现在集团下面的一个传媒公司，在为新年做一台晚会，就决定在此基础上进行再创作，排演出一台适合百姓尤其是农民看的戏，并把它送到乡下，作为集团成立献给广大农村观众的一份见面礼物，并得到广大农民对这台戏的充分肯定。我们更是通过这台晚会，拨开基层广电事业向何处去的迷雾……"。

文章见报的当日，正是省委领导来干洲宣布市委市政府班子调整的决定之日。与人们原先的传说有不少出入，市委市政府的两个一把手洪远和秦卫民分别被调任省委统战部部长和省发展改革委员会主任。接替他们职务的分别是市委原副书记黄汉平和原副市长、市文改办主任许之光，而市委组织部原部长和文改办常务副主任关文水，则分别接替了黄汉平和许之光卸任的职务，不过，关文水直接被任命为副市长兼文改办主任。据说，开完宣布班子的全市干部大会，省委调整和宣布干洲班子小组领队、省委常委、省委组织部的田远部长，在宾馆的房间看到当天的省城日报，对干洲广电改革产生浓厚兴趣，专门在第二天上午加了一项在干洲的文化考察活动。这就是，在新当选的市委书记黄汉平，新当选的副书记、代市长许之光和新当选的副市长、文改办主任关文水的陪同下，视察了新成立的干洲新文化传媒集团，并为集团题词：

"文化传福音，新潮逐干洲。"

在此后的一段时间内，这幅题词被精心装裱后，连同题词时干洲新领导黄汉平、许之光、关文水以及集团领导刘伯庭、赵如男与田部长的六人大合影放大照片，并列悬挂在大楼的门厅里。

34. 诗人

你像清晨

悬挂在我玻璃窗外的

一片叶子

我们隔着两个世界

互相凝视

每天醒来的我

有你，就如初生的婴儿

第一眼把你印在心里

我的柔情

正在长大，而且失控

它会燃烧起来

融化掉我们的相隔

你会让我重新发芽

直接从我的身上

从我的心里

长出来

我会用牢固的爱情

抓住你蔓生的根

我们的来生

也不会错过……

新文化传媒集团在三月垂柳依依的季节正式挂牌成立，并进入集团化的经营运转。

工会主席张一嘉的办公室，在管理层办公楼层的最西侧。从东侧开始按照领导班子成员的排名次序分配办公室，中间对着电梯出口的地方再插上集团党委办公室、集团总裁办公室和文印室，到了最西侧当然就是排名最后的张一嘉的办公室。办公室对面是厕所，轰隆隆的水箱，不时地发出排水的响声。一个楼层的工作人员，到这里来方便，鞋跟的声音由远及近，开门的声音吱呀作响，冲水的声音滚滚翻涌，鞋跟的声音再次由近及远……如此，每天循环无数次。刚过来的时候，张一嘉被这种干扰弄得浑身冒火，烦躁不堪。过了几个星期，就麻木了。加上百无聊赖，他坐在办公室，竟然听到鞋跟敲在楼道地面上，就能够判断出，这是老刘还是小曲，是赵如男还是办公室的文员小窦；不熟悉的轻重节奏，一定是某位老总的访客了。

心情渐渐平静甚至死寂之后，张一嘉开始热衷于刷微信和读书。起初刷微信是看新闻，后来翻看帖子，一段时间几乎把微信圈和新浪、搜狐、网易等主要门户网站的论坛翻了个底朝天。那些常见的美女图片和流行的笑话，他熟悉得几乎眯上眼睛都能清楚地看到。后来，他开始读文学作品和哲学著作，并迷上了华兹华斯和惠特曼的诗歌。他还开始写诗，最初在手机上写，编成微信，发给好友分享。

上面这首诗歌，是他写给单晓晓的第一首诗歌。

贾府与桃荣公司投资的《十三钗之凤传奇》于新春之后进入拍摄的正式运转阶段。主角王熙凤的扮演者单晓晓，一上镜就获得了导演的赞誉。

除了脸廓稍显圆润，导演和摄像师几乎挑不出她的毛病来。

拍了两集下来，投资公司在导演的建议下，干脆把单晓晓送到韩国，在首尔做了一场电视剧的推广宣传，同时找到韩国为金喜善、金泰熙等明星做美容的尹大师，出了一大笔费用，为单晓晓做了瘦脸术，在腮部做了抽脂，适度地增高了颧骨。回来后，摄像师觉得单晓晓过于漂亮，美容后的效果加上原先高高的鼻梁和稍稍内陷的眼窝，使她看起来有些像外国女孩，至少也像个混血女孩。摄像师觉得这样的美人已经不是人们想象中的古代美女了，担心是否会偏离角色定位。

导演和制片方认为，这才是卖点。如今年青一代的观众，都有新的审美趣味。

单晓晓于是顺利地进入了下一阶段的拍摄。

在演戏的空隙，她读到张一嘉发给自己的诗歌，就把她在角色中背诵的精彩台词，编成短信发给张一嘉。

有一个休息日，单晓晓正在补习因拍戏耽搁的功课，张一嘉给她发了一首新创作的诗，题目是《窗台上的小鸟》：

在这个世界上，我们相遇
透过城市冷漠的玻璃
我的眼睛迷惘的时候
你的眼睛清清
多美多安静的一次对视
被我此后的日子
帮助打发着
人生那些所谓的失意
你的小舞姿翩翩的
在那些雪花的伴飞中
天真，炽热，纯良的心
通过我感动后落下的
那摊雨水

倒映我的年轻，直至童贞
换上深深浅浅的外衣
其实，一个季节还没有走远
我的误解
是对自己青春短暂的良好掩盖
可你的小生命
时常遥远着
只是快乐的性格
很平稳地向我继续
在张开各色羽翼的那个动作里
传达着你抚慰我的善意
亲爱的，你在我的窗台上
陪着我跋涉疼痛的季节
人生艰难的坎坷
你是人生注定要邂逅的几个
还是同一生命中的唯一
不同的当然有许多
相同的只有一个
反正，在我的心目中
你早已是我的一个
失散的亲人

　　单晓晓把这首诗读了好几遍，内心很有些软绵绵的湿润。她记得前几天，贾总告诉她，张一嘉的夫人长期生病在床，而且最近干洲文化单位大合并，大家为争位子斗得厉害，张一嘉处境不利，压力很大。她想不出什么话去安慰他，只是闲着的时候就给张一嘉发几条信息，说一点拍戏的事情，说一点学校的趣事，也有时写几句诗，或者跟他讨论一些红楼里那些生动的人物。

　　接到这么长一首诗，单晓晓就觉得有什么话，无法用只言片语说完。

于是收了书本，从教室里出来。

四月的春雨，是江南漫长梅雨季节的前奏，滴滴答答，不紧不慢地打在校园茂密的梧桐枝叶上，打在她的头发上。回到宿舍，简单收拾了一下，她出门，一路打车到了火车站，买了一张去干洲老家的火车票。

她没有把去干洲的消息告诉张一嘉。而是在临下车前，给他发短信抄录了一首古词：

> 花明月暗笼轻雾
> 今宵好向郎边去
> 刬袜步香阶
> 手提金缕鞋
> 画堂南畔见
> 一向偎人颤
> 奴为出来难
> 教君恣意怜

单晓晓到了干洲，并没有立即回家，而是在湖滨饭店，住进了一个临湖的房间。此时夜色已经降临，单晓晓就去了顶楼的旋转西餐厅，靠着玻璃幕墙的一个位置坐下，然后给张一嘉发信息：

"你不如马上来省城吧，我饿了，来请我吃饭！"

接到这条信息的时候，张一嘉正在办公室接待童盼。童盼临下班前，突然打电话说要来看他。张一嘉自从搬到集团总部办公室办公后，就很少能见到原先的那些老部下。经济传媒作为总公司下面的二级集团，如今有新任命的书记兼总监王友友负责日常工作，总公司这边则由潘得厚分管经济传媒的广告业务。这是赵如男总经理的计策，她让没有干过一天影视工作的办公厅转岗干部曲小波分管原先集团所有的影视板块业务，包括原经济传媒下面的影视都切出来了；让大学出版社调来的副总分管潘得厚原先所在的之路广播电台所属的一些实体；让市文改办处长调任的副总分管文艺工作；让张一嘉分管工会和老干部工作，而赵如男自己则主管经营和全公司行政工作，协助党务工作。这种被全公司笑称为"野蛮分工"的安排，受到刘伯庭的竭力反对。为分工的事情，集团党委例会上讨论了三次，都没有落定。最后一次，赵如男发脾气了，她说："我就是因为干了业务综合性很强的电视台的工作，才有资格坐在今天这个位置上与大家讲话的。你们谁给我立个字据，保证今后只干自己熟悉的那些工作，我不再坚持这样分工，大家都不要学习，都不要涉足新的领域，只在原岗位上干熟悉的工作，给我干到退休干到老朽！"

赵如男一发脾气，大家就不再吭声，刘伯庭也不再坚持。分工的事情就这样确定了。张一嘉这边因没有什么实际分工，大家也就很少有什么需要向他请示的。最初，原先的部下来看看他，包括王友友和李天武他们，继续来请示工作，张一嘉就劝他们要遵守"游戏规则"，这样对大家都好。想念老朋友了，可以私下里聚个餐喝个茶什么的。所以，后来除了隔三岔五有退休老职工来告个状什么的，大部分时间，张一嘉在办公室是很少有人上门"打扰"了。

童盼是第一次到张一嘉的新办公室来，她最近比以前更忙了。完全合并前夕，张一嘉签发了一个任命文件，任命她为经济文艺中心主任。合并后，集团撤销了原先各媒体自家的文艺中心，成立了娱乐公司。分管文艺的副总不承认童盼这个仓促上马的"主任"，张一嘉就在党委会上对那位副总反唇相讥，建议大家都清点一下总公司成立前任命的干部，并全部撤掉，一碗水端平。后来是赵如男出面，提名童盼为总公司文艺中心主任，才算平息了这件事。赵如男时常找童盼谈心，要求"童盼做出几个新的文艺栏目出来，给大伙看看，我们的童盼姑娘不是徒有虚名的"。

一见面，两个人沉默了好一会儿，没有说话。张一嘉就拣了一个话题，问她栏目创意方案做得怎么样了？童盼说，已经做好了，上报给了副总和赵总。

"他们都比较满意，估计有三个栏目很快就可以上马实施。"童盼说，"这样我的心里也就轻松了，要不然老觉得欠你和赵总的。"

"你可别这样扯，"张一嘉说，"是赵如男用了你，你要对她负责，你不欠我的。"

"我不想欠人的情。赵总的人情我当然会还清。但是我欠你的，那不是可以轻易还掉的。"童盼低下眼帘，说，"张总，我今天来，想跟你道个别。"

"你要出差？"

"我要辞职。我已经报考了上戏的研究生，我想再读几年书，然后改行。"

张一嘉吃惊不小，呼啦从座位上站起来，说："你开什么玩笑！你多大年纪啦，老姑娘啦，放下这么好的前途不要，去读书？你知道现在有多少万个博士、博士后，别说什么干事业的抱负，找不到混饭吃的工作！"

童盼说："我不是开玩笑，我已经在办手续了。"

"为什么？太荒唐了吧，你可正当红，目前的平台还在扩大，也没有人挤兑你啊。"张一嘉的声音高起来，"有什么要求，或者委屈，你可以说出来，找刘书记，找赵总，不愿意找他们，找我也行。我毕竟还是个党委委员啊，再没用也不至于保护不了你这样的老部下啊！"

"你别激动，你坐下，你听我说。"童盼也从桌子对面站起来，说，"你这样激动，大喊大叫的，我只能走了。"

张一嘉气呼呼地坐下去。

童盼说："我恋上了一个人，没法处理自己的内心，又不想打扰他，否则，会满城风雨，不堪收拾。加上我自己早有心回到校园，趁着自己还不算太老，再读点书，找一份不是吃青春饭的工作。"童盼说完，坐下，突然淌起了眼泪。

张一嘉的内心一阵紧跳，呆呆地望着她，结结巴巴地说："你，童盼你，你说什么呀？什么爱啊什么啊，谁啊？谁可以让你这样子啊？"

一股久违的柔情从内心涌上了张一嘉的心头。张一嘉站起来，又坐下；坐下，又站起来。童盼把眼泪擦干了，平静了一下情绪，看到张一嘉慌乱的样子，忽然笑起来，说："你别那样子好不好，搞得我不敢跟你说话了！"

"好吧，好吧。"张一嘉坐下去，抱住自己的玻璃杯，大口喝水。

童盼看着他的眼睛，说："是你当年起用了我，让我有了青春的光彩，这些年我的身边有你，如同有了亲人，一个可以依靠可以倾诉的大哥哥。我有什么事，特别是内心的话，不可能不来告诉你，不提前征求你的意见。但是，最近发生的事情实在突然，我自己都无法预料和休止。我没有想到，生命过程这样不可捉摸……"

"什么？什么……"张一嘉还在下意识地"什么什么"地念叨着，童盼就说出了"关文水"的名字。张一嘉一听，嘴巴半张在那儿，脸色慢慢变得煞白，"你想什么时候走？"

"只要手续办得快，我想尽快走，因为要腾出精力再把英语复习复习。"

"你先别这么急，让我想想，给我点时间接受好不好？"张一嘉胡乱地点燃一支烟，抽了两口，说，"什么时候考？"

"快了，几乎没有什么复习时间了。"

"你别一来说这事，就是告别啊。"张一嘉说，"多少得考虑一下我的感受啊，你当我是哥哥也好，当我是你的领导也罢，总不能这样做事，是不懂事还是太薄情？"

"好啦，好啦。"童盼说，"你别这样拿话掐我，我边上班边复习考试，如果考上马上就走，考不上当然也走，静下心在家复习一年，明年再考。"

"在家？家？你家在哪儿啊！"张一嘉怪声怪气地说。

童盼不想和他说了，站起来就走了。张一嘉在桌子前转悠了几圈，情绪才平复了一些。回到座位后，发现了单晓晓的信息。

35. 星星和心心

张一嘉喜欢穿一身西装，通常是烟灰色，小领子三粒扣的那种。过去童盼、古霞这些时髦主持人、记者、编辑，不止一次笑他穿得过于正经，"像个新郎官"，她们经常在背后为此乐上半天。

时间太晚了，湖滨宾馆的露台上，城市霓虹灯的光，柔和而又轻佻。单晓晓脱了自己的外套，放下自己本来盘着的头发，说："我最近学了一点舞蹈呢。"说完就在他面前转动着身体，一圈，两圈，一直转了二十来圈，最后把身体转成了芭蕾舞蹈般的姿势。脚踮起，更加突出了她的亭亭玉立。扬起的脖子，光洁的皮肤，在水晶顶灯的光照下，反射着迷离的光晕。这样的质感也许只有这个年龄的少女，也许只有单晓晓这样的身段，也许只有在这样的灯光和情境下，才能出现。

张一嘉业余摆弄过摄像，虽然不是很专业，但是他有限的镜头经验，足以让他想象，这种宛若添加了柔光镜般透视的视觉效果，是需要很多天然条件和技术条件才能够实现的。他不禁惊叹单晓晓的身体，是一个天生的美学实体，是无数艺术家追求的优秀艺术载体啊！他也不禁为自己遇上单晓晓和推荐了她，感到欣慰。

单晓晓跳完，又提着自己的行李箱，去露台的一角。单晓晓从自己的行李箱里，掏出一个布包，打开，掏出一套戏服。

"这就是我的戏服，王煦凤有一段生情的戏，在一个初春的梅花地里邂逅。王煦凤正在那里弹奏古筝，贾宝玉闯进来……看过剧本吗？那段。"单晓晓抖动着展开戏服，把戏服穿起来。

张一嘉上下打量一番，说："确实很好看，可就是觉得不像《红楼梦》里的东西。"

"怎么又《红楼梦》啊《红楼梦》的，我们不是在拍《红楼梦》。"单晓晓说，"这个服装还是我修改过的呢！一开始剧组拿来的十几套，角色春夏秋冬四季各二，以及晨装晚装，冷色调装暖色调装，我自己一一试穿，对着镜子揣摩，想象角色穿这样的衣服，那种味道能不能出得来。后来发现衣服做得很漂亮，应该说是把古代大家闺秀的气质给穿出来了。但是我觉得这样的衣服太过平常，可以适用于任何同类角色，不能体现王煦凤这个特定角色，她不仅是大家闺秀，还是有学养有个性的大家闺秀，我理解她是一个有叛逆气质的贵族小姐。更关键的问题是，这套衣服必须跟其他配角，跟十二钗角色，从风格上真正划开。我就决定自作主张，自己画草图，对这些戏服进行局部修改，结合一点点现代的时装元素。"

说完，她又蹲在地上翻她的行李箱，拿出一个大影集来。

"这是剧中要穿的十二套衣服，都经过了我的改造设计。"单晓晓说，"我穿着拍摄了十二张照片，我们准备在今年年底发行一套新年挂历，正好配合明年电视剧的发行与播映，做前期宣传用。"

　　照片上，单晓晓穿着不同色调、不同季节特征的戏服，在中式背景的书房、卧室和庭院中，写字、泡功夫茶、做小点心、弹琴、堆雪人、春思，甚至沐浴。她的精致、她的韵雅、她的高贵、她的闲适、她的舒缓，绘声绘色，把一个古典女子大家闺秀的气度与小家碧玉的内秀，把握得相当准确。

　　张一嘉前后翻阅了好几遍，再对照眼前的人儿，心情十分激动。他忍不住放下画集，俯下身，双手捧住半蹲在膝前的单晓晓的脸，眼睛里充满了无限的柔情。

　　单晓晓的脸在张一嘉的捧阅中，渗出了一层细汗。那种温暖和潮湿的芬芳，滋润了张一嘉行将冷涩干涸的疲惫性情。张一嘉把手掌拿开，伸出胳膊整个抱起单晓晓。她是轻盈而又柔弱的，贴近了，她看上去更明亮、更清澈。她把张一嘉按坐在小椅子上，张一嘉在靠近她身体的时候，闻到那种青春的肌肤调和着高档洗漱品而散发出来的幽香，感受到那些热血沸腾、青春澎湃之中的热情。

　　"你坐着，认真看哦。"女孩俯下身，与他贴了一下脸。他感到自己的心潮，在步步溃泻。张一嘉从少女那里，读到了热情、羞涩和一丝恐慌。在昏暗微弱的光线中，单晓晓忽然问："这些日子，我很担心你。长到二十岁我才第一次懂得为别人担心，你心情好些没有？"

　　迟疑了一会儿，张一嘉一点一点开始吻单晓晓，并不回答她的问题，只是重复地说："你真是个天使啊，你真是个天使啊……"

　　几年后，人们在干洲市副市长张一嘉出版的一本诗歌集中，读到了一首看起来格调与作者身份极其不相称的诗歌，只有作者本人跟已经被称为影视巨星的单晓晓，共同经历了这样的夜晚后才能够体会到，虚无缥缈的文字其实是对难以平静表述的现实情境的追述：

　　　　有无垠的星空
　　　　包裹的曼妙身子，哪许
　　　　繁缛的服装

为赤裸的美丽作假呢

我同样是真实的

把那些阳光下的道德刻板

践踏在摇荡的身下

你的迎合，避让，疼痛

我的冒进，追逐，眩晕

世界的消失

意识的挥发

一台歌剧的高潮

缥缈的唱词在音乐中沸腾

天堂的门，在你的眸中打开

我身体的漫游

是《圣经》里的每一行句子

随着你的阅读

飞快地滑行

啊，我在心空中呐喊

呐喊着你的骨肉

我希望他们能够听得见

我的真诚，焦渴

这样一场夜的合奏

我和你

应该集合到凡尘莫及的

那片空旷的墓地上去

星星难道不是天堂的鬼火吗

要是一直停在这样的时刻

没有杂念的缠绵中的我

为你死，多好啊

　　单晓晓的眼泪从黑暗中流出来。张一嘉吻着她的脸，她的眼，吻掉了那些眼泪。把那些眼泪吃在嘴里，感受着那些咸香。这首诗歌的句子，就像他脑勺上空幻想出的星空里的碎片，不断在掉落的过程中，划出一线光亮。他觉得这样的情境，美妙太甚。

"为你死，多好啊"，这个收尾的句子，平直，像老实人言辞用光后剩下的一句慨叹。他就不断地重复着这个句子。后来干脆亲吻着单晓晓的耳朵，把这些句子直接送到她的耳朵里去。他希望他的声音，少走一段弯路，和他的身体一样，直接进去俘虏她的肉体，她的心。

这一晚让他好久没有从一种不能确切判断的梦幻中苏醒。

此后的好多天，他打着哈欠，在他无聊的办公室里胡思乱想。他把诗歌编写出来后，发给单晓晓。单晓晓回复说：

"这是第几次死啊？"

他才像惊醒了一样。又过了好几天，他发了一条信息，说：

"你的美丽，让我很自卑。"

单晓晓从瘦西湖的拍摄外景地发回了一条微信，里面没有文字，只是满屏的星星和心心。

这个回信让张一嘉忍不住独自笑起来，一些迷茫化解在空气中。一点甜蜜和自得，洋溢在心里。

第八章　名分啊名分

36. 最后的月光

转眼到了五一长假，张一嘉待在家里。

陈思维的情绪非常好，自从张一嘉到新集团任职后，她不再充当什么指点迷津的角色，甚至都很少提及工作上的事情。只是一个劲地与张一嘉回忆学生时代的事，回忆刚结婚那些年的事，以及老家那些婆婆妈妈的事。陈思维还不停地跟丈夫开玩笑。一家人在家包饺子，做老家的土菜吃。清清整天黏着妈妈，吃饭的时候，竟然跟妈妈比赛，谁吃得多，谁把碗舔得更干净，把张一嘉肚子都笑疼了。

五月二日晚上，等清清睡觉了之后，陈思维忽然提出来，好久没有出去散步了，去呼吸一下春天的新鲜空气吧。张一嘉说："好，我背着你去吧。"两个人来到小区外的那条林荫道，找了一条长椅坐下聊天。

张一嘉怕陈思维受凉，就脱下外套，垫在陈思维屁股底下的椅面上。陈思维叹了一口气，说："想想你这个人，坏也是很坏的，但好也是挺好的，就像一块刚刚被病菌侵入的苹果，好的地方好，坏的地方坏，好中夹着坏，坏中夹着好，是好人中的坏人，或者是坏人中的好人。"

"我从来不认为自己是什么好人坏人，"张一嘉说，"我觉得世界上只有两种人，强者和弱者，如果一定要从人品角度评价，最多也只能分心肠硬一些和心肠软一些两类。"

"是吗？新鲜。"陈思维说，"你这样一说，你们这样的坏人，全活得心安理得了，最多不过是一个心肠硬一些的能人而已，对不？那世界上就只有四种人：心肠硬一些的能人，心肠软一些的能人，心肠硬一些的庸人，心肠软一些的庸人。显然，如果一定要论好坏，那么，心肠软一些的能人是最好的人了，心肠硬的庸人是最坏的人了？"

"差不多是那个意思吧。"张一嘉说。

"那你说说，你熟悉的那些人都是哪类人？比如……"陈思维想了一下，说，"比如，现在你们文化口的副市长关文水。"

张一嘉想了想，说："这个人我还真是琢磨不透。顾东岳他们对他评价很高，但是我觉得他过来主持我们文化口的整合重组，也没有弄出什么新鲜招式。弄不好，这一摊子事业，还要毁在他手里。"

"我觉得没有这么简单。"陈思维说，"所有人事和运作方案，都是在他当副主任的时候，许之光这一伙人操盘的。他只是一个基层干部，一下子放到这么生疏的池塘里，又不及时把职务给到位，你说他能有什么作为啊！"

"前怕狼后怕虎，谁没有牵制啊，再大的官还不都是在一个群体的牵制中吗？"张一嘉说，"如果觉得自己官不够大，才无所作为，那天下的工作，是不是都由大领导来干？这不很荒唐吗？"

"你不要偏激。"陈思维说，"我觉得这个人能做些事，现在他当上主任了，又是副市长，应该会考虑做一些新动作。"

"我们这里他是暂时不会动的，他那个性啊，听说现在集中精力搞新闻总社的筹建工作去了。你知道为什么吗？"张一嘉说，"虽然他当上了副市长和文改办主任，算是顺利达到了升官的个人目的，但这是用妥协人事，平庸做事换来的。你想，现在集团实际操纵人是赵如男，还有一个潘得厚，后台更硬实了，一个的后台变成了市长，一个是市委书记黄汉平的亲戚，他们谁买他关文水的账！他就是想在这里有作为，恐怕也鞭长莫及了！所以，只能掉头去搞一些无关痛痒的事，这样的领导，我都见多不怪了……"

"你这是对他有不满情绪。"陈思维打断他的话，说，"听说常委会上没有人为你提名，最后就是关文水犯了大忌，把你挺出来的，你却这样编派他，呵呵，我怎么感觉你是把人家当情敌，该不是为了女人吧？"

张一嘉愣住了，说："陈思维，什么乱七八糟的，什么意思啊！"

"童盼啊，你不会为了那个丫头，恨人家夺爱了？"陈思维回答得直来直去。

张一嘉说："我不懂，这怎么扯上童盼的呢？"

"你这人啊，滑得很。"陈思维虽然嘴上在骂，但是没有像从前那样歇斯底里，甚至一点愤怒都没有表现出来。反而，笑着望着张一嘉，还在张一嘉的鼻子上刮了一下。然后，一口气说了很多话。

她说："我现在等于是你的姐姐，把你当弟弟关注的，我不会为这些事情跟你斗。我自己不是一个真正意义上的女人了，不能在这个事情上，拖着你。你是一个完整的男人啊！但是，你不要跟我玩深沉。你的一举一动，我对着你嗅一下都能嗅出来。我知道你小子乱得很，早就想提醒你，乱到最后，你会一无所有。

"童盼这姑娘我一直欣赏的，对清清也好，我做过无数次梦，希望自己死了之后，童盼能够光明正大地走到你和清清身边，这样我真的很幸福。但是你这个人啊，好东西你都想要，拼了老命去巧取豪夺，但是往往你几乎都得到了，却又失去或者守不住。就像追求自己想要的事业一样，你急，你还缺少定性，缺少一种刚毅的素质，缺少一份高人的情操，这样你就很难最终胜出。

"其实，你的事业，在这次的竞争中，没有失败，但是你急躁，在那里消沉甚至发牢骚，所以你的下一步会很危险；再说童盼，你是她的恩人，多年的同事，也让她对你产生了一定的依赖和爱慕，但是因为我这样一个特殊的弱者夹在你们中间，童盼就把握得非常好，凡事都应该有一个节奏，有个时机。但是，你自己怎么把握人家的，怎么把握感情的，怎么处理自己的个人感情和欲望？你做了哪些事你自己清楚，别人不一定清楚但不一定没有感觉。只要她认真关注你，你是逃不脱女人敏感的嗅觉的。

"童盼放弃了你，看上去好像是因为出现了一个优秀的男人，又有可能这期间他们寻到了某种姻缘和契机，但是最根本的原因还是你自己出的问题，你不足以让一个优秀的女人放心。

　　"一些平庸的女人看你，觉得你了不起，但是你不像关文水那样经得起不平庸的眼睛挑剔。我如果是一个单身女人，我一样会去爱慕关文水那样的男人，《春天的约定》其实是所有女人写给关文水那样的男人的，一个女人走到他身边，另一个女人恨不得她是自己死掉后转世。"

　　陈思维说了一大段话，累得直喘。张一嘉替她轻轻拍拍脊背，说："瞧你这颂歌唱的，也太卖劲了，人都说老婆都是别人的好，看来世道真变了，丈夫还是别人的好啊。但是我觉得这跟童盼没有什么关系，童盼跟关文水好上，我高兴都来不及，毕竟是我的下属，而且是我培养出来的人，被大市长看上，我也算是缔造了姻缘佳话。只不过在我们这个社会，一位市领导跟一位网络女主播弄出来的佳话，人家会当成丑闻，甚至跟腐败、腐化联系起来。所以，我一直装着不知道，才替他们保密的。其实，我早就看出来了，但我要成人之美。你说什么情敌不情敌的，完全是小看你老公了。我从来也没有打过童盼的主意，再说我现在有老婆孩子家庭幸福，怎么会去打下属的主意呢！"

　　"我不跟你辩论这些无聊的东西了。"陈思维又撇嘴，笑了一下，继续说，"我只是提醒你，你的路很长，搀扶你的人，会随着你走远，变得越来越少。所以，你要抓住那些真正关心和欣赏你的人，不要被一些小情小义绊住。"

　　在往回走的时候，张一嘉又背了陈思维一段。陈思维对他说："我希望你最终能够实现自己的理想，你是我曾经的丈夫，你成功，对我对清清都是有益的。"

　　"什么曾经的丈夫！"张一嘉也笑起来，说，"早点回去休息吧，我看你太累了，满口胡话。"

　　"哦，表述不清。"陈思维不再说话，趴在张一嘉背上，安静下来。到楼下的时候，他们听到小区的绿化带里传来急促的虫鸣。陈思维在张一嘉的脖子上亲了一口，感慨地说："又一个春天，又有一些新的生命来了。"

　　放假第四天，陈思维就主动提出来，让张一嘉出去走走，不要憋在家里。张一嘉就建议全家一起出去，哪怕找个附近的度假村，住两天，看看大自然也好。陈思维就答应了，但是只同意让清清陪着他去，她自己则不愿意出门。张一嘉反复邀请和劝说，都没有效果，于是带着女儿，让李天武安排，到上海崇明岛里的一个度假村，住了两天。

度完假回来的路上，坐在副驾驶座上的李天武接到了一个电话，如遭到雷劈一样，浑身颤抖，脸色煞白。

电话的内容是：陈思维昨夜吃了整整一瓶安眠药，睡了就没有再醒来。

李天武咬着唇，眼泪还是没有忍得住流了出来。司机老顾伺机把车子拐到一个服务区，停下来。李天武吩咐老顾带清清去服务区的超市逛逛，自己一把拉住张一嘉，到服务区房子后面的一块杂草地角落，把这个消息告诉了张一嘉。

张一嘉在草地上蹲下去，捂住脸，一声不吭。李天武就蹲下扶着他，不知道怎样安慰他。张一嘉的眼泪从指缝里流出来，有的顺着手臂流到袖子里，有的滴到杂草丛中。

李天武就说："大哥，你不能哭，先不要吓着清清，你可千万不要哭。"

张一嘉的指缝还在不断地往外冒着泪水。李天武也忍不住流了一会儿泪。十几分钟后，老顾打李天武的手机，寻找和催促两个人上路。张一嘉才松开手，说："快，我们先去一下洗手间。"

两个人在洗手间用自来水冲洗眼睛。玻璃镜子里，张一嘉的眼睛红得厉害。李天武急得团团转，说这可怎么办呢？清清发觉了怎么办呢？张一嘉就拿一块手帕捂住眼睛，说，走吧，不要紧。两个人上了车。清清果然发觉了爸爸的异样。张一嘉解释说，可能昨夜在度假村房间里看电视太久，太疲劳了，眼睛有些受伤，加上刚才冷水洗脸，刺激了眼睛，休息一下就好了。

"当了电视台台长的人，电视还没有看够啊，我真服了你，老爸。"清清替爸爸换了一块干净的手帕，又帮他捏起了肩膀。汽车在高速公路上向西快速行驶，太阳越来越大，越来越红。车子里的光线也由红变暗。张一嘉腾出一只胳膊，把女儿揽进自己的怀里，女儿很快就睡着了。张一嘉的眼泪又滚滚而下。他拿起手机，给童盼发了一会儿微信。

快到干洲的时候，清清醒了。张一嘉对她说："你童盼阿姨刚才打电话来找你。"

清清很高兴，问童盼阿姨什么事。张一嘉就拨童盼的手机，通了之后递给女儿。童盼在电话里邀请清清在剩下的两天假期里，跟自己一起回一趟浙江老家。清清说："我刚在上海玩的，不知道老爸让不让再玩了。"张一嘉朝清清点点头，示意同意。清清高兴得差点跳起来撞到车顶。

而童盼接到张一嘉的信息后就立即开车，停到城郊接合部的一个岔路口。待张一嘉他们的车子一到，就立即接上清清，连夜朝杭州开去。

37. 遗书

陈思维临走时给组织写了一封信，算是遗书。这封信澄清了人们对这件突发事故的猜疑。

信先到了陈思维原先所在的单位领导手中，该领导看完后批转给新文化传媒集团的领导，集团领导传阅之后，刘伯庭特意在党委会上转述了遗书内容。然后，又将遗书转给了新上任的市文广局局长海小红。海小红看完信，再把它送呈副市长、市文改办主任关文水同志阅。

遗书写道：

尊敬的组织，尊敬的领导：

请原谅我这名不称职的国家干部，用这种方式离开人世。我躺在病床上已经几个春秋，成了一个只会吃饭吃药、拖累组织和家人的累赘。身体的痛苦和不能为国家工作的内疚，对我的折磨日益加剧，以致我一天比一天难以承受。

我成长的过程中，父母在我身上倾注了巨大的爱。我的父亲是一名老党员、老干部，为革命工作了一辈子，获得的荣誉证书，塞满几个抽屉。在父亲正统的教育下，我从小就是一个力求上进的好女孩。

进入大学后，我是优秀学生干部，学生党员。在那里，我认识了我的丈夫张一嘉，我们为了理想，共同度过了奋斗的青春时光。学校和党组织非常器重我们，让我们进入干部的队伍，充实到干洲这样发达的大市的市级机关。我们努力工作，并精心构筑自己的小巢。后来，我们有了爱情的结晶，聪敏的女儿清清出生了。

正当我们的事业如日中天的时候，我被病魔击倒。

躺在床上的几年，我受到了组织和丈夫的精心照料。其实，生病的身体更需要也更能感知爱的力量。我感受到了，感受得到了很多很多。每逢节日，我如期迎来单位领导上门慰问；几乎每一个日夜，我都能得到丈夫问长问短、端汤接药的伺候。我为组织工作的时间太短，可以说没有能够做任何贡献；我得到丈夫的爱太多，浪费他的时间牵制他的精力太多，却无法在工作上帮他分担哪怕一点点，无法以一个正常妻子的爱，来回报。我的心，常常是碎的。

张一嘉同志是一个厚道的男人，忠诚的丈夫和拼命工作的好干部。他总觉得我们欠组织的太多，所以，想拼命地工作，弥补组织对我们这一家的情义。但是，他的负担太重了，尤其是一个不完整的妻子，对丈夫造成的影响和损失，是无法估量的。我只能祈祷自己，如《春天的约定》中那位早去的善良妻子一样，附着美好的愿望，来世报答他。

这样做，我其实是想得很清楚的，也是想得很通的。生命的意义在于质量，如果把我的生命质量折换成数量的话，我觉得我已经是一个长寿的女人了。所以，今天我是笑着走的。请你们千万不要为我哭泣，并帮助我的丈夫和女儿，摆脱伤悲，投入他们应有的事业和学习状态中去。

衷心地感谢组织！

不称职的干部陈思维在天边给你们磕头了。

关文水看完信，眼睛湿润了。他决定与张一嘉面谈一次。他打电话给海小红和刘伯庭，得知张一嘉在料理完陈思维的后事后就病倒了，现在住在市级机关的干部病房治疗。关文水指示他们，要密切关注张一嘉的身体健康，定期报告治疗情况。待康复后，他要亲自跟他谈一次话。他还把张一嘉的家事简单地向市委书记黄汉平、市长许之光做了口头汇报。两位领导都很重视，要求陈思维和张一嘉所在的单位做好善后，并亲自给市级机关医院写批示，要求护理好张一嘉的身体，让他早日康复身体和心理，回到工作岗位上。黄汉平书记在批示中特意写道："工作是最好的疗伤方式。"许之光市长专门给教育局长下指示，要求教育局会同张一嘉女儿所在的学校领导，密切关注清清的心情，抓好娃娃的学习。

李天武、王友友、古霞和邬娜等轮流到医院陪护张一嘉。

张一嘉高烧十几天，天天打三瓶吊针下去，才渐渐降温。大部分时间被高烧烧得糊里糊涂，脸上、口腔里全是水泡，体重下降了五六千克，本来就不胖的身子更瘦削了。童盼来过两次，一见他这个状态，便流下眼泪。后来她就不再来了，但每天都会赶到学校去看看清清。每逢星期假日，她就把清清接到自己的宿舍，在那里住下，并辅导她的功课。

五月底，张一嘉出院了。这天正好是个星期天。原先任职的电视台和经济传媒公司来了一大帮老部下，童盼带着清清也过来了。清清在爸爸的怀里哭，张一嘉笑着对女儿说："清清，不可以这样，我认为你是个大孩子了。"

一行人从医院出来，走到停车场，童盼就上了张一嘉的车，对他说："关文水想约你谈一次的，今天早上他正好得知，明天你的老同学顾东岳要来市里看望你，他想明晚请你，请顾东岳一起吃顿饭。"

张一嘉连忙说："感谢感谢，我听从关市长的安排。"

回到家，告别了电视台和经济传媒公司那些接送的部下，张一嘉和童盼带着清清，看了看每一个房间。小保姆已经把屋子收拾得干干净净，陈思维的一切生活用品都处理掉了。张一嘉在卧室里待了一会儿，看着床头上悬挂的结婚照，以及床边的沙发上包裹着的陈思维亲自缝制的碎花布沙发套，特别是陈思维经常坐的那一块，陷下去的一个凹坑，他的心止不住一阵悲伤。

他在那个凹坑上坐下，颤抖着手点燃一支烟，边抽烟边流起了眼泪。

童盼带着清清进来，看到他那个样子，就站在那里，陪着他流泪。三个人一句话也不说，在屋子里待了很久。

张一嘉把一支烟抽完了，又抽了一支，然后对女儿说："清清，以后要自己照顾自己，你童盼阿姨要考研究生，你不能再影响她了。"

清清点点头。

童盼说："我决定今年什么也不考了，我陪清清。"

星期一八点半，张一嘉准时来集团上班。参加完每周一的例会，回到自己办公室。张一嘉打开电脑，准备上网看看新闻。快一个月没有上网了，刚一打开，屏幕上就跳出新邮件提示的信息。打开，有八封未读的邮件，就一个个打开看。有一封是单晓晓发来的，是一段《十三钗之凤传奇》中她的表演视频。他反复看了几遍，觉得单晓晓的表演确实细腻、精准，就是觉得弹奏古琴的那一段戏，脸一直盯着手中的动作，缺少面部的特写，难以捉摸内心对音乐的配合。他就顺手回了一封邮件，把自己的小意见说给了单晓晓。

打开最后一封的时候，他吓了一跳，竟然是陈思维发的。看看日期，是五月五日夜十一点多的信件。

张一嘉赶紧打开。

一嘉：

虽然早就想从痛苦中解脱，但真正做出决定的时候，还是心乱如麻。仅仅给组织写一封遗书是不够的，因为最想说话的对象，还是你，我的丈夫。

这几年，把你折磨得不轻。我的身体的拖累，我的精神的反复无常，给你制造了很多烦恼和困窘。有时候，我还很恨你。觉得你为了所谓的事业，根本很少有耐心来关心我。后来想想，久病床前无孝子，更不要说一丈之外的夫君了。你有你的事业，你也有你的男人冲动，我不能给予的就不能阻止。更何况，你的事业心，你的男人性，很大程度上是这些年我培养出来的。所以，后期我渐渐平静了不少。我不怪你。我依然爱你，也相信你对我的爱，依然如当年。

在很多时候，我更觉得你是我一个长大了的儿子。这样想我就觉得会为你的每一份成就自豪，为你的每一次失败伤心，对你说教和指点的冲动，就会勃发起来。这样想的时候，我就觉得许多话没说完。特别是你目前这样的处境，我替你着急，也想帮你一把。更多时候，自己也很迷茫，为如何使你有勇气和智慧冲出这段困境，苦苦思量了许多。

前天晚上，我说了一些，有些话可能言重了，会伤你的自尊。但是，这些话不是无中生有的。比如，我一直觉得，关文水是你的救星，你的福星。你在最没有希望的那段时间，我从童盼那里传递过来的资料、信息里，认真研究这个男人，发现他不是那种市侩世俗的厚黑官僚。他是一个性情十足的男人，内心充满情义，而且很正派。这样的男人若能够驾驭世俗，忍受官场游戏规则，发挥理性的力量和智慧，必定能够成就大事。他身上有许多东西值得你学习、仿效。但是，你的底子并不差，许多方面甚至都有他的影子——我们女人的直觉有时是超越理性分析的，童盼能够欣赏并几乎爱上你和不可克制地爱上关文水，就是对你们共性的最好认同。只是，你还缺少他的气度和高尚。但是气度、高尚这些东西，是一种长性的品质和人生效用。对于急功近利的官场而言，这些东西也可以在某一时段用智慧和卑鄙来弥补和替代，假如生命就是一种功利的话。——开个玩笑，不要生气。

看到这一点后，我通过童盼有意无意向关文水传递了不少有利于你的信号，而且我自始至终把自己当成一个对他们的恋情不知情的人。包括我让你在月光下背着我到小区外散步，都不是完全无意的。作为妻子，我当然喜欢被丈夫背着走的那种享受；但它更是我为了你的未来所做的一个精心的小设计：我得知关文水喜欢晚上加班，每天晚上坐着车甚至步行，从这里回他的住所。你也许没有印象，好几次一辆市级机关小号牌的小车，在这里慢慢驶过，甚至在路边停靠，那就是我们崇拜的关市长，透过乌黑的玻璃，望见我们夫妻相依为命而感动后的迟疑。

我觉得这样做并不好，但是你对此一无所知，因而也不是为了这个才背我散步的，我的心也就安定了不少。在人潮汹涌的世俗社会里，一个人要寻找并实现人生的突破，并不容易。在事业的道路上，没有更高层次的人欣赏和提携，一个普通人每向前迈进一步，都如同无梯登天。而要赢得高贵者的欣赏和提携，首先要出色工作，做出成绩，其次要让人家了解你的追随之心和好的品质。我经常说，即便是坏人，他也更欣赏好人，如果同样的条件让他选择亲近和随从的对象，他肯定先选择好人。除非好人没有被他发现，除非好人对他追随得还不够紧。你前天晚上跟我聊天的时候，那样划分好人和坏人，也许是对的。至少是有相当大的道理的。但是我要说的是，那样的说法，不能用来指导人生。因为，被认为是那四种人中的任何一种，都很难符合现在用人的类型取向。在官场做人，更多的是要遵守规则和世俗取向，而不是尊重所谓的事实。而那些世俗学问，不得不靠学习和掌握高超的做人技巧来实现。

我提醒得不少了。祸兮，福之所倚；福兮，祸之所伏。你的处境最不利的时候，往往是最有利转运的时候，这是人生的二律背反。我相信，你的眼前出现了关文水，你的成功之舟已经开始启航。还有，记住：可爱的童盼。她是我最好的朋友，女儿的精神依靠，你的幸运女神。

如果这一步成功了，一定要记住，自己走得越高，就要把做人的境界提得越高。手段是暂时的、短效的，人品是长远的、无量的。

把女儿照顾好，培养成人。我希望她将来从事理工农医，不要走你这样的路。

亲吻你。

找个文化圈子以外的温性女人，结婚。

永别了！

你的爱人陈思维深夜含笑中

38. 开发

关文水在湖滨饭店的淮扬菜馆请张一嘉和顾东岳吃饭。

三个人吃得很沉默。

顾东岳想活跃一下气氛，在简单地汇报了一下干水近期的工作后，就岔到了大学时代，讲张一嘉和陈思维如何优秀，如何竞选学生会干部，如何恋爱。张一嘉的脸色越来越悲伤，关文水本来是饶有兴味地听着，见张一嘉脸色不好，就打断了顾东岳的话，说："老顾，你把你的好消息透一点给你的老同学吧，让大家分享一下。"

顾东岳看看张一嘉的脸，不想说。关文水说："你瞒着，也瞒不住了，市委常委会已经过了，已经送到省委组织部走程序了，没有什么出入。"

张一嘉一听，就顺着关文水的话，追问老同学。顾东岳就说了出来，原来是顾东岳被提名担任干水市市长。张一嘉心里一阵打鼓。关文水举杯祝贺他们两个，说两个才俊，最近都有了提升，该祝贺一下。张一嘉和顾东岳赶紧喝酒，并对关文水对自己的"提拔重用"表示感激。关文水摆摆手，说："东岳的事，我确实是起了作用的，东岳这人基层工作经验很丰富，这对干水这个落后县有好处。一嘉同志的事，我当然也关心，常委们也都认同你的能力。但是文化传媒这摊子也是人才济济，一合并摊子大了，职位少了，所以只能先争取进班子，希望可以发挥作用。"

"感谢领导栽培，我一定好好干。"张一嘉举杯说，"我原先所在的经济传媒公司，只是个小单位，这里舞台更大，今后会好好向班子的其他成员学，他们都是从市里主流媒体过来的，各方面经验和视野我都不及。"

正谈着，熊海东带着李天武进来。服务员赶紧加了两把椅子。关文水问熊海东怎么知道自己在这里吃饭，赶过来干什么？熊海东笑哈哈地说："市长大人，你三天两头上电视，走到哪儿，人民群众都盯着呢。我这听说了，哪敢不来敬个酒？现在见领导也不容易啊。"

熊海东大杯喝酒，并介绍李天武给关文水。李天武赶紧自我介绍是张一嘉的部下。张一嘉就向关市长补充介绍了李天武，说自己在经济台取得的那点经营上的成绩，完全就是眼前这个能人干出来的。李天武就站起来对关文水和张一嘉各敬一杯酒，鞠一个躬，说："报告市长，我们张总这个人，我服，有本事、正派，在他手下干活，放得开手脚。我就是冲着这一点痛快，心甘情愿效劳的。"

关文水赶紧表态，说自己早有耳闻。

接下来，熊海东和李天武就说，利用这个机会，代表张一嘉汇报一下原经济传媒公司经营开拓和桃荣公司投资桃荣贵宾艺术娱乐会所，以及参与省城公司投资电视剧《十三钗之凤传奇》的项目情况。关文水一边听一边只是点头表示认可，也没有发表什么口头意见，只是建议桃荣贵宾艺术娱乐不可走奢华路线，最好定位为大众艺术娱乐场所，不要服务小圈子，要面向所有人。可以做成大舞台和艺术品、艺术节目的消费场所，不要叫会所这样的称呼，最好叫得通俗一些，像万达文化广场这样的。当然，这个规模不能叫广场，但可以叫艺术岛之类的，反正就是一个岛嘛，意思很清楚啊。

服务员上餐后水果的时候，熊海东和李天武争着出去买单，关文水站起来制止他们。关文水说："我这是尽个人的心意，请东岳和张一嘉同志吃顿饭，都是淮扬家常菜，不贵，你们不要搅和，让我有表达机会，这也难得的。"说完，命令服务员拿走了他的信用卡去刷。

出了包间，熊海东见关文水进了卫生间，赶紧也跟过去，对关文水单刀直入地说一件事："市长兄啊，我现在难得遇到你，现在有个急事，想跟您汇报一下，看看有无可能关照一下我们企业。我们看中了老广电的几个下属单位倒腾出来的老办公楼地块，想开发。您知道，我们跟广电有合股公司，开发这些地块最有优势了。"

"我不太清楚这些情况，好像说是这些地块跟省城的一家大开发商早有合作协议。"关文水说，"你有兴趣的话，我可以了解一下，问问刘伯庭和赵如男。"

在回去的路上，关文水就给刘伯庭打电话询问地块的事。刘伯庭回答说，确实有一些老单位的地块，在新文化传媒的新大楼建成后全部可以腾出来，而且都在主城区。可是，这些地块的开发，赵如男总台长在负责，已经签给了省城公司，而且是当时许市长亲自过问并审批的。目前因为有不少部门还在里面办公，所以，暂时没有进入实质性开发。至于更详细的情况，刘伯庭说自己不清楚。关文水于是又拨通了赵如男的手机，赵如男一接到电话，就热情地说："关市长啊，您这个电话来得太及时了，我正在弄材料，准备近期向您和许市长详细汇报呢。我们具体的经营是潘得厚同志在抓，日后我带他到您办公室汇报。"

第二天一大早，赵如男就把潘得厚喊到自己办公室，告诉他关文水副市长关心开发项目的事。赵如男说："老潘啊，我的精力有限，又是女同志，这做生意的事，有许多不方便，还是您多抓一些比较合适。一些单位老楼地块与省城田总那边合作开发的事情，您要抓紧点。方便的时候，您跟黄书记先口头汇报一下进展情况，我也跟许市长吹个风。然后，我们再一起向关副市长汇报。"

"好的，好的。"潘得厚喜形于色，说，"我尽快跟姐夫说，他会支持的。只是规划局那边，请赵总打招呼。"

"这个没问题。"赵如男说，"早就通过许市长跟规划局长讲好了的，田总要帮干洲做出中国一流的城区示范高档住宅区，许市长很高兴。这是人家帮我们的忙呢。"

说完，她吩咐潘得厚想办法了解一下，谁还在打这些地块的主意。关文水这个过问，好像太唐突了一些。潘得厚走后，赵如男就去刘伯庭的办公室，简单地与他沟通开发的事。刘伯庭对与谁合作没有什么意见，只是怀疑在主城区搞住宅项目的合理性，特别是电台和戏剧学校，现在都在中心商务区，搞写字楼或者公益性的文化项目，似乎更合适一些。赵如男就解释说，这家公司做的住宅不是一般的住宅，是商住两用，就是适合主城区生活的那种设计，中国好多有钱人喜欢住市中心，这是城市优越性文化导致的不同于西方人的习惯。这种住宅全封闭、恒温、二十四小时热水，宾馆化的物业，不是我们理解的传统意义上的住宅。

赵如男还委婉地说，这些项目的确立已经经过了市主要领导的认可，即使我们自己要改，领导那边也不好交代呀。

这样一解释，刘伯庭也就表示不再有疑问，吩咐适当的时候拿出具体方案，在送市里汇报之前，先上总经理办公会议讨论一下。

"当然。"赵如男说。

两个星期后，关文水听了赵如男和潘得厚的汇报后，就打电话答复熊海东。熊海东在电话里遗憾地说："关市长，这样的地方搞住宅，显然开发商是为了追求利润最大化，但是这并不符合规划的科学性和合理性。他们不知道搞了多少黑交易呢，听说那家公司官商勾结，在各地大攫暴利。"

关文水批评他说："熊总啊，这话不可以由你来说，只要你关注这个项目，你就是省城公司的竞争对手。你可以列举自己的优势，但不要无凭证倾轧人家。"

"不好意思，瞎说了，市长见谅！"熊海东赶紧认错，说自己口无遮拦，该打，批评得好。

赵如男和潘得厚很快摸到底细：是荣中贵服装公司的"一撮白毛"老板熊海东手下有开发公司，该开发公司以原先与经济传媒公司有合作为由，试图进入文化地产。两个人就商量着，怎么处理掉这个半路出来的愣头青程咬金。潘得厚的最大心病是文化系统的直接领导关文水，是熊海东的朋友，熊海东在关文水任书记的时候，在那里投资建厂，支持了干水的发展，也就是支持了关文水的工作。听说，关文水也是一个念旧、讲情义的人。关文水如果出来顶着，还真是有些麻烦。赵如男则分析说，关文水不会深度插手这样的事情。管文化的市长是以抓社会效益为主的，文化事业做得好不好，他可以事无巨细地管，但是我们经营的子丑寅卯，显然不是大领导插手的范畴，他关文水这样的聪明人，不至于冒冒失失跳出来干涉。也正因为他是正派人，相信他也不会与熊海东有什么过深的利益交往，他犯不着为了一个民营企业家来粗暴干扰自己部下的正常工作啊。

经赵如男这么一分析，潘得厚觉得心理负担减轻不少，但回到自己的办公室，心里还是忐忑不安。他觉得最稳妥的办法，还是让那个姓熊的不要跳。他反复想了一阵后，有了一个主意，就又折回总经理的办公室，对赵如男说："那个姓熊的跟关文水的关系，我们姑且相信清白，但是，他跳出来争开发项目，还不是因为跟张一嘉李天武他们有合作，那他们的关系也很清爽吗？经济传媒去年年底，一口气出资几千万，还转让了桃园会，这么大的礼单给了熊海东，熊海东能不报答他们？仅仅是因为讨好关文水吗？用不着绕这么大圈子吧！"

"是啊，我也在怀疑呢。"赵如男兴奋地说，"那里面肯定有名堂，我们没法子查熊海东的公司，但是他与经济传媒合股的项目，我们有权审查啊！"

赵如男还对潘得厚重申了这个开发项目的重要性，特别是对潘得厚前途的重要性。赵如男说："刘伯庭不过是用来平衡人事的过渡人物，我反正是总经理了，好歹到位了，可你不能一直'常务常务'地'副'下去啊！"

　　其中的机关，赵如男不点破，潘得厚也心明如镜。他赶紧表态，常务副总就是老总的助手，帮助处理具体问题的。有什么骨头梗阻，再硬，我潘得厚也一定会磨牙上阵，不辜负老板的信任。

　　两个人嘀嘀咕咕，商量了半天，决定派集团新成立的财务审计部人员，对原先经济传媒的投资财务部、经营中心和桃荣公司进行审计。为了避免有针对性的嫌疑，潘得厚专门请原经济传媒副总老游吃了一顿饭，做了一些承诺，示意老游针对经济传媒盲目投资和转让桃园会，弄一份"检举信"寄给市长。果然，一个星期后，许市长就转来一封如此内容的举报信。该信言辞激烈地揭发原经济传媒公司老总张一嘉及经营负责人，明知即将合并重组，仍仓促将大量资金和优质资产桃园会变相划转给个体小老板，其胆之大、心之黑，令人发指。许之光市长在阅示单上批示：

　　请伯庭、赵如男同志阅。
　　原经济传媒的问题，以前就有反映。请审计核实后汇报给我。
　　集团刚刚成立，要把稳定发展放在首位。但暴露的问题也要认真对待，及时加以纠正。许。

　　接到市长批示，刘伯庭一开始不主张兴师动众，成立什么专门审计小组，进驻原经济传媒的投资体。建议由他代表集团党委与张一嘉谈一下，先了解一下情况再说。赵如男和潘得厚一致反对，认为这样轻描淡写地处理许市长的批示，既不能了解真相，也不能"帮一嘉同志洗刷自己"。刘伯庭一脸不高兴，说："我不会去包容腐败，但是一嘉同志是我们班子中的一员，家里又刚刚发生那么大的事，我们这个时候背着他去查他的手下项目，咱们内心过得去吗？"

　　潘得厚不敢再声辩，就用目光向赵如男求援。赵如男和颜悦色地对刘伯庭说："刘书记啊，我们其实跟您的心思是一样的，我们相信张一嘉肯定没有任何问题，所以才决定落实市长指示，做审计的。但是张一嘉的那些手下，可不是什么等闲之辈，像李天武等人，被群众举报的次数太多，太让领导操心了，如果缺少适当的控制和警示，很危险，会连累死张一嘉。而且张一嘉现在也是集团领导，且不分管这一块的工作了，今后如果这一块事业继续发生什么事，就是我们整个现任班子的责任了，而且你、我和老潘，要承担主要责任。"

刘伯庭一听，哑口无言，就同意成立审计小组。但他强调：一、对事不对人；二、一人做事一人当，不把责任上移。

赵如男和潘得厚表态："当然，当然！"

39. 双截棍

新文化传媒财务部的会计张玲是一个三十四岁的少妇，白皙丰满，性感迷人。她被抽调到审计小组进驻原经济传媒下属单位的第二天，上午正在跟小组的其他三位成员一起查账，忽然接到陌生电话。一个鼻音很重的男人，在电话里请她下楼拿一份重要文件。张玲下楼后，被陌生男人喊到一辆黑色桑塔纳轿车里，左右两个男人把她夹在后座的中间，司机就发动车子飞快地离开。张玲在车子里叫起来，问怎么回事。

"鼻音男"掏出一本绿色封皮带徽章的证件，向她晃了一下，严肃地说："张玲同志，我们是市刑侦局的，要了解一起案子，与你有关，请你配合一下。"然后，命令她把手机交出来。

"我天天上班下班，有什么事啊，犯什么法啦？"张玲交出手机，吓得哭起来。

"鼻音男"不高兴地说："张玲同志，拜托你不要这样激动，安静些，让我打个电话。"

"鼻音男"拿着自己的手机，跟别人通话，好像是吩咐手下把什么材料送到传达室。不一会儿，车子经过市公安局大门口的时候，停了下来。"鼻音男"下车进了公安局的传达室，过了片刻，拿着一个牛皮纸大信封，出来上了车。

四十分钟后，车子在郊区的一个小宾馆前停了下来。两个男人带着张玲，径直进了二楼的一个套房。房间里烟雾缭绕，另外两个男人抽着烟，坐在一张长条桌子后面，等他们。

张玲被安排在那张长条桌子对面的椅子上坐下。对面的男人大拍了一下桌子，指着张玲的鼻子，骂道："我看你，长得漂漂亮亮，竟干出那样的龌龊事，你对不起丈夫对不起党！我看到你们这些腐败分子，就想拿枪直接毙了！省得浪费我们的口舌，浪费牢饭！"说着就站起来，右手往腰里掏。

张玲吓得"哇"地哭起来。

"鼻音男"和他身边的人赶紧上来，按住他说："刘警长，别冲动，我们按程序来。"

然后，他又为张玲拿了一杯水，和气地说："请原谅，刘警长这人疾恶如仇，脾气不好。请你不要紧张，如实回答我们的问题。只要你配合我们，据实陈述，并澄清自己，与本案无关了，你很快会被送回去，继续你的工作，什么都不会影响的！"

张玲边流泪边点头。刘警长就气呼呼地问："张玲，我们长话短说。有人揭发你与原电台台长潘得厚有不正当的男女关系，而且共同利用公款旅游、玩乐。"

"什么呀？谁这么栽赃我？胡说八道。"张玲气愤地站起来。"鼻音男"上来，把她按回座位，再次好言好语地安抚了一通。

"无风不起浪，人家有证据。"男人从"鼻音男"手中拿过那个牛皮纸袋子，抽出一份文件看了看说，"去年春天，你们一同去了界县，晚上在山里的度假村入住。"

"那是集体活动，我们台组织的交通广播千里行，我不过是一个随行会计，这也犯法吗？"

"是不是潘得厚带的队，另外还有三名男记者？"

"是啊，我说过是集体活动啊。"

"张玲同志，我告诉你，在接到举报并立案侦查后，我们才正式传唤你们的。三名记者我们都审问过了，他们都诚恳地交代了问题。他们承认当天晚上，集体参加当地接待单位安排的宴请和娱乐活动，并带小姐回房间嫖宿。他们也都揭发了潘得厚组织了这次活动，与他们一起唱歌，然后提出大家一起带小姐回房间。一个小时前，我们审问了潘得厚，他矢口否认，说晚饭后就没有跟记者在一起，他最有力的证据就是你，他说你可以证明他一夜是清白的。现在，你应该明白他这句话的意思了吧？"

张玲又一次跳起来，说："我是个女同志，我怎么证明他们清白不清白？我又不可能参加男人那样的娱乐活动，除非我是个同性恋。"

"我们也奇怪啊，可你们台长说，你可以证明他一夜清白。言下之意就是他一夜都跟你在一起。"

"他胡说八道！"张玲再次哭起来，"他这人怎么这样说话？太不要脸了。我一个人在房间看电视，半夜听到他们回来，确实听到女人喧闹和高跟鞋的声音，我以为是服务员呢，谁知道他们竟然干这种丑事，一群不要脸的流氓。"

几个男人到一边交换了一下意见，再过来时，脸色和悦了很多。刘警长说："我们相信你刚才说的话，但是我们要对你的名誉和家庭负责任。现在就看你愿不愿意举证了。为了防止别人栽赃你，给你造成不必要的伤害，我们要你写一下当天晚上的情况，特别是听到小姐声音那段，最好再明确一些。比如，你可以说，你听到声音后好奇，从猫眼里向外看，发现潘得厚和记者一人带了一名小姐走过……有了这些细节，这样你才能撇清。否则，别人宁可相信你们台长的说法。我相信，退一万步讲，即使你跟潘得厚有不正当关系，你也不愿意牵扯到这个肮脏的事情中来。"

"谁跟他有不正当关系啊？"张玲气呼呼地说，"我张玲不是这种不要脸的人！"

张玲接过笔和纸，一口气写完。四个男人看了，很满意。都过来跟她握手，说警方感谢她的配合，并表示会为她保密。然后，安排司机送她回去，继续上她的班了。

同一天，另外三名交通频道记者也被以类似的方式带出来，交代。只是说法上有所不同，认定自己不情愿参加娱乐活动并带小姐，但是台长带头并要他们"有福同享"，他们也不敢违背，否则觉得自己太卑劣，有抓证据坑害同行的嫌疑，所以就"顺水翻船"了。有一名记者，可能正好闹肚子，真的吓得拉了一裤子。

晚上，经济传媒公司的小美给她聘请的"地下侦探"，所谓的"刘警长"付了四万元钱，感谢他们高效率把这件事情搞定，并拿到了这些材料。饭后，她把材料到街面上的一个小文印店复印了几份，一起送给李天武。

40. 告吧告吧

李天武见张一嘉办公室的门虚掩着，就直接推门进去。可一进去看见童盼正坐在办公桌对面的沙发上抹眼泪，就想退回去。张一嘉招手，示意他进来。

童盼站起来，要告辞。张一嘉对她说："童盼，感谢你，感谢公司里所有的女同志，这段时间对陈思维，对我，特别是对清清的关心照顾。你们也不要为陈思维难过，是她自己要解脱身体痛苦，这没有人能帮得了她啊！更不要担心我，我一切很好。"说完，从座位后面提出两个大广告袋，说里面是别人来看望自己带的一些巧克力之类的零食，自己不吃零食，请童盼带回去，给姐妹们分分。

童盼接过袋子，说："那我们去看清清的时候，带过去给清清。"

张一嘉吩咐说："太多了，大家一起吃，否则要过期了，天气这么热。"

李天武问童盼新工作怎么样。"没有什么事情干，比过去闲呢。"她说，"自从合并后，不让各个单位、各个频道单独买卖内容，所以内容这一块业务，谈不上能产生什么新作品，也谈不上外供谋取利润，自己频道和网站的内容更新也不活跃，所以点击率和收视率都比以前有所下降。现在靠姜萌和我撑着一个自创内容的视频栏目，电视频道和网站视频频道，一些好文艺时段基本上在变相盗播外国电影，夹杂老电视剧和广告；过去经济传媒承办的电视和网络频道，基本上播出时间内都在卖您李总的电视直销产品，增高的，隆胸的，减肥的，壮阳的，还有山寨电子产品，就这些玩意儿循环播。既不让单独买片子，又没有独创新栏目，把我们打造了那么好的经济载体全给糟蹋了。我们闲在那里干着急呢！"

三个人议论了一通最近的经营情况，都觉得没劲儿。

童盼走后，张一嘉对李天武说："他们纷纷来告状，但我现在也没办法。王友友在那里当总监，目前总监形同摆设，总公司不让他们有节目上的自主权。赵如男这个人很勤奋，管理做得也很细致，连手下记者出去采访，打车的费用，总监都没有权批准报销。赵如男每天加班，亲自审核这些零碎的票据。我就不明白，这么大的集团，靠这种细致入微的克勤克俭能办好吗？"

"我也有一肚子气呢。"李天武苦着脸说，"现在疯狂到组织专门小组审计我们过去的账目了。现在经济传媒这块业务，尤其是我经营的市场这一块的队伍，人心惶惶。谁经得起这样整啊？那些广告，容易拉吗？不给回扣，不打点擦边球，谁到媒体上烧钱啊！还有我们桃荣公司，人家是民营控股，他们硬是要进来审计，说我们为了批项目公关的花销，全是违反财务纪律和违法的。现在熊海东很生气，他派进的财务总监，已经气得回荣中贵集团，不肯来上班了。我那里眼下全乱套了。"

张一嘉一听很急，就要去找刘伯庭董事长。李天武拉住他说："这一阵子，我本来不打算增加您的烦恼，但是这样的事态任其发展下去，后果不堪收拾。您也不要去找刘伯庭了，我看他是个老蔫儿，驾驭不了他们，就是想帮我们，他也使不上劲。我们还是自救吧。"

"怎么自救啊？"张一嘉为难地说，"我现在在总公司，使不上劲儿的。"

"化被动为主动呗。"李天武把门反锁了，从自己的提包里掏出了一大堆文字材料，还有光盘，说，"我们掌握了潘得厚带头，组织集体嫖娼的第一手材料，加上去年搞到的赵如男和许之光的吃喝玩乐录像，一并寄到省纪委和省委宣传部去，把他们扳倒算了。婆婆妈妈的，只能长人家威风，灭了我们自己的志气。"

两个人把材料仔细研究了一遍，发现材料确实精彩。可张一嘉还是不同意，觉得这样做是搞人，不是干事业，不太地道，也不太高明。

"是不太地道，"李天武急了，说，"但这是天道，我们替天行道。他们这样弄下去，不光毁了我们，他们是在毁掉整个干洲的广播电视事业。"

张一嘉站起来，在屋子里兜圈子。

李天武气咻咻地说："您现在也不是我的直接领导，您就当不知道，我也没有义务听您的安排。我自己干，跟您没关系。"

"你不要说气话。"张一嘉问，"难道没有更好的主意了吗？再说，这些材料在省里转来转去，不知要多长时间才起作用呢，管得了我们的燃眉之急吗？"

这话也让李天武愣住了。

两个人面对面，沉默了老半天。张一嘉说："你先把那些材料收好了，我晚上回去想一想，给你打电话。"

李天武一直等到下半夜，都没有敢关掉手机。一直到三点多钟，才收到张一嘉的信息：

"我在你的小区大门外，一起去吃夜宵。"

李天武赶紧穿了衣服下楼，出小区，见张一嘉自己开着车，停在大门对面的马路上。李天武上了车，问张一嘉想吃什么。张一嘉说，先说事。就吩咐李天武，如何如何。李天武不解，问："为什么只搞一个，而且是小的？"张一嘉说："我不想让你把事情做得太绝，太冒风险。现在不是谁该搞，谁该不搞；谁容易搞，谁不容易搞；谁的后台大，谁的后台小的问题。风险系数和命中率才是最重要的。"

"我有点不明白，我觉得赵如男这人更可恶。"

"人家那是生活纪律问题，万一只伤人家的皮毛呢？许这个人现在玩得很大了，也比较了解我们。不要忽视了，他们通过广电的那些土地，跟省里的高层握上手了。要不然能跳过常务副市长这道坎，连常委都不是的副市长直接当行政一把手的，全国见过几个？"

李天武不以为然，说："那黄汉平本来都要去政协的，怎么直接升了书记，这不是玩得更大嘛！"

"这不一样。"张一嘉说，"黄汉平八成靠的是口碑、人品、资历和机遇，一一俱备。不是出了什么高招。这与姓许的情况完全不同。所以，这种事，宁可找黄汉平这样的突破口，不要轻易招惹许之光这样的！所以，你征求我的主意，我就建议把赵如男的材料先压在箱底，尽快把潘得厚的材料直接捅到黄汉平那里去，我们赌黄汉平正派，可能会大义灭亲。"

"我觉得这样风险更大。"李天武担忧地说，"人家是亲戚啊，黄汉平又是可以在干洲遮天的一把手啊。不过，我听您的。"

两个人商量完，就去市区美食街，找通宵餐厅吃饭。车子刚开出去几分钟，李天武突然手指右前方的人行道，示意张一嘉的车子慢点开。李天武兴奋地说："你看你看，那不是童盼吗？几个小时前才从你办公室出去，怎么身边多了个男人，变的什么戏法啊，哈哈。"

张一嘉慢下速度，发现昏黄的路灯下，果然是童盼挽着一个男人的胳膊，慢慢地向前走着。张一嘉不看也知道男人是谁。他想都没有想，立即猛踩油门，车子轰鸣着蹿出去，一下子把他们甩在远远的身后。李天武急得都要跳出去了，说："快倒车快倒车，我还没有看见那个男的呢。新大陆啊，新大陆。"

张一嘉不理他，继续踩油门，说："李天武你无聊不无聊啊，都什么时候了，还有心思关注人家的私生活。"

"童盼可不一样，我得看紧点。"李天武有些沮丧地说，"这么优秀，嫂子走了，我正想着当个媒人，把她介绍给您当媳妇呢！"

"呵呵呵……"张一嘉笑起来，说，"那样啊，人家还不怀疑我早有预谋才怪呢，至少也要弄一个'国企领导与女主播生情，合谋逼死结发妻子'之类的小道新闻，我消受不起。"

李天武也坏笑起来，说："大哥你现在是如狼似虎的年龄，就这样空闲着，时间长了身体会坏的，这也不是办法。我得在手下中给你物色一个，不当老婆，先悄悄过过生活也行啊。咱们做下属做兄弟的，对领导，对大哥，也要进行人道主义关怀啊！"

"李天武啊李天武，你让我爱还是恨呢？"张一嘉叹了一口气，说，"你怎么尽是歪点子呢，想事情能不能多从正道出发啊？"

"爱，必需的！"李天武嬉皮笑脸地说，"歪点子，有时候恰恰能解决正道上的事啊！歪打正着！"

两个人一路胡说着，转眼到了美食街。找了个火锅店，弄了一箱啤酒，开着空调涮小肥羊，喝啤酒。一直喝到天亮，两个人才出来。李天武不让张一嘉酒后开车，张一嘉就把车子丢在停车场，打了一辆滴滴快车，直接去了公司。一到办公室，就给童盼打电话，是关机。十一点之后，电话才打通，张一嘉让童盼立即到他办公室来。

童盼睡眼惺忪地来到张一嘉的办公室。一见面，张一嘉就说："童盼，你辞职手续办完没有？办完了赶紧离开干洲，去你的上海。"

"什么什么，你把我叫过来，就是急着说这个？"童盼不解地望着张一嘉，"张总你什么意思啊？上次来辞职，你气得居然对我动粗，可现在又迫不及待赶我走。"

张一嘉就把夜里看到的事情跟童盼说了。童盼说："这是我的自由，关文水是单身，我一个姑娘家，怎么不能跟他谈恋爱啊？我已经做得像个鬼似的，难得跟他约个会，还都是深更半夜的，怎么像回到了万恶的旧社会呀！"

"等传出来，你就知道后果了。"张一嘉说，"你别任性，我这是对领导负责，你的死活不关我的事。"

"好啦好啦。"童盼说，"要不是为了清清，我怎么可能赖在干洲呢？我原计划是今年考研的。"

"不要管清清了，她必须学会独立承受一切，面对现实，尽快长大。"张一嘉说，"你赶紧离开。下次约会，可以在南京上海杭州甚至月球上都可以，就是别在干洲。你没有领教到，越小的地方，道德的鞭子越粗！回去把这话说给你那个心肝关市长听吧。"

童盼说："我就是放心不下清清，能不能让我带她到上海去上学？放在这里，谁照顾她？我想好了，我外公外婆在上海，房子还挺大，我跟清清一起住。我边复习边照顾她的生活。附近正好有一家民营外国语学校，在上海是数一数二的好学校，我负责帮清清转学进去。"

张一嘉说："别折腾了，这样折腾，人们保准怀疑清清是我们俩的私生女呢！"

周末的时候，天上的雨如同浇灌，童盼和姜萌冒雨开车去寄宿学校接清清回家。清清还在担心爸爸的心情。童盼就对清清说："我也担心你爸爸不能从悲痛中解脱出来，可这两天见到他，状态还好，也就放心多了。你就安心弄好自己的功课，不要让爸爸担心你就行了。"

清清乖巧地点点头。

"你跟我去上海好不好？"童盼抹着清清头发上的几滴雨水，"我想把你转到那里去上学。"

"上海？"清清迷惑不解地看着童盼。童盼就把自己辞职考研究生的事告诉清清。清清说不去，然后就流眼泪。姜萌就上去拉着清清的手，说："童盼姐姐也就是临时离开一段时间，一两年之后，你考到复旦大学去，你们不就又到一起了吗？还有，这里还有姜萌姐姐我呢，别担心啊！"

第九章　良心啊良心

41. 姐夫

　　进驻原经济传媒公司下属单位和合股企业的审计小组一行四人工作了一段时间，负责人张玲突然提出来不干了。新文化传媒集团常务副总潘得厚把老部下找过来谈话，见张玲眼睛充满敌意地看着自己，心里很是疑惑，就问她为什么不干了？张玲答非所问，恨恨地说："栽赃，整人，没有什么好处。"

　　潘得厚不高兴了，说："你这是什么话！什么栽赃，整人？这是根据群众的举报、市领导的指示和集团会议的集体决定开展的反腐败工作，怎么到你这里反成了我们整人？你脑子坏了吗？还是拿了人家好处？"

　　"不知道谁脑子坏了呢！"张玲眼露鄙夷不屑的目光。潘得厚勃然大怒，拍着桌子，指着张玲的鼻子训斥起来："你干什么你，干了几天审计，就回来跟集团领导叫什么板，谁招惹你了？你把话说清楚，不干可以滚蛋。"

　　张玲站起来，把一张请假条摔在潘得厚的办公桌上，说："我身体不好，医生建议休息一段时间，你另外派人吧。"然后，就气冲冲地离开了潘得厚的办公室。

潘得厚看着请假条，非常纳闷，就把集团人力资源部的主任喊过来，吩咐说："张玲突然说自己病了，要休假，我怎么感觉她是装病。你们查一查，是真的病了还是装的。如果是装的，我要严肃处分她，看谁给她灌了迷魂汤。另外，你们赶紧再抽调一个作风正派、业务能力强的财会，去顶张玲的位置，审计工作不能停，市领导等结果呢。"

主任走后，潘得厚就去敲赵如男的办公室门，见刘伯庭正在里面说话。潘得厚就说："正好两位领导都在，我报告一下审计小组的事，有点情况。"潘得厚就说了张玲"罢工"的事。刘伯庭就说："走个过场算了，各家单位刚合并过来，本来就是硬捏到一块儿的，这样一弄人心惶惶的，更不利于稳定。"

潘得厚就拿眼睛向赵如男求援，赵如男就笑着说："刘董事长的建议很有道理，比我们看得远。我建议像那些合股公司什么的，就先不要去查了，成立时间短，又是民营控股的企业，确实一查之后牵动的面太广。我们就查一个源头吧，把原先经济传媒公司的广告经营中心和综合市场部账目弄清楚，就可以向市领导交代了。"

既然赵如男这样表态了，刘伯庭也不再说这件事。于是，接着刚才正在跟赵如男商量的话题，就是关于省传媒学会下周要在江西婺源召开一个迟到的年度表彰会，干洲新文化传媒集团作为协办单位的事项。赵如男建议刘伯庭亲自出席，她说："这么重要的行业会议，我们又是协办单位，要坐主席台，要讲话，还是刘董事长出席比较合适。班子成员可以再去一个，您点人吧。我在家里看门。您就放心去吧，正好见见老领导陈厅长，把我们干洲文化特别是商业电视这块的新成绩，好好给老领导汇报一下。"

"您就是偏心，一说就是电视。"潘得厚笑着说，"我们广播难道就没有成绩啊？您看交广网，一个频道年销售都过亿了。"

"你看你看，强扭的瓜不甜吧，刘董事长您刚才讲得一点不假。"赵如男哈哈大笑，"大家都敏感得很，我们小潘台长都当新媒体集团领导半年了，还是屁股坐在广播上，指挥脑袋呢。"又说："我建议就让小潘总跟您去参加传媒学会的会议，省得他老是从广播里抬不起屁股来。"

"得厚去当然好。"刘伯庭说，"可这次会议是我们协办，但赞助经费是当时的经济传媒公司出的，张一嘉不去不合适吧？"

"您看您看，咱们老局长也是拐不动弯子啦。"赵如男又笑起来，说，"我可不敢给领导提意见哦，怎么大家动不动就把人往过去划，都总公司总了半年，新集团新了半年了，还贴着过去的身份标签？张一嘉主席可是集团的主席，不是经济传媒的主席啊。不过，我同意刘书记的意见，张一嘉去也很合适。"

三个人说说笑笑中商量完了这件事。

刘伯庭离开赵如男的办公室，潘得厚就讨好地对赵如男说："老刘还真蛮谦虚的，凡事都来向您报告。啊呀，我真不敢想象，如果没有您这样的行家里手当家，这一烂摊子谁担得起。"

"也不能那么说。"赵如男说，"我没有你帮衬着，也搞不过来。集团里除了你我，从刘董事长开始，其他成员都是外行进来，我们得多担当着点。"

两个人又回到审计的话题。潘得厚说："你看这个经济传媒过去多随便啊，说赞助就赞助人家开会了，简直是拿钱不当钱。"

赵如男说："让他们花钱买吆喝吧，小儿科，我们不要去议论人家。"

接着，两个人商量，如何建立集团三产经营大财务，如何统一扎口管理各家媒体的广告播放，以及清理并重新确定节目制作和广告代理的合作公司。潘得厚表示，马上组织人搞一系列方案，报集团总裁办公会议讨论确定并尽快实施。赵如男又吩咐："还有一件重要的事情，就是广电倒腾地块的事，要抓紧落实。我们一边搞新的传媒大楼，一边就应该让人家进入老地皮，开始实施开发项目，不能因为我们这种国企拖拉作风，影响了人家民企的高效率。所以，集团要尽快成立建设开发办公室，来管理运作这件事。"

"这确实是一件大事。"潘得厚说，"我们不能光顾着自己发展，影响人家开发。"

"建开办，这将是集团下一步工作中最重要的部门。"赵如男说，"我建议你这个常务副总来挑这个担子。"

"干活我可以，但路子赵总您要引。"潘得厚说，"我当个常务副主任吧，主任还得赵总来兼。不然，我可担不起，压力太大。"

"最好你来独当一面，反正挑大梁也是一两年的事。"赵如男说，"最终方案，我们还要让刘董事长来拍板。"

潘得厚笑眯眯地离开了。一个星期后，这些方案就全部搞了出来。这时，正好刘伯庭和张一嘉去了婺源开会。

赵如男和潘得厚就先研究这些方案，并在方案的基础上细化出一个操作日程。这个周末，赵如男又特意打电话邀请老战友、省委组织部的金处长和省城开发公司的田晓地总裁，一起到干洲来度周末。星期六晚上，赵如男和潘得厚又以宴请金处长和文化开发投资商的名义，把市长许之光邀请到宴会上。

饭后，赵如男和潘得厚就商量着，明天是否请黄汉平书记出个面。潘得厚担心"姐夫"不肯参加这种不是特别正规的"公务活动"。赵如男就提醒他说："可不要把田总看成普通的商人。再说，还有金处长在呢，你姐夫应该知道，他这个书记来得可是喜从天降般的意外，这降喜的天，还不就是省委组织部吗？"

见潘得厚还是没有信心，赵如男就说："你去试试吧，能来更好，不能来也算是我们表达了自己的敬意。这省里有重要人物来，我们不报请书记，就是我们的失职了。"

潘得厚就立即去黄书记家。黄书记还没有回来，听说在市委郊区的一个招待所，接待陪同北京来的院士考察团。潘得厚坐在客厅的沙发上等候的时候，看到沙发面子上裂开好几道口子，靠沙发脚的地方，也有好几处破损，就说："姐啊，沙发这么破了，哪像姐夫这种身份的领导的家啊？改天我去买套真皮沙发来换了。"黄汉平的夫人连忙说不用不用，并起身到黄汉平的书房里拿出一个大信封，说："小弟你正好来了，我想起汉平交办的一件事，正要找你。"

信封放到潘得厚面前的茶几上。潘得厚一看傻了眼，说："这是什么意思啊，姐姐？"

"这些钱，你姐夫说是支付广播音响的费用。"黄夫人解释说，"你姐夫一辈子都是吃文字饭的，新闻阅评，写东西，讲课，审阅广播电视节目，这一切都是他的本职工作，国家的工资就包含这些报酬了，所以一般不能额外拿。出国费用都是公家处理的，所以也不能拿补助。他说，勉强可以拿的，就是在你们杂志上发表的七篇文章，其中五篇是纯理论文章，可以拿一点稿费，两篇讲话稿就不能拿稿费了。这些钱正好可以折补差你送来的那个广播音响的钱。"

"这是，这是干什么啊？姐夫这样让我怎么做人啊？"潘得厚哭丧着脸说。

"你这娃子，这是纪律，你要不拿回去，你姐夫不把我给休了才怪呢。"黄夫人说，"他这个人，你别看他软柿子的样子，骨子里犟得很，你姐跟着他处了大半辈子了，才算看懂这南方佬，都这个样儿，看起来软绵绵，其实性子硬邦邦呢。"

"可是这广播音响，是我们统一安排给领导的，不值钱的。"

"啊呀，他做事可认真，认真得你姐头都大了！"黄夫人无可奈何地说，"他一直怀疑这个音响的价格，春节放假利用陪我上街买东西的当儿，看国美商场的电器，就发现了这个是什么名牌音响，看上去一点点大，可还挺贵，要万把块呢。本来他想把五篇文章的稿费扣下来的，但一看这个音响的价格，就说，算了，万把块，稿费正好抵广播钱，再补几千块，你给小潘把账算清楚了。就这样的。"

潘得厚还想争辩，黄夫人制止他说："小弟，你可千万别争，不然下次我都不敢给你开门了。快把东西收起来。"潘得厚只好把信封装进手提包。

又等了半个小时，黄汉平才回来。没想到是秘书和驾驶员两边架着进来的，原来是喝多了。黄夫人很生气，说从来没有这样过，今天怎么回事，居然喝多了。秘书赶紧解释，说黄书记也没有想到那些院士那么能闹腾，而且一个个性情中人，酒量也大。黄书记今晚与他们谈得很投机，不知不觉就把自己放倒了，也把院士放倒了好几个。

黄汉平坐定了，才发现潘得厚站在自己身边，喊他姐夫，给他递茶。黄汉平向秘书和司机摆手，让他们早点回家。

随从走后，黄汉平就批评潘得厚说："小潘你别跟我人前人后'姐夫姐夫'地喊着，这样对你不好。"潘得厚哈着腰，赶紧认错。夫人就怪黄汉平说："秘书、司机和得厚，都是自家人，一本正经干什么，你们就不兴有点人情味！"

"这跟人情味无关。"黄汉平瞪了一眼老婆。可能是身体严重不适，欠着身子，要吐。

潘得厚连忙起身把屋子角落的垃圾桶拿过来，放到他脚边。

折腾了半天，黄汉平才平静了一些。问潘得厚来家有什么事没有。潘得厚就汇报了省委组织部金处长和开发广电置换地皮的省城田总来干洲的事，希望书记能参加明天中午的宴会，他们明天下午就要回省城了。

"不要你们单位请，我来让市委接待处安排，请他们吃饭。"黄汉平说完，就给市委秘书长打电话，吩咐宴请的事宜。秘书长问："市里都有哪些人参加？您是否参加？"黄汉平说自己不参加，明天要全程陪院士们考察，让秘书长请许之光市长或者关文水副市长出面，与新文化传媒集团的负责人一起招待两位客人。

潘得厚赶紧插话说，许市长已经在今晚请过他们了。

黄汉平斜了他一眼，放下电话，去洗手间。

趁着这个当儿，潘得厚焦急地对黄夫人低声说："姐啊，我们不是请不起这顿饭，让姐夫出面，完全是我的一个意思。自家人我就不绕弯子了。那个省城来的田总，父亲是省委组织部的田部长；金处长是考察咱们干洲干部时的领队，为姐夫也没有少用心。他们走到全省，哪个市不是一把手争着请吃饭？"

黄汉平上完厕所，出来问两个人嘀咕什么。夫人就把潘得厚刚才话里的要害，换个语气说出来。黄汉平说："我不是让秘书长安排了吗？礼节到了就行了。没有你们说得那么夸张。"

说完，就不谈这个事了，询问潘得厚老婆孩子和老家亲人的情况，潘得厚一一回答。黄汉平又提醒说："市里许多干部把孩子都送出国上学，这个意识很好，读万卷书，行万里路啊，但是开销太大，给孩子的教育投入太大，家庭负担太重，领导干部容易想钱。最近，纪委两规了市建设局的一位副局长和湖滨区的常务副区长，都是孩子在国外读书，想钱，加上自己手中权力大，拉拢腐化他们的人整天排着队接近他们，他们就把持不住了。你们可要吸取教训，警惕些。文化系统不是什么金银满地的地方，但是这两年集中改革，混乱时扫扫地，也是有碎银子可以捞的，别犯错误。"

"是是是。"潘得厚诚恳地说，"我们经常加强这方面的学习教育，目前还正在建立财务和审计管理制度呢。再说，我们这些人现在走企业化管理的路子，集团领导参照企业拿年薪，收入完全够孩子们上学用了。"

从黄汉平家出来，潘得厚累得满头大汗，赶紧把明天中午安排的情况给赵如男汇报一番。赵如男那边正歌舞升平，声音一点也不清楚。潘得厚就给赵如男发微信，赵如男回信说："这样也好，市委请，争取让关文水参加，也好让他明白文化开发这事儿的要害，断了他姓熊的朋友的想头。"

42. 上访

星期一一大早，潘得厚刚进办公室泡了一杯茶，拿了两个大肉包子，正准备吃早点，十几名来自原经济传媒下属单位的职工吵吵嚷嚷地进来，很快堵满了他的办公室，有的还在楼道上贴小字报。他们是来要说法的：为什么只对原经济传媒系统进行审计？群众觉得原电视台、之路广播电台更腐败。甚至广播电视的发射中心一年也能吃掉上百万的经费。这些单位怎么不去查一查？是不是集团领导出自这些单位，心中有鬼？给大伙说说清楚。

有人上去一把抢了潘得厚的肉包子，吃起来。整个楼里都被惊动了。集团办公室主任是原先赵如男的办公室主任，一看这个架势，赶紧给赵如男打电话。赵如男正在上班的路上，眼看到单位的大楼了，接到电话立即让司机掉头，把车子拐进一个小巷子停下来，坐在车子里了解情况。办公室主任在现场不断向她报告事情的进展。

潘得厚把桌子拍得啪啪响，说："谁指使你们来的？你们是不是要砸自己的饭碗？知不知道冲击国有单位正常工作，是多么严重的政治错误！"

那群人并不理这一套，反驳说："小潘大老总您吓唬谁啊？现在群众觉悟高得很，我们这是维护自己的利益，用不着谁指使。当我们是小学生啊！你也别拿政治吓唬人，我们难道是外人？大家吃的是一锅饭。"

"你们这不是挑战总公司领导，你们是挑战政府！"潘得厚的声音震动整个大楼，"这是市政府主要领导批示查办的问题，谁胆大包天敢干预，谁就是腐败帮凶，是犯罪，无知！"

有人一听潘得厚这话，嚷嚷道："小潘大老总，你是说这是市政府领导的指示？好啊，是他们让集团搞这种不平等审计的？"

他们吼着，要潘得厚拿证据来。潘得厚就命令办公室主任把许市长的批示复印一份过来。办公室主任在人群后面，急得直摇手，示意不可以。他的小动作被大家发觉，大家就围着办公室主任问什么意思？办公室主任赶紧说："没有，好像没有批示，我从来没听说过这事。要不，我去查查。"就慌忙溜回办公室，关了门给赵如男打电话。赵如男叮嘱说，千万不要把事情扯到市政府头上，更不要把领导扯进去！

放下电话，赵如男急得直骂潘得厚蠢货，说话简直不带脑子！

这边，潘得厚的话果然发酵了闹事效应。有人提议，既然领导说是政府的责任，我们干脆到政府去，找许市长给个说法。说完队伍就撤退，人们蜂拥下楼。

办公室主任给赵如男打电话，告诉她这群人正骂骂咧咧地撤退呢。赵如男问他们骂什么？主任说要到政府去闹呢。赵如男一听，知道惹事了，一边吩咐主任拖着他们，一边让驾驶员赶紧往单位开。

汽车与人群在大门口相遇。赵如男跳下车，笑着跟大家打招呼，问大家什么事？能不能到办公室喝杯茶，坐下来慢慢说。人们说："不麻烦你们这些领导了，潘大老总已经给我们指明了责任和道路，我们找市长说理去。"

"大家都是自己人，给我一个面子。"赵如男说，"小潘总脾气不好，可能没有把问题说清楚，我保证能给大家一个说法。"

一群人商量一番，就跟着赵如男去了她办公室。

双方沟通了一阵，大家的情绪渐渐平静下来。赵如男说："既然群众对这件事情想不通，我个人认为这件事本身肯定就有问题，至少有误会，说明总公司管理层与群众的沟通不畅通。"赵如男进一步说："这首先是我的责任，因为我是总经理，是这里的法人代表。我向大家先做检讨。同时我先表态，审计工作是总经理办公会议的决定，不是哪个个人的主意，更不是政府的要求。政府不会对一个单位管得如此细。集团成立之初，市委市政府和宣传部、文广局就明确，对我们放权、放手、放心，让我们作为独立法人，充分自主。所以，没有特别大的原则性问题，我们很少去找市领导。我相信大家理解我们这些当家的心里的小九九，有几个媳妇喜欢没事勤找婆婆的？"

她的话让其中几个人笑起来。

赵如男请大家坐下，说："你们不坐下，我也只好站着说了。"说完，站起来继续说："最近，我们也是接到群众举报，说原先经济传媒的一些下属单位，存在经营漏洞。大家替我想一想，是不是遇到这类举报，我们应该视而不见，不作为呢？当然不能，于是才觉得有责任做一次审计。但这次审计，可能让大家没有思想准备。或者说，大家觉得针对性有问题，我很理解。因为我们是多单位组成的新单位，大家还有小家思想，对不对？我也是经常犯这样的错误，动不动就站在我原先工作的电视台位置上思考问题。呵呵，脑子转弯要一个过程，我与大家的感觉是同步的啊。"

赵如男的话，在情在理。而且，说到局面欠妥的地方，总是先把自己说进去。听者实在没有什么起哄的理由，就继续洗耳恭听着。

"既然大家觉得不合理，我现在代表班子，决定暂时先撤回审计小组。但是大家听清楚了，是暂时撤回。为什么说是暂时？两个原因。一是刘董事长是总公司的一把手，现在他与工会主席张一嘉同志一起，到江西开会去了，是他们在家时集团领导一起定下的事情，我们几个在家的现在无法召开决策层会议，做最终的决定；二是反腐败，重视群众的举报，是中央，是省和市委市政府对各级部门，对我们这样的经营性质单位的要求，也是我们要坚持的一项长期工作。所以，开展正常的财务监督和审计，我们一定要坚持，而且要逐步纳入日常管理。过去，我们这个集团分多个单位，事业企业甚至政府职能相混杂，许多事情有可以理解的复杂性。一个新单位有一个新单位的规范措施，我的意见是，新政策新规矩针对新单位，不去抓人家以前的小尾巴。但是对八项规定和我们自己集团新管理条例出台后的问题，我们决不姑息。所以，今后这项工作，还要请大家理解并支持。否则，万一出现一小撮蛀虫，损害的是大家的利益，是国家的利益。你们说，我们能坐视不管吗？"

大家无话可说。有人说："赵总您这样讲，我们能想通，也服气。可小潘总上来就训斥我们，还说要查办我们，说我们有幕后指使，说我们在犯罪，满口脏话，辱骂我们，他得向我们道歉。"

"算了，算了。"赵如男笑嘻嘻地对大家说，"他的脾气不好，但都是为我们这个单位负责，不要计较。我会批评他的。大家信任我，给个时间，我请大家吃饭，让大家好好喝点小酒，然后装醉把我们这些所谓领导痛痛快快骂上一个晚上，好好解解气，怎么样？"

人群被逗笑了，很快就散了。

有一个人特意到大门外的街道上买了两个肉包，送回给潘得厚。

潘得厚气呼呼地吃完肉包，嘴也没来得及擦，就到赵如男屋子里去发脾气，说什么事情自己顶着，结果自己成了坏人，好人全让别人做了。几个痞子一闹腾，这么重要的工作就停下来，以后怎么树立集团领导的威信！怎么管这几千号人呢！

赵如男一声不吭地看着他一张油嘴上下翻飞着，突然感到一阵恶心。不禁在心里自叹，怎么跟这样的人成了同盟军。赵如男听潘得厚发完牢骚，就慢言慢语、好声好气地对他说："我也没有说这件事就完了，但是得停下来，暂时的。你别针尖对麦芒地干，这些人万一真的跑到市政府去闹一下，什么影响？刘董事长他不在家，我们两个把事态扩大了，只能说明我们两个无能啊。"

潘得厚这才息了怒，回自己的办公室。

赵如男赶紧给刘伯庭打了一个电话，告诉他："有几个原经济传媒下属单位的人早上跑过来上访，潘得厚副总接待时说话冲了点，把他们激怒了，于是这群人就要去冲击政府，后来被我安抚住了。现在只能暂时停止审计，等您回来后再研究怎么办。"刘伯庭说："很好很好，千万不能为一点小事就弄到市委市政府去，这像什么话啊。"

刘伯庭和张一嘉正在婺源的会议上听报告。恰巧中途休息，他放下电话，就把张一嘉叫到会议室外，说这件事。张一嘉为难地说："董事长，您看，我现在也不是经济传媒的分管领导，虽然可能是以前的下属，但是现在也不好直接去做工作。我只能以私人身份给王友友打电话，让他赶紧过问一下。不过回去后，我想组织各单位工会委员开个会，强调一下，不要动不动就上访，维护职工利益要有正当手段，要通过正当渠道。另外，我也做检讨，职工上访，工会主席肯定有责任。"

"这不怪你。"刘伯庭说，"我只是让你知道一下这件事。"

两个人在会议室外的走道上边抽烟，边聊集团成立后的一些工作。刘伯庭说自己有些后悔来集团工作，说若不是老领导热心怂恿，自己这把年纪也不来折腾这个了，一年多拿几十万块钱，还不够买"解气解烦药"吃的呢。还说，赵如男也太自以为是了一点，特别是这个潘得厚，人看上去憨厚，但是，尽坏事。

张一嘉只是听，不多说话。

刘伯庭又说："这次会议，要不是你的赞助，老陈的会议经费，还不知道哪儿着落呢！老人家感激得很，反复说要我谢谢你。还一再说，把你弄成工会主席，太浪费人才了。唉，看看老领导这个状况，心里又觉得，这钱啊，还是个好东西，没有它，什么事干不了，什么面子也维护不了。"

"是的，老领导其实也是为了我们全省的传媒事业。"张一嘉表示理解这个"钱"的问题，"反正当时我们经济传媒效益还行，赞助这点钱很轻松。再说，小钱带大钱，这些费用的大头，还是人家民营文化企业跟着我们一起出的呢。所以，很轻松就代表您把这件事做成了。"

"一嘉你是个有能有量的人。"刘伯庭慨叹，"要是你现在处在赵如男这个位置，我就轻松多了，集团也不会像现在这么混乱和困难。"

张一嘉赶紧说，赵总是真正的女强人，新集团一定会好起来的。

43. 很生气

上周中整整三天，市委书记黄汉平一直在城区和干洲下属的几个县市，陪同院士考察团的专家们考察。星期四早上，院士们吃完早饭，结束了在干洲的考察，乘高铁去了上海。

黄汉平从高铁站送完客人回到市委办公室，秘书就敲门进来，神情紧张地递过来一封特快匿名信件。黄汉平看完信的内容，脸色变得很难看。

尊敬的黄书记：

我们知道您是一位正直的好领导，这些年，您在干洲的口碑和业绩，是全市人民有目共睹的。老百姓都说，黄书记是专家型领导，有着优秀专家的政策水平、人文素质；也有着好领导的外柔内刚，正派果敢，廉政廉洁。您担任干洲的一把手，是干洲人民的期望，是干洲人民的幸运。干洲，这个有着古老人文底蕴、有着丰富自然资源的大长三角中的黄金角落，正在您的领导下，蓬勃发展。

可是，没有想到的是，中国封建传统的"一人得道，鸡犬升天"的故事，在您这样的好领导身上竟然也发生了。您的小舅子、原市电台台长、现干洲新文化传媒集团总台常务副总经理潘得厚，恕我们直言，是一个无德无能的人，这些年却依仗您的威望，步步高升。而最近，潘得厚所作所为已经严重到很恶劣的地步，不知道是您的纵容，还是您被蒙在鼓里。所以，我们作为知情者（其实，潘得厚在干洲的浪荡无能公子名声已经响彻云霄，绝对不是耸人听闻，您可以像中国古代的明君一样，微服私访一下，肯定很容易证实我们的话），有责任告知您一些关于您小舅子潘得厚的丑行。

潘得厚本是市文广局办公室的一名干部，后来当上主任，又当上干洲之路电台负责人。其实，不管他的提升有没有您的影响，都无妨大碍，自古举贤不避亲，只要他不辜负组织和您的培养，好好工作，尽心尽责，我们相信，他一样受到拥戴，并且大家会为您有一个好干部亲戚感到羡慕和骄傲。可是，潘得厚自从您到干洲任领导后，职务上升了，素质和作风却步步下降。他当局办公室主任的时候，经常贪污公家的礼品，全家人在湖滨饭店等豪华餐厅吃饭，都是签在公家的单子里。到电台任台长后，他更嚣张了，除了家人吃喝玩乐全报销外，他还用公款供养着两位情妇。市电台交通广播频道的合作广告公司，是一名三十多岁的少妇开的，此人以前开了一家小茶叶店，向市级机关和市直单位推销茶叶，赚点小钱养家糊口。可自从与潘得厚勾搭上之后，小母鸡变天鹅了，在市中心的豪华写字楼开设了广告公司，开上了豪华的保时捷汽车。还有一位情妇本来是市里臭名昭著的娱乐场所"大富豪"夜总会的妈咪。后来，该陈姓妈咪在潘得厚的支持下"从了良"，到电台附近开了一家"天天精菜馆"。从此，电台的招待活动、吃喝之事，定点在这家精菜馆啦。该妈咪为了方便潘得厚胡来，特意在餐馆办公层装修了自己的办公室，内设套房和冲浪浴缸，潘得厚酒后经常光顾，与之大洗鸳鸯浴。

如果潘得厚光有这些，也许不能叫恶劣，不过是关照情妇的生意而已。可是，这些并不能满足潘得厚膨胀的欲望。潘得厚可能也开始嫌弃情妇们人老珠黄却要价不菲，他近年来把目标瞄准在一些找工作的女实习生身上。调到新文化传媒集团任职后，他腐败的天地更广阔了。据说，要进人，只要是女的，只要是没有过硬后门的，都要通过"潘得厚那一关"。大家都是做父母的人，如果父母得知自己孩子是这样找到工作的，不知内心何等伤痛和愤怒！

如果（又是一个如果）仅仅到这一步，我们还可以觉得，您的小舅子不过是利用职权，将人家"潜规则"一下而已，顶多像某些长着大胡子的导演啊画家什么的衰人一样，道德败坏罢了。可以教育和谴责，令其悔改，也还有救。可是，潘得厚依然不满足，他竟然经常参加社会不健康的娱乐活动，并且公然带领下属，集体接受异性陪侍，造成了恶劣影响（详细材料附后）。这件事，让我们看到了潘得厚的危险性和危害性，他不但自己毫不检点，还纵容甚至亲自安排下属参与，这使他的恶劣品行像病毒一样堂皇地在文化圈扩散，传染。这件震惊干洲的事情发生好长一段时间了，接待单位曾经有正直的服务人员举报，电台内部也有举报，可是迟迟得不到上级领导的重视，不了了之。潘得厚照样当上了新集团的重要领导。他经常在人面前猖狂地说："有些人想搞我，也不比比我在干洲有多大，他自己有多大！"他的意思很明显，就是他有做市委一把手的姐夫撑腰！很多人听了，非常寒心。反腐败反了几十年了，竟然还会出现这样的干部！

现在，潘得厚在更高的位置上，不是如履薄冰，而是如沐春风。广大群众敢怒不敢言啊！我们给您写这封信并提供这些翔实的材料，目的不是什么搞人，搞他潘得厚的前途，而是出于对您这样一位好领导的爱护和维护，不能让他毁了您的形象，进而毁了干洲几百万人民对党和政府的信心啊！因为这些材料毕竟知道的人少，我们不希望扩大事态，弄得沸沸扬扬。只是恳切地希望您通过这些材料，真正了解您小舅子的人品，及时教育和终止他的作为。倘若这一点要求您都做不到的话，我们只能向更高一级的纪委求助，并向一些大的互联网站发帖子，通过舆论"教育"潘得厚——这是我们极其不愿意看到的。

此信仅寄黄书记一人！

附件：潘得厚在界县带领下属参加娱乐陪侍活动的详细经过，以及在场人员的说明材料。

举报人　范福嫦莲　于七一

秘书见黄书记气得两只手直发抖，很紧张。黄汉平在口袋里摸来摸去，秘书知道他犯了烟瘾，赶紧给他递了一支烟，点上。

黄汉平抽了几大口烟，边咳嗽边问，这信是什么时候到的？秘书回答早上刚到，并劝说道："黄书记，我看这样的信，多半是胡说八道。这个社会，因为嫉妒而无中生有的人太多了，有些人抢位置争项目邀女人宠，实力不如别人，就动歪点子，捏造点事实，告人家黑状。我们这里，平时这样的信也没少见，我看潘得厚绝不是这样的人，太离谱了，这写得也太过分了。"

"你怎么知道人家都是捏造的？无风不起浪。"黄汉平指指信件说，"我看，至少他号称我的小舅子，就错不了。这个败类，平时私底下这样喊喊，我也就没有计较，没想到他这么张扬，显然是心怀不端。"

秘书还想说话，黄汉平摆手不让他说，而是吩咐秘书，立即把纪委张书记和文改办主任关文水请过来。

秘书知道书记当真了，要追查这封信反映的情况，就为难地说："黄书记，您，您是不是要缓一缓，要不我先去了解一下情况，或者叫组织部派人跟小潘台长做一次诫勉谈话，让他今后注意点？一下子就让纪委和文改办介入，恐怕就毁了小潘总了……"

话还没有说完，黄汉平就发火了，说："你这样说我更要彻查，是不是连你也认为他是我的小舅子，胡作非为可以得到庇护？不像话！"

秘书赶紧回自己办公室打电话通知。一支烟的工夫，两位领导就来了，看到黄汉平严肃地坐在办公室抽烟，知道发生什么事了。两个人一言不发地等着书记发话。黄汉平把信递给他们传阅，两个人看完信，都蹙紧眉头，互相望望，又望住书记。黄汉平就问他们怎么办？

两个人都不搭腔。

黄汉平站起来，长叹一声说："现在我知道事情有多糟糕了，连你们两个都不表态，你们琢磨什么？我替你们说——你们一定觉得我黄汉平这个一把手，怎么会修理自己的小舅子？悲哀啊，我今天告诉你们，你们太小看我黄汉平了，我为党干了一辈子工作，也许没有荣誉和功劳，但也绝不会留什么耻辱与骂名，我的良心没被狗吃了！不要说那个号称我小舅子的潘得厚，他不是我什么亲戚，就算他真是我的小舅子，哪怕是我的亲弟弟亲儿子，只要他真的像信中反映的这样，我一定把他从严治了！绝不心慈手软。"

说完，黄汉平就快速地在信上亲笔签署意见：

　　要重视群众反映的各类问题，防止有些干部趁改革之机生不正之风。本举报内容请市纪委和市政府相关负责人尽快组织核查，将情况书面报我。如若属实，不可姑息。黄汉平，七月三日。

黄汉平写完意见，没有立即把材料交给他们，而是让秘书按照正常机要程序，编号登记，然后，再复印给张和关。两个人拿了材料，都一致向书记表态，会认真查办。

出了门，纪委张书记跟关文水商量说："关市长，你看这样行不行：这仅仅是一封人民来信，至少查清楚前，我们没有火眼金睛，反映的内容无法看清是非。黄书记愤怒的心情可以理解，但是我们还是要讲究科学工作方法。万一纪委仅凭一封信就直接正面介入，而该同志没有问题的话，就会毁了他的名声，重创他的心理。你是文化系统的领导，应该说是第一责任人，能否请你先侧面了解一下，看看有没有一两个举报内容靠谱再找他谈话？如果他确实是冤枉的，能配合组织调查，以事实澄清自己，是最好的结局；或者他确实有问题，但主动承认错误或犯罪事实，这对办案和帮助他减轻罪行，也都是有益的。我们缓一步再介入不迟。你看如何？"

关文水认为张书记的建议是对的。两个人就在楼下草坪边上，抽了一支烟，把调查计划商量完。回到办公室，关文水就给刘伯庭打电话。刘伯庭正在婺源参加会议安排的参观活动，被婺源的美丽风光陶醉着。关文水也不跟他说具体事，只是命令他立即启程回干洲，不得有半点拖延。

刘伯庭参加了一个星期的神仙会，神仙也没做成，副市长亲自打电话召回，他知道可能不是什么好事，就吩咐张一嘉继续留在婺源，把会议活动参加完。自己则收拾行李，腿脚生风起火，心里敲锣打鼓地赶回干洲。

44. 闪人

这天傍晚，关文水在政府招待所吃晚饭的时候，脑子里一直在考虑如何跟潘得厚谈话，一托盘饭菜吃了一个多小时才吃完。走出招待所大院时，关文水就在街边打了一辆的士。司机问到哪里，关文水问有没有一个天天精菜馆。司机说："有啊，离湖滨大道不远的青年广场旁的一个巷子里，地方不显眼，可挺出名的。"关文水问："凭什么出名啊？菜烧得很出色吗？"

出租车司机笑起来，说："我也说不清楚，据说是'大富豪'夜总会的一位小姐开的。据说，她以前没少伺候那达官显贵，所以，开的店，东西贼贵，可生意好得很，关照她的人多。据说，一小碗像粉丝似的什么鱼翅，要五百块，妈呀，我们跑几天出租，还挣不来呢！"

车子从青年广场绕了一圈，拐进一个巷子，在一栋独立的小洋楼前面停下。司机说："这就是喽。"

关文水下了车，站在街道对面仔细看过去，三层的小洋楼，富丽堂皇。小楼的轮廓用缤纷的霓虹灯包围着，闪烁着。楼前的小广场和道路边，停满了汽车。关文水过去，看那些车，果然不乏奔驰、宝马、沃尔沃这些好车，也有不少"A00"开头牌照的小车，一看就知道是市级机关的公车。关文水背着胳膊，大摇大摆走进去。一到大堂，一股夹带着鱼腥味的空调冷气就包抄了他。两位穿着西式低胸礼裙的迎宾小姐迎上来，甜蜜地问："先生，请问您是哪个包间的？我们带您入座。"关文水摆摆手，说："我来看看，今天不用餐，但是以后会来，就先参观一下。"

迎宾小姐很热情，把关文水带到大堂角落的沙发上坐下，为他介绍菜的特色。关文水翻阅了一下菜谱，发现菜价果然贵得吓人，就脱口说了出来。小姐就解释说："我们这里是高档饭店，厨师的月工资都过万的，一年光人头费就得几百万。所以，我们一般不接待散客，都是固定大客户。我们不设散座，全是豪华包间，根据包间的规模和装修以及服务档次，确定消费底价。我们最贵的包间是99999号包间，进去就得起码消费九万九千九百九十九元。"

"不算贵啊！"关文水故意说，"过去，省城和北京上海这样的地方，有些饭店，你身上不揣上二三十万，进得去出不来啊。"

小姐一听，觉得来了大客户，就更殷勤地说："您要是有兴趣跟我们签订消费协议，我们还有专门为顶端顾客打造的包间，是单位数编号的，0号1号3号6号8号9号一共六个包间，都很豪华，而且是个性化打造出来的。"

关文水表示有兴趣。

小姐就问："先生您贵姓，能否告诉我您是哪个单位的？"

关文水说自己没有什么单位。

小姐笑着说："那就是私营企业的大老板喽。"关文水不置可否。

小姐就打电话喊来店长，一个二十多岁的小伙子。小伙子听说客人有意向定制消费，就带关文水上上下下地参观了一遍。但是因是吃饭时间，包间里大都有人，不能一一参观。关文水就提出能否到单号包间参观一下？

单号包间里当日只有 8 号和 1 号包间正好空缺。关文水就提出参观1 号。

1 号包间打开后，关文水看到的是一个豪华的西式餐厅，所有的餐具都是银制的，大靠背椅子，全软包墙体。厚重的组合沙发，投影电视，波斯风格全毛地毯，大金进口空调。墙上挂着一组油画框装裱的照片。关文水一看，竟然全是潘得厚与各界领导和影视明星的合影。

店长介绍说："这是电台定制的专用包房，光餐具和家具就得几十万。这些都是由电台支付。另外，这些包房没有电台方面的同意，平时即使空着，也不可以接待客人。定制单位每年必须在此消费三十六万元，也就是平均一天约一千元，全年消费不足也得照这个数字扣。"

关文水就满怀疑惑地说："一个小小电台，又不是什么移动电力电信石油这类的单位，吃得起吗？"

店长笑了，说："这您就不懂了，现在新闻单位有钱得很，广告一拉，钱来得容易，舍得花。就这个 1 号包间，电台是第一家定制大客户，三十六万一年，根本就不够，有一年恰逢台庆，全年在这里消费八十多万呢。"

关文水吃惊不小，看完包房，表示自己是具体办事的人，得回去请示董事长。如果董事长同意了，改天再来签协议。

店长很客气地送他下楼。就在楼梯口，一个浓妆艳抹的少妇手提一只LV 包，迈着碎步走过来。店长赶紧迎上去，并要向关文水做介绍。关文水的脑子，马上飞快地联想到那封举报信和的士司机的话：百分百，眼前这位一定是饭店老板啦？就在这一刻，少妇飞快地跑上来，一把握住关文水的手，惊喜地说："天哪，这不是我们的大市长吗？怎么从干洲新闻联播里跑到我们这个小地方啦？小陈我失敬了，该死该死！"然后，转头骂店长，说："你瞎了眼了，这么一座泰山，你看成叶子了吧，赶紧赔罪。"

关文水尴尬万分。

店长就赶紧检讨，说对不起，以为是一般的客户，没有想到这么大的领导会亲自来联系业务。陈老板在小伙子头上拍打了一下，说："赶紧滚，忙你的去吧，不长脑子也就罢了，还不长眼睛，真是！"

陈老板一定要请关文水上去坐坐，关文水就跟着她到三楼顶端的总经理办公室小坐。

办公室装修得确实豪华，但是很小的一间，没有发现举报信中所说的套间，更没有什么冲浪浴缸。关文水的心里卸掉了几块石头，比刚才轻松了一些。告辞的时候，陈老板从办公桌下提出一袋子中华香烟，要送给关文水。关文水坚决没要。

第二天一大早，关文水正在寻思着怎么通知刘伯庭和潘得厚先后到他的办公室来谈话，潘得厚却意外地出现在他办公室门口。他穿着一件金色的大鳄鱼T恤，跑得后背都潮湿了。关文水正在奇怪，潘得厚关上门，笑嘻嘻地说："关市长，冒昧啊，我没有预约，擅自来汇报一下工作，占用一小会儿时间。"

"巧了，约上不如碰上，我正好也要找你了解一点事情呢。"关文水请他坐下，为他泡了一杯茶，并把屋子的空调温度调高，说，"那就你先说。"

潘得厚站起来，从口袋里掏出一张卡，毕恭毕敬地递上，说："市长，我听说您昨晚亲自到天天精菜馆订餐来着，这样的事怎么能自己做呢？我一听，急得一夜没睡好觉。所以，一大早就先去给您办了一张饭店的贵宾卡，凭这个卡，您随时随地可以去消费，账会自动记在我们那里，我们是那家饭店的老客户，很方便。"

"这怎么可以呢？"关文水严肃地说，"赶紧收回去。没有其他事情，我就先跟你说点事。"

潘得厚对关文水的印象是，一向温和客气，怎么今天见到一张小卡片，像见了鬼似的，突然变脸呢？潘得厚举着卡的那只手，僵住了。关文水不理他，说："你先坐下来喝点水吧，我通知你们刘董事长一起过来跟你说点事。"

刘伯庭的电话通了，电话里说自己已经进了市政府的大楼。关文水就喊秘书陪一会儿潘得厚，自己则在电梯口截住刘伯庭，带他到隔壁的小会议室，先通报了一下黄汉平书记交办的事情，交换了一下意见。没有什么异议后，关文水就打电话给秘书，让他把潘得厚带进来。

潘得厚进了小会议室，一看刘董事长和关副市长神情阴郁地坐在会议桌对面等他，一种不祥预兆马上从湿漉漉的后背漫了上来。

当天晚上天刚黑下来，潘得厚就背着一个大包，来到黄汉平家。进了客厅，潘得厚对着黄汉平的夫人就扑通一声跪在地板上，磕头喊姐姐救他。黄夫人吓了一大跳，说："这又不过年不过节的，跪下干什么？你这娃子真是的，大惊小怪的，不能起来说？"

潘得厚就是不肯起来，而且还哭了起来，眼泪鼻涕流了一脸。

"这是怎么啦？不能好好说吗？"黄夫人上去拉潘得厚，可怎么也拉不动，只好罢手，站在那里喘息，说，"你怎么这样，天塌下来了？大惊小怪的！"

"有人搞我啊，姐姐。"潘得厚又在地板上磕了一下头，"我的政治对手，组织人捏造我腐败的黑材料，假供词，送给姐夫。姐夫竟然相信了这些东西，指示调查我。我若是被这一弄，哪还能在干洲混下去啊！"

"啊？"黄夫人一下子惊住了，说，"怎么回事，有这样的事情？"

"千真万确啊姐姐，市政府的领导已经找我谈话了！"潘得厚继续哭诉道，"那都是什么啊？全是胡说八道，夸张得吓人，按照他们说的，马上枪毙了我，都不过分。姐姐您还不了解我，这么多年了，我是那种恶人吗？他们要制造冤案哪，下手太毒了吧。可姐夫居然相信了，太可怕了……"

正在哭诉中，黄汉平从房间出来，铁青着脸，站到潘得厚面前，喝道："潘得厚同志你给我站起来！"

"姐夫您、您在家啊。"潘得厚抖抖索索地站起来。

"你这是干什么？你哪像个国家干部！哪像个男人！什么样子，你当我是封建衙役吗？荒唐！"黄汉平呵斥道，"你给我听好了，你没有问题，你就大大方方让别人查去，把问题弄清楚了，你抬头挺胸做人，你慌什么你？你要是有问题，人民群众的举报是事实，你就是跪着走路，拿绳子把自己勒着，我也帮不了你，更没有人同情你，你自作自受。"

"姐夫，我……"潘得厚哭丧着脸，还想辩解。黄汉平一挥手，说："潘得厚同志，我今天在这里正式纠正你一下，我不是你的姐夫，你不要把个人交情带到工作中去，甚至大肆宣扬到社会上去，你这样做到底图什么？这些年是党培养了你，不是你什么姐夫送官给你当的，你应该对得起人民，对得起组织的信任，别搞那些歪门邪道，不能自拔！"

潘得厚的两条腿软得快站不住了，泪水在脸上滚滚而下。

黄夫人拿了一条毛巾，替他擦了两把，给黄汉平使眼色，让他别这样严厉地说下去。黄汉平叹了一口气，语气缓和下来，说："不做坏事，不怕鬼敲门，没有人冤枉得了你。干洲是党的天下，我黄汉平在位一天，不会放过腐败分子，也不会去制造任何冤案。你要配合好调查，如果有问题，有多大说多大，实事求是，争取宽大处理，不要玩小聪明。我希望我们认识的潘得厚是一个干净的干部，至少是一个诚实可救的人。"

黄汉平示意老婆送客。潘得厚把包丢在地板上，黄汉平说那是什么？别把东西落下了。

潘得厚说，一点土产一点土产，老家前不久来人送来的。

黄汉平就走到墙角，亲自去拉包检查。这一看，脸色大变。原来包里码着齐刷刷的钱，至少有一二十沓子。黄汉平拉上包，对已经跨出门的潘得厚喊道："潘得厚，你给我站住！"

潘得厚吓得就站住了。黄汉平把包塞进他怀里，手指指着他的鼻子说："我相信我们是互相看错对方了！"

门在潘得厚面前"砰"一声关上。

潘得厚跟跄着下了楼，爬进自己的汽车。他没有直接回去，而是将车子开到刘伯庭家门口。刘伯庭住的是一座平房小院，隔着门栅栏见是潘得厚，就说："有事不能明天到单位说吗？"潘得厚恳求说："刘董事长，我说两句话就走。"刘伯庭依然不开门，说："你说吧，我听着呢。"潘得厚就说自己是冤枉的，自己帮集团操理日常事务，得罪了人，人家就报复，捏造事实攻讦自己，董事长可要帮助主持公道。还补充说，自己刚从姐夫家里出来，姐夫对别人攻讦他也很生气，但是牵涉自家人，又不得不明知有诈还要查。

刘伯庭听了这番话，说："你是我多年的老搭档，我不会让别人栽赃成功的，你放心。"

"太感谢您了！"潘得厚说，"事实澄清后，我一定好好工作，报答班长的厚爱。"

"但是得厚同志，我跟你讲，没有问题一切太平，有问题连我都是有责任的！当事人更脱不了身的，你应该清楚现在市里的领导，纪委张书记、关市长，包括你姐夫他们这些人，不是那种对党纪原则可以随便放松的人啊！"

刘伯庭说完，隔着栅栏跟潘得厚握握手，算是送客。

从刘伯庭那里出来，潘得厚又去了赵如男家，跟赵如男轻描淡写地说，最近有人写信告咱们。赵如男说："告咱们，为什么？告什么？"潘得厚就说："说我们乱消费，说我们把地皮给省城公司开发，是变相勾结上层官员，而且收人家的贿赂什么的。反正，矛头直指我们两个。"

"这都是谁啊？这么用心险恶。"赵如男气愤地说。

"信里还说了许市长的坏话，说我们两个在市长书记的庇护下，大搞腐败，勾结作案。"潘得厚继续说，"显然不光是冲咱们俩，还想搞更高层的领导吧。方便的时候，你最好跟市长说说，让他干预一下。"

"你跟黄书记说了这事没有？"赵如男关切地问。潘得厚就说："说了，但是我姐夫黄书记这个人，你知道的，很注意自己的形象，就指示让调查一下。他的本意是走过场，可是我担心有些人迂腐，当真乱查一气。这点小伎俩搞是搞不倒我们的，但是会闹得满城风雨，对我们今后开展工作和下一步的发展都很不利。"

潘得厚走后，赵如男发现沙发上留下了一个皮包，拉开一看，里面是钱。赶紧给潘得厚打电话，让他回头把落下的包拿走。潘得厚在手机里说："一点小费用，都是正当来路的，请相信我。最近，方方面面总是需要打点打点的，领导您帮着多操心，毕竟您是本地人，在干洲威望高，影响大，对别人说话，分量不一样！"

对方就是不肯回来。赵如男看着皮包，发了一阵子呆，就给许之光打了一个电话。许之光问："他找你什么事啊？"赵如男说："好像也没有什么事，就说最近有人写我们的信。"许之光在那头笑起来，说："举报信啊，那东西我们这里天天收到一箩筐，怎么这么大惊小怪？别是这小子真摊上什么大事了吧？那个钱，不明不白的，你还是赶紧退给人家。再说，同一个班子成员之间，弄这个，就太不正常了。"

几天后，关文水与市纪委张书记就调查潘得厚的问题碰了一次头。调查证实，潘得厚去年在界县带领下属参与娱乐活动，情况属实，但是是否安排异性陪侍，属于进一步调查范围，不能凭一纸举报信下结论。潘得厚自己不承认参与；潘得厚存在着公款消费、奢侈铺张等违纪行为。因为纪委没有介入，所以，还不可以确定潘得厚有更严重的经济问题和生活问题。

关文水和张书记商量之后，就潘得厚的问题提出两条处理意见，报市委主要领导。一是对潘得厚的问题进行讨论，根据其违纪情况进行行政处分，撤职或者降级；二是市纪委对潘得厚采取限制自由的"两规"措施，继续调查其任职期间的经济问题。张书记和关文水一致倾向于第一种方案，因为到目前为止，潘得厚任职上，还没有发生过什么明显的贪污、行贿受贿等现象，也没有产生过恶劣影响。新文化传媒集团组建不久，旧体制和新体制、旧人和新人交汇，情况复杂，稳定工作十分重要。

处理方案刚报到市委领导那里，黄汉平书记还没有来得及提出最后意见，就接到新的报告：

潘得厚已经两天没有上班，家人声称他回老家了，不知其他更多情况。其手机一直关机。

也就是说，潘得厚同志，他"闪"了。

黄汉平得到消息，对张书记和关市长说："潘得厚要把自己往深处葬送，我们只能给他掘墓，成全他吧。"

市公安局得令后，立即开始部署，缉查潘得厚。

45. 女人神奇

潘得厚果真是回了老家。

他回去看自己的老父亲老母亲，为老人准备了一大堆过冬的新棉被和一些日常生活用品。然后，去看了几个穷亲戚，给他们送去一些吃的穿的。最后还去了黄汉平夫人老家，带了一些生活用品，看望黄夫人的老父亲。潘得厚给黄汉平的岳父磕了一个头，说："我在南方工作，一直得到您女儿和女婿的关心，不知如何报答。"老人家很高兴，说："你们在外面闯荡不容易，能够相互关照，我心里就踏实了。"老人家眼睛不好，上去抚摸娃娃的头，抚摸娃娃的脸，说长这么胖，过得不赖，我们高兴啊。可老人刚说完，就摸到了潘得厚一脸的泪水，问："娃啊，怎么了？怎么哭了？"

潘得厚说："没有，没有哭，这是好久没回来，一看到亲人，感动的。"

"多好的孩子，"老人慨叹，"女儿女婿没看错你。"

接下来，潘得厚就到祖坟上烧了香，祷告并忏悔自己的不争气。

办完这些事，潘得厚就打开了手机，给刘伯庭打电话，说正在回干洲的路上，自己犯了严重错误，回去后将主动交代一切问题，听从组织处理。刘伯庭说："潘得厚同志啊，你这样很好，这两天我们急死了，就担心你做傻事，一去不回啊。回来就好，主动说清楚，算是自首，可以从轻处理的。"

潘得厚被带走后，几天内就交代了所有的问题。这些问题包括：在担任原文广局办公室主任和原之路广播电台台长期间，超额预算各种会议费用过百万元，截留在湖滨饭店等单位，用作个人或者工作中的不合理消费；顶风违纪，指使下属单位以推广市场为名，大量购买各种消费卡和高档烟酒、工艺品，其中的一部分被其用于所谓公关活动或私用；担任原之路广播电台台长期间，与属下交通生活和休闲娱乐频道负责人勾结，通过大幅度优惠广告价格、馈赠广告时段和牵线社会公司与交通安全部门合作，为广告商、投放单位和社会各类企业谋取利益，收受中介好处费仅仅部分上交，但仍然共同截留此类经费约八十七万元，其中潘得厚分得三十万元；以合股形式投资组建数个二级、三级公司，纵容民营企业变相侵吞和稀释国有资产，从中收受贿赂二百七十万元；长期与天天精菜馆陈姓女老板保持不正当男女关系，为其谋取利益，其中包括为精菜馆支付包厢装修费四十三万元，超支餐费以及代办礼品费七十余万元；将电台出租房以低于正常市场价位一半的租金长期租给某连锁超市，收受该超市总经理贿赂二十万元，并贪污房租十七万元；将单位老招待所超低价评估并出售给某民营企业，以成本价七十五万元"购买"该企业开发的市场时价一百六十万元的商品房一套；收受大学毕业或者调进电台和后来的新文化传媒集团工作人员的"答谢费"共计二十六万元；利用中介公司掩人耳目，操作单位采购招标，工程建设，使少数与其有利益关系的企业几乎垄断单位的项目，造成严重的不正当竞争，践踏了国家相关法规，许多项目在实施过程中被篡改规划，扩大预算，有的存在严重的质量隐患，其个人也在这些中标单位长期变相谋利，数额巨大。潘得厚生活堕落腐化，育有私生子一名，利用职权玩弄实习生和年轻女下属，参与社会娱乐活动并与下属一起接受异性陪侍，道德败坏，影响恶劣，丧失了党性和国家干部的起码尊严，罪不容赦。

除了纪委公布的这些重大违法行为，潘得厚还有一系列违纪行为，牵涉了不少干部。市委书记黄汉平要求市纪委、市文改办、市委宣传部、市委组织部、市文广局组成联合调查处理小组，就这些干部的问题进行清查处理。对社会上与潘得厚勾结谋取国家利益的企业主进行了相应的处罚，挽回了部分损失。原之路电台班子包括潘得厚在内的四名成员，有两名受到撤职处分，参与私分小金库的部分中层干部被免职，并退回部分不合法收入。对潘得厚操作的未按常规程序进入电台和集团的毕业生以及调入人员重新组织考试和考核，淘汰了三名不合格人员。

工作进展到尾声，已经是花草凋零、黄叶满地的秋暮冬初。

干洲这一年的冬天，一上来就是严寒逼人。调查组准备撤摊的时候，纪委和检察院又有了重大的案情发现：潘得厚还交代出部分行贿对象，其中有时任副市长、现在身居干洲市人大副主任要位的一名领导以及市政府原秘书长、现干水市委的书记汪某某。那位原副市长属于省管干部，所以很快被移交给省纪委另行调查处理；对刚刚在干水上任大半年的原秘书长现在的汪书记，市委决定进行从严处理。汪被纪委"留置"。汪交代他收受了潘得厚十万元现金和高级音响一套，而"高级音响"事件又把市里一半以上的高级干部卷了进去，因为潘得厚以恳请领导听广播的名义，给市里的许多领导干部和财政等重要政府部门负责人，都送了这套价值万元以上的音响。只有包括黄汉平在内的三人退回音响或者退回款子。考虑这件事情的特殊性——工作需要之名义和价格蒙蔽，对收受者只从轻处理：向广电总台全额支付音响款，并做出深刻检查。

黄汉平书记自己带头在常委会上做检讨，坦言自己对潘得厚的失察，批评自己有时放松了对自己的要求，把人情世故不自觉地带到工作中来。黄汉平还要求全市各级干部，以潘、汪事件为教训，加强自身修养和侵蚀防范，正己正人。

在黄汉平书记和市纪委张书记、市政府关副市长的主持下，围绕潘得厚展开的反腐败工作，得到势如破竹的推进。阳历年底，汪交代的部分问题中又牵涉了原几家新闻单位的干部七人，但是数额都较小。市纪委和宣传部将七人的名单和情况向市新文化传媒公司党委做了通报，要求总公司党委研究处理，并报市纪委和宣传部。

原经济传媒公司副总、现经济传媒总监王友友，这天上午，被集团党委书记刘伯庭和副书记赵如男叫进会议室谈话。王友友立即承认了自己在担任经济传媒公司办公室主任和副台长期间，在组织的招待活动中，花钱"过于大方"，并且未经公司主要领导同意，进行了一些违规开支，为汪秘书长报销了一些餐饮等私人开支。但这完全是出于与汪的老同学私人感情，没有其他目的，更没有受到谁的指使或纵容，纯属利用办公室主任的职权便利的个人所为。

赵如男翻开面前的一个夹子，严肃地问王友友，说："你说纯粹是你的个人所为，你有那么大的权？你们领导不签字，你一个办公室主任能报得了销？"

"赵总，您说这一点，恰恰是我自豪的呢。"王友友不卑不亢地说，

"我们经济传媒的机制，跟现在集团不一样。我们每个部门都是一个实体，负责人有权支配一定限度的费用。我们自己挣得越多可用的小钱就越多。张总以此鼓励各部门各下属公司创造最大效益。这是从外资合资企业那里学来的，我们实施了好多年了，效果可是全市人民看得见的，经济传媒公司不用国家拨一分钱，效益却超过任何吃皇粮的传媒单位。这个您心里最清楚了。"

赵如男气得直咬牙，但是不动声色地说："我这里有群众举报，说你不遵守财务纪律外，生活作风也极其腐化，你跟下属邬娜有不正当男女关系，并在当上副总后立即为其谋了投资部经理的肥差，你怎么解释这件事？"

"算了算了，我们别扯其他的。"刘伯庭阻止赵如男说，"不要再扩大范围了，现在够乱了。"

"乱所以才要理。"赵如男说。

王友友竟然哈哈笑了起来。

赵如男说："王友友同志，你这个时候还笑得出来。我真是佩服你。"

王友友说："赵总，真对不起，你的问题让我忍不住要笑。虽然我也有错误，但是我不犯罪，我看到集团潘得厚那么大的领导被英明地处理了，还是很高兴的。看来比起其他一些文化单位，我们经济传媒公司当年除了机制大胆，其他方面都太保守了。说到生活作风，我就不好分辩了，邬娜是我的下属，我觉得她素质好，就调用到适得其所的岗位了，一并调用的下属还有好几个，男多女少。照您这个逻辑推理，我跟那些男女都有暧昧关系，我连同性恋都玩上了？刘董事长和您都是多年的领导了，提拔和调用过多少人？都是为了暧昧关系吗？"

"你说什么，你太不像话了吧你！"赵如男把夹子"啪"地扔在桌子上。刘伯庭赶紧又安抚住赵如男，把王友友批评了一通，责令他回去认真写检查，并听候组织处理。

王友友虽然嘴上硬，但心里的小鼓还是敲得砰砰响。后来，处理的结果是挨了一个行政记大过处分，总算是以最小的代价逃过了这一劫。当天，他就打电话约请张一嘉、李天武、邬娜、古霞和姜萌等一批老同事，晚上到郊外的一个农家乐土菜馆吃饭。吃饭的时候，王友友就讲出了赵如男跟他谈话的情况，大家哈哈大笑。邬娜跳起来，说："你喝一大杯酒，我的名声怎么就这么乱呢？什么人都想混搭我啊，多可笑！"

闹腾了一阵，大家安静下来。姜萌提出来，应该请张总组织大家去一趟上海，学习一下上海文广集团的经验。顺便去看一下童盼，童盼走了几个月了，很想念她啊。提议受到众人的附和。张一嘉也赞成这个提议，但是，说目前不是时候，等背后的攻讦冷风刮完再去不迟，何况王友友目前还走不了的。

"而且，现在经济传媒是集团所属二级集团，我也不管这个集团。"张一嘉说，"组织这么多人出去，可就是公务活动了，集团领导不定，谁也别想擅自离岗。"

姜萌酒喝多了，在那里流眼泪，追叙童盼对自己如何如何好。王友友就批评她，说："都这么大孩子了，想人还想出眼泪呢，谁为我哭一下就好了，让我幸福甜蜜一次啊。"古霞接口就说："我为你哭，你进去我为你送饭。"

古霞的话，把姜萌逗笑了。邬娜在一边就拨童盼在上海的手机号码。电话接通后，邬娜就打到免提通话状态，童盼熟悉的声音就从电话里传过来。大家凑上去，叽叽嘎嘎地跟她聊。

李天武把女人们攥开，对着话机，装着痛哭流涕的腔调说："亲爱的，自从你走后，干洲几百万男人陷入了失眠。很多单身年轻人更是痛不欲生，非你不娶啊。"

大家又哄笑起来。

童盼在那头说："多开心啊，我真想念我们那个多好的集体！张总，你在吗？你现在好吗？"张一嘉说："我挺好的，童盼你多保重，安心学习，祝你好运。"童盼在电话那头邀请大家到上海来玩，说自己在上海东方卫视找了一个兼职编导的活儿，学习之余，一个星期做两次节目。如果大家来，可以到东方卫视参观一下。

姜萌慨叹："早知道现在干洲文化系统乱成这样，还不如当初就到其他城市找工作呢。不过，那可能会错过童盼姐姐这么好的老师。"

"一切都是暂时的！"童盼在电话里安慰大家。

通完电话，李天武就骂起来，说我们经济传媒公司多么好的一个小集体，如今搞得狗杂碎一样，自集团化后，现在都快一年了，效益抵不上去年的一个季度。这样下去，大家明年这个时候，只能趴在干湖边上喝水去。

"没事，你别担心。"王友友说，"有赵如男总裁在，向政府要钱的路子就不会绝掉，省得挣钱辛苦。我们可以把干洲文化传媒搞成一个超级乞丐王国。"

张一嘉等他们发完牢骚，才开口说话。张一嘉说："一个人有一个人的领导方法，你们不要在外头瞎议论啊。大家凭着良心干活，有多大的舞台，就唱多大的戏。现在我张一嘉帮不了你们，大家各自珍重吧。"

因第二天是休息日，王友友在安排饭局的时候就为大家在农家山庄住宿部一人订了一个房间。张一嘉见安排给自己的是一个套房，就叫王友友喊姑娘们过来，一起打牌。打到十二点多，才散去。李天武还留在张一嘉的房间，跟他谈事情。李天武说："没有想到潘得厚干了那么多事。以前总觉得自己有时做事出格，可一比这个浑蛋，简直是小巫见大巫，还那么穷一个单位，竟然这么大捞特捞。"

张一嘉有些心悸，说原先只想灭灭他的嚣张气焰，哪知道弄这么多事情出来，把他给害了。李天武说："你还同情他呀，他这是活该！我们在为民除害，没有什么好后悔的。他写我们的举报信，也不是一两次了，我们这才反戈一击。还没有来得及二击三击，他就倒下去，还带倒了一大片。更没有想到汪秘书长那么虚伪滑头，家家通吃，哪家给好处都要，居然跟几家文化单位都有染，把我们友友兄也给害了一把。"

李天武回自己的房间后，脱衣服正准备洗澡，邬娜突然出现在他的面前，把他吓了一跳。邬娜笑得眼泪都滚出来了，说："我就知道会把你吓成傻子。"李天武百思不得其解，说："你不是打完牌就回自己房间了吗？我门也关了，你怎么就进得来的呢，见鬼了？"邬娜举着门卡说："住宿是王总监让我给大家安排的，我多要了一张门卡。"

李天武愣在那里，有些不高兴，说："也别什么都跟你那亲戚说啊，我们毕竟是上下级关系，人家举报王友友跟你，只能查出超级笑话；如果举报我和你，就经不起查了啊。"

两个人闹到凌晨，邬娜才回自己的房间。

再说张一嘉，昨晚和大家散了后就昏昏沉沉地睡去。不知什么时候，又被激烈的敲门声惊醒。打开门，见李天武穿了一身宾馆的白睡衣，站在门口。李天武说："糟了，王友友和邬娜，一大早又给纪委弄走了。"

张一嘉一惊，睡意跑得一干二净。看看手表，已经是十点多，赶紧把李天武让进房间。李天武说自己已经打了一圈电话，询问到底怎么回事。有人告诉他，汪秘书长在里面又交代了一些问题，其中还有牵涉王友友更多内容的。赵如男坚持要上级部门依法办事，从严查办，以净化集团的风气。

两个人拨了半天手机，打探消息。没有更多内容。

张一嘉就打刘伯庭家里的电话，刘伯庭在那头无可奈何地说："集团里太复杂了，王友友的事情本来已经了结，可有人就是不放。汪秘书长在里面交代王友友给他送过一块万宝龙金表。赵如男又让财务审计部配合纪委，查了一下王友友以前经手报销的账目，发现这块表王友友是以不明礼品打的白条。另外，王友友负责的改造装修原经济传媒公司大楼大堂、接待室和十三层楼三十多个卫生间的工程，其工程队来自汪秘书长的老家，工程队为王友友的下属邬娜（有人举报是远房亲戚）装修新房子，未收一分钱工程费。王友友构成变相行贿贪污犯罪，邬娜构成变相受贿和贪污犯罪。"

张一嘉生气地说："刘董事长，怎么说我也是他们原先的领导，这样查我的下属，连个招呼都不打，这符合规矩吗？"

"我也没有办法，也是今天一早才知道的。"刘伯庭解释说，"而且，这样的事情，我能主动去揽吗？能积极干预吗？更何况，今天早上两个人与纪委的同志一见面，就承认了这些问题属实。所以，我劝你也别管了，跟他们脱开干系，好吗？"

张一嘉气呼呼地挂了电话，心口隐隐作痛。

第十章　亢奋与迷离

46. 万象

　　干洲新文化传媒集团从年初挂牌成立，运作到年底，可以说是风风雨雨不断。回顾一下，光因潘得厚案件而拔萝卜带出泥巴，就是一大堆。案子前前后后查了半年，大小人员倒下十几个。问题最严重的潘得厚被判刑十二年，原之路广播电台的财务主任被判了五年，一个副台长，以及原经济传媒公司的副总、办公室主任王友友，投资部邬娜，均被判刑三年。还有一批干部被开除、撤职或者降级。

　　根据市委的指示，潘得厚及其牵连案件，严肃查办，以惩前毖后。市纪委市政府还专门召开了警示教育大会，并专门到新文化传媒集团通报案情，详细传达了市委市政府领导下决心惩治腐败的有关讲话精神。副市长、市文改办主任关文水要求文化系统广大干部职工排除思想情绪干扰，汲取同行落马教训，尽快投入事业，树正气，鼓志气，复元气。

　　大会讲话结束时，关文水还脱稿讲了一段意味深长的话，主题是团结是事业的基础，是工作的动力，是企业文化的核心。团结产效益，出人才，建和谐。他用一句话收尾："我们大家走到一起，为了共同的事业而奋斗，如同搭台唱戏——互相搭台，好戏连台；互相拆台，统统垮台！"

他的精彩讲话，赢得阵阵掌声。热烈的掌声，似乎洗去不少人心中的阴影。

年底，新文化传媒集团盘点全年工作时，发现亏损了七百多万元。在开会商量年度工作报告的时候，集团领导十分犯愁。大家纷纷说着丧气话。赵如男发言的时候，很不客气地批评说："一个集团刚刚成立，需要一个磨合期、辅导期，需要交一些学费，这个很正常。市里干洲大学也是由几所小大学合并起来的，如今赤字已经上十亿，你们难道没听说吗？七百万有什么大惊小怪呢！而且，我们中间出现过潘得厚这样的腐败分子，波及面很大，造成的无形损失大，引起的连锁反应严重，流失的潜在客户多，同时干扰了集团班子的大半年的正常工作，挫伤了广大员工的创业积极性，使工作受到一定程度的损失。"

赵如男进一步列举数据，说："我合计了一遍，在集团成立之前，我们重组进来的一些单位，事业不像事业，企业不像企业，政府虽然把它们当包袱，但在甩包袱之前，每年要财政贴补超过五百万。而这些贴补，目前财政部门没有明确表态，是否继续给我们这项任务，请刘董事长发个话，若是要到政府哭穷去，实在没人拉得下脸，任务下达给我吧。其他能要到钱的渠道，我们要继续挖掘。政府始终是我们的衣食父母，集团成立了，不等于立即可以断奶，我们还是要依靠父母，长全了翅膀再飞。另外，我还要指出的是，我们许多下属单位，像经济传媒的下属公司，投资很大，还没见产出。过几天，原先经市政府同意出让的老楼地盘，阴历年底前必须腾空，交给省城开发商，这样，我们可以拿到第一笔地皮转让资金和补贴金。省城公司答应马上会付给我们一笔钱，这些钱虽然应该支持新楼的建设，但毕竟成了我们自己口袋里的钱，我们可以调配。所以，大家可以看到，集团成立一年，形势其实很好，没有什么必要垂头丧气的！"

赵如男还进一步指出："虽然新闻理论工作不是我们新集团的主业，但作为一个包含了文化传媒众多载体和相关业务形态的新型文化传媒集团，我们依然要担当政府工作的鼓劲者、地方发展的造势者。今年全年，我们紧抓新闻宣传不放松，围绕市委市政府工作大局，唱响了主旋律，在决策宣传、理论宣传、典型宣传、经济宣传、文化宣传等方面均有突破，被上级媒体转播的干洲新闻，不少于干洲新闻总社等其他媒体外宣稿件总和，这才是我们真正应该总结的成绩。"

有人带头鼓起掌来。

年终工作大会，依然开得轰轰烈烈。市委宣传部的一位副部长和市文广局局长海小红，代表市委市政府主管部门领导，出席了集团年度工作大会，并做了鼓励性的讲话。会后，又开了一个中层以上干部民主测评会，给班子成员全年工作打分测评，并推举一名班子成员作为常务副总经理人选。结果出来后，海小红和宣传部的领导吃了不小的一惊：工作打分，居然是几乎不管经营工作的工会主席张一嘉最高，赵如男其次，一把手刘伯庭的得分最低，两位外行转任的副总分数位于倒数第二、第三，而常务副总人选是张一嘉和曲小波得票最高。

在与海小红等个别领导的谈话中，赵如男对这样的测评结果，表达了自己的个人意见。她认为，这样的测评结果显然是有人在幕后进行了操纵。工会主席成为年度工作得分第一名，这件事情本身就是一个笑话。推举常务副总推举出连副总都没当上的人，以及一个丝毫不懂业务的机关毛头小伙子，这样的结果，更是荒唐。

海小红在答复中对这种测评推荐的科学性和准确性也保留了自己的意见。但是她说："文化产业界是一个文化素质较高的群体，专家、技术人员、文艺骨干、记者等知识分子集中，我们不能轻易低估他们的觉悟，对群众的眼光和心中的秤杆，要本着对其信任，尽可能地尊重，并结合到决策中去。干部考核是科学，是民主，有时候，感觉的出入，不能替代科学民主的程序。"

过了几天，刘伯庭和海小红一起找张一嘉谈话，透露要提名他接替潘得厚，担任常务副总。

张一嘉一口否决。两位领导很不解。张一嘉就认真地陈述道："我非常感谢领导对我的器重，但是，我从工会主席到常务副总，这么大的跨越，还真是有些不适应。我建议领导们可以考虑曲小波担任常务副总。他本来就是副总，此次测评推荐，他的得分不比我低，该同志有政府宏观层面工作的经历，见识广，政策水平高。他的品行也很好，在集团工作一年，人缘口碑都非常好，加上他比我还要年轻，我觉得应该在我们行业得到着力培养。我们这个集团，我个人认为要避免近亲繁殖，全用本行领导本行，不一定就科学，反而带着过多的恩怨世故。把曲小波充实到班子主要层面，可以打破这种同行铁板，给集团输入新的血液。至于我自己，我觉得干工会主席，非常好，这次测评，也说明大家对我担任这一职务的肯定。如果领导器重，要调整我，我愿意接替曲小波，担任副总，协助刘董事长、赵总和曲常务，继续做好工作，发挥自己的能量。"

两位领导又劝了片刻，张一嘉就是坚持自己的意见。他的个人意见被汇报到关文水副市长那里去，关文水就说，那就先这样办。

进入腊月，也是阳历年的元月中旬，市委组织部和文广局党组、集团党委就先后发文，调整了班子，以及人员分工。曲小波接替潘得厚，担任常务副总经理，张一嘉接替曲小波，从工会主席岗位转到行政岗位上来了，担任副总经理。赵如男提名推荐原经济传媒公司的老游接替张一嘉，原电视台的办公室主任接替经济传媒公司出事被判刑的总监王友友，也相继获得了任免通过。只是老游只担任工会主席，未能进入集团党组。

曲小波听到消息，过来对张一嘉说："我心里很感激，但是说实话，常务副总应该是你。大家都希望你能够发挥应有的作用。"

新文化传媒集团对班子成员进行了重新分工。曲小波并没有能够接上潘得厚的摊子，只是在分工里加了一句"协助赵如男同志分管日常行政事务"。张一嘉分管了曲小波原先的部分综合文艺娱乐媒体，集团的广告、经营、开发和后勤服务等被分给其他两位副总。曲小波和张一嘉的位置各往前挪了一步，却成了集团班子里最闲的人。

47. 过期了吗

快要到春节了，李天武来找张一嘉汇报工作。张一嘉说："我的分工依然是不管你们那一摊子，你还来汇报工作啊？"

"当然来，您永远是我们的领导。"李天武说，"我那一摊子，是股份制的，您一手创建的新模式好啊，要不，早就给赵如男他们弄死了。"

李天武从包里掏出十五万元钱，交给张一嘉说："公司年底分配的奖金，三十万，这是一半，应该是你的，我不能独吞。"

"这个钱来得及时。"张一嘉把钱往李天武面前推推，说，"我在犯愁呢，到哪儿去弄点钱呢？有些人对我们有恩，有些人跟我们有交情，却落难了，年底了，我们要想到人家啊。"

李天武就说："不必吧，那些钱可以从公家账上支取，这方方面面拜年，是各单位的老规矩，又不犯法，何必用自己的钱办这些事？有您这样当官的吗？"

"现在可不能这样做了，老李，要严格遵守新规矩。再说，现在是什么事都不是我说了算的时代，我们副手不要说送钱送礼这些事，就连请客吃饭都没有自主权，不能签单，赵如男对开支都有严格限制的。"张一嘉慨叹说，"我不想跟这个女人争什么，她的厉害你还不知道吗？她是王母娘娘，不是观音老母，我能去向她讨饭化缘？"

李天武说，也是。问张一嘉有什么吩咐。张一嘉就说："这些钱分一分，送给王友友和邬娜的家属，听说他们现在家里很困难，孩子都在上学，处在花销的高峰，顶梁柱却断了，我们要关心。"

王友友的夫人来找过张一嘉，为孩子上学的事。王友友的女儿原先在汪秘书长介绍的市第一重点中学插班借读，汪秘书长和王友友出事后，该校长就要清退孩子。王友友的夫人见到张一嘉就流眼泪，说没有想到，这做教师的这么势利。张一嘉当场就承诺，下学期一定帮助孩子找一所好学校。后来，张一嘉想起曲小波给市长当过秘书，一定熟悉不少教育界的领导，就请曲小波帮忙。曲小波很快找了市里的另一所重点中学，人家答应孩子可以进去，但是赞助费每学年五万元不能少。

张一嘉吩咐李天武，去替王友友的孩子把这个钱交了。另外，去看看邬娜，就说大家很想念她，等她早日出来。

"我不方便去看她，你们多想着点。"张一嘉对李天武说，"女人心理脆弱，我担心她承受不住打击。"李天武就告诉他，古霞姜萌等一帮老经济传媒的人经常去看她，她看起来还好。

李天武走后，张一嘉就去曲小波的办公室，门一推开却意外地发现文改办的钱秘书在里面与曲小波聊天。钱秘书看到张一嘉，嚷嚷道："啊呀兄弟，好久不见了，升官了也不请我们客，小气啊，还是被反腐败吓得不敢吃饭啦？"

"哪敢呀？"张一嘉握着钱秘书的手说，"早约不如巧碰，今天别走，我和小波一起请你吃饭，怎么样？"

"好，我现在有的是吃饭时间。"

三个人聊了片刻，张一嘉才知道，这钱秘书原先的领导许之光升市长后，没有把他带到市政府去，而是把他留在了文改办，吩咐关文水给安排了一个处长，接替了退休的郭处长。文艺处并没有多少事，所以这钱处长就经常跑过来，找过去的秘书同行聊天。

张一嘉本来是找曲小波，提议利用春节假，两个人一起去省城看一下老领导秦卫民。既然钱秘书已经不当秘书了，两个人也就没有顾忌他在场，把去省城看望秦卫民的具体事项商量了一遍。商量完了，三个人就出去，找了一个馆子喝酒。酒过三巡，钱处长满脸红得像烧鸡，开始发牢骚，然后骂赵如男，说："你们赵如男这个娘儿们不简单，你们可要小心。她跟市长关系很铁的，我就是因为她看我不顺眼，被许市长抛弃了的，当了几年秘书，最后撺到什么破文艺处，就算是给我安排了。不像我们小波兄幸运，市长临走，还力挺他到新传媒集团当个副总，也算是个年薪几十万的小肥差吧。秦市长这样的领导，值得你们好好去看，去孝敬。"

春节，张一嘉带着清清去陈思维父母家过的。大年初三，张一嘉把清清留在外婆家，就和曲小波按照原计划驾车去省城，看望秦卫民。

秦卫民看到他们两个，特别高兴，和夫人、保姆一起下厨房，做了一桌子南方菜。

曲小波给老领导带了一箱茅台酒，秦卫民就拆开箱子，开玩笑说："我们把小波的酒一口气喝掉，让他早点再送一箱来。"张一嘉就说："老市长啊，小波现在可富了，您给他安排这个位置，让他一年拿上了几十万的工资。"

秦卫民顺口问："多少？到底几十万啊？"小波回答说四五十万吧，

但是今年效益太差，这个数字在年终被打了折。秦卫民说："就这样，也是我这个正厅干部工资的两倍，不错。但是，干洲那样的大市，新传媒这样的企业集团，高管可以拿得更高。省城的广电、出版、文投等几大文化集团，比你们这个高多了。"

"我们还在初级阶段，大家羞于把文化传媒当企业，认为是一项崇高的事业呢。"曲小波解嘲说，"这样的导向，就不能过高要求经济效益啦。"

"其实，效益和承担宣传不矛盾。"秦卫民说，"关键要处理好，不然就弄不好这个行业，你要有企业的经营头脑，思想解放，也要绷着那根宣传的神经。以前一嘉那里，不就探索得很成功嘛！大同小异，你们就是照搬那些经验，恐怕也不至于像现在这样困难。"

"能干的不一定让干啊。"曲小波说。

"一个单位，关键还是一把手。你们那个班子，赵如男还行，刘伯庭就太弱了。当时，洪远书记中庸得很，生怕其他人压不住文化系统，不是有句话吗？什么出版呆也坏，报业迂也歹，广电痞子是公害，演艺的油条在卖拐，网络的骗子跟着来。哈哈，就吓得走折中路线，学别的地区的老做法，让文广局长给新文化集团当家，可能大家会服气一点。其实，没必要这么保守，也不是那么回事。"秦卫民笑着说，"要是我是干洲的一把手，我就让张一嘉这样的干才，干一把手，而且放开你的手脚，让你大胆闯，保证干洲文化产业热火朝天！"

"啊呀，秦市长，秦主任，您这么看重我，我敬您一杯。"张一嘉站起来喝了一个满杯，还向老领导鞠了一躬，说，"过去的我们就不管了，我们现在开始啊，天天祈盼秦主任回去，回到干洲当书记，我们都跟着干出头了。"

"干洲的书记啊，没可能啰！"秦卫民笑吟吟地说，"有一点戏影子的话，这春节上门的干洲人，怎么就你们两个！干洲人，我懂他们，头脑灵活得很。没有你们两个这样拎不清，大过年大老远来看过期领导啊！"

"您永远是我们最好的领导！"张一嘉和曲小波几乎同时举杯应答道。

从秦卫民家告辞出来，脸红得像大龙虾的张一嘉和曲小波便也告别，开始各自分头办自己的事了。

48. 冲突

节后上班不到一个月，曲小波就与赵如男发生了冲突。

曲小波闲着无事，在外面喝酒，遇到了在市政府工作时认识的一位企业家朋友——杭州大秦户外传媒公司的秦总。这个秦总本来在中国著名的媒体人上海分众传媒总裁江南春先生手下负责媒体广告发布代理业务，后来自己回到老家杭州，创办了大秦传媒公司，在杭州做得很成功，就沿着长三角经济带，一座城市一座城市挺进业务，开了七八家公司。到了干洲，自然就找到曲小波，两个人聊得很投机，也很兴奋。秦总准备套用在其他城市运作的成功模式，注资五千万至一个亿，注册成立干洲大秦公司，代理干洲新文化传媒下的所有媒体和户外广告位的广告业务，同时出资改造一个几乎闲置的电视频道为"大秦纯娱乐"频道。曲小波正在犯愁，自己作为常务副总如何才能开展有效工作，激活全新的业务，增加媒体产业亮点。大秦公司送上门来，这样的好机遇，令曲小波非常兴奋。他马上带领几个手下，成立了一个临时工作小组，与秦总谈判，并细化合作方案。

在这个过程中，曲小波去向张一嘉讨教，这样的合作是否可行。

张一嘉认为可行，但是要提醒秦总注意地头蛇，本土广告企业可能会围剿外来广告商，因为媒体这东西，不同于其他，许多运作是靠关系和口碑的。曲小波急于做成这件事，就恳求张一嘉帮忙出出点子。张一嘉就告诉他，最好的办法是让秦总找一家本土的上规模的民营广告企业合作，共同把盘子做大，要做成干洲第一大，而且规模实力要绝对强势。

"哪有这么大的广告企业呢？我也不熟悉这一块。"这可难住曲小波了。张一嘉就对他说了几家广告公司的名字，曲小波均摇头，说不熟悉。张一嘉就问他对巨龙国际广告传播有没有印象，还提醒他，两个人一起在巨龙温泉洗澡的事。曲小波一拍腿，说："啊呀，告你和李天武状的那封举报信，里面就提到这家公司，好像跟你们关系很好啊。"

"你相信别人瞎掰的那些鬼话？"张一嘉对小波说，"如果你能接受这家公司，就让李天武为你们牵线。巨龙国际是经济传媒的最大广告合作伙伴，在干洲做媒体代理有太多优势了。据说，他们目前因发展过快，又与桃荣公司和省城的贾府公司合作开发原来的桃园会，人力和资金投入大，现在有些紧张。如果你的朋友秦总带着大笔资金进干洲，找巨龙正好是强强联手，优势互补，应该说是天作之合。只是我担心你忙了半天，集团这边的领导不一定同意这样搞。"

曲小波认为集团目前处境困难，这么好的事情应该会得到刘董事长和赵总的热烈响应。再说自己好歹是常务副总，这些具体的经营合作，自己应该有具体操作权和发言权。张一嘉想想，也是啊，曲小波以前是市长秘书，人脉资源广，集团如果把他利用好了，确实可以带来无穷的效益，这一点刘董事长和赵总当然会懂。

于是，他就让李天武为曲小波牵线，约巨龙的老板与大秦公司商谈。商谈的进展比较顺利。

此后的一次总经理办公会议上，曲小波便把这件事情做了一个汇报，以供会议决策拍板。刘伯庭习惯发扬民主，看大家的意见，谁寡谁众，然后表态，所以他总是让其他人先说。

张一嘉自进了新集团，从党委委员兼工会主席到党委委员兼副总，一年多时间，几乎没有在党委会和总经理会议上发表过任何个人意见。这次，他破例先说，认为目前集团处境比较困难，改革成效需要迫切体现，社会大传媒企业介入，可以分担总台的困难，同舟共济。另外，他认为许多传统业务应该逐渐放开给社会力量，是传媒业发展的大趋势，就如同大学破围墙，面向社会办学一样。所以，他主张同意并着力支持这种合作计划。

这番话在已经形成了沉稳风格的总经理办公会议上，无疑是有异样冲击感的。张一嘉发完言，好一会儿就没有人接口了。刘伯庭就点将，让其他两位副总发表意见。两个人一致声称没有什么意见。刘伯庭问他们没有意见是什么意思？是同意呢还是不同意？两个人不约而同地望着赵如男。赵如男厌烦地转过脸，不理会他们。他们中的一个人就迟疑地说："我觉得曲总这个提议，对我们很有启发。就是这个来得有些仓促，我们一下子还真说不准意见，回去认真研究一下。"

"会议就是研究和解决问题的，怎么要回去研究呢？"刘伯庭批评他们说，"大家有想法就应该敞开说，不怕错误，不怕争论，就怕一开会就来虚的，听不到有用的话，解决不了任何问题。"

赵如男也接着刘伯庭的话严厉批评班子成员的这种作风，还意味深长地表扬了副总张一嘉今天的发言，"充满激情和远见，我很欣赏"。可刘伯庭、赵如男两位的话并没有产生立竿见影的效果，赵如男说完后，大家还是大眼瞪小眼地沉默。

于是，赵如男发言说："大家既然没有更多意见，我就说几句，最后请董事长拍板。我跟大家一样，事先不清楚这个事，所以感到有些突然，不好把握。直觉——只能说直觉啦，有这样几点：一、曲小波同志这种开拓进取意识，非常值得我们学习。正如刚才张一嘉同志讲的，这件事的出发点体现了分担总公司发展困难，寻求同舟共济，是非常好的。我们看到小波同志担任常务副总后，认清自己职责，投入更多精力，包括利用自己的人脉，为集团服务的主动精神。作为总经理，我个人也要感谢小波同志的主动分忧和竭力支持。二、我同意这件事的运作思路。集团部分业务的社会化，肯定是文化传媒发展的最终方向。三、任何事情的操作跟设想都存在一定的误差和磨合。误差往往出自这个事情的合作方、合作条件等是否可靠，磨合是这件事的双方是否达成了期望值、意见、利益的一致，合作运作时机是否成熟，等等。我认为要注意几个问题，一、这个大秦公司到处投资办子公司，它有多少实力，经得起这样扩张？二、它在其他城市开办的公司，与地方媒体合作一段时间，媒体得益了没有，得益多少？三、它与本地广告企业合作，是可以的，但这个企业，就是你们选择的那个巨龙公司，据我所知是我们经济传媒的原先合作方，我们开办新的合作企业难道就离不开一个巨龙？我们的业务会否被巨龙垄断？巨龙本身有没有这样大的实力？我以前听说过许多关于巨龙违规经营的事，电视台也曾经在过去与巨龙的合作中，闹过多次不愉快。巨龙的信用到底如何，你们调查清楚没有？是依据了事实选择的，还是凭一些人的个人好恶选择的？

这个很重要。我们现在是一家新的实体单位，又是本市第一家媒体集团，现在干洲还有一些行业在进行合并重组，市里一边改一边就在等着看我们的成效。我觉得成效体现在两个方面，第一个方面当然是成绩，第二个方面我觉得是稳定。我们刚刚爆出一个腐败窝案，大伤元气，严重影响了出成绩。目前我们最需要稳定，请大家务必对自己分工负责的板块负责任。举棋可以不忙定，但千万别下乱棋，下错棋。"

总经理的一番话，形同演讲，苦口婆心。张一嘉知道没法往下再讨论了。曲小波还想再说，张一嘉拿眼神示意他打住。刘伯庭心中无底，就说："今天大家没有思想准备，对事情了解也不多，大家回去认真研究一下，小波同志也再把调查论证工作做细致一些，下次办公会议再研究吧。"

散会后，赵如男特意跑到曲小波的办公室，说："小波老总啊，我知道你是为了咱们集团好，这是个好事情。但是下次有这类事，最好跟我先商量一下，就把我当你的老大姐，我帮你出出主意也好啊。好事有时候一步走错，就跑到坏事上去了。"

曲小波觉得很惭愧，自己折腾了这老半天，怎么事情还没有做起来，就被领导提醒来提醒去，真的觉得自己不懂在班子中做事的规矩，不懂事情的复杂性，莽撞、潦草，不周密。曲小波不由自主就向赵如男做起了检讨。

赵如男笑吟吟地、很大度地说："我不是怪你什么，但我不能看着别人忽悠你。这件事情可以做，但是合作方要选对。巨龙公司的情况我是了解一些的，跟黑社会似的，我原先在电视台，严禁手下跟他们合作。张总这个人很聪明，能力强，但他以前是老经济传媒的一把手，以前他们台跟巨龙合作，具体细节他不一定清楚，据说，他手下的人胆子也很大，有的人还不走正道。他的两名干将，王友友出了大事，李天武那个人，黑的白的都敢来，巨龙公司一定是李天武介绍给你的吧？你在高层机关待惯了，看到的人都是一脸笑，你可不知道基层的复杂性啊。大姐提醒你，比素质比水平你肯定比李天武这些人高多了，但是比坏，恐怕他出一个小指头你都招架不住啊。"

总经理这么一说，曲小波慌了，差点没惊出汗来。赵如男又说："我支持你做成这件事，但是最好换一家本土合作公司。"曲小波说，他实在与本地的广告企业没有什么深交。

赵如男就说："你如果没有更合适的，我帮你介绍两家，你可以去考察、选择。"曲小波连忙感谢赵如男。赵如男又哈哈笑起来，还拿拳轻轻打了一下曲小波的胳膊，说："你还感谢我？小老弟，这难道不也是我的义务？你也不是在为你自己做事啊，我们都是在为公家做事啊。"

两人第一次聊了这么多话，曲小波觉得心情放松了不少。赵如男又提及潘得厚的事，她愤慨地说："过去这洪远书记，稀里糊涂的，怎么配潘得厚这样一个人做我的助手！把我害惨了，把集团害惨了。在新集团筹备期间，我就预感和担心潘得厚会跟我搭班子，多次向市委市政府领导和改革小组的主管领导提出来，请他们推荐一位年轻的，比如，像你这样的高学历、高素质、高水平的三高机关干部，或者张一嘉那样的业务骨干来担任常务副总，可他们就是听不进去，造成后面这么大损失！现在才逐渐好了一些，我们虽然走了一段弯路，但是总算找到了北。我相信我们能搭好这个班子，而且老刘年纪也大了，明年一退，你我要一起挑更重的担子的。"

"我不行，我不行。"曲小波直摆手，脸都红了。赵如男又大笑起来，露出两排雪白漂亮的牙齿，说："男子汉，不能说不行！"

第二天，市里的一家广告公司新干传媒的吴老板主动上门找到曲小波，要"汇报工作"。曲小波听说他是电视台的老合作伙伴，又是赵总介绍过来的，就热情地接待了他。吴老板递上他们公司制作的公司业绩精美画册，给曲小波看，还介绍了新干传媒雄厚的资金实力。

吴老板告辞后，曲小波陷入了两难，不知道怎么去跟张一嘉和李天武解释，要与巨龙公司"毁约"。过了两天，赵如男好像看透了他的心思，在电梯里遇到曲小波的时候，就跟他说："小老弟啊，有些事情你不一定亲力亲为。我们可以选择巨龙也可以选择新干，那人家杭州大秦公司也有这个选择权啊，那秦老板就不能提出来要求换一个合作方？大家还都在'相亲'过程中啊。"

曲小波恍然大悟，到了办公室就给秦总拨电话，请他近两天再来干洲，说要推荐一家新的合作公司给他。刚放下电话，新干传媒的吴总就打电话进来，要约他和杭州客人吃个便饭，认识一下，聊聊天。三方过了两天就坐到了一起，并很快达成合作意向。相约尽快起草合同，以便第一方的干洲市新文化传媒集团总经理办公会议讨论。

下一次总经理办公会议召开之前，曲小波提前把材料各送了一份给刘伯庭和赵如男，先过目。自己想来想去，还是觉得对一开始热心支持自己的张一嘉和李天武有点愧疚。于是，又去张一嘉的办公室，解释合作变化的原因，是"大秦公司提出，他们自己找到了自认为更合适的合作方新干广告"。张一嘉愣了一下，很快缓过神来，说："没关系，都一样，只要能做成这件事，跟谁合作都一样，我都支持你。"

曲小波走后，张一嘉就打电话给李天武，告诉他巨龙公司与杭州大秦合作的事，被赵如男给"短路"了。李天武在电话那头骂道："曲小波这小子，机关里的书呆子，嘴上也太没毛了。看来，要交学费。"

"你沉住气，不要乱来，先看看形势吧。"张一嘉叮嘱对方。

李天武放下电话慨叹："一条汉子，被折腾几下，越来越谨小慎微了，这样下去怎么行呢！"

总经理办公会议很快讨论并通过了新的合作方案。杭州大秦、干洲新干和干洲新文化传媒的广度合作正式启动。一个注资五千万的大秦新干影视传媒公司诞生了。公司如期代理了干洲广播电视除新闻综合频道之外的所有频道，电台交通广播频道、经济传媒网、集团全部户外广告位，以及院线广告时段的全部广告业务，同时策划改造原先的一个整天播放曲艺小品夹广告的电视频道，为"纯娱乐"频道。赵如男亲自打电话给原经济传媒当家花旦童盼，诚邀她从上海回来担任"纯娱乐"频道的总监。童盼谢绝了她的好意，说马上就要考试了，自己真的很想读书，不打算回去重操旧业啦。

赵如男说："丫头啊，这可不是什么旧业啊，我是邀请你担任一个用巨资打造的全新的文艺平台的负责人啊，这跟你以前仅仅当一名网络主播是一个天一个地，完全不一样的！"

童盼就是不动心。赵如男只好作罢。

过了几天，集团传出了小道消息，说赵如男礼贤下士，力邀已经辞职大半年的童盼回来，担当"纯娱乐"的总监，可童盼就是不肯回来。后来有人听说童盼其实很想回来，赵如男的电话让她哭肿了眼睛，因为她不能回来。她跟原先的领导张一嘉是情人关系，辞职是因为"肚子大了，事情行将败露"。还有一个传说版本更猛，说童盼在上海，已经为张一嘉生了一个儿子。

经济传媒人力资源部的干部小美在社会上听到了这个传说，就在约会时向李天武求证。李天武一听，先是笑得在床上直滚，后来又觉得这样的传说实在是对张一嘉不利。但是，传闻这种东西，一旦扩散开来，谁有本事消除啊！小美很替张一嘉担心，要李天武赶紧去告诉张一嘉。李天武说："什么事都能去进谏，这种事还真不能。你想想，要是你跟我生个孩子，然后借口辞职躲起来却又被人发觉了，谁跑过来跟我说？我即使觉得他是好意，但是被人揭露，怎么也脸上挂不住啊。"

"我觉得这是胡说八道，太离谱了。"小美说。

李天武可不这样想。李天武说："我是男人，我了解男人，有了女儿的男人，是想要一个儿子的。不然，童盼事业干得好好的，她突然跑到省台，跑到中央台，跑到新浪腾讯，我觉得很正常；突然辞职考什么狗屁研究生，我就觉得不正常。这年头，博士后都找不到工作，今年集团进毕业生，一大把博士来应聘，我们还看不上呢，她一个走红的主持人去考什么研究生？蹊跷，蹊跷啊！"

"啊呀，你真浑！"小美没好气地对李天武说，"张总跟你不一样，没那么大胆子。再说，童盼老师也不是那么没头脑的人，替人家生孩子，多么荒唐的事啊！"

"这种事现在太普遍了。"

"张总现在单身，他完全可以光明正大地娶童盼，干吗这样折腾！"小美反驳说。

"你懂个屁。"李天武说，"妻子尸骨未寒，他就跟下属搞出孩子来了，怎么向组织和人民群众交代啊？"

"你个臭流氓怎么不怕组织和人民群众啦？"小美对李天武说，"每次吃药吃得我直想吐，我以后还怎么嫁人！"

小美本来是用调侃语气讲的，可说到这里，忍不住心疼自己，疼出了眼泪。李天武既没有听到她最后的几句话，也没有注意她的什么伤心眼泪。他走神了，自言自语说："唉，可能还真不是张一嘉的，我一天夜里跟张一嘉开车出去，看到好像是童盼跟一个男人，手挽手轧马路呢，那么深的夜了，那男人是谁呢？"

李天武正寻思着，背上突然挨了一拳。小美说："臭流氓，从今天起，你要戴帽帽，我不能再为你吃药，吃药，我会吃死的！"

"我就是做和尚，也不戴帽帽。"李天武说，"你可以不吃药，生个儿子，老子养得起。"

49. 追投

大型电视连续剧《十三钗之凤传奇》已经拍摄到第三十六集，贾总从片场给李天武发了一封电子邮件，内容是汇报电视剧的进展，这部戏的巨大市场前景，以及目前的资金困难。资金困难的原因是"改戏"——女主角单晓晓在表演过程中觉得如果把《凤传奇》处理成《红楼梦》那样的"园中戏"，场景和情节单调，无法超越电视剧《红楼梦》和一家电视公司正在投拍的《黛玉传》。单晓晓建议后半段要改，安排"逃婚"等情节，将故事环境从咫尺园林突破到如诗如画的江南胜景中去，并安排多种浪漫的插曲，如姐姐王熙凤带人到杭州去追王煦凤，路上遇险被浙江才子救助，产生激情，由此理解了妹妹的叛逆情爱；王煦凤在南方一个小镇开习艺馆，教习琴棋书画，遇到与贾府中的男人性格迥异的南方派山水画家东林海……单晓晓的建议打动了导演，贾府公司也觉得非常有趣、有理，但是这样改戏，投资需要超出预算三成。而目前是最好的南下季节，春暖花开，风光秀丽。导演与南方的一些影视拍摄基地联络，人家也都可以接纳。

可就是资金紧张啊。

李天武拿到信后拿不定主意，就去找张一嘉。张一嘉也觉得改得非常好，可这么一折腾，得追加投入两千多万，不是小数字，这个钱从哪里来？

"关键是我现在做不了主，拿不出这个钱。"张一嘉说，"要不找赵如男去？"

李天武说："这么大的事情，集团不定，我确实不敢轻举妄动。但是我不想让赵如男他们介入，他们恐怕也不会支持我们，对这部戏的投资，他们本来就在外面说了很多闲话。"

"我跟你的想法正好相反。"张一嘉说，"我看非让她介入不可，如果她反对了，我们拼命也要想办法找到钱，把这部戏搞成功。她对这部戏有难不救，就成了她的不是了。为什么她要与外面的公司合作搞娱乐和广告新平台，就让搞；拿出那么好的地块送人家搞开发，就让搞；别人一个小电视剧项目，她就不支持呢？至少，我们要考验她一下，让她在一些事情的决策上，多亮亮她的偏见吧。"

张一嘉吩咐李天武，按照集团规定的办事程序，把报告先送到曲小波那里去，最好先争取到曲小波的支持，然后让曲小波提交到总经理办公会议上讨论。但是，张一嘉强调，资金只能以追加投入或者借贷形式处理，坚决不能让新的公司入股介入。

李天武就回去准备材料。

张一嘉则把这件事的大概私下先跟曲小波沟通了一下。曲小波一见面，就委婉地对前面舍弃张一嘉介绍的巨龙公司、另选新干公司的事情表达歉意。张一嘉说："巨龙也好，新干也罢，我跟他们都没有私交，你能做成这件事，就好。我们做副手的，想做事，必须有刘董事长和赵总台长认可，所以是否顺心、怎么做不重要，能做成最重要。"

曲小波一听，很感动，立即表态支持《十三钗之凤传奇》的追加投资，并尽快与两位领导沟通，提交到总经理办公会议上去。

一开始，事情比曲小波想象的要顺利，刘伯庭和赵如男均觉得追加投入有情可原，这也是目前国内影视投资见多不怪的事，可以理解。可方案提交到总经理办公会议上，却意外遭到另外两位副总的强烈反对，他们还陈述了诸多理由，摆出了影视界很多投资失败的案例，提醒大家警惕影视洗钱、文艺骗局，等等。赵如男听了之后，表态迟疑，说："这个是我的疏忽大意，我还真没有料到目前影视投资国内机制不完善、管理漏洞多这些事。我本来没有什么意见，觉得集团下属实体投资的事情，原则上出现困难，都要支持，但是两位老总这么鲜明的反对意见，我们也要考虑一下。所以我建议，先放一放，了解一下方方面面的情况，下次再研究。"

下了会议，曲小波就气呼呼地到张一嘉办公室，骂两个副总，说："平时会上屁都不放一个，这次怎么像憋久了似的乱拉稀，这样公然反对我的方案。"

张一嘉看着曲小波激动的样子，心里直好笑：这孩子确实在机关里待久了，又是在大领导身边，养尊处优，不知道基层的复杂和人心的曲折，也受不了委屈啊。这点事情都看不明白啊！

于是，张一嘉就安慰他说："小波你别跟他们计较，以后还要合作共事呢。既然你觉得反常，你这么聪明的人，还不明白其中的小九九吗？"

曲小波一听，瞪大了眼睛，快快地说："原来是这样啊。上次的事没提前沟通，结果她责怪，说来不及考虑；这次提前沟通了，算是来得及反应了！"

"就是嘛。"张一嘉说，"他们演戏呢。不过你也不要生气，虽然是你提的方案，但是事情是原先经济传媒公司的，跟我有关系，所以她是冲着我来的，不是你。"

"冲谁都不应该这样。"曲小波愤愤不平。

后来的几天，曲小波一直把这件事憋在心里，想过来思过去。最后，曲小波想到了主意，对张一嘉说："不如贷款吧，反正集团就是同意这件事，也不一定拿得出这笔钱，现在账上的钱是转让地块的一笔补贴，那是赵如男的救命钱，谁也别指望用得上。所以求爹求娘不如求自己。"

"这样的项目，贷款不容易。"张一嘉担忧地说，"数字大，又是文化产业，银行不一定肯贷。"

"我来找人。"曲小波蛮有把握地说，"我跟市长干了四年，市里各家银行大大小小的头目，我都熟悉，总会有人给面子的！"

曲小波果然很快落实了这件事。一家国有银行给了二千二百万元的贷款，李天武请熊海东的服装公司做担保，贷款直接进入负责《十三钗之凤传奇》项目的凤传奇影视公司。

50. 姜萌的泪

清明节，张一嘉带着清清，去祭奠陈思维。清清哭得厉害，张一嘉就带女儿回老家，到祖坟扫墓，也好分散一下清清的伤心。节后，清清回到学校，张一嘉正常上了班。

姜萌一大早就来找。张一嘉问清明节回老家没有？姜萌说："我们女孩子家，不算家里的主人，也不是家族的传承人，可以不回去扫墓的。"张一嘉就说："等你嫁人了，这扫墓祭祖的事，你就逃不掉了，你得随老公去，这可是一个家庭的大事，中国人是讲传统规矩的。"

张一嘉的这句信口之言，不知道触动了姜萌的哪根神经，姜萌没有应答他的话，而是忽然流起泪来。张一嘉用关切的语气，询问她有什么伤心事？姜萌把眼泪擦干净，平静下来，说："没什么，对不起，刚才失态了。我想请你出去坐坐，喝茶或者吃饭，有点事要跟你谈。时间由你定。"

姜萌是一个快乐女生，平时还真是很少烦扰领导。张一嘉听她这么一说，估计是有难以启齿的事要细细说。张一嘉就说："可以啊，我有时间，今天晚上，我请你吃饭吧。"

晚上，张一嘉带着姜萌到湖边的一家茶餐厅，要了一个隐秘的包间，吃饭喝茶，方便说话。姜萌说出来的事，大出意料，把张一嘉吓得不轻。姜萌说她怀孕了，已经两个多月了，孩子是顾东岳的弟弟的。

在姜萌的眼泪中，张一嘉听了对方一个多小时的叙说。"我把你当哥哥，这种事我实在没有勇气去跟谁倾诉，我这人出身贫贱，连个可以讨教主意的亲人都没有。"姜萌恳切地说，"有时候，我希望自己一出门就被车子撞死，省得这么痛苦。"

接着，姜萌坦率地讲她和顾东岳家的故事：她和顾东岳确实是远房亲戚，但是是那种拐好多弯子才能扯上的亲戚关系。姜萌的父亲是一个赌棍，常年赖在赌桌上下不来，家里被他拖得一贫如洗，靠母亲咬着牙吃苦，养桑蚕，种薄地，供全家生活，还要负担她和弟弟上学。姜萌上高中的第二年，出落得很漂亮。乡镇税务所的一个小干部经常与父亲在一起赌博，父亲欠了这人一大笔赌债。这人看上了姜萌，跟赌友提出来，想与姜萌谈对象。姜萌的父亲知道这个财大气粗的赌友很有钱，就答应了。回去勒令女儿退学，与这个小税务官谈对象。姜萌不答应，父亲就揍她。姜萌的舅舅听说后，就去找在县里当干部的远亲顾东岳求援。顾东岳听了很生气，亲自上门处理这件事。他一方面训斥姜萌的父亲，不允许他再赌博，如果再赌博，就把他送进公安局。顾东岳平时忙，就让他的弟弟顾东峰处理这些事。顾东峰在县城做生意，手上宽裕，帮助姜萌的父亲还清了三万多赌债，又私下找那个税务官谈了一次话。意思是恋爱不可以用这种下三烂的手段，你看上姜萌可以等人家成年后，去追求她，成不成靠缘分。顾东峰还答应并悄悄实施了对姜萌姐弟的读书资助，使得姜萌和她的弟弟先后顺利考入干洲的鲁南大学和省城的工业大学。

姜萌读大学期间，顾东峰经常利用来干洲开会的机会到学校看望姜萌，给她带点吃的用的和生活费，还经常给她写信，鼓励她好好学习，将来干出一番事业。两个人不知不觉成了情侣关系。前年，姜萌快要毕业，想到自己热爱的文化传媒工作，顾东峰就去求哥哥帮忙，顾东岳便向老同学张一嘉推荐，使得姜萌顺利进入干洲经济传媒实习并留下来，担当网络文艺主持人，而且在张一嘉的培养和童盼的帮助下渐渐走红，成为童盼之后的第二块干洲文艺品牌。今年，眼看着自己的弟弟快要大学毕业了，顾东峰没有等姜萌提出来，就托哥哥在省城的朋友帮忙，让她弟弟在省机械进出口公司上了班。

"这些年来，我不是没有想过早点了断这种关系。"姜萌的眼泪一直流个不停，"可东峰对我的爱那么真切，每次跟我约会，分手时都是泪水纵横的，加上这种感情是恩情转化过来的，我根本下不了这个决心。"

"这次怀孕，已经不是第一次了，是第三次了。我的身体也不容许这样下去，这样下去的结果，张总您应该清楚，一个女人反复打胎意味着什么！"姜萌继续说，"我也不想嫁人了，这一辈子，我认命了，得不到顾东峰也没关系，我把孩子生出来，当一个单身母亲。即使没有他，我一样有能力把孩子抚养成人，培养成才。"

张一嘉一边听，一边喝下去几大杯绿茶，脑子则飞快地转着。等姜萌把话全部说完了，他才开口，说："姜萌，首先感谢你这么信任我，把我当自家人一样，向我坦诚地说自己的隐私。但是你说的事情确实让我吃惊，你是个好姑娘，前途无量。你可能也知道的，东岳从最基层干起，这么多年也是吃尽苦头，熬到今天这个身份，也很不容易。你们老家那个县里的汪书记出事后，东岳以市长身份，目前主持着地方工作，压力很大。大家的眼睛都盯着他看。你跟他弟弟这个事情，本身我不奇怪，我甚至觉得你们的感情是有些美好的，不同于那些世俗市侩的关系。但是，在这个时候，有关感情的任何重大决定，你都要考虑你和他的特殊处境。你是一个文艺名人，东岳是领导干部、一方大员，你们都在事业的劲头上，这个时候家族爆出丑闻，自己的弟弟婚外跟女人——而且是跟自己的资助对象生出孩子来，甚至被追究重婚罪，你可以想象在一个小县城，那种社会轰动效应和严重后果。一件事本来是秘密的，双方是感恩的，甚至为双方带来微妙的动力的，可如果它成为丑闻，甚至由此毁掉几个人的前途，以及给双方家族带来巨大阴影，这件事的整个性质就会发生惊天动地的变化。流言、谴责、辱骂、惩罚、哭泣、愤怒等一切，不要说现实中发生，光是这些词语听起来就能让人发抖。你们能想象这些纠葛将天天伴随着你们的生活，甚至困扰你们的一生。还有，一个不能正常出生、没有正常的双亲、在不正常环境中成长的私生子，有什么幸福可言？又有多少成才的把握，你想过没有呢？"

　　说完，张一嘉点了一支烟，故意沉默了好久，让姜萌可以冷静地思考一下。姜萌哭着说："我本来就是没有主意的，这些结果我也考虑过，可我同样没有勇气中断跟顾东峰的关系，做掉这个孩子。"

　　"你既然把我当大哥，来跟我说，那就要听我的意见。"张一嘉斩钉截铁地说，"先不要考虑跟顾东岳、顾东峰的关系，先考虑能不能要这个孩子。"

　　"我听说现在城市白领单身母亲多的是。"姜萌说，"文化界这样的先例也不少，上海、北京、南京、杭州、深圳这些城市，不少单身记者、编辑、主持人，带着孩子生活的也有，人家能处理好，我为什么就不能？"

"这个世界很大，古人说林子一大，什么鸟都有，你想做的任何事情，世界上肯定有，我不怀疑。"张一嘉说，"但世界上有过的事情，就能去做？我不跟你讲太多大道理。我只想让你在处理这样的事情时，结合一下我的提醒。你是一个聪明女人，聪明女人应该有聪明女人的做法，我还希望你是一个有格的女人。什么是聪明女人和有格的女人？你的老师童盼就是一个聪明有格的女人。你今天信任我，我也完全可以信任你，向你说一个隐私，一个关于童盼的秘密，你知道童盼为什么突然辞职回上海吗？"

"不是说她大学的老师，要她继续读书考研究生吗？"

"现在研究生有那么金贵吗？值得用一个著名主播身份交换？"张一嘉又点了一支烟，然后出去喊服务员，送一支蜡烛进来，点燃了蜡烛消除烟雾。

姜萌的眼泪暂时流尽了似的，干瞪着服务员的一举一动。服务员是一个黑黑的小个子姑娘，她看到姜萌，突然高兴得喊起来，说："小姐您是，您是姜萌姐姐吗？"姜萌笑着点点头。

服务员小姑娘拿出自己的手机，开启拍照功能，要与姜萌合个影。姜萌不答应，推说自己刚才被烟熏得眼睛坏了，妆也花了，很难看。张一嘉就劝她说："人家小姑娘崇拜你，遇上你也不容易，给你服务老半天了，给粉丝一个面子吧。"

姜萌就与服务员合了影。可服务员一激动，跑出去之后就把手机里的照片，炫耀给同事。一大堆姑娘小伙子就三三两两地进来，要求跟姜萌合影。姜萌和张一嘉忙活了半天，才让他们心满意足地走了。

服务员小姑娘小伙子的闹腾，使刚才沉闷消极的气氛宽松积极了不少。姜萌的心也轻松了不少。她接着刚才的话题，猜测童盼走掉的原因："那我知道了，人家的传闻是真的，童盼为你的爱而走的！"说完自己忍不住笑了起来。这时张一嘉把童盼跟关文水秘密恋爱，然后为了避免传出绯闻，只好放弃工作，暂时回避到上海读书的事情，大致说了一遍。

姜萌彻底蒙了，瞪大了眼睛。

晚上送姜萌回去，回到自己家，张一嘉就给顾东岳打电话。两个人在电话里商量了半天，总算找到了处理办法。打完这个电话，张一嘉又给童盼打电话。第二天，张一嘉把姜萌喊到自己的办公室，对她说："你把自己的身子捂紧点，挨到'五一'假期。我陪你去一趟上海。"

"去上海，干什么？"姜萌不解地问。

"看看童盼，好久没见她了，你不想我还想呢。"张一嘉说，"现在你是干洲的名人，不能在干洲一些场所随便出现，所以顺便安排童盼带你去上海的医院，把那个麻烦解决掉。"

姜萌愣在张一嘉办公桌对面，咬着牙关，眼泪又溢了出来。

"这事别给顾东岳兄弟打电话说了。"张一嘉补充说，"这是我的主意。我是你的领导和大哥，你不听我的也没办法，是吧？"

姜萌低下头，像一个犯了错误的小学生。

四个星期后，在上海浦东的一家医院里，一把冰凉的手术长钳，伸进了她的身体深处搅动。这次对疼痛的感受，比以往两次剧烈不知多少倍。她几乎晕过去了，眼前幻象丛生。她看见自己的父亲，正谦卑地走向一个人，那个人从黑色的小轿车上跳下来，笑眯眯地提着一大包东西递向父亲。父亲接过东西，不停地向他鞠躬，说着感谢的话，脸上堆满谄媚的笑。那人转过脸来，向她伸出右手，做了一个 OK 的手势。这时，耳边响起"当"一声，是东西摔在手术盘里的响声。

疼痛渐渐消去，意识渐渐醒转。姜萌感受到一股喷涌的热流。她的热泪从脸颊汩汩而下，她的鲜血从创口汩汩而出。正松了一口气的医生又忙碌着为她止起血来。

51. 风花

陪姜萌在上海休息的几天里，童盼几次试探张一嘉和姜萌，为谁犯了这么大一个如今姑娘们最怕犯的错误。背着姜萌，童盼对张一嘉说："张总你的本事真是越来越大了，人家姑娘刚毕业才个把年，你就把人家搞成这样。"

"亏你童盼是个聪明人，我能干这样的事吗？"张一嘉开玩笑说，"要是我干这样的事，现在躺着的就不是姜萌了，应该是你。"

"去你的！"童盼起身为张一嘉泡了一杯茶，又问他抽不抽烟。张一嘉说抽。童盼拿出一包"黄鹤楼"，说："到阳台上抽去。"

张一嘉抽完一支"黄鹤楼"回来，与童盼对坐着，喝茶，聊天。

童盼俊俏的脸上，多了几分长期待在室内的惨白。张一嘉把那包"黄鹤楼"扔到童盼的桌子上，说："我知道这是关大人抽的烟，跟领导分享一支，就行了。"

童盼没有接他的话茬，而是告诉张一嘉，自己考研已经通过，将在上戏跟随著名戏剧理论家顾教授学习古典戏剧理论。张一嘉问："就这样放弃文艺主播的事业了？"童盼说，主持人，那是青春饭，没有功底做不长的，尤其是女主持人。央视那么多风云一时的女主持人，能长久不衰的也就敬一丹、杨澜、鲁豫等几个文化功底深厚的。所以，不论继续不继续吃这碗饭，学习总是必要的。

张一嘉认同，又问她与关文水的事怎么说。童盼说，现在也不知道怎么办，他在干洲当他的副市长，我在上海读我的书，通通电话，发发微信，聊聊天。要见面，也是偷偷摸摸的，而且只能是他来上海，我到干洲见他是万万不能的，干洲谁不认识我和关文水啊。他是市里的领导，出干洲要跟一把手汇报，前一阵子没有办法，就向市委一把手黄汉平汇报了这件事。黄书记起初不理解，说他昏了头，找个主持人做恋爱对象，不是成心毁自己嘛！你看，我们主持人自己感觉良好，可人家未必这样看。好在，黄书记这个人还算开明，表示理解年轻人的感情。这样，关文水有时候可以利用星期天出来一天，匆匆忙忙，往往是一起吃一顿饭就走人啦。

"这样也不是办法。"张一嘉调侃她说，"你也是老姑娘一个了，拖下去就成歪瓜裂枣了。而且，在关文水眼睛里，一个什么文艺主持人的光环，实在算不得什么，你可要有点危机感。单身的市长，也是我们文化传媒系统女生们的超级偶像啊！你是我的老部下，如果嫁不出去，可算是我的一份责任呢。"

"去你的吧。"童盼笑起来，"嫁不出去，就赖上你，不行啊？"

"你可别打我的主意。"

"臭美呢，你。"童盼说，"姜萌这个残局，你是帮谁收拾的？哪位领导？哥们儿？老板？还是自己？瞧你神的，一个国有文化单位的老总，大摇大摆带着女下属出来打胎，什么风度啊？"

"你可别给我瞎说去！"张一嘉认真起来，"这情况跟你与关文水的情况，性质可不一样，你千万给我保密。我完蛋是小事，反正脸老皮厚，不怕风吹。可人家小姜和那一位人物，可吃不消这样的折磨。"

张一嘉带着姜萌离开上海的时候，童盼到火车站去送他们。张一嘉再次把童盼拉到身边，叮嘱她多为自己的终身大事考虑周密一些，也不能拖得太久了。另外，姜萌的事无论如何要保密。童盼说："你就多疑，我是那种碎嘴婆子吗？回去管好自己的嘴巴和行踪就行了。"张一嘉说："我不是担心你出去说，我是担心你跟大市长吹枕边风时漏气，那人较劲，认真起来可没命，这会影响人家的前途的。"

52. 血月

劳动节假期没结束，姜萌就上了班。

集团文艺部门正是最忙的时候，与大秦新干传媒公司合作打造的《纯娱乐》平台，正在试运营中。在赵如男的直接过问下，平台采取了全新的制片人负责制，社会公司负责制作和经营，实际运作权掌握在本土合作公司新干传媒的吴总手中。杭州大秦负责投资，新文化传媒和新干传媒共同负责和承担制作生产，新文化传媒负责媒体播出和上线。三方按照一定比例进行效益分成。原经济传媒文艺中心的康中辉担任艺术总监，姜萌被抽调过来，担任多个视频时段的节目主持人。姜萌干了几个月，曾提出退出这个项目，原因是合作方急功近利，所谓《纯娱乐》并没有认真包装和创作艺术栏目，而是像全国诸多地方公司小媒体那样，大量复制和盗放小品相声电影歌曲等，然后将密密麻麻的购物广告穿插其中。主持人的工作，不过是重复地在节目中间讲几句串词，露个脸，动员观众参与节目，打热线电话，无非是极其机械刻板的过场。

姜萌觉得在这样的岗位干下去不符合自己的志趣，时间长了会毁掉自己的前途。但姜萌是赵如男亲点的主持人选，谁也不会给她选择的自由。

她姜萌不喜欢这个位置，可公司里许多主持人还很羡慕她得到总经理的赏识呢。这个位置明摆着还有两个看得见的好处：一是可以享受新机制的待遇，集团提供基本工资保障，同时享受合作公司的效益奖金；二是挂名副总监，给予科级领导级别待遇。

姜萌工作的时间并不长，这一切在别人眼里，已经是"大有后台"才能得到的好事。有不服气的同事研究姜萌的来头，认定她幕后有"重要人物"关照。也有人分析，这姜萌完全是赶上好的机遇，当家花旦童盼突然辞职，赵如男总请她她也不给面子，不回来，这才有了姜萌填空，也算是赵总为了找台阶下，不得已而为之吧。

节后上班，姜萌的脸色惨白，困乏到极点。因为身体在术后没有得到休息，非常虚弱。上了两天班，她就去向康中辉请假，说自己感冒了，想休息两天。康中辉正在办公室跟新干传媒的吴总谈事情。见姜萌没精打采地进来请假，就暧昧地上前来摸姜萌的额头，说："我怎么觉得你不发烧啊，你看，小额头凉凉的呢。"

姜萌偏过头去，说："康总，为了休息一两天，我有必要装病？我在你手下时间也不短了，什么时候装过病啊？"

"逗你的，别生气啊。"康中辉哈哈笑起来，对吴总自我解嘲道，"没有个性不是才女，美貌才女，像我们的姜萌这样的，就更了不得啦。"

吴总也呵呵地笑起来，然后跟康中辉嘀咕了两句。康中辉就对姜萌说："好吧，明后天我跟你调休两天。不过，今晚你要参加我们一个重要的应酬。"

"我不行，我得回去睡觉，眼皮都打架了。"姜萌说，"我也不会喝酒，你找其他人吧。"

康中辉不高兴了，说："这是工作需要，干洲保险公司要买《纯娱乐》平台的全年黄金时段，人家老总刚从法国出访回来，时差都不倒，就答应过来吃饭谈合作，这可是一笔大单子。你也是这个平台的负责人了，不能撂挑子啊；你又是第一主持人，你怎么也要出场啊，这点困难不能克服？而且，我告诉你，今晚许市长答应赶场子，到我们这里来喝一杯呢。但你放心，我们宁可让市长喝醉，也不会让你喝多。"

"我不是这个意思。要是身体好，谁怕谁啊！"

在康中辉的反复劝说下，姜萌只好答应了晚上的应酬，但她提前打招呼，说一定不能喝酒和拖得太久。

说完话，看时间已经接近六点。大家就一起下楼，上了吴总的宝马车，开到干湖湖滨新开张的假日酒店内的粤港酒家。没有想到的是，走进豪华大包厢的时候，发现许市长已经在那里等候了。康中辉和吴总赶紧上去做检讨，道歉说因路上堵车迟到，让市长等，实在抱歉，失敬了。

许之光哈哈一笑，说："你们没有犯罪，是我来早了，因为我晚上突然来了一个公务接待，一会儿得赶到政府国宾馆陪北京的客人。但此前答应了你们，不来报个到，岂不是失信了嘛！"

许市长的话，一下子活跃了气氛。正好保险公司的马总也赶到了，寒暄两句，赶紧开饭。

康中辉安排姜萌坐在许市长和马总之间。大家都知道许之光喜欢茅台，而且越陈越好。康中辉就拿了两瓶十年茅台。许之光制止说，别拿那么好的酒，也太贵了，别让酒店宰咱们啊。康中辉说："报告市长，您在这儿一坐，今天的饭局就不能降格了。再说，今天是吴总这样的超级民营大老板买单，也不是我们国有单位花银子。请市长吃饭，吴总的规格，他敢降下来吗？"

吴总赶紧说，是的是的，要不是与新文化传媒合作，这辈子我们做梦也不可能跟市长坐到一张桌子上。

许之光叫服务员把各人面前的杯子倒满，说自己喝个满杯敬大家，然后就走。姜萌一听就害怕了，康中辉看到她为难的表情，就朝她示意，让她不要吭声。姜萌只好任服务员倒满了面前的杯子。

许市长豪爽，站起来，一口就将杯子喝干了，然后举着空杯对大家说："大家可以随意，不一定要喝掉，特别是小姜，女同志意思一下就可以了。我这样喝，一个原因两个目的。一个原因是我要提前走，必须主动喝二两，算是向同志们表歉意。两个目的，一是感谢新传媒集团发扬传统，今天赵如男台长不在，不然我要跟她单独喝一个大满杯。啊，不过有小康和小姜在，也可以代表赵总了吧。二是最主要的目的，是要拜托马总、吴总，你们这些企业家，感谢你们支持干洲文化产业的发展，也希望你们有大局意识，对重组后的新文化产业集团给予更大力度的支持。我是文改办的老主任，这里也是代表关文水同志跟你们喝的，但这个酒，我和文水不能白喝，对吗，马总？我们要一起见证此次文化改革是成功的！"

市长的意思再明白不过了，就是一杯酒包含了对在座以马总为首的所有人的关爱和期望。所有人齐刷刷站起来，乖乖地举杯喝酒。姜萌迟疑不定，康中辉朝她直瞪眼示意。姜萌只好豁出去了，举杯往嘴里倒。许市长赶紧按住她的胳膊，说不用不用，小姜不用喝。但姜萌的酒已经一大半进了胃。剩下的一小口，许市长一把抢过杯子，倒进了自己的杯子，喝了。

人们鼓起掌来，直夸市长豪爽，而且太有绅士风度了！许市长说："小姜是我们干洲的文化之宝，是一块正在闪亮的干洲品牌。童盼走了，很可惜；小姜接上了，很可喜！我们要爱护。"

"谢谢市长厚爱，小姜不敢。"姜萌听了，赶紧站起来向市长致谢。许市长示意她坐下，然后说："不过，我要提个意见，你们最近搞的新娱乐平台，叫什么纯娱乐，对，纯娱乐，档次可不算高，别糟蹋了新传媒的形象。还有这么优秀的主持人，只能站在那里，重复那些干巴巴的串词，为卖产品没完没了地说废话，不好。"

姜萌的脸和脖子红了。

康中辉和吴总赶紧解释，说："《纯娱乐》创办，刚刚起步，经费紧张，这不，请您出面，目的就是促成马总对我们的支持啊。等这个平台一有充足的经费，节目在全国各地电视台和网络的娱乐频道上线，影响不要太大啊。"

马总一听，赶紧站起来，主动倒一个满杯，说："市长让咱干咱就干！"一口喝了杯中酒。市长表扬说："好，痛快。我们这就算喝酒起誓了，马总你可别忽悠人家，还有我这个帮助媒体化缘的市长啊！"马总说："不敢，不敢，一定按照您的指示办。"

然后，许市长就起身告辞。

大家前呼后拥地送市长出去。市长走到餐厅外的电梯口，坚决不让大家送了，独自跨进电梯走了。人们重新回到位置上，继续喝。

姜萌浑身已经烧起来，那大半杯酒，按照平时的量，应该没有什么问题。但是从上海手术回来后，没有得到休息，整个身子都快垮掉一样，随时随地似乎要散架。康中辉得意非凡地坐到刚才市长坐的位置上了，不停地在那里劝酒，讲笑话。隔着姜萌，与马总干了好几杯。

马总的酒量看来不是一般的大，一直镇定自若，面带微笑，毫不改色。康中辉喝得快不行了，新干公司的吴总就接上给马总敬酒。马总的脖子开始发粗，讲话的声音也渐渐大起来。马总说："兄弟我这刚降落干洲，你们就上来轮番轰炸，还加上美人计，我招架不住啊。要钱，有；要命，一条！"

"我们就是要钱不要命，哈哈。"康中辉和吴总兴奋了，再次举杯轰炸。马总站起来，他身材高大，酒糟鼻子雄起，气势逼人，说："你们两个，喝死也放不倒我马某，除非我们的小美女跟我喝。"

康中辉就拉姜萌起来，姜萌直摇头，说自己绝对不行。吴总就说："姜老师，你先把酒倒上，跟马总碰一下，我来喝。"姜萌只好倒上，跟马总碰杯。马总一口就喝掉了自己的酒，然后又把姜萌的杯子拿过来，将一大半倒进自己的杯子，对吴总说："在这么大的美女和名人面前做英雄，哪轮到你，我得抢抓机遇！"说完就喝了。

大家都望着姜萌。姜萌的杯子里还剩下小半杯，姜萌只好喝了。

姜萌没有等酒席结束，就想走。可走出两步，就栽倒了，还吐得一塌糊涂，然后昏昏然中，千呼万唤清醒不过来。马总自告奋勇，说自己力气大，可以背着她走。康中辉在马总耳朵边窃窃私语一番，然后就宣布饭局结束，先把吴总和其他人支走。康中辉下楼到总台要了宾馆层的房间，让马总背着姜萌进去休息，自己则下到大堂，在大堂吧里喝茶。

房间里，马总把姜萌放在床上。姜萌的脸由白转红，头发里渗透着汗水，糊在脸颊上。酒精的作用使她的内脏十分难受，她不断在床上扭着身子，衣服早就凌乱不堪。衬衫的纽扣挣脱掉两个，透视到高耸的胸脯和脖子间的血管。

马总的心狂跳起来，借着酒劲，他的热情勃发。他坐过去，尝试着伸手去摸姜萌的胸脯。

姜萌对敏感部位的知觉全然失去，对他的动作没有做出什么反应。她只是依然扭着身子，嘴巴里支支吾吾，因痛苦而哼哼着。马总就进了一步。酒后的壮年男人，身体的冲击力量无疑是排山倒海的。可姜萌在他的突然进入和粗暴运动中，突然叫起来。剧烈疼痛让她从昏迷中清醒过来，她看到马总硕大的酒糟鼻，血脉偾张的脸，以及沉重压迫在她身体上的赤裸而丑陋的庞大肚子。姜萌"啊"的一声惊叫，就昏了过去。

马总吓了一跳，便感到身下热浪滚滚。他爬起来一看，顿时把酒劲吓得全无。只见姑娘的身下，汩汩地向外流着殷红的血。马总赶紧穿衣服，并给康中辉打电话，结结巴巴说这事。康中辉慌了，赶紧上去，一见床单上已经红了一大片，知道事情不妙。两个人慌手慌脚帮姜萌穿上衣服，背下楼，开车送她去了市人民医院急诊室。

53. 她们的信息

第二天，集团领导听到康中辉的汇报，得知姜萌昨晚"陪客户喝酒过了量，酒精中毒住院"。刘伯庭和赵如男均指示，照顾好姜萌，但是不得宣扬这件事，因为有市领导在场，有些事"一传就变味"。只有张一嘉一听心里急了，这才手术几天，怎么就出去参加应酬，而且不知克制，喝醉了呢？这丫头也太不把自己的小命当回事了吧。

一听完汇报，张一嘉就赶到医院去看姜萌。

姜萌已经醒了，在病床上输液，一见张一嘉，一把抱住他，像个孩子似的哇哇大哭。张一嘉好不容易把她哄住，就批评她不该这么大意，又不是不知道自己处在术后特殊时期，怎么能喝成这样呢？

话没有说完，正好医生进来，就把张一嘉喊出病房，说要对病人家属交代几句话。在走廊上，医生严厉训斥张一嘉："怎么能刚刮完胎就酗酒，还过性生活，你这个男人懂不懂科学？有没有对女人起码的尊重和爱护？你们这样是要出人命的！现在命是保住了，但生育能力就别指望了，无知啊，可悲啊！看你老兄戴副眼镜，文质彬彬的样子，怎么就这么不懂节制呢，这么粗俗呢！"

张一嘉心里大惊，知道事情复杂了，但没有立即解释，而是等医生说完，说自己只是患者的哥哥。医生气呼呼地说："那就替我们、替你妹妹狠狠揍那个小子一顿，把他的人性打出来！"

回到病房，张一嘉关上门，对姜萌说："你给我说实话，怎么回事？"姜萌又哭起来，说自己不想活了，生活实在龌龊，没有意思。张一嘉喝令她别哭。姜萌把嘴唇都咬破了，才止住哭。然后，就说了昨晚的事。张一嘉咬牙切齿，气得在病房里直转悠，说："这帮混蛋简直是猖狂无耻到极点。"

骂了一会儿，他颤抖着拿出手机，给前经济新闻网的编辑、现任桃荣公司副总的古霞打了一个电话，要古霞暂时放下一切工作，马上来医院，接受一项紧急任务。古霞开车到了医院，张一嘉在病房外跟她交代了几句，要她每天二十四小时亲自在医院陪护姜萌，不得换人，也不要向外人说姜萌的具体病情，反正要说就是喝酒中毒，大家都知道的那点原因。

然后，张一嘉回到病房，在姜萌的耳朵边说："你真当我是你哥哥吗？"

姜萌含着泪点头。张一嘉说："小妹，哥哥我没有把你照顾好，如果你有三长两短，全是我的责任。要当妹妹就要听哥哥的话，让我腾出时间，处理好这些事，也才可以卸掉自己的责任。你给我时间吗？"

姜萌依然含泪点头。

"那就听从我的安排。"张一嘉在她的耳边继续说，"不要给顾东峰打电话说这些事。过些日子，我会让他来看你。不要做傻事，不想活啊什么的，继续伤害自己。把这件事埋在心里，烂掉。不要为了争一口气，把事情弄出去，这些混蛋虽然有可能被法律惩处，但我们的代价会很大，身败名裂，事业家庭个人全毁了，不值得。哥哥我会有办法帮你出这口气，你一边耐心养身体，一边等着，好吗？"

姜萌的泪再次决堤。

张一嘉帮她擦泪，换了几次面纸，姜萌的泪才慢慢止住。

从医院出来，张一嘉把自己锁在车子里，掏出自己口袋里的香烟。还是前几天在上海，童盼塞在他口袋里的那包"黄鹤楼"，剩下三支。张一嘉把它们一支接一支地抽完。他感到自己几乎被烟熏醉了。那些被沉默、忍耐压在心底的愤懑、屈辱感，满满地涌出了心口，随着烟雾，弥漫自己的周身。他掏出手机，打通了李天武的电话，让他立即过来一趟。

李天武过来，听张一嘉说了这件事情，气得暴跳如雷，说："老子亲自去阉割那混蛋。"张一嘉吩咐他别乱干。

分手后，李天武立即给省城开保安公司的童年伙伴打电话。晚上又在一家小饭店，见了一个人，交谈了两个多小时。

张一嘉当天回到家，一直在屋子里呆坐到半夜。望着空荡荡的卧室，张一嘉躺在床上，久久不能入睡。他想到了与自己心有灵犀却吵吵了十几年，如今远在天国的陈思维；想到了昔日娇生惯养、风情万种，如今却成了阶下囚的邬娜；想到了姜萌那张哭泣着的苍白的脸；最后，又想到了在南方拍戏的天真地陷入艺术梦想的小才女单晓晓……他在黑暗中，还是抽烟。他的烟瘾越来越大了，一抽，就是连续两三支，不到被迷蒙的烟雾包围并麻痹，都不会停下来。

曙光渐渐地爬入夜空，张一嘉看着清晰起来的窗外的小区小树林，它们的枝梢在晨风中轻轻地摆动，有一下，没一下，仿佛是演绎一种疲惫、一种慵懒，又仿佛是演绎一种挣扎、一种狂舞之前的预备。

他这才昏昏地睡着了。

这天上午，他一直在睡睡、醒醒之中切换。他还做了一个奇怪的梦，梦见陈思维躺到自己的身边，那张瘦削的脸贴紧在他的脸侧。他感到半个脸都凉成冰块了，就嚷嚷着请求陈思维挪开她的脸。可陈思维就是不拿开。他问她为什么，陈思维说："你赶紧起来，不然，她们会一个一个来找我，跟我走了。"

张一嘉就吓醒了，这次睡意全无。

其实，在这张只剩下他一个人的床上，张一嘉的确时常想起陈思维，但都是在睁着眼睛无法入睡的时候。在梦中遇见妻子，是第一次。张一嘉坐起来，浑身酸痛，而且外侧的半边脸，由于挤压在床沿上，冰冷，麻木。被子有将近一半掉在地板上。他觉得陈思维在梦中的话很奇怪。这让他心里很忐忑。他揉揉脸颊，赶紧跳下床，打开手机，编写了一条短信：

"在新的一天到来的时候，我和你们一样，在苏醒的过程中，愈合伤痛，告别黑暗，拥抱朝阳。我多么希望你，我关切着的人，有一个新的开始。你好吗？多保重。一嘉于早晨。"

他把信息选择了几个群发对象，然后，他就去洗漱。再回到手机上的时候，见到了几条回信：

"抄的网上的段子吧，呵呵，谢啦！方静。"

"首长早，今晚有空？熊总约了几个妹妹一起喝酒。我们需要预祝解气。在下李天武。"

"大哥，我心里还是非常难受，屈辱，我的头疼得要爆炸。不过，你不要担心，古霞姐姐一直在这里陪着我呢。"

"姜萌还好。请张总放心。古霞。"

"这还叫早晨哪！几点了，我都在片场两个小时啦，晕！晓晓。"

……

张一嘉翻阅完回信，发现屏幕上还有"发送失败"的信号闪烁。打开一看，不禁头皮全绷紧了。原来他不觉中还给陈思维、邬娜和王友友都发了信息。而这些依然存在他手机里的号码，现在都是报停号或者空号了。

张一嘉抓着手机，双腿一软，眼前直冒金星，一屁股坐到了地板上。

54. 私了

保险公司干洲分公司的马总这天早上刚开门进办公室，一个穿着黑色夹克、戴着墨镜的高大英俊的小伙子，快步跟进来，并随手关上了办公室的门。

马总回头，看着来人，皱起眉头问："你是谁啊？找谁啊？"

墨镜男不回答他的问话，而是随手把门反锁起来，然后，快步走向马总。没有等马总问出第二句话，墨镜男已经把他的领带使劲拽住，并狠狠地往下按。马总感到一股凶狠而强大的力量，一瞬间就被掐住了脖子。窒息使他无法做出任何呼喊甚至反抗，他只能顺势弯下身子，蜷到了地毯上。

接着，他的背上挨了狠狠的一脚。坚硬的皮鞋跟，与他的肋骨迅速碰击，锐利的疼痛传遍了全身。

墨镜男这才撒手，在他面前的大真皮沙发上坐下，不紧不慢地拿起茶几上马总的中华烟，点燃了一支，抽了起来。

马总龇牙咧嘴，好容易才缓过神。他想从地上爬起来，可墨镜男不让他起来，喝令他就跪在那里。墨镜男还从夹克里摸出了一把匕首，拔去套子，指着他。匕首闪烁着凛冽的寒光。

"你什么人？到底想干什么？"马总咳嗽了几声，终于能说出话来，他责问道，"你知道这是什么地方吗？竟敢大白天跑到这里来行凶！"

"你混蛋，"墨镜男说，"我什么人？来废掉你的人！"

"你到底什么意思啊？抢劫？杀人？"马总说，"要弄什么你赶紧下手啊，我是这里的老总，马上会有人进来汇报工作，你这样公然作案，你跑得了吗？"

墨镜男抬手，狠狠抽了马总一个嘴巴。马总立即眼冒金星，耳朵嗡嗡鸣叫起来。墨镜男说："我不跟你这个混蛋卖关子，告诉你，老子是干洲文艺主持人姜萌的男朋友，在你这个强奸犯被逮捕之前，我来找你先算个账。"

马总说："兄弟，兄弟你、你误会了，我没有、没有成心伤害姜萌，大家都喝多了，稀里糊涂……"

没有等他说完，马总的嘴巴又挨了一巴掌。墨镜男呵斥道："你不要狡辩，你到法庭上解释去。臭流氓，马上都进号子的人了，还在这儿要威风呢，欠揍。"

马总的嘴巴火辣辣的，不敢再说话。他匍匐下去，向墨镜男磕起头来。

墨镜男说："你不是没做什么吗？我女朋友差点失血死亡，好不容易抢救过来，医生说生育功能都丧失了，你还敢西装革履地跑过来上班！"

大滴大滴的汗从马总的头上冒出来。他哭起来，说："兄弟，你，你就原谅我酒多惹祸，我绝对是醉了，酿成大错。你给我一个悔过的机会，道歉，补偿，哪怕把我打成残废，什么都可以。只要兄弟你能解气。"

有人在外面敲门。墨镜男站起来说："我去帮你开门，你的下属来了，正好让他们救你，还可以马上报警来抓我。"马总飞快地从地上爬起来，一把拉住墨镜男，央求说："好兄弟，别别别。我们谈完事再开门。"

墨镜男就坐回沙发，抽第二支烟，马总赶紧上去为他点烟。门外的脚步声渐渐远去了。

"你给我跪着，老实点。"墨镜男恶狠狠地说，"我先给你分析一下你的明天，你好好感受一下一时撒野的报应。今天公安局接到报案后，你将以恶性强奸罪被逮捕，从坐在宽大的办公室，享用专车，指手画脚，情妇不计其数，拿着高薪，花公款的国有企业显赫的大老总，变成一个在肮脏的号子里，被人唾弃，任人凌辱，连起码的权利都没有的可耻的因犯。你的养尊处优的老婆孩子，你的望子成龙扬眉吐气的父母，将成为人们嘲笑、谩骂的强奸犯的亲人，整日活在惊恐和羞耻中。听说你的老婆比你年轻，长得还颇有风韵，你的独生女也进入青春期了。呵呵，如果还不解气，我会豁出去，把她们两个都强奸了，也让她们感受我女朋友的那种痛苦。你如果觉得不公平，作案前，我也可以多喝两杯，我带酒作恶，你是不是就觉得可以原谅，大家扯平了？"

"你给我一次机会，给我一次机会！"马总越听越不能承受，"我们私了，什么都好说，我是个浑蛋，你放我一马，我终生把你当恩人。"

"我当然会给你机会，不给机会我来找你干什么？我现在应该在公安局报案，在你家，在你老婆的床上，在你女儿上学的路上。"墨镜男说，"我也不是同情你这个人渣，我不想让姜萌跟你一起毁掉名声，虽然是被害者，但是女人不愿意跟你扯到一起。她是个主持人，热爱自己的事业，我不希望她因此没法继续自己的事业。当然，听说当天一起喝酒的还有不少领导，我不想让人家扯进流言蜚语里去。如果市长知道你在他参加的宴席中，做了这么大恶事，用不着黑道，白道就把你做了。你这浑蛋，随便查几件事，反正你都够得上判刑的。轻则坐牢，重则枪毙！"

在马总的一再央求下，墨镜男才止住咒骂。接着，两个人开始谈条件。姜萌的"男朋友"提出：一、马总补偿姜萌巨大的身体伤害、精神伤害一百万元；二、马总向姜萌写一封悔过书，做沉痛道歉；三、姜萌方面不再追究，并保守秘密。

写完悔过书，马总提出现金要等两天才能凑齐。墨镜男冷冷地说：

"不可以，我根本不相信你们这些浑蛋，办公室没有藏钱？"马总犹豫片刻，就打开放文件的密码柜，取出了八十万元钱。然后，又叫墨镜男进室内的小卫生间回避一下。他向财务部借了二十万公款，先让会计送了过来。

会计走后，马总把一百万元钱和悔过书装进一只大帆布手提袋，交给了墨镜男。墨镜男说："一百万，恐怕只是你一年的薪水吧，看来太便宜你啦。不过，我们不想敲诈你，就是五个亿，也换不回姜萌的尊严，买不回我们的下一代。"

墨镜男从口袋里摸出手机，打开录像功能，放在屋子角落的一个高几上，对着两人谈判的沙发区，开始录像。墨镜男说："姜萌受的伤害太大，你要对着镜头，亲自道个歉。"马总慌张地躲闪，说："不要来这个吧，悔过书不是都写过了吗？"

墨镜男不耐烦地说："你最好照着做，省得我后悔了，让你拿回你的臭钱。"马总就说好吧，对着镜头清了清嗓子，说："姜萌老师……"就把悔过书的内容背诵了一遍。马总说完大汗淋漓，后背的西装都潮湿了。这个时候，墨镜男解了自己的皮带，上去按住了马总肥胖的身躯，再次让他对着镜头跪下去。然后，墨镜男在马总耳边说："你忍一忍，你的下属听到太大动静，会进来看。"

然后，墨镜男扒掉马总的西装和衬衫，抢起皮带，对着他的光背，猛抽了几十下。马总的背上血肉模糊。抽完了，墨镜男又替马总穿好上衣，说，这样你走出去，还是一样光鲜，一点不影响大老总的体面。

马总眼泪鼻涕流了一脸，已经快昏死过去了。

出了保险公司的大楼，墨镜男就上了等候在街道附近的一辆省城牌号奔驰车。李天武那个开保安公司的童年伙伴，正坐在车里等他的司机。墨镜男开了车门，进了驾驶室，摘掉墨镜，把帆布袋递给后座，说："老板，按你的指示，搞定了那混蛋。"

几天后，姜萌出院。张一嘉把姜萌悄悄接到一家宾馆的房间，递给她一百万元钱，一张悔过书，并打开手机，让她看里面的视频。姜萌先是笑，后来又流眼泪。张一嘉说："女人，不要为钱去付出代价；但代价付出了，就一定要拿回钱。"

姜萌一下子抱住张一嘉，哭着说："大哥，我没脸见人。"

"没有人会知道这些事。"张一嘉安慰说，"你不要想那么多，每个人都有自己的隐私。再说你是受害者，可耻的是那些害人的流氓，他们应该受到这样的报应。"

次日，张一嘉把康中辉叫到自己办公室，关上门，让他看手机里的一段视频。康中辉看到马总被皮带抽得血肉模糊的光背，吓得浑身发抖。张一嘉说："老康呀，马总在悔过书中说是你帮助他实施罪恶的，你能这样对自己的下属吗？你也是个知识分子，干洲文化名人了，做出这种伤天害理的事，就不怕遭报应？"

康中辉扑通一声跪在张一嘉面前，说："张总您高抬贵手，我也不知道，他是这么一个恶棍。我没有保护好姜萌，罪该万死，您打我一顿吧，我心里也很难过呢！"

"你起来吧。人要有良心，不要一看到利益就忘掉自己的本；没有良心也要有起码的人性，不要连自己的根都不要了！"

康中辉爬起来，从此对张一嘉唯唯诺诺。在几个星期内，他向张一嘉揭发了老游、潘得厚、赵如男等如何联手并动员自己大搞帮派，幕后死整张一嘉和邹娜、王友友等人的种种言行。张一嘉笑眯眯地对他说："过去的，就算了。我一天不彻底倒台，一天都会念你们的仁慈啊。"

姜萌休息了两个星期，其间与顾东峰悄悄见过一次面。遵照张一嘉的吩咐，最近发生的上海手术后醉酒被伤害一系列事件，都没有提及。只是平静地说，不能继续保持这种关系了，这样下去多年的恩情就要变味了，甚至变质了。

顾东峰愣了，说："姜萌你是不是觉得自己翅膀硬了，就不要我了？"

姜萌反问他："我什么时候属于你的呢？你和东岳哥哥都是我的恩人，但你能是我的爱人吗？你能大张旗鼓地跟我一起生活吗？"

她这话还真让顾东峰答不出什么来，但他不甘心就这样失去姜萌。他说："你们老总跟你捣鼓什么了，让你突然做这么重大的决定？"

"你可别这样说你哥的老同学。"姜萌看着顾东峰闪烁的目光，认真地对着他的眼睛说，"你应该感谢他，他帮你们兄弟俩担当得不少。如果不是他，我今天不会用这种方式跟你说话。"

顾东峰从姜萌的语气里听到了一些确定的信息。他把头埋在姜萌的大腿上，意识到这个美丽女孩，将从自己的身边渐渐消失。这个男人流下了眼泪。

"我知道你是喜欢我的，但是你也不恨你的家庭吧，我不能让你长期陷入这种两难。"姜萌伸出手，帮顾东峰掸掉肩膀上的头皮屑，说，"所以我自己就先做选择，希望你能理解。"

"我可以离婚，我回去跟老婆谈去。"顾东峰有些急了，就脱口主动说出了"离婚"这个敏感的词。

"好啊，有志气。"姜萌冷笑着说。

顾东峰没有想到姜萌用这样的语调说话，有些愕然。

"不过，这么多年，你第一次说这样的话，蛮中听的。可是小男生，你这样说话可要小心，以后千万不要对小姑娘说离婚这样的话，弄不好要付出惨重代价的！"姜萌又笑了一声，说，"我当然不要你去离婚，我不会要一个抛弃结发妻子抛弃骨肉的男人，再说你为我离婚，你哥在官场上还能站稳吗？到时候，我们的婚姻会被人推测，这是你们兄弟伪善谋取的美色，是权钱与色的交易，是一场蓄谋好多年的阴谋。你们家族既没有良心，你哥也没有什么前途可言了——而且，我也听说你哥哥早年得到过嫂子家族的提携，才有如今的仕途的。你想想，你摊上这类事，你嫂子的娘家人怎么看你们兄弟，在他们心目中，还可以信赖、还能扶持你们兄弟继续发迹吗？等你们失去权贵，我凭什么要你这个老男人啊！"

姜萌说话的时候过于平静，甚至带着一丝调侃的态度，使顾东峰彻底失去底气。没有深思熟虑，姜萌不会这样跟他讲话。他除了接受现实，还能干什么呢？他在那里，憋了半天气，慢慢就把心理活动空间退缩到无可奈何的境地。他想再给她一笔钱。姜萌坚决不肯要，说自己早就经济独立了，现在收入也不低了，弟弟也参加工作了，家里条件已经很好了。顾东峰就说："我们还是朋友吗？"姜萌说："我都感觉与你是亲人关系了，你要让我能够坦然地面对你，并用更好的方式报答你，好吗？"

顾东峰认同，并请求最后一次跟姜萌亲热。姜萌坚决地摇头。顾东峰只好退而求其次，亲吻了一下姜萌的嘴唇，然后离开了。

　　身体状况一好，姜萌就去《纯娱乐》上班了。但这个项目与保险公司等单位的合作并没有能够顺利实施，而是很快陷入重重困难。杭州大秦公司投入的启动资金快烧得没剩几毛时，赵如男以新年新改版为由，果断地终止了这个项目。大秦公司作为唯一的资金投入方，损失自然是惨重的。败走干洲的时候，秦总的老朋友、项目引进负责人曲小波想请秦总吃顿饭，秦总一看到小波的号码，就挂断手机。如此反复，小波只好作罢。

　　小波心里憋得慌，去张一嘉的办公室倒苦水。张一嘉安慰他说："文化界地不大，是非多，小波你慢慢来，你人品好，有学识，有人脉，再多呛几口坏水进肚子，才能得心应手。"

　　对这番话，小波由衷叹服，不断点头。

　　十二月的干洲，把一点阳光艰难地从电视总台大楼的窗子透进，照在两个人的身上。两个人望望对方，忽然都笑起来。小波说："我笑你老人家沧海一声笑，怎么就老了！我也知道你笑什么。"

　　张一嘉问："我笑你什么？"

　　小波说："你笑我玉米不长须子，嫩吧。"张一嘉说："小波你嫩什么呀，你瞧你自己的头发，来我们这儿两年，哎哟，还不长须子呢？都添了不少白须子了。"

　　"嘿！人家还羡慕我呢。"曲小波说，"我们机关的老同事都说，做梦都想到文化传媒这样的地方工作，说我是身累、心花、肾虚、头发白呀！"

　　"又要过年了，我们再去看看你的老首长秦主任吧。"张一嘉没有心思说笑，就转移了话题，说，"顺便到省城，我们看看我们桃荣公司的那个电视剧项目，看望一下剧组，检查一下拍摄进展。"

　　"好！"小波一拍巴掌，说，"我不想干什么活儿了，这鬼地方，败事还不如不干事，现在开始，就跟着张哥你混混日子算了，逍遥游！"

　　"这自暴自弃也不好。"张一嘉说，"千万别忘了自己是集团常务副总啊，我的小波同志。"

第十一章　轻轻地你走了

55. 大雪纷纷扬扬

干洲下了两天两夜的雪，大地一片洁白。

全市文化体制改革和文化产业发展经验交流会，在这年年终的瑞雪中拉开了大幕。市委书记黄汉平和"四套班子"的成员参加会议，认真听取各文化单位的工作总结发言，以及专家们对干洲文化改革和发展的建议报告。市文化改革领导小组负责人、副市长关文水做了一个万言报告，全面总结了干洲文化改革的得失成败。到这一年年底，干洲的广播电视、新闻报业、图书出版发行、演艺等文化事业，均从政府体制中成功剥离，建立成独立的事企混合性质法人实体，并正常运转了一段时间。其中，最让人高兴的是，成立一年多的带有事业性质、承担主流新闻宣传任务的干洲新闻总社，竟然产生了盈利。所属的电视综合新闻频道、广播第一频道、干洲第一新闻网和《干洲宣传》等期刊，发行量、收视率、点击率大幅提高。干洲演艺剧团事业从文化局独立出来后，成立了与民营合作的股份制企业，将演艺与旅游业、婚庆业等结合起来，多向发展，取得成功，演艺人员的收入水平为改制前的三倍以上，一些省内、国内有名的戏曲演员，开上了奔驰宝马车，成了体面的艺术家；干洲的图书出版和发行打破了新华书店多年垄断的局面，民营书业的热情被激发出来，全市形成了国有书业和民营书业的双轨发展，国有书业在民营书业的挑战下，渐渐改变了懒惰的习性，并尝试向三产突破，取得了一定的成功。应该说，干洲的文化在新的体制下呈现出前所未有的生机。

可令人遗憾的是，整合了最多资源、政府投入巨资的干洲第一家成立法人企业集团的文化单位，本来可以成为文化产业发展龙头的干洲新文化传媒集团，效益大大落后于其他文化改革单位，连续两年形成数千万元亏损。在为这个会议准备发言材料时，干洲新文化传媒集团开了三次总经理办公会议，对如何定调子发生许多争论。集团董事长刘伯庭认为，要实事求是地通报集团运转中的经营缺陷，在吸取教训的基础上，提出改进思路，以此向市委市政府和全市人民做出检讨和承诺。总经理赵如男则认为，集团发生的腐败窝案伤了产业的元气，是影响和制约集团发展的根本症结。一个完全产业化的新型文化传媒集团，能够再养活几千人，背负历史包袱，稳定生产，同时出色分担着干洲的文化建设和政府工作宣传，把经营阻力和损失控制在最低限度，这本身就是一种效益，是几千万元利润未必能买得到的！

就这样讨论来讨论去，几种观点争持不下。后来，刘伯庭做出让步，说谁发言就按谁的口径吧，言要由衷才是根本，既然是总经理做代表，到会上发言，就按赵总的调子起草稿件。赵如男听了这话，坚持不肯去发言，各人互相推诿，最后决定走折中路线，让常务副总曲小波做代表，进行大会发言。

曲小波一听，急了，说："我一个副手，怎么能代表集团呢？这不合适！"

他想拒绝，但班长副班长一致认定他，他只能硬着头皮，上了主席台的发言席。发言稿用了五分之二的篇幅务虚，五分之二的篇幅体现赵如男的意图，五分之一的篇幅体现刘伯庭等的意图。曲小波照着稿子，快速地读了二十多分钟，就读完了，满头大汗地下了主席台发言席。台下不停地嘘他，曲小波感到无地自容。

这个发言的效果，是可以想见的。但是，与全体与会者反应不一样的，恰恰是市委市政府的两位主要领导。许之光认为，新文化传媒集团的报告比较实在，实事求是，勇于担当。黄汉平则就着这个报告，在大会上做检讨，坦言新文化传媒集团存在着领导班子建设薄弱问题，以及自己当初用人失察，提名潘得厚担任集团的常务副总，留下了后遗症，影响了新集团的正常发展。

市主要领导这样检讨，曲小波更窘了，觉得自己的报告怎么好像把责任推到了干洲的最高层。而且，自己作为接任的常务副总无所作为，却做这样的报告，大篇幅地摊派责任到前任头上，是不是太不知羞耻了。

惶惑不安中，曲小波发现自己好像又一次中了别人的设计。

这次会议期间，刘伯庭主动去找关文水，汇报工作和思想。刘伯庭说自己老了，退休将至，实在应付不了这么大一个新单位的起跑。关文水安慰他几句，说："我会考虑你的意见。"

正好会议期间有充足的时间，跟市里四套班子领导们交流自己主管的文化工作，于是关文水专门抽出两个晚上，与黄汉平书记和许之光市长做了长谈，提出需要加强新文化传媒集团班子建设的问题。许之光市长建议，让快到退休年龄的刘伯庭提前卸掉职务，保留级别和待遇工作一段时间，自然退休，由赵如男接替刘伯庭任书记兼董事长，总经理可由曲小波接替，或者从市级机关政府部门选调。黄汉平听到这个方案后，没有立即表态。他对关文水说："小关啊，动班子的目的，说到底还是尊重产业发展的需要，产生的新班子能否快速起作用，你心里一定要有数。谁管的事谁提的人谁负责，我不提名不负责，只等结果。你看着办。"

"黄书记，您给我几天时间，春节前我再向您汇报一次。"关文水说。

黄汉平同意了。

接下来的几天，关文水连续到新文化传媒集团开了大大小小六次座谈会，直接对着集团的花名册抽了七名普通编导、编辑记者和业务经理，十五名后勤、财务、技术人员，十二名中层干部和集团班子全部成员，一一进行单独的谈话。为了这些谈话，关文水每天夜里翻阅大量的材料，包括手上的一些举报信，把那些在信中被提及过的人都划入谈话范围。

年底，关文水如期向黄汉平汇报工作，比较具体地提出了加强新文化传媒集团班子建设的方案。对这个方案，黄汉平书记不置可否。吩咐关文水可以照此办理，并很快召开了阳历新年的第一次也是阴历年的最后一次常委会，通过了此方案。

"我不希望潘得厚事件，一直把这个单位这样影响下去。"黄汉平说。

会后，黄汉平吩咐关文水，尽早去集团宣布人事变动。黄汉平说，要不是要去北方看望老岳父，他一定亲自去新文化传媒集团宣布，并对他们提具体要求。每年年末年初，黄汉平要带夫人，亲自到夫人的娘家看望老人和亲戚，更重要的是看望潘得厚年迈的父母。自从潘得厚出事进去后，黄汉平与夫人只要有机会都要悄悄地看望潘得厚老家的亲人。所以，现在只能请关文水去宣布班子调整，并代表市委和黄汉平本人讲几句话。

第二天是腊月二十八，人称小年夜。干洲已经化雪的大地上又被下了一整夜的新的瑞雪覆盖住了。一大早，汽车都没法正常行驶。关文水带文化系统领导机关的相关人员，步行去新文化传媒集团。在集团大楼的大演播室里，集团全体中层以上干部和部分职工代表济济一堂。市委组织部的副部长宣读了市委关于调整集团部分领导人事变动的决定：

刘伯庭不再担任干洲市新文化传媒集团董事长职务，保留党委书记一职（同时提名担任市政协教科文委员会主任）；

赵如男担任集团董事长，党委副书记，不再担任总经理；

张一嘉担任集团党委副书记、总经理。

职务变动的领导成员做了表态发言，关文水代表市委对新的班子提出了明确的要求。特别提及黄汉平书记对集团的关心和期望，希望集团领导班子不要辜负市委市政府和主要领导的信任，争取在新的一年恢复元气，力争成为干洲文化产业的排头兵。

会议结束后雪下得更大了。关文水站在大楼前的台阶上，看到大雪已经可以淹没行人的足踝。于是，掉过头来对为他送行的新班子成员说："这样吧，我们不急着走，一起帮新文化传媒集团扫雪清路吧。"

随行的组织部和宣传部领导立即表示赞同。

刘伯庭和赵如男说："怎么能让领导为我们扫雪呢，领导还是赶紧回去休息吧，快过年了，你们也繁忙得很啊。"

"扫雪换中饭。"关文水兴致颇高，说，"今天中午你们请我们吃饭吧，我现在就点餐，一人准备一大碗热腾腾的面条，要多放几片牛肉的那种啊。我是我们文化系统的班长，借咱们班的一顿饭，正好招待一下组织部的几位同志，感谢他们支持我们的工作，还有，为我们集团扫雪清路！"

大家齐声喝彩响应，也都听出了关市长的话中有话。

赵如男董事长就去集团餐厅准备午餐，刘伯庭吩咐办公室赶紧准备扫雪的工具。站着等工具的时候，张一嘉给领导们发烟，最后才发到关文水手上，并给关文水点烟。关文水一看张一嘉的香烟是"黄鹤楼"，意味深长地看了他一眼，笑了。张一嘉说："领导，我跟您的习惯跑的，黄鹤楼，您可不要妒忌。"

"你的喜烟，我要抽的。"关文水说。

"不是我的喜烟，是领导的喜烟。"

两个人哈哈笑起来。这时正好工具到了，大家就一起干起活来。他们从单位的院子开始向前铲雪，出了大门，沿着街道，又往两边推进，直到相邻单位的屋子角落与他们铲出的路相连起来。一群人累得浑身是汗。关文水边擦汗边对张一嘉说："我们给你把路铲出来了，下面就等着你给饭吃了。"

"我懂，"张一嘉回答说，"我懂领导的意思，请领导放心。"

56. 人事

一开春，赵如男董事长就被市政府推荐，到省行政学院脱产学习半年的经济管理课程。集团的内部都传言，赵如男这是快要提拔了——刘伯庭五十九岁了，迟早要到政协去上班。赵如男已经接了他的董事长了，就剩下党委书记一职，等着瓜熟蒂落。凡是要提拔的干部，往往都送到上面去深造呢。

可赵如男自己不这样认为。她觉得这个时候送自己出去学习，怎么样看都像是把她故意调开的。她就去请教许之光市长，说出自己的疑惑。许市长说："小赵你不要想那么多，离开一段时间也好。你这个单位，多股力量组成，人际矛盾多，因内讧出的事还少吗？时间一长，不出效益，大家把矛头都对准了你，对你也不是好事啊。市里对新集团的现状不太满意，让那个张一嘉折腾，你就给他机会折腾吧。关文水看好他，你不给他们施展一下，他们都是新官上任，那劲头像毒瘤子一样，胀在身体里难受。他们琢磨着将来怎么向彼此交代呢。他们这些年轻人，做事躁得厉害啊，功利心强，你还不懂吗？"

"这不明摆着给人看我不行吗？"赵如男在许之光面前哭起来，"我冤死了，再有一年半载的，潘得厚的影响也消除得差不多了，我这儿就要出成果了，他倒好，直接提着空篮子就上来摘果子了。"

"我可不这样认为，现在你是董事长，提拔你接任刘伯庭，这本身就是市委市政府对你的肯定，谣言止于智者。"许之光批评她说，"你哭什么嘛，这也不是坏事。他半年能干出什么名堂？再说，即使他能够把集团的事业干上路子，对谁都好，国家的事业，只要能搞好，谁来搞都一样，都要支持。再说，年内搞上去了，但这总结也要到年底才做的嘛，那时你早回来了，坐在大会上做年终报告的，还是你这个董事长兼党委书记！"

赵如男走后，张一嘉主持全面的日常工作。刘伯庭找张一嘉认真地谈了一次，对以前自己的无奈表示了抱歉，同时表示今后自己会放手让张一嘉干。他恳切地希望能够迅速扭转集团目前的状况，让自己这个当了几年的董事长兼党委书记的掌门人，能够体面地离开这里。

"您这样，我真的很不好意思，您一直在背后支持我，我心里是清楚的。没有您就没有我的今天。"张一嘉对刘伯庭表达了一番感激之情，然后，恳求说，"我这个人当官不行，搞人际关系也不擅长，要我做事，干些具体的活儿应该没有问题。但是干活也要党委支持，才能顺心顺手。刘书记您的支持，是最重要的。另外，我请求在班子里增加一位善于做媒体经营的人，对集团全员实施新的人事改革，启动市场化的用人机制和激励机制。我在经济传媒积累的经验是，做事不在于自己能拿多么高明的方法，在于用对做事的人。"

"我懂你的意思。"刘伯庭说，"这其实也是市委对我们的要求，我们马上就抓紧时间，落实关文水给我们的指示，从人事上入手，进行改革。"

　　根据张一嘉的建议，集团成立了内部人事改革领导小组，由刘伯庭担任组长，张一嘉担任副组长，曲小波担任改革领导小组办公室主任，另外抽调办公室、人事部、财务审计部、文化中心等重要部门的部分主任或支部负责人，担任改革小组办公室成员。赵如男因为在外学习，暂时不参与集团的这项工作。集团的其他两位副总，临时负责集团日常运转，以便其他领导能够集中精力搞改革。

　　张一嘉提出了大胆的改革思路：除了少数几个行政部门，其他所有部门和下属单位负责人，所有总监和分公司、子公司负责人，所有出镜主播人员和业务主管全部免职，重新参加竞聘上岗。上岗的负责人再以此向下推行二级负责人和工作人员竞岗。消息一传出，集团一片哗然，有的支持，有的反对，有的慌乱中不断通过各种途径给集团领导打招呼。

　　赵如男从省里的学习班上打回电话，严厉地责问张一嘉，为什么她一走就搞那么大的动作，搞得人心惶惶，是不是想排除异己？张一嘉回答，是按照市委和刘书记的指示做的，目的是先理顺人，再理顺机制，最后达到改革增效的目标。赵如男说："你少跟我唱高调，我问你，我们现在是企业还是机关？我这个董事长不发话，谁有资格去聘用人？你这个总经理，还是刘伯庭那个书记？"

　　"您别生气，赵董事长。"张一嘉不卑不亢地解释说，"您有什么指示，可以下达给改革小组，我们会结合进去。但是启动工作不能停下来。还有，市国资办的领导也对我说，企业的总经理是可以聘用中层以下管理人员的。"

　　赵如男气得把手机砸在省行政学院的教室楼梯上。

　　电话断了，张一嘉感到事情不妙，赶紧去向刘伯庭汇报。刘伯庭说："赵如男有什么意见应该跟我说，不应该这样训斥和阻拦你，如果这几年我这样干预她，她还能干事吗？她应该学会设身处地地为别人想想。"

　　两个人商量了一番，然后花了一个下午的时间，专门到市政府文改办向关文水汇报全员竞岗的改革方案。关文水对他说："刘书记，一嘉啊，人事改革动作要快。具体方案我不研究，你们定，反正把握一个公平、公正、利于能人创业的原则就行。有的事一迟疑就节外生枝，料不到会出什么麻烦。"

为了给集团改革做进一步的支持，关文水还决定派宣传部的一名分管文化的副部长和文广局局长海小红担任新文化传媒集团此次人事改革的督导，给人们提示，此次改革是由上层机关主持推行的动作，不是集团内部的小动作。关文水问刘伯庭和张一嘉，还有没有什么需要市里支持的。张一嘉说："有，还真有。"关文水说："你就直说，我能做的我就尽快给你办，不能做的我就向黄书记和许市长求援。"

"我们的班子不太强，希望市委能考虑一下，给我们班子里充实一名真正的经营专家。现在的副总包括我们三个一把手，都不擅经营。"张一嘉说，"您多次强调，我们这个集团是企业，组建的目的是削弱行业性，增强社会性，增强经营意识，不能按照传统的新闻文化模式去运转。"

"你别背诵我的话了。"关文水说，"我知道你想在班子里再配一个人，是不是有合适的人选了？有就直说，我来争取。"

两个人谈完工作，正准备告辞，关文水忽然提出，要请刘伯庭和张一嘉吃饭。刘伯庭就笑着说："你们小伙子去喝酒找乐吧，今天是周末，我老头子就回家陪老太婆了。"

刘伯庭坐着车走了。张一嘉对关文水说："我哪敢吃市长的饭啊，还是我来安排吧。要不市长请，我买单，一定用我自己的薪水。"关文水说："不用你请，我都安排了，我还要带你见两个人呢。当了总经理，可以一碗面条把我打发了，但今天的饭局和这两位客人，没法用一碗面条打发掉的！"

两个人说说笑笑出了市政府大楼。关文水没有叫司机，干脆坐在张一嘉的车子上，去了饭店。

到了饭店，一推开包间的门，张一嘉吃惊不小，只见海小红和童盼笑吟吟地坐在那里呢！菜都上来了，饮料也倒好了，就等着二位就席了。关文水上来就争取了一个主动，举杯以饮料代酒水，敬张一嘉和海小红。张一嘉一看架势，心里明白了几分，还有几分不明白：这海小红掺和进来到底为哪般？

海小红看得出张一嘉的那几分不明白，就呵呵地在那里直笑。张一嘉故意问道："海局长啊，你什么时候跟我们的童盼黏糊上的？"

海小红说："问你们领导，比我还清楚呢。"张一嘉就看关文水。大概是美人的光彩给照耀的，关文水的脸竟然有些红了，说："别问我，别问我。我们还是喝酒，啊呀喝饮料吧。"

海小红于是说："张一嘉老弟你喝一杯水，我马上宣布特大新闻，你就知道我怎么跟你的原下属黏糊上的了。"

"好吧。"张一嘉倒也爽快，端起杯子就整了一个满杯的饮料。海小红说："今天是我们关大官人的大喜日子，我是红娘，请你来当证婚人！"

"怎么回事？"张一嘉虽然明白关文水和童盼的关系，但海小红的话还是让他的脑子一时转不过弯来。海小红补充说："一嘉老弟，你不要装傻了，我知道童盼把你当哥哥，什么秘密瞒不住你的。关市长文水大人，和童盼小姐，前两天正式登记结婚了。什么仪式都不搞，这顿饭就算是仪式，我们两个荣幸见证哦！"

"啊呀，暗度陈仓啊！"张一嘉笑着，跳了起来，说，"这么大的事，不告诉我，我还要安排全市媒体直播啊。"

"去你的吧，这什么大哥啊。"童盼说。

童盼好像比从前稍丰满了，穿着一件绛红色的紧身衬衫，第二颗纽扣恰到好处地绷着，表现一种成熟女子迷人的身体力量。她在脖子上绕了一条淡色碎花的纱巾。她的皮肤泛着健康的亮色，水灵而滋润。她端坐在那里，带着显示屏上常见的让干洲人着迷了好多年的那种亲和的微笑。她的身体姿势，透露出清淡、雅致和自然的气质。

这样的女子，实在太迷人了。张一嘉每次见到童盼，总忍不住妒忌关文水。难怪人家能把干部做大。人家会抓机遇，发现好的东西就不犹豫，就下手，就能够得到。

这时，关文水和童盼站起来，海小红赶紧踢了一下张一嘉，示意他也站起来。关文水很严肃地从口袋里掏出两枚戒指，一枚给童盼戴上，一枚让童盼给自己戴上。张一嘉和海小红赶紧使劲鼓掌。落座后，张一嘉说：

"不行，你们还得喝杯交杯酒。"

关文水很乖巧地站起来，把饮料倒满两个杯子，与童盼做了一个交杯姿势，然后一个人喝完两杯。他还在海小红的强烈要求下，抱着童盼在她唇上亲了一下。

海小红开玩笑说："天天在电视电影里看人接吻，长这么大，真人秀，这么近还是第一次见。"张一嘉就说："我们不如也学习一下表演个真人秀，算是回报关市长。"海小红"啪"给了张一嘉的肩膀一个大巴掌，说："你还真来劲了你，连老大姐的玩笑也敢开！"

童盼的眼睛里噙满眼泪。海小红上去，抱住童盼。童盼就像个孩子似的，倚着海小红，痛快地流了一会儿泪。海小红对关文水说："市长兄弟，知道什么叫幸福了吧，知道什么叫甜蜜的新娘了吧，这才是。"

"市长，您别听海大姐的忽悠。"张一嘉一边拿杯子敬海小红，一边对关文水说，"我是乡下人，从小看到新娘子出嫁，都比这个哭得厉害。老人告诉我们，这是女人为了掩饰内心的狂喜，同时给父母一点安慰，意思是说我才不想跟那个臭男人过日子呢，我好舍不得爸爸妈妈耶！"

一句话，逗得童盼笑起来。童盼说："我就知道，只要能让我们张总有机会登台，一定妙语连珠，好戏连台。"

张一嘉依然冲着海小红说话："海大姐，你什么时候神不知鬼不觉做了这么大惊天动地的媒婆子的？"海小红说："有缘千里来相会，张生不跟崔莺莺对上眼，哪有什么红娘呢！你其实比我早知道吧？你这人心里藏得住事儿，不说。坏人啊，坏人，有前途。怪不得关市长这么器重你。"

四个人又喝了一会儿，张一嘉轮流敬了新婚夫妇和海局长，便询问了一些童盼研究生课程的情况以及今后的打算。童盼说，没有更多打算，读完书找份教书的工作，关文水在哪儿工作，自己就在哪里找所学校教书。反正，不会再干传媒工作了。

海小红示意张一嘉少问点婆婆妈妈的事，早点结束，予新人方便。

时间确实不早了，张一嘉一看表，已经九点半多了，就赶紧结束了饭局。下了楼，关文水坐上童盼的车子去上海。海小红跟张一嘉握手告别的时候，张一嘉说："今天这事来得太突然，大姐也不早告诉一声，弄得我措手不及，连礼物都没有准备。"

海小红说自己也是几个小时前才接到关文水和童盼的电话的。她说："他们两个弄一块儿去，能张扬吗？"

"可这也瞒不住，迟早要暴露的。"张一嘉不无担忧地说，"不如光明正大地一块走在干洲的大街上算了，人们议论也就一阵子吧，时间一长就习惯了，猎奇的兴趣也就减弱了。"

"没有那么简单。"海小红说，"这是干洲。"

张一嘉觉得这不像关文水的风格，匆忙结婚干什么呢？以前他们口风很紧的，干洲这个地方，几乎没有人知道他们的关系。他的心一紧，忽然想起一些事情和谈话中似乎藏着什么苗头，就对海小红说："是不是关文水要调走？"

"可能的！"海小红说，"最近他把工作督促得很紧，一些人事安排也紧锣密鼓地进行，包括你们集团的班子调整和人事改革。"

张一嘉越想越不对劲，回到家里就给童盼发信息，问关文水是不是有职务变化。童盼估计在高速上开车，当晚没有回信息。第二天一早，张一嘉就收到了童盼的信息："都是我惹的祸，不调动不行的，他很舍不得干洲和现在的工作。"张一嘉想继续问，但是觉得人家没有主动告诉他更多的意思，就回了一句："谢谢，新婚快乐。"

当天一上班，刘伯庭和张一嘉就把李天武找过来谈话。紧接着，建议增补李天武为副总的报告就送到了市政府。关文水对送材料来的刘伯庭说："我支持你们加强班子建设，增补李天武同志为副总，希望他能够发挥经营才能，把你们集团的效益抓上去。"

他还反复对刘伯庭交代，副总的人选一定要征求赵如男董事长的意见，最好董事长没有什么异议，才能提交给组织部考察，然后上常委会讨论。

全员竞聘的岗位也很快公布出来。三天之内，报名、材料粗选工作全部结束。一个星期后笔试结束，进入面试和经营指标的竞标。半个月，全部中层岗位负责人人选名单公布、职务情况公示。

其间，负责具体工作的曲小波找到张一嘉说："几乎每个人选都有群众来信告状，看来，我在市政府时收到那么多信不是怪事呢。"张一嘉说："我们要辩证看这些材料，如果反映的问题属实，对我们的工作的确很有用，甚至是干部把关的利器。"就挑出一些检举信，认真地关门研究了一天。最后，他把其中的两封剔出来，交给曲小波，说："这两个人的问题太多，恐怕通不过公示关。"

曲小波已经学聪明了，后来就让这两个人落选，空出来的两个岗位顺延到第二轮补差，产生两个新的人选。

张一嘉又给所有班子成员和新人下达了指标。所有的媒介平台一律由经营经理负责，节目做配合。这些平台被逼得，很快纷纷找社会传媒公司合作，进行板块和时段的承包、分割，实行专业产业化，时段板块定价体制。然后，集团传媒事业部进行统筹，确保这些平台对社会经济的各个条块有针对性，涵盖面和覆盖面大大拓展，社会资源被充分调动。一些都市生活类媒体，包括行业报刊、生活娱乐报刊、社会服务类网站，张一嘉亲自腾出时间过问节目的打造，特别是在建立快速资讯通道上下了一番功夫。他还自创了一套情报员派驻机制，把干洲各下属市县的记者站撤掉，将记者力量收回来，重新整合后，以政策咨询员身份，分条块联系市委、市政府和经贸、教育、财政、城管、交通、医疗、文化等人民群众关注度高的部门。他的理由是，那些动态性的信息，也就是传统意义上的新闻，各市县宣传部和地方电视台广播站，上报新闻的积极性很高，派驻记者反而束缚了地方新闻单位的积极性，是窄化渠道的做法，吃力不讨好。而许多部门潜在的资讯多，却没有人去做。同时，经济新闻网更名为干洲百事网，定位于与老百姓生活息息相关的事务资讯和服务，网站主任方静亲自创设开办，并主持了一个直接面向社会大众的"百事直传"。文艺中心主任姜萌则设立了《百姓故事会》《民间天天乐》，专门抓民间的故事和乐事，开发本土文化的资源。

集团各项改革工作进入实质性阶段的时候，关文水和童盼的事也已经传遍全干洲。同时传出来的消息是干洲市委市政府将有大的人事变动。

关文水在干洲最后一次找张一嘉，是遗憾地告诉他，李天武的事没有能够通过。见张一嘉不解地望着自己，关文水就解释说："你们传媒集团原则上是企业，党委书记和董事长可以由市委直接任命，但是副总一般说来，需要董事会提名，这样才能真正体现现代企业制度。当然，我们的国有企业还都没有照搬一般社会企业的做法，人事权大都还在上级主管部门手中，但是有些过场必须走，比如，董事长必须同意，才能聘用高层管理人员，希望你能理解。"

张一嘉自责粗心大意，没有事先跟赵如男董事长沟通好，完全是自己工作不周到。

"不过，我有一个两步走的办法，供你参考。"关文水出主意说，"你可以先聘用李天武同志为全集团的经营管理总监，这是你们集团党委和总经理就可以做的事，报宣传部同意就可以了。"

谈完李天武的事，关文水就透露自己很快要离开干洲，调到省里工作。

张一嘉心里很失落，担心关文水走了之后，自己的工作会陷入新的困境。关文水说："不要担心，有事可以多请教一下黄书记。还有，特别不要忘了欣赏你的老领导。"

这话好像是个半截子。张一嘉回去后，琢磨了好久，总觉得关文水这句话有更多内容。黄书记是市委领导，当然干洲每个单位的负责人都需要他的支持，可这后半句"欣赏你的老领导"是什么意思，专指某个人，还是泛泛而指要谦虚地对老同志？抑或是批评自己，平时忽视跟市里的老领导们联系感情？张一嘉始终没有想出一个名堂来。这句话也就渐渐被繁忙的工作挤到一边去了。

张一嘉很想找一个机会，跟关文水深聊一次，顺便让他把话说得再明白一些。可这个机会，再也没有在干洲找到。关文水调到了省工商联任党组副书记，悄悄地离开了干洲。有人说他这是英雄难过美人关，好好的一名副市长，多正儿八经的官啊，为一个女人，跑到什么工商联这样的团体单位工作，大好前途就这样休止了。据说，就这么个位置，还是他的老领导、现任省统战部部长的洪远，着力推荐才得到的。不然，他，一个与地方网红发生关系的市领导，在干洲怎么能够天天坦然坐主席台，上电视上报纸！

57. 梅雨的风光

这一年，江南的梅雨比往年更稠密，雨季来得更早，在干洲停留的时间更显漫长。

就在这个时候，集团桃荣公司参与投资拍摄的《十三钗之凤传奇》从更远的南方传来收工的消息。剧情广告片发到了干洲，桃荣公司的老总古霞邀请集团全体领导和中层干部前往桃荣贵宾中心看贴片。

片子的第一个镜头，就是稠密的江南细雨。女主角单晓晓扮演的王熙凤，坐着马车穿行在古老的街巷，青石板的反光，美丽而又迷幻。王熙凤叫驾车人停车，在巷子的一棵海棠花树前停下。紧接着的镜头，是王熙凤围着海棠花树旋转，人的旋转，变幻成发髻摔散后黑发的旋转，变幻成海棠花瓣飘飞的旋转，变幻成裙裾的旋转，天空的旋转，最后是梅雨雨丝的旋转……投影打在宽大的幕布上，透过光束，能看到那些雨丝，炫成的五彩灿烂。

张一嘉的思绪跟随着这些变幻跑得很远。他掉头看看窗外，见湖面上散开密密麻麻的水圈。江南的意味，就是这些变幻的、迷蒙的圆，或者叫变幻的、迷蒙的缘。对了，是圆，是缘。他在心间琢磨着这些词语。

一曲流水般的音乐把他吸引回幕布。只见单晓晓正在雨中看着自己。雨点变得越来越大，越来越虚。单晓晓潮湿、曼妙的身子，不断地逼近画面，冲向观众的视线。最后，单晓晓一双聪慧而又显得无助的大眼睛，定格在幕布上，雨水凝结在她的睫毛上。

那种眼神，使张一嘉惊异，激动，痴迷……

宣传短片看完后，大家都在夸女主角漂亮。李天武大声地介绍说："这个单晓晓啊，是我们干洲人，这也是我们投资这部电视剧的原动力。如果她红了，成为全国甚至整个亚洲的华语红星，对干洲文化、对干洲形象的宣传，都是不可限量的！我们要感谢我们的经济传媒的老领导张一嘉总经理，感谢集团现在的各位领导，对桃荣公司，对我和古霞的大力支持！"

接着，李天武介绍了《十三钗之凤传奇》的宣传步骤。五月中下旬，东南亚和国内的七家电视台率先播映。六月被定位为"凤传奇宣传月"，将从首都北京开始，自北向南进行宣传推广，每推广一座城市，片子就卖进去。这样，一路起火，推进到广东和香港的时候，估计已经是大红大紫了。最后，剧组回到干洲，把女主角单晓晓的家乡作为一个宣传亮点。到时，单晓晓已经是明星，正好荣归故里。宣传活动放在新开张的桃荣艺术中心，借此把这个江南地区最有特色的艺术娱乐和商务休闲消费场所一炮打响。

大家都被李天武的介绍弄得很激动。接着，古霞又给每人发放了一本宣传画册。正是单晓晓的那本古装写真集。大家直惊叹：漂亮漂亮。

看片会结束前，刘伯庭书记和张一嘉总经理做了简短讲话。刘伯庭盛赞这个项目即将为干洲新文化传媒注入新的活力，要大家都做宣传员，宣传干洲人的《十三钗之凤传奇》。刘伯庭最后还幽默地说，不要片子播出来，一见好看，老百姓就说乖乖，CCTV 的好片啊！要说，乖乖，干洲的好片啊！我们干洲文化娱乐不敢跟北上广比，但是我们一定要有一两样东西，能好意思在全国露脸。

张一嘉的讲话则要求快速、大力度宣传、炒作《十三钗之凤传奇》，更关键的是要做好"诗外功夫"，因为说到底，投资的目的不是赚吆喝，是追求更大的利润回报，所以，电视剧的发行工作要紧锣密鼓地开干。七家电视台同时播是否少了？央视那里没有排进电视剧频道的黄金时段，是巨大的缺憾，我们的目标应该争取进入央视的一套，这样才能真正在全国大红大紫。张一嘉还指出：目前，炒作《红楼梦》题材是一种热潮，我们借了这个热，但也陷入同类题材的恶性竞争，张艺谋那样的大咖，前几年投拍《金陵十三钗》都没有成功，注意，思路与"凤传奇"这个十三钗并不一样，但在老百姓眼里，可能题材如出一辙，所以宣传定位很重要，不能被人误解我们在炒张大导演的冷饭。还有，电视剧《黛玉传》也已经在媒体上炒作了一阵子了；还有大导演胡玫重新拍的《红楼梦》，你们看，一出来几乎就偃旗息鼓了，倒是红楼选秀因为被八卦成与腐败关联，到现在也好几年了大家还在津津乐道……所以，我们要构思话题，通过不一样的话题，让全国人知道这个剧！而话题最能抓人的地方在网络上，在微信朋友圈，因此要利用好新媒体，在话题走热后，立即开卖网络播出版权。

看片会结束后，桃荣公司的投资商、荣中贵集团的熊海东先生，请大家参观艺术中心。大家进了桃荣贵宾艺术中心的中央演艺餐厅，无不惊叹设计的韵味。这个演艺餐厅是一个巨大半圆形设计，其中圆弧的部分全是玻璃墙面，向外看去，囊括了广阔的湖面和岛上部分森林，以及远处岸上的城市楼群影像。因为是梅雨季，风光影影绰绰，使得外面的世界更加深远、浩渺。人在这样的环境里用餐，太容易有一种坐拥江湖的优越感、成功感了。

吃饭的时候，熊海东坐在主人位置上，刘伯庭和张一嘉一个右首一个左首，分坐两旁。中间大厅的舞台上表演着传统的歌舞节目。古霞拿着话筒，给大家介绍，说这是专门为集团的同人们准备的高雅艺术表演，平时这里雅俗共赏，针对不同的宴会形式和对象，表演不同类型的文艺节目。古霞还介绍，这里的晚宴，几乎已经被干洲人的结婚预订用光了，一直排到明年的国庆，除了阴阳历带数字 4 的日子，其他日子全部爆满。所以，今天才安排到中午，请大家来。其实，晚上的风光更漂亮，我们在水面和森林里都嵌入了彩灯，人造喷泉，远处还有城市亮化工程添景。

吃饭的当儿，张一嘉和熊海东不断说着怀念关文水在位时的话题。张一嘉想起关文水临别时的赠言，说不知道关文水说的"不要忘记欣赏自己的老领导"是什么意思。熊海东就提醒他最近的人事传闻。张一嘉说："不知道这个，忙昏头了，有什么消息。"熊海东说："具体的我也不清楚，好像说黄汉平要提拔，到省政协去当副主席，还传说秦卫民要回来接黄汉平呢，谁知道呢？反正你们的世界里，神神叨叨的，我熊海东的脑子跟不上，这个比挣钱复杂。"

几天后，张一嘉装着无意的样子，对曲小波说："小波，也不知道你的老领导现在怎么样了，很想念他，还有关市长，到省里工作后，我们就关心不上了。"

"人家有美人怀抱，还用你关心吗？"曲小波说，"倒是我的老领导，咱们应该多关心一下。张兄你要是腾得出空，我们一起去看看他们，如何？"

"我也想了很久呢。"张一嘉说，"正好我想去省文化投资公司，请他们投资中心的主任吃饭，拜托他关照我们，有好项目的时候带我们联合投资。顺便，我们去看一下几位老领导，秦市长、关市长，还有洪远老书记。"

两个人向刘伯庭报告了一下，第二天就去了省城。

张一嘉一见关文水，见这老兄面貌完全不似从前，打扮得很时尚，像一位潇洒的电影明星。关文水说："还不是你嫂子折腾的，她说我现在不是什么市长了，别整天穿得像个塑像似的，搞工商联合工作，是团结靠拢各界商业精英的活儿，要向自己工作的对象学习，才进得了人家的圈子。"

张一嘉听了"嫂子"这个称谓，呵呵呵地忍不住笑起来，说："这显然是向你老部下炫耀啊。"关文水也呵呵地笑起来，显得很愉悦。他既不打听干洲的情况，也不问张一嘉曲小波他们的工作状况。张一嘉和曲小波就主动汇报了一下集团改革后的成效，特别又提到投资电视剧尝试的成功。关文水忽然问："那个李天武，怎么样？管经营，挺能干！"张一嘉觉得这话问得有点突兀，就说："感谢您关心，他是位经营能手，当上经营总监后，发挥了很大的作用。"

"这样的干才是应该用好。不是有争议和不少反对的声音，那次提名副总我是会坚持的。"关文水说，"不过，用到总监，也不低了。有时候能人能做大事，也能捅大娄子。当然，我不是说李天武，我是说一种普遍现象。"

又聊了一会儿，张一嘉才从关文水口中得知，童盼几天前生了一个女娃娃，正在上海坐月子呢。两个人直说祝贺，祝贺。

出了门，张一嘉想想又要笑。曲小波问他乐什么，张一嘉没答他，而是打了一个电话给海小红，告诉她童盼生小孩的事情。海小红说："你真傻还是假傻啊，那天你瞧不见她那脸色和身子变化吗？再说，这么有脑子的两个人，怎么可能那么草率结婚！"

海小红还开玩笑说："你要是跟谁有了，告诉大姐一声，好让大姐给你解围。"

打完海局长的电话，张一嘉和曲小波两人说说笑笑，去了秦卫民工作的发展改革委。秦卫民正在省委办公厅列席省委常委会。开完会回来，见张一嘉和曲小波在自己办公室坐着，特别高兴，说："你们又来了，还是我立项拓宽的全省高速公路发挥大作用了，现在你们到省城来像散步一样方便快捷了吧。"

秦卫民刚落座，就接到一个电话。放下电话后，他说："外办安排出国，我带队，这几天忙着呢，我不跟你们聊了。一嘉你去过南美没有？"

"没有去过，首长这次出访南美？听说很美啊。"

"想去吗？"秦卫民问。

"当然想去，以后争取去一次。"张一嘉说，"工作期间不自由，就退休后去，好好看看世界。"

"不要以后了，想去我这次就带你去，我请外办赶紧补你的手续。"秦卫民不是开玩笑，而是说真的。张一嘉想了一下，说："当然，太荣幸了，可集团的事我不放心，赵如男董事长也不在，班子人手紧，怕走不掉。"

秦卫民手一指曲小波，对张一嘉说："你是说，我这位秘书现在撑你那个集团，十天八天都撑不住？"

张一嘉一听，赶紧摆手说："不是不是，主要是担心市里的领导不放我走，这么好的事，我做梦都想了好多次了。要不老领导您跟干洲的领导，打个招呼？"

"没问题。"秦卫民哈哈大笑起来，简单解释了一下，为什么可以带张一嘉出去。这次的团是以省内各改革行业代表组成的，文化产业当然也在其中。成员构成比较松泛，经济、文化、教育、社会群团等领域，都有。团长，点几个名，没有问题。

两个人从省发展改革委大楼出来，又去了统战部，看望洪远。回到干洲后，张一嘉就把手头的工作交给曲小波，准备南美之行。

58. 午夜的策划

李天武从上海虹桥国际机场送走张一嘉，驱车回到干洲已经是下半夜。小美在他的屋子里，给他做了一顿夜宵，一碗手工水饺。李天武吃了水饺，看着小美围着围裙的样子，温情从心里涌起来。他要玩新花样，不让小美脱她的围裙。小美顺从了他。李天武做完后，对小美说："给我生个小孩吧，小美。"

小美不作声，只是笑。李天武扳过小美的身子，拥抱她，吻她，过了片刻说："我知道你的男朋友在为你办加拿大移民，你们一直没断。"

小美愣住了，垂着眼帘。等了好一会儿，李天武没有动静，只是自顾在那里抽烟。

抽完一支烟，李天武问她："办得怎么样了，出国？"小美老老实实地回答："差不多了，就可以走了，今天本来也要跟你谈这个事的。"李天武冷笑了一声，说："都说男人狠起来毁灭世界，女人狠起来毁灭男人，不假啊。我这么多年，看着看着，你就长大了，成熟了，会耍阴谋诡计了。"

小美想申辩，李天武对她摇手，就去了自己的里屋。小美一屁股坐在小餐厅的椅子上，一个人抹眼泪。过了一会儿，李天武提着一个黑色旅行包出来，摔在小美身边的地板上。旅行包发出一声闷响。李天武示意她打开。小美蹲下去，拉开旅行包的拉链，居然是大半包人民币，呈现在她面前。

这么多花花票子，把小美吓住了。

李天武的表情变得温柔起来。他从地板上把小美抱起来，放到餐桌上。昏暗的灯光打在两个人的脸上。小美的身子，在李天武的两个胳膊间，瑟瑟发抖。李天武皱起眉头，说："小美你怕了？"小美点点头，还在流泪。李天武伸手擦掉她的眼泪，说："小美你太让我失望了，我们好了这么多年，你当真认为我李天武一点不讲交情？"小美摇摇头，说："不是这个意思，我心里很乱，我觉得对不住你。"

"这还像句有良心的话。"李天武用脚踢踢地上的包，说，"我也早认命了，我李天武是一个身体有残疾的老男人，自知配不上你。你跟我这些年，我已经心存感激和愧疚好久了。现在你能有这么一个好的结局，到国外跟男朋友过日子，说实话，我的心里好过多了。这包钱你拿去，今后你自己多保重。"

李天武说这些话的时候，甚至也感动了自己，流下了热泪。小美抱着李天武，说："我才是真正没有福气没有资格拥有你！"

两个人从餐厅缠绵到卧室。热情汹涌过后，李天武起身从卧室角落的一个橱子里摸出一张光碟，塞进影碟机，并打开电视。小美以为他又要放黄色录像，跟着玩什么花样。等录像放出来，小美简直吓呆了。尽管画面模糊，但几分钟的影像里，她还是能清楚地看到这座城市里，最令她肃然起敬的几个重量级领导吃喝玩乐的一些场景。

李天武呵呵地笑起来，说："你看啊，小美，多好的反腐素材。两年前我就有了这个东西，想用起来，可张一嘉那个软包，就是不敢，害得后来被这两个人整得够呛。现在倒好，他是吃了一通苦，可终究起来了，我成了这两个人的牺牲品。你说我抱着这么大的金条，能这样认穷苦命？"小美听不懂李天武的话意。李天武索性就跟她明说了自己的计划。小美听着听着就累得睡着了。第二天醒来后，李天武重新把他的计划说了一遍。小美瞪大了眼睛，说：

"你是要我去做？"

"瞧你那个怕死的样子，这才多大的事啊！"李天武说，"你不过是一个中间环节，你在办完出行手续，临走前的夜晚，搞定这件事，就走了，溜之大吉。而且，按我的设计，你不会被暴露，就是暴露了，这也不算什么违法，只是工作失误而已，能怎么样？不了了之呗！"

说完，他把那一包钱和光碟交到小美手中。

两个星期后的一天深夜，干洲一些老失眠鬼，一些刷屏的夜猫子，正在百无聊赖地看着干洲百事网生活服务视频频道，那些千篇一律的亚色情广告，紧身衣，减肥膏，丰胸霜，壮阳药……戴着金丝眼镜的假教授，翘着肥臀的金发女郎，黑眼圈的中年妇女，唉声叹气地被老婆踹下床的老男人，使劲挤压乳房的平胸少女……视频画面不断地交替着，声嘶力竭的叫卖声不断重复着，就在无聊的观众快要被这机械的导购节目催眠成功的时候，在一个推销男性药的广告里，突然切入了一个新的画面：这个城市的一个重要女性人物，步履轻盈地走在宾馆的走廊，敲开一个房间的门，另一个重要人物的脸在开门的一瞬间闪过，门就关上了。下面紧接着出现一个明显是剪辑进来的激情剪影。接着，出现广告词：与美利坚激情宝相识，约会才有好戏。

这个下作的产品广告重复播出了将近一刻钟，屏幕突然黑了一阵，然后又恢复了正常，但那个画面，没有再出现。

第二天一大早，从晨练的老人到上班路上赶公交车的小年轻都在兴奋地议论着昨夜的奇特节目。有的人认为那是网站错播了节目。有的人则说，肯定是厂家出了巨款，买通他们的市长和女电视台台长，做产品代言。

还有的人激愤地说：绝对，这是一个干洲划时代的阴谋！

刘伯庭从家里出来，坐着车直奔市委宣传部。新来的宣传部姜部长，拍着桌子大发雷霆，暴骂刘伯庭。然后，带着刘伯庭到市委办公厅，向黄汉平书记检讨，并说明情况。黄汉平阴沉着脸，听完姜部长和刘伯庭的汇报和检讨，说："这是一起重大的错误，国有媒体竟然被如此钻空子，沦为流氓无赖中伤领导干部的工具。对外你们要封锁消息，设法澄清谣言，对内要抓紧时间，查清真相。相关责任人要严肃查处，按纪办事，依法办事，该撤的撤，该抓的抓！"

回到单位，刘伯庭和曲小波立即悄悄部署严查。广告供片、购物商场送播、播映值班、机房的人甚至夜间值班的办公室秘书、大楼保安等相关岗位人员，都被隔离谈话。最后，疑点范围收缩到播映值班人小常身上。

了解到小常是原经济传媒的人，又在购物频道工作过，刘伯庭和曲小波就把分管领导、经营总监李天武叫过来，了解这个小常的情况。李天武一见面就说："不会吧，你们是不是怀疑错人了？小常是一个很老实很敬业的小伙子啊！"

"我们不怀疑他老实敬业。"曲小波提醒李天武说，"有时候，人做某一件事，不一定是出于品德，而是有心理原因，或者历史原因。"

李天武一拍脑袋，说："这个小常家庭出身很好，对了，他是原来干洲电视台老领导的孩子，应该有很好的家教和成长环境，不像有什么特别的做这种事的动机。"

刘伯庭一听是前电视台的职工子女，赶紧问是谁的孩子？李天武说，是老台长常正方的孙子。刘伯庭和曲小波一听，傻了。"这下麻烦了，复杂了，棘手了！"刘伯庭念叨着，在屋子里转圈子。曲小波不解，李天武小心翼翼地问："刘书记，您的意思是？"刘伯庭长叹一口气，说："不用查问，我也能肯定是这孩子干的了，我了解电视台的过去，常正方跟赵如男搭档过，两个人不团结，当时闹得势不两立！一定是这孩子替老爷子报仇呢，用这愚蠢的办法！"

"那就把他抓起来，狠狠处理，送到市委，我们也好交差啊。"李天武很焦急地说，"还真没看出来，一个老实巴交的孩子，报复心这么强，干出这么荒唐的事来！"

"我觉得到此为止吧，悄悄就把那孩子开除掉，算是向上面有个交代。"曲小波分析并建议道，"我不认为大动干戈做这件事的文章有什么好处。毕竟，人家播出来的是领导们不光彩的录像，弄不好人民群众把小常当作揭露腐败的英雄呢！到时更不好收场了，最好大家都不要追究了，互相放一马，那就是谣言！谁说我们播了什么东西了？谁看清楚了播了就过去了，又不能倒带呀！不承认这回事。但是如果追究人，反而说明这个录像的事是真的，网站犯错误，小常违法，更重要的是我们的大市长和董事长，如果真的有那么腐败，说不定还利用职权打击报复揭发人！你们看这值得吗？"

李天武跳起来，大声说："分析得太好了，我们曲总啊，毕竟是见过大世面，在大领导身边锻炼过的，有眼光！我太佩服您了。这种事情经您这么一说，我想过来了，现在惩治小人是小事，保护领导才是大事！"

"李天武你别嚷嚷！"刘伯庭烦躁地朝李天武摆摆手，说，"你们要去说通领导，说通我有屁用，今天市委书记宣传部长那架势恨不得一口把我吃了，我这把年纪，快到政协去了，最后一站，还弄出这么个荒唐的错误来，简直是窝囊透了。"

刘伯庭最后说："小曲你有主意，这件事你负责查清，并弄出一种能让市领导消气的说法来，下次你去上面汇报吧。"

曲小波苦笑着说："我是替张一嘉守摊子呢，真倒霉！"

326

第十二章 撕裂

59. 你不用说

张一嘉随着省发展改革委主任秦卫民出访南美，一晃就是十九天，回到祖国，在香港国际机场转机时就发现机场书店里出售的明星杂志封面上，已经出现了单晓晓那熟悉的美丽大头照。在回上海的飞机上，航空读物里也登载着连篇累牍的《十三钗之凤传奇》推介文章和明星花絮。

张一嘉的心情，特别愉快。

特别愉快的另一个原因，是这次出访中，他与老领导秦卫民"形影不离、亲密交往"了这么多天，敬畏化成了友好融洽，最后几天几乎无话不谈了。也就是最后几天，秦卫民亲口透露，这次出访，是省里对他现职在任最后的犒劳，因为他马上就要回到干洲，接替黄汉平同志担任市委书记。黄汉平升为省政协副主席。传言中的人事变动，这次是证实无误。

听到这个消息，激动之余，张一嘉不禁佩服和在内心更加感激他的老领导关文水，也才弄明白关文水离任之际，对他所说的那句话的内涵和体现出的赤诚关怀。所以，在最后两天，他购买了整整一箱美洲产的木刻娃娃和芭比娃娃，要送给关文水和童盼的宝宝。

到了上海机场，张一嘉简直是欣喜若狂了，只见机场里的时尚类报刊，遍地充斥着《十三钗之凤传奇》剧照，单晓晓的写真，以及大标题的鼓吹文章。打开手机，微信圈里关于单晓晓的娱乐新闻几乎爆屏。

从这些文章里，他得知在他出去的二十来天里，剧组的宣传活动已经推进到长江沿线的两湖，中部电视领军湖南卫视，高价购买了《十三钗之凤传奇》播映权，立即引起其他诸多省市电视台的响应，纷纷跟着购买。各大视频网站反应超快，腾讯娱乐、新浪视频、优酷、土豆等几乎与电视媒体同步签订了购买网络播出版权的合同。

要不是曲小波、李天武赶来接他，泼了他一盆冷水，张一嘉的喜悦还不知道会持续到何时呢。"错播事件"让张一嘉感到意外。他没有立即表态，只是在面包车的后面，看着坐在副驾驶位置上李天武瘦削的后脑勺，感到一股寒气的浸入。他说了一句："我累了，先打个盹，倒时差。"就闭上眼睛。

回到干洲，张一嘉没有回家休息，而是直接到集团公司总部去刘书记那里报到。

刘伯庭唉声叹气，正在为履行了结错播事件的责任伤脑筋。张一嘉安慰他，说凭自己的直觉，这件事已经过去了，肯定不会有半点影响。刘伯庭将信将疑，问他有什么主意，敢这样拍胸脯说话。张一嘉说："我就是直觉啊，这件事扩大不得的，领导要气要恨也只能放在心里吧，至少目前，估计不会打板子。"刘伯庭依然摇头叹息。张一嘉就说："要不，我明天陪你去黄书记和许市长那里，负荆请罪去。"

"怎能要你去？你出国了，跟你无关。"刘伯庭说，"还是我跟小曲去吧，你帮我们想想，怎么汇报处理意见就行了。"

张一嘉回到自己的办公室，见李天武还待在里面，正拿着抹布，帮张一嘉抹皮椅子上的灰尘。

见张一嘉进来，李天武得意地说："这次，可把姓许的和赵如男整惨了，兄弟我替经济传媒的兄弟姐妹出了一口恶气。"

"这事干得可不冷静。"张一嘉从行李箱里掏出两条免税香烟，还有一个印着切·格瓦拉头像的打火机送给李天武，说，"我说了几次了，这类背后插刀的事不能弄，太冒险了，会捅大娄子的！"

"他们屁都不敢放一个！"李天武拆开一包烟，用新打火机点上，说，"您带了我这么多年，我不是没长脑子。这件事，明摆着他们只能装糊涂，如果理会就是飞蛾扑火，等于自杀。他们不倒，但是名声坏了，也深知别人的厉害，多少会收敛点的。我早就想干了，如果早干，你早就是总裁甚至董事长了。心一软，走了那么多弯路，害惨了那么多兄弟姐妹。正好你出国，这事跟你无关，他们就是怀疑，也只能到我这里，算是顶天了，我不怕他们。我撞的是鬼，我人一个，光明正大，怕什么鬼啊！你安心回去睡觉，倒你的时差吧。其他事我都会弄好。"

李天武给张一嘉也点上一支烟。

抽完烟，张一嘉改换语气说："我当然解气啊，只是担心这事办不好，会把你自己给害了，或者把办事的朋友给害了。我可不想你被人报复，再失去一个好兄弟。"

李天武见领导"想通了"，笑着说，办事的人已经成了国际公民了，飞了。

然后，两个人不再议论这个话题。李天武就把《十三钗之凤传奇》的运作近况做了一个大概的汇报。并向张一嘉请示，说剧组邀请他和古霞参与后面几座城市的活动，贵阳、昆明、九江、南宁、厦门、深圳等，还有东南亚的新加坡，七八个宣传站，大概需要二十天时间，然后就回转到省城和干洲来。张一嘉说："你们两个可以去一个，要不你去吧，这些年你很辛苦，出去的机会太少，古霞以后再安排机会。"

李天武前脚出了张一嘉的办公室，曲小波后脚就进来。曲小波说："刘伯庭坐立不安，急着等你的主意，去向市委交差呢。"张一嘉不正面回答，而是问他是否知道，秦市长要回干洲当市委书记了。曲小波说，已经知道了，干洲也已经传开了。张一嘉说，这不就是答案吗？！

曲小波不解。

张一嘉说："我们拖呗，黄书记就要走了，可以想见他老人家这几天繁忙的程度，这种小事，他不会主动过问的。拖过了新旧交替，谁还愿意再去提这把烫手的旧壶？难道许之光市长本人愿意？你看呢？"

"高明。"曲小波竖起大拇指，说，"看来，我跟张哥有得学呢！"

曲小波告诉张一嘉，那个值班的小常，也就是常老台长的孙子，被他"提审"了两次，还挺有骨气，说播错了就错了，内容不错就行，该怎么处理就怎么处理。"那个傻小子，大包大揽责任。"曲小波说，"我私下也搞清楚了，购物商场原先负责送广告片的一个丫头，叫小美的，早就不在那个岗位，现在是您原先的经济传媒公司的人事干部，那天夜里去过，说是临时帮老同事送片子，也许就是她拿过去的。那小子一看内容，可能觉得天下掉下了帮老爷子出气报仇的机会，就将错就错，播了出去。"

"现在的年轻人，太有胆了。"张一嘉感慨，"这要往前倒几十年，罪行够得上枪毙。"

"我觉得幕后有戏。"曲小波说，"我听说那个叫小美的丫头，是您的老部下李总监的情人，如今辞职报告也没打，就走掉了，去了加拿大。"

"这个丫头我熟悉，人家争取移民多年了，男朋友在加拿大，先几年去的，所以也不能叫走得突然。"张一嘉说，"她怎么能是李天武的情人呢？我看是瞎扯。文化圈这些地方，尽喜欢拿男女关系说事，我觉得这是没有影子的事，我们不能用绯闻来做证据，否则，会搅成一团麻。你以为没有人说你我的闲话？人家还说我跟童盼生了孩子呢，是我吗？"

"我也不是这个意思，随便说说，不作数。"曲小波说，"我只是觉得您那个老部下，虽然有本事，但是挺邪乎，至少给人这种印象，得注意点好。"

"言多易遭失，行满易遭损！"张一嘉对曲小波说，"这是古训，但大家都抱着这个，中国永远没人改革，无法发展。秦市长当年就是太务实，太能干，讲话太精彩，才被排挤出干洲的。对不？"

曲小波僵在那里，竟找不到答词了。张一嘉赔给他一个笑脸，打哈哈说："啊呀，我们别去讨论这么严肃的问题了，我饿了，你请我吃饭，为我接风洗尘吧。"说完，把带给曲小波的礼品呈上。

"好，少说话，多吃饭，咱们走。"曲小波把张一嘉的礼品往怀里一夹，两个人就奔饭店去了。两个人还没有走到饭店，曲小波就接到一个电话，脸色都变白了。张一嘉问什么事？曲小波说，黄汉平的秘书打来的电话，偷偷告诉他，黄书记很生气，刚刚找组织部部长和宣传部部长就咱们错播事件碰了一下头，就决定马上免掉刘伯庭的集团党委书记职务。同时会给曲小波一个行政警告处分。据说黄书记对两位部长说："我不是一个专横、草率的书记，但媒体出这样的丑事，我不能让他们轻易过关。你们看着办，不想姑息，就抓紧时间处理。事情幕后的情况可以慢慢再查，但领导责任不能慢慢追究！"

60. 相信我

秦卫民回到干洲担任市委书记没多久，省委对干洲市委进行了常委调整，并决定对干洲市政府领导班子进行调整。小道消息很快满城飞。据说，许之光市长要被调离干洲，具体去向不太明朗，有说是到省政协当副秘书长的，有说是到一个穷市当市长的，还有说提前退休的。关于干洲市政府班子的调整，据说，现任的常务副市长要提拔为市长，这样就要补充一名副市长。副市长的人选在市直单位的两名负责人和某县负责人中产生。

在一个星期天的下午，张一嘉意外得知自己被提名为副市长人选。秦书记找他谈了一次话，透露了这个信息。但是，秦书记很严肃地提醒他，一个人选三个提名，三选一的目的是优中选优，那些被选下来的提名人也因此进入组织和群众的视线，为下次的进步提供预备条件。张一嘉听了，明白秦市长的话中话，自己就是那个预备呗。他当即表态，能有此次参与竞选的机会，已经是组织的大力培养了，自己不会辜负，更不会因落选而气馁，一定加倍好好工作。

从书记办公室回来后，张一嘉忍不住设法打听，到底哪两个是另外两个提名人选。晚上在家里打了一圈电话，没有听到任何消息。放下电话，洗漱上了床，准备休息。客厅里却有电话响个不停。一看时间，都十一点多了，这么晚打进来的，估计是很熟的朋友的电话，要不就是有什么急事。于是爬起来，穿着裤衩就去客厅。

电话是老同学、干水市市长顾东岳打来的。电话的内容正是关于干洲副市长人选问题的。顾东岳也在电话的那头因为兴奋而失眠，就拨了一个电话给老同学，告诉自己被秦书记找谈话的事，并向张一嘉打听，还有哪两个副市长人选。张一嘉连说不知道不知道，不知道你们官场上的事。

放下电话，张一嘉感慨万分。绝对没有想到，弄了半天这老同学与自己走到一条起跑线上了。现在他不知道第三个人是谁，而顾东岳除了自己是副市长人选，其他都不知道。人生真是充满玄机，世界有时候竟如此狭小啊！

张一嘉失眠了一夜。第二天一早又发烧了，自己到医院打点滴。李天武消息特灵通，第一瓶点滴没有打完呢，他就出现在门诊楼，找到了张一嘉。一见面，他就迫不及待告诉张一嘉，三位副市长人选都是谁谁谁，而且确实没有内定的，上级组织部门会结合考察意见，从里面产生一位。

"根本都不需要考察，老板啊，他们两个谁也没法跟你比。"李天武说，"我不是看不起您那老同学顾市长，避开才华和能力不说，光那人品，怎么跟您比？听说他出身贫寒，大学毕业回到地方工作后，靠老婆的家族才得以发达。当上地方领导后，一窝穷亲戚，大都无能无德，却升官的升官，发财的发财，换好工作的换好工作，这种人要是提拔到干洲当领导，危害面多大啊。"

张一嘉制止李天武说下去，说别人有好事，就开始挑他的毛病，这个做法不好，不地道。李天武不以为然，说："我这个人还是有点正义感的，我就爱打抱不平，替天行道，做圣人我不行，做个侠客我还行。"

"千万不要瞎搞。"张一嘉叮嘱。

第三天上午，保险公司干洲分公司的马总手机上突然出现一条让他咬牙切齿的短信。一个陌生的数字很乱，尾数是4的烂号码，在短信中说："尊敬的马总，我很同情你前不久的一次遭遇。说实话，搞一个女人不应该付出那么惨重的代价，何况那不过是一个下三烂网络主持人而已！最冤枉的是，找你算账的人根本不是姜萌的男朋友。听说姜萌真正的情人是干水的顾东岳市长，哈哈，你中了人家的设计了吧。同情啊……"马总看完信息，气得狠命地把手机砸出去。手机砸在壁挂式鱼缸上，把鱼缸的玻璃砸碎了，水在办公室流了一地，几条可怜的小金鱼，在地板上垂死挣扎。马总走过去，狠狠地用皮鞋把它们一个一个地踩死了，嘴里不干不净地骂着。

当天傍晚，干洲媒体著名的文艺主持人姜萌从演播室出来，正卸妆准备下班。门卫打电话进来，说接待室有人找。姜萌问是谁，门卫在电话中说是一名女同志，说是您的老乡。

姜萌就赶紧下楼，刚走到接待室门口，一个穿着高筒靴的肥胖的少妇从接待室冲出去，走到姜萌面前，说："你是姜萌吧。"姜萌刚回答说："我是，你是……"头发就被少妇一把揪住，接着小腹挨了狠狠一靴子。姜萌被踢翻在地，疼得几乎昏厥过去。少妇又上来补了一脚，姜萌哇哇叫起来。门卫和正在下班的人群赶紧上去，拉开了胖少妇。少妇仍试图拼命踢打、抓挠、高声哭喊。从她带着浓重方言的喊叫声中，人们终于听出一点内容，是说姜萌勾引了她的老公，今天找上门算账来了。

集团大院的门里门外围上来许多看热闹的。曲小波赶紧下楼，一边让保安把人拉进接待室，一边叫手下赶紧把姜萌先转移到大楼内。同时给正在市委宣传部开会的张一嘉打电话报告。张一嘉在电话中十分焦急，指示赶紧报警，把围观的人驱散，避免事态恶化。曲小波就求助"110"，不一会儿，两辆"110"巡逻车赶到，迅速驱散了大门外围观的市民，并把前来闹事的少妇带走……

几天后，一份由市委宣传部和市广电局、市公安局联名的情况报告，专呈市委市政府的主要领导。

秦书记、许市长：

　　本周一下午六时许，干洲新文化传媒集团大门口发生一起恶性的、因感情纠纷而引起的伤害事件。干洲商业银行干水分行第三营业部副经理董丽丽，因怀疑其丈夫顾东岳（干水市市长）与干洲著名文艺主持人姜萌有不正当的男女关系，在集团接待室和大院里围堵姜萌，对其拳打脚踢，并谩骂羞辱，致使受害人头发和头皮部分揪落损伤，脸部、胸部、右胳膊、下身等多处软组织受伤，耻骨断裂，肉体和精神均遭受重创。后经市纪委调查，姜萌与顾东岳的弟弟、民企老板顾东峰多年存在不正当关系，而且是顾东岳牵的线，顾东岳还支持其弟弟在自己权力范围内大肆经商（具体情况市纪委另报）。但是，此次由于董丽丽使用过当手段处理问题引发的冲突，造成单位被群众围堵近一个小时，姜萌主持的部分节目因其住院而无法正常播出，严重影响了媒体形象，干扰了经营工作。建议对故意伤害他人的董丽丽依法拘留；身为领导干部的顾东岳，是这次事件的间接责任人，建议市委对其进行党纪处分。

  ……

  此后，董丽丽被行政拘留十五天，罚款并承担一定的医疗和精神伤害赔偿，出来后又被干洲商业银行免去分行营业部副经理的职务。顾东岳受到党内严重警告处分，同时市委常委会研究，决定将其调离干水市市长岗位，另作任用。姜萌因是国企内部一般干部，由集团党委研究处分方案。张一嘉力排众议，表示主持人姜萌年轻天真，不过是感情和此次恶性事件的牺牲品，我们应该爱护自己的人才，保护弱者，决定只做一次诫勉谈话，对其进行口头教育。

  张一嘉的提议得到了班子其他成员的赞同。张一嘉最担心党委副书记、董事长赵如男会反对这个处理意见，就亲自打电话给在省里学习的赵如男，汇报事件经过和处理意见。出乎意料，赵如男一口同意，并反复交代张一嘉，单位要照顾好姜萌，让她振作起来，争取早日身心康复，尽快投入工作中去。

  张一嘉每日去医院探视姜萌，他担心姜萌经受了近期的连续打击，无法承受。姜萌却反过来安慰张一嘉，说这是自己应得的报应，算是为自己的年轻天真买单吧。这样更能使自己看清他人，看清世界，看清所谓的爱情。最重要的是使自己从良心债务中解脱出来，现在再也不用为顾东峰"失恋"，再也不会在深夜做梦或者哭泣。

  "我不明白，谁给顾东岳的老婆泄露这样的隐私，而且搞成这么大误会呢？"张一嘉对姜萌说。姜萌沉思了一会儿，说："顾东峰上次说要回去跟老婆摊牌离婚，我坚决不同意，并说好了就此分手。谁知道他脑子出了什么问题，是不是还是回去跟谁瞎说，结果传到嫂子耳朵里，产生误会了呢？听说你那老同学很怕夫人，而且夫人多年怀疑他们兄弟的德行不好。"

"不会吧，他老婆说是听别人举报的。"张一嘉分析说，"不过，他老婆那架势就是要扩大事态的，怎么知道的都是一样结果，没想到我那老同学聪明绝顶，怎么找了一个这样只长膘不长脑的女人！"

姜萌嘴巴里轻蔑地哼了一声。

张一嘉握握她的手，安慰说："姜萌你也别生气了，我的老同学我知道，他是个好男人，有血性，也跟他弟弟不一样。看在他的分儿上，你不要后悔自己跟东峰有过一段情！"

"我不恨他们，您不用帮您的老同学说好话。"姜萌平静地说，"我只求自己忘掉这一切，忘掉他们全家，也不要恨自己太多。"

眼泪从姜萌看似平静的脸上流下来。

张一嘉伸出手，用指头轻轻地为她擦着泪水。姜萌的泪水越来越汹涌，张一嘉只好起身去抽床头的纸巾。姜萌死死地抓住他的手不放。张一嘉看着这个小女人无辜的样子，心里涌起一阵怜悯和愧疚。

"有我这个哥哥，今后你什么也不要怕。"张一嘉看着窗外，对姜萌说，"相信我。"

61. 幕开幕落

张一嘉在三名提名人中最后胜出，担任了干洲市人民政府副市长。去市政府报到的那一天，正好是六一国际儿童节。政府秘书长领他去自己的新办公室看了一下，他就马不停蹄地去了市委，找市委书记秦卫民，接受"履新训话"。

秦书记一见张一嘉，哈哈大笑着说："一嘉啊，你一直做文化，熟悉文化界，我给你分工，主管文化，但是当市长管文化，跟当老总做文化，完全是两回事。所以，小张你啊，从头学起，记住我的话，干革命事业，要有经验，但又最怕经验主义。"

"秦书记，我知道您的苦心。"张一嘉说，"要不怎么叫我儿童节来报到呢？我从今天起把自己当小学生，您是我的恩师，我的眼睛一刻也不会离开您的教鞭。"

秦书记听了，哈哈笑起来，说："你反应还挺快啊你。"又说："实话说，你很优秀啊，但你不是三个人中综合条件最好的，你的履历单调了一些，缺少基层工作经验。可惜，干水的那个顾东岳临阵犯事，他条件最优越，却把持不住自己。另外一位同志，资格老经验丰富，可惜年龄五十多了，市委考虑再三还是要年轻人上，上级组织也采纳了我们的建议。几种想到的、想不到的因素，成就了你啊！"

"主要是您对我的厚爱。"张一嘉赶紧说。

两个人简短地聊了几句。秦书记对张一嘉强调了担任政府领导需要把握的几个原则性的问题，大致勾勒了一下他心目中的干洲文化建设蓝图。然后，秦书记又用很随和的语气说："政府工作要多请示你的班长许之光同志，他也是你的老领导了，经验丰富，为人热诚，跟着他，你会有长进。"秦卫民还说："小张，原单位的工作，你要慢慢交接，不要一下子断开，小曲也是你的小兄弟了，年轻，基层经验不足，你要多带带他。"

"请书记放心。"张一嘉说。

从市委大院出来，张一嘉回到市政府的大楼，直接去许之光市长的办公室。许之光的脸色很憔悴，见了张一嘉，不温不火地跟张一嘉握手，说欢迎欢迎，欢迎我们的新生力量。两个人寒暄了几句。许之光直奔主题，跟张一嘉说了一些干洲文化上的事，然后夹着包准备出门，去参加一个招商洽谈会的开幕式。

张一嘉回到自己的办公室，秘书长又领了两名小伙子进来，给张一嘉介绍说："这是市政府给您安排的秘书小张；这是章师傅，呵呵，都是zhāng，不过，章师傅是立早章，您的司机。今后，他们两位就给您服务了。"

张一嘉说，感谢秘书长的精心安排。他站起来，把两个人拉到自己身边，一起比画了一通，笑着说："好啊，小张比我矮一点，年纪小一点，老章比我高一点，年纪大一点，咱们这是多好的组合啊！"气氛一下子活跃起来。办公室里笑语连天。几天后，政府办公厅就传开了，来了一位没有架子活泼风趣的市长。许多干部借故到张一嘉的办公室走一走，看一个稀奇。张一嘉跟所有人都能聊几句，办公厅上上下下他很快熟悉了。

说起来很巧很好笑，张一嘉上任副市长后参加的第一项文化活动，就是干洲新文化传媒集团举行的电视剧《十三钗之凤传奇》新闻发布会。五十集的《十三钗之凤传奇》是干洲历史上投拍的第一部大型文艺剧，也是干洲新文化传媒集团成立后拿出的最大的文艺产品。集团十分重视这个活动，邀请市政府领导出席活动的函件，还是前任老总张一嘉同志亲自起草的呢。张一嘉自己都没想到这么快履新，而这份邀请函邀请的对象恰恰是自己这位副市长新角色。集团党委副书记、董事长赵如男和集团总经理曲小波都亲自给张一嘉打电话，请他无论如何抽出一点宝贵时间参加活动。

活动在桃荣贵宾艺术中心举行。张一嘉的车子一出市政府，到了通往会所的大街上，就看到大量的电视剧宣传横幅。许多宣传语不乏拿主演单晓晓的干洲人身份做文章。张一嘉的司机和秘书也在大谈单晓晓，语气里流露出干洲出明星的自豪。

张一嘉不禁感慨起来，想想自己在最近的奔命忙碌和角色频繁变换中忘却了很多情与愁，与单晓晓也好久没有联系了。现在，单晓晓走到家门口，走到了他的眼前。单晓晓的大照片、八卦消息、剧评文章铺天盖地，充斥在周身，单晓晓简直太近了，太清晰了。可这个传媒中的单晓晓，却怎么也无法让张一嘉有真实感，能够嫁接到心里去，嫁接到记忆和自己的感情中去。

桃园贵宾艺术中心所在的岛上到处是人。上千名看热闹的群众和打着"单粉"旗帜的年轻人，被维护秩序的警察和保安挡在中心的大门外。中心建筑弧形的墙壁上，悬挂着巨大的标语："热烈欢迎《十三钗之凤传奇》剧组和干洲籍明星单晓晓小姐大驾光临！"

张一嘉副市长在会所大门口下了车，等候在那里的经理和集团的新任总经理曲小波、新任副总李天武，以及制片合作方代表、省城贾府公司的贾总，一起迎了上去。一条鲜红的长地毯一直通向圆形的演艺大厅。张一嘉在前呼后拥中走过红地毯，走进会场。会场里热浪滚滚，亢奋的音乐扑面而来。会场的设计很有特色，会议代表沿着圆形的会议室坐成几圈，记者在中间。工作人员好不容易把簇拥成一堆的记者疏散回他们固定的位置，这才让张一嘉顺利地通过，走到了自己的位置附近。

记者散开的地方，露出了单晓晓。她穿着一身金色的服装，长头发染成褐色，随意地向后披散着。精心的化妆，使她的脸看起来艳丽无比。第一眼，张一嘉就觉得这个女孩长大了，成熟了，大方了，气场强大，明星范儿一流。

两位女助手一左一右拥着她，不停地给她递水，补妆，用一把小扇子扇着微风。

穿着一身深灰色西装的副市长张一嘉，在工作人员的引导下与剧组人员一一握手，做介绍。当张一嘉的手伸向单晓晓的时候，单晓晓愣了一下。他们的手刚握到一起，还没有来得及有任何感受，记者们一拥而上，闪光灯闪成一片。电视台的摄像辅助镁光灯哗一下打开，强烈的光马上罩住了他们。

电视新偶像单晓晓和政治新贵张一嘉，几乎同时握紧了对方的手，侧转身子，对着镜头，频频颔首，面露微笑。记者们满意地按动快门，摄像机则迅速地拉近焦距，抓住了这个最佳的特写瞬间。

有记者问："市长先生，听说《十三钗之凤传奇》的投资，是您担任干洲经济传媒老总时的大手笔，请问您是如何有勇气和眼光，做这干洲历史上第一个大剧大投资的？"

"记者小姐，首先我要冒昧地纠正你的说法。"张一嘉回答说，"我们干洲的文化事业，不是哪个人的，政府的重视，团队多年不懈的努力，是取得成绩的根本保证。当然，不存在是我张一嘉的大手笔，而是干洲文化界的大手笔，是干洲市政府的大手笔，是干洲人的大手笔。要说勇气，我认为是干洲文化界多任领导，刘伯庭、赵如男、海小红、曲小波、李天武等同志的，也有我市企业家熊海东先生的，当然我也算有一小份吧。至于非凡的眼光，来自亲自谋划干洲大文化建设、不遗余力支持干洲新传媒的洪远、秦卫民、许之光和关文水等市委市政府领导。您说得对，就是这些勇气和眼光，加上省城贾府公司给我们的支持，造就了《十三钗之凤传奇》的成功。"

张一嘉的回答赢得一片掌声，但记者小姐似乎对这种高超语言技巧掩饰的官腔不甚满意。她继续问道："市长先生，您觉得以几千万巨款投资一部电视剧，尤其是一名不见经传的小女生去演主角，难道不是一场巨大的冒险吗？您就没有想到过失败，以及豪赌失败后的惨局？"

"没有！"张一嘉斩钉截铁地回答。

"为什么？"

"在最初与贾府公司洽谈并考察项目时，我荣幸地见到了一群充满敬业精神、才智和激情的剧组的主创、导演和部分演员。"张一嘉做了一个展示单晓晓的手势，说，"尤其是这位如今已经是干洲骄傲的单晓晓小姐，干洲独特的文化和水土，养育出她身上那种我们干洲人熟悉而又世代追求的才情、气质、美貌，看到这一切，我就看不到任何失败，更不要说什么惨局了。所谓一山遮目，更不见叶啊。"

聪明的记者马上感到从这位老练的官员嘴中只能套出生动的语言，却没有任何可以用来做文章的佐料，于是，把兴趣再次转到单晓晓的身上。他们问她："单小姐，干洲传媒和贾府公司，凭什么把这么重要的角色给你？你当时好像还是一名学生妹。"

"您说得对，我是学生妹，所以才能成功。"单晓晓反应很快，"我的导演和制片，包括投资人，尤其是亲自策划、一直关心该剧的张一嘉先生，都懂得一个拍戏演戏的关键，这就是表演古典文学著作里的角色，靠的不是演员的勤奋和资历，而是文化素养。从文学的角度看，我是一名好学生，《红楼梦》我精读过十几遍，不谦虚地讲，只要在座有一个比我熟悉《红楼梦》的，我一定没有资格站在家乡人面前。如果有，我们可以当场对说红楼，怎么样？"

"我们相信你的文学造诣。"记者继续诱导话题，说，"选择你，难道没有点其他的什么'规则'之类？"

"亲爱的，我知道你想听什么。"单晓晓露出了她那已经为人们所熟悉的笑容，说，"有私情呢，干洲老乡一定有几分看重老乡的私情，这就是'规则'。如果你还想听更多的'规则'，目前还没有。你们耐心等吧，也许有一天，我这个干洲女儿的血统变质了，你们就等到了！抱歉，料太少，好料都在剧里了，建议多关心一下剧情，还有我的表演，谢谢。"

不久以后的一天，张一嘉忽然在新狐狸娱乐网站上看到专门爆明星猛料的娱乐界著名人士"大嘴德"的博客上贴了一篇文章：《娱乐圣女单晓晓真的那么"圣"吗》。"大嘴德"尖刻地披露：走圣女、才女路线的单晓晓，不过是那个不男不女的传媒大亨、变态小生贾某的玩物，是其精心策划出来的一个赚钱工具！接着，文章猛爆单晓晓的"戏外风流"。张一嘉在办公室的电脑上边看边心跳加快，吓得脸都白了。仔仔细细地把文章读了一遍，又翻阅了这篇文章相关的链接，以及各大网站的转载文章。他还搜索了一下单晓晓，从数十万份相关资料里，选择了一批文章和图片，打开阅读。除了一张他与单晓晓在干洲发布会上的合影，所幸他没有发现有任何把他和单晓晓捆到一起的八卦。他长长地舒了一口气，揉揉疼痛的眼球，关了该死的互联网。

又过了几天，张一嘉主持了由自己策划、市政府主办、干洲新闻总社和新文化传媒集团联合承办的干洲文化品牌战略研讨会。三天的会议一结束，张一嘉十分疲劳，这天应付完会议的结束宴会，正准备回家好好睡一觉，却接到童盼发来的一条信息：

"原来，我心目中高大的张一嘉也会说谎，玩弄小聪明。"

张一嘉回复说："关太太你什么意思啊？把话说全了好不好？"

"祝贺你，你现在不光是市长，还是名人了！"童盼一改从前的说话语气，刻薄地回信说，"有大红明星单晓晓做飞毯，你很快会走出干洲，走向世界！"

一种不祥预感涌上脑海，张一嘉打开微信圈，刚刚滑过了几十条，就蹦出来一条单晓晓的八卦《单晓晓真的是娱乐圈的清纯女神吗》。张一嘉几乎没有勇气刷下去了，赶紧关了手机，回到家，故意不去接触手机和电脑，而是慢悠悠地洗了一个澡，洗去一天的浑身汗臭，换上一套干爽的睡衣，给自己泡了一杯茶，慢悠悠坐到桌子前，打开家里的电脑。

在新狐狸娱乐网站上，自称中国娱乐界福尔摩斯的"大嘴德"新贴出了一篇文章：《艺校小女生单晓晓一夜爆红是谁的"潜规则"》。文章"别有用心"地用单晓晓与张一嘉在《十三钗之凤传奇》干洲新闻发布会上的合影作为压题图片。文章历数了单晓晓在担纲《十三钗之凤传奇》女一号前后接触过的各类人物，并一一进行分析排查。

张一嘉当然列于其中。

文章结尾"险恶"地说：单晓晓在艺术学院的老同学坦言，单晓晓跟演艺界许多女人不太一样，她深得中国传统文化的要领，把自己的身子看得比黄金还要"金贵"。故而，单晓晓在学生时代几乎没有交过男朋友。单晓晓真的是旷世贞洁烈女？当然不是。单晓晓显然是一个最善于运用娱乐界"潜规则"的才女美女，而且"潜"得很深，"规则"得很贵！我们不妨追问，单晓晓到底被谁"潜规则"？应该去怀疑某位既能够掌握文化资源又能够操纵文化经费的权贵！那么，我历数的以上与单晓晓有过交道的人物中，谁是这样的权贵，不就一目了然了嘛！

新狐狸娱乐网很快把这篇文章的标题移到了首页。张一嘉打开"大嘴德"的博客时，发现该文章已经有三十多万的点击量，被分享了四百多次。张一嘉几乎傻眼了，呆呆地盯着电脑显示屏，几乎一夜没有合眼。他每隔一会儿就刷新一次页面，发现点击数整夜没有停止攀升。到了早晨，这篇文章读者数量已经接近两百万，跟帖评论达到两万三千余条。近百家网站进行了转帖。

他无可奈何地发现，网络传播，像一场瘟疫的流行病毒，扩展的速度如此之快，让他措手不及，让他一瞬间感染，被无情地吞噬着。他几乎无法站立起来。秘书和司机来接他上班时，他强撑着下了楼。他的两条腿是麻木的，他的整个身子是虚脱的。在政府办公大楼里，他觉得每个人都在用一种异样的目光看着他，每扇虚掩的门后面都在神秘而热烈地讨论他……这样的景象，在干洲政府大楼里上演着，在全干洲上演着，在全省，在整个长三角，在全国，在整个华人地区，在全球……他感觉自己就这样，仿佛成了世界院线里某部热映大片里赤裸床戏里的主角。

张一嘉副市长不知道自己是怎么度过噩梦一样的上午工作时间的。下班前，他的手机里已经充斥了许多信息，有尴尬安慰的，有假惺惺同情的，有故作姿态表示"理解"的，有作愤怒状破口大骂的，有自作聪明帮助出主意的……让他的眼球和脑袋几乎爆裂了。可是，有一条新闯进来的信息，让他的心一下子跳到了嗓子眼儿：

"张市长，刚才我在网络上写了一篇文章《单晓晓一夜爆红是我的"潜规则"》，已经上了娱乐网的头条。敬请指教。属下赵如男。"

张一嘉赶紧用手机登录娱乐网，果然发现了赵如男的这篇文章，已经与"大嘴德"的文章捆绑在一起，出现在各大网站里。

赵如男在文章里详细陈述了自己"发现"艺术苗子单晓晓，并启动干洲传媒资金投资《十三钗之凤传奇》的"事实过程"，行文理据"充足"，事实逻辑"严密"，几乎没有漏洞。文章的最后，赵如男说：纯洁的才女单晓晓，是干洲文化大市建设着力树立的品牌，是干洲市政府和人民群众心血浇灌的艺术奇葩，她的形象承载着干洲人的青春梦，绝不是少数心术不正的人荒唐的臆想！请善良的人们收起对八卦的好奇，爱护奋斗在艺术道路上同胞小妹单晓晓吧！

张一嘉自己读了都恍惚了，觉得一切就是赵如男所说的一般，"没有传奇"！很多八卦网友，留言中长叹一声：原来如此，又是一次捏造和炒作，没劲！甚至有网友在评论留言里，"揭露"干洲新文化传媒和明星的经纪公司，为了炒作自己的投资项目，玩出来的"高级黑"。

干洲市副市长张一嘉下午西装笔挺、满面红光地出现在一个画展活动的嘉宾席上，做激情洋溢的讲话。他步履的稳健，脸色的平静与自信，使一切"谣言"不攻自破。在干洲百姓的眼睛里，他们的副市长张一嘉本身的人格和魅力，当然可能被任何娱乐传媒随时利用，胡乱嫁接到任何演艺界女人身上，都毫无疑问会抬高她们的知名度和价码！这才是商品社会的"潜规则"啊！是"高级黑"的黑中黑。

62. 颤抖

没出六月，许之光市长就被调到另外一座经济发达城市担任市长。临走时，许之光把张一嘉请到自己的办公室与他促膝长谈了两个小时。两个人追叙了过去几年合作的愉快时光。张一嘉诚恳地表态，如果没有许市长和诸多领导的培养，自己绝对到不了今天，省委和市委委以这么高的职位、这么重要的岗位给自己，自己如履薄冰，不敢有丝毫马虎。张一嘉还一再感谢许之光对他个人前途的关心，他说："许市长，全国有那么多大中城市，很少有文化企业的负责人，很短时间内能直接进入政府班子的，我张一嘉得此殊荣，并不是我有三头六臂。我自己很清楚，如果没有一位您这样宽博举贤的市长，怎么可能在干洲产生一家小企业负责人出身的副市长呢！"

许之光市长听了这话，哈哈大笑，说："小张你可是越来越会说话了。干洲人都说我是铁嘴，能说，那是多年从事文化工作、跟媒体和才子们共事给练出来的。你不一样啊，你有天分，有这方面的专业才能，思路清晰，敢作敢为敢担当。"

张一嘉马上接过许之光的话，说："我跟市长学了这么多年了，不会做漆器，总会甩两刷子啊。"

接着，许之光就问集团的近况，说自己这些年，每一家文化单位都熟透了，文化界的每一个人都熟透了。许之光还顺便介绍了一下自己这次调任的原因，他说："省委组织部的田部长找我谈话时说：'老许啊，为什么把你从干洲派到这个市当市长，从市长到市长，有什么调动的意义？你可能没有想通吧。我来告诉你，这是因为你这个同志，善于抓文化工作，善于打造一个地区的文化品牌，建设和发掘地方文化内涵，以此来带动地方的其他事业发展，这叫触类旁通啊。现在，干洲的文化搞得很好了，干洲的知名度和形象做上去了，可人家经济比干洲发达，却提溜着钱袋子，茫然无措，失去了目标。所以派你去，给他们这些富裕的地方，养点精气神啊！'"许之光深情地说，自己也舍不得离开干洲，尤其舍不得干洲文化界的朋友："是你们帮我成就了干洲，也成就了我个人。"

"我们也不希望市长走啊！"张一嘉附和道，"干洲文化界，我们这些人，有点进步的，哪个不是您手把手教出来的啊？"

许之光市长摆摆手，说："我们说跑题了，我刚才好像说到你的老单位新文化传媒集团吧。有机会，我们跟他们领导班子吃顿饭，也算我向他们辞行，怎么样？"

"我正准备提议呢，他们应该好好欢送您，为您庆贺一次。"张一嘉说，"我这就通知他们。"

许之光忽然一拍脑袋，说："别通知了，吃不成的，那个赵如男，现在的集团一把手，学习结束了没有啊？好像还在行政学院上课吧。"

"好像没结束课程。"张一嘉说，"不过，从省城回来很快的，高速，方便呢。"

许之光说，还是算了，然后就说："那个关文水不知道怎么想的，新文化传媒公司其实像一只羽毛未丰的大鹏，你和赵如男是两个翅膀，他就把赵如男这个翅膀给闲置了，现在你这个翅膀又离开了，这集团怎么弄啊？难道靠曲小波那孩子，万一搞砸，连他的老领导秦书记都要跟着名誉受损。听说，最近为开发的事，原来你们老楼附近的那些住户，整天捣蛋上访，人家省城开发公司很不高兴，没有一个经验丰富的人在家里坐镇，搞定这些事，怎么行呢！"

听完许之光的话，张一嘉说："市长请放心，我马上回去协调一下。"

许之光伸出手，来跟张一嘉握。握手的时候，许之光故意停留了片刻，还使了一把劲。许之光盯着张一嘉的眼睛，带着温和的笑容，说："对了，小张，我想提醒你一个人。你有一个老部下，现在好像是传媒集团总公司的副总，对了，叫什么李天武的，对，李天武，据说，是跟一个叫熊海东的民营老板，还有什么巨龙公司这样的不法企业，交往过密。据说，这人能耐挺大，当时深得关文水同志的信任。你看这个小关，在干洲弄了什么好事？最后拐了一个我们辛辛苦苦培养出来的主持人，就撒腿跑了！用人失察，有时也未必是眼光有问题啊，我看还事关原则、境界，甚至良心啊。你看，纪委和信访局已经几次转来群众揭发姓李的信件。你可要当心这个人。现在我把这些材料转给你，你了解一下这个人的情况。记得老班长黄汉平同志说过，好人我们不能冤枉，但坏人我们绝对不能放过。当前，文化产业大发展，文化体制变化过程中，容易浑水摸鱼，我们不能让一些腐败分子，利用这种改革发展，中饱私囊，为非作歹。文化界腐败，我们干洲已经出了潘得厚等重大案件，不能再出事了！再出事，干洲这个文化大市，就会成为文化界出腐败现象的大市，让全国人民看笑话啊！"

接过材料，从许市长的办公室出来回到自己的办公室。张一嘉翻阅完了这些信，已经满头大汗，浑身燥热。他把信锁进机要文件柜，喝下去两大杯冷纯净水，才好受了一些。他坐下来，考虑了半个小时，然后给秦书记打电话，请示传媒集团地块开发的事情。秦书记指示，要做好稳定工作，确保投资者的利益不受损害。秦书记还特意说："曲小波年轻，一嘉你可要多教着他一点。"

"担子也不能压在他一个人身上，得让那个赵如男多拿点主意。"张一嘉就说，"可是赵如男现在是副书记兼董事长，党委的职务还没有解决，能否给她扶正，以利于她开展工作？"

秦书记说："你给宣传部领导提个名，我是没有什么意见的。"

张一嘉又马不停蹄地打电话请示宣传部的姜部长。两天后，张一嘉给许之光市长打了一个电话，恳请市长在离任前同意提名赵如男担任传媒集团党委书记，因为集团目前班子力量薄弱，亟须加强领导，秦书记和姜部长都不满意。另外，开发工作进展不顺，有些人闹事，合作的省城公司已经提出抗议，我们的投资环境要受到影响。

许之光在电话那头笑着说："小张，我当然会支持你的工作，赵如男的事，我同意。但是我的调令传真，已经发过来了，我同意不同意还能作数吗？还是尊重其他领导，尤其是你本人是主管文化的政府领导，你们的意见最重要。"

放下电话，张一嘉马上给在省行政学院学习的赵如男打电话，希望她能在近期的节假日抽一天回来一趟，商量有关传媒集团工作的事。赵如男手机正占着线，张一嘉就给海小红通报了赵如男的事，两个人又在电话里闲聊了一会儿。海小红在电话里依然笑哈哈地跟张一嘉开着玩笑。海小红说："市长老弟，是不是赵如男给你这个老搭档，介绍什么新主持人啦，或者要把那个单晓晓，介绍给你？哈哈，她不介绍，我可也要帮你介绍一个妹妹啦，您这年轻的大市长，单身在这儿，王老五钻石级别的，太耀眼了。"张一嘉说："好啊好啊，我今天总算弄明白，你喜欢干这事，上瘾啊。原来我辛辛苦苦培养出来的童盼，当时一定就是你当礼物送给关文水的。"

"千里姻缘一线牵。"海小红说，"谁是谁的人，躲进银河也逃不掉的，缘分！"

挂了海小红的电话，赵如男的电话总算打通了。

赵如男第二天就请假赶了回来，直接来到张一嘉的办公室。一见面，就热情地对张一嘉说："张市长上任，这么大的喜事，我都没有来得及赶回来，摆一席庆贺，这许市长又要走了，干脆两个庆贺放到一块儿了。我个人做东，请你们吃个土菜。"张一嘉对她说："不是两个，是三个庆贺，还有你呢，赵书记。"赵如男立即说："我的事，当然要喝一杯的，但是得放到后面，因为性质不一样的，不是庆贺，是感谢老搭档对我的提携。"

两个人说说笑笑，其乐融融。

吃完后，张一嘉就找了一个机会，给李天武打电话，说要察看一下桃荣艺术中心。李天武建议张一嘉不要在白天，前呼后拥地过来，那样什么也看不到，等于走过场，兄弟们之间，实在用不着那一套。李天武说，"微服私访"，这样才能真正体验到桃荣中心的"至尊服务"。张一嘉爽快地答应了。

一个星期五的晚上，李天武亲自驾车，接上张一嘉来到岛上。在桃荣艺术中心楼门口，张一嘉下了车，四周一环顾，心境确实豁然开朗。只见华灯四射，湖水斑斓，一派自然与世俗繁华交相辉映的景象。中心巨大建筑的弧形设计，像一个巨大的怀抱，诱惑着客人做癫狂的投入。进入大厅，人声鼎沸，觥筹交错。演艺台上，一场小品模仿秀正在热火朝天地进行。"赵本山"和"宋丹丹"正在为争"华北地区奥运火炬手"而舌战，笑声此起彼伏。小品后面的，是穿着古典服装的模特走场秀。张一嘉看得眼熟，这些服装好像在哪里见过。

李天武好像看出了他的疑问，在一旁介绍说："这是我们《十三钗之凤传奇》剧中十三钗的服装，我们照着做了一些，穿在服务员和夜场演员身上，效果出奇地好。等会儿您还会看到为您安排的小场子表演。"

张一嘉恍然大悟。模特的走场，把他带进一页一页翻阅单晓晓画册的记忆。

不知什么时候，古霞笑吟吟地站在张一嘉的面前，说："我在这里等您多时了，您眼里只有舞台上的美女，没有我啦。"张一嘉赶紧伸手跟古霞握手。见古霞比以前白了，胖了。就对古霞说："小古啊，你现在富态了嘛，这当了老板，就是风度不一样啊。要不是我明白你的底细，知道你是单身姑娘，一看就觉得你是个贵妇人呢！"

　　老部下的脸居然被市长的一句话说得通红。古霞说："哎呀，我的市长哥哥，那时候是为了出镜头，所以要瘦脸，上视频效果好。现在无所谓了，我这人天生也管不住自己的胃口，胖点，是我本来的样子啊。"

　　李天武和古霞把张一嘉带到负一层，穿过一个明厅和一条长长的通道，进入一个真皮包门的包间。包间里摆着一张小圆桌，向外的玻璃幕墙浸在水中。古霞一边介绍，一边关灯演示。当屋子里的灯光比屋子外暗时，玻璃幕墙后的湖水在灯光的照射下清晰可见。尤其是湖水中的鱼群，在幕墙外自由地畅游，别有一番韵致。靠近幕墙的地方，是一个可以升降的小舞台。古霞说："这既是一个舞池，又是一个小浴池，等会儿，你们男子汉亲自体会一下，我现在还有点事，失陪失陪。"李天武一把拉住古霞，说："老领导不关心，你能坐上总经理的位置吗？赶紧给你的张哥哥，亲自表演一个湿舞，脱一下子，你小气，不给我看，我没意见。我出去，你给张哥哥一人看，总行吧？"

　　古霞打开李天武的手，说："市长哥哥啊，你可要管教管教李总，都这么大领导了，说起话来还这么调皮。"

　　"不是调皮，是调戏。"李天武说完，大家哈哈笑了一阵。

　　说完，古霞给张一嘉打了一个招呼，就扭屁股走了。她走后，李天武对张一嘉说："她那哪是胖啊？我告诉领导一个秘密，这姑娘肚子大了，据说三四个月了，是个男孩，舍不得做掉。"

　　张一嘉以为口无遮拦的李天武又在说笑话，呵呵地笑起来。李天武急了，说："我不是开玩笑，这可是真的。"

　　"谁的？你的孩子？"张一嘉继续笑道，"你胡说什么，她不是单身吗？"

　　"我哪有这个福气啊！"李天武慨叹，"我那个死老婆子，生一个女儿不够，还给我在国外再生了一个丫头，成心害我绝后啦。"

"老李，你太封建，该打嘴巴。"张一嘉又忍不住笑起来，说，"李天武啊，你这是连我一块儿骂了。"

"犯上，犯上，罪过！"李天武赶紧打了自己一个小嘴巴，笑着说，"市长您可不同，您现在还有机会。再说清清那么聪明懂事的孩子，抵两个男孩。生男不争气，莫如生小女；生女若懂事，暖过小棉衣。呵呵！"

"你说古霞怀了孩子，可没听说她结婚的事啊。"张一嘉问李天武。李天武说："是的，没有结婚。但这不妨碍生孩子啊。"

"你别给我绕了。"张一嘉丢给李天武一支烟，说，"说说，怎么回事，她这是？"

"熊海东啊，她这不一直跟海东好着吗？这也是您老人家无形中牵的线啊。"李天武说，"好了好几年了，这次不小心有娃了。起初熊海东跟以往处理这些意外事件一样，要她做掉，可古霞不知发了什么神经，估计萌发了转正的念头，就是不肯做，两人闹得一塌糊涂，快成了干洲的街巷娱乐茶话了。可后来去医院偷偷查了一下，是个男孩。熊海东的意志就动摇了，那哥们儿跟我一样，也是两个丫头，那么多家产，怎么能不想一个有血缘关系的财产继承人？"

这时，穿着古典服饰的服务员就开始上菜。吃饭间，又轮流进来扮演的"十三钗"，表演古典乐器和古代宫廷舞蹈。等到饭吃完，李天武问张一嘉，哪一位的表演好，张一嘉想了一下，说那个弹奏古筝的女孩，有点功底，高山流水，闻声见行，如入仙境。李天武就出去了一会儿，不一会儿，就领着那个女孩进来。然后，李天武就出去了。

女孩席地坐在舞池上，要张一嘉点曲子，张一嘉就点了一个《平沙落雁》。女孩就熟练地弹奏起来。越弹舞池上的灯光越暗。等音乐演奏结束了，舞池上的灯光才渐渐亮了一些。水声代替了音乐，可是人却不见了。张一嘉正在迷惑，见舞池里传来女孩喊"先生"的声音。原来，舞池果然变成了浴池，已经自动下沉了一米，里面注满了热水。弹奏古筝的女孩连同裙子泡进了热水里。张一嘉好奇地走过去，女孩怯怯地望着他，说："先生，您要下来，一起泡吗？"

张一嘉意识到这是怎么回事了。他赶紧叫女孩出来。女孩不肯出来，说不到时间，出去要被罚款的。张一嘉呵斥她说："你给我立即出来！"女孩从水里爬起来，裙子上全是水，显出瘦长的身材。她说："先生，那我给您跳个舞吧，希望我的服务能让您满意、开心。"

女孩跳了一个姿态柔和的舞蹈。张一嘉一看那招式，知道她是学过专业舞蹈的。张一嘉由衷赞叹，说："真美，但小姑娘我告诉你，你有才艺但不能属于这种地方，应该属于艺术舞台。"

"一个人的观众也是观众，一个人的舞台也是舞台。"女孩说出一句特别有哲理的话，并做了一个反躬身，倒着脸，定格在地上，望着张一嘉，问："可以了吗，先生？"

张一嘉说："可以了可以了，你打住吧。"

女孩起来，又半跪在张一嘉面前，给他递烟灰缸，倒茶水。张一嘉问她，是服务员还是演员。女孩说，是演员。张一嘉说，你多大呀，从哪里来？女孩说自己是大学艺术系的学生，二十岁，老家在北方的一个小县城，家庭条件不好，上有姐姐，下有爸妈坚持要生出来的两个妹妹一个弟弟。自己之所以能被允许出来上学，是因为承诺了家里，课余打工解决自己的学费，并贴补弟弟上学的。出来赶这样的场子，挣钱。张一嘉问她干吗要到这样的场子，多不好啊！女孩说，这里挺好的，生意好，客人很大方，大部分客人素质也蛮高的。再说，我们女孩子选择了这一行，还不就是这么回事嘛！

张一嘉赶紧从口袋里摸出一把票子，塞到女孩子手中，说："行了，行了，小姑娘，感谢你为我演奏的精彩古筝，咱们今天就到这里吧，我要回去了。"

女孩退着步子出去了。张一嘉望着女孩的身影，估计孩子跟自己的女儿清清相差不了几岁，心里一阵酸楚。马上，李天武就哈着腰，坏笑着走了进来，说怎么样？张一嘉心里突然起气，没好气地说，很好啊，演技蛮高，你们本事好大！李天武哈着腰说，小姑娘才貌双全，张哥好眼力。张一嘉强忍着不悦，干笑了一声，问："这样的消费，一个晚上，客人得付多少钱？"李天武得意地说："反正，一个晚上，一个这样的包间，吃饭加娱乐，一万块之内下不来的！"

"这么贵，有人消费吗？"

"现在不是有人没人来的问题，现在是提前三五天都不一定订得上房。"李天武说，"许多大老板都托关系找我们，预订包房。这些才貌双全的女演员，太有吸金魅力了！"

"太出格。"张一嘉批评道，"搞变味了，就不好了。"

"请领导放心，我们不过是打个擦边球。"李天武说，"再说，到了一个晚上消费过万这个层次的人，都不是等闲之辈，不会出去要贫嘴。所以，没有任何我们不正当经营的名声在外。我们把握的分寸，就是让有财的和有貌的，能够大大方方地在这里进出，无须担心什么形象受损。"

"需要整改，国有企业不管做什么，要有自己的标准和操守，不能向社会上失范的企业看齐。"张一嘉说，"这个项目我有意见，老李你拿笔记下来，回去传达给班子，同时跟合股的民企打招呼：大厅的经营很好，对才艺表演与餐饮结合，营造庆典的喜庆气氛，增加热度，我觉得无可厚非。但包间的经营不能这样搞，擦边球打不得。包间不得从事娱乐表演，餐饮和温泉要分开，不得在餐饮区设水区。生意越好，越要正规、正当、正派，这样才能长久。我们是国有文化企业，要注意社会效益，有多好的经济效益，就应该有多好的社会效益，相得益彰，保持品格。"

李天武一边在小本子上记着，一边巧舌如簧地辩解；一边说好好回去传达落实，一边又说，首长，这件事他认为是这样的，是那样的，是这样那样的。张一嘉见他这个态度，看他那个样子，老是会联想到他柜子里许市长给他的那些举报信的内容。最后，张一嘉忽然问：

"李总，你的家人，在美国还是加拿大？现在怎么样了？"

这是李天武第一次听到张一嘉喊自己的职务，而且问到家人的情况，感到有些突兀，心里不由得咯噔了一下。

"噢，感谢领导关心啊。"李天武说，"她们在新西兰。"

"在那里生活好吗？"张一嘉说，"你应该多寄点钱给她们。"

"每年都寄的，她们不缺钱。在那里女儿读书，老婆一边照顾她，一边还打点小工补贴生活费。我们这个收入，也养得起她们。"

"可不能这么乐观。"张一嘉语重心长地说，"传媒业改革晚，不稳定，收入升降无常。而且，也复杂，我指人际方面的，你应该清楚。"

张一嘉的话，确实跟平时很不一样。李天武很警惕，脱口道："张总，是不是有人在搞我？"

"没有人搞你，别神经兮兮的！"张一嘉笑着，捏捏李天武的肩膀。

但李天武很过敏，他的神经彻底绷紧了。他咬牙切齿地说："肯定是赵如男，最近回来得很频繁，气焰嚣张。她怀疑我暗中组织老百姓闹事，阻碍她那命根子一样的开发，这次真不是我。我都当副总了，有这个必要，去整这些无聊的事情吗？我图什么呀？荒唐！现在她的后台都滚蛋了，她还想干什么啊？"

"她是你的直接领导，最近集团书记的任命也要下达了。你还是要跟她互相搭好台啊。开发的事，一直是赵如男主抓的，那是她的工程，又是市里的招商引资项目，你可不能对工程本身说三道四。你要帮她成事，这样才利于团结。"说完，张一嘉从手提包里掏出用报纸包着的一沓钱，交给李天武，说："这些，是我对孩子的一点心意，你帮我寄给她。最近，你也要多关心关心她们，有机会可以出去看看她们。别只顾工作，忽略家人，弄成我这样，后悔就来不及了！"

张一嘉说完就走。李天武随手把纸包丢在桌子上，一颠一颠地跟着出了大楼。张一嘉说："我已经叫司机在门外等了，你别送我了。"李天武还是一颠一颠地迈着腿紧紧地跟在后面。张一嘉上了车，见李天武还是哈着腰，脸上露着有些尴尬和谄媚的笑，就摇下玻璃，说："兄弟，走吧。"车子就开了出去。

张一嘉的心里很不是滋味，掉头看看，见李天武越来越远，但依然像个虾子一样，躬身站在艺术中心门外。

李天武回到包间，看看桌上那包钱，竟然是那样眼熟。他翻弄着纸包，发现果然是他在张一嘉当上市长时送给他的那份贺礼。包裹用的《干洲晚报》，报上赫然有《领导干部任职动态》的消息，黑体字印着"张一嘉同志任干洲市人民政府副市长"标题。那是李天武当时刻意找到当天的报纸，精心做的包装。目的是用这种设计，无声地表达自己对老领导升迁的无限喜悦，表示一份美好祝福。

李天武感到那包钱很坠手，就把钱包换到左手上。自己受过伤的胳膊，越来越不好使，特别是刚经过了这个潮湿的梅雨季，疼痛发作了好多次，稍微使点劲都有沉重的感觉。换过手之后，抓住那包钱的左手，却依然颤抖起来。

这样的虚弱，让他第一次感到自己的心，沉到了一片浑然的深渊，跌进寒冷和无援之中。

63. 意外

邬娜出狱的那一天，一个戴着黑色墨镜的年轻人，开着奔驰车来接她。邬娜迷惑不解，自己并不认识来人。年轻人在车上解释说："邬小姐，你省城的一个亲戚安排我来接你的。"

邬娜说："我哪有什么亲戚？我的亲戚都死光了。"

年轻人笑了一下，什么也没有说，帮她关好车门。

这话有些夸张，顶多是句气话。邬娜可不是孤儿院长大的，应该说曾经有幸福的少年时代，激情的少女时代，以及不长的平稳婚姻。邬娜进去后，不堪流言的老公抛弃了她，但她还有健在的父母啊，还有哥哥一家啊，还有一些老家的其他亲戚啊。可是，让她在狱中绝望的是，只有父亲在她刚进去的时候偷偷去看望过她一次。那次，父女俩还隔着看守所的栅栏吵了一架，父亲气愤地指责她的堕落，要她好好改造，尽快出来，重新做人。她生气地对父亲说："我做的事我自己担当，你来是只为了对我说这些话，那就根本不用来，让我看到你这满头白发的老古董伤心，以后也就不要来了，省得给我添堵。"

父亲差点给她的话气得背过去。以后，真的就不过去了。家里人也没有一个过去的。至于亲戚朋友，也许老家的人并不知道她出这种事，所以没有什么老家人探望过她一次。几年来，他们把她的心推向了对亲情的绝望的谷底。

邬娜上车后，什么也没有问，只是把她的茫然和伤痛一点一点抛洒在窗外有些熟悉、有些陌生的城市、郊区以及通往省城的高速公路上。

汽车并没有开到省城，而是进入上海郊区的一个规模庞大的度假村宾馆，在其中的一个绿树掩映中的小白楼前停下来。开车的年轻人交给她一张房卡，说："邬小姐，您直接进去，房间里什么都配好了，你的亲戚安排你，先在这里住几天，疗养一下，然后，我们会给你安排工作。你的房间在二楼最右首，您可以先进去休息，然后在楼下自己做饭，或者去主楼的餐厅用餐。"

邬娜站在小楼前，茫然地望着冒着尾气的奔驰车消失在绿荫丛中。

疑惑中，邬娜进入小白楼。楼里静悄悄的，不见任何人。只有一只雪白的波斯猫站在地毯上好奇地望着她。她蹲下身子，逗逗那只猫。猫就叫了两声，上来挠了挠她的脚。她的眼睛里涌出了泪花，猫乖巧地趴到她的鞋子上。她就抱起它，把自己的脸依偎在猫的身上。她感到了猫身体上传递出来的那种久违的体温。

在地毯上与猫亲昵了好久，邬娜才上了二楼，她用房卡打开最右侧的那个房间。一股舒缓的音乐淌了出来，包抄了她。她走进去，立即惊呆了，她的眼前，一个人举着一大捆玫瑰花站在屋子的中央。这捆玫瑰遮住了这个人的整个上半身以及脸、头。这个人的身后，巨大的玻璃幕墙，映着自然的春夏。花红柳绿，近处枝蔓缭绕，远处山线飘飞。

音乐的节奏，正好在这个时候，变得急促。各种混合在一起的乐器，配合着陈美疯狂的小提琴演奏，激情饱满地在屋子里飞舞。

在邬娜的惊愕和音乐的怂恿中，那个人随着浓烈的花香和艳丽的花色，向前迈进和逼近。当他走到邬娜的跟前，他放低了花束。这像一出舞台剧的高潮，不神秘的角色，以神秘的方式现出他的真面目，加上气氛的烘托，角色自然而然就随着剧情走进了高潮应有的表现。

邬娜晕了过去。

在短暂的休克后，邬娜醒了过来。她有些不好意思，慌忙地站起来，说："对不起对不起，这两年我好像患上了贫血。"可她发现自己是站在一个巨大的按摩浴缸边。浴缸里热水翻腾荡漾着，制造着腾腾的雾气。水面上全是玫瑰花瓣，摇摆着灿烂之红。她怀疑自己没有醒过来，或者是自己的意识出了问题。可她分明看见，真正的大活人李天武就真切地站在她的面前。

李天武西装革履，但鲜亮的包装捂不住他的憔悴。他颤巍巍上来拥抱住她，说："你醒了，你累了，让我来给你洗个澡。"

他帮她解开衣服，一边解，一边说："你瘦了。"

邬娜有些自卑而本能地用胳膊挡住胸脯。李天武拿开她的胳膊，抱起她，把她送到浴缸里。李天武感到她的身体变得轻盈而有骨感。李天武自己则和着衣服，坐进了浴缸。

热浪包围了他们。

在温暖的催化中，邬娜的身子慢慢地恢复了知觉。先是皮肤开始饱含水分后，渐渐渗出亮色，肌肉开始软化、饱满，然后是浑身的热血开始快速流动。她听见李天武说："这是我酝酿了好久的愿望，这些年我无法去看你，但我在心里，每天都跟你在一起。听说你要回来了，我几夜没有入眠，我默默地演习了无数遍。我想，我一定要帮你洗个澡，让你洗掉不愉快的过去，轻轻松松地走出来，回到我的怀中来，回到清新的世界中来。"

邬娜在浴缸中哭起来，任由李天武伺候着自己。

邬娜的确瘦了不少。邬娜的美，在热浪的浸泡中，在爱的抚弄中，渐渐地从雪白泛红的皮肤里，从深埋但没有死亡的风情天性中，重新焕发了。李天武把她抱出，用浴巾包裹住她，然后牵着她的手，走到卧室的大床旁。

他们醒来的时候，已经是又一个白天了。小鸟在窗台上好奇地向他们张望，晨曦用柳枝在玻璃窗上影印出婆娑的小景。

穿好了西装，从包里摸出手机打开后，李天武在房间里一连接了十几个电话。邬娜坐在他的腿上，听呆了。等他打完电话，就问："我都忘记了问你，你现在到底是什么职位？不在原单位了吗？"

李天武就跟她说了这几年的一些事，一些变化。

"我早看出我的男人，不是一般男人。那个张一嘉，其实完全是靠你帮他打拼，他现在做了副市长，对你好吗？我们这群人，算是解气、翻身了吗？"邬娜搂住他的后颈子说，"真是地狱三五天，人间已数年啊！"

李天武没有回答这个问题，而是沉默了很久。

"我要回去上班了，现在几乎没有任何人身自由，和……那个隐私。"李天武边收拾自己的包边对邬娜说，"邬娜，你今后的日子，我都安排好了，先在这里住几天，调养一下。然后，到我朋友在省城的一家公司工作。他们已经为你在省城安排了一个简装的二手公寓房，上班时你就可以入住了。他们还会安排一笔安家生活费给你。"

"我还能见到你吗？"邬娜慌张地站起来，一把扯住李天武的袖子。李天武把包放在地上，做了一个握拳的动作，咬着牙说："你现在更自由了，我更不自由了。我飞不掉，你可是想飞多远就飞多远！记住，不要跟张一嘉联系，不要跟原来的同事和熟人联系，最好不要跟所有干洲人联系，就当自己还在里面，千千万万记住！"

邬娜紧张起来，说："你这是什么意思，你不要我了？我不能自由见你了？"

"你永远在我心里，你是我的最爱。"李天武替她擦掉眼泪说，"我只是说没有那么自由跟你见面，没有说不要你啊。你理解我吗，娜娜？或许要等到我退休，或许要更久，我才能天天跟你在一起，永远跟你在一起啊！但现在不行，我的处境并不好，但我觉得我看错了张一嘉，弄不好我会输得很惨。"

邬娜哭起来，说这是什么意思啊？这人怎么这么没有良心啊，平时看不出来啊。

"唉，你单纯啊，邬娜。"李天武长叹一声，说，"一个人不做一定量的坏事，就达不到一定程度的成熟啊。"

见邬娜哭个不停，李天武安慰道："你也不要怕，张一嘉那边，我只是怀疑他要卖我自保，但这事没有那么容易。我做的任何一件事，跟他都脱不了干系。虽然不是他让我做的，但他心知肚明，我是为他做的，是做了他想做而不敢做的事，帮他一步步化险为夷，一步步登高。我们有多年的默契的。我倒了，他不可能立得住。"

接着，他就举了一些例子，特别是邬娜他们出事后的几件不可告人的事。

几天后，张一嘉正在市政府常务会议上听取上级部门的巡视动员报告。口袋里的手机振动了一下。他悄悄拿出来，一看，是省城的陌生号码。对方说自己是邬娜，然后是一条很长的信息。信息说自己已经出来了，一切都好，已经在省城安身，一辈子也不想回干洲了。感谢老领导对自己过去的栽培，以及对自己出事后的关爱，她将永远铭记和感恩。然后这条信息话锋一转，说：

　　"您现在当大领导了，在老百姓眼里无所不能。一直支持您并愿意为您卖命的人，在这个世界上，李总算一个吧。我觉得你们血肉相连，打断骨头连着筋，要想完全切割，需要刀子非常锋利，非常歹恶。要是硬撕裂的话，你们都将血淋淋体无完肤。是的，一定是这样的结局。所以，我提醒尊敬的老领导，要么更狠一些，狠得比李总还狠；要么更善一些，善得比李总还要讲情义。折中的路，真的没有。赵如男快退休了，我们希望看到李总在您的继续扶持下，成为干洲传媒的掌舵人，您为他保驾护航，他为您开天辟地。我也等着你们来救济呢。听说省里的巡视组就要开赴干洲，希望你们安全，甚至借着巡视出的清白，承前启后，更上一层楼！"

　　这条信息彻底搅乱了张一嘉的心。他的耳朵嗡嗡作响。整个会议后半程，就一句话也没有听得进去。

　　"请放心，多保重。"张一嘉敷衍着回了一条信息，继续开会。会后，发现手机上又来了一条信息，以为还是邬娜的。可打开一看，却是女儿的。清清说：

　　"爸爸，我的高考成绩估算出来了，还不错，高于本科第一批录取省控制线。这两天填志愿。征求您的意见，我想报考复旦或者浙大的传媒学院广播电视和网络主持专业，行吗？我问过童盼阿姨和姜萌姐姐，她们都说这两所学校的文科艺术科很强。"

　　张一嘉的头嗡的一声炸开了，连忙下楼，上了车子，对张秘书说："你去找秘书长帮我请个假，晚上的活动我不能准时参加了，家里出了大事。"

　　秘书和司机同时吓了一跳，忙问市长，家里出什么事了？张一嘉着急地说："清清填志愿，居然要选什么主持艺术专业，真是莫名其妙！"

车子把张秘书丢下，便疾驰而去。张秘书在政府大楼下，站在那里发了好一阵子呆，发现莫名其妙的不应该是市长，而是自己。他怎么也弄不明白，这叫什么"家里出了大事"！心想，晚上的公务活动，是代表干洲政府文化界，接待新加坡文化交流代表团，这管文化的副市长突然不参加，这才是"出了大事"呢！

车子开到清清的学校，司机老章进去把清清带出来。看到张一嘉气呼呼站在车子旁抽烟，女儿很惊诧，问爸爸跑过来干什么来了？张一嘉严厉地对清清说："我专门跑过来告诉你，填什么专业都不能填传媒，特别是什么广播电视网络之类的东西！你赶紧给我把志愿改了，别犯错误。"

女儿皱着眉头，非常不解地望着父亲。

父亲背对着西斜的太阳，一手叉腰，一手夹着香烟，猛抽。站在那里，那架势真像要跟自己过不去似的。清清还发现，父亲头上有许多白发，在逆光中，那些白发好白，好亮，亮得能透彻自己的心。清清记得几年前，还帮父亲挑到了仅有的几根白发，把它们拔了。可现在白发太多了，清清睐着两只漂亮的眼睛，看着父亲，好不容易才克制住自己上去拔那些白发的冲动。

"爸爸，你别那么凶地抽烟，那样抽烟会弄坏肺的！"清清过去抢张一嘉手中的烟，张一嘉推了她一把，说："别管我，今天是我来管你的，先让我管好你的事，你再来管我的事！"

"这些专业很热的，要不是这次考试发挥好，我还不敢填呢！"清清不解地问，"爸爸，为什么我不能报那些专业？"

张一嘉被问住，竟然一时没有想到一句合适而有说服力的话，来表达自己的理由。憋了半天，他在女儿费解的目光中说：

"我不想干涉你的志向，但是我索性告诉你吧，是你妈妈不同意。"张一嘉几乎是咬着牙，说，"是她生前交代过的，一定让你将来不能搞这东西！你看着办吧，孩子。"

清清愣住了，然后就哭了，说："我妈怎么这样，我妈怎么这样！"

"报什么专业都可以，就是不要什么广电，什么艺术。你要是敢不听话，我就代你妈，揍扁了你！听清楚没有？"

恶狠狠地说完，就爬上车子，把清清孤单单撇在身后。

老章很心疼孩子，嘴里嘀嘀咕咕地抱怨市长，对孩子太粗暴了。一边开车，一边通过后视镜看站在那里哭的清清。张一嘉说："老章你给我好好看路开车，别把我报销了！"

汽车开出去后，老章问去哪里。张一嘉看了一下手表，就给秘书打电话，问外事活动开始了没有，进行到哪里了？秘书说："会谈快结束了，您如果能赶回来，正好可以赶上主持六点半的晚宴。秘书长正着急呢，打您的电话，您一直没接。"

张一嘉从提包拿出手机，果然有十几个未接电话，都是张秘书和政府秘书长的，还有文广局局长也打了一个，传媒集团曲小波一个。未接来电翻阅完，他发现还有曲小波的一条微信，打开一看，竟是：

"张市长，有紧急事情请示：副总李天武好几天没来上班了，联系不上。有人说他出国，溜了。如果再联系不上，您同意的话，我们马上报告市纪委，并立即组织审计他的账。盼复。"

张一嘉把手机啪地丢到座椅的一边，掉头看着窗外。他的牙齿不由自主地互相磕巴着，直磕得快麻木了，才咬住不动。他感到一种疲惫和酸痛，从牙床向浑身传递，漫游。他有气无力地对司机老章说："快点开，我要去国宾馆，参加招待外宾的晚宴。"

汽车正好爬上一座高架桥，进入俯视全城的视角。残阳如血，干洲，这个蓬勃发展中的中国东部城市，正从余晖中，切换进一片灯光楼影的海洋。生活的声浪，莽撞地扑来，穿越厚重的奥迪汽车玻璃，在他的耳边，击碎变成一种沉闷的散落，消遁。紧接着，汽车又进入下坡，他的整个身体，带着血液急速下沉。他下意识地抱住前排的真皮椅座，以抵抗前进中的跌宕起伏带来的不适。否则，他觉得自己的血液会在这些急速的颠簸中，冲破脆弱的心血管洒得到处都是。

他忽然发现，所有的景色都随着自己的上升，顿然灿烂在开阔的视野中；随着自己的下降，颓然萎缩进狭隘的目光里。这时，只有夜空中的干洲传媒大厦高高矗立在楼群中。没有被楼高遮掩掉的上部，装饰边缘的霓虹灯，把它勾勒成一把空中长剑。他想起自己看过一本街头出售的《易经图说》的畅销图书，里面说那些尖锐出头的建筑，无形中诉说了自己与外界斗争的形态，更会于冥冥中随时招来针锋。从这个角度看，干洲传媒大厦，就似这样一个招惹针锋的东西。

这多不吉利啊！

他在心里慨叹：如果再有机会重造这样的建筑，一定要敦促有关单位，把它设计成圆柱体，威风凛凛地立在那里。这不就是一种既不失圆融风度又具有亢奋冲击力的造型吗？

张一嘉为这个无聊的创意弄得有点在内心沾沾自喜。小号牌黑色奥迪车，汇入了夜里干洲的车水马龙、灯火阑珊的繁华中。蜷缩在真皮后座椅上的副市长张一嘉，忍不住被自己的胡思乱想逗得扑哧笑出声来。

他揉了揉两边的太阳穴，发现它们烫得厉害。他使劲揉揉它们，又感觉疼得厉害，而且似乎触到了泪腺，有眼泪滚落下来，灼热的两股。他在内心追问自己：刚才为什么会笑出来，而转眼，又哭了起来？

张一嘉擦了擦眼睛，从座位上捡起手机，给曲小波回复了那条微信：

"曲总，李天武的事，抓紧时间报告市纪委，建议求助公安，尽快查明下落；尽快组织财务控制，防止资金外逃。"

汽车强烈颠簸，司机老章在前面嘀咕，说是这段路修了好久了，都没有竣工，挖挖停停，停停挖挖，没完没了。据说，这边负责城建的副区长给抓了，事情暂时没人管，这边就成了半拉子工程。

张一嘉听到微信里发出嘀一声信号，是曲小波回复了一个 OK 的手势符号。他的眼睛在屏幕的急剧晃动中，有些酸痛。他扔下手机，闭起眼睛，把头靠在真皮座椅背上，在心里开始起草一件可能会在小小干洲引发地震的报告：

"巡视组：本人需要向组织说明，在用人失察、生活廉洁等方面的一些问题……"

2017 —2018 年修改于南京